유작 II

한국어 칸트전집 24
The Korean Edition of
the Works of Immanuel Kant

유작 II

Opus postumum II

임마누엘 칸트 | 백종현 옮김

아카넷

Opus postumum

Kant, Immanuel: Gesammelte Schriften. hrsg. von der Preussischen Akademie der Wissenschaften, Bd.23 von der Deutschen Akademie der Wissenschaften zu Berlin, ab Bd.24 von der Akademie der Wissenschaften zu Göttingen
© Walter de Gruyter GmBH Berlin/ Boston. All rights reserved.

고틀립 되플러가 그린 칸트 초상화(1791)

칼리닌그라드의 임마누엘 칸트 대학 정원에 있는 칸트 동상

칸트의 묘소(쾨니히스베르크 교회 후면)

칸트의 석곽묘(쾨니히스베르크 교회 특별 묘소 내부)

퀴니히스베르크(칼리닌그라드) 성곽 모서리에 있는 칸트 기념 동판. "그에 대해서 자주 그리고 계속해서 숙고하면 할수록, 점점 더 큰 감탄과 외경으로 마음을 채우는 두 가지 것이 있다. 그것은 내 위의 별이 빛나는 하늘과 내 안의 도덕 법칙이다."라는 『실천이성비판』 맺음말의 첫 구절이 새겨져 있다.

《한국어 칸트전집》 간행에 부쳐

칸트(Immanuel Kant, 1724~1804)의 철학에 대한 한국인의 연구 효시를 이정직(李定稷, 1841~1910)의 「康氏哲學說大略」(1903~1910년경)으로 본다면, 한국에서의 칸트 연구는 칸트 사후 100년쯤부터 시작된 것인데, 그 시점은 대략 서양철학이 한국에 유입된 시점과 같다. 서양철학 사상 중에서도 칸트철학에 대한 한국인의 관심은 이렇게 시기적으로 가장 빨랐을 뿐만 아니라 가장 많은 연구 논저의 결실로도 나타났다. 그 일차적인 이유는 19세기 말에서 20세기 초의 동아시아 정치 상황에서 찾을 수 있겠지만, 사상 교류의 특성상 칸트철학의 한국인과의 친화성 또한 그 몫이 적지 않을 것이다.

칸트는 생전 57년(1746~1803)에 걸쳐 70편의 논저를 발표하였고, 그외에 다대한 서간문, 조각글, 미출판 원고, 강의록을 남겨 그의 저작 모음은 독일 베를린 학술원판 전집 기준 현재까지 발간된 것만 해도 총 29권 37책이다. 《한국어 칸트전집》은 이 중에서 그가 생전에 발표한 전체 저술과 이 저술들을 발간하는 중에 지인들과 나눈 서간들, 그리고 미발간 원고 중 그의 말년 사상을 포괄적으로 담고 있는 유작(Opus postumum)을 포함한다. 칸트 논저들의 번역 대본은 칸트 생전 원본이고, 서간과 유작은 베를린 학술원판 전집 중 제10~12권과 제21~22권이다.(이 한국어

i

번역의 베를린 학술원판 대본에 관해서는 저작권자인 출판사 Walter de Gruyter 에서 한국어번역판권을 취득하였다.)

한 철학적 저작은 저자가 일정한 문화 환경 안에서 그에게 다가온 문제를 보편적 시각으로 통찰한 결실을 담고 있되, 그가 사용하는 언어로 기술한 것이다. 이러한 저작을 번역한다는 것은 그것을 다른 언어로 옮긴다는 것이고, 언어가 한 문화의 응축인 한에서 번역은 두 문화를 소통시키는 일이다. 그래서 좋은 번역을 위해서는 번역자가 원저자의 사상 및 원저의 기저를 이루고 있는 문화 배경에 대해 충분한 이해를 가질 것과 아울러 원저의 언어와 번역 언어에 대한 상당한 구사력을 가질 것이 요구된다.

18세기 후반 독일에서 칸트는 독일어와 라틴어로 저술했거니와, 이러한 저작을 한국어로 옮김에 있어 그 전혀 다른 언어 구조로 인해서 그리고 칸트가 저술한 반세기 동안의 독일어의 어휘 변화와 칸트 자신의 사상과 용어 사용법의 변화로 인해서 여러 번역자가 나서서 제아무리 애를 쓴다 해도 한국어로의 일대일 대응 번역은 어렵다. 심지어 핵심적인 용어조차도 문맥에 따라서는 일관되게 옮기기가 쉽지 않다. 게다가 한 저자의 저술을 여러 번역자가 나누어 옮기는 경우에는 번역자마다 가질 수밖에 없는 관점과 이해 정도의 차이에 따라 동일한 원어가 다소간에 상이한 번역어를 얻게 되는 것은 불가피한 일이다. 이러한 제한과 유보 아래서 이《한국어 칸트전집》을 간행한다.

당초에 대우재단과 한국학술협의회가 지원하고 출판사 아카넷이 발간한 '대우고전총서'의 일환으로 2002년부터 칸트 주요 저작들의 한국어 역주서가 원고 완성 순서대로 다른 사상가의 저술들과 섞여서 출간되었던 바, 이것이 열 권에 이른 2014년에 이것들을 포함해서 전 24권의《한국어 칸트전집》을 새롭게 기획하여 속간하는 바이다. 이 전집 발간 초기에는 해당 각 권의 사사에서 표하고 있듯이 이 작업을 위해 대우재단/한국학술협의회, 한국연구재단, 서울대학교 인문대학, 서울대학교 인문학연구원이 상당한 역주 연구비를 지원하였고, 대우재단/한국학술협의회는 출판비의 일부까지 지원하였다. 그러나 중반 이후 출판사 아카넷은 모든 과정을 독자적으로 수행하면서, 제책에 장인 정신과 미감 그리고 최고 학술서 발간의 자부심을 더해주었다. 권권에 배어 있는 여러 분들의 정성을 상기하면서, 여러 공익기관과 학술인들이 합심 협력하여 펴내는 이 《한국어 칸트전집》이 한국어를 사용하는 이들의 지성 형성에 지속적인 자양분이 될 것을 기대한다.

《한국어 칸트전집》 편찬자 백 종 현

책을 내면서

《베를린 학술원 판 칸트전집》(*Kant's gesammelte Schriften*〔AA〕, hrsg. von der Preußischen Akademie der Wissenschaten u. a., Berlin 1900~)의 제22권 (AA Bd. XXII: Opus postumum, Zweite Hälfte(Convolut VII bis XIII), Berlin und Leipzig 1938)의 6할 남짓을 추려서 한국어로 옮기고 적당한 주해를 붙여 《한국어 칸트전집》제24권: 『유작 II』로 펴낸다.

앞서 펴낸 《한국어 칸트전집》제23권: 『유작 I.1』· 『유작 I.2』(아카넷, 2020)가 《베를린 학술원 판 칸트전집》의 제21권(AA Bd. XXI: Opus postumum, Erste Hälfte(Convolut I bis VI), Berlin und Leipzig 1936)의 완역을 담고 있는 데 비해, 그 후속인 『유작 II』를 취사 역주본으로 내는 것은 칸트 [유작]의 원고 성격과 이 [유작]에 대한 한국어 독자의 필요성과 충분함을 감안한 결과이다.

『유작 I.1 · I.2』를 통해 충분히 살펴본 것처럼, 칸트 [유작]은 완성된 저술이 아니라, 70대 노령의 칸트가 수년에 걸친 사색과 상념을 적어놓은 원고 묶음이다. 그것은 생애 말년을 의식한 칸트가 아마도 그의 철학 체계를 완성할 한 권(또는 두 권)의 저술을 더 펴내고자 반복해서 시도한 자취를 보여주고는 있으나, 칸트 자신이 그렇게도 추구했던 의식(이론 이성)과 실재 세계(물리학), 의식(실천 이성)과 이상세계(종교)의 완벽한 이행 '체계'를 갖추고 있지는 못하다. 완결된 저술이 아니니 당연하다고 하겠지만, [유작]의 문단들에서 우리는 내용적으로뿐만 아니라 문법적으로도 비문을 적지 않게 발견하고, 더러는 문장 가운데서 맥락을 알 수 없는 어구와도 부딪친다. 그렇지 않아도 칸트의 독일어(라틴어) 저술을 한국어로 읽는 데는 난관이 적지 않은 터에, 저러한 난점 내지는 특이점이 더해 있다 보니 독서 중에 곤경에 빠지는 경우가 허다하다. (이 때문에 원서 없이 번역본만을 마주한 독자는 독서 중에 주어나 술어가 없는 비문이나, 구두점이 탈락되어 있는 불완전한 구절과 부딪칠 경우, 이것이 원서에서 비롯한 것인지, 역자의 오역이나 조판 착오 탓인지를 분별할 수가 없을 터라서, 더 크게 당혹스러울 것이다. ― 이 역서는 원서의 모습을 최대한 재현하려는 편찬 원칙에 따라, 비문은 비문대로 옮기려 했을 뿐만 아니라, 마침표나 쉼표가 없거나, 여는 괄호는 있으나 닫는 괄호가 없는 대목도 독해가 불가능한 정도가 아닌 한 원서 그대로 두었다.)

이러한 성격의 [유작]에는 대역본이 제격인데, 그럴 여건이 안 되니, 역자로서도 칸트가 완성본으로 출간한 논저를 한국어로 옮겨내는 일에 으레 수반하는 어려움 외에도 이 [유작]의 경우는 훨씬 더 많은 문제를 안을 수밖에 없다. 그러한 문제들 속에서 앞서 [유작]의 묶음 글 I~VI(원서 645면)은 한 낱말 빠짐없이 한국어로 옮겨 두 책에 나누어 담아 《한국어 칸트전집》 제23권으로 출간하였다. 그런데 그 안에 이미 충분히 반복적으로 등장한 내용과 문장들이 이어지는 묶음 글 VII~XIII(원서 624면)에도 다시금 중복되어 섞여 있다. 이러한 점을 고려하여 《한국어 칸트전집》 제24권으로 펴내는 『유작 II』에는 『유작 I』의 대목들과 내용적으로 중복되고, 또 같은 묶음 글 안에서도 중언부언한 대목들은 건너뛰면서, 그러나 칸트 [유작] 연구에서 소홀히 되어서는 안 되는 부분들을 살피고 가려서 담았다. 그런 이유로, 미세한 차이가 있을 뿐 사실상은 중복된 내용이면 생략한다는 원칙에도 불구하고, 그러한 대목들이 그 미세한 차이로 인해 오히려 연구자들의 관심사가 되고, 다른 주제의 연구 자료로서 적지 않은 의의를 갖는 경우에는 번역분에 포함시켰다. 예컨대 '제5묶음'의 구절과 크게 겹치는 '제12묶

6

음'의 상당 부분이나, 앞의 거의 모든 묶음 글과 관련성이 없고, 비슷한 시기에 이미 단행본으로 출간한 책의 일부를 포함하고 있는 '제13묶음' 전체가 그러한 경우이다. — 이렇게 해서 추린 (취사선택이란 어느 경우나 주관적일 수밖에 없으니, 역자가 다르면 다르게 될 수도 있을 것인) 번역문의 분량은 원서의 6할 남짓이며, 번역문의 편성은 생략 표시 '〔……〕'를 삽입해가면서 원서의 면 순서대로 하였다. 이러한 기조로 한국어로 옮기는 작업 중에 문맥을 잡는 데 도움이 절실할 때는 손성우 교수님의 호의에 매번 의존하였다.

〔동학의 도움을 받아가며 난삽한 원서 초역 작업을 감행하다 보니 큰 배움을 주셨던 옛 선생님들이 새삼 그리웠다. — 나의 칸트 공부는, 칸트가 그의 세계에서 그의 언어(독일어)로 쓴 글을 나의 세계에서 나의 언어(한국어)로 읽고 의미를 새기는 일이다. 그러니까 칸트 공부에는 철학적 사변 능력뿐만 아니라 독일어와 한국어의 충분한 능력이 전제되어야 한다. 그런데 나는 독일어에도 능하지 못하고, 한국어에도 능통하지 못하다. 그러다 보니 공부의 진척이 더디기만 하다. 나의 스승이셨던 최재희(崔載喜, 1914~1984) 선생님은 독일에서 수학한 적이 없었지만 독일어의 정확한 문법을 체화하셨고, 미국과 독일에서 오랜 기간 공부하셨던 차인석(車仁錫, 1933. 8. 20~2021. 11. 22) 선생님은 독일어 어휘 낱낱의 뉘앙스 차이까지도 정확히 체득하고 있으셨다. 그와 대화를 나누는 현지인들이 그의 어휘 구사를 보고 깜짝 놀라는 것을 나도 여러 차례 목도한 정도이다. 변변한 참고서도 없이 암중모색으로 칸트 〔유작〕을 읽어가는 중에 자주 옛적 은사님들의 교유(敎諭)가 문득문득 떠올랐다. — 내 공부는 언제나 좀 진전이 있을는지….〕

역주 작업에서는 다른 참고문헌이 없는 마당에 'The Cambridge Edition of the Works of IMMANUEL KANT'에 들어 있는 영어 발췌 번역본인 *Opus postumum*(ed. by Eckart Förster; transl. by Eckart Förster & Michael Rosen, Cambridge 1993)이 크게 도움이 되었다. 역주에 참고했을 뿐만 아니라, 이 영역본에 발췌 편역된 대목들은 모두 한국어 역주본에도 포함시켰

는데, 그것은 독일어 원서의 번쇄함으로 인해 독자들 가운데는 저 영역본을 대조해 읽을 수도 있겠다 싶어서 그렇게 하였다.

원고 작성과 책의 구성은 앞서 펴낸 두 책 『유작 I.1』·『유작 I.2』와 연계하였다. 번역어 표기 방식을 일관성 있게 유지함은 당연한 일로서, 앞서의 두 책이 마침 '대한민국학술원의 2021년도 우수학술도서'로 선정되어 각각 제2쇄(2021. 10. 18)를 내게 되어, 이 기회에 전권의 번역어를 일차로 조정 합치시켰다. 그럼에도 시차가 커지면 어감도 변화하기 마련이라, 아직도 더 많은 어휘의 일치 조정이 필요하겠다. 다행히 이를 인내해주는 너그러운 독자들이 있어, 다시 한번 다음 쇄의 기회를 얻게 되면, 어휘의 완전한 일치를 위한 재조정 작업을 함께 할 것이다.

참고문헌에서 [유작] 관련 연구 논저 목록은 대부분이 중복될 터라 『유작 I.1』의 것을 그대로 이용해도 된다는 뜻에서 이 책에서는 생략하였다. 등장하는 인물이나 인용된 문헌에 대한 각주도 앞의 두 책에 수록한 제1묶음 ~제6묶음 글에 이은 재등장일 경우에는 대부분 생략하였다. 그 대신 《학술원 판 전집》 제22권의 끝에 별지로 붙어 있는 표를 참고하여 '[유작] 묶음 글 작성 추정 시기별 순서'표를 작성하여 '해제 및 해설' 뒤에 붙이고, 아울러 [유작]에서 언급되고 있는 칸트 선대 및 당대 문헌 목록을 만들고, [유작]과 칸트가 생전에 출판한 논저와의 비교 대조에 편리하도록 칸트의 논저를 출판 연도 순으로 정리하여 그 목록을 이어서 붙였다. [유작]의 글 묶음 사이의 관계나 비슷한 시기에 출판된 칸트 말년의 저작들과의 관계를 살피는 데 관심이 있는 독자에게는 의미 있는 자료가 될 것이라 믿는다.

'해제 및 해설'은 앞의 두 책에서 논변한 문제들 외의 것에 중점을 두되 『유작 II』의 전모를 일관적으로 가늠할 수 있도록 작성하였다.

내용상으로 칸트의 두 핵심 저술인 『순수이성비판』과 『실천이성비판』을 전제로 한 서술이 많아서 관련 대목들을 각주에 모두 옮겨놓을까도 생각해보았으나 분량이 다대하고 번거로울 것 같아서 최소한으로 하는 데 그

쳤다. 아마도 관심 있는 독자는 역자가 이미 펴낸 『한국 칸트사전』(아카넷, 2019)에서 해당 내용을 찾아서 충분히 잘 비교 대조할 수 있을 것이다.

'찾아보기'는 『유작 I』의 두 책과 마찬가지로 목차를 대신하는 의미에서 비교적 상세히 만들었다. ― 몇몇 중심 주제어는 헤아릴 수 없을 만큼 빈번하게 등장하기 때문에 낱낱이 나열하는 것이 그다지 의미가 있을 것 같지 않아, 그 대신으로 해당 주제어 아래 의미가 큰 대목들을 뽑아 내용별로 구성해서, 찾아보기가 일면 용어 소사전 역할을 할 수 있도록 정리했다.

칸트 '유작' 번역본까지 찾아 읽는 한국어 독자가 희소함에도 불구하고, 《한국어 칸트전집》의 완간을 위해 희생을 감수해주신 아카넷 김정호 대표님의 혜량과, 책의 완성도를 최대한 높이고자 무진 애써주신 박수용 팀장님의 정성, 그리고 과학 문헌에 이해가 깊은 정민선 선생님의 교정 과정에서의 가필 정정 덕분에 이렇게나마 칸트 [유작]의 전모를 한국어를 통해 볼 수 있게 되었다. 공적 기관의 지원이 전무한 상황에서도 순전히 학술문화의 진일보를 위한 성의로써 힘을 함께 모아주신 분들에게 진심으로 감사의 마음을 표한다. 다른 언어권에서는 유례가 없는 일인지라 그 의미가 더더욱 깊다.

원문의 불완전함과 해독의 어려움에도 불구하고, 칸트의 자연과학 철학의 대강을 헤아리고, 아울러 칸트의 초월철학의 의미와 기획의 범위, 이와 관련해 칸트의 대표 저작인 『순수이성비판』과 『실천이성비판』의 지향점을 다층적으로 이해하고자 하는, 인내심 있는 독자에게 충분히 유익한 읽을거리를 제공할 것을 ― 혹은 칸트 원서를 읽어가는 데 하나의 참고서가 되기를 ― 기대하면서, 여의치 않은 여건에서 이렇게 엮은 『유작 II』를 내보낸다.

책을 내놓고 나면 매번 뒤늦게 미흡한 점들이 적지 않게 눈에 띈다. 이 책은 기한의 제약 아래 혼자서 한 공부의 결과라서 더욱 그럴 것인즉, 독자

제현께서 흠결에 대한 질책과 함께 따뜻한 조언을 주시면, 역자의 공부도 한 걸음 더 내디디면서 개선 보완에 더욱 힘쓸 것을 다짐하는 바이다. 그리고 이를 통해 한국어로 하는 우리의 철학 독서가 조금이라도 더 윤택해진다면, 그보다 큰 기쁨이 따로 없겠다.

2022년 2월
정경재(靜敬齋)에서
백 종 현

전체 목차

제2부 [유작] II 역주

제1부

『유작』 II 해제 및 해설

[유작] II 해제 및 해설

칸트 [유작]의 의의

칸트가 '논리학과 형이상학 교수'라는 자기 직분에 책임감과 함께 영예의 감정을 가지고 있었음은 그의 직분 수행의 양태들이 충분히 증거해주고 있다. 그런데 칸트 이전에도 이후에도 수많은 이들이 '논리학과 형이상학 교수'직을 맡아 수행했는데, 왜 칸트만이 그토록 돋보이는가? 그것은 무엇보다 일반 논리학 내지 형식 논리학을 통상적으로 지칭하던 '논리학'에 '초월적 논리학' 곧 순수 지성개념의 연역론 및 도식론과 순수 지성의 원칙론을 포함시키고, 으레 존재의 형이상학을 함의하던 '형이상학'에 이른바 특수 형이상학(영혼론, 우주론, 신학) 비판과 함께 자유의 형이상학(윤리 형이상학)을 포함시킨 칸트의 시선과 숙려의 탁월성 때문일 것이다.

그 웅혼한 필치와 미려한 서술로 보면 『자연철학의 이념(*Ideen zu einer Philosophie der Natur*)』(1797)에서부터 『세계영혼론(*Von der Weltseele*)』(1798)을 거쳐 『초월적 관념론의 체계(*System des transzendentalen Idealismus*)』(1800)에 이르는 셸링(F. W. J. Schelling, 1775~1854)의 초월철학 체계와 그 체계 안에서의 그의 자연철학이 같은 시기의 칸트가 '[유작](Opus postumum)'으로 남긴 산만한 조각 글과 그것에 담긴 갈피를 잡기 어려운

(특히 유기체에 관한) 사념에 비해 훨씬 더 근사하다. 초월철학의 완성을 향해 용맹하게 전진하는 셸링에 관한 소식을 접한 칸트가 때때로 셸링을 '미래의 초월철학자'로 기대한 것도 그 때문일 것이다.

그럼에도 칸트의 초월철학(Transzendental-Philosophie)과 그것을 한편으로는 물리학으로, 다른 편으로는 신학으로까지 펼쳐나가려는 칸트의 시론이 무엇과도, 누구의 것과도 비할 수 없는 가치를 갖는 것은, 그것이 칸트 고유의 논리학에 기초해 있는 초월철학의 확장이기 때문이다. ― 칸트에서 이른바 '물리학〔자연학〕으로의 이행'은 "논리학에서 형이상학으로의, 그리고 이에서 초월철학으로의 진보 그리고 철학의 도구들의 하나로서의 수학과의 연결"(XXII105)에 의한 "물리학으로의 진보"(XXII97 · 119 · 124)인 것이다. 그의 윤리신학(도덕신학) 또한 그가 이미 『윤리형이상학 정초』(1785)에서 수행한 3단계 이행의 초월철학적 작업의 결실이다.

초월철학은 '나(주관)'의 선험적인 초월적 사고와 그 원리들의 체계성에 기반을 둔 것인 만큼, 이런 고유의 체계를 함유하고 있지 않은 초월철학은 허사이다. 허공에 떠 있는 건물 모양의 것이 제아무리 근사해 보여도, 그것은 사람이 거주할 수 있는 집이 아닌 한낱 한 떼의 뭉게구름이랄까 … ― 셸링이 그렇게나 열정적으로 피력하던 그의 초월철학적 자연철학의 추구가 수년 만에 끝난 것도 그의 논리학과 형이상학 그리고 자연학 사이의 연결 관계가 뚜렷하지 않았기 때문일 것이다. 그 반면에 셸링에 비해 그렇게나 늦돼 보이던 헤겔(G. W. F. Hegel, 1770~1831)의 난삽하기 짝이 없는 『정신현상학(Phänomenologie des Geistes)』(1807)이 변증법 철학의 교본으로 남아 지속적인 영향력을 갖는 것은 『논리의 학(Wissenschaft der Logik)』(1812 ~1816)의 뒷받침이 있는 까닭일 것이다.

무릇 형이상학은 이성의 사념 체계이다. 그렇기에 이성의 사고 구조에 대한 총괄 곧 논리학을 특유하게 갖고 있지 않은 형이상학은 독단적이거나 교조적이거나 공허하다. 아니면 그것은 실제로는 '학'이라기보다는 종교 경전 또는 시나 수필일 것이다. 종교 경전이야 학문성이 아니라도 위엄의 다른 원천이 있고, 온축된 시나 유려한 수필 또한 학문보다도 보통 사람에게 더 큰 감동을 주기는 한다. (진리에 감동하는 사람은 실상 그다지 많지 않다. 진리는 오묘하다기보다는 대개 평범하다 — 그래서 깨닫고 나면 오히려 놀랍지만 — 많은 사람들은 허구나 비범에 더 잘 감동한다.) 그러나 의무적으로 시를 지어내야 하는 '시학' 교수직을 오랜 굶주림 속에서도 사양한 칸트는 그의 형이상학의 기반으로 초월철학을 다지고, 초월적 관념론으로써 한편으로는 물리학[자연학]을, 다른 편으로는 이성종교를 성취하고자 애쓴다. 그리고 궁극적으로는 '하나의' 세계체계를 조망하려 한다.

[유작]이 증거하듯이 같은 주제에 관해 중언부언하면서 거의 전진하지 못한 것으로 보아, 말년의 지인들이 증언한바 칸트가 자기의 비판철학 체계를 완결하고자 했던 최종목표에 이르지 못한 것은 거의 분명하다. (아마도 칸트 자신이 만족스러운 어느 수준에 이르렀다면, 필시 관련한 단행본 책을 출간했을 것이다.) 남겨 놓은 [유작]의 조각 글 묶음은, 높은 산의 정상에 다다르려고 장비를 탄탄히 갖추고 등산에 나섰으나 겨우 중턱에 이르러 여러 갈림길을 만나 이 길 저 길을 헤매고 있는 산행하는 이의 모습을 보여주고 있다. 그러나 칸트의 형이상학 등정은 '이행'의 도중에서 오르락내리락한 것만으로도 준비했던 장비(초월논리학)의 의미, 그리고 효용성의 정도를 가늠할 수 있는 자료를 넉넉하게 남겨주고 있다. — [유작]의 독서는 이러한 자료를 뒤적이면서 그의 초월철학의 의의를 새기고 그 전도를 가늠해보는 것만으로도 그 노고에 대한 보답을 얻는다.

칸트의 [유작]은 부분적으로 신변잡기를 포함하고 있지만, 대체적으로는 그의 '초월철학'의 완성을 위한 막바지 사념을 담고 있다.

[유작]의 '초월적 관념론'을 정초하는 '초월철학'의 지향 대상은 '신-세계-인간'이다. 인간은 신 아래에 그리고 세계 안에 있지만, 그러한 신과 세계를 표상하는 자로서 '존재자 전부'인 신과 세계 구성의 기반이다. '나'라고 자기를 표현하는 인간의 초월성, 초월철학의 단초 내지 초석인 '나'라는 초

월자의 정립 — 단초이니 불가불 '자기정립' — 과 이 '나'의 작용요소들의 분해와 설명을 우리는 『유작』 곳곳에서 읽을 수 있다. 그리고 이 '나'가 신과 세계를 그려내는 정식(定式)들인 선험적 종합 명제(인식/판단)들의 가능성과 사례들 또한 곳곳에서 발견한다. 이 사안에 관해서 칸트는 이미 그의 3비판서와 『윤리형이상학 정초』를 비롯한 주요 논저들을 통해 상세하게 서술한 바 있다. 그럼에도 그가 남겨놓은 조각 글들은, 보통의 저자들이 그렇듯이 칸트도 연륜이 더해지면서 자신의 옛글과 생각에 대해 가필과 개정의 필요를 느끼고 있었다는 것을 보여주고 있다.

그러나 『유작』의 더 많은 조각 글들은 초월철학의 완결, 종점을 향해 있다. 칸트 작업의 도정은 두 갈래 길을 보여주고 있는데, 그것은 그의 기본적인 시각인 자연과 자유, 이론〔사변〕 이성과 실천 이성의 구별 때문일 것이다. 한 길이 '자연 형이상학적 기초원리들에서 초월철학을 거쳐 물리학〔자연학〕으로의 이행'이라면, 다른 한 길은 '윤리 형이상학적 기초원리들에서 초월철학을 거쳐 신학으로의 이행'이라 할 수 있다.

이 『유작 II』(제7~13묶음 취사 역주)는 앞서 두 책으로 펴낸(아카넷, 2020) 『유작 I』(제1~6묶음 완역)에 이어 첫 번째의 길의 힘든 여정을 거듭해서 보여주는 한편, 더 힘겨운 두 번째 길의 여정을 넌지시 보여주고 있다. 그것은 어찌 보면 노철학자 칸트의 '초월철학'의 완성을 위한 안간힘의 족적이라 할 수 있다. 그 자신이 만족할 정도의 성과를 거두지 못했기에 미출간 원고 뭉치로 남겨져서 '유작(遺作)'으로 일컬어지고 있는 것이겠지만, 철학적 사유에서 '완성'이라는 것이 언제, 어디서, 누구에게인들 있겠는가. — 또한 어떤 철학자가 설령 자기 나름으로 '철학의 완성'을 이루었다고 자부한들, 그것이 '완성'일까 … — 우리는 그의 『유자 II』(제7~13묶음)에서 '자연과학의 형이상학적 기초원리들에서 물리학으로의 이행' 시론과 함께 '윤리학의 형이상학적 기초원리들에서 신학(종교)으로의 이행'의 착수를 볼 수 있으며, 그의 사념에서 '진정 어린 형이상학자' 칸트와 마주칠 수 있다.

사태 발생의 뿌리(radix)까지 추궁하는 것을 자신의 소임이라 여기는 철학자들은, 육안만 가진 보통 사람들로서는 흙에 덮여 있어서 어디에서 어디까지 뻗어 있는지도 모르는, 뿌리에 대해 이야기함으로써 식견을 내보인다. 그래서 사람들은 그런 이들을 혜안(慧眼)을 가졌다거나 심지어 법안(法眼)을 가졌다고 칭송한다. 그러나 논변에서 그 해명이 충분하지 못할 경우에는 그의 말을 과격(radical)하다고 평가하기도 한다. 이럴 때 '과격하다'라는 것은 근원적이라기보다는 거칠다는 뜻이다. 그러나 때로는 과격한 상념이나 착상들이 계기(뿌리)가 되어 일정한 숙성과정을 거치면서 하나의 싹이 돋고 줄기가 생기고 가지가 뻗고, 잎들이 붙고, 어쩌다가는 꽃도 피고 열매를 맺기도 한다. 싹이 돋고 열매를 맺는 경과는 보통 사람들도 볼 수 있으니, 독자들에게 펼쳐내 놓는 책은 그 경과를 서술한 것이라 할 것이다. 그러니까 책을 공간(公刊)하기 전의 준비작업 단계의 조각 글들에는 갖가지 과격한 언사들이 포함될 수 있고, 포함되어 있는 것이 상례이고, 어찌 보면 당연하고, 바람직하기까지 하다. 뿌리를 찾는(radical) 여러 가지 시도야말로 준비작업의 핵심이니 말이다. 그래서 남이 읽도록 내놓기 전 단계의 글묶음을 두고 비논리적이라느니, 어법에 맞지 않다느니, 다른 저술들의 내용과 상충한다느니, 또는 반대로 발표된 저술보다도 이 미발표 조각 글들에서 작가의 진면목을 더 잘 볼 수 있다느니 하는 평가들은 모두가 적중하지 못하다 할 것이다.

(사람들이 자기 생각을 정리하여 저술이니 논문이니 하는 방식으로 공간하는 학술 관행이 굳어지기 이전의 (대부분의) 고전들에는 '발표작'과 '유작'의 구별이 분명하지 않은 경우들이 포함되어 있으므로, 이런 경우에는 어떤 고전을 그 저자(작가)의 사상 '체계'의 관점에서 해석할 때 더욱 세심한 주의가 필요하다.)

칸트의 미완성 글모음인 [유작]도 그의 발표 논저들에 비해 다수의 과격한 생각이나 덜 숙성된 표현을 포함하고 있다. 그뿐만 아니라 어떤 글귀들은 발표된 논저들의 것과 조화하기 어렵거나 심지어 상충하기조차 하다.

이러한 상황에서, 칸트 사후 80년이나 지나서 라이케(R. Reicke)에 의해 처음으로 공간(1882~1884)된 그의 [유작]의 어떤 대목을 끌어대면서 그것을 기준으로, 이미 철학사의 중심 장(章)을 이루고 있는 『순수이성비판』을 고쳐서 읽어야 한다느니, 종전의 『실천이성비판』의 해석은 핵심을 놓치고 있다느니 하는 판정은 지나친 것이라 하겠다.(過猶不及이라 했던가.) 철학사상사에서의 칸트의 위상은 그의 3비판서를 위시한 휴머니즘의 논저로 인한 것이고, 칸트철학의 그러한 역사적 영향력은 후세들에 의해 완성도와 상관없이 이 책으로 엮여 나온 그의 [유작]과는 (거의) 아무런 상관이 없다.

이럴 때 독자가 택할 수 있는 바른 독서법은 1) 발표한 논저에서 보이는 모호점들을 규명하는 데 도움이 되는 만큼만 [유작]에서 취하기, 2) 칸트도 내면적으로는 이러한 생각까지 하고 있었구나 하고 그의 단상[斷想]들을 있는 그대로 납득하기이다. (뭇사람들의 이러한 연구 독서로 인해 어느 시점에 칸트 [유작]에서 유래하는 어떤 사념이 인류 문명 또는 문화의 형성 요소로 발전하면, 그때 우리는 철학사에 또 하나의 칸트를 갖게 될 것이다.)

조각 글 '묶음'들의 대강

『유작 II』에 실려 있는 제7~13묶음 글들은 1797년(73세) 7월부터 1800년(76세) 12월 사이에 작성된 조각 글들이라 하거니와(AA XXII의 편자의 연대 추정 표 참조), 이 시기에만 해도 칸트는 8편의 논저를 공간하였고, 그 가운데에는 『윤리형이상학 ― 법이론·덕이론』(1797), 『학부들의 다툼』(1798) 그리고 『실용적 관점에서의 인간학』(1798)이 포함되어 있다. 그리고 그 시기에 프로이센의 문화 중심부에서는 독일이상주의 열풍이 일고, 청년 철학자 셸링의 자연철학 논저들이 잇달아 나오고 있었다. 칸트의 [유작]은 이러한 시대와 학계 상황을 고려하고, 칸트 주저들의 사상 체계의 시선을 염두에 두고서 독해해나가는 독자에게는, 칸트 사상의 고유성과 함께 그 깊이 그리고 그의 쉼 없는 모색들을 헤아릴 수 있는 풍부한 자료를 제공한다.

〔제7묶음〕물리학은 선험적 종합 인식으로 이루어져 있고, 이 선험적 종합 인식은 공간과 시간이라는 순수 직관이 질료가 됨으로써만 가능한 것이다. 이와 관련해 칸트가 선험적 종합 인식의 가능 원리들을 여러 가지로 모색한 자취들이 원고 제7묶음에 담겨 있다.(XXII4이하 참조)

칸트는 선험적 종합 인식을 "직관들(예컨대 수학적 구성)에 의한 선험적 종합 인식"(XXII22)과 개념들에 의한 선험적 종합 인식으로 나누어 생각해본다. 그런데 "초월철학은 한낱 선험적 종합 판단들 일반을 위한 원리들을 함유하는 것이 아니라(무릇 그러한 것은 수학에서도 발견할 수 있다), 선험적 종합 판단들을 위한 개념들의 구성에 의한 것이 아닌, 개념들에 의한 원리들을 함유하는 것이다."(XXII23)

그리고 제7묶음 원고에는 『순수이성비판』에서 모호한 채로 두었던 현상-사물 자체의 관계를 훨씬 분명한 어조로 표현하고 있다. 현상이 주어질 수 있는 것(dabile)이라면, 사물 자체는 생각할 수 있는 것(cogitabile)이라는 것이다. ― "사물 자체라는 개념은 한낱 사념물(이성의 존재자: ens rationis)로서, 직관의 객관을 현상으로 대립시켜 표상하기 위한 대상 = x로 쓰이는 것이다. 사물 자체는 주어지는 어떤 것(所與)이 아니라, 그것이 없음에도 불구하고 순전히 대응하는 것으로서, 구분에 필요한 것으로서 생각되는 것(思考)이다. 그것은 단지 하나의 부호 같은 것으로 있다."(XXII37)

〔제8묶음〕제8묶음의 원고는 "물질의 운동력들의 체계"(XXII135)를 순수 지성개념인 물질의 양, 질, 관계, 양태의 면에서 고찰해본 바를 이렇게 저렇게 서술한 것이다. 그러나 그 대개의 내용은 이미 제5묶음(XXI553이하)의 것과 중복된다.

〔제9묶음〕제9묶음의 원고에서 우리는 칸트가 반복해서 "자연과학의 형

이상학적 기초원리들에서 물리학으로의 이행"(XXII239)을 모색한 자취를 볼 수 있다.

"이행이 경험을 통해 일어날 터이면, 이행 자신이 물리학일 터이다. 그러나 이행이 경험의 가능성의 원리들을 통해 일어난다면, 이행은 물리학에 선험적으로 선행하는 것이고, 물리학을 세우는 선험적 원리들을 함유한다."(XXII239이하)

'경험의 가능성의 원리들'로는 직관의 공리들, 지각의 예취들, 경험의 유추들, 경험적 사고 일반의 요청들을 꼽을 수 있다.(XXII240 참조) "(직관의 공리들, 지각의 예취들 등등) 이것들은 물리학으로의 하나의 이행으로서의 물리학의 하나의 예비학을 선험적으로 함유하고, 물리학의 순전한 개념에서 분석적으로 도출된다."(XXII241)

〔제10묶음〕 제10묶음의 원고에서도 물리학으로의 이행에 관한 칸트의 모색이 이어진다. "이행은 경험적 체계의 기초에 선험적으로 놓여 있는, 수학적 기능들과 역학적 기능들에 따라서 형식상으로 일어난다. / 이행은 개괄하면 자연연구의 선험적 원리들, 그러니까 1) 직관의 공리들에 따라, 수학적으로, 2) 지각들의 예취들에 따라, 다시 말해 물질〔질료〕의 운동력들의 집합의 경험적 표상들의 예취들에 따라, 다시 말해 자연학적으로 일어난다. — 3) 하나의 경험을 위해 이 힘들을 원리들에 따라 편성함 곧 법칙들 아래서 이 힘들을 통일함은, 기계적이든 역학적이든, 경험의 유추들에 따르는 것이고, 4) 운동력들에 대한 개념들의 통일은 물리학의 하나의 체계를 위한 것이다."(XXII293이하)

"물리학은 자연의 운동력들을 경험의 한 체계 안에서 연결하는 원리들의 학문이다. 이를 위해 필요한 것은 1.) 경험적 표상들의 질료/물질〔적인 것〕(所與), 2.경험적 표상들의 잡다를 한 체계 안에서 편성하는 형식〔적인 것〕(思考)이다. 이 형식〔적인 것〕은 경험을 통일적인 것으로 가능하게 하기 위해 저 경험적 표상들을 연결하는 법칙을 함유하며, 이념으로서 연결의 기초

에 선험적으로 놓여 있어야 하는 것이다(형식이 사물에게 본질/존재를 부여한
다).(XXII313)

〔제11묶음〕 제11묶음의 원고에도 칸트의 물리학에 대한 계속되는 사변
의 족적들이 담겨 있다. 물리학을 "감관대상들이 경험의 한 체계를 이룩하
는 한에서의, 감관대상들의 학문"(XXII481)이라고도, "물질의 운동력들에
대한, 경험에서 현시(展示)될 수 있는 한에서의, 교설체계"(XXII511)라고도
설명한다.

그리고 운동력들의 운동의 시원을 찾다 보면 열소(에테르)에 이를 수밖에
없음을 다시 논변한다. — "직접적으로 그리고 시원적으로 운동하는 원소
〔소재〕"(XXII481)이고, "보편적으로 운동하는 원소(시원적 운동체)"(XXII455)
이며, 보편적으로, 다시 말해 개시하지도 않고 중단하지도 않으며, 모든 것
에 침투하는, "모든 것을 내적으로 움직이는 힘들, 가설적이지 않은 하나의
원소〔소재〕"(XXII459)가 있다.

〔제12묶음〕 제12묶음의 원고에서는 무엇보다도 열소에 대한 칸트의 또
다른 숙고의 흔적을 볼 수 있다. "어디에나 퍼져 있고 모든 것에 침투하며,
항상 운동하는(시간과 관련하여 덧붙여 말하자면, 모든 운동을 처음으로 개시
하는), 세계공간〔우주〕을 채우고 있는, 하나의 물질의 실존을 상정〔수용〕함
은 하나의 가설이다. 이 가설은 어떠한 경험에 의해서도 입증되지 않고, 입
증될 수도 없다."(XXII551이하) 그럼에도 그것은 감각대상들에 대한 경험의
빈틈(hiatus) 내지 단절을 벗어나 '하나의' 경험 체계를 얻기 위해서는 불가
피하게 "요청"되는 것이다.(XXII552 참조)

〔제13묶음〕 네 면에 불과한 제13묶음의 원고의 주제는 "개선으로의 진
보는 어떤 수확을 가져다줄 것인가?"(XXII619)에 이은 "개선으로의 진보
는 어떤 질서에서만 기대할 수 있는가?"(XXII620)이고, 이 물음에 대한 답

은 "사물들의 아래로부터 위로의 진행이 아니라, 위로부터 아래로의 진행을 통해서"(XXII620) 가능하다는 것이다. 그런데 이 글귀들은 칸트의 같은 시기의 저술인 『학부들의 다툼』(1798) 제2절 10과 동일하다. 비슷한 시기에 작성된 『학부들의 다툼』의 원고 일부가 [유작] 원고 묶음에 섞인 것으로 보인다.

[유작]에서의 칸트의 '초월적 관념론'

관념론은 존재자들이 '나'의 기반 위에 있다는 이념이고, 칸트의 원래의 초월적 관념론은 형식적 관념론으로서 나에 의해 구성된 "형식이 존재자의 본질/존재[임/있음]를 부여[규정]한다(Forma dat esse rei)"라는 생각이다. 그리고 그 형식은 다른 것이 아니라 '나', 주관, 의식의 초월작용, 다시 말해 내가 안에서 밖으로 나가 존재자, 대상을 규정하는 행위활동이다. 그러니까 그 형식은 의식의 초월성이고, 그것이 오로지 주관에서 비롯한 것인 한에서 순전히 주관적인, 관념적인 것이다. 그렇다고 그 형식이 절대적인 것은 아니고, 그 형식별로 일정한 조건 아래에서만 타당하다.

이제 형식 부여작용을 하는 '나'는 나에 대한 의식, 자기의식(통각)에서 출발하고, 그래서 칸트가 숙고한 일차적 사안은 자기의식의 초월적 관념성 해명이다. 그런데 "세계는 순전히 내 안에 있다."(XXII97)라는 [유작]에서의 '초월적 관념론'은 '나'라는 주관(통각)의 초월적 관념성에 기초하되, 자연 세계와 윤리 세계를 넘어 절대자에게까지 이르려고 한다.

자기의식(통각)의 초월적 관념성

[유작]에서의 자기의식(통각)은 자기설정(논리학)–자기직관(형이상학)–자기정립(초월철학)의 3계기에서 자신을 펼쳐나간다.

자기설정(논리학)

관념론의 세상은 '나'의 의식에서 열린다.(XXII89 참조) '나'의 최초의 의식은 '나는 있다(Ich bin: ego sum)'라는 "동사/말/언표(Verbum)"(XXII413)이다. 그것은 얼핏 신의 나라의 개시를 "태초에 말씀이 있었다(In principio erat Verbum: Im Anfang war das Wort)."(『신약성서』,「요한복음」1, 1)라고 기술한 것과 대비할 수 있다. 다만 신의 나라에서의 그 '말씀'이 "나는 있는 자이다(ego sum qui sum: Ich bin der »Ich-bin-da«)."(『구약성서』,「출애굽기」3, 14)라는 지고의 실체, 그 자체로 현존하는 자에 귀착하는 데에 반해, 관념론에서의 '나'의 의식, 곧 자기의식(Selbstbewußtsein: conscientia sui ipsius)은 '나'라는 실체, 하나의 실존하는 존재자의 지칭이 아니라, '나이다'라는 한갓된 설정(Position)이다. 자기의식은 "명사(Nomen)" 곧 하나의 실체가 아니라 "동사(Verbum)" 곧 작용/능동이다.(XXII413 참조)

'나 자신의 의식(나는 존재한다: sum)'은 순전히 "논리적인 것(나는 사고〔의식〕한다: cogito)"으로, 말하자면 '나는 사고〔의식〕하면서 존재한다(sum cogitans)'라는 '나' 자신에 대한 분석적 작용 내지 활동이고, 그런 한에서 "논리학에 속한다."(XXII58)

이 자기의식은 아직 '나임/있음'에 대한 아무런 실재적 술어 규정이 없는 한낱 "자기 자신을 설정〔定位/위치 지음〕"(XXII27)함이다. — "'이다/있다(Sein)'는 분명히 실재적 술어가 아니다. 다시 말해, 사물의 개념에다 보탤 수 있는 어떤 것의 개념이 아니다. 그것은 한낱 사물 또는 어떤 규정들 그 자체의 설정(Position)이다. 논리적 사용에서 그것은 단지 판단의 연결어〔繫辭〕일 따름이다."(*KrV*, A598=B626)

자기직관(형이상학)

나 자신의 의식, '나는 나이다'라는 통각(apperceptio)은 "대상에 대한 규정이 없는 한낱 논리적인 것(단순 포착: apprehensio simplex)"(XXII89)이지만, 그럼에도 자기 자신을 객관으로 만드는, 자신을 객관으로 삼는(객관화하는) 나의 작용을 함유한다. 이 "자기 자신의 직관의 의식"은 선험적인 '나'에 대한 의식이라는 점에서 "형이상학적"이고, 어떠한 객관적인 근거도 없는 자기 연원적이라는 점에서는 "주관적"이다.(XXII66 참조)

"자신을 객관으로 구성하고, 한낱 생각할 수 있는 것(cogitabile)일 뿐만 아니라 실존하는, 나의 표상 바깥에 주어져 있는 하나의 존재자(dabile)가 있다. 그것은 스스로 자신을 선험적으로 대상으로 만들고, [···] 주관이자 동시에 무매개적으로 자기 자신의 객관으로서의 그것의 표상, 다시 말해 직관이다."(XXII107) 이러한 자기직관은 '나'의 선험적 발견으로, 직관된 '나'란 이를테면 순수 사고, 순전한 의식이다.

자기정립(초월철학)

이제 순전한 사고(cogitabile)인 나는 "스스로 자신을 주어진 것(dabile)으로 정립"(XXII11)한다. '나'는 자신을 "하나의 대상으로 구성하는 작용/활동"으로서 스스로 "선험적으로 자기정립"을 한다. 이렇게 스스로 자기를 정립하는 '나'는 이를테면 '절대적 자아'라 일컬을 수 있겠고, 이러한 자아의 '실행(Tathandlung)'에 관해서 사람들은 이미 피히테(J. G. Fichte, 1762~1814)의 『전 지식론의 기초(Grundlage der gesammten Wissenschaftslehre)』(1794)에서 더 상세한 서술을 읽을 수 있었다.([유작 I.2], 아카넷, 2020, 44~47면 참조) 그러나 칸트에서의 '나'의 중요한 의의는 그 지향점에 있다.

칸트에서 자기정립은 "나 자신의[에 대한] 직관(형이상학적)을 선험적 종합 명제들을 통해"(XXII67)서 스스로 자신을 '나'로 세워놓는 행위활동이다. 이로써 "나는 나 자신에게 지성의 한 대상"(XXII119)이 된다. 여기서 지성 내지 이성은 개념에 의해 나를 객관화한다. 이제 이성으로서의 나는 "스스로 놓은 어떤 것(所與)[···]을 가지고서 안에서 밖으로 나아간다

(von innen hinausgehen)."(XXII73) 자기의식(통각)이 바야흐로 초월한다 (transzendieren). 칸트가 말하는 초월은 '인간의 의식 너머'도 아니고, 저 너 머 "바깥에서 안으로(von aussen hinein)" 들어오는 것도 아니며, "안에서 넘 어 나와(von Innen hinaus)"(XXII388) 바깥의 사물 곧 객관의 본질과 존재양 태를 규정하는 '나'의 작용이다. 주관의 자발성이 객관의 가능성의 원리가 됨을 말한다. 그리고 이 국면에서 형이상학은 초월철학으로 이월(移越)한다.

초월철학은, 그것이 "형이상학에서 출발하는 한에서 형이상학에 속하기 는[형이상학을 필요로 하기는] 하지만 형이상학의 일부는 아니고, 하나의 독 자적인 학문이다."(XXII87) — 공간과 시간이 주관적이고 선험적인 표상들 임을 밝혀내는, 공간과 시간 표상에 대한 "형이상학적 해설"(KrV, A22=B37 이하 · A30=B46이하 참조)과 "선험적인 범주들 일반의 근원"을 밝혀내는 "형 이상학적 연역"(KrV, B159 참조)이 형이상학의 일이라면, 주관적이고 선험적 인 공간과 시간 표상들을 "그로부터 다른 선험적 종합 인식의 가능성이 통 찰될 수 있는 원리로 설명"(KrV, B40)하는 "초월적 해설"(KrV, B40이하 · B48 이하 참조)이나 저 "범주[순수 지성개념]들이 직관 일반의 대상에 대한 선험 적 인식으로 가능함"(KrV, B159)을, 그리하여 경험의 가능성의 원리가 됨을 해명하는 "초월적 연역"(KrV, B159 · A84=B116 등등 참조)은 초월철학의 과 제이다.

(용어에서 지칭의 외연이 일정하지 않고, 문맥에 따라서 좀 다를 수 있기는 하지 만, 칸트의 '논리학[형식논리학]'–'형이상학'–'초월철학[≒초월논리학]'의 구분과 관계를 "순수 지성개념들"을 주제로 놓고 말하자면, 판단[판단에 있어 지성의 논 리적 기능]들의 표[범주 표 발견의 실마리](KrV, §9)는 논리학에, 범주 표의 발견 [범주들의 '형이상학적 연역']과 범주들에 대한 주석(KrV, §§10~12)은 형이상학에, 범주들의 초월적 연역론(KrV, §13ff.) · 도식론 · 원칙론은 초월철학에 속한다. — 『순수이성비판』[B판] §13과 §15 사이[추정컨대 §14]에 "범주의 초월적 연역으로의 이행"이라는 중간 제목이 있다.)

무릇 초월철학은 "개념들에 의한 선험적 종합 인식의 한 체계에 대한 학문"(XXII80)이다. 그러니까 형이상학에서 초월철학으로의 이행(移行: transitus)이란 선험적 종합 명제들이 형이상학적 기초원리들로 실제로 있는 바, 이것들이 의식(이성)의 초월작용을 통해 대상의 가능성의 원리가 됨을 말한다. 그런데 의식(이성)의 초월작용은 존재(Sein)와 당위(Sollen), 두 방향으로 나아가고, 그리하여 자연과 윤리라는 두 대상에 상관한다. 그 근저에는 선험적 종합 명제들인 직관의 공리들, 경험의 예취들 등등과 같은 자연 형이상학의 기초원리들과 정언 명령이라는 윤리 형이상학의 기초원리가 있다. 그래서 초월철학은 한편으로는 물리학(자연학)으로, 또 한편으로는 윤리신학/도덕신학(이성종교)으로 이행한다.

두 갈래의 이행

이 지점의 칸트 [유작]이 소묘하는 '초월적 관념론'의 지평에서 우리는 적어도 두 갈래의 '이행' 시론을 볼 수 있다.

사변 이성[지성]에서 나온 선험적 종합 명제인 직관의 공리들은 물리학으로의 추세를 갖고, 도덕적 실천 이성에서 나온 선험적 종합 명제인 정언 명령은 윤리신학으로의 추세를 보인다. 그런데 물리학은 자연의 경험 체계이고, 윤리신학에 의거한 종교는 윤리의 본부인 순수한 실천 이성의 지시명령들을 곧 신의 명령으로 받아들임이다.

'나'의 두 입법적 표상능력을 실천 이성과 이론 이성, 이 두 가지로 나누어보는 칸트에서는 "신과 세계가 현존재 전부를 함유한다."(XXII124) 그런데 실천 이성이 "이론 이성과의 결합에서 우위"(*KpV*, A215=V119)에 있는 만큼 "신과 세계는 서로 병렬해 있는 존재자들이 아니고, 후자가 전자에 종속해 있는 존재자이다."(XXII117) ― [유작]에서의 초월적 관념론 체계의 정점에는 신이 있다. (시인이 말하듯이) "우리 안에 신이 있다(est deus in nobis)." (Ovidius, *Fasti*, VI, 5)(XXII130) '나'는 '나'의 중심에서 신을 본다.

여러 방식으로 빈번하게(XXII356~359·363~364·549~550 등등) 거론되는 '자연과학의 형이상학적 기초원리들에서 물리학으로의 이행'은 자연 "형이상학에서 초월철학으로 그리고 마침내 이로부터 물리학으로의 진보"(XXII97)인데, 또 하나 간간이 언급하는 갈래 길이 있다. 그것은 "형이상학에서 초월철학으로의 이행"(XXII129)을 잇는 "초월철학에서 보편적 목적론으로의, 다시 말해 선험적 순수 인식의 체계에서의 인간 이성의 궁극 목적에 대한 이론으로의 이월"(XXII64)이다. 그리고 목적론은 다시금 윤리신학으로의 추세를 갖는다. 이 두 갈래의 '이월' 내지 '이행'은 각기 고유의 영토, 즉 물체들의 나라인 자연 세계와 목적들의 나라인 윤리 세계의 건립을 위한 다리들이거니와, 이제 칸트의 통일의 이념은 두 나라의 통합 지점을 발견한다. 그 지점은 논리적 사념을 통해 찾아낸 것이 아니라, 사실로 주어진 것이다. 자연 세계에 유기체가 실존한다는 사실 말이다. 유기적 자연물체는 외적으로는 공간상에서 운동하고 있지만(물질이지만) 내적으로는 하나의 전체로서 하나의 목적을 위하여 통합된 힘들의 체계, 곧 "하나의 자연적 기계"(XXII547)로 간주되는 것이다.

이행을 주제로 하는 이러한 [유작]의 숙고에서도 칸트의 기본적인 노선은 그가 3비판서에서 걸었고, 걷고자 했던 그 길들임을 알 수 있다. 한 갈래 길이 『순수이성비판』의 연장 선상에 있다면, 또 다른 하나의 갈래 길은 『실천이성비판』의 연장 선상에서 볼 수 있고, 통일 지점은 『판단력비판』의 목적론적 판단력이 성찰한 자연 판정의 근거이니 말이다. 그러나 공간(公刊)한 3비판서에서는 매우 조심스럽게 표현된 사안들이 암중모색 내지는 초안이라고 할 수 있는 [유작]의 글들에서는 어느 면 매우 과격한 어조로 발설되고 있다. — 뜻은 그러한데 논변이 아직 이르지 못한 것인가, 아니면 뜻이 과도한 것인가.

윤리 형이상학적 기초원리들에서 신학으로의 이행

정언 명령

"인간의 정신에는 실로 도덕적−실천적 이성의 원리가 있다."(XXII121) 『윤리형이상학 정초』의 "대중적 윤리 세계지혜〔윤리학〕에서 윤리 형이상학으로의 이행"(*GMS*, B25=IV406)에서 이미 밝혀진 "네가 너 자신의 인격에서나 다른 모든 사람의 인격에서 인간(성)을 항상 동시에 목적으로 대하고, 결코 한낱 수단으로 대하지 않도록, 그렇게 행위하라."(*GMS*, B66 이하=IV429)와 같은 인간 존엄성 명령은 나의 실천 행위를 위한 "나 자신의 이성의 지시명령(Gebot)"(XXII51)이다. 인간은 이 명령을 존중하고 그것에 무조건적으로 복종하지 않을 수 없음을 직관적으로 안다. 인간으로서의 자기 자신에게 엄격하게 의무를 부과하는 이 "이성의 지시명령(dictamen rationis)"(XXII50)은 무조건적인 준수를 강제한다는 점에서 하나의 정언적 (kategorisch) 명령이다. 이러한 정언 명령은 어떤 감각경험에서 도출되지도 않고, '명령'이라는 개념에서도 분석적으로 얻을 수 없는 것, 그러니까 하나의 선험적 종합 명제이다. 나는 나 안에서 이러한 선험적 종합 명제를 실천적 주체로서의 나를 위한 행위 법칙으로 직관한다. 그것이 내가 마땅히 준수해야 할 당위 규정 체계, 곧 윤리학의 형이상학적 기초원리이다.

그런데 무조건적인 의무 규정이란 어떠한 조건 아래에서도 그것을 준수할 수 있는 능력, 곧 자유의 힘을 전제한다. 그런 한에서 정언 명령은 "자유 개념을 정초한다."(XXII60) 정언 명령은 그 명령을 무조건적으로 이행할 의무를 갖는 인간의 자유 능력을 전제할 뿐만 아니라, 모든 것을 할 수 있고, 모든 것 위에서 지시명령하는 하나의 "명령자(imperans)라는 이념"을 가지고 있는 것이다.(XXII120 참조) 그래서 칸트는 "정언 명령에서의 도덕적−실천적 이성의 이념은 신의 이상이다."(XXII54)라고 말한다. 여기서 "순수 개념들에 의한 (선험적) 종합 인식의 최고 단계"인 초월철학 앞에 두 가지 과

제가 놓인다. 즉 "1. 신은 무엇인가? 2. 하나의 신이 존재하는가?"(XXII63)
— 신이 '무엇'인지를 개념들만으로 설명할 수 있는 한에서 첫째 과제는 형
이상학적으로도 해결할 수 있다. 그러나 과연 하나의 신이 있는지는 개념
의 분석만으로는 해결할 수 없는 초월철학적 과제로서, 이에서 형이상학에
서 초월철학으로의 이행은 불가결하다.(XXII129 참조)

신의 개념

신은 개념상으로 "최고 존재자(ens summum)이고 최고 지성(summa
intelligentia)이며 최고의 선(summum bonum)"(XXII117)이다. 신이 어떤 결함
을 갖거나 무엇에 의해 제한을 받는다는 것은 그의 개념과 상충하므로, 신
은 "완전 충족자(omnisufficiens)"이고, 바로 그렇기 때문에 "오직 하나일 수
있는 것"이다. 신이 있다면 "유일한 신"이 있는 것이다.(XXII127 참조) 그러
니까 신들이 있다 함은 진정한 의미에서 신은 없다는 말이다. '서로 제한하
는 신들'이란 형용모순이니 말이다.

그런데 '하나의 신이 있다.'라는 명제는, "하나의 포착할 수 있는 존재자
로서 또는 현상들을 설명하기 위해 하나의 가설적 사물로 상정된 열소와
같은, 한 실체의 현존에 대한 믿음을 의미하지 않는다. 무릇 신은 하나의
감관대상이 아니"기 때문이다.(XXII108 참조) 그러므로 "자기 자신을 행위들
의 원리로 정립하는 순수 실천 이성이 요청"(XXII108 참조)하는 신의 현존은
감관대상을 다루는 자연과학의 방식과는 다르게 입증될 수밖에 없다.

신의 현존

"비록 객관적으로 주어지지는 않지만, 주관적으로 인간의 실천 이성 안
에서 하나의 신이 필연적으로 생각된다."(XXII122) 인간은 자신의 이성 안
에 있는 정언 명령을 "모든 것에 대해 거역할 수 없는 권력을 갖는 하나의

존재자에서 나오는 것"으로 여길 수밖에 없기 때문이다.(XXII51 참조) 그래서 모든 인간의 의무를 지정하는 정언 명령들을 인간은 "신적인 지시명령〔계명〕들로 인식한다."(XXII122) "사람들은 인간에게서 의무 개념 일반에 관한 이성의 구술, 즉 자기의 의무들을 신적 지시명령〔계명〕으로 (똑같지는 않지만, 흡사하게) 인식함을 쉽게 말할 수 있다. 왜냐하면, 저 명령은 지배적이고 절대적으로 지시명령하는 것, 그러니까 지배자에게 마땅히 돌아가야 할 것, 그러니까 하나의 인격에 귀속하는 것으로 표상되기 때문이다."(XXII130)

'모든 인간의 의무들을 신적 지시명령들로 인식하고 준수한다.'라는 원리가 "종교"(XXII111)이다. 이 종교는 정언 명령이 전제한 "인간의 의지의 자유를 증명"하며, "(절대적인 해야 함〔당위〕은) 동시에 실천적인 순수한 이성원리들과 관련하여 '하나의' 신으로서의 신의 현존에 대한 증명이다."(XXII111) 요컨대 "하나의 신이 있다. 무릇 하나의 〔보편적인〕 정언 명령이 있으니 말이다."(XXII106) ― 이것은 하나의 "신의 실존의 간접적 증명"(XXII60)이다. (『순수이성비판』을 통해 종래 이론 이성에 의한 이성적 형이상학의 울타리 안에서 시도되었던 유력한 신의 현존 증명을 모두 폐기한, 그럼에도 신앙심 깊은 칸트는 순수한 실천 이성에 의지해서 신 앞에 이른다.)

이제 신은 도덕적−실천적 정언 명령에 의거해서 새롭게 정의된다: "자유에게 법칙을 수립하는 이성은 최고 이성이고, 정언 명령을 통해 오로지 그의 발언만으로 모든 이성적 존재자에 대해 정당성을 갖는 이는 신이다."(XXII109) "정언 명령을 통해 모든 이성적〔이성을 가진〕 세계존재자들을 도덕적 관계들의 통일성 안에 놓는 최고 존재자는 곧 신"(XXII113)이다. "도덕적−실천적 이성의 의무법칙들(정언 명령)에 따라 모든 이성적 존재자들에 대해 지시명령할 능력이 있고 권리가 있는 하나의 존재자가 신"(XXII116)이다.

윤리신학

정언 명령은 순수한 실천 이성의 보편적인 도덕적 지시명령이고, 따라서 그것의 준수는 모든 이성적 존재자들에게 의무이다. 이 의무 수행을 통해 모든 이성적 세계존재자들은 통합되고, 의무 수행이 자연 안에서 일어나는 사건인 한에서 정언 명령은 자연사물들에게도 영향을 미친다.

"세계전체에서의 작용인들에는 법의무들의 정언 명령에, 즉 무조건적인 당위에 따르는 도덕적–실천적 이성도 속한다."(XXII114) 그러니까 "도덕적 실천 이성은 자연의 운동력들의 하나이다."(XXII105) "도덕적–실천적 이성의 이념들은 인간의 자연[본성]에 대한 운동력[움직이는 힘]들을 갖는다." (XXII59)

이로부터 칸트의 사유는 "(공간 및 시간상에) 만물을 포괄하는 하나의 자연이 있다. 이 안에서 이성은 모든 자연적[물리적] 관계들을 하나[통일성]로 총괄한다. — 자유를 가지고서 보편적으로 지배하는 하나의 작용인이 이성존재자들 안에 있고, 이들과 함께 이들 모두를 연결하는 정언 명령이 있으며, 이 정언 명령과 함께 모든 것을 포섭하면서 도덕적으로 지시명령하는 하나의 근원존재자 — '하나의' 신이 있다."(XXII104)는 데에까지 이른다. "정언 명령에서의 법원리는 우주만물을 필연적으로 하나의 절대적 통일로 만든다."(XXII109)라는 것이다. 이제 "신은 도덕적–실천적 관계에서 (다시 말해, 정언 명령에 따라) 무조건적으로 지시명령하는, 자연에 대해 전권을 행사하는 유일한 존재자이다."(XXII61) 그런데 칸트 자신이 이러한 사유는 더 이상 "초월철학(Transzendental-Philosophie)"이 아니고 "초험철학 (transzendente Philosophie)"(XXII109)이지 않을까 하고 넌지시 적어놓고 있다.

이성 법칙들의 아래에서 자연과 자유에 대해 무제한의 권세를 갖는 존재자는 **신**이다. 그러므로 신은 그 개념상 자연존재자일 뿐만 아니라 하나의 도덕적 존재자이다. 전자의 질에서만 볼 때 그는 세계창조주(세계제조자)이며 전능하다. 후자의 질에서는 신성하고(敬拜할 수 있고), 모든 인간의 의무들은 동시에 그의 지시명령[계명]들이다. 신은 最高 存在者, 最高 知性, 最高 善이다. (XXII116/117)

정언 명령의 수행을 자기의 책무로 삼음으로써 자연 중에서 자유를 시행하는 인간은 "자연의 최종 목적"(KU, B390=V431)이 된다. 이러한 목적론적 체계를 기반으로 칸트 윤리 형이상학은 윤리신학으로 이행하여 전능하고, 전지하며, 완전하게 선한 신에 이르러 완결된다. 목적론의 종착점은 신학이다.

자연 형이상학적 기초원리들에서 물리학으로의 이행

선험적 종합 명제[인식/판단]들은 어떻게 가능한가

'하나의' 경험의 가능성의 원리를 추궁하는 초월철학의 중추적 과제는 "선험적 종합 명제들이 어떻게 가능한가?"라는 물음이다. 이제 이에 대해 칸트는 분명한 어조로 다음과 같이 답한다:

수학에서의 개념들의 구성에 의한 "선험적 종합 판단은 오직 선험적 순수 직관들, 공간과 시간에서 가능하다."(XXII105) 또한 개념들에 의한 선험적 종합 판단들은 "직관의 공리들 — 지각의 예취들, 경험의 유추들, 그리고 경험적 사고 일반의 통합을 통해서, 다시 말해 선험적으로 기초에 놓여 있는 판단력의 도식기능을 통해서 가능하다."(XXII495) 그리고 이러한 "선험적 종합 판단들은 오직 감관의 대상들이 사물들 자체로서가 아니라 단지 현상들로 표상되는 한에서 가능하다."(XXII419)

그래서 초월철학은 감성의 형식인 공간과 시간 표상의 발생과 정체를 구명하고, 순수 지성개념들의 감성화(도식)를 통해 생긴 선험적 종합 원칙들이 경험을 가능하게 하며, 그렇기 때문에 경험된 것은 모두 단지 현상임을 해명한다.

자기촉발 — 순수 직관

공간과 시간은 우리 자신의 상상력의 산물(그러나 시원적(始原的) 산물)들이며, 그러니까 주관이 스스로 자신을 촉발함으로써 스스로 만들어낸 직관들이다. 그러하므로 현상이지 사상(事象) 자체가 아니다.(XXII37)

순전히 "우리 자신의 표상력의 산물"(XXII15)인 공간과 시간은 "그 연장적 크기의 면에서 한계가 없는 무조건적인 통일성(하나임)"(XXII12)으로 표상된다는 점에서, 다시 말해 '하나의' 공간과 '하나의' 시간이라는 "직접적 단일 표상"(XXII24)이라는 점에서 "직관"들이다. 이러한 공간과 시간 표상이 "주관의 자기촉발로 생긴" 것이라는 점에서는 선험적인 "순수 직관"(XXII43)들이고, 주관에 주어지는 잡다한 것들을, 그러니까 감성적 소여들을 '서로 곁에(곁하여)' 그리고 '서로 잇따라' 있는 것으로 정돈하여 편성하는 틀로서 기능한다는 점에서는 주관적 형식들이다. — 공간과 시간은 "한편으로는 직관에서의 주관의 자발성의 작용이고, 다른 한편으로는 수용성의 촉발(된 것)이다."(XXII42)

공간과 시간 표상

공간 및 시간은 그 자신 순수 직관으로서 주관에게 주어지는 어떤 것, 곧 '현상'으로서의 잡다를 합성하고 종합하는 형식적 원리들이다. 그런 점에서 공간과 시간은 자발적인 형식이면서 또한 "우리의 표상들의 수용성의 형식"(XXII79)들이다.

공간과 시간은 지각의 대상들, 곧 실존하는 어떤 것이 아니고, "순수한 직관의 (선험적인) 대상들이다. 그것들은 사물들 자체(자기에 의한 존재자들: entia per se)가 아니다." 그것들은, "주관이 스스로 자신을 정립하고, 다시 말해 스스로 자신을 자기의 표상들의 대상으로 만드는(삼는) 그런 주관의 한 작용으로서의 주관에 소속하는 어떤 것이다."(XXII409) 그러므로 주관의 "표상능력이 독자적으로 스스로 만드는" 공간과 시간은 선험적인 "순수 직관 자신"이며, "직관과 자기동일적인, 직관의 잡다의 합성의 형식〔적인 것〕이다."(XXII71) 직관 자신으로서의 공간과 시간은 "감관표상 일반을 연결하는 형식〔적인 것〕이다."(XXII30)

감관표상의 잡다한 것을 연결하는 형식들로서의 "공간과 시간은 객관 없는 직관의 근원적 변양들, 다시 말해 현상에서 '하나의' 전체로 결합된 잡다의 주관적 표상들이다. 그러므로 그것들은 선험적으로 순전한 관계개념들로서 대상들의 모든 현존에 앞서 형식의 순전한 편성을 함유한다."(XXII437) 공간과 시간은 "선험적으로 주어진 직관 자체로서, 현상에서의 잡다의 합성의 형식적 원리를 자신 안에 종합적으로 선험적으로 함유"(XXII12)하고 있으며, 그러니까 공간과 시간은 "선험적·종합적 표상들"(XXII43)이다.

공간과 시간은 "역학적 기능을 갖는 직관들"로, 그 기능은 "직관의 잡다를 현상으로 정립"(XXII44)하는 것인데, 그러니까 주어지는 잡다를 가시화하는, 다시 말해 지각할 수 있게 만드는 것이다. 여기서 공간과 시간은 그 자신이 지각되는 것은 아니지만 "지각들의 가능성의 원리로 생각되어야 하는 한에서, 외적으로 주어진 어떤 것으로, 실재적인 관계로 간주되고, 그러면서도 경험에 선행하는 것이다."(XXII524)

그런데 공간과 시간은 각기 완전한 통일성이자 무한한 양(量)으로서, 그러므로 오직 '하나'로 있지만, 어떤 것이 공간과 시간상에 주어진다면, 그것은 양화(量化)된다. 공간과 시간은 무한히 분할될 수 있고, 따라서 공간적으로 또 시간적으로 있는 것 또한 무한히 분할될 수 있기 때문이다.

"오직 '하나의' 공산 그리고 '하나의' 시간이 있다. 양자는 무한하다."(XXII4)라는 논변은 현상으로서의 "모든 대상들은 하나의 절대적 전체로 연결된다."(XXII12)라는 주장과 함께 세계가 "원자들(atomi)과 허공들(inane)"

(XXII63)로 이루어져 있다는 생각 곧 원자론의 배척으로 이어진다: 원자들과 허공들로써 치장한 "원자론은 그 자체로 모순적이다. 한편으로는 단적으로 불가분적인 물질이란 없고, 다른 편으로는 빈 공간은 가능한 지각의 대상이 아니기 때문이다."(XXII611) 그리고 이 '빈 공간 지각 불가능성' 논변은 에테르(열소)의 실존 증명의 한 방식을 포함한다: "사람들은 선험적으로 에테르의 현존을 받아들일 수 있다. 다시 말해 에테르를 요청할 수 있다. 왜냐하면, 이것이 없으면 공간은 감관의 대상이 아니고, 어떤 지각도 일어나지 않을 터이기 때문이다."(XXII110)

현상과 사물 자체

객관은 그것이 무엇이든지 간에 나에게, 주관에 나타나는 것, 즉 '현상(Erscheinung)'이다. 그런데 '나'는 이미 본래적으로 나에게 나타나는 모든 것을 그것을 수용하는 나의 고유한 방식에 따라서 한다. 나는 객관을 직관하고 개념화하는 것이다. 그 직관의 능력이 감성(수용성)이고, 개념화의 능력이 지성(자발성)이다. '나'의 이러한 이중 활동에 상응해서 직관 단계에서의 현상과 개념화 단계에서의 현상으로 구별해서 말할 수도 있겠는데, 칸트는 때때로 후자의 현상을 '현상체(Phaenomenon)'라고 지칭하기도 한다. ── 그러나 언제나 그렇게 하는 것은 아니다. ── 직관 단계의 현상은 아직 개념적으로 규정되지는 않았다는 점에서 '무규정적 대상으로서의 현상'이라 하고, 개념화된 곧 규정된 현상은 '인식된 대상으로서의 현상'이라고 구별할 수도 있겠다.

어쨌거나 객관은 주관에게 현상일 수밖에 없고, 주관은 무엇에 의해서 주관이 촉발되는 방식대로 객관을 수용할 수밖에 없는데, 그 일차적인 수용 형식이 공간과 시간 표상이다. 다시 말해 주관은 스스로 만들어 가지고 있는 공간과 시간 표상에 따라 잡다하게 나타나는 것을 우선, 한편으로는 서로 나란히[곁에 있는], 다른 편으로는 서로 잇따라 있는 것으로 수용한다.

그런데 '현상'은 무엇인가의 나타남을 의미하는 만큼, 부득불 그 '무엇인가 = x'라는 상관자를 지시하지 않을 수 없다. 그것을 '사물 자체', '객관 자체', 또는 '대상 자체'라고 지칭할 수도 있을 터인데, 이것이 칸트 인식론에서의 문제의 그 '사물 자체' 개념이다. 『순수이성비판』 출간 후 야코비(F. H. Jacobi, 1743~1819)가 이와 관련하여 사물 자체를 "전제하지 않고서는" 칸트 초월철학의 "체계 안에 들어설 수가 없고, 그 전제를 가지고서는 그 안에 머물 수가 없다."(Jacobi, *David Hume über den Glauben, oder Idealismus und Realismus*, 수록: Werke II, 1787)라고 문제를 제기한 이래 지속적인 비판이 있었다.(특히 G. J. Fichte, "Zweite Einleitung in die Wissenschaftslehre", 수록: Werke I, hrsg. v. I. H. Fichte, 1797; E. Schulze, *Aenesidemus*, 1792) 이제 우리는 〖유작〗에서 이에 대한 칸트의 반복되는 설명을 본다.

현상으로서의 모든 표상은 대상 자체인 것과는 구별되는 것으로 생각된다. (감성적인 것과 예지적인 것의 구별) 그러나 후자 = x는 내 표상 바깥에 실존하는 하나의 특수한 객관이 아니라, 오로지 감성적인 것을 추상한, 필연적인 것으로 인정되는, 이념〔관념〕이다. 그것은 예지적인 것으로서 인식 가능한 것(cognoscibile)이 아니라 x이다. 그것은 현상의 형식 바깥에 있는 것이지만, 사고 가능한 것(cogitabile) ― 그것도 필연적인 것으로 생각할 수 있는 것 ― 이기 때문이다. 주어질 수 없는 것이지만 생각되어야만 하는 것이다. 왜냐하면, 그것은 감성적이지 않은 어떤 다른 관계들에서 나타날 수 있기 때문이다.(XXII23)

"공간 또는 시간상의 한 대상의 실존은, 그 대상이 선험적 종합 명제들을 통해 (직관으로) 주어져 있는 한에서, (현상체로서의) 현상에서의 대상의 표상이며, 이 현상체에 객관에 대한 하나의 지성표상의 상관자로서의 사상〔事象〕 자체의 개념 = x가 선험적 종합 판단들의 원리로서 대응한다." (XXII48) 그러나 현상에서의 한 사물에 대응하는 '사물 자체'라는 것은 "순전한 사념물"(XXII415), 생각해볼 수 있는 "예지체(noumenon)"(XXII112)일 뿐이다. "사물 자체는 표상 바깥에 주어진 하나의 대상이 아니라, 객관에 대응하는 것으로 생각되는 하나의 사념물의 설정〔定位〕일 따름이다."(XXII31) "사물 자체라는 개념은 한낱 사념물(ens rationis)로서, 직관의 객관을 현상으로 대립시켜 표상하기 위한 대상 = x로 쓰이는 것이다. 〔…〕 그것은 단지 하나의 부호 같은 것으로 있다."(XXII37) "사물 자체 = X는 감관들에 주어지는 객관이 아니라, 단지 감관직관 일반의 잡다의 선험적 종합 인식의 원리이자 이 잡다의 배열 법칙의 원리이다."(XXII33) '사물 자체'라고 하는 것은 "객관적으로가 아니라 주관적으로만 규정할 수 있는 것, 하나의 무한한〔무한정한〕 개념(conceptus infinitus〔indefinitus〕)이다."(XXII420) 그것은 이를테면 "이성의 추정적 존재자(ens rationis ratiocinantis)"(XXII421)이다.

경험의 통일성과 '하나의' 세계

어떤 명제가 본래적으로 선험적 종합의 표상 방식인 공간과 시간 표상만을 포함하고 있다면, 그것은 수학적 인식에 불과하다. 초월철학은 철학으로서 당연히 '개념들에 의한' — 물론 공간 및 시간 표상을 기반으로 두고 있는 — 선험적 종합 명제들을 갖는데, 그것들이 자연과학적 인식, 곧 경험인식을 가능하게 하고, 따라서 경험인식의 체계인 물리학을 가능하게 하는 것이다. '자연 형이상학적 기초원리들에서 물리학으로의 이행'은 바로 이 과정을 주제로 갖는, '자연 형이상학'도 아니고, '물리학'도 아닌 독자적인 '영역'이라는 것이 칸트의 생각이다.

감성세계, 자연에 대한 인식의 기초에는 감관대상에 대한 포착, 즉 지각이 있다. 지각은 공간 및 시간상에서 생기는 감관표상을 질료로 갖는 "의식적인 경험적 표상"(XXII459~460 참조)이다. "물질의 운동력들이 의식적인 경험적 표상들을 유발하여 감관들이 촉발된 그 작용결과들"

(XXII400)은 "감관표상의 경험적 의식의 설정[定位]"(XXII476)이다. 지각이 대상에 대한 감성적 포착인 한에서 하나의 경험적 인식이기는 하지만, "경험적 인식이 아직 경험은 아니다."(XXII21) 경험(Erfahrung) 내지 경험인식(Erfahrungserkenntnis)은 경험적 인식(empirische Erkenntnis)들의 "하나의 주관적 체계"(XXII461)를 말한다.

경험은 "절대적 통일성 안에 있는 모든 가능한 지각들의 총괄"(XXII8)이다. 경험은 1) 무엇인가의 운동력들의 주관의 촉발과 그것에 대한 직관, 2) 무엇인가에 대한 의식적인 경험적 표상 즉 지각, 3) 하나의 체계 안에서의 지각들의 전반적 규정을 함유한다.(XXII93 참조) 그러니까 지각들의 전반적 규정을 위한 "법칙들이 없으면 경험이 생길 수 없다."(XXII36)

"경험의 가능성을 위한" 이러한 법칙들이 『순수이성비판』에서 논구된, "현상의 형식[적 요소]인 양, 질, 관계, 양태"(XXII68)의 범주 순서에 따른, 직관의 공리들, 지각의 예취[豫取]들, 경험의 유추들, 경험적 사고 일반의 요청들(KrV, A161=B200~A253=B287 참조)과 같은 순수 지성의 "모든 종합 판단들의 최상 원칙"(KrV, A154=B193)들이다. 지성은 경험을 위해 "스스로 철학적으로는 개념들에 의해, 수학적으로는 개념들의 구성(Konstruktion)에 의해 자신을 구성한다(konstituieren)."(XXII12) — 경험은 지성의 자기 구성에 의해 생긴, 그러니까 선험적이고 주관적인 규칙들에 따라 지각들을 체계적으로 편성한다.(XXII366 참조) "경험은 지각들의 한낱 자연적인 집합이 아니고 인공적인 집합이다. — 경험은 감관들을 통해 주어져 있지 않고, 감성적 인식을 위해 만들어진다."(XXII498)

그런데 "경험은 하나의 감관객관의 현실성에 대한 의식의 절대적 통일로, 하나의 경험만이 있다."(XXII280) "오직 '하나의' 경험이 있다."(XXII463) '절대적 통일'이라는 것이 있다면 오직 하나가 있을 뿐이다.

순수 직관들이 공간과 시간이다. 감관대상에 대한 의식적인 경험적 표상이 지각이다. 한 체계 안에서 결합된 모든 가능한 지각들의 전체라는 이념이 경험이다. — 그러므로 '경험들'을 이야기하는 것은 자기 모순적인 것이다. 경험은 주관적인 절대적 통일성[하나]이다.(XXII92)

마찬가지로 세계가 "모든 감성존재자들의 총체"(XXII49)인 한에서 오직 "'하나의' 세계가 있다."(XXII59) '존재자 전부', '전체'란 오직 하나일 수밖에 없기 때문이다. '세계의 복수성/복수의 세계(pluralitas mundorum)'란 "그 자신 안에서 모순적이다."(XXII125) — '하나의' 자연 세계에 대한 인식이 체계적이라면 그 역시 '하나'가 있을 뿐이다. '하나의' 경험이 있고, 그리하여 하나의 경험과학, 하나의 물리학만이 가능하다.(XXII298 참조)

물리학, 그리고 물리학으로의 이행

"물리학은 현상들로서의 지각들의 주관적인 것을 지성을 통해 객관적인 것으로 표상하는 원리이다."(XXII464) 지각들이 주관에 미친 물질의 운동력들의 작용결과들인 한에서 물리학은 또한 "물질의 운동력들의 모든 경험적 인식의 하나의 체계"(XXII310)이다. 물리학은 곧 "주관을 촉발하는 물질의 운동력들인 지각들의 경험적 인식의 총괄(complexus)에 대한 학문(교설적 체계: systema doctrinale)"(XXII359)이다. 그러나 '경험적 인식의 체계'의 그 '체계'가 지성의 법칙을 따른 것인 한에서, 물리학은 경험적이지 않고, 이성적이다. 그래서 칸트는 물리학이 수학, 형이상학과 더불어 하나의 이성인식이라고 말한다. — "이성인식은 수학, 물리학 그리고 형이상학이다."(XXII481)

자연 형이상학적 기초원리들에서 물리학의 이행을 거쳐 정초되는 '물리학'은 이성인식이다. "자연과학(Naturwissenschaft)"은 곧 "자연철학(philosophia naturalis)"이다.(XXII149 참조) — 공간상에서 운동할 수 있는 것으로서의 "물질의 운동력들의 체계인 하나의 물리학의 가능성의 선험적 원리들이 물리학으로의 이행을 결정한다."(XXII149) 형이상학이 물리학으로의 추세를 갖고 있다고 함은 이성이 "그 안에 하나의 자연과학(自然哲學)에서 이 법칙들의 경험체계를 추구하는 하나의 규정근거를 갖고 있음"을 말한다.(XXII149 참조) "그런데 이러한 추구 작업 또한 선험적 원리들에 따라서만 일어날 수 있다. 무릇 마찬가지로 선험적 원리들 위에서만 기초 지을 수 있는 하나의 체계의 형식적 조건들 없이는 사람들은 그로부터 지각들의 하나의 전체로서의 물리학이 생길 수 있는 자연연구를 어떤 원리들에 따라서 수행해야 하는지를 알지 못할 터이니 말이다. — 그러므로 순전히 자연 형이상학에서 물리학으로의 이행을 위한 선험적 원리들이 있어야 한다."(XXII149)

그래서 칸트는 그 선험적 원리들의 체계로서 '이행의 요소론'(XXI386 · 406 · 525 참조)과 '이행의 방법론'(XXI386 참조), 그 아래에 "물질의 운동력들의 체계"(XXII135)와 그 밑에 "물질의 운동력들의 기본〔요소〕체계"(XXII195) 및 "세계〔우주〕물질의 기본〔요소〕체계"(XXII135)를 두고서, 물질의 운동력들의 체계를 순수 지성의 범주에 따라 "물질의 양"(XXII156 · 205 참조), "물질의 질"(XXII158 · 211 참조), "물질의 관계"(XXII184 참조), 그리고 "물질의 양태"(XXII188 참조) 순으로 서술하여 제시한다.(이 사안은 〔제4묶음〕~〔제6묶음〕 글에 더욱 상세히 서술되어 있고, 이와 관련한 「자연과학의 형이상학적 기초원리들에서 물리학으로의 이행〔편성의 윤곽〕」은 앞서 『유작 I.2』(아카넷, 2020), 26~31면에 정리해놓은 바 있다.)

한낱 자연지식의 집합체가 아니라 하나의 체계적인 학문이기 위해서 지성의 선험적 원리들에 따라야 하는 "물리학은 물질의 운동력들의 체계에 대한 경험이론이되, 경험으로부터 〔나온〕 것이 아니다."(XXII400) "물리학은 한낱 경험적인 학문이 아니며, 물리학에서 수학이 철학적으로 이용되기는 하지만 수학적인 학문이 아니다."(XXII488) "경험의 대상들의 인식의 가능성의 원리들의 학문"(XXII455)으로서 "물리학은 철학에 속한다."(XXII488)

'물리학' 개념의 모호성 문제

물리학이 순전한 자연과학인지 철학의 일부인지와도 상관이 될 것이지만, 칸트의 '물리학(Physik)' 개념은 (아마도) 그 자신에게도 확연하지 않은, 적어도 두 가지 문젯거리를 포함하고 있다. ― 물질은 "공간상에서 운동할 수 있는 것"(XXII149·513)이고, "공간상에서 운동할 수 있는 것의 운동력들은 공간상에 외적으로 그리고 시간상에 내적으로 현존하는 물질[질료]적인 것이다."(XXII437) 이러한 관점에서 칸트는 물리학을 "외적 감관객관으로서의 물질의 운동력들 전부에 대한 교설체계"(XXII306)라고 정의하기도 한다. 이 지점에서 발생하는 하나의 문제는 1) "물질의 운동력들을 최초로, 그것도 그 전체를, 운동하게 하는 것이 무엇이냐?"(XXII200)이고, 또 하나의 문제는 2) "유기체(생명력)"와 "의지력(자유법칙)"을 자연의 운동력의 한 가지로볼 수 있느냐(XXII299 참조)이다. 그런데 칸트는 1)에 대해서는 '열소(에테르)'를 지칭하면서 그것의 실존을 요청하고, 2)와 관련해서는 생명력과 의지력이 자연의 운동력들임은 더 말할 것도 없고, 자연의 "운동력들에는 인간의 지성도 속한다. 마찬가지로 쾌·불쾌와 욕구도."(XXII510)라고 말하고있다.

1) 열소(에테르)의 문제

최초로 운동을 개시하고 연속적으로 계속하면서 모든 운동력들(vires moventes)을 작동하도록 하는 [발]동력(vires motrices)은 "제일 운동자(primus motor)"를 지칭하는 것으로서, 이러한 개념은 "물리학에는 초험적이다. 다시 말해 하나의 순전한 이념[관념]이자 한계개념"(XXII281/282)이라는 것을 칸트도 인정한다. 흡사 '사물 자체'가 하나의 한계개념이듯이 말이다.(KrV, B310이하 참조) 그럼에도 칸트는 이 개념을 "이성의 하나의 요청"(XXII282)으로 납득하면서, 더 나아가 "현상 일반에서의 대상들에 대한 선험적 개념들에 따라 이 세계[우주]소재[에테르]의 인정이 비로소 물리학을 가능하게 한다."(XXII476)라고까지 말한다. 왜냐하면, 그는 "하나의 연속체(continuum)로서의 이 운동[하게] 하는 물질을 상정하지 않으면, 경험은 자연 안에 하나의 비약, 하나의 간극을 허용하지 않을 수 없다"(XXII457)고 보기 때문이다. 그래서 "하나의 시원적으로–운동하면서 한계 없이 공간을 실체에서[적으로] 가득 채우는 원소[소재], 다시 말해 시간상에도 공간상에도 어떠한 공허를 남겨두지 않는 그러한 원소[소재]가 경험의 가능성의 원리로[상정될] 수"(XXII457)밖에 없다.

이제 열소(에테르)는 "직접적으로 그리고 시원적으로 운동하는 원소[소재]"(XXII481)이고, "보편적으로 운동하는 원소(시원적 운동체: primitive movens)"(XXII455)이며, 보편적으로, 다시 말해 개시하지도 않고 중단하지도 않으며, 모든 것에 침투하는, "모든 것을 내적으로 움직이는 힘들, 가설적이지 않은 하나의 원소[소재]"(XXII459)로 자리매김 된다.

열소란 모든 것에 퍼져 있고, 모든 것에 침투하며, 그것의 모든 부분들에서 동형적[동질적]으로 운동하고, 이 내적 운동(촉진/시발)에서 고정불변성을 유지하는 물질이다. 이 물질이 요소원소로서 세계공간[우주]을 차지(占有)하고, 동시에 채우는(充滿하게 하는), 절대적인, 독자적으로 존립하는 하나의 전체를 형성한다. 그리고 이것의 부분들이 자기들의 자리에서 (따라서 이동하지 않고, [그러나] 진동하면서, 전진하지는 않은 채) 서로 연속해서 그리고 다른 물체들을 부단히 촉진하여 지속적인 운동 중에서 그 체계를 유지하고, 운동력들을 외적 감관객관으로서 함유한다.(XXII609/610)

열소(그럼에도 열이라 일컬어지는 느낌과는 무관하게)라는 명칭을 가진 이 소재/원소는 독자적으로 존립하고 내적으로 자기의 운동력들을 통해 연속적으로 촉진[시발]하는 하나의 전체를 형성한다. 이것은 어떤 현상체들을 적절하게 설명할 수 있기 위한 가설적인 것이 아니고, 하나의 선험적으로 입증될 수

있는 소재/원소이다.(XXII612)

열소는 현실적〔실제적〕으로 있으며, 한낱 어떤 현상체들의 설명을 위해 지어낸 것이 아니라, 오히려 (경험에서가 아니라) 하나의 보편적인 경험원리에서 동일성의 원칙〔동일률〕에 따라 (분석적으로) 입증될 수 있는, 개념들 자체 안에 선험적으로 주어진 원소/소재이다.(XXII551)

열소의 실존 명제는 (절대적 통일성인) 경험과 합치한다. 열소는 물질의 운동력들의 기반으로서 정언적으로 주장되고(절대적으로 주어져 있고), 사람들이 현상체들을 설명하는 데 필요해서 상정하는 그와 같은 한낱 가설적 소재/원소가 아니다.(XXII615)

그럼에도 칸트의 마음 한편에는 여전히 "현상들을 설명하기 위해 하나의 가설적 사물로 상정된 열소"(XXII108)라는 개념이 남아 있다. 열소는 "그 자신이 실체로서 하나의 유동적인 것이 아니면서, 다른 모든 물질을 유동적으로 만드는 하나의 가설적 소재〔원소〕"(XXII158)라는 것이다.

어디에나 퍼져 있고 모든 것에 침투하며, 항상 운동하는 (시간과 관련하여 덧붙여 말하자면, 모든 운동을 처음으로 개시하는), 세계공간〔우주〕을 채우고 있는, 하나의 물질의 실존을 상정〔수용〕함은 하나의 가설이다. 이 가설은 어떠한 경험에 의해서도 입증되지 않고, 입증될 수도 없다. 그러므로 만약 이것이 근거를 갖는다면, 선험적으로 하나의 이념〔관념〕으로서 이성에서 생겨나오지 않을 수 없겠다. 〔…〕 그러한 원소/소재의 실존은 경험의 대상으로서, 경험에서 도출〔연역〕되는, 다시 말해 경험적으로 입증될 수 없지만, 그럼에도 가능한 경험의 대상으로 요청되지 않을 수 없다.(XXII551/552)

2) 생명력과 의지력의 자연 운동력 포함 문제

칸트는 "물리학에는 유기화된 물체들의 개념과 건강 및 질병과 같은 이것들과의 주관적 관계들도 속한다."(XXII466)라고 말한다.

그런데 "생명 있는 물질은 없다."(XXII411) "생명 있는 물질은 모순적이다."(XXII421) "살아 있는 물질이란 형용모순(contradictio in adjecto)이다. 지휘하는 원리는 비물질적이다."(XXII481) "유기[적] 물질이라는 개념은 그 자신 안에 하나의 모순을 함유한다."(XXII283) — 기본적으로 이러한 것이 칸트의 물질 개념이다.

무릇 "유기적 존재자(한낱 물질이 아니라 물체)들은 그 안에 생명(비물질적 원리, 내적 목적인)이 있는 존재자이다."(XXII99) "유기적 물체[유기체]는 그것의 개념이 한낱 부분들에서 전체로뿐만 아니라 또한 교호적으로 전체에서 부분들로도 똑같은 결과를 보이는 그러한 물체"(XXII506)로서 "그것들의 내적 형식들이 자신을 향해 있는 목적들을 함유하는 그런 물체들이라고 정의된다."(XXII510) 그렇기 때문에 이러한 "유기적 물체[유기체]의 가능성은 증명될 수도 없고, 요청될 수도 없다."(XXII481)

그러나 유기체가 자연물체들 안에 실존한다는 것은 "하나의 사실"(XXII481)이다. 개념상에서의 가능성 논의는 차치하고, 우리는 "(생명원리를 함유하는) 유기적 물체[유기체]들"을 "이미 경험"하고 있다. 이러한 경험을 근거로 해서 칸트는, 무릇 경험이 없었더라면 유기체라는 순전한 이념마저도 공허한 개념(사례 없는)이었을 것이라고 말한다.(XXII481·499 참조) 그러니까 이제 논의는 '유기체가 실제로 있다'는 경험을 바탕으로 진행해야 한다는 것이다.

그래서 칸트는 유기체의 현존을 '사실'로 놓고서 그의 세계 유기체론을 전개한다. 그것은 『판단력비판』에서의 형식적 목적론을 훨씬 뛰어넘는 것이다. 이제 칸트는 "자연적인 유기적 물체가 가능하기 위해서는, 이 물체의 원리가 한낱 주관적으로가 아니라, 그 물체 자신 안에서 객관적으로 곧 하나의 목적이 내적 규정근거로서 고찰되어야만 하기 때문에, 능동적 원리의 통일[하나임]이 필요하지 않을 수 없다."(XXII295)라고 보고 있으니 말이다.

"유기적 물체[유기체]는 그 자신 안에서의 목적들을 통해 가능"(XXII59)한 것으로 그러한 것들은 그 "기초에 하나의 비물질적 원리"(XXII56)를 갖는데, 그 "비물질적 운동 원리는 그것의 영혼이다."(XXII97) "살아 있는 물체적 존재자들[동물들 및 인간]"(XXII283)은 "오직 목적들의 원리에 따라서 가능한 것으로 생각될 수 있는 물체들"로서 "유기적"인 "동물적으로[욕구 있는] 생명 있는 것들"을 위해서는 "운동력들의 분할 불가능한 통일성(영혼)"이 요구된다.(XXII373 · 510 참조) — 온 세계에 퍼져 있는 "유기화된 물체들은 하나의 세계영혼(anima mundi)을 현시한다."(XXII504)

세계를 하나의 "유기적 전체"(XXII59)로 볼 수 있다. 천체[우주]가 하나의 유기조직체이다.(XXII504 참조) — "모든 것[만물]은 세계전체[우주] 안에서 유기적이고 세계전체[우주]를 위해 있다."(XXII506) "여기서 하나의 유기적 전체는 타자를 위해 있고(식물은 동물을 위해서 등등), 예컨대 달은 지구를 위해 현존하고, 모든 동인적 연결(nexus effectivus)은 동시에 목적적 연결(nexus finalis)이다."(XXII301) 작용인들의 연결(nuxus causarum efficientium) 안에 목적인들의 연결(nuxus causarum finalium)이 포함되어 있는 것이다. (XXII288 참조)

하나의 유기적 물체의 가능성은, 다시 말해 각각의 부분이 다른 부분을 위해서 현존하거나, 그 부분이 그 부분들의 가능성과 내적 관계들의 형식이 오직 개념에서 생겨나오는, 그러므로 오직 목적들을 통해 가능한 그러한 성질을 가지고 있는 그러한 것의 가능성은, 목적들은 간접적으로든 직접적으로든 이 실체를 형성하는 하나의 비물질적 원리를 전제하므로, 종[種]들과 개체들의 지속의 하나의 목적론적 원리를 낳거니와, 이 원리는 그 종들에서 완전 지배

적이고, 만고 불변적인 것으로 생각될 수 있다.(XXII501)

유기체 안의 비물질적 원리가 반드시 "정신(mens)일 필요는 없다"
(XXII50)라고 하지만, 어쨌거나 물질의 여느 물체들과는 다른 방식으로 운
동하는 유기 물체들을 포함하는 '물리학'은 무엇을 지칭하는 것일까? 칸트
는 "물리학의 객관, 즉 물질의 운동력들의 전부는 오직 하나의 체계(자연)
안에 주어진 것으로 표상되어야만 하고, 따라서 운동력은 어느 것이나 하
나의 체계 안에서 다른 모든 운동력들과 관련하여 표상되어야"(XXII306) 한
다고도 말하고 있으니 말이다. ― 칸트의 '물리학(Physik)'은 단지 "물체론
(Körperlehre)"이 아니라, "영혼론(Seelenlehre)"까지를 망라하는 어떤 "자연학
(Physiologie)"(*KrV*, A846=B874 참조)인가(XXII166 · 286 참조).

그런데 칸트는 유기체의 생명력을 운동력에 포함시키는 것을 넘어 "도
덕적 실천 이성" 또한 "자연의 운동력들의 하나"(XXII105)라고 본다. 이것은
자연이 또 다른 면에서 한낱 기계적 인과성을 가질 뿐만 아니라 자유에 의
한 인과성을 가짐을 함의한다. 도덕적 실천 이성은 그의 자율로서 도덕법
칙을 세우고, 그에 따라서 자연에서 행위하는데, 자연에서의 행위는 물리
적 운동으로 나타나기 때문이다. 그리고 또한 정언 명령으로서의 도덕법칙
이 인간 안의 신성[神性]의 표출이라면, 이것은 "순수 도덕적 원리들에 따라
서 세계에서 작용하는 하나의 원인(세계 밖의 존재자: ens extramundanum)"
이 "감관대상들의 전부" 곧 자연 세계를 "자기의 권세 안에 포섭"(XXII131)
하고 있음을 함축한다. 이 국면에서 칸트의 '물리학'은 이제 자연지식학
(Naturkunde)을 뒤로 하고, 물리신학, 윤리신학을 벗어나 초월적 신학으로
향해 있는 것처럼 보인다.

3비판서의 변증학적 과제들을 반추하는 [유작]

칸트는 지나치듯이 "초월철학의 최고 견지〔見地〕는 초월적 신학"(XXII63)이라는 한 구절을 써놓고 있다. '초월적 신학'이란 "전체 자연과 자연 위에 있는 존재자와의 연관에 대한 자연학"(*KrV*, A846=B874), 곧 '초험적 자연학(transzendente Physiologie)'이라고 규정한 바 있다. ― 결국 칸트의 사유는 "초월철학에 따라서가 아니라 초험철학(transzendente Philosophie)에 따라서"(XXII109) 진행된 것인가?

그렇다면 그것은 칸트가 '이성비판'의 원리에 따라 보여주었던 3비판서의 변증학적 고뇌들을 너무 쉽게 벗어나는 것이다. 마치 데카르트가 '나는 있다(res cogitans)'와 '사물이 있다(res extensa)'의 '있다'를 한가지로 놓음으로써 그의 '방법적 회의'를 허사로 만든 것처럼 말이다. ― 대체 왜 '임/있음(Sein)'과 '현존(Dasein)', 본질(essentia)과 존재/실존(existentia)을 그렇게나 애써 구별했는지.

근원적 존재자, 신을 정점으로 하는 모든 자연존재자의 통일적 체계의 구축은 전통적 형이상학의 숙원이다. 그러한 숙원 사업에 마냥 몰두하는 이성을 재판정에 세운 것이 '이성비판'이다. 그런데 이제 통상의 법정에서처럼 이성의 법정에서도 노년의 재판관은 넓은 아량을 보이는 것인가? 이러한 물음을 유발하는 칸트 [유작] 읽기는 그의 비판서들을 행간까지 살피면서, 그러나 '이성비판'의 정신에 따라서 다시 읽도록 촉구한다.

비판적 관념론 되돌아보기

칸트철학의 근간은 '이성비판'이고, 이성비판의 주요 대상은 변증적 이성의 가상에 대한 비판이다. [유작]의 시론들의 기저에 있는 (적극적 의미의) '초월적 관념론'은 저 가상의 주위를 맴돌고 있다. 순수 이성은 본래 "초월적 가상의 자리"(*KrV*, A298=B354)인데, 그것은 인식 가능한 세계를 뛰어넘어 가려는 이성의 변증성이 "인간 이성에서 몰아낼 수 없게끔 부착해 있어서, 우리가 그것의 환영을 들춰낸 후에조차도 이성 앞에서 요술 부리는 것을 중지하지 않고, 인간 이성을 끊임없이 순간적인, 항상 제거될 필요가 있는, 혼란에 몰아넣는 그런" 것(*KrV*, A298=B354)이기 때문이다. 재래 형이상학 비판은 다른 것이 아니라 바로 이 순수 이성의 변증성 비판인데, 여전히 또는 기꺼이 저 환영 속에서 위안을 받는 대중이 오히려 칸트의 이성비판보다는 초월적 가상의 향수를 불러일으키는 독일이상주의에 바야흐로 더 많이 귀 기울이는 시기에 칸트 역시 적지 않게 동요한 것으로 보인다.

비판철학에서의 '초월적 관념론'은 소극적인 의미의 것으로, "우리가 그 현상들을 모두, 사물들 그 자체가 아니라, 순전한 표상들로 보며, 따라서 시간과 공간은 단지 우리 직관의 감성적 형식일 따름이고, 사물 그 자체로서의 객관들의 그 자체로 주어진 규정들이거나 조건들이 아니라고 하는 이론"(*KrV*, A369; *Prol*, A141=IV337)이다. 바꿔 말해 그것은 "공간 또는 시간 안에서 직관되는 모든 것은, 그러니까 우리에게 가능한 경험의 모든 대상들은 현상들, 다시 말해 순전한 표상들 외에 아무것도 아니며, 이것들은, 그렇게 표상되는 바대로, 연장적 존재자들로서 또는 변화들의 계열들로서 우리의 사유 밖에서는 그 자체로 정초된 아무런 실존도 갖지 않는다."라는 "학설"(*KrV*, A490=B518이하)이다. 그것은 곧 "순전한 순수 지성 내지 순수 이성에 의한 사물들에 대한 모든 인식은 순정한 가상일 따름이며, 오직 경험 중에만 진리〔진상〕가 있다"(*Prol*, A205=IV374)라는 "경험적 실재론"(*KrV*, A375 참조)으로서, "보통의〔통상적인〕 관념론을 전복시키는"(*Prol*, A207=IV375), "본래의 관념론과는 정반대"(*Prol*, A206=IV374)가 되는 주장이다. 이것은 차라리 관념론 비판 또는 "반박"(*KrV*, B274)이라고 볼 수 있다. 칸트는 이를 "비판적 관념론" 또는 "형식적 관념론"(*Prol*, A208=IV375; *KrV*, A491=B519)이라고 일컫는데, 이것이 실상은 본래적인 관념론의 반박이면서도, '형식적'이기는 하지만, 여전히 '관념론'인 것은, 실재가 '나'의 선험적 형식에 따라 규정된다는 원리를 포함하고 있기 때문이다.

자연 세계이든 윤리 세계이든 세계는 '나'의 표상이다. "항존 불변의 '나'는 우리의 모든 표상들[…]의 상관자"(*KrV*, A123)이다. 곧 "순수 통각인"(*KrV*, A123) "'나는 사고한다'는 것은 나의 모든 표상에 수반할 수밖에 없다."(*KrV*, B131) 그런데 '사고하는 나' 곧 '나의 의식', '자기의식'은 자기 자신을 자발성(Spontaneität)과 자율(Autonomie) 그리고 자기자율(Heautonomie)에서 구성하고 규제한다. 자발성의 원리에 따라서 "경험 일반을 가능하게 하는 조건들은 동시에 그 경험의 대상들을 가능하게 하는 조건들"(*KrV*, A158=B197)이라는 『순수이성비판』의 명제가 학적 인식의 기반이 되며, 자율의 원리에 따라서 "너의 의지의 준칙이 항상 동시에 보편적 법칙 수립의 원리로서 타당할 수 있도록, 그렇게 행위하라."(*KpV*, A54=V30)라는 『실천이성비판』의 명제가 인간의 선한 행위를 규정하는 최고의 원칙이 된다. 또한 "자기자율"(*KU*, BXXXVII=V185)의 성격에 따라서 "자연의 잡다함 속의 자연의 합목적성"(*KU*, BXXVII=V180)이라는 『판단력비판』의 원리를 반성적 판단력은 객관적으로 "자연에게가 아니라 […] 그 자신에게 자연을 반성하기 위해 하나의 법칙으로 지정한다."(*KU*, BXXXVII=V185이하) ― 칸트의 세계는 "그에 의해, 그 아래서만 사물들이 우리 인식 일반의 객관들이 될 수 있는 선험적인 보편적 조건이 표상되는, 그런 원리"라는 의미의 "초월적 원리"(*KU*, BXXIX=V181)들에 기초해 있다. 그러니까 이러한 선험적이고 주관적인 보편적 조건의 타당성의 범위를 벗어난, 즉 '초험적'인 것들은 어떠한 객관적 실재성도 없다, 즉 순전히 관념적이다. ― 비판철학에서 의미 있는 관념론은 이러한 맥락에서의 '초월적 관념론'이다.

*　　　　*　　　　*

[유작]의 조각 글들은 최소한 칸트의 주저들인 『순수이성비판』, 『윤리형이상학 정초』, 『실천이성비판』, 『판단력비판』의 제2편 「목적론적 판단력 비

판」을 정독한 독자들만이 아마도 빈자리를 메워가며 읽을 수 있고, 거꾸로 이 조각 글들은 앞의 저 비판서들을 심층적으로 독서하는 데 풍성한 참고 자료를 제공할 것이다. [유작]은 3비판서에서 칸트가 논구한 변증학적 과제들을 거듭거듭 반추하고 있다. [유작]의 조각 글들 대부분이 '이행'을 주제로 한 미완의 초고라 할지라도, 그 안에 비판철학의 숙제들을 풀려는 (모호한 채이기는 하지만) 여러 모의 사념들 또한 담고 있으니, 그것만으로도 칸트철학 연구의 중요한 자료임은 거의 분명하다.

칸트의 비판철학의 철학사적 의미가 [유작]의 성취와 상관이 없다 하더라도, 다시 말해 그 성취 여부에 따라 더할 것도 덜할 것도 없다 하더라도, [유작] 독서는 명민한 비판철학자 칸트 안에서 끝까지 참을 찾는 구도자 칸트를 보게 한다. ― 탁월한 철학자에서 숭고한 구도자로의 이행을 본다.

∥유작∥ 묶음 글 작성 추정 시기별 순서

작성 추정 시기	글 묶음	참고
1796년 이전	(아래 적시한 것 외의) 낱장들(제4묶음)	
1796년	8절지초안(제4묶음)	
1797년 7월~1798년 7월	제3, 9, 2, 5묶음	
1798년 4월~1798년 10월	제4묶음(겉표지), 낱장 3/4, 5, 7(제4묶음)	
1798년 8월~1798년 9월	제2묶음(전지3), 제3묶음	
1798년 9월~1798년 10월	제2, 3, 4, 5, 9묶음	
1798년(?) 10월~1798년 12월	제8묶음	기본[요소]체계
1798년 12월~1799년 1월	제6묶음	
1799년 1월~1799년 2월	제9묶음	A 이행, B 이행
1799년 2월~1799년 5월	제2, 9, 12묶음	기본[요소]체계
1799년 5월~1799년 8월(?)	제2, 5, 12묶음	이행 1~14
1799년 8월~1799년(?) 9월	제12묶음, 낱장8(제4묶음)	
1799년 8월~1800년 4월	제10, 11묶음	
1800년(?) 4월~1800년 12월	제7, 10묶음	
1800년 12월~1803년 2월	제1묶음	

※ 칸트(1724~1804)의 생전 논저 총목록(약호)
(베를린 학술원 판 전집(AA) 기준 연대 배열 순)

Kant, Immanuel: Gesammelte Schriften. Hrsg.: Bd. 1~22 Preussische Akademie der Wissenschaften, Bd. 23 Deutsche Akademie der Wissenschaften zu Berlin, Bd. 24~29 Akademie der Wissenschaften zu Göttingen, Berlin 1900ff.[AA]

1747:   (1)   Gedanken von der wahren Schätzung der lebendigen Kräfte und Beurtheilung der Beweise, deren sich Herr von Leibniz und andere Mechaniker in dieser Streitsache bedient haben, nebst einigen vorhergehenden Betrachtungen, welche die Kraft der Körper überhaupt betreffen.[GAJFF]

1754:   (2)   Untersuchung der Frage, ob die Erde in ihrer Umdrehung um die Achse, wodurch sie die Abwechslung des Tages und der Nacht hervorbringt, einige Veränderung seit den ersten Zeiten ihres Ursprungs erlitten habe und woraus man sich ihrer versichern könne, welche von der Königl. Akademie der Wissenschaften zu Berlin zum Preise für das jetztlaufende Jahr aufgegeben worden.[UFE]

(3) Die Frage, ob die Erde veralte, physikalisch erwogen.
     [FEV]

1755: (4) Allgemeine Naturgeschichte und Theorie des
     Himmels oder Versuch von der Verfassung und dem
     mechanischen Ursprunge des ganzen Weltgebäudes,
     nach Newtonischen Grundsätzen abgehandelt. [NTH]

(5) Meditationum quarundam de igne succincta delineatio.
     [Di]

(6) Principiorum primorum cognitionis metaphysicae nova
     dilucidatio. [PND]

1756: (7) Von den Ursachen der Erderschütterungen bei
     Gelegenheit des Unglücks, welches die westliche Länder
     von Europa gegen das Ende des vorigen Jahres betroffen
     hat. [VUE]

(8) Geschichte und Naturbeschreibung der merkwürdigsten
     Vorfälle des Erdbebens, welches an dem Ende des
     1755sten Jahres einen großen Theil der Erde erschüttert
     hat. [GNVE]

(9) Fortgesetze Betrachtung der seit einiger Zeit wahrge-
     nommenen Erderschütterungen. [FBZE]

(10) Metaphysicae cum geometria iunctae usus in philosophia
     naturali, cuius specimen I. continet monadologiam
     physicam. [MonPh]

(11) Neue Anmerkungen zur Erläuterung der Theorie der
     Winde. [TW]

1757: (12) Entwurf und Ankündigung eines Collegii der physischen
     Geographie nebst dem Anhange einer kurzen
     Betrachtung über die Frage: Ob die Westwinde in
     unsern Gegenden darum feucht seien, weil sie über ein

großes Meer streichen. [EACG]

| 1758: | (13) | Neuer Lehrbegriff der Bewegung und Ruhe und der damit verknüpften Folgerungen in den ersten Gründen der Naturwissenschaft. [NLBR] |

1758: (13) Neuer Lehrbegriff der Bewegung und Ruhe und der damit verknüpften Folgerungen in den ersten Gründen der Naturwissenschaft. [NLBR]

1759: (14) Versuch einiger Betrachtungen über den Optimismus. [VBO]

1760: (15) Gedanken bei dem frühzeitigen Ableben des Herrn Johann Friedrich von Funk. [GAJFF]

1762: (16) Die falsche Spitzfindigkeit der vier syllogistischen Figuren erwiesen. [DfS]

1763: (17) Der einzig mögliche Beweisgrund zu einer Demonstration des Daseins Gottes. [BDG]

(18) Versuch, den Begriff der negativen Größen in die Weltweisheit einzuführen. [NG]

1764: (19) Beobachtungen über das Gefühl des Schönen und Erhabenen. [GSE]

(20) Versuch über die Krankheiten des Kopfes. [VKK]

(21) Rezension von Silberschlags Schrift: Theorie der am 23. Juli 1762 erschienenen Feuerkugel. [RezSilberschlag]

(22) Untersuchung über die Deutlichkeit der Grundsätze der natürlichen Theologie und der Moral. [UD]

1765: (23) Nachricht von der Einrichtung seiner Vorlesungen in dem Winterhalbenjahre von 1765~1766. [NEV]

1766: (24) Träume eines Geistersehers, erläutert durch Träume der Metaphysik. [TG]

1768: (25) Von dem ersten Grunde des Unterschiedes der Gegenden im Raume. [GUGR]

1770: (26) De mundi sensibilis atque intelligibilis forma et principiis. [MSI]

1771:	(27)	Recension von Moscatis Schrift: Von dem körperlichen wesentlichen Unterschiede zwischen der Structur der Thiere und Menschen. [RezMoscati]
1775:	(28)	Von den verschiedenen Racen der Menschen. [VvRM]
1776~1777:	(29)	Aufsätze, das Philanthropin betreffend. [AP]
1781:	(30)	Kritik der reinen Vernunft(2. Auflage, 1787). [KrV]
1782:	(31)	Anzeige des Lambertschen Briefwechsels. [ALB]
	(32)	Nachricht an Ärzte. [NÄ]
1783:	(33)	Prolegomena zu einer jeden künftigen Metaphysik, die als Wissenschaft wird auftreten können. [Prol]
	(34)	Recension von Schulz's Versuch einer Anleitung zur Sittenlehre für alle Menschen, ohne Unterschied der Religion, nebst einem Anhange von den Todesstrafen. [RezSchulz]
1784:	(35)	Idee zu einer allgemeinen Geschichte in weltbürgerlicher Absicht. [IaG]
	(36)	Beantwortung der Frage: Was ist Aufklärung?[WA]
1785:	(37)	Grundlegung zur Metaphysik der Sitten. [GMS]
	(38)	Recension von J. G. Herders Ideen zur Philosophie der Geschichte der Menschheit. [RezHerder]
	(39)	Über die Vulkane im Monde. [ÜVM]
	(40)	Von der Unrechtmäßigkeit des Büchernachdrucks. [VUB]
	(41)	Bestimmung des Begriffs einer Menschenrace. [BBM]
1786:	(42)	Metaphysische Anfangsgründe der Naturwissenschaft. [MAN]
	(43)	Mutmaßlicher Anfang der Menschengeschichte. [MAM]
	(44)	Recension von Gottlieb Hufeland's Versuch über den Grundsatz des Naturrechts. [RezHufeland]
	(45)	Was heißt: Sich im Denken orientiren?[WDO]

	(46)	Einige Bemerkungen zu L. H. Jacob's Prüfung der Mendelssohn'schen Morgenstunden. [BJPM]
1788:	(47)	Kritik der praktischen Vernunft. [KpV]
	(48)	Über den Gebrauch teleologischer Principien in der Philosophie. [ÜGTP]
	(49)	Kraus' Rezension von Ullrichs Eleutheriologie. [RezUlrich]
1790:	(50)	Kritik der Urteilskraft. [KU]
	(51)	Über eine Entdeckung, nach der alle Kritik der reinen Vernunft durch eine ältere entbehrlich gemacht werden soll. [ÜE]
1791:	(52)	Über das Mißlingen aller philosophischen Versuche in der Theodicee. [MpVT]
1793:	(53)	Die Religion innerhalb der Grenzen der bloßen Vernunft. (RGV)
	(54)	Über den Gemeinspruch: Das mag in der Theorie richtig sein, taugt aber nicht für die Praxis. [TP]
1794:	(55)	Etwas über den Einfluß des Mondes auf die Witterung. [EMW]
	(56)	Das Ende aller Dinge. [EAD]
1795:	(57)	Zum ewigen Frieden. [ZeF]
1796:	(58)	Von einem neuerdings erhobenen vornehmen Ton in der Philosophie. [VAVT]
	(59)	Ausgleichung eines auf Mißverstand beruhenden mathematischen Streits. [AMbmS]
	(60)	Verkündigung eines nahen Abschlusses eines Tractats zum ewigen Frieden in der Philosophie. [VNAEF]
1797:	(61)	Die Metaphysik der Sitten. [MS]
	(62)	Über ein vermeintes Recht aus Menschenliebe zu lügen.
1798:	(63)	Der Streit der Fakultäten. [SF]

(64) Anthropologie in pragmatischer Hinsicht. [Anth]

(65) Über die Buchmacherei. [ÜB]

1800: (66) Vorrede zu Reinhold Bernhard Jachmanns Prüfung der Kantischen Religionsphilosophie. [VJPKR]

(67) Nachschrift zu Christian Gottlieb Mielckes Littauischdeutschem und deutsch-littauischem Wörterbuch. [NMW]

(68) Immanuel Kant's Logik, Ein Handbuch zu Vorlesungen, ed. Jäsche. [Log]

1802: (69) Immanuel Kants Physische Geographie, ed. Rink. [PG]

1803: (70) Immanuel Kant über Pädagogik, ed. Rink. [Päd]

※ [유작]에서의 칸트 사유 관련 문헌

Horatius, *Carmina*.

_____, *Epistulae*.

_____, *De arte poetica*.

Juvenal, *Saturae*.

M. A. Lucanus, *De Bello Civili: Pharsalia*.

Ovidius, *Fasti*.

_____, *Epistulae ex Ponto*.

Papinius Statius, *Thebais*.

Titus Maccius Plautus, *Asinaria*.

Vergilius, *Aeneis*.

Euklid, *Elementa*.

Seneca, *De Beneficiis*.

_____, *Epistulae morales ad Lucilium*.

Lucretius, *De rerum natura*.

J. Kepler, *Astronomia Nova aitiologetos seu Physica coelestis*. Frankfurt/M.
1609.

_____, *Epitome Astronomiae Copernicanae*. 1618.

Galileo Galilei, *Dialogo sopra i due massimi sistemi*. Florenz 1632.

R. Descartes, *Meditationes de prima philosophia*. Paris 1641 · 1642.

_____, *Principia philosophiae*. Paris 1644.

Scipio Claramontius, *De universo*. 1644.

J. Milton, *Paradise Lost*. London 1668.

Chr. Huygens, *Weltbeschauer, oder vernünftige Muthmaßungen, daß die Planeten nicht weniger geschmükt und bewohnet seyn, als unsere Erde*[1698]. Zürich 1767.

I. Newton, *Philosophiae naturalis principia mathematica*. London 1726.

Chr. Wolff, *Philosophia prima sive ontologia*. Frankfurt · Leipzig 1730.

_____, *Anfangs-Gründe aller Mathematischen Wissenschaften. 4 Teile*. Frankfurt · Leipzig/Halle 1750.

_____, *Vernünftige Gedancken von Gott und der Seele des Menschen, auch allen Dingen überhaupt*. Halle 1751.

C. v. Linné, *Systema naturae — per regna tria natura, secundum classes, ordines, genera, species, cum characteribus, differentiis, synonymis, locis*. Stockholm 1735 · [12]1766~1768.

_____, *Philosophia Botanica*, Stockholm 1751.

L. Euler, *Mechanica sive motus scientia analytice exposita*, 2 Bde. Petropoli 1736.

J. L. R. d'Alembert, *Discours préliminaire de l'Encyclopédie*(1751) // *Abhandlung von dem Ursprung, Fortgang und Verbindung der Künste und Wissenschaften*. 1761.

J. P. Eberhard, *Erste Gründe der Naturlehre*. Erfurt · Leipzig 1753.

A. v. Haller, *Elementa physiologiae corporis humani*. 8 vols. Lausanne 1757~1766. (= *Anfangsgründe der Physiologie des menschlichen Körpers*. Berlin 1759~1776)

A. G. Kästner, *Angangsgründe der Mathematik*. 4 Bde. Göttingen 1758~1769.

_____, *Geschichte der Mathematik.* 4 Bde. Göttingen 1796~1800.

J. Chr. P. Erxleben, *Angangsgründe der Naturlehre.* Göttingen 1772.

J. G. Wallerius, *Systema mineralogicum.* 1772~1775.

C. W. Scheele, *Chemische Abhandlung von der Luft und dem Feuer.* Upsala und Leipzig 1777.

A. G. Spangenberg, *Idea fidei fratrum, oder kurzer Begriff der christlichen Lehre in der Brüdergemeinden.* Barby 1779.

J. F. Blumenbach, *Handbuch der Naturgeschichte.* Göttingen 1779/1780.

J. Brown, *Elementa medicinae.* Edinburgh 1780.

J. Schultz, *Entdekte Theorie der Parallelen nebst einer Untersuchung über den Ursprung ihrer bisherigen Schwierigkeit,* Königsberg 1784.

W. Cullen, *First Lines of the Practice of Physic: Institutions of Medicine.* Edinburgh 1784.

_____, *Synopsis Nosologicae Medicae.* Edinburgh 1785.

G. Chr. Lichtenberg, *Anfangsgründe der Naturlehre.* Göttingen 1784~1794.

_____, *Vermischte Schriften.* Bd. 2, hrsg. von L. Chr. Lichtenberg · Fr. Kries, 1801.

G. A. Tittel, *Ueber Herrn Kants Moralreform.* Frankfurt · Leipzig 1786.

J.−A. de Luc, *Idée sur la Météorologie.* Göttingen 1786.

_____, *Introduction à la physique terrestre par les fluides expansibles.* Paris 1803.

J. S. T. Gehler, *Physikalisches Wörterbuch, oder Versuch einer Erklärung der vornehmsten Begriffe und Kunstwörter der Naturlehre, mit kurzen Nachrichten von der Geschichte der Erfindungen und Beschreibungen der Werkzeuge begleitet.* 5 Bde. Leipzig 1787~1795.

J. A. J. Cousin, *Introduction à l'étude de l'astronomie physique.* Paris 1787.

E. F. F. Chladny, *Entdeckungen über die Theorie des Klanges.* 1787.

_____, *Akustik.* 1802.

J. A. H. Ulrich, *Eleutheriologie oder über Freiheit und Nothwendigkeit.*

Jena 1788.

J. F. Schultz, *Vertheidigung der kritischen Briefe an Herrn Emanuel Kant über seine Kritik der reinen Vernunft, vornehmlich gegen die Bornischen Angriffe.* Göttingen 1792.

G. E. Schulze, *Aenesidemus oder über die Fundamente der von dem Herrn Professor Reinhold in Jena gelieferten Elementar-Philosophie. Nebst einer Vertheidigung des Skepticismus gegen die Anmassungen der Vernunftkritik.* 1792.

P. Camper, *De Hominis Varietate // Über den natürlichen Unterschied der Gesichtszüge in Menschen verschiedener Gegenden und verschiedenen Alters.* deutsche Fassung von S. Th. von Soemmerring, Berlin 1792.

E. Darwin, *Zoonomia, or the laws of organic life.* 1794.
(= Zoonomie oder Gesetze des organischen Lebens. übers. von J. D. Brandis, Hannover 1795~1799)

J. D. Brandis, *Versuche über die Lebenskraft.* 1795.

H. F. Linck, *Beyträge zur Physik und Chemie.* 3 Teile. Rostock · Leipzig 1795~1797.

P.-S. (Marquis de) Laplace, *Exposition du système du monde.* Paris 1796.

B. Thompson, *Essay political, economical and philosophical.* 4 vols. London 1796~ 1803(deutsch: Weimar 1800~1805).

J. C. Fischer, *Anfangsgründen der Physik in ihrem mathematischen und chemischen Theile nach den neuesten Entdeckungen.* 1797.

E. A. Jenner, *An Inquiry Into the Causes and Effects of the Variolae Vaccinae, Or Cow-Pox.* London 1798.

F. W. J. Schelling, *Von der Weltseele, eine Hypothese der höheren Physik zur Erklärung des allgemeinen Organismus.* Hamburg 1798.

_____, *Erster Entwurf eines Systems der Naturphilosophie.* Jena 1799.

_____, *System des transzendentalen Idealismus.* Tübingen 1800.

F. Hildebrandt, *Lehrbuch der Physiologie.* Erlangen [2]1799.

J. G. Herder, *Metakritik zur Kritik der reinen Vernunft.* 2 Teile, Leipzig 1799.

J. G. Kiesewetter, *Prüfung der Herderschen Metakritik.* Berlin 1799.

K. L. Poerschke, *Briefe über die Metaphysik der Natur.* Königsberg 1800.

Ch. Meiners, *Allgemeine kritische Geschichte der ältern und neuern Ethik oder Lebenswissenschaft nebst einer Untersuchung der Fragen: Gibt es dann auch wirklich eine Wissenschaft des Lebens? Wie sollte ihr Inhalt, wie ihre Methode beschaffen seyn?*, 2 Bde. Göttingen 1800~1801.

J. A. H. Reimarus, *Über die Bildung des Erdballes und ins Besondere über das Lehrgebäude des Herrn de Luc.* Hamburg 1802.

F. Bouterwek, *Anleitung zur Philosophie der Naturwissenschaft.* Göttingen 1803.

제 2 부

[유작] II 역주

※ 역주의 원칙

1. 본문 번역의 대본은 베를린 '학술원 판 전집' 제22권(*Kant's gesammelte Schriften*[AA], hrsg. von der Preußischen Akademie der Wissenschaten, Bd. XXII, Berlin und Leipzig 1938)이며, 온라인 판(http://www.korpora. org/kant/aa22/)을 대조 참고한다.

2. 번역에서는 내용상으로 중복/중첩하는 대목은 건너뛰되, 몇 단락의 경우는 긴 줄임표 '[……]'를, 한 단락 이하의 경우는 짧은 줄임표 '[…]'를 본문 중에 삽입한다.

3. 원문과 번역문의 대조를 위해 번역문의 해당 대목에 원서를 'XXII'로 표시한 후 이어서 면수를 붙인다. 다만, 독일어(또는 라틴어)와 한국어의 어순이 다른 경우가 많으므로 원문과 번역문의 면수에 약간의 차이가 있음은 양해하기로 한다.

4. 번역 본문에서는 사물어로서 이미 통용되고 있는 '에테르', '실린더' 등과 아직 대응하는 한국어 낱말을 찾을 수 없는 경우를 제외하고, 칸트 원문은, 특히 개념어들은, 모두 한국어로 옮기고, 한글과 한자만을 쓰며, 굳이 서양말 원어를 밝힐 필요가 있을 때는 각주에 적는다. 그러나 해제 및 해설과 각주 설명문에는 원어를 자유롭게 섞어 쓴다.

5. 이 역서의 각주는 원서 편자의 각주와 미주(AA, XXII, Berlin und Leipzig 1938, S. 791~814)의 주요 내용을 포함하고 있지만, 전반적으로는 역자의 임의대로 붙인 것이다.

6. 칸트 원문 중 근대어(독일어, 프랑스어, 영어 등)는 모두 한글 어휘로, 고전어

(라틴어, 그리스어)는 한자어로 옮기는 것을 원칙으로 한다.

7. 칸트의 다른 저작 또는 다른 구절을 한국어로 옮길 때를 고려하여, 다소 어색하더라도, 칸트의 동일한 용어에는 되도록 동일한 한국어 낱말을 대응시킨다. 용어가 아닌 보통 낱말들에도 가능하면 하나의 번역어를 대응시키지만, 이런 낱말들의 경우에는 문맥에 따라 유사한 여러 번역어들을 적절히 바꿔 쓰고, 또한 풀어 쓰기도 한다.(※ 다음의 〔유사어 및 상관어 대응 번역어 표〕 참조)

8. 유사한 또는 동일한 뜻을 가진 낱말이라 하더라도 칸트 자신이 번갈아 가면서 쓰는 말은 가능한 한 한국어로도 번갈아 쓴다.(※ 다음의 〔유사어 및 상관어 대응 번역어 표〕 참조)

9. 직역이 어려워 불가피하게 원문에 없는 말을 끼워 넣어야 할 대목에서는 〔 〕 안에 보탤 말을 쓴다. 또한 하나의 번역어로는 의미 전달이 어렵거나 오해 의 가능성이 있을 경우에도 그 대안이 되는 말을 〔 〕 안에 쓴다. 그러나 이중 삼중의 번역어 통용이 불가피하거나 무난하다고 생각되는 곳에서는 해당 역어를 기호 '/'를 사이에 두고 함께 쓴다.

10. 한국어 표현으로는 다소 생소하더라도 원문의 표현 방식을 유지하는 것이 필요하다고 여겨지는 경우에는 독일어 어법에 맞춰 번역하되, 한국어문만으로는 오해될 우려가 클 것으로 보이면 〔 〕 안에 자연스러운 한국어 표현을 병기한다.

11. 칸트 원문에 등장하는 인용 인물이나 사건이 비교적 널리 알려져 있지 않은 경우에는 그에 대해 각주를 붙여 해설한다.

12. 칸트의 다른 저술이나 철학 고전들과 연관시켜 이해해야 할 대목은 각주를 붙여 해설한다. 단, 칸트 원저술들을 인용함에 있어서『순수이성비판』은 초판=A와 재판=B에서, 주요 저술은 칸트 원본 중 대표 판본에서, 그리고 여타의 것은 학술원 판에서 하되, 제목은 한국어 또는 약어로 쓰고 원저술명은 함께 모아서 밝힌다.(※ 앞의 〈칸트(1724~1804)의 생전 논저 총목록〔약호〕〉 참조)

13. 칸트 원문은 가능한 한 대역(對譯)하여 한국어로 옮긴다. 한국어 어휘의 의미만으로는 충분하지 않아 보일 경우에는 각주에 원어를 제시한다. 불완전한 원문으로 인하여 대명사를 단순히 '그것', '이것' 등으로 옮길 경우 그 지칭 판별이 어려울 것으로 보이면, 부득이 지시한 명사를 반복해서 쓴다.(이런 경우

역자의 해석이 포함되는 것은 피할 수 없겠다.)

14. 구두점이나 번호 순서 표기 등도 가능한 한 원서대로 쓰되, 칸트 원문 상당 부분이 완성된 것이 아니라서 통상적인 대로가 아니거나 서로 대응 관계가 맞지 않는 경우가 많기 때문에, 한국어 문장 또는 어휘 연결에 혼동이 너무 크다고 여겨지는 경우에는 부득이 교정 첨삭한다.(이는 원문 훼손 가능성과 역자의 임의적 해석 가능성을 포함하는 일이라서 통상적인 문장의 번역에서는 마땅히 피해야 할 일이다.)

15. 원문의 단어 형태도 최대한 번역문에서 그대로 유지한다. 예컨대 원문의 'Natursystem'은 '자연체계'로, 'Sytem der Natur'는 '자연 체계' 또는 '자연의 체계'로 옮겨 적는다.

16. 원서의 격자 어휘는 진하게 쓰고, 진하게 인쇄되어 있는 어휘는 '진한 둥근 고딕체'로 쓰며, 인물(학파)의 이름은 '둥근 고딕체'로 쓴다.

17. 원서 문장의 불완전성으로 인해 의미 전달에 어려움이 있더라도 되도록 원문 형태대로 옮기되, 부득이한 경우에는 결여 어휘를 'xxx'라고 표시하거나 〔 〕 안에 역자가 보충 어휘를 넣는다. 그 대신에 원서에 사용된 본래의 〔 〕 은 진하게 써서(곧 〔 〕) 구별한다.(이 또한 원문 훼손 가능성과 역자의 임의적 해석 가능성을 포함하는 일이라서 통상적인 문장의 번역에서는 마땅히 피해야 할 일이다.) 또한 원문에 포함되어 있는 인용 부호 '»«'는 원서대로 옮기되, 내용상 인용문 표시가 필요한 경우에는 통상적인 인용 부호 " "를 덧붙인다.

18. 본문 하단 '※' 표시 주는 칸트 원문에 있는 주석이고, 아라비아 숫자로 표시되어 있는 각주만이 역자가 붙인 것이다.

※ 유사어 및 상관어 대응 번역어 표

ableiten

  ableiten: 도출하다/끌어내다, Ableitung: 도출, Deduktion: 연역,
  abziehen: 추출하다

Absicht

  Absicht: 의도/관점/견지, Rücksicht: 고려/견지,
  Hinsicht: 견지/관점/돌아봄/참작, Vorsatz: 고의/결의, Entschluß: 결심/결정

absolut

  absolut: 절대적(으로), schlechthin/schlechterdings: 단적으로/절대로,
  simpliciter: 端的으로

Abstoßung

  Abstoßung: 밀쳐냄/반발/척력, Zurückstoßung: 되밀쳐냄/척력,
  Repulsion: 반발/척력, repulsio: 反撥/斥力

abstrahieren

  abstrahieren: 추상하다/사상[捨象]하다, absehen: 도외시하다

Achtung

  Achtung(observatio[reverentia]): 존경(尊敬), Hochachtung: 존경/경의,
  Ehrfurcht: 외경, Hochschätzung: 존중, Schätzung: 평가/존중,
  Ehre: 명예/영광/경의/숭배, Verehrung(reverentia): 숭배(崇拜)/경배/흠숭/

70

존숭/공경/경의를 표함, Ehrerbietung: 숭경, Anbetung(adoratio): 경배(敬拜)

Affinität

Affinität: 근친성/유사성/친화성, affinitas: 親和性/類似性,

Verwandtschaft: 친족성/친화성

affizieren

affizieren: 촉발하다/영향을 끼치다, Affektion: 촉발/자극/애착/흥분상태,

Affekt: 흥분/촉발/정서/격정, affektionell: 정서적/격정적/촉발된,

anreizen: 자극하다, Reiz: 자극/매력, stimulus: 刺戟,

rühren: 건드리다/손대다, berühren: 건드리다/접촉하다,

Berührung: 건드림/접촉, Rühren: 감동, Rührung: 감동,

Begeisterung: 감격

ähnlich

ähnlich: 비슷한/유사한, analogisch: 유비적/유추적

Akt

Akt/Aktus: 작용/행동/행위/활동/행위작용, actio: 作用/活動,

actus: 行爲/作用/行爲作用/行動/現實態/實態,

※agere: 作用하다, Aktualität(actualitas): 현실성(現實性),

actio in distans: 遠隔作用

all

all: 모두/모든, insgesamt: 모두 다, gesamt: 통틀어,

All: 전부/모두/모든 것/우주만물, Allheit: 모두/전체, das Ganze: 전체

also

also: 그러므로, folglich: 따라서, mithin: 그러니까, demnach: 그 때문에,

daher: 그래서, daraus: 그로부터

anfangen

anfangen: 시작하다, Anfang: 시작/시초, Beginn: 시작/착수,

Anbeginn: 처음/발단, anheben: 개시하다/출발하다,

agitieren: 시발하다/촉진하다/선동하다

angemessen

angemessen: 알맞은/적절한/부합하는, füglich: 걸맞은/어울리는

angenehm

angenehm: 쾌적한/편안한, unangenehm: 불유쾌한/불편한,

Annehmlichkeit: 쾌적함/편안함

anhängend

anhängend: 부수적, adhärierend: 부착적/부속적〔속성적〕

Ankündigung

Ankündigung: 통고/선포, Kundmachung: 공포/알림

Anmut

Anmut: 우미〔優美〕, Eleganz: 우아

Anschauung

Anschauung: 직관, intuitus: 直觀, intuitio: 直觀/直覺,

Sinnenanschauung: 감관직관/감성적 직관,

intellektuelle Anschauung: 지성적 직관,

intelligible Anschauung: 예지적 직관

Anziehung

Anziehung: 끌어당김/인력, Attraktion: 잡아끎/견인/매력/인력,

attractio: 引力/牽引, attractiv: 견인적

Apprehension

Apprehension(apprehensio): 포착(捕捉)/점취(占取),

Auffassung(apprehensio): 포착(捕捉: 직관/상상력의 작용으로서)/파악(把握: 지성

의 작용으로서), Erfassen: 파악, Begreifen: (개념적) 파악/개념화/이해

a priori

a priori: 선험적/先驗的, a posteriori: 후험적/後驗的, proteron: 先次的,

hysteron: 後次的, angeboren(innatus): 선천적(本有的)/생득적/생래적/천성적/

타고난, anerschaffen: 타고난/천부의

arrogantia

arrogantia: 自滿/自慢, Eigendünkel: 자만〔自慢〕

Ästhetik

Ästhetik: 감성학/미(감)학, ästhetisch: 감성(학)적/미감적/미학적

aufheben

aufheben: 지양하다/폐기하다/폐지하다, ausrotten: 근절하다/섬멸하다,

vertilgen: 말살하다/절멸하다,

vernichten: 무효로 하다/폐기하다/파기하다/섬멸하다/없애다

Aufrichtigkeit

Aufrichtigkeit: 정직성[함], Ehrlichkeit: 솔직성[함], Redlichkeit: 진정성,

Wahrhaftigkeit: 진실성[함], Rechtschaffenheit: 성실성[함]

Bedeutung

Bedeutung: 의미, Sinn: 의의

Bedingung

Bedingung: 조건, bedingt: 조건 지어진/조건적,

das Bedingte: 조건 지어진 것/조건적인 것,

das Unbedingte: 무조건자[/무조건적인 것]

Begierde

Begierde: 욕구/욕망, Begehren: 욕구, Begier: 욕망,

Bedürfnis: 필요/필요욕구/요구, Verlangen: 요구/갈망/열망/바람/요망,

Konkupiszenz(concupiscentia): 욕정(欲情), Gelüst(en): 갈망/정욕

begreifen

begreifen: (개념적으로) 파악하다/개념화하다/포괄하다/(포괄적으로) 이해하다/
해득하다, fassen: 파악하다/이해하다, Fassungskraft: 이해력

Begriff

Begriff: 개념/파악/이해, conceptus: 槪念, conceptio: 槪念作用/受胎,

[Un]begreiflichkeit: 이해[불]가능성/해득[불]가능성

Beispiel

Beispiel: 예/실례/사례/본보기, zum Beispiel: 예를 들어, z. B.: 예컨대,

beispielsweise: 예를 들어, e. g.: 例컨대

Beistimmung

Beistimmung: 찬동/동의, ※Einstimmung: 일치/찬동, Stimme: 동의,

Beifall: 찬동, Beitritt: 찬성/가입

beobachten

beobachten: 준수하다/지키다, Beobachtung: 관찰/준수/고찰,

befolgen: 따르다/준수하다, Befolgung: 추종/준수

Bereich

Bereich: 영역, Gebiet: 구역, Sphäre: 권역, Kreis: 권역, Feld: 분야,

Fach: 분과, Umfang: 범위, Region: 지역/지방/영역, Territorium: 영토/영역,

territorium: 領土/領域, ditio: 領域,

※Boden: 지반/토대/기반/토지/지역/영토, Basis: 기반/바탕

Besitz

Besitz: 점유, Besitznehmung(appprehensio): 점유취득(占取),

※Eigentum: 소유(물/권), ※Haben: 소유[가지다]/자산,

Zueignung(appropriatio): 전유[영득](專有),

Bemächtigung(occupatio): 선점(先占)/점령(占領)

besonder

besonder: 특수한, absonderlich: 별난, partikular: 특별한/개별적/국부적,

spezifisch: 종적/종별적/특종의

beständig

beständig: 항존적/끊임없는, stetig: 항구적/부단한

Bestimmung

Bestimmung: 규정/사명/본분/본령,

bestimmen: 규정하다/결정하다/확정하다,

bestimmt: 규정된[/적]/일정한/확정된[/적]/명확한/한정된,

unbestimmt: 무규정적/막연한/무한정한

Bewegung

Bewegung: 운동/동요, Motion: 동작/운동, motus: 運動,

das Bewegliche: 운동할 수 있는 것/운동하는 것/운동체,

das Bewegbare: 운동할 수 있는 것,

bewegende Kraft(vis movens): 운동력(運動力)/운동하는 힘/움직이는 힘,

Bewegungskraft(vis motrix): 동력(動力), mobile: 可動體, movens: 運動體,

motor: 運動者

Bewegungsgrund

Bewegungsgrund/Beweggrund: 동인, Bewegursache: (운)동인

Beweis

Beweis: 증명, Demonstration: 입증/실연/시위, beurkunden: 공증하다,

dartun: 입증하다/밝히다

Bewußtsein

Bewußtsein: 의식, Selbstbewußtsein: 자기의식,

※ cogitatio: 思考/意識, perceptio: 知覺/意識,

Apperzeption(apperceptio): 통각/수반의식(統覺/隨伴意識)

Bibel

Bibel: 성경, (Heilige) Schrift: 성서, ※ Schrift: 저술, heiliges Buch: 성경책

Bild

Bild: 상/도상〔圖像〕/형태/그림/사진, Schema: 도식〔圖式〕,

Figur: 형상〔形象〕/도형, Gestalt: 형태, Urbild: 원형/원상,

Vorbild: 전형/모범/원형

Boden

Boden: 땅/지반/토대/기반/토지/지역/영토,

Basis(basis): 기반(基〔盤〕)/바탕/토대(土臺)/기층, Erde: 흙/땅/토양/지구/지상,

Land: 땅/육지/토지/지방/지역/나라, Horizont: 지평

böse

böse: 악한, das Böse: 악, malum: 惡/害惡/禍,

Bosheit(malitia): 악의(惡意)/악질(惡質)/악랄(惡辣),

Übel: 화/악/해악/재해/재난/나쁜 것, boshaft: 사악한,

bösartig: 악의적/음흉한, schlecht: 나쁜, arg: 못된/악질적인,

tückisch: 간악한/간계의

Buch

Buch: 책/서/저서, Schrift: 저술, Werk: 저작/작품/소행,

Abhandlung: 논고/논문

Bund

Bund: 연맹, Bündnis: 동맹, foedus: 同盟, Föderation: 동맹/연방,

Koaltion: 연립, Verein: 연합/협회, Assoziation: 연합

Bürger

Bürger: 시민, Mitbürger: 동료시민/공동시민,

Staatsbürger(cives): 국가시민(市民)/국민, Volk: 국민/민족/족속,

Stammvolk(gens): 민족(民族)

cogito

cogito: 나는 思考한다/나는 意識한다, cogitatio: 思考/意識,

cogitabile: 思考/思考可能한 것, ※dabile: 所與/所與可能한 것

darstellen

darstellen: 현시하다/그려내다/서술하다,

Darstellung(exhibitio): 현시(展示)/그려냄/서술, darlegen: 명시하다,

dartun: 밝히다

dehnbar

dehnbar: 늘여 펼 수 있는/가연적[可延的], ductilis: 伸張的/可延的,

streckbar: 늘릴 수 있는/때려 펼 수 있는

Denken

Denken: 사고(작용), denken: (범주적으로) 사고하다/(일반적으로) 생각하다,

Denkart: 사고방식/신념/견해,

Gedanke: 사유(물)/사상[思想]/사념[思念]/사고내용/의식,

Gedankending: 사유물/사념물/관념물,

Gedankenwesen: 사유존재자/사념존재자, Denkung: 사고/사유,

Denkungsart: 사유방식[성향], Sinnesart: 기질[성향]

Dichtigkeit

Dichtigkeit/Dichte: 밀도/조밀(성), dichtig: 조밀한/밀도 높은,

Intensität: 밀도, intensiv: 밀도 있는/밀도적/내포적,

※extensiv: 연장적/외연적

Ding

Ding: 사물/일/것, Sache: 물건/실물/사상〔事象〕/사안/실질내용/일/문제

Ding an sich

Ding an sich: 사물 자체, Ding an sich selbst: 사물 그 자체,

Ding selbst: 사물 자신,

Ding für sich(ens per se): 사물 독자〔獨自〕(自己에 依한 存在者)

Disziplin

Disziplin: 훈육, Zucht: 훈도

Dogma

Dogma: 교의/교조/교리, dogmatisch: 교의적/교조(주의)적,

Lehre: 교설/학설/이론/가르침, Doktrin: 교설, ※eigenmächtig: 독단적

Dummheit

Dummheit(stupiditas): 우둔(愚鈍)〔함〕/천치(天痴),

Dummkopf/Idiot: 바보/천치, stumpf: 둔(감)한, Albernheit: 우직〔함〕,

Tor: 멍청이, Narr: 얼간이

durchdringen

durchdringen: 침투〔浸透〕하다/삼투〔滲透〕하다/스며들다,

eindringen: 파고들다/스며들다, durchbrechen: 관통하다/통관하다,

permeabel: 투과〔透過〕/침투〔浸透〕 가능한

Dynamik

Dynamik: 역학/동력학, dynamisch: 역학적/역동적, ※Mechanik: 기계학

Ehe

Ehe: 혼인, Heirat: 결혼

eigen/Eigenschaft

eigen: 자신의/고유한, eigentlich: 본래의/원래의, Eigenschaft: 속성/특성,

Eigentum: 소유, eigentümlich: 특유의〔/한〕/고유의/소유의,

Eigentümlichkeit: 특유성/고유성, eigenmächtig: 독단적,

Beschafenheit: 성질, Inhärenz: 내속성, Attribut: (본질)속성/상징속성

Einbildung

Einbildung: 상상, Einbildungskraft: 상상력, Bildungskraft: 형성력/형상력,
imaginatio: 想像, Phantasie: 공상

Einleitung

Einleitung: 서론, Vorrede: 머리말, Prolegomenon/-mena: 서설,
Prolog: 서언

einseitig

einseitig: 일방적/일면적/한쪽의, doppelseitig: 쌍방적/양면적/양쪽의,
beiderseitig: 양쪽의/양편의/쌍방적, allseitig: 전방적/전면적,
wechselseitig: 교호적〔상호적〕, beide: 양자의/둘의/양편의,
beide Teile: 양편/양쪽, gegeneinander: 상호적으로

Einwurf

Einwurf: 반론, Widerlegung: 반박

Einzelne(das)

das Einzelne: 개별자/단일자, Individuum: 개체/개인

entsprechen

entsprechen: 상응하다, korrespondieren: 대응하다

entstehen

entstehen: 발생하다, entspringen: 생기다, geschehen: 일어나다,
hervorgehen: 생겨나(오)다, stattfinden/statthaben: 있다/발생하다/행해지다

Erfahrung

Erfahrung: 경험,
empirisch: 경험적/감각경험적(Erfahrung의 술어로 쓰이는 경우)

Erörterung

Erörterung(expositio): 해설(解說), Exposition: 해설, Aufklärung: 해명,
Erläuterung: 해명/설명, Erklärung: 설명/언명/공언/성명(서)/표시,
Explikation: 해석/석명〔釋明〕, Deklaration: 선언/천명/(의사)표시,
Aufschluß: 해결/해명, Auslegung: 해석/주해, Ausdeutung: 설명/해석,

Deutung: 해석/설명

Erscheinung

Erscheinung: 현상, Phaenomenon(phaenomenon): 현상체(現象體),

Apparenz(apparentia): 겉모습(外見), Schein: 가상[假象]

Erschütterung

Erschütterung(concussio): 진동(振動), oscillatio: 振動, vibratio: 搖動/振動,

undulatio: 波動, Klopfung(pulsus): 박동(搏動), Bebung: 떨림/요동[搖動],

Schwenkung: 흔들림/요동[搖動], Schwingung: 흔들림/진동,

Bibration: 진동, Zitterung: 떨림/진동/전율, Schwankung: 동요[動搖]

erzeugen

zeugen: 낳다/출산하다, Zeugung: 낳기/생식/출산,

erzeugen: 산출하다/낳다/출산하다, Erzeugung: 산출/출산/출생/생산,

hervorbringen: 만들어내다/산출하다/낳다/실현하다

ewig

ewig: 영원한, perennis: 永遠한, perpetuierlich: 영구적/항구적,

perpetuitas: 永久性, permanent: 영구적/영속적

Fall

Fall: 낙하/추락/경우, Abfall: 퇴락, Verfall: 타락

Feierlichkeit

Feierlichkeit: 장엄/엄숙/예식/의례[儀禮], Gebräuche: 의식[儀式]/풍속/관례,

Förmlichkeit: 격식/의례[儀禮]

fest

fest(=vest): 고체의/고정적/굳은/단단한,

starr: 강체[剛體]의/고체의/굳은/단단한/강경[剛硬]한/강고한,

Erstarrung: 응고, Starrwerden: 강체[고체]화, Starrigkeit: 강체[고체]성

finden

finden: 발견하다, treffen: 만나다, antreffen: 마주치다,

betreffen: 관련되[하]다/마주치다, Zusammentreffen: 함께 만남

flüßig/flüssig

flüßig/flüssig: 유동적/액체적/액질의/액상〔液狀〕의/흐르는,

Flüßigkeit: 유동성/유동체, fluidum: 液體/流動體, liquidum: 流體

Folge

Folge: 잇따름/계기〔繼起〕/후속〔後續〕/결과/결론,

folgen: 후속하다/뒤따르다/뒤잇다/잇따르다/결론으로 나오다,

sukzessiv: 순차적/점차적/연이은, Sukzession: 연이음, Kontinuum: 연속체,

Kontinuität: 연속성, kontinuierlich: 연속적, Fortsetzung: 계속

Form

Form: 형식, Formel: 정식〔定式〕, (Zahlformel:수식〔數式〕),

Figur: 형상〔形象〕/도형, Gestalt: 형태

Frage

Frage: 물음/문제, ※Problem: 문제, ※Problematik: 문제성

Freude

Freude: 환희/유쾌/기쁨, freudig: 유쾌한, Frohsein: 기쁨, froh: 기쁜,

fröhlich: 유쾌한/쾌활한, erfreulich: 즐거운

Furcht

Furcht: 두려움/공포, Schrecken: 겁먹음/경악/전율, Grausen: 전율,

Greuel: 공포/소름끼침, Schauer: 경외감

Gang

Gang: 보행, Schritt: 행보/(발)걸음

gefallen

gefallen: 적의〔適意〕하다/마음에 들다, Gefälligkeit: 호의,

Mißfallen: 부적의〔不適意〕/불만,

mißfallen: 적의하지 않다/부적의〔不適意〕하다/마음에 들지 않다,

Wohlgefallen(complacentia): 흡족〔洽足〕/적의함(=Wohlgefälligkeit),

※Komplazenz: 흐뭇함

Gegensatz

Gegensatz: 대립/반대/대비/대조, Gegenteil: 반대/역〔逆〕,

Gegenstück: 반대요소/대응자/반대 짝

Gehorchen

Gehorchen: 순종, Gehorsam: 복종, Unterwerfung: 복속/굴종/정복,

Ergebung: 순응

gehören

gehören: 속하다/의속[依屬]하다/요구된다/필요로 하다,

angehören: 소속하다/소속되다, zugehören: 부속하다,

zukommen: 귀속하다/귀속되다

gemäß

gemäß: 맞춰서/(알)맞게/적합하게/의(거)해서/준거해서,

nach: 따라서, vermittelst: 매개로/의해, vermöge: 덕분에/의해서

gemein

gemein: 보통의/평범한/공통의/공동의/상호적/일상의, gemeiniglich: 보통,

gewöhnlich: 보통의/흔한/통상적으로, alltäglich: 일상적(으로)

Gemeinschaft

Gemeinschaft: 상호성/공통성/공동체/공동생활/공유,

gemeines Wesen: 공동체, Gesellschaft: 사회,

Gemeinde: 기초단체/교구/회중[會衆]/교단

Gemüt

Gemüt(animus): 마음(心)/심성(心性),

Gemütsart(indoles): 성품(性品)/성정(性情),

Gemütsanlage: 마음의 소질/기질, (Temperament:기질/성미),

Gemütsfassung: 마음자세, Gemütsstimmung: 심정, Gesinnung: 마음씨,

Herzensgesinnung: 진정한 마음씨, Herz: 심/진심/심정/심성/마음/가슴/심장,

Seele(anima): 영혼(靈魂)/마음/심성, Geist: 정신/정령/성령/영[靈],

mens: 精神, spiritus: 精靈/精神, ※ Sinnesänderung: 심성의 변화/회심[回心],

Herzensänderung: 개심[改心]

Genuß

Genuß: 향수[享受]/향유/향락, genießen: 즐기다/향유하다

Gerechtigkeit

Gerechtigkeit: 정의/정의로움,

Rechtfertigung: 의[로움]/의롭게 됨[의로워짐]/정당화,

gerecht(iustium): 정의(正義)로운, ungerecht(iniustium): 부정의(不正義)한

Geschäft

Geschäft: 과업/일/실제 업무, Beschäftigung: 일/용무,

Angelegenheit: 업무/소관사/관심사/사안, Aufgabe: 과제

Gesetz

Gesetz: 법칙/법/법률/율법, Regel: 규칙, regulativ: 규제적, Maxime: 준칙,

Konstitution: 헌법/기본체제/기본구성, Grundgesetz: 기본법/근본법칙,

Verfassung: (기본)체제/헌법, Grundsatz: 원칙, Satz: 명제,

Satzung: 종규[宗規]/율법, Statut: 법규, statutarisch: 법규적/규약적/제정법

[制定法]적, Verordnung: 법령, ※Recht: 법/권리/정당/옳음

gesetzgebend

gesetzgebend: 법칙수립적/입법적, legislativ: 입법적

Gewicht

Gewicht: 무게, Schwere: 중량/중력, Gravitation: 중력, Schwerkraft: 중력

Gewohnheit

Gewohnheit: 습관/관습/풍습, Angewohnheit(assuetudo): 습관(習慣),

Fertigkeit: 습성/숙련, habitus: 習性, habituell: 습성적

Gleichgültigkeit

Gleichgültigkeit: 무관심/아무래도 좋음, Indifferenz: 무차별,

ohne Interesse: (이해)관심 없이, Interesse: 이해관심/관심/이해관계,

adiaphora: 無關無見

Glückseligkeit

Glückseligkeit: 행복, Glück: 행(복)/행운, Seligkeit: 정복[淨福]

Gottseligkeit

Gottseligkeit: 경건, Frömmigkeit: 독실(함)/경건함

Grenze

Grenze: 한계, Schranke: 경계/제한, Einschränkung: 제한(하기)/국한,
grenzenlos: 한계 없이/한계가 없는, unbegrenzt: 한계 없이

Grund

Grund: 기초/근거, Grundlage: 토대, Grundlegung: 정초〔定礎〕,
Anfangsgründe: 기초원리, zum Grunde legen: 기초/근거에 놓다〔두다〕,
unterlegen: 근저에 놓다〔두다〕, Fundament: 토대/기저,
Element: 요소/원소/기본, ※Boden: 땅/지반/토대/기반/지역/영토,
※Basis: 기반/바탕/토대

gründen

gründen: 건설하다/(sich)기초하다, errichten: 건립하다/설치하다,
stiften: 설립하다/창설하다/세우다

gut

gut: 선한/좋은, das Gute: 선/좋음, bonum: 善/福, gutartig: 선량한,
gütig: 온화한/관대한/선량한

Habe

Habe: 소유물/재산, Habe und Gut: 소유재산,
Haben: 소유〔가지다〕/(총)자산/대변, Inhabung(detentio): 소지(所持),
※Vermögen: 재산/재산력, vermögend: 재산력 있는/재산이 많은

Handlung

Handlung: 행위〔사람의 경우〕/작동〔사물의 경우〕/작용/행위작용/행사,
Tat: 행실/실행/행동/업적/실적/사실, Tatsache: 사실, factum: 行實/事實/行爲,
facere: 行〔爲〕하다, agere: 作用하다, operari: 處理하다/作業하다/活動하다,
Operation: 작업/활동/작전/수술/처치/처리, Tun: 행함/행동/일/짓,
Tun und Lassen: 행동거지, Tätigkeit: 활동,
※Akt/Aktus: 작용/행동/행위/활동/행위작용,
Wirkung: 결과/작용-결과/작용/효과, Verhalten: 처신/태도,
Benehmen: 행동거지, Lebenswandel: 품행/처신, Betragen: 거동/행동,
Konduite: 범절, ※Werk: 소행/작품/저작

Hilfe

Hilfe: 도움, Beihilfe: 보조/도움, Beistand: 원조/보좌,

Mitwirkung: 협력/협조, Vorschub: 후원

Idee

Idee: 이념/관념, idea: 이데아/觀念, Notio(notio): 순수관념(純粹觀念),

Vorstellung: 표상

immer

immer: 언제나, jederzeit: 항상, immerdar: 줄곧

Imperativ

Imperativ(imperativus): 명령(命令), Gebot: 지시명령/계명,

gebieten: 지시명령하다, dictamen: 指示命令/命法/口述, praeceptum: 命令,

Geheiß: 분부/지시, befehlen: 명령하다, befehligen: 지휘하다,

Observanz: 계율/준봉〔遵奉〕, ※Vorschrift: 지시규정/지정/규정〔規程〕/훈계

intellektuell

intellektuell: 지성적, intelligibel: 예지적, intelligent: 지적인,

intelligentia: 知性/知力/叡智者/知的 存在者,

Intelligenz: 지적 존재자/예지자, Noumenon〔noumenon〕: 예지체〔叡智體〕,

Verstandeswesen: 지성존재자/오성존재자,

Verstandeswelt(mundus intelligibilis): 예지〔/오성〕세계(叡智〔/悟性〕世界),

Gedankenwesen: 사유물, Gedankending: 사유물/사념물

Irrtum

Irrtum: 착오, Täuschung: 착각/기만, Fehler: 오류/하자〔瑕疵〕/결함/잘못,

Falschheit: 허위

Kanon

Kanon: 규준〔規準〕, Richtschnur: 먹줄/기준/표준, Richtmaß: 표준(척도),

Maß: 도량/척도, Maßstab: 자〔準矩〕/척도, Norm(norma): 규범(規範)

klar

klar: 명료한/명백한, deutlich: 분명한, dunkel: 애매한/불명료한/흐릿한,

verworren: 모호한/혼란한, zweideutig: 다의적/이의〔二義〕적/애매한/

애매모호한, doppelsinnig: 이의[二義]적/애매한/애매모호한,
aequivocus: 曖昧한/多義的/二義的, evident: 명백한/자명한,
offenbar: 분명히/명백히, augenscheinlich: 자명한/명백히,
einleuchtend: 명료한, klärlich: 뚜렷이, apodiktisch: 명증적,
bestimmt: 규정된/명확한

Körper

Körper: 물체/신체, Leib: 몸/육체, Fleisch: 육[肉]/살

Kraft

Kraft: 힘/력/능력/실현력, Vermögen: 능력/가능력/재산,
Fähigkeit: (능)력/할 수 있음/유능(함)/성능/역량,
Macht: 지배력/권력/권능/위력/세력/권세/힘,
Gewalt: 권력/강제력/통제력/지배력/지배권/통치력/폭력,
Gewalttätigkeit: 폭력/폭행, Stärke: 강함/힘셈/장점, Befugnis: 권한/권능,
Potenz: 역량/지배력/세력/잠재력/잠재태/힘,
potentia: 支配力/力量/潛在力/能力, potestas: 權力/能力,
lebendige Kraft(vis viva): 활력(活力)/살아 있는 힘,
todte Kraft(vis mortua): 사력(死力)/죽은 힘

Krieg

Krieg: 전쟁, Kampf: 투쟁/전투/싸움, Streit: 항쟁/싸움/다툼/논쟁,
Streitigkeit: 싸움거리/쟁론/분쟁, Zwist: 분쟁, Fehde: 반목,
Befehdung: 반목/공격, Anfechtung: 시련/유혹/불복/공격,
Mißhelligkeit: 불화/알력

Kultur

Kultur: 배양/개발/문화/교화/개화,
kultivieren: 배양하다/개발하다/교화하다/개화하다,
gesittet: 개명된

Kunst

Kunst: 기예/예술/기술, künstlich: 기예적/예술적/기교적, kunstreich: 정교한,
Technik: 기술, technisch: 기술적인, Technizism: 기교성/기교주의

Leben

Leben: 살아 있음/생[生]/생명/생활, lebendig: 살아 있는/활기 있는,

※lebendige Kraft(vis viva): 활력(活力)/살아 있는 힘,

beleben: 생기[생명]를 주다, belebt: 생명 있는, belebend: 생기 있는

leer

leer: 빈[空]/텅 빈, das Leere: 빈 것/허공/공허,

Vakuum(vacuum): 공허(空虛)/허공(虛空)/진공(眞空),

erfüllt: 가득 찬/채워진/충만한

Legalität

Legalität(legalitas): 합법성(合法性), Gesetzmäßigkeit: 합법칙성,

gesetzmäßig: 합법칙적/합법적, Rechtmäßigkeit: 적법성/합당성/권리 있음,

rechtmäßig: 적법한/합당한/권리 있는, Legitimität(legitimitas): 정당성(正當性)

Lohn

Lohn(merces): 보수(報酬)/임금(賃金)/노임(勞賃),

Belohnung(praemium): 상(賞給),

Vergeltung(remuneratio/repensio): 보답(報償/報酬), brabeuta: 施賞(者)

mannigfaltig

mannigfaltig: 잡다한/다양한, Mannigfaltigkeit: 잡다성/다양성,

Varietät: 다양성/다종성, Einfalt: 간단/간결/소박함, einfach: 단순한,

einerlei: 한가지로/일양적

Maß

Maß: 도량[度量]/척도, messen: 측량하다, ermessen: 측량하다,

schätzen: 측정하다/평가하다

Materie

Materie: 질료/물질, Stoff: 재료/소재/원소, Urstoff: 근원소/원소재,

Elementarstoff: [요소]원소/[기본]원소, Grundstoff: 기초원소/근본소재

Mechanismus

Mechanismus: 기계성/기제[機制]/기계조직,

Mechanik: 역학/기계학/기계조직, mechanisch: 역학적/기계적/기계학적,

Maschinenwesen: 기계체제

Mensch

Mensch: 인간/사람, man: 사람(들), Mann: 인사/남자/남편/어른

Menschenscheu

Menschenscheu: 인간기피, Misanthropie: 인간혐오,

Anthropophobie: 대인공포증, Philanthrop: 박애(주의)자

Merkmal

Merkmal(nota): 징표(徵標), Merkzeichen: 표징, Zeichen: 표시/기호,

Kennzeichen: 표지[標識], Symbol: 상징, ※Attribut: (본질)속성/상징속성

Moral

Moral: 도덕/도덕학, moralisch: 도덕적, Moralität: 도덕(성),

Sitte: 습속/관습, Sitten: 윤리/예의/예절/습속, sittlich: 윤리적,

Sittlichkeit: 윤리(성), Ethik: 윤리학, ethisch: 윤리(학)적

Muster

Muster: 범형/범례/전형, musterhaft: 범형적/범례적/전형적,

Typus: 범형, Typik: 범형론, exemplarisch: 본보기의/견본적,

Probe: 견본/맛보기, schulgerecht: 모범적, ※Beispiel: 예/실례/사례/본보기

nämlich

nämlich: 곧, das ist: 다시 말하면, d. i.: 다시 말해,

secundum quid: 卽/어떤 面에서

Natur

Natur: 자연/본성/자연본성, Welt: 세계/세상/우주,

physisch: 자연적/물리적/자연학적/물리학적

Naturwissenschaft

Naturwissenschaft: 자연과학,

Physik(physica): 물리학(物理學)/자연학(自然學)(아주 드물게),

Physiologie(physiologia): 자연학(自然學)/생리학(生理學),

Naturkunde: 자연지식[학], Naturlehre: 자연이론,

Naturkenntnis: 자연지식, Naturerkenntnis: 자연인식

nehmen

nehmen: 취하다, annehmen: 상정하다/채택하다/받아들이다/납득하다,

aufnehmen: 채용하다

Neigung

Neigung: 경향(성), Zuneigung: 애착, Hang(propensio): 성벽(性癖),

Prädisposition(praedispositio): 성향(性向), ※ Sinnesart: 기질[성향],

※ Denkungsart: 사유방식[성향]

nennen

nennen: 부르다, heißen: 일컫다, benennen: 명명하다,

bezeichnen: 이름 붙이다/표시하다

notwendig

notwendig: 필연적, notwendigerweise: 반드시, nötig: 필수적/필요한,

unausbleiblich: 불가불, unentbehrlich: 불가결한,

unerläßlich: 필요불가결한, unvermeidlich: 불가피하게,

unumgänglich: 불가피하게

nun

nun: 이제/그런데/무릇, jetzt: 지금/이제

nur

nur: 오직/다만/오로지/단지, bloß: 순전히/한낱/한갓, allein: 오로지,

lediglich: 단지/단적으로

Objekt

Objekt: 객관[아주 드물게 객체], Gegenstand: 대상

Ordnung

Ordnung: 순서/질서,

Anordnung: 정돈/정치[定置]/배치/서열/질서(규정)/조치/법령(체제),

※ Verordnung: 법령/규정

Organ

Organ: 기관[機關, 器官]/유기기관[有機器官], Organism/Organismus: 유기성,

organisch: 유기적, unorganisch: 비유기적/무기적,

organisieren: 조직화하다/유기화하다, organisiert: 유기화된/조직된,

Organisation: 조직/유기조직

Pathos

Pathos: 정념, pathologisch: 정념적, Apathie(apatheia): 무정념(無情念),

Leidenschaft: 열정/정열/욕정, ※Affekt: 격정

Pflicht

Pflicht(officium): 의무(義務), Verpflichtung: 의무[를] 짐/의무지움/책임,

Verbindlichkeit(obligatio): 책무(責務)/구속성/구속력,

Obligation: 책무/임무, Obliegenheit: 임무 Verantwortung: 책임,

※Schuld: 채무/탓/책임, ※Schuldigkeit: 책임/채무

ponderabel

ponderabel: 계량 가능한, ponderabilitas: 計量可能性,

wägbar: 계량할 수 있는/달 수 있는, Wägbarkeit: 계량할 수 있음,

unwägbar: 계량할 수 없는, imponderabel: 계량 불가능한,

ermessen: 측량하다

Position

Position: 설정, Setzen: 정립

Prädikat

Prädikat: 술어, Prädikament: 주[主]술어, Prädikabilie: 준[準]술어

primitiv

primitiv: 시원적/원시적/야만적, uranfänglich: 원초적/태초의,

※ursprünglich: 근원적/본원적

Problem

Problem: 문제, Problematik: 문제성,

problematisch: 미정[未定]적/문제(성) 있는/문제[問題]적,

※Frage: 물음/문제, Quästion: 질문, wahrscheinlich: 개연적,

Wahrscheinlichkeit: 개연성/확률, probabel: 개연적[蓋然的],

Probabilität: 개연성/확률, Probabilismus: 개연론/개연주의

Qualität

　Qualität(qualitas): 질(質), ※Eigenschaft: 속성/특성, ※Beschaffenheit: 성질

Quantität

　Quantität(quantitas): 양(量)/분량/수량, Quantum(quantum): 양적(量的)인 것/
　일정량(一定量)/정량(定量)/양(量), Größe: 크기, Menge: 분량/많음/집합,
　Masse: 총량/다량/질량/덩이, ※Portion: 분량(分量)/몫

Ratschlag

　Ratschlag: 충고, Ratgebung: 충언

Rauminhalt

　Rauminhalt/Raumesinhalt: 부피/용적, Raumesgröße: 공간크기,
　Körperinhalt/körperlicher Inhalt: 체적(體積), Volumen: 용량/용적,
　volumen: 容量/容積

Realität

　Realität: 실재(성)/실질(성)/실질실재(성), Wirklichkeit: 현실(성),
　realisiern: 실재화하다, verwirklichen: 현실화하다/실현하다

Recht

　Recht: 법/권리/정당함/옳음, recht(rectum): 올바른(正)/정당한/옳은,
　unrecht(minus rectum): 부정(不正)한/그른/부당한/옳지 않은,
　rechtlich: 법적인, ※rechtmäßig: 적법한/합당한/권리 있는

rein

　rein: 순수한, ※bloß: 순전한, einfach: 단순한, lauter: 순정(純正)한/숫제,
　echt: 진정한/진짜의

Rezeptivität

　Rezeptivität: 수용성, Empfänglichkeit: 감수성/수취(가능)성/수취력/
　수용(가능)성/얻을 수 있음/받을 수 있음, Affektibilität: 감응성

schaffen

　schaffen: 창조하다, erschaffen: 조물하다/창작하다, schöpfen: 창조하다,
　Schaffer: 창조자, Schöpfer: 창조주, Erschaffer: 조물주,
　Urheber: 창시자/원조(元祖), Demiurgus: 세계형성자(世界形成者)/세계제조자

Schema

Schema: 도식〔圖式〕, Schematismus: 도식성〔圖式性〕, Bild: 도상〔圖像〕/상〔像〕/

형상〔形像〕/그림, Figur: 도형〔圖形〕/모양/모습/형상〔形象〕, Gestalt: 형태

Schöne(das)

Schöne(das): 미적인 것/아름다운 것, Schönheit: 미/아름다움,

※ästhetisch: 감성(학)적/미감적/미학적

Schuld

Schuld: 빚/채무/죄과/탓, Schuldigkeit(debitum): 책임(責任)/채무(債務),

Unschuld: 무죄/순결무구, Verschuldung(demeritum): 부채(負債)/죄책(罪責)

Schüler

Schüler: 학생, Jünger: 제자, Lehrjünger: 문하생, Lehrling: 생도,

Zögling: 사생/생도

Sein

Sein: 존재/임〔함〕/있음, Dasein: 현존(재), Existenz: 실존(재)/생존,

Wesen: 존재자/본질

Selbstliebe

Selbstliebe: 자기사랑, philautia: 自愛, Eigenliebe: 사애〔私愛〕

selbstsüchtig

selbstsüchtig: 이기적, eigennützig: 사리〔私利〕적,

uneigennützig: 공평무사한

sich

an sich: 자체(적으)로, an sich selbst: 그 자체(적으)로,

für sich: 그것 자체(적으)로/독자적으로

sinnlich

sinnlich: 감성적/감각적, Sinnlichkeit: 감성,

Sinn: 감(각기)관/감각기능/감각, Sinneswesen/Sinnenwesen: 감성존재자,

Sinnenwelt(mundus sensibilis): 감성세계/감각세계(感性世界/感覺世界),

Sinnenvorstellung: 감관표상/감각표상, Sinnenanschauung: 감관직관/감성

직관, Sinnenobjekt: 감관객관/감각객관/감각객체, Sinnengegenstand: 감관

대상/감각대상, Sinnerscheinung: 감각현상, sensibel: 감수적/감성적/감각적, sensitiv: 감수적/감각적, Empfindung: 감각/느낌, Gefühl: 감정

Sitz

Sitz(sedes): 점거(占據)/점거지(占據地)/거점(據點)/자리/본거지/거처, Niederlassung: 거주, Ansiedlung(incolatus): 정주(定住), Lagerstätte: 거소/침소

sogenannt

sogenannt: 이른바, so zu sagen: 소위/이른바, vermeintlich: 소위, angeblich: 세칭〔世稱〕/자칭, vorgeblich: 소위/사칭적

sparsim

sparsim: 대충/군데군데/分散的으로/斷片的으로/分離해서, coniunctim: 結合해서/連結的으로/共同으로

sperrbar

sperrbar: 저지할 수 있는/차단할 수 있는, Sperrbarkeit: 저지할 수 있음/차단할 수 있음, coërcibilis: 沮止可能한, coërcibilitas: 沮止可能性

Spiel

Spiel: 유희/놀이/작동

Spontaneität

Spontaneität: 자발성, Selbsttätigkeit: 자기활동성

spröde

spröde: 부서지기 쉬운, Sprödigkeit: 파쇄성, zerreiblich: 갈아 부술 수 있는, zerreibbar: 부술 수 있는, friabilis: 破碎的/磨碎的, fragilis: 脆性的, zerspringen: 파열하다

Standpunkt

Standpunkt: 견지/입장/입지점, Stelle: 위치/지위/자리, Status: 위상

Stoß

Stoß: 충격, percussio: 衝擊/打擊, ictus: 打擊/衝擊, Gegenstoß: 반격〔反擊〕

Strafe

Strafe: 형벌/처벌/징벌/벌, Strafwürdigkeit: 형벌성〔형벌을 받을 만함〕,

Strafbarkeit: 가벌성〔형벌을 받을 수 있음〕, reatus: 罪過/違反,

culpa: 過失/欠缺, dolus: 犯罪, poena: 罰/刑罰/處罰/補贖, punitio: 處罰/懲罰,

delictum: 過失/犯罪

Streben

Streben: 힘씀/추구, Bestreben: 애씀/노력/힘씀, conatus: 힘씀/努力,

nisus: 애씀/勞苦

streng

streng: 엄격한, strikt: 엄밀한

Struktur

Struktur: 구조, Gefüge: 내부 구조/구조물/조직,

Textur(textura): 짜임새/직조(織組)/직물(織物)

Substanz

Substanz(substantia): 실체(實體), Subsistenz: 자존〔自存〕성/자존체,

subsistierend: 자존적〔실체적〕, bleiben: (불변)존속하다/머무르다,

bleibend: (불변)존속적〔/하는〕, bestehen: 상존하다/존립하다,

※beständig: 항존적/끊임없는, Dauer: 지속/기간,

beharrlich: 고정(불변)적, Beharrlichkeit: 고정(불변)성

Sünde

Sünde: 죄/죄악, ※peccatum: 罪/罪惡, Sündenschuld: 죄책,

Sühne: 속죄/보속/보상/처벌, Entsündigung: 정죄〔淨罪〕,

Genugtuung: 속죄/보상/명예회복, Erlösung: 구원/구제,

Versöhnung: 화해, Expiation: 속죄/보상/죄 갚음,

Büßung: 참회/속죄/죗값을 치름, bereuen: 회개하다, Pönitenz: 고행

Synthesis

Synthesis: 종합, Vereinigung: 합일/통합/통일,

Einheit: 통일(성)/단일(성)/하나

Teil

Teil: 부분/부〔部〕, Abteilung: 부문, Portion: 분량〔分量〕/몫

transzendental

transzendental: 초월적〔아주 드물게 초험적/초월론적〕,

transzendent: 초험적/초재적/초월의, immanent: 내재적/내재의,

überschwenglich: 초절적/과도한, überfliegend: 비월적〔飛越的〕,

Transzendenz: 초월

trennen

trennen: 분리하다, abtrennen: 분리시키다,

absondern: 떼어내다/격리하다/분류하다, isolieren: 격리하다/고립시키다

Trieb

Trieb: 추동〔推動〕/충동, Antrieb: 충동, Triebfeder: (내적) 동기, Motiv: 동기

Trug

Trug: 속임(수)/기만, Betrug: 사기, ※Täuschung: 착각/속임/기만/사기,

Blendwerk: 기만/환영〔幻影〕/현혹, Vorspiegelung: 현혹/꾸며 댐,

Hirngespinst: 환영〔幻影〕, Erschleichung: 사취/슬쩍 손에 넣음/슬며시 끼어듦,

Subreption: 절취, Defraudation(defraudatio): 편취〔騙取〕

Tugend

Tugend: 덕/미덕, Laster: 패악/악덕, virtus: 德, vitium: 悖惡/缺陷,

peccatum: 罪/罪惡, Verdienst(meritum): 공적〔功德〕, demeritum: 過失,

※malum: 惡/害惡/禍

Übereinstimmung

Übereinstimmung: 합치, Einstimmung: 일치/찬동,

Stimmung: 조율/정조〔情調〕/기분/분위기,

Zusammenstimmung: 부합/합치/화합/단결,

Verstimmung: 부조화/엇나감, Übereinkommen: 일치,

Angemessenheit: (알)맞음/적합/부합, Harmonie: 조화,

Einhelligkeit: 일치/이구동성, Verträglichkeit: 화합/조화,

Entsprechung: 상응/대응, Konformität: 합치/동일형식성,

Kongruenz: 합동/합치, korrespondieren: 대응하다,

adaequat: 일치하는/부합하는/대응하는/부응하는/충전한,

cohaerentia: 一致/團結/粘着

Übergang

Übergang(transitus): 이행(移行), Überschritt: 이월[移越]/넘어감,

Überschreiten: 넘어감/위반, Übertritt: 이월[移越]/개종/위반,

※Transzendenz: 초월

überhaupt

überhaupt: 일반적으로/도대체, überall: 어디서나/도무지,

denn: 대관절/무릇

Überzeugung

Überzeugung: 확신, Überredung: 신조/설득/권유, Bekenntnis: 신조/고백

unendlich

unendlich: 무한히, ※unbegrenzt: 한계 없이,

※grenzenlos: 한계 없이/한계가 없는, unbeschränkt: 무제한의,

schrankenlos: 무제한적, in indefinitum: 無限定하게, in infinitum: 無限하게

Unterschied

Unterschied: 차이/차별/구별, Unterscheidung: 구별,

Verschiedenheit: 상이(성)/서로 다름, unterscheiden: 구별하다/판별하다

Ursprung

Ursprung: 근원/기원, Quelle: 원천, Ursache: 원인/이유,

Kausaltät: 원인(성)/인과성, Grund: 기초/근거/이유,

ursprünglich: 근원적/본원적

Urteil

Urteil: 판단/판결, Beurteilung: 판정/평가/비평/가치판단/판단,

richten: 바로잡다/재판하다/심판하다

Veränderung

Veränderung: 변화, Abänderung: 변이[變移]/변경, Änderung: 변경,

Umänderung: 변혁, Wechsel: 바뀜/변전[變轉], Wandeln: 변모/전변[轉變],

Umwandlung: 전환/변이, Verwandlung: 변환

Verbindung

Verbindung(conjunctio): 결합(結合)/관련/구속/결사[結社],

Verknüpfung(nexus): 연결(連結)/결부, Anknüpfung: 결부/연결/유대,

Knüpfung: 결부/매듭짓기, Bindung: 접합

Verbrechen

Verbrechen: 범죄, Übertretung: 위반/범법, Vergehen: 범행/위반/소멸,

Verletzung: 침해/훼손/위반

verderben

verderben: 부패하다/타락하다/썩다, Verderbnis: 부패,

Verderbheit(corruptio): 부패성(腐敗性)

Verein

Verein: 연합, Verbund: 연맹, Koalition: 연립

Vereinigung

Vereinigung: 통합[체]/통일[체]/합일/조화/규합,

Vereinbarung: 합의/협정/합일/화합

Vergnügen

Vergnügen: 즐거움/쾌락/기뻐함, Unterhaltung: 즐거움/오락,

Wo[h]llust: 희열/환락/쾌락/음탕, Komplazenz: 흐뭇함,

Ergötzlichkeit: 오락/열락/흥거움/기쁨을 누림, ergötzen: 기쁨을 누리다/

흥겨워하다/즐거워하다, ergötzend: 흥겨운/즐겁게 하는

Verhältnis

Verhältnis: 관계/관계자/비례, Beziehung: 관계(맺음), Relation: 관계,

Korrelat/Correlatum: 상관자

Vernunft(ratio)

Vernunft(ratio): 이성(理性), rationalis: 理性的/合理的,

rationis: 理性의/理性에 依한, rationabilis: 理性을 가진[理性的],

ens rationale: 理性的 存在者, ens rationis: 理性의 存在者/理性에 依한 存在者,

ens rationabile: 理性을 가진 存在者,

Vernunftwesen: 이성존재자/이성의 존재자,

vernünftiges Wesen: 이성적 존재자

Verschiebung

Verschiebung: 변위〔變位〕, verschieben: 옮기다/변위하다,

Verrückung: 전위〔轉位〕, verrücken: 위치를 바꾸다,

Ortsentmischung(dislocatio): 전위(轉位)

Verstand

Verstand: 지성〔아주 드물게 오성〕, verständig: 지성적/오성적,

Unverstand: 비지성/무지/어리석음, ※ intellektuell: 지성적,

intelligibel: 예지〔叡智〕적

vis

vis: 力, ※ vis movens: 運動力, ※ vis motrix: 動力, vis vitalis: 生命力,

vis vivifica: 生氣力, ※ vis viva: 活力, ※ vis mortua: 死力,

vis impressa: 印加力, vis interne motiva: 原動力〔內的 動機의 힘〕,

vis locomotiva: 移動力, vis primitiva: 始原力/原始力, vis deferens: 輸送力

vollkommen

vollkommen: 완전한, vollständig: 완벽한, völlig: 온전히,

vollendet: 완결된/완성된, ganz/gänzlich: 전적으로

Vorschrift

Vorschrift: 지시규정/지정/규정〔規程〕/규율/훈계,

vorschreiben: 지시규정하다/지정하다

wahr

wahr: 참인〔된〕/진리의, Wahrheit: 진리/참임, wahrhaftig: 진실한,

Wahrhaftigkeit: 진실성

weil

weil: 왜냐하면(~ 때문이다), denn: 왜냐하면(~ 때문이다)/무릇(~ 말이다),

da: ~이므로/~이기 때문에

Wette

Wette: 내기/시합, Wetteifer: 겨루기/경쟁(심), Wettstreit: 경합,

Nebenbuhlerei: 경쟁심

Widerspruch

Widerspruch: 모순, Widerstreit: 상충/갈등/충돌, Widerspiel: 대항(자),
Widerstand: 저항

Wille

Wille: 의지, Wollen: 의욕(함), Willkür(arbitrium): 의사(意思)/자의(恣意),
willkürlich: 자의적인/의사에 따른/의사대로, Willensmeinung: 의향,
beliebig: 임의적, Unwille: 억지/본의 아님, unwillig: 억지로/마지못해,
Widerwille: 꺼림, freiwillig: 자유의지로/자원해서/자의(自意)적인/자발적

Wirkung

Wirkung: 작용-결과/결과, Folge: 결과, Erfolg: 성과, Ausgang: 결말

Wissen

Wissen: 앎/지(知)/지식, Wissenschaft: 학문/학(學)/지식, Erkenntnis: 인식,
Kenntnis: 지식/인지/앎

Wohl

Wohl: 복/복리/안녕/편안/평안/건전, Wohlsein: 복됨/평안함/안녕함/건강/
잘함, Wohlleben: 유족(裕足)한 삶/평안, Wohlbefinden: 안녕/평안,
Wohlbehagen: 유쾌(함), Wohlergehen: 번영/편안/평안, Wohlfahrt: 복지,
Wohlstand: 유복, Wohlwollen: 호의/친절, Wohltun: 친절(함)/선행,
Wohltat: 선행/자선, Wohltätigkeit: 자선/선행/자비/자애/선량함/인자,
benignitas: 仁慈/慈愛, Wohlverhalten: 훌륭한(방정한) 처신

Wunder

Wunder: 놀라움/기적, Bewunderung: 경탄, Verwunderung: 감탄,
Erstauen: 경이, Ehrfurcht: 외경, Schauer: 경외

Würde

Würde: 존엄(성)/품위, Würdigkeit: 품격(자격)/품위, würdig: 품격 있는,
Majestät: 위엄, Ansehen: 위신/위엄, Qualifikation: 자격,
qualifiziert: 자격 있는/본격적인

Zufriedenheit

Zufriedenheit: 만족, unzufrieden: 불만족한〔스러운〕, Befriedigung: 충족,

※Erfüllung: 충만/충족/이행〔履行〕

Zusammenfassung

Zusammenfassung(comprehensio): 총괄(總括)/포괄/요약/개괄,

Zusammennehmung: 통괄/총괄, Zusammensuchung: 취합,

Inbegriff: 총체/총괄, Complexus(complexus): 개괄/포괄/복합(槪括/包括/複合)

Zusammenhang

Zusammenhang: 연관(성)/맥락/응집/응집력, Kohäsion: 응집/응집력,

Zusammenhalt: 결부/결속/응집,

Zusammenfügung: 접합/조성/조립/짜맞추기, ※Bindung: 접합

Zusammenkommen

Zusammenkommen: 모임, Zusammenstellung: 모음/편성

Zusammensetzung

Zusammensetzung(compositio): 합성(合成)/구성(構成)/합성작용,

Zusammengesetztes(compositum): 합성된 것/합성체(合成體)/구성체(構成體)

Zusammenziehung

Zusammenziehung: 수축/압축,

Zusammendrückung(compressio): 압축(壓縮),

Kontraktion: 수축/축약, Konstriktion: 수축, cohaesio: 凝集

Zwang

Zwang: 강제, Nötigung: 강요

Zweck

Endzweck: 궁극목적, letzter Zweck: 최종 목적, Ziel: 목표,

Ende: 끝/종점/종말

〖유작〗
〔제7묶음〕~〔제13묶음〕

취사 역주

제7묶음

제7묶음, 전지1, 1면

첨부
1.

〔……〕

1) 공간과 시간에서, 다시 말해 현상에서의 잡다를 종합하는 형식〔적인
것〕으로서의 자기 자신의 주관적 직관의 공리들

2. 지각의 예취들

〔……〕

주관을 촉발하는 것인 예지적인 것으로서의 X는 독자적으로 실존하는 주어진 사물 내지 감관대상이 아니라, 지성 안에 있는 理性의〔理性에 依한〕 存在者[1], 즉 한낱 실재적 근거(所與)의 관계자[2]이다.

〔……〕

선험적 종합 인식은 어떻게 가능한가 1. 그 기반〔바탕〕은 순수 직관, 즉 공간과 시간이다. 오직 '하나의'[3] 공간 그리고 '하나의' 시간이 있다. 양자는 무한하다. 공리들, 수학적. 감각에서의 내적인 운동력들 2. 경험을 위한

---

1) 원어: ens rationis. 곧 생각할 수 있는 것. 思惟物 내지 思念物 내지 觀念.

2) 원어: Verhältnis.

3) 원문에 첫 철자를 대문자로 쓴 Ein 또는 Eine는 '하나의'로 표기한다.

各各 相互. 竝列的 及 順次的 設定[定位][4]에 의한 선험적 직관으로서의 경험의 형식[적인 것]

─────────

테에테트[5] 그리고 에네시데무스[6]. 공간 및 시간상에서의 그의 주체/주관 설정[定位/위치 지음][7]의 원리들. 공간 및 시간상에서의 시원적[始原的] 직관.

XXII5   시간은 기간을 갖지 않는다. 시간의 **존재**[임](지금, 장래, 동시, 이전, 이후)는 한순간이다. ─ 서로 곁에[곁하여] · 서로의 바깥에는 공간상의 位置(위치)들이다. 그런데 공간 및 시간이 우리가 직관하는 객관들인가? 그것들은 사고의 형식들이 아니고, 나의 표상 바깥에 있지 않은 것의 직관들이다. ─ 공간은 직관의 대상이 아니라, 직관 자신이다.

   [……]

XXII8

   […]

─────────

4) 원어: iuxta et post se invicem positio.

5) Dieterich Tiedemann, *Theätet, oder über das menschliche Wissen, ein Beytrag zur Vernunft-Kritik*(Frankfurt am Main 1794)에서 표명된 감각주의자 내지는 독아론자. 칸트는 여러 차례(XXII19 · 447 등 참조) 'Theätet'라는 호칭으로 Tiedemann을 반박하고 있으나, 정작 Tiedemann은 감각주의를 비판하고 있으므로, 칸트의 오해가 있었던 듯하다는 의견들이 있다.

6) Aenesidemus: Gottlob Ernst Schulze(1761~1833)의 별칭. Schulze는 익명으로 출간한 *Aenesidemus oder über die Fundamente der von dem Herrn Professor Reinbold in Jena gelieferten Elementar-Philosophie. Nebst einer Vertheidigung des Skepticismus gegen die Anmassungen der Vernunftkritik*(1792)에서 칸트의 '사물 자체' 개념의 문제성을 비판함으로써 유명해졌고, 독일이상주의의 촉발에도 적지 않은 영향을 미쳤다. 칸트는 그를 회의주의자 내지는 관념론자라고 지칭하기도 한다.(XXII19 참조)

7) 원어: Position. '정위(定位)' 또는 '위치 지음'이라고 말할 수도 있는 '설정'이란 한낱 사물 또는 어떤 규정 그 자체를 세움을 말한다. 예컨대 사물의 본질과 존재의 형식 '임/있음'은 곧 사물의 존재자로서의 설정이다. 그래서 칸트는 "'**이다/있다**[Sein]'는 분명히 실재적 술어가 아니다. 다시 말해, 사물의 개념에다 보탤 수 있는 어떤 것의 개념이 아니다. 그것은 한낱 사물 또는 어떤 규정들 그 자체의 설정이다."(*KrV*, A598=B626)라고 말한다.

제7묶음, 전지1, 3면

공간과 시간은 감관들의 대상이 아니라, 감관직관의 종별적으로 다른 형식들 자신이고, 이 형식 위에서 우리에게 (외적 및 내적) 감관들의 대상들이 비로소 직관에 **주어지며**, 이 선험적 직관들의 잡다의 종합적 통일을 그것들의 합성에서 사고하는 지성은 이것을 가지고서… xxx

현상들로서의 이 대상들의 형식의 주관적인 것〔요소〕은 하나의 총괄(包括)이다. 이 직관의 형식적인 것〔요소〕이다. 그리고 이것들의 합성, 종합적 통일은 무한히 진전한다. 다시 말해 공간과 시간은 한계가 없다. 질료적인 것〔요소〕은 지각들의(즉 의식적인[8] 경험적 표상들의) 집합체이고, 경험의 가능성의 원리 아래에 있다. 그러므로 이것은 감관객관들의 표상의 (한갓된 집합체가 아니라) 하나의 체계이다.

경험은 그 잡다의 총괄이 절대적 통일성 안에 있는 모든 가능한 지각들의 총괄이다. 지각들의 **전반적인** 규정을 이루는 것이다. 다시 말해 사람들이 만들 수 있는 오직 '**하나의**' 경험이 있다. 비록 이런 칭호를 정당화하는 데는 (관찰과 실험에 의한) 수많은 지각들이 필요하지만 말이다.

경험들을 이야기하는 것은 이치에 맞지 않고, 사람들은 오직 언제나 》그것을 경험이 가르쳐준다.《라고 말할 수 있을 뿐이다. 그러나 이러한 그렇게 이의를 말할 수 없게 하는 어법은 실제로는 순전한 참칭이다. 저 **전반적인** 규정으로의 **근접**〔근사치〕만이 경험이라는 칭호에 합당한 것이고, 말할 수 있는 것은 "그것을 사람들은 경험으로 안다."이다.

〔……〕

---

8) 원어: mit Bewußtsein. "한 의식에서 결합된" 내지 "한 의식에서 통일된"이라는 그 의미와 관련해서는 *KrV*, B136이하 · A225=B272 · A320=B376 참조. 더 상세한 설명은 백종현, 『존재와 진리 ─ 칸트 〈순수이성비판〉의 근본문제』, 철학과현실사, 2008〔전정판〕, 83~91면 참조.

[……]

공간 및 시간은 원리로서 선험적 종합 명제들을 기초에 두는 개념들이
아니다. 무릇 그러한 것들이 가능하다는 것도 (경험적 근원을 가질 수 없는)
선험적 직관들인 공간과 시간의 실례를 통해서만 밝혀질 수 있으니 말이다.

[……]

[……]

공간은 내 바깥에 있는 직관의 **대상**, 즉 **지각**(의식적인 경험적 표상)의 대
상이 아니고, 지각들의 집합체도 아니며, 감관대상에 대한 직관 자신이다.
주관이 감관대상에 의해 촉발되고, 그러므로 순전히 현상으로서 형식적인
면에서 주어지는 한에서 말이다.

[……]

제7묶음, 전지1, 4면

표상력이 출발하는 최초의 사상/의식[9]은 자기 자신에 대한 직관과 현상
에서의 잡다의 종합적 통일의 범주, 다시 말해 '선험적 종합 명제들은 어떻
게 가능한가?'의 선험적 원리 아래서 모든 지각에 선행하는 (경험적이 아닌)
순수한 표상의 범주이다. 저 물음에 대한 대답은 이렇다. 즉 선험적 종합
명제들은 순수 직관들로서의 공간과 시간의 무조건적 통일 안에 자기동일
적인 것으로 함유되어 있는바, 그것들의 질은 주관이 스스로 자신을 주어
진 것(所與[的인 것][10])으로 정립하는 데에 있으며, 그러나 그것들의 양은 한
계 없이 진전하는 것으로서 합성의 작용(思考[11])이 하나의 생각할 수 있는
전체로서 하나의 무한히 무한한 전체의 직관을 함유하는 데에 있다. — 주

---

9) 원어: Gedanke. 여기서 '사상/생각/사유'는 'cogitatio: 意識'을 말한다.
10) 원어: dabile.
11) 원어: cogitabile.

관적으로. 無限定하게[12] 생각된 것은 여기서 無限하게[13] 주어지는 것으로 표상된다. 공간과 시간은 무한한 양적인 것[定量]들이다

무한히 진전하는 것은 직관의 수학적인 술어들(공간의 3차원과 시간의 1차원)에 따라 하나의 무한히 주어진 것으로, 마치 그것들이 사물들과 그것들의 변화들이 그 안에서 일어나는 실제 자리[지점]들인 것처럼 표상된다. 그래서 인력은 거리에 반비례한다. — 이러한 형식들은 표상력에 선험적으로 들어 있고, 실제로 주관 안에 있는 실재적인 것이며, 이로부터만 객관의 인식이 생겨날 수 있다(形式이 事物에게 本質/存在를 附與한다). 경험의 통일에 속하는 것으로서 지각들의 하나의 체계의 가능성은 동시에 그것들의 공존의 근거이자, 이것들이 만들어낼 수 있고, 지성 안에 이미 선험적으로 자기들의 자리를 가지고 있는 현상들의 연이음의 근거이다. — 직관의 종합과 이것의 통일의 원리들에서의 이 형식들이 동시에, 수학에서처럼, 이 개념들의 **구성**[14]을 함유한다는 것, — 그것은 동일률에 따른 하나의 분석 명제이다. 어떤 테에테트,[15] 어떤 회의론자도 이에 반대하고 나설 수 없다.

공간은 감관직관[감성적 직관]의 실존하는 객관도 아니고 내 바깥에 실 XXII12
존하는 어떤 것도 아니며, 시간 또한 그러하듯이, 그 안에서 지각들의 잡다가[잡다한 지각들이] 그 위치[지점]에 따라(各各 相互 並列的 及 順次的 位置대로) 규정될 수 있는 내 안에 실존하는 어떤 것이 아니다. 오히려 그것들을[공간과 시간]은 선험적으로 주어진 직관 자체로서, 현상에서의 잡다의 합성의 형식적 원리를 자신 안에 **종합적으로 선험적으로** 함유하고 있으며, 바로 그렇기 때문에 그 연장적 크기의 면에서 한계가 없는 무조건적인 통일성[하나임]을, 그러니까 무한성을 함유한다.(오직 '하나의' 공간과 오직 '하나의' 시간이 있다.) 이 표상을 통해 경험적 표상의 모든 대상들은 하나의 절대적

---

12) 원어: in indefinitum.
13) 원어: in infinitum.
14) 원어: C[K]onstruc[k]tion.
15) 곧 감각주의자. 위의 XXII4 참조.

전체로 연결된다. — [그것들은] 순정하게 그것들을 통해 주관이 자기의 가능성의 면에서 선험적 종합 명제를 통해 스스로 자신을 구성하는 표상들이다.

공간과 시간은 직관의 대상들이 아니다. 무릇 그런 경우에는 표상들의 잡다에 대한 종합적 인식을 정초하는 무엇인가가 앞서 주어져야만 할 것이니 말이다. 공간과 시간은 오히려 순수 직관 자체로, 형식의, 다시 말해 감관들의 어떤 대상에 의해 촉발되는 수용성의, 다시 말해 나에게 현상하는 대로의 대상들의 주관적인 것[요소]이다. 그것들은 모든 지각들의 기반[바탕]으로서 잡다의 하나의 무한하게 주어진 전체로의 집합으로서가 아니라, 경험의 가능성을 위한 하나의 체계 안에 있는 것(직관의 공리들, 지각의 예취들 등등[16])이다. 지성은 이를 위해 스스로 철학적으로는 개념들에 의해, 수학적으로는 개념들의 구성[17]에 의해 자신을 구성한다[18].

공간과 시간은 **개념**(槪念)들이 아니고, 순수 직관(直觀)이며, 이것의 각각은 표상들의 잡다의 합성에서의 절대적 통일성[하나임]을 함유하고, 이 직관의 잡다의 형식[적인 것]으로서 무한히 나아간다. — 객관으로 직관되는 것은 공간이 아니다. 오히려 공간은 표상하는 주관 자신 안에서의 잡다의 종합이다. 그를 통해 주관이 스스로 자신을 구성하는 이 표상방식에서 xxx.

공간은 하나의 양적인 것[定量]인바, 언제나 하나의 더 큰 양적인 것의 한 부분으로서, 그러니까 무한한 것으로 그리고 그렇게 **주어진** 것으로 표상될 수밖에 없는 하나의 양적인 것이다. 이 양적인 것에서의 진전은 주어진 것으로 볼 수 없지만, 진전해감은 능히 xxx.

---

16) 순수 지성의 "모든 종합 판단들의 최상 원칙"(*KrV*, A154=B193)들, 즉 직관의 공리들 · 지각의 예취[豫取]들 · 경험의 유추들 · 경험적 사고 일반의 요청들(*KrV*, A161=B200~A253=B287 참조).

17) 원어: c[K]onstruc[k]tion.

18) 원어: constituiren[konstituieren].

類(유개념)로서의 **물질**은 물질의 **질적으로**//나눌 수 없는 부분들로서 생각되는 **원소**[소재]들과는 구별되어야 한다.

사람들은 원소들을 그것들의 종별[種別]적인/특수한 운동력들을 통해, 그러므로 그것들을 직접적으로 개념화함이 없이, 단지 그것들의 물질과의 **역학적** 관계를 통해 설명할 수 있다. 예컨대 염산의 기반[바탕]은 단지 염산의 힘들의 기초에 자기의 작용들(作用因)의 기체[基體]로서 놓여 있는, 자체로는 알려지지 않은 어떤 것이다.

[⋯⋯]

제7묶음, 전지2, 1면

첨부
II

공간과 시간은 주관의 표상 바깥에 실존하는 어떤 것, 즉 외감이나 내감의 대상들로서 잡다의 지각을 통해 경험적으로 파악되지 않는다

공간과 시간은 주관의 표상 바깥에 실존하는 감관의 대상들이 아니고, 순수한 직관의 순전한 형식들 자신이거니와, 이 형식들은 그 직관의 잡다의 무조건적 집합적 통일성을, 그러니까 또한 무한성을 이미 자기동일적으로 자기의 개념들 안에 지니고 있으며(오직 '하나의' 공간과 '하나의' 시간이 있다), 선험적 종합 명제들을 공리들로 정초한다.

공간과 시간은 우리의 직관의 대상들로 우리의 표상들과 구별되는 사물들이 아니라, 직관들 자신이다. 그렇지만 감관객관의 경험적 직관들(지각들)은 아니다. 무릇 그렇다면 그것들은 우리를 촉발하는 어떤 다른 힘에 의해 우리에게 원인들로 귀속하는 표상들일 터이니 말이다. 오히려 공간과 시간은 우리 자신의 표상력의 산물들이다.

공간과 시간은 그것들을 통해 감관들의 대상들이 **사고되는 개념**(概念)들

이 아니고, **직관들**이며, 그것도 (의식적인 경험적 표상들, 다시 말해 **지각들**이
아닌) 선험적 직관들이거니와, 이것들을 통해 표상들의 잡다가 그 잡다의

합성의 통일성 중에서 xxx 주관이 촉발되는 바대로의 현상 중에서(現象體
直觀) xxx

〔······〕

'하나의' 공간과 '하나의 시간'이 있다. 양자는 무한하다. ── 주관에서의
자기 자신의 감관직관의 **근원적** 작용〔활동〕이 이제 동시에 객관에 대해서
타당하다. 왜냐하면, 후자〔객관〕는 전자를 통해서만 주어질 수 있고, 공간
과 시간의 형식들은 이것들의 잡다를 통일성〔하나〕으로 결합함과 동일한
것이기 때문이다. **파생적** 작용〔활동〕 xxx

〔······〕

〔······〕

제7묶음, 전지2, 2면

공간과 시간은 주관 바깥에 주어진 직관의 **대상들**로서, 나 자신의 의식
바깥에 실존하는 포착 가능한 어떤 것이 아니라, 순수한 (경험적이 아닌) 직
관 자신이다. 그것을 통해 주관이 최초로 자기 자신을 정립하고, 감관을 통
해서가 아니고 순수한 감성적 직관을 통해 그러니까 또한 동시에 선험적으로
그 자신에게 객관인 그러한 것은 개념들에 따라 사고할 수 있는 것(思考可能
한 것)이 아니라, 개념들의 구성에서 개념들에 대응하는 감지할 수 있는 것
(所與)이다. ── 예컨대 공간이 3차원을 갖는다는, 그리고 비록 (공간이 그로부
터 추상된 지각) 실재적 감관객관이 아니지만 자기 개념 안에 (적극적 의미에
서는 아니라 하더라도) 무한성을 지닌다는 선험적 종합 명제들의 가능성. 〔···〕

〔···〕

공간 및 시간은 그것을 통해 실존하는 어떤 것이 주어지고 파악되는 지각(의식적인 경험적 표상)의 대상들이 아니고, 한낱 선험적인 순수 직관의 형식들이거니와, 이 선험적인 순수 직관은 (그것 자체로는 무엇이든지 간에, 주관이 촉발되는 방식의 주관적인 것인) **현상**으로서의 잡다의 종합을 하나의 원리 아래서 함유한다. 이 원리가 최상의 과제로 삼는 바는 »어떻게 선험적 종합 명제들이 가능한가?《이다.

공간과 시간은 나의 표상 바깥에 주어진 어떤 것이 아니라 (외적 그리고 내적) 직관 자신이다. 그것들은 의식적인 경험적 직관(즉 지각)에 선행하는 크기(量)들, 그러니까 선험적 직관이고, 그러니까 주관에 대해, 주관이 촉발되는 바대로의 현상인, 직관에서의 잡다의 편성의 형식일 따름이다. 무릇 그렇지 않다면 나의 표상 바깥에도 실존할 수 있고, 한낱 직관의 주관적 규정들로 오직 그러한 것으로만 가능한 것이 아닌 실물들(實在的인 것)이 있을 터이니 말이다. 공간과 시간은 오직 주관 안에만 실존하는 것으로 그 자체로서 실존하지 않는다.

공간과 시간은 한계 없이 무한한 양적인 것들로, 부정적으로 무한하다 (無限定한 限의 量的인 것들)

공간은 개념(槪念)이 아니고, 직관(直觀)이다. 그러나 그러한 것으로서 단지 주관에 내속하는, 주관 바깥에서는 실존하지 않는 어떤 것이며, 특수한 종류의 하나의 전체로서, 그것은 더욱더 큰 전체의 부분으로서만, 그러니까 무한한 것으로서만 표상될 수 있는 것이다. 〔그것은〕 사고하는 주관이 스스로 자기를 정립하는 곳에서, 객관에 현상(주관의 질)으로서만 귀속할 수 있는 객관의 한 성질이다. 이에 대해서는 어떤 에네시데무스도 어떤 테에테트(관념론자 또는 독아론자)도 반론을 펼 수 없다. 무릇 동일률에 따라 확립될 수 있는 명제에 대해서는 어떤 덧칠도 할 수 없으니 말이다.

한 대상의 인식에는 두 가지 표상방식이 있다. 즉 1. 대상 자체, 2. 현상에서의 대상. 전자는 주관이 그것을 통해 원초적으로 직관에서 스스로 자신을 정립하는 바로 그것(第一 認識)이고, 후자는 대상이 촉발되는 형식에 따 XXII20

라서 주관이 스스로 간접적으로 자신을 대상으로 삼는 것(第二 認識)이다. 이 후자의 인식은 현상에서의 자기 자신에 대한 직관으로, 그것을 통해 감관대상이 주관에 주어지는 이 직관은 공간// 및 시간 조건들에 따른 잡다의 표상이자 합성함이다. 그러나 객관 자체 = X는 하나의 특수한 대상이 아니고, 직관의 이 잡다의 통일의 형식[적인 것]을 자신 안에 함유하고 있는 선험적 종합 인식의 순전한 원리이다(하나의 특수한 객관이 아니다).

공간은 통각될 수 있는[19] 것이 아니다. 그러나 공간 내의 운동력들은 관계의 법칙 아래에 있고, 거리의 제곱의 반비례로 선험적으로(만유인력 안에서) 주어져 있다.

둘째로, 공간 및 시간은 포착될 수 있는[20] 대상이 아니고, 오히려 (주관이 촉발되는 바대로의) 현상에서의 직관의 형식들이다. 그로써 **철학**의 명제, 선험적 종합 명제들이 어떻게 가능한가? xxx 대답. 현상으로서의 직관과 합성된 그러니까 무한한 것의 절대적 통일을 통해.

지성개념들의 도식성으로서의 예취. 경험의 가능성을 위해 한 체계 안에서 잡다를 결합함. 全般的으로 오직 하나의 경험 xxx

테에테트, 에네시데무스. 1. 所與[的인 것], 2. 思考[可能한 것]

주관은 스스로 자신을 통각에서 정립하는바, 직관의 공리들에 따라서, 즉 주관이 '선험적 종합 명제들이 어떻게 가능한가'라는 원리에 맞게 현상으로서 자기 자신에 의해 촉발되는 바대로의 형식에 따라서 한다. — 두 번째 걸음은 지각(의식적 경험 표상)의 예취들을 통해, 구성에 의해서가 아니라, 철학적으로 개념들에 의해 일어난다.

[……]

공간은 하나의 정량[定量], 더 큰 정량의 부분으로서만 주어질 수 있는

---

19) 원어: apperceptibel. 곧 사고될 수 있는.
20) 원어: apprehensibel. 곧 지각될 수 있는.

것이다. ― 시간도 마찬가지이다. 이것이 그것의 관념성을 증명한다

경험적[21] 인식이 아직 경험[22]은 아니다. 그것이 전반적으로 규정되어 있을 때만 경험이다.

〔…〕

〔…〕

제7묶음, 전지2, 3면

나는 나 자신을 사고하는 주관으로
나는 나 자신을 직관의 객관으로 } 의식한다.

하나의 표상 안에서 합하여 통일된 직관과 사고의 자기의식은 지성이 그것에 스스로 자신을 복속시키는 인식이자 명령이다.(너 自身을 알라[23]) 그것은 직관의 객관으로서의 자기의 주관을 하나의 개념으로 만들고, 또는 저것을 이것에 종속시키는 원리이다.

사고할 수 있는(思考可能한) 것이 감지할 수 있는(捕捉可能한) 것에, 원리로서의 개념이 지각에, 형식이 공간 및 시간상의 실존의 질료적인 것에 선행한다.

공간은 나의 표상 바깥에 실존하는 어떤 것이 아니고, 시간 또한 마찬가지이다. 그럼에도 범주들, 예컨대 '하나' 아래로 보내질 수 있는 선험적으로 주어지는 어떤 것이다.('하나의' 공간, '하나의' 시간이 있다.) 전체로서 언제나 오직 주어진 더 큰 전체의 부분같이 그러니까 무한한 것으로 생각될 수밖에 없는 하나의 크기로서.

선험적 종합 명제들은 이제 순수 수학의 공리들로서 가능할 뿐만 아니라, 필연적이다. 왜냐하면 감관객관들의 순전한 형식들이 있기 때문이다.

---

21) 원어: empirisch. 곧 감각경험적.
22) 원어: Erfahrung.
23) 원문: nosce te ipsum.

— 그러나 형이상학적으로, 그 가능성의 실재근거의 면에서 그 원리 아래로 보내진 것은 오직 사상[事象] 그 자체로서가 아니라 현상으로서의 객관에만 소속할 수 있다.

우리는 사상[事象] 자신으로서가 아니라 현상으로서의 객관에 대한 것 외에는 어떠한 선험적 인식도 종합적으로, 선험적으로, 개념들에 의해서 [로부터] 얻을 수 없다.

XXII23 **직관들**(예컨대 수학적 구성들)에 의한[로부터의] 선험적 종합 인식들은, 예컨대 삼각형의 내각들의 합과 같이, 그것들이 개념들에 따라서 주어지는 한에서, 직접적으로 대상(사물)들 그 자체로 판정되고 규정될 수 있다. 그러나 (직관 가능한 것이 아니라) 사고 가능한 것의 순전한 개념들에 의한[로부터의] 선험적 종합 인식들은 오직 현상에서의 대상들로만 판정되고 규정될 수 있다. 왜냐하면, 그것들은 오직 간접적으로 그리고 매개적으로 하나의 종합 판단을 허용하기 때문이다.

초월철학은 한낱 선험적 종합 판단들 일반을 위한 원리들을 함유하는 것이 아니라(무릇 그러한 것은 **수학**에서도 발견할 수 있다), 선험적 종합 판단들을 위한 개념들의 구성에 의한 것이 아닌, **개념들에 의한** 원리들을 함유하는 것이다. — 선험적인 이러한 것들이 어떻게 가능한가?

선험적 종합 명제들은 철학 및 수학의 원리들로서 이성 중에 필연적으로 주어져 있다.

그러나 이것들은 순전히 현상에서의 대상들에 관계하고, 그것도 그 형식[적인 것]에 관계하는 한에서만 가능하다.

선험적 종합 명제들이 어떻게 가능한가, 그것은 중대한 문제이다.

공간, 시간 그리고 공간 및 시간상의 '하나의' 직관의 잡다의 총괄(包括)이 주관의 조건들의 형식[적인 것]을 정초하거니와, 이 조건들 아래에서 주관은 스스로 자신을 선험적으로 현상에서의 대상(所與[的인 것])으로 정립하고,

종합적으로 규정할 수 있는 것(思考[可能한 것])으로 사고한다.

현상으로서의 모든 표상은 대상 **자체**인 것과는 구별되는 것으로 생각된다.(감성적인 것과 예지적인 것의 구별) 그러나 후자 = x는 내 표상 바깥에 실존하는 하나의 특수한 객관이 아니라, 오로지 감성적인 것을 추상한, 필연적인 것으로 인정되는, 이념[관념]이다. 그것은 예지적인 것으로서 認識可能한 것[24]이 아니라 x이다. 그것은 현상의 형식 바깥에 있는 것이지만, 思考可能한 것[25](그것도 **필연적**인 것으로 **생각할 수 있는** 것)이기 때문이다. 주어질 수 없는 것이지만 생각되어야만 하는 것이다. 왜냐하면, 그것은 감성적이지 않은 어떤 다른 관계들에서 나타날 수 있기 때문이다.

사물 자체는 개념들을 통해 **생각할 수 있는**(思考可能한) 것이다. 개념에 대응하는 **직관**에서의 이것, 객관적인 것에 대응하는, 표상의 주관적인 것은 실재적인 것, 所與的인 것 = x 이념이다. XXII24

1. 사물 자체 또는 직관에서 2. 순수한 또는 경험적 직관에서.

순수한 직관이 의식적인 경험적 직관에, 다시 말해 지각에 선행하고, 후자는 전자를 통해서만 하나의 체계 안에서 그 형식의 면에서 가능하다.

정립: 선험적 종합 명제들은 어떻게 가능한가.

가능한 경험의 정초를 위해 선험적 원리들을 내세우는 것은 모순적이다. 그러한 인식은 객관의 전반적 규정을 함유할 수밖에 없고, 진리의 인식은 그 위에 기초할 수밖에 없는데, 이런 일은 가능하지 않으니 말이다.

아무런 선험적 종합 명제도 없고, 순정하게 지각들만 있다면, 아무런 경험도 없을 터이다. 무릇 경험이란 지각들의 순전한 집합체가 아니니 말이다. 지각들은 (가능한 경험의 원리에 필수적인) 전반적 규정을 제공하지 못한다.

형이상학의, 그러니까 모든 철학적 자연인식의 원리는 "선험적 종합 인

---

24) 원어: cognoscibile.
25) 원어: cogitabile.

식이 어떻게 …"라는 문제이다.

현상에서의 대상과 대립하는 이른바 대상 **자체**의 구별(現象體 對 叡智體)은 감관대상에 맞서 있는 어떤 현실적 사물을 의미하는 것이 아니고, = x로서, 단지 '경험의 가능성의 규정근거를 함유하는 경험적인 어떤 것도 없다'라는 원리를 의미한다. 부정적 〔원리〕. 선험적 직관에서 종합적인 xxx

제7묶음, 전지2, 4면

XXII25 우리의 모든 표상은 **직관**(직접적 단일 표상)이거나 **개념**(간접적 어떤 징표를 통해 사고된 표상)이다.[26] 표상하는 주관에서 잡다의 통일 의식에서의 직관의 잡다의 총괄(包括) 표상

무조건적인 전체로서의 이 잡다의 형식적인 것이 공간과 시간 표상(서로 곁에 그리고 서로 잇따라 있음)(各各 相互 竝列的 及 順次的 位置대로)이다. 〔이것들이〕 하나의 순수한 선험적으로 주어진 표상을 이루며, 이를 통해 주관은 스스로 자신을 정립하고 감관들의 객관으로, 그러나 **사물 자체**(自己에 依한 存在者)로서가 아니라 단지 현상에서 = X로 만든다. 그것도 한낱 분석적으로 개념들에 따라서가 아니라, 종합적으로 개념들의 구성을 통해 직관의 잡다의 개괄에서 (理性의 存在者, 순전한 사념〔관념〕물로서가 아니라) 참된 객관으로서.

공간과 시간은 직관의 포착 가능한 대상들이 아니다. 무릇 그렇지 않다면 그것들은 경험적 직관들일 터이다. 그것들은 지각의 객관들이 아니다. 그러함에도 선험적으로 순수한 직관에서이기는 하지만 종합적으로 규정하는 인식근거들로 주어져 있다. 이것들은 경험**으로부터**가 아니라 경험을 **위해서** 그리고 경험을 **목적**으로 곧 경험의 가능성의 주관적 원리로서 규칙을

---

26) "직관은 개별 표상(個別〔單數〕表象)이고, 개념은 보편 표상(共通 徵表에 依한 表象) 내지 반성 표상(論辨的 表象)이다."(*Log*, IX91) 참조.

제공한다. ― 그래서 선험적 종합 원칙들이 xxx 공간은 물리적 공간으로서 3차원을 가지고, 그것의 한계들 셋은 면, 선, 점인데, 점은 전혀 아무런 크기도 표시하지 않고, 단지 공간상의 위치를 표시한다.

우리가 선험적 종합 인식을 가지고 있다는 것을 순수 수학의, 특히 기하학의 모든 명제들이 공증할 수 있다. 무릇 기하학은 이런 사례들로 가득 차 있으니 말이다. 〔…〕

이제 '**선험적 종합 인식들**이 어떻게 가능한가?'라는 물음이 등장한다. ― 그것들이 실제로 있고, 선험적으로 원리들로서 주어져 있다는 것을 기하학의 명제들이 이미 증명하고 있다.

〔⋯⋯〕

〔⋯⋯〕

사물 자체와 현상에서의 사물 개념의 차이는 객관적인 것이 아니라 한낱 주관적인 것이다.

사물 자체(自己에 依한 *存在者*)는 하나의 다른 객관이 아니라, 이것을 분석적으로가 아니라 종합적으로 생각하는, 표상의 동일한 객관에 대한 하나의 다른 관계 맺음(觀點)이다. 현상들로서의 직관//표상들의 총괄(包括)로서, 다시 말해 표상들의 한낱 주관적인 규정근거를 직관의 통일 중에 함유하는 그러한 표상들의 총괄로서 말이다. 그것은 동일률에 따라 자기 자신을 설정〔定位/위치 지음〕하는 *理性*의 *存在者* = x이다. 여기서 주관은 스스로 자신을 촉발하는 것으로, 그러니까 형식의 면에서는 단지 현상으로 생각된다.

선험적 종합 명제들은 **현실적으로**〔실제로〕 있으며, 때로는 **필연적으로**〔반드시〕 있다. 왜냐하면, 이러한 것들 없이는 경험적 감관표상(지각)도 한갓 된 집합체이되, 종합적 통일 원리에 따른 하나의 체계, 다시 말해, 자연과학의 형이상학적 기초원리들에서 물리학으로의 진보가 요청하는 바인, **경험**이 생기지 않기 때문이다. 선험적 종합 명제들은 이에 더해 절대적으로

제2부 [유작] II 역주   **119**

필연적으로 있다. 왜냐하면, 그것들은 경험의 가능성의 조건들을 함유하면서도, 그 자신은 경험에서 도출되지 않고, 경험**으로부터**[에 의해서]가 아니라 경험을 **위해서**(경험을 목적으로) 선험적으로 경험의 원리를 함유하고 있기 때문이다.

그러므로 공간과 시간은 일정한 공리들을 함유하는, 경험적이 아닌 순수한 직관들이다. 이를테면 공간은 3차원에서 규정될 수 있는 직관의 잡다를 함유하며, 시간은 오직 1차원에서 규정될 수 있는 직관의 잡다를 함유하는 것이다. 전자는 배진[背進]에서, 다시 말해 그 원소들을 풀어내면, 점에 이르고, 후자는 순간에 이른다. '하나의' 공간과 '하나의' 시간이 있으며, 이것들은 소극적으로 한계가 없는 것으로뿐만 아니라, 적극적으로 무한한 크기로도 표상된다. (선험적 종합의 전진[前進]에서) 그러니까 표상의 객관에서 주어진 것(所與)으로서가 아니라 편성하는 주관에서 주어지는 것(思考)으로서.

사물 자체는 하나의 사념존재자(理性의 存在者)이다. — 초월철학의 최상의 명제는 이런 것의 본질을 이루는 문제: '선험적 종합 명제들은 어떻게 가능한가?'(예컨대 수학적, 확장적 명제들은 어떻게 가능한가)에 있다.

형이상학과 초월철학은, 후자가 전자의 한 종[種]이라는 점에서 서로 구별된다.

제7묶음, 전지3, 1면

첨부
III

공간과 시간상의 대상의 감관표상에서 그것의 합성(종합)에서의 직관의 잡다의 통일과 하나의 전체로서의 이것들의 무조건적인 통일성[하나임](오직 '하나의' 공간, '하나의' 시간이 있다)은 직관의 **공리들**을 그것의 형식[적인 것]

에서 함유하거니와, 이에 맞춰서 주관은 스스로 자신을 대상(所與)으로 정립하고, 초월철학의 최상의 과제, 즉 》선험적 종합 명제들은 어떻게 가능한가?《가 등장하며, 이 과제는 원리로서의 사고할 수 있는(思考可能한) 것을 필연적으로 문의해야 할 것으로 만든다.

그러나 이제, 만약 그 개념이 대상을 직접적으로(무매개적으로) 현시해야 한다면, 이 문의에 대해서는 답할 수가 없고, 이 문의에서의 과제는 해결될 수가 없다. 무릇 이것은 단지 동일률에 따라 분석적으로 개념들의 분해에 의해 일어나는 일로서, 이것은 요구되는 종합 판단을 이루어야 하는 확장 명제들을 아무것도 제공하지 못할 터이니 말이다.

그런데 선험적 종합 명제들이 있다. 예컨대 수학의 명제들, 즉 예컨대 공간은 3차원을 함유한다.*27)

선험적 순수 직관은 자발성과 수용성의 現實態/作用을 함유하는바, 이것들을 상호성의 작용의 통일로 결합함으로써, 그것도 사물들 **자체**로서 주관 안에서 그리고 이 직관의 주관적 규정을 통해 현상에서의 대상으로. 이때 저 =x는 단지 절대적 설정의 개념으로, 그 자체로 독자적으로 존립하는 대상이 아니라, 직관의 형식에 대응해서 하나의 대상을 정립하고, 전반적 규정 중에서 그 대상을 가능한 경험의 대상으로 만드는 (주어진 객관의 인식의 기초에 놓여 있는 범주들의 체계에 따른, 직관의 공리들, 지각의 예취들 등등에서와 XXII29 같이, 원리로서의 자기의 개념을 경험에서 도출하지 않는) 한낱 관계의 이념이다.

공간과 시간은 단지 감성적 직관의 주관적 형식들이며, 이 형식들은 공리들을 함유한다. 즉 오직 '하나의' 공간과 '하나의' 시간이 있으며, 이 안에서 지각들의 하나의 무한한 집합체가 하나의 체계로 서로 정렬될 수 있다. 이 둘이 복속하는 원리인즉, 공간과 시간은 언제나 단지 더 큰 전체의 부분으로 생각될 수밖에 없는 하나의 전체의 직관들이다, 다시 말해 무한한 크기〔양〕들이라는 것이다. 이에서 알 수 있는바, 이들 안에서의 잡다는 사물들

---

27) 위의 XXII25 참조.

자체가 아니라, 선험적·종합적으로 주어지는 현상들만을 함유한다. 초월철학의 최상의 과제는[28] '선험적 종합 명제들이 어떻게 가능한가?'이다. 그리고 그 답은, 그것들은 그것들의 대상이 순전히 현상에 국한되는 한에서만 가능하다는 것이다.

그러므로 공간은 잡다의 지각의, 그 자체로 주어져 있는 직관 가능한 대상이 아니다. — 공간과 시간은 감관직관의 대상들이 아니고, 순수 직관 자신이다. 이 직관의 잡다는 표상의 주관 바깥에 포착(捕捉)하도록 **주어져 있**는 것이 아니다. 무릇 그것은 자신이 표상 외에는 아무것도 아니고, 하나의 집합체에서 하나의 전체를 이루는 것으로서, 합성된 것으로 표상되는 사물들의 하나의 총체가 아니다. 공간과 시간은 객관으로 표상되는 실존하는 것이 아니라, 직관에서의 잡다의 표상 자신이다.

그래서 공간 및 시간의 표상의 기초에는, 예컨대 '공간은 3차원을 갖는다', '시간은 1차원을 갖는다'라는 직관의 **공리들**이 놓여 있다. — 공간과 시간은 각기 하나의 전체로 생각된다. 즉 '하나의' 공간이 있다는 둥.

공간과 시간, 이 둘은 크기[양]들이며, 그것도 언제나 더 큰 전체의 부분으로만 표상될 수 있는 하나의 전체라는 크기[양]이다. 다시 말해 양자는 무한한 크기로 주어져 있는 것으로 표상되는바, 한낱 (산술적으로) **규정될 수 없는 대소**[大小](無限定 量)로가 아니고, 무한하게 주어진 양[인 것]으로 표상된다.

공간 및 시간은 직관의 객관들이 아니고, 주관적으로 직관 자신, 즉 감관표상 일반을 연결하는 형식[적인 것]이다. 이것은 선험적으로 하나의 원리를 함유하지 (또는 하나의 원리 아래에 종속하지) 않을 수 없다. 왜냐하면, 이러한 원리 없이는 이러한 직관에서 잡다의 어떠한 연결도 일어나지 않을

---

28) 원문은 "deren oberste Aufgabe"이나 'deren'을 'die'로 고쳐 읽는다.

터이기 때문이다. ─ 직관의 잡다는 지각들의 하나의 집합체가 아니고(무릇 이러한 것은 단지 이미 주어져 있는 공간상에서 또는 시간상에서 일어날 수 있으니 말이다), 직관의 하나의 전체의 (분배적이 아니라) 집합적 통일이다.[29]

〔…〕

초월철학의 직관의 **공리.** 순수 직관에서의 선험적 종합 명제는 현실적으로 있다. 이러한 명제들이 어떻게 가능한가. 오직 주관적인 내지는 근원적인 형식들에 의해서.

현상이란 직관의 표상방식의 주관적 형식, 곧 객관이 직관에서 그 자체로 (무매개적으로) 있는 바대로가 아니라, 주관이 객관에 의해 촉발되는 바대로의 형식이다. 첫째로 주관이 스스로 자신을 절대적 통일〔절대적인 하나〕로 정립하는 방식으로, 둘째로 주관이 객관에 의해 촉발되는 방식으로.

제7묶음, 전지3, 2면

우리 인식은 (산술학과 기하학의) 종합 명제들을, 그것도 선험적 종합 명제들을 함유하고 있다. 그런데 이러한 유의 명제들이 어떻게 가능한가? ─ (초월철학의 근본과제인) 하나의 물음.

그것은 우리가 인식의 객관들을 현상들로 보고 사물들 자체로 보지 않음으로써만 가능하다. 무릇 사물들 자체로 보고 나면 우리는 이 대상들에 대한 판단에서 이것들에 대한 개념 안에 함유되어 있는 것 이상을 언표할 터이니 말이다. 그에 반해 만약 그를 통해 이 객관이 주어지는 직관이 오직 현상으로 표상된다면, 하나의 종합 판단이 지성을 통해 종합의 한 원리에 따라 작성된다. ─ 이와 함께 사물 자체(叡智體 客觀)는 주관의 표상을 위한

XXII31

---

29) '분배적 통일(distributive Einheit)'과 '집합적 통일(kollektive Einheit)'의 대조에 대해서는 *KrV*, A582=B610이하 · A644=B672 참조. 분배적 통일이란 개개가 하나임〔통일/단일성〕을 말하고, 집합적 통일이란 부분들이 합해져서 전체가 하나임〔통일/단일성〕을 말한다.

하나의 자리를 표시하기 위한, 현실성 없는 사념물(理性의 存在者)이다. 즉 그것은, 주관이 직접적으로 객관에 의해 촉발되고, 그러니까 대상이 현상으로서 하나의 특정의 특수한 형식에 따라 표상되거나 표상력이 직접적으로 자극되는 한에서의, 직관의 주관과의 하나의 상이한 관계이다

== 자신을 직관의 대상으로 삼는 통각의 표상은 하나의 이중 작용을 함유한다. 첫째로, 자신을 정립하는 (자발성의) 작용과, 〔둘째로〕 대상들에 의해 촉발되어, 표상에서의 잡다를 선험적으로 하나〔통일성〕로 총괄하는 (수용성의) 작용. 첫째 경우에 주관은 그 자신이 순전히, 선험적으로 형식〔적인 것〕으로 **주어지는** 현상에서의 하나의 대상이며, 둘째 경우에 그것은, 지각의 질료〔적인 것〕가 공간과 시간상에서 선험적으로 직관의 잡다의 종합적 통일에서 **사고되는** 한에서, 지각의 질료〔적인 것〕의 하나의 집합체이다.

공간 및 시간은 직관의 객관들이 아니라, 직관 자신이며, 그러나 그것들은 그러한 것으로서 그 자체로 타당한 감관표상들의 객관들이 아니고, 단지 현상들이다. 다시 말해 주관적이되 단지 a 또는 a 아님의 정립 또는 폐기의 현상으로서 그러하다. 현상으로서의 직관의 객관은 단지 매개적으로 (주관이 촉발됨으로써) 감관표상으로 주어져 있다. 이것에 표상된 객관의 이념이 대응(상응)하며, 현상으로서의 주어진 표상의 관념성은 그 객관을 선험적으로 공간과 시간상에서 표상할 수 있는 가능성의 근거를 함유한다.

사물 **자체**는 표상 바깥에 주어진 하나의 대상이 아니라, 객관에 대응하는 것으로 생각되는 하나의 사념물의 설정〔定位〕일 따름이다. — 그리하여 공간 및 시간은 **지각될 수 있는** 대상들이 아니고, 선험적으로 주관 안에 함유되어 있는 하나의 잡다를 형성하고, 기하학의 선험적 종합 명제들을 내놓는 직관의 형식들일 따름이다. 바로 이것이 철학에서 xxx

XXII32

내가 현상 안에 있는 것으로 정립하는 것, 나 자신, 또는 사물 그 자체로서 또는 xxx로서 정립하는 것 xxx

개념들에 의한 선험적 종합 인식 또는 현상에서의 나의 바깥의 것으로서 공간 및 시간 개념들의 기체〔基體〕에 의한 선험적 종합 인식. 나는 나 자신

을 직관의 대상으로서 정립하거니와, 자기의식의 주관의 규정의, 그리고 객관(공간 및 시간)의 통일을 위한 합성의, 형식적 원리에 따라서, 그러나 바로 그렇게 함으로써 나와의 관계에서 **실존하는** 어떤 것으로서, 따라서 **현상**(감관직관의 대상)으로서 정립한다. 나는 하나의 원리에 따라 思考可能한 것이면서 동시에 나의 개념의 객관으로서 所與的인 것이다. 즉 사물 자체의 표상이면서 현상에서의 〔표상이다.〕

현상에서의 객관만이 선험적·종합적으로 규정될 수 있으며, 초월철학의 한 분과를 이룬다. 注意! 지각들의 한 체계인 지각들의 전반적 규정이 경험으로, 단지 근접/근사〔近似〕함은 보증할 수 있으되, 명증적 확실성은 보증할 수 없다.

의식적인 경험적 직관, 즉 **지각**은 그렇지 않지만, 하나의 원리(법칙)에 따른 결합(합성)의 형식적인 것의 순수 직관은 사념물(理性의 存在者)이다. 이것은 객관의 모든 질료적인 것에 선행하고, 주관적으로 현상으로서 기초로 놓여 있다.

객관 = x(所與/所與的인 것)는 형식(思考/思考可能한 것)에 따른 잡다의 합성의 통일, 즉 형식의 원리 곧 선험적으로 기초로 놓여 있는 대상의 한 원리를 전제한다. **사물 자체**는 理性의 存在者〔思念物〕이다

빛은 어떤 물질의 입자 운동(放射)이 아니라, 오히려 하나의 파동(波動) 운동이라는 사실.[30]

우리는 공간상의 또는 시간상의 한 객관의 직관과 관련하여 항상 사물 **자체**의 표상과 **현상**으로서의 바로 그 사물의 표상을 구분해야 한다. 비록 우리가 전자에 대해서는 순수 지성을 위한 한낱 상관자로서의 = X 외에 아무런 술어를 부가할 수 없으며, 所與的인 것으로서가 아니라, 개념들과 실물/사상〔事象〕들이 서로 상응하지 않는 곳에서 단지 思考可能한 것으로서

---

30) 이와 관련해서는 제5묶음, 전지4, 1면(XXI523)의 Leonhard Euler에 관한 언급 참조.

고찰할 수 있다. — 명제: 모든 감관대상들은 현상에서의 사물들(現象體 客觀들)로서, 이것들에는 하나의 예지체가 그것들의 편성의 근거로서 대응하지만, 이 예지체에는 어떠한 특수한 직관(可視的 叡智體[31])도 상응하지 않는다. 그러한 것이라면 원리의 주관적 성격[요소]에서 볼 때 하나의 모순일 터이다

모든 선험적 종합 판단들은 객관 일반을 그 공간 및 시간상의 관계들과 관련하여 규정하는 것들이다. 이 규정들은 순전히 현상들, 다시 말해 직관의 객관과 이것에 의해 [주관이] 촉발되는 한에서 관계하고, 주관이 **형식적으로** 스스로 자신을 촉발하는 대로의 형식의 주관적인 것[요소]에 관계하는 표상들이다. 개념들에 의한 (동일률에 따른) 판단들은 분석적이고, 직관의 술어들에 의한 판단들은 종합적이다. 직관 자신은 선험적인 순수 직관이거나 경험적 직관이다. 직관은 현상으로서의 객관의 표상이나 **자체로**인 [있는] 바대로의 객관의 표상(現象體 客觀 或 叡智體 客觀)을 함유한다.

自己에 依한 存在者[32]와 자기로부터의 存在者[33]의 차이. 전자는 타자에 의해 촉발되는, 현상에서의 하나의 객관이고, 후자는 스스로 자신을 정립하고, (공간 및 시간상에서의) 자기 자신의 규정의 원리인 하나의 객관이다. 사물 자체 = X는 감관들에 주어지는 객관이 아니라, 단지 감관직관 일반의 잡다의 선험적 종합 인식의 원리이자 이 잡다의 배열 법칙의 원리이다. 공간 및 시간은 직관의 주관적 형식들이고, 선험적으로 주어지며, 그러니까 단지 현상에서의 감관들의 객관이다. 지성은 이것을 하나의 무조건적인 전체를 위해 범주들에 따라 정립한다. 주관은 하나의 특수한 사물이 아니고 이념이다. 공간 및 시간의 관념성의 원리가 초월철학의 열쇠로서, 이에 따라서만 인식은 종합적으로 그리고 선험적으로 확장될 수 있다. 감관들의

XXII34

---

31) 원어: noumenon aspectabile.
32) 원어: ens per se.
33) 원어: ens a se.

대상들이 순전히 현상들로 표상됨으로써 말이다. 이때 사물 **자체**는 도무지 실존하는 사물이 아니고, = x로서 한낱 하나의 원리일 따름이다.

세계형성자(세계창조주)[34] 즉 물질의 창시자. 만약 사람들이 경험을 좇아, 그에서 창시자의 질을 판정하고자 한다면, 창시자는 행복에 대해서는 전혀 아무런 고려를 하지 않고, 폭군으로 행동하는 것처럼 보인다

제7묶음, 전지3, 3면

직관, 개념 및 개념에 의한 직관의 잡다의 합성의 종합적 통일이 감관객관의 감관표상의 형식〔적인 것〕이다. 감관객관이 공간과 시간상에 주어지고, 주관의 규정의 원리 아래서 내감에 대한 현상으로서 사고되는 한에서 말이다.

그러므로 선험적인, 다시 말해 경험에 앞서 경험과 모든 **지각**(의식적인 경험적 표상)에 독립적인 그러니까 그 자체 필연적으로 공간과 시간의 표상에서 주어지는, 종합 판단이 있다. 이에 초월//철학의 원리: **'선험적 종합 판단들이 어떻게 가능한가?'** 가 등장한다.

이 과제에서 감관직관의 대상들이 사물들 자체로 여겨져야 한다면, 그러니까 공간과 시간 즉 가능한 지각들의 잡다가 대상들의 실재적 규정들로 여겨져야 한다면, 경험 안에서 그리고 경험을 통해서 외에는 어떠한 인식도 달리 생길 수 없을 터이다. 그런데 공간표상과 시간표상은 하나의 전체로서 각각이 무한하고 절대적으로 하나이며 형식이라는 우리의 표상 중에서 선험적으로 생각되는 직관들이다. 그러므로 공간과 시간상의 감관//대상들의 규정들은 감관대상들의 무매개적인 표상들이 아니고, 단지 현상들이라   XXII35

---

34) 때로 "세계형성자(Demiurgus), 즉 기계적으로 작용하는 원리"는 "세계창조주(Welt-schöpfer)〔=건축가〕"와 구별되기도 하고(XXI34 참조), 여기서처럼 구별 없이 사용되기도 한다.

고 보아야 하며, 이러한 질에서만 공간과 시간상의 사물들에 대한 하나의 선험적 종합 인식이 생긴다. 그래서 공간// 및 시간조건들을 함유하는 모든 선험적 종합 명제들은, 공간과 시간 자신이 현상의 형식[적인 것]을 이루는 것 외에는 아무것도 아니기 때문에, 대상을 **사물 자체**로가 아니라 사물을 오로지 **현상에서**만 고찰함으로써만 가능한 것으로 인정될 수 있다.

그러므로 만약 어떤 종합 명제들이 명증적이라고, 다시 말해 선험적으로 타당하고 그것들의 무조건적인 필연성이 의식되는 종류의 명제들이라고 선언되고자 한다면, 그러한 명제들은 언제나 사물들 자체와 관련한다

[……]

[……]

제7묶음, 전지3, 4면

첫째, 직관에서 대상의 표상. 둘째, 주관이 감관객관에 의해 (외적으로든 내적으로든) 촉발될 때의, 현상으로서의 이 직관의 표상. 촉발하는 객관은 = X이다. 현상의 형식[적인 것]은 공간과 시간상에 대상의 설정[위치 지음]이다. [그것은] 포착할 수 있는 사물로서의 하나의 사물 자체로서의 공간 자신의 설정이 아니다. 오직 사물 자체로서가 아니라 현상으로서의 대상의 표상을 통해 선험적 종합 명제들은 초월철학의 정식[定式]들에 따라 가능하다. 그리고 이것은 동시에 경험이론으로서의 자연과학의 인식을 위해 필수적이다. — 공간과 시간은 선험적 직관들이지만, 직관의 주어진 대상들이 아니다.

법칙들이 없으면 경험이 생길 수 없고, 선험적 직관에서의 잡다의 결합 원리가 없으면 법칙이 있을 수 없다. — 무릇 앎[知]은 판단을 넘어서 이것이 전반적 규정을 할 수 있도록 만들지만, 선험적 종합 판단들에서 확실성의 수용성은 오직 직관의 대상들이 최초로 단지 현상으로서 나 자신의 의

식[나의 자기의식]에서 이를 위한 자격을 얻을 때에만 생기니 말이다. — 무릇 이것은 일체의 경험적인 것에서 순수하게 오직 지성 안에서 직관의 잡다를 포착하는 것이 아니라 제시하는 형식[적인 것]을, 그것이 주관의 활동에서 생겨남으로써, 형성한다. — 그래서 공간은 직관의 대상의 포착[작용]이 XXII37 아니다. 무릇 공간은 자체가 사물이나 실물이 아니며, 공간상의 위치들은 점들로서 축적될 수 없으니 말이다. 위치들은 모두가 하나의 점으로 모여 합쳐진다.

가장 아름다운 조상[彫像]들은 이미 대리석 덩어리에 들어 있으며, 사람들에게는 단지 그것에서 부분들을 떼어내는 일만이 필요하다고 누군가는 말한다. 다시 말해, 사람들은 그것에서 하나의 조상[彫像]을 상상력을 통해 표상할 수 있고, 조각가 역시 그 조상을 그것 안에 집어넣는다.[35] 그것은 단지 한 물체의 현상이다. — 공간과 시간은 우리 자신의 상상력의 산물(그러나 시원적[始原的] 산물)들이며, 그러니까 주관이 스스로 자신을 촉발함으로써 스스로 만들어낸 직관들이다. 그러하므로 현상이지 사상[事象] 자체가 아니다. 질료적인 것 — 사물 자체 — = X는 자기 자신의 활동의 순전한 표상이다.

———————

공간 및 시간은 현상에서의 감관객관들이지, 어떤 대상 **자체**의 표상이 아니다. 양자가 주관에 주어지는 것이 아니라, 주관에 의해 만들어지고, 이것이 자신을 현시하며 하나의 절대적 전체를 형성하는 한에서, 직관의 잡다가 경험적 표상의 '한' 개념 아래로 총괄된다. 이 위에 기초하고 있는 것이 초월철학의 과제: 》선험적 종합 명제들은 어떻게 가능한가?《이다. 그 해답: 대상들이 그 자체일지도 모르는 것에 따라서가 아니라, 대상들이 주관에 대하여 있으며, 주관에 의해 촉발되는 것에 따라서, 다시 말해 객관 자체인 것에 따라서가 아니라 형식[적인 것]에 따라서, 현상에서의 직관의 대

---

35) Michelangelo의 David상에 관한 일화를 염두에 두고 하는 말로 보인다.

상들의 표상을 통해. 무릇 저 물음은 하나의 모순을 함유하고 있다. 공간과 시간은 포착될 수 있는 대상들이 아니라, 순전히 표상력의 변양이며, 거기에서 사물 자체라는 개념은 한낱 사념물(理性의 存在者)로서, 직관의 객관을 현상으로 대립시켜 표상하기 위한 대상 = x로 쓰이는 것이다. 사물 자체는 주어지는 어떤 것(所與)이 아니라, 그것이 없음에도 불구하고 순전히 대응하는 것으로서, 구분에 필요한 것으로서 생각되는 것(思考)이다. 그것은 단지 하나의 부호[36] 같은 것으로 있다.

공간과 시간에 관한 명제들은 대상들을 단지 현상들로 서술하고, 바로 그러하기 때문에 선험적으로 서술한다는 것. 그것들은 자체로는 아무런 객관이 아니고, 초월철학으로서의 선험적 종합 인식과 관련한 주관의 규정들이다

사람들은 과학에 관해서는 식상하지 않지만, 생의 지혜로서의 윤리학에 관해서는 사뭇 그럴 수 있다

직관들의 대상들의 규정의 여러 가지 기능들이 자연에 대한 규칙들을 만들고, 경험의 가능성의 토대를 만든다. 그리하여 감관객관으로서의 공간은 초월철학의 원리인 제곱비[自乘比]의 법칙들에 종속해 있고, 공간은 그렇게 직관하도록[37] 강요된다

지혜는 최고의 이성원리이다. 사람들은 더 지혜로워질 수 없다. 최고 존재자만이 지혜롭다. 아이들의 주제넘음[38]. 반거들충이, 척척박사 또는 만물박사.

동시에 반작용하는 자발성과 수용성

xxx 유기화되지 않은 물질이다. 무릇 그것은 하나의 모순이니 말이다. 오히려 하나의 유기적 물체 xxx

유기적 물체[유기체]들을 위한 그리고 어쩌면 유기적 조직[체계]들을 위

---

36) 원어: eine Ziffer.

37) 이 말의 정확성에는 의문이 따른다.

38) 원어: Naseweisheit.

한 정신력들의 필연성에 대하여. 왜냐하면, 기체(基體)가 단순 존재자로 생각되는 곳에서 사람들은 유기체들의 원인의 근저에 하나의 지성을 놓지 않을 수 없다.(그러한 단순 존재자와 같은 것은 물질도 물질의 요소일 수도 없다.)

세계형성자,[39] 보편적 세계정령(精靈)[40]

만약 현상체가 앞서 이를 위해 선험적으로 규정되어 있지 않다면, 어떠한 현상체도 법칙들 아래서 경험을 통해 입증될 수 있는 것으로 제시될 수 없다. 무릇 경험이란 (무한히 잡다하기 마련인) 지각들의 완벽함을 통해서는 결코 입증될 수 없는 規定들 全體[41]이니 말이다. 그러므로 경험의 가능성을 위해서는 하나의 선험적 원리가 필요하다.

순수 직관에 근원적으로 주어진 것(所與[的인 것]), 이것 다음에, 잡다의 합성에 있는 것, 즉 감관지각(捕捉[可能한 것])에 대해 생각할 수 있는 것(思考 [可能한 것]) 또는 선험적 현상에서의 잡다의 포괄/총괄.

마이너스[42]에 의하면 윤리학은 **윤리 형이상학**이다. 아직 **생의 지혜**는 아 XXII39
니고, 그것으로 이끄는 이론이다.

지혜, 어리석음(기계성) 및 우매함이 윤리학을 이룬다

관건은 **목적들**이다. 영리함은 단지 수단에 상관하며(萬若 伶俐함이 있다면, 神의 影響力은 없다[43]), 윤리학의 일부가 전혀 아니다.

---

39) 원어: Demiurgus.
40) 원어: Weltgeist. 관련 개념들의 구별에 관련해서는 위의 XXI33~34 참조.
41) 원어: omnitudo determinationis.
42) Christoph Meiners(1747~1810). Göttingen 대학의 철학 교수로 당대의 대중 철학을 대변했으며, 강력한 칸트 비판가였다. 여기서 칸트는 그의 저술 *Allgemeine kritische Geschichte der ältern und neuern Ethik oder Lebenswissenschaft nebst einer Untersuchung der Fragen: Gibt es dann auch wirklich eine Wissenschaft des Lebens? Wie sollte ihr Inhalt, wie ihre Methode beschaffen seyn?* (전2권, Göttingen 1800~1801) (제2권의 제목: *Allgemeine kritische Geschichte der Ethik oder Lebenswissenschaft*)을 염두에 두고 있는 것으로 보인다.
43) 칸트 원문: nullum nomen abest si sit prudentia. Decimus Iunius Iuvenalis, *Saturae*, X, 365: "nullum numen habes, si sit prudentia"를 옮긴 것으로 보인다. 칸트

제7묶음, 전지4, 1면

첨부 IV

공간은 순수 직관의 객관이 아니고, (선험적인) **순수 직관** 자신이다. 다시 말해 순전한 현상에서의 객관으로서는 어떠한 표상도 모든 **지각**(의식적 경험 표상)에 선행하지 않는다. 다수의 것에 속하는 것을 그 개념 **아래에** 함유하고 있는 것인 논변적인 것(개념)이 아니기 때문에, 직관[직각]적인 표상인 이것은, 무조건적인 전체를 하나의 무한한 것으로 **자기 안에** 담고 있는, 하나의 직관이다. 이 직관에서의 주관(可視的인 것[44])은 동시에, 스스로 자신을, 독자적으로 실존하는 대상 없이도, 사물 **자체**로서가 아니라 한낱 **현상**에서, 다시 말해 주관과의 능동적 관계에서 (주관이 객관에 의해 **촉발**되는 것처럼), x = 0으로 정립하는 객관(所與)이다.

이렇게 해서 하나의 선험적 종합 인식은 가능하다. (기하학에서 보듯이) 잡다의 합성에 의한 순수한 크기[순수 양]//(양적) 관계로서의 이러한 선험적 종합 인식은 시간의 원리들에 따라 동시에 산술학에서 하나의 동종적인 합성(질적 관계)을 선험적으로 현시한다.

모든 명제(命題)는 무엇이 주어여야 하고 술어여야 하는가가 정해져 있지 않은 것으로 선행하는 하나의 판단(判斷)을 전제한다. 그러한 명제는 미정[未定]적이었다. 주어의 규정을 통해 확정적이 된다(판단이 명제가 된다). 그리고 선험적으로 주어지는 명제로서는 명증적이다.[45] 다시 말해 그것의 (보편타당성이라고도 불리는) 필연성에 대한 의식과 결합되어 있다.

분석적 판단들, 다시 말해 동일률에 따라 타당성을 얻는 판단들은 또한

수고(手稿)를 Lehmann은 "nomen"으로 읽고 있으나, Reicke는 "numen"으로 읽었다.
44) 원어: aspectabile.
45) *KrV*, A70=B95; *Prol*, A86=IV302이하; *Log*, A157이하=IX102이하 참조.

논변적 판단이라고 불린다. 왜냐하면, 그러한 판단들은 그 술어 안에 그 주어 개념 안에서 이미 생각된 것 이상을 함유하고 있지 않기 때문이다. 그에 반해 주어 개념을 넘어서, 이것에 대해 대상의 개념 안에 자기동일적으로 함유되어 있지 않은 무엇인가를 진술하는 판단들은 종합적이고, 만약 그럼에도 이러한 판단들이 선험적으로 타당하다면, 》선험적 종합 명제들이 어떻게 가능한가?《라는 물음이 발생한다.

그러한 명제들이 현실적으로 있다는 것을 어쨌든 이미 순수 수학은 그 비경험적인 직관들로써 밝혀주고, 중요한 것은 그러한 비록 감성과 무관하지는 않지만 경험에서는 독립적인 명제들의 가능성의 근거를 설명해주는 점이다. 이러한 일은 그 같은 객관들이 사물들 자체가 아니라 현상 중에 함유되어 있는 것임을 잘 보여주는 순수 직관표상들로서의 공간과 시간에서 일어난다.

공간과 시간이 포착 가능한 대상들이 아니라는 것, 그것들이 그 체계적 연결을 경험이라고 일컬을 수 있는 지각의 객관들이 아니라는 것은 자체로 명백하다. 그러나 선험적 종합 판단들이 기초로서 놓여 있지 않으면, 이를 위해서는 감관표상들이 **간접적으로**밖에는, 곧 대상들 자체의 인식으로서가 아니라, 오직 그것들의 직관이 선험적으로만 주어질 수 있는 현상으로서 생각되어야만 한다는 것은, 그러한 표상방식이 기초로서 놓여 있지 않고서는 경험 자신도 가능하지 못할 것이라는 사실에 의해 명백하다

감관대상, 즉 **현상에서** 표상되는 바로 그것과 비교해서 대상 **자체**인 것 XXII41
이 선험적 종합 판단들의 가능성을 정초한다.

공간은 그것의 잡다와 함께 포착될 수 없고, 그러한 잡다를 정립하는 자기 자신에 대한 근원적 의식으로서 통각된다. ― 그러므로 공간은 대상 = X의 현상일 따름이다

분석적 통일(自己同一性, 일양성〔一樣性〕) 및 종합적 통일성. 여럿 속에서 하나가 표상되는 것이 아니라, 하나에서 여럿이 그려되므로

관계들: 양적 및 질적. 동종적인 것과 이종적인 것의 관계

제7묶음, 전지4, 2면

공간과 시간은 사물들 독자[獨自](自己에 依한 存在者들)가 아니고, 우리의
표상 바깥에도 주어짐 직한 감관//직관에서의 감관의 대상들이 아니라, 직
관 자신의 주관적인 것이다. 이 직관은 경험적이지 않고(지각의, 다시 말해 의
식적인 경험적 표상의 대상들이 아니고), 즉 실존하는 어떤 것에 대한 표상이
아니고, 순전히 그 편성(병렬과 순열)에서 직관에서의 잡다의 종합적 통일의
형식[적인 것]이다. 이것은 그것들의 표상 안에 자기동일적으로(하나의 보편
적 개념을 통해 논변적 판단으로서) 함유되어 있다

그러나 감관들의 대상들은 이 표상을 통해 단지 현상들로서, 나의 표상
바깥에 가능한 실재적인 사물들로서가 아니고, 그것들 그 자체로 있음 직
한 바대로가 아니라, 단지 **현상**에서 주어진 것으로서 고찰되며, 그를 통
해 그리고 이러한 조건 아래서만 선험적 종합 판단들은 초월철학에 있어
서 가능하다. 이는 단지 **간접적으로** 곧 현상에서 고찰되는 것으로서만 확
장적이다

XXII42   직관에서의 그것들의 잡다가 공간과 시간상에서의 그것의 관계를 통해
서만 규정될 수 있는 감관객관들은 선험적으로 현상들로서의 객관들의 표
상의 원리들 아래에 있다. 이 현상들에는 그것들을 **사물들 자체**로 보는 다
른 표상방식이 이념상 필연적으로 대응하지만, 여기서 사물 자체 = X는 하
나의 다른 대상이 아니라, 그로부터 똑같은 대상이 고찰되는, 하나의 다른
곧 소극적인 관점[입지점]을 의미한다. — 후자는 현상**으로서**의 감관대상들
의 관념성의 원리이다

이러한 관점[입지점]에서 고찰할 때만 선험적 종합 원리들이 있을 수
있다

공간 및 시간은 개념들에 의한 논변적 표상들이 아니고 직관[직각]적 표

134

상들이며, 잡다의 직관의 대상들이 아니라 직관 자신이고, 그것도 보편적인 것의 직관이 아니라 단일한[개별적인] 것의 직관이다('하나의' 공간 그리고 '하나의' 시간이 있다). 공간은 지각할 수 있는(포착 가능한) 대상이 아니고, 可視的인 것을 思考可能한 것으로 표상하는 자기활동성(受容性이 아닌 自發性)으로서의 표상능력의 산물이다. 이 직관은 선험적 표상으로, 어떤 실존하는 것의 지각이 아니고, 한낱 감관대상들의 한 집합에서의 편성(竝列 及 順列)의 형식[적인 것]이다. 이 형식[적인 것]이 전반적 규정의 한 원리에 따라 잡다의 하나의 체계로의 추세를, 다시 말해 (하나만 있을 수 있는) 경험의 가능성을 위해서 그리고 그 대상을 오직 촉발된 주관의 **현상**에서 — 그것이 사물 자체로서 그러한 바대로가 아니라 —, 현시하고, 바로 그렇게 함으로써 선험적 종합 명제들을 초월철학에 대해 가능하게 한다. 여기서 사물 자체 = x 는 단지 주체를 두 가지 방식으로 표상하는 하나의 순수한 관계개념이다. [그것은] 전자와 구별되는 하나의 객관이 아니다.

공간 및 시간은 한편으로는 직관에서의 주관의 자발성의 작용이고, 다른 한편으로는 수용성의 촉발[된 것]들[46]이다. 전자는 잡다의 합성에서, 후자는 합성된 것의 현시에서의 개념의 통일에서. 과연 한 사물은 그 자체로 있는지 또는 현상에 있는지가 제일의 과제이다. 주관은 스스로 자신을 촉발한다. 그래서 공간 및 시간은 선험적·종합적 표상들이다. 공간 및 시간은 지각을 통해 주관에 현시될 수 없다

제7묶음, 전지4, 3면

표상능력(表象能力[47])의 최초의 작용은 자기 자신의 표상(統覺)이며, 이를 통해 주관은 스스로 자신을 객관으로 만든다(單純 捕捉). 그리고 이 자기의

---

46) 원어: affectionen.
47) 원어: facultas repraesentativa.

표상은 직관(直觀)이지, 아직 개념(概念)이 아니다. 다시 말해 단일자 표상(單一[單數] 表象)이지, 아직 다수의 것에 공통적인 표상(徵表, 卽 多數에 共通的인 表象), 단일적인 것과는 달리 다수에서 마주칠 수 있는 보편타당한 표상이 아니다

공간과 시간은 서로 곁에 있는 그리고 서로 잇따라 있는(各各 相互 竝列的 及 順次的으로 位置한) 것들을 편성하는 선험적 원리들, 그러니까 그러한 것들의 형식[적인 것]을 함유하는, 순수 직관의 객관들의 두 관계들이다. 공간과 시간은 저 잡다의 합성의 조건들인 직관하는 주관에만 있거니와, 각자 무조건적인 통일[하나]로, 그러니까 또한 무한한 크기[양]로 표상되며, 그러나 그것의 부분들은 지각(의식적인 경험적 표상)의 대상들이 아니라 그 자체로는 순수한 형식적 직관, 다시 말해 **현상** 외에 (실존하는) 아무런 것도 아니다.

그러나 동일한 객관이면서도 **사물 자체**로서의 객관과는 대비되는 현상에서의 대상이란 무엇인가?

이 차이는 객관들에 있는 것이 아니라, 감관대상을 포착하는 주관이 자기 안에서 표상을 일으키는 데에 어떻게 촉발되는지의 관계의 상이성에 있다.

XXII44 공간과 시간이 이 표상들이 함유하는 잡다에서 (무릇 이것들은 포착 가능한 사물들이 아니고, 표상들 자신 외에는 아무것도 아니므로) 주관과의 두 가지 관계에서 생각되지 않으면 안 된다는 것. 즉 첫째로 그것들이 직관이고 그것도 감성적 직관들인 한에서, 둘째로 이것들의 잡다 일반이 선험적 종합 판단을 가능하게 하고, 그렇게 해서 선험적 종합 명제들의 하나의 원리가 그와 함께 하나의 초월철학을 정초하거니와, 이런 것이 없다면 이 필요한 학문이 생길 수 없을 터라는 방식에서.

그런데 후자는 이 대상들이 이중적인 이성//관계에서 고찰됨으로써만 가능하다

공간 및 시간은 역학적 기능을 갖는 직관들인데, 그 기능은 직관의 잡다를 현상(所與[的인 것])으로 정립하고, 그러므로 또한 可視的인 것을 현상으

로 정립한다. 이 가시적인 것은 모든 포착표상(의식적인 경험적 표상으로서의 지각)에 선행하고, 선험적·종합적으로 하나의, 주관이 직관의 잡다의 집합적 통일에서 스스로 자신을 정립하는 원리에 따라 전반적으로 규정하는 것(概念이 뒤따르는 直觀)으로 생각된다

이것이 선험적으로 무조건적인 통일성[하나]으로서 **사물 자체** = x와 대비되는 **현상**의 형식[적인 것]이다. 이 사물 자체 = x라는 것은 그 자신 하나의 별난 대상이 아니고, 자기 자신을 대상으로 구성하기48) 위한 하나의 특수한 **관계 맺음**(觀點)이다. 이를 통해 초월철학의 문제:》공간과 시간관계들에서 종합 명제들이 어떻게 가능한가?《가 부상한다.

양자는 함께 결합해서 직관의 하나의 절대적인 (한계 없는) 전체를 낳거니와, 이 전체는 언제나 더 큰 전체의 부분으로서만 가능하고, 그러니까 아무런 객관(所與[的인 것])도 아니다. 즉 그것은 하나의 전체로서의 所與[的인 것]가 아닌, 하나의 思考[可能한 것]이다.

제7묶음, 전지4, 4면

〔…〕

〔……〕

공간과 시간상에서의 선험적 규정들은 필연적으로 초월철학의 과제:》선험적 종합 인식들이 어떻게 가능한가?《에 이르고, 이 과제의 해답은 마침내 자연과학의 형이상학적 기초원리들에서 물리학으로의 이행에 이른다

이 과제의 해답은, 공간과 시간객관들은 **사물들 자체**로서가 아니라 단지 **현상들**로서[이며], 다시 말해 그것들은 주관의 감관과의 관계에서 이 관계로부터 추상해서가 아니라 그에 독립적으로 선험적 종합 명제들을 제공

---

48) 원어: constituiren〔konstituieren〕.

할 수 있다는 명제에 의거한다. — 공간과 시간은 나의 표상 바깥에 실존하는, 감지할 수 있는(포착 가능한) 대상들이 아니고, 그 자신 나의 표상능력의 피조물들이며, 그러므로 사물 자체가 아니다. 그러나 이 표상의 주관과의 관계에는 저 생각할 수 있는(思考可能한) 것에 상응하는 주어진 어떤 것(所與)이 있다.

사물들 자체에 대응하는 것이 하나의 별난 대응자[49](예컨대, 공간에 적극적으로 대응하는 것)는 아니고, 똑같은 것이 다른 관점에서 고찰되는 것이다. 현상체와 대비되는 예지체란 현상에서 지성에 의해 생각된 객관이다. 그것이 자기 안에 선험적 종합 명제들의 가능성의 원리를 함유하고, 초월철학에 속하는 한에서 말이다.

그러나 **현상**으로서의 대상이라는 개념에는 사물 자체라는 개념이 그 반대 짝(드리개) = x로 맞세워져 있다. 그러나 저것과 실재적으로 구별되는 객관(實在的 反對)이 아니라, 한낱 개념상으로 구별되는 것(論理的 反對)으로서이다. 주어져 있는 어떤 것(所與)과 이것이 추상되어, 한낱 주관적으로 叡智體 客觀으로서 구분지(區分肢)를 이루는 어떤 것으로서. 그러나 이 예지체는 하나의 이성표상 일반 이상의 어떤 것이 아니며, '선험적 종합 인식들이 어떻게 가능한가?'라는 물음에는 현상체의 반대 짝일 어떤 특수한 객관이란 없다

공간과 시간은 직관의 대상들이 아니고, 주관 바깥에 주어진 사물들 내지는 우리 바깥의 대상들이 아니라, 단지 주관적으로 주어지는 표상들로서, 이것들의 총괄은 하나의 **전체**인바, 이것은 언제나 **더 큰** 전체의 **한 부분으로만** 생각되고, 따라서 합성의 계속적인 진행에서 하나의 무한한 전체로 표상된다.

이로부터 나오는 결론은, 크기[양]로서의 공간과 시간을 이루는 잡다는 사물들이 아니고, 지각할 수 있는(捕捉可能한), 감관직관에 주어질 이떤 무엇

---

49) 원어: Gegenstück.

이 아니라, 표상의 주관 자신에 의해 선험적 종합 표상으로 만들어진다는 것이다. 다시 말해, 공간과 시간은 사물들이 아니며, 선험적인 순수 직관의 잡다의 합성의 형식〔적인 것〕을 함유하고, 표상 밖에서는 아무것도 아닌, 한낱 표상들이라는 것이다.

둘째 결론은, 감관직관의 모든 대상들은 사물들 자체(自己에 依한 存在者들)로가 아니라 언제나 단지 **현상**에 주어진 것(現象體)으로 표상되어야 한다 XXII47 는 것이다. 그것도 왜냐하면, 이 질〔質〕에서만 직관의 잡다를 합성하는 하나의 선험적 원리를 통해, 다시 말해 지성을 통해 근거 짓는 일이 가능하기 때문이다. 왜냐하면, 이것의 전제 없이는 어떤 종합적 인식도, 심지어 경험의 종합적 인식도 불가능할 터이기 때문이다.

그러므로 선두에 서는 것은, 》선험적 종합 인식이 어떻게 가능한가?《라는 과제이다. 그 대답인즉, 그것들은 오직, 감관대상들이 사물들 자체로가 아니라 단지 현상들로 표상될 때만 가능하다는 것이다. 무릇 현상들의 형식〔적인 것〕에 의해서만 선험적 잡다의 인식의 원리가 제시되고, 보편적으로 기초에 놓일 수가 있으니 말이다

분석 판단들은 矛盾律에 의해 기초 지어져 있으며, 선험적으로 존립하는 (필연적인) 판단들이다. 그러나 또한 같은 가치를 인정받는 종합 판단들이 있기 위해서는, 한낱 사례들이 아니고, 그것들의 가능성의 하나의 설명근거가 필요하다. — 그것들은 개념들에 의한 종합 판단들(철학적)이거나 개념들의 구성[50]에 의한 종합 판단들(수학적)이다. 이 두 경우에 만약 그것들이 선험적 판단들이어야 한다면, 그 대상은 현상에서밖에 달리 주어질 수 없고, 그러면서도 이 대상에 객관 자체 = x가 대응하여 있는 것으로 생각되지 않으면 안 된다.

현상의 형식들(예컨대 공간과 시간)은 감관직관의 주관적 성질을 통해 주

---

50) 원어: C〔K〕onstuc〔k〕tion.

어져 있고, 지각 위에 기초되어 있지 않다.

공간과 시간은 우리 바깥의 직관의 대상들이 아니고, **우리 안**의 직관의 대상들이다. 우리가 우리 자신의 의식에서의 표상들 — 이것들을 통해 주관은 스스로 자신을 정립하거니와 — 의 잡다를 xxx 한에서 말이다. — 공간과 시간 그리고 공간과 시간상에서 규정될 수 있는 것(思考可能한 것)으로서의 자기 자신(所與[的인 것])의 설정[위치 지음]. 공간과 시간은 실존하는 사물들(捕捉의 客觀들)이 아니라, 주관의 규정들이거니와, 이를 통해 주관은 자기 자신을 촉발한다. 공간 또는 시간상의 한 대상의 실존은, 그 대상이 선험적 종합 명제들을 통해 (직관으로) 주어져 있는 한에서, (현상체로서의) 현상에서의 대상의 표상이며, 이 현상체에 객관에 대한 하나의 지성표상의 상관자로서의 사상[事象] **자체**의 개념 = x가 선험적 종합 판단들의 원리로서 대응한다.

正直 — 不良

惡 — 悖惡

제7묶음, 전지5, 1면

첨부 V

인간은 자기 자신을 의식하기에(자기 자신에게 객관이기에), **사고한다**

사람들은 신이라는 개념 아래서 의식적인 모든 목적에 알맞은 하나의 실체, 다시 말해 하나의 인격[위격]을 생각한다. 다시 말해, 동어반복적으로 강화된 표현인 살아 있는 신은 단지 이 존재자의 인격성을 표시하는 데 쓰인다. 즉 전능[全能]한 존재자(最高 存在者), 전지[全知]한 존재자(最高 知性) 및 전선[全善]한 존재자(最高 善)로 말이다. — 이것의 활동은 기술적·실천적 이성에 유비된다

세계존재자들은 의무를 질 수 있고, 다른 존재자들에게 의무를 지울 수

140

도 있다. 그러나 다른 존재자에게 의무를 지울 수는 있지만, 결코 자기가 의무를 지워질 수는 없는 하나의 존재자가 [있으니, 그것이] 신이다.

인간적 존재자는 하나의 인격, 다시 말해 권리 능력이 있는 존재자일 수 있다. 그러나 신성[神性]에 인격성이 첨부될 수는 없다

세계에는 인격들이 있다. 그러나 순수 지성[예지자][51]으로서의 신은 '하나'만이 있을 수 있다. 무릇 다수의 신들이라면 서로에 대해 권리를 가질 터이니 말이다

세계는 감관대상들의, 그러니까 또한 감관들에 작용하는 힘들의 **전체**이 다. 다시 말해 이것들의 **전부**가 아직 이 개념을 표현하지는 못한다. [통일성을 더해야 하거니와], 그러므로, 저것들 전부가 통일성을 이루는 한에서, 그러니까 종합적으로 하나의 원리에 따라 결합되어 있는 한에서, 통일성[하나임]은 논리적으로 한낱 형이상학에 속하지 않고, 초월철학에 속하며, 이 초월철학에서 선험적 직관에서의 종합적 인식이 개념들에 의해 — 개념들의 구성[52]에서가 아니라, 무릇 그런 것은 수학일 터이다 — 주어지고, 자연과학의 형이상학적 기초원리들의 이행을 정초한다.

'하나의' 세계, '하나의' 공간, '하나의' 시간이 있다. 공간들 및 시간들에 대해 말한다면, 이것들은 '하나의' 공간 및 '하나의' 시간의 부분들로서 생각될 수 있다. — 이 전체는 무한하다. 다시 말해 그 전체에 **실재적**인 한계짓기로서 잡다의 한계들이란 가능하지 않다. 왜냐하면, 그렇지 않으면, 빈 것[空虛]이 하나의 감관객관이 될 터이기 때문이다. — 기계적으로가 아니라, 역학적으로 주어진 하나의 개념이 초월적 관념론이다. — '하나의' **경험**이지, 경험들이 아니다

사람들은 현상의 주관적 원리들에서 경험의 객관적인 것으로 진보해야 한다. 사람들은 기술적//실천적 이성에서 도덕적//실천적 이성으로, 그리고

---

51) 원어: Intelligenz.
52) 원어: C[K]onstruc[k]tion.

자연존재자로서의 주관에서 인격으로서의, 다시 말해 순수 지성존재자로서의 주체, 즉 신으로 진보해야 한다.

신은 자기 개념 안에 순정하게 권리들을 함유하고 아무런 의무도 함유하지 않는 존재자이다. 세계는 그 반대이다

인격은 **권리들**을 갖고 그것을 의식하고 있는 존재자이다. 한 존재자가 **권리들**을 갖되 **아무런 의무**를 갖지 않으면, 그것은 **신**이다. = 의무들을 갖는다는 것 그리고 아무런 권리 없음은 **범죄자**의 질[質]이다. 최고 존재자의 정언적 명령.

세계는 모든 감성존재자들의 총체이다. **신**은 **이성존재자**[이다]. — 양자 각기 자기의 **종**[種]에서 유일하다.

인간이 **행**(作用)**하는** 것, 인간이 만드는(行爲하는) 것, 인간이 특정한 시간에 행함으로써 생기게 (作業) 하는 것.

신과 세계는 상관자들로서, 이것들이 없으면 하나의 실천적 존재자로서의 신의 이념이 생길 수 없을 터이다. 그러나 세계에는 자연과 자유, 즉 상이한 종류의 두 활동 능력이 있다. 그중 하나(作用하고, 行爲하고, 作業하는 것) xxx

목적들의 개념을 이미 동일성의 규칙[동일률]에 따라 자신 안에 함유하고 있는 유기적 **물체들**에 대해. 이것들 안에서는 하나의 비물질적 원리가 생각되지 않을 수 없지만, 그렇다고 그것이 정신(精神)일 필요는 없다

경험은 가능한 지각들의 전체(모든 가능한 관찰과 실험)를 함유한다

구분. 1) 순전히 권리들만을 갖고 아무런 의무를 갖지 않는 하나의 존재자(그 법칙들과 원리들의 면에서 도덕적//실천적 이성), **신** 2). 권리들과 의무들을 갖는 것: **인간** 3) 권리도 의무도 갖지 않는, 도대체가 아무런 욕구를 갖지 않는 존재자(순전한 물질) 4 욕구는 갖지만 의지를 갖지 않는 것들

무조건적인 의무 지시명령(嚴格한 責務의 理性의 指示命令)의 정식이 법의 정언 명령이다. — 柔軟한 責務의 [의무가] 호의(好意)의 의무이고, 그런 유의 것들 중에서 감사는 가장 강력한 것이다.

정언 명령은 최상부에서 지시명령하는, 나의 외부에 있는 하나의 실체를 전제하지 않으며, 오히려 나 자신의 이성의 지시명령이거나 금지이다. — 그럼에도 불구하고 정언 명령은 모든 것에 대해 거역할 수 없는 권력을 갖는 하나의 존재자에게서 나오는 것으로 여길 수 있다.

1. 신의 개념은 무엇을 말하는가. 2. 하나의 신이 있는가? 3. 신의 실존은 선험적으로, 다시 말해 무조건적으로 필연적으로 주어져 있는가(한낱 생각된 것이 아니라, 다시 말해, 예컨대 가설적인 것인 열소처럼, 특정 추정개념들을 그것 위에 세우는 하나의 사념[관념]물, 理性의 *存在者*가 아니라)? 4. 신과 세계는, 하나의 이종[異種]적인 전체에 대해 사물들 전부를 규정하는 두 관계들의 능동적 관계인가. 즉 한편의 순수 지성[오성]의 지성적 원리인, 다시 말해 하나의 인격과 다른 한편의 감성존재자들의 총체와의 관계인가. […]

인격이란 권리들을 갖고 그것들을 의식할 수 있는 존재자이다.

정언 명령은 모든 인간 의무들을 신적 지시명령들로 표상하거니와, 역사적으로 마치 언젠가 인간에게 특정한 명령들이 내려졌던 것처럼이 아니라, 오히려 이성이 그것들을 신적 인격과 똑같은 정언 명령의 최고의 권 XXII52 세를 통해 스스로 복종하도록 엄격하게 지시명령할 수 있는 것인 양 그리한다.

그러므로 그것은 기술적//실천적 이성(감관객관들의 목적들을 위한 수단인 이성)이 아니라, 도덕적//실천적 이성(순수 이성객관인 인간에게 권리를 지정하고, 주관적 규정근거들을 객관적 규정근거들로 만들며, 거기서 모든 대상들을 신 안에서 직관하는 비범한 이념을 적어도 초월적 관념론에서 xxx하는 이성)이다

모든 선행(義務的 行爲)들 가운데 인간에 대한 자선은 없으며, 오히려 인간의 권리는 최고 권위의 작용이다. 이 작용을 시행하는 이상적[이념적/관념적] 인격이 신이다. 인간과 다른 실체로서가 아니라 xxx

신은 그로부터 모든 해악이 순전한 감관객관들로서 나오는 세계창시자(세계형성자)가 아니다. 신은 하나의 인격, 다시 말해 권리를 갖는 하나의 존재자로 여겨진다.

모든 감성존재자들의 총체가 세계이다. 이 세계에 인간도 속하거니와, 그러나 그는 동시에 하나의 지성적 존재자이기도 하다

자연기계성과 이성존재자들의 자유.

자유와 초월적 관념론, 그리고 도덕적//실천적 이성. 전자는 요청된다. ― 의무//개념이 자유에 선행하며, 자유의 실재성을 증명한다

인간에게는 그의 **자연**〔본성〕과 나란히 **자유**도 그리고 실천 이성이 기계성(기계적//실천적)의 맞상대로 있음

과연 하나의 신이 (실체로) 있는지 없는지, 그것에 관해서는 어떤 다툼의 문제가 있을 수 없다. 무릇 그것은 다툼의 대상(爭議 客體)이 아니니 말이다. 그것의 성질을 두고 다툴 수 있는 실존하는 존재자들이 판단하는 주관의 **외부에** 있는 것이 아니라, 자기 자신의 원리들을 검증하는 순수 이성의 순전한 이념이 있는 것이다.

♯ 신의 개념은 기술적//실천적이 아니라 도덕적//실천적 개념이다. 다시 말해, 그것은 하나의 정언 명령을 함유하며, 동일률에 따라 신적 지시명령들**로서의** 모든 인간 의무들의 총괄(包括)이다

그것은 단일한 개념, 單一〔單數〕概念이다. 세계들이 있지 않듯이 (신들이 있지 않다) 신과 세계가 있다. 그것은 하나의 인격〔위격〕, 다시 말해 권리를 갖는 하나의 존재자이다. 그러나 감성존재자가 아니다. 그러므로 **신들**이란 없다

인간의 자유의 불가해한 체계를 정초하는 정언 명령은 자유에서 개시하는 것이 아니라 자유로써 종결하고 완료한다. ― 실천적 순수 이성의 이념들의 숭고함이 동반하는 감정들에는 모종의 **애상**〔哀傷〕과 동시에 이런 대상

144

에 무릎 꿇도록 이끄는 **겸허**가 있다. 그러나 또한 결의에는 정직한 자의 우뚝 섬이 있다

순수 이성의 이념에서 표상되는 신 및 세계

기술적//실천적. 실용적//도덕적

자유의 가능성은 직접적으로 증명될 수 없고, 어떠한 자연[본성]의 동기도 전혀 필요하지 않은 정언적 의무명령의 가능성을 통해서 간접적으로만 증명될 수 있다.

'부정[不正]**한'**('곧은'에 대해 반대되는 '굽은', '직선적'에 대해 반대되는 '사선적/斜線的')은 不良(例컨대, 暴利)이라고 일컬을 수도 있다. 〔…〕

제7묶음, 전지5, 3면

주관은 스스로 자신을 1) 기술적//실천적 이성을 통해, 2 도덕적//실천적 이성을 통해 규정하고, 그 자신이 두 이성의 대상이다. 세계와 신. 전자는 현상으로 공간 및 시간상에 있다. 후자는 이성개념들에, 다시 말해 정언 명령의 하나의 원리에 의해 있다. 最高 存在者, 最高 知性, 最高 善. **물건과 인격. 統覺, 捕捉** 及 現象學的 理解, **認識,** 及 **再認識.** XXII54

스스로 자신을 원리로 구성[53]하고 그 자신의 창시자인 하나의 인격으로서의 자기 자신에 대한 인식

신과 세계 두 가지는 최대의 것이다. 그 자신을 사고하는 주관의 초월적 관념성이 그 자신을 하나의 인격으로 만든다. 인격의 신성[神性]. 나는 최고 존재자 중에 있다. 나는 **나** 자신을 (스피노자에 따르면), **내** 안에서 법칙수립[입법]하는 신 안에서 본다.[54]

---

53) 원어: constituiren〔konstituieren〕.

인간을 정언 명령을 통해 구속하고[의무 지우고], 순수 실천 법칙들을 절대적 의무(가차 없는 내적 임무)로 만들며, 내적이든 외적이든 어떠한 이득의 고려에도 매여 있지 않은 모든 지시명령[계명]들은 신성한 의무들이다. 다시 말해 그것들은 자연[본성]에 독립적인 무조건적으로 지시명령하는 존재자의 지시명령[계명]으로 보아야 한다. ― 그런데 도덕적//실천적 법칙들에 따라 지시명령하는 하나의 존재자라는 이념은 감관대상인 자연에 관해서도 동시에 전권을 갖는 하나의 **인격**이라는 이상을 함유하며, 순수 이성의 원리에 따르는, 따라서 세계규정의 경험적 동기들에 의한 것이 아닌, 모든 의무지시명령들의 정언 명령의 언표를 함유한다. ― 그런데 이제 이러한 현상들의 원인으로 생각될 수 있는 것으로는 오직 두 가지 능동적 원리들, 즉 **신**과 **세계**를 생각할 수 있다. 그러므로 정언 명령에서의 도덕적//실천적 이성의 이념은 신의 이상이다

그러므로 이로써 하나의 특수하게 실존하는 실체로서의 신의 현존은 아니지만 그러한 개념과의 관계는 초월철학에 속하는 것으로서 (실천적 견지에서) 충분히 입증되어 있다. ― 리히텐베르크의 스피노자, **신 안에서**의 만물의 직관의 체계를 보라.[55] 종합적 그리고 선험적인 자기 [정립에 대한] 초월적 관념론

인격으로 여겨진 주관[주체]이 세계창시자이다. 수동적인 물질의 세계형성자로서가 아니라, 오히려 xxx

---

54) 칸트 원문과 문자적으로 합치하는 스피노자의 문구는 찾아볼 수 없으나, 의미상 유사한 스피노자의 말은 충분히 많이 있다. 예컨대, *Ethica*, I, Prop. XV: "언제나 있는 것은 신 안에 있으며, 신 없이는 어떤 것도 있을 수 없고 파악될 수 없다." · II, Prop. XX: "인간의 정신에 대한 관념이나 인식도 똑같이 신 안에 있으니, 그것은 인간의 신체에 대한 관념이나 인식과 동일한 방식으로 신 안에서 나오고, 동일한 방식으로 신과 관계되어 있다." 참조.

55) 칸트는 Georg Christoph Lichtenberg(1742~1799)의 사후 편찬된 그의 전집의 일부인 *Vermischte Schriften*. Bd. 2(hrsg. von L. Chr. Lichtenberg · Fr. Kries, 1801)의 교정쇄를 1800년 중반에 미리 받아보았는데, 그에 대한 약간의 메모를 남기고 있다. Refl 6369, XVIII693~694 참조. 유사한 문구를 XXI43(제1묶음 글)에서도 볼 수 있다.

기술적//실천적에서가 아니라 도덕적//실천적 이성에서 나온 정언 명령의 주관[주체], 즉 (감성적 직관이 아니라) 순수 개념에 의한 선험적 종합 명제인 초월철학에서 생긴 하나의 초월적 이상이 신이다. 그러한 하나의 존재자가 실존한다는 것을 부인할 수 없으나, 그것이 이성적으로 사고하는 인간 바깥에 실존한다는 것을 주장할 수는 없다. 그 안에서 (즉 도덕적으로 의무 지시명령들에 따라 우리 자신을 사고하는 인간 안에서) 우리는 살고(感覺하고), 움직이고(作用하고), 존재한다(實存한다).

이로부터 모든 존재자, 모든 실존하는 것의 총체의 구분, 즉 **신**과 **세계**의 구분의 필요성이 나온다

인간에게는 어떤 감관표상에 (의해서도) 충동되지 않는 인간에게 내주[內住]하는, 영혼으로서가 아니라 — 무릇 영혼이란 신체[물체]를 전제하니까 — 정신으로서 동반하는 하나의 능동적 원리가 있다.[56] 이 정신은 하나의 특수한 실체인 것처럼 도덕적//실천적 이성의 법칙에 따라서 인간에게 거역할 수 없이 지시명령하고, 인간의 행동거지에 관해 그 자신의 행실에 의해 용서하거나 비난한다. — 이러한 자기의 속성에 힘입어 도덕적 인간은 하나의 **인격**이다. 다시 말해, 권리 능력이 있고, 부정한 것에 당하거나 그런 것을 의식하면서 저지를 수 있으며, 정언 명령 아래에 서 있는 존재자이다. 즉 자유롭기는 하지만, 그러면서도 그가 스스로 복종하는 법칙(純粹한 理性의 指示命令)들 아래서 그리고 초월적 관념론에 따르면 신적 지시명령[계명]을 실행하는 존재자이다. 신적 지시명령[계명]으로서의 모든 인간 의무들에

XXII56

---

56) 칸트는 대개 '정신(Geist, mens, spiritus)'과 '영혼(Seele, anima)'을 구별한다. 정신이 '물체/신체(Körper, corpus)'와 무관하게 작용하는 하나의 운동 원리라면, 영혼은 "물질 안에서의 생명의 원리(Principium des Lebens)"(*KrV*, A345=B403)이다. 곳곳에서 유사한 언급을 읽을 수 있다: "우리는 고유한 운동력을 함유하는 것을 정신이라고 부른다."(V-Anth/Collins, XXV18); "신체[물체]와 통일되어 있는 정신을 영혼이라 일컫는다. 그러므로 정신으로서 내가 세계를 인식할 때 나는 순전히 사고하는 정신으로서가 아니라, 신체에 의거한, 그러니까 영혼으로서, 신체의 상황에 따라서 세계를 고찰한다." (V-Anth/Collins, XXV19)

나 자신의 인격에서의 인간성〔인간임/인류〕의 권리[57]에 대한 충돌과 인간
의 권리〔인권〕[58]에 대한 충돌

인격은 권리들을 가진 이성적 존재자이다

인간은 내적 목적들 내지는 또한 **감관들** 등등, 예컨대 기관〔器官〕들, **지성**
을 가진 하나의 동물이 아니고, **권리들**을 가진 (그리고 각기 모든 다른 인격에
대해서 권리들을 가진) 하나의 **인격**이다. 하나의 영혼이 그를 살아 있게 할
(그래서 生命體일) 뿐만 아니라, 그 안에는 하나의 정신(內的 精靈, 바꿔 말해 精
神)이 살고 있다.

유기적 물체〔유기체〕들은 기초에 하나의 **비물질적** 원리를 가진다. 왜냐하
면 그것들은 목적들에 기초해 있기 때문이다.

스피노자의 초월적 관념론에 의하면 우리는 우리를 신 안에서 직관한다.
정언 명령은 우리 바깥에 있는, 지시명령하는 하나의 최고의 실체를 전제하
지 않는다. 오히려 그런 실체란 나의 이성 안에 놓여 있다

운동력들의 통일된 공간// 및 시간규정들의 법칙들이 어떻게 선험적으로
가능한가. 뉴턴의 저작. (빈 공간을 통한) 직접적인 遠隔作用

가득 찬 공간에서 분산 없이도 교호적으로 작용하는 광〔光〕 운동에 대하
여. 무릇 광선들의 방산〔放散〕과 그것들의 운동의 뢰머[59]의 시간조건은 서
로에 대해 교호적으로 작용하므로. ― 자석에 대하여

---

57) *MS, RL,* AB49=VI240 참조.

58) *MS, RL,* AB151=VI304; *ZeF,* AB27=VIII353 참조.

59) Ole Christensen Rømer(1644~1710). 덴마크의 천문학자. 1676년 목성의 위성들의
관찰을 통해 최초의 광속도의 유한성을 밝혀냈다. 그의 관찰 자료를 기초로 해서 2년
후에 Chr. Huygens는 광속도가 대략 212,000 km/s이라고 계산해냈다.

물체의 내면의 운동력인 열은, 그것이 늘어나고 물질을 분산시킨다고 하
는 것으로, 하나의 가설적 원소/소재이고, 진동하게끔 된 한 물질의 순전한
반발작용일 수 있다.

———————

신에 대한 두려움이 지혜의 시작이다.[60] 그러나 이는 眞空 恐怖[61]나 다름
없다. 즉 권리와 충돌하는 모든 것에 대한 혐오이다. 무릇 도덕적//실천적
이성과 충돌하는 이 단절 xxx

인간: **논리적, 형이상학적, 수학적, 미학적**, 초월적. 자기 자신을 규정한
다는 의식은 자발성을, 마침내는 인격성을 함유하며, 권리들을 갖는다

그 가능성을 위해 사람들이 하나의 유기적 힘[조직력], 다시 말해 오직 내
적 목적에 의해서 작용하는 그러한 힘을 생각하지 않을 수 없는 하나의 물
체. — 그다음에 하나의 내주[內住]하지 않는 영혼, 경험적으로, 오히려 정
신으로서의 하나의 정신

人間은 理性的 動物이다[62]

나는 **신**[의 존재]을 믿는다 — 또는 나는 **하나의** 신을 믿는다(여럿이 있을
수도 있는 것들 중에서)라고 말하는 것은 차이가 있다.

서로에 대한 인간의 의무들을 신적인 지시명령[계명]들로 — 신에 대한
하나의 특수한 의무가 아니다. 무릇 그러한 것은 신을 전제할 터이니 말이
다 — 인식함(인식)

———————

60) 『구약성서』, 「잠언」 7, 1: "주님의 경외가 앎의 시작이다. 어리석은 자들은 지혜와 가르
침을 경시한다.": "timor Domini principium scientiae sapientiam atque doctrinam
stulti despiciunt"(*Biblia Sacra Vulgata*): "Die Furcht des Herrn ist der Anfang der
Erkenntnis. Die Toren verachten Weisheit und Zucht."

61) 원어: horror vacui.

62) 칸트 원문: Homo est animal rationale. Seneca, *Epistulae morales ad Lucilium*,
(Liber IV), Epistula XLI, 8: "Rationale enim animal est homo" 참조.

제7묶음, 전지5, 4면

xxx 그리고 그에 대해서 두 가지가 타자들에 의해 범해질 수 있는데, 그런 일이 동물이나 저급한 유기적 존재자들의 경우에는 없다. — 그에 대해 모든 인간 의무들이 동시에 필연적으로 그의 **지시명령**〔계명〕들인 그런 존재자를 **신**이라 일컫는다. 그러한 의무들을 인간에게 부과하는 정언 명령은 모든 법의무들을 (자기 안에 있는) 신적 지시명령〔계명〕들**로서** 보는 인식을 함유한다.

신이 자체로 어떤 종류의 존재자인가에 대해 인간의 이성은 미치지 못한다. 관계(도덕적 관계)만이 그를 내비쳐주거니와, 그의 본성은 우리에게는

불가해하며 완벽완전하다. (最高 存在者, 最高 知性, 最高 善) 순정하게 도덕적인 〔이러한 규정들은〕 그러나 그의 본성에 이를 수 없게 만든다

신은 하나의 **정신**〔정령〕/**영**〔靈〕이다. 다시 말해 세계영혼[63]같은 것이 아니다. 왜냐하면, 이러한 규정은 신을 감관대상으로서 경험적 조건들에 매이게 할 터이기 때문이다. 신의 초절적 개념은 언제나 오직 부정적이다. 그래서 그를 역〔逆〕으로, 그의 인식이 세계에 대한 인식이 아니고, — 그러니까 사람들이 그러한 지시명령이나 금지를 실제로 함유하는 것 같지는 않게 — 신적 지시명령〔계명〕들로서의 모든 인간 의무들에 대한 인식이 xxx임을 통해 xxx할 수 있다

그러므로 이 존재자에 대한 인식은 이론적인 것을 위해서가 아니라 단지 실천적인 것을 위해 확장적이다. 그는 불가해(不可解)하다.

표상능력의 제일〔최초/첫째〕의 작용/활동은 주관이 스스로 자신을 그의 표상들의 대상으로 만드는 데서의 작용/활동(自己 自身의 意識[64])이며, **논리**

---

63) 원어: Weltseele. 아래에서(XXII504)는 "anima mundi(世界靈魂)"라는 어휘가 쓰이기도 한다. 보통은 소극적 의미로 사용되지만, 아래에서(XXII97 · 100)처럼 때로는 적극적인 의미로 사용되기도 한다. 당시 막 유통되던 독일이상주의적 의미에 관해서는 아래 XXII97 참조.

학에 속한다. 〔그것은〕 **개념들**을 통한 표상 내지는 주어진 객관에 대한 사고〔의식〕이며, 분석적이다. 제이〔둘째〕의 작용/활동은 직관에 주어진 잡다를 함유하는데, 이 잡다가 그 집합의 하나의 원리 아래서 표상되는 한에서 그러하다. 〔이 작용/활동은〕 선험적으로 종합적으로 사고되며, **초월철학**에 속한다. 초월철학은 개념들에 의한 선험적 종합 인식을 함유하는데, 여기서 이러한 인식은 개념들의 구성을 통한 인식에 대해 있지 않다(무릇 그러한 것은 수학일 터이다). 오히려 여기서의 화제는 철학적 인식들(**형이상학**)로, 초월철학에 속한다. — 그러나 (뉴턴의 『自然哲學의 數學的 原理들』에서와 같이) 또한 적어도 **빈 공간**에서의 물체들의 운동력들의 비율이 선험적으로 주어질 수 있다는 것은 형이상학에도 초월철학에도 속하지 않는다. 그러니까 **도무지 철학에 속하지 않으며**, 그러니까 수학이 물리학에 적용될 수 있는 한에서 순수 **수학**에 속한다.

신의 개념, 아니 차라리 신의 이념은 그의 앞에서 모든 인간 의무들이 동시에 그의 지시명령으로 통용되는 하나의 존재자 사상이다.

신은 모든 것에 의무를 지우는 최상의 권세이고, 모든 것에 의무를 지우지만 어떤 관계에서도 의무 지워지지 않는 하나의 존재자이다.

신 및 세계. 자연과 자유. 스피노자주의 및 자연주의. 초월적 관념론 및 인격성. 감관대상일 수 없는 실재적인 것과 필연적으로 그런 것이어야만 하는 실재적인 것은, 그것이 공간 및 시간처럼 하나의 주어진 대상이어야 하듯이, 각각이 오직 하나이다

하나의 전체인 것으로 또는 斷片的으로 다량인 것으로 여겨지는 존재자 전부

제1 구분: **신** 및 **세계** — 제2 구분: 세계 안에: 자연 및 세계존재자들의 자유. 양자는 절대적 통일성〔단일성/하나〕을 함유한다(오직 '하나의' 신 그리고 '하나의' 세계가 있다). 斷片的으로 결합된 전체가 아니라, — 예컨대 동물들을

---

64) 원어: conscientia sui ipsius.

위한 식물들, 그리고 인간을 위한 동물들의 — 하나의 유기적 전체인 한에서의 세계.

하나의 유기적 물체[유기체]는 그 자신 안에서의 목적들을 통해 가능하다. 그러니까 유기물은 어떤 비물질적인 존재자를 통해 기초 지어진 것이거나 적어도 그런 것에 따라서 생각될 수밖에 없다. 식물에서부터 신까지가 아닌 形式[形相]들의 連續體[65](무릇 그 사이에 지속성이 없으니)

유기화된 물체들의 종[種]들과 같이 이끼류에서 동물들로 그리고 동물들에서 동물로서의 인간들로의 하나의 形式[形相]들의 連續體가 계속되어 간다 — 注意! 우리는 스피노자가 공상한 것처럼 신성[神性] 안에서 직관하지 않고, 오히려 거꾸로 우리는 신에 대한 우리의 개념을 초월철학의 우리의 개념에서 순수 직관의 대상들 안에 반입[搬入]한다.

또한 도덕적//실천적 이성의 이념들은 인간의 자연[본성]에 대한 운동력[움직이는 힘]들을 갖는다. 그것은 간접적으로 신성[神性]을 두려워한다는 것을 말한다.

신의 필연적 결론들(정언 명령)이 선행함으로 인한, 신의 실존의 간접적 증명에 대하여.

자유 개념이 정언 명령을 정초하는 것이 아니고, 오히려 정언 명령이 우선 자유 개념을 정초한다. — 기술적//실천적 이성이 아니라 오히려 도덕적//실천적 이성이 신의 원리를 함유한다. 마찬가지로 세계 안에서의 자연이, 예컨대 자연의 아름다운 질서를 통해, 신으로 인도하는 것이 아니라, 오히려 거꾸로이다.

성령은 도덕적//실천적 이성에 의거한 정언적 의무명령을 통해 심판하고, 처벌하고, 방면한다. 자연에 속하는 하나의 실체로서가 아니라. 신과 자연은 경험적 相關者가 아니다.

신과 그러한 존재자에 대한 사유의 인격성의 개념은 실재성을 깃는다

---

65) 원어: Continuum formarum.

도덕적//실천적 이성 안에, 다시 말해 인간의 권리와 의무에 대한 관계의 이념 안에 하나의 신이 있다. 그러나 인간 바깥의 하나의 존재자로서가 아니다. 신과 인간이 사물 전부이다

모든 자연존재자의 총체(세계), 다시 말해 공간 및 시간상의 모든 현존재는, 그러나 그렇기 때문에 모든 존재자의 총체는 아니다. 곧 순수하게 도덕적인 존재자는 그에 함께 함의되어 있지 않으니 말이다

분배적
또는 } 통일
집합적

(물리학에 속하는) 심리학적 차이와 경험에서 도출되지 않는 형이상학적 차이에 대하여.

윤리성, 다시 말해 법칙들 아래의 자유는 인격의 속성이다

제7묶음, 전지5, 5면

감관표상들에 속하지 않는 사고의 모든 대상들 중에 **신**(最高 存在者, 最高 知性, 最高 善)의 개념 또는 오히려 그러한 최고 존재자에 대한 이념이 있다. XXII61 — 스피노자: 우리는 모든 대상들을 신 안에서 직관한다. 그것도 통일성〔하나〕의 형식적 원리에 따라서.

신의 개념은, 서로 곁에(집합적으로) 있거나 어떤 하나 대신에 다른 하나가 양자택일적으로 있는, 같은 종류의 여럿을 생각할 수 있는 유(種)개념인가(單數 槪念 或 共通 槪念). 후자의 경우에는 **신들**이 생각될 터인데, 그러한 것은 감성존재자로서, 만약 사람들이 그런 것들에서 하나의 경배 대상을 생각한다면, **우상**이라는, 다시 말해, 인간이 스스로 자의적으로 그리고 미신적으로 이러한 지위에 올려놓는 신들이라는 이름을 갖게 될 터이다

만약 사람들이 신을 자기의 소행에서 밝혀내고자 한다면, 신을 어떻게 판정할 것인가? 人間은 人間에게 늑대이다.[66] 그는 자기의 무한한 지성을

증명하지만, 도덕적으로는 아니다

　신 및 세계.

　그러나 신의 개념, 최고 존재자 일반의 개념(하나의 최대〔最大〕)은 그러니까 유일한 것의 개념을 함유하기 때문에, 해결해야 할 과제는 오직, **하나의** 신이 있는지이며, 그리고 그는 오로지 곧 모든 인간 의무들은 신적 지시명령〔계명〕들로 준수하는 도덕적//실천적 견지에서 경배된다.

　하나의 **신**이 있는가? (이로써 그것이 그에 따라 같은 종류의 여럿이 있을 터인 普通名詞가 아니라 固有名詞인 하나의 유개념이든, 동시에 유일한 것으로 생각되는 單數 概念, 個體이든지 간에.) 만약 신의 개념 아래서 하나의 실체(한 종의 하나 또는 여럿)가 생각된다면, 전체 xxx

　신은 무엇인가? — 그는 도덕적//실천적 관계에서 (다시 말해, 정언 명령에 따라) 무조건적으로 지시명령하는, 자연에 대해 전권을 행사하는 유일한 존재자이다. — 이 존재자는 이미 그것의 개념 안에서 유일자〔唯一者〕이다. 즉 最高 存在者, 最高 知性, 最高 善 그리고 그에 대한 생각은 동시에 그와 그의 인격〔위격〕성에 대한 믿음이다.

　그 안에서, 다시 말해 그의 전능한 세계 생성을 통해 우리는 살고, 움직이고(운동하고), 있다 — 作用하고, 行爲하고, 作業한다: 신과 세계는 서로 병렬해 있는 것이 아니라 종속해 있는 존재자들(竝列的이 아니라 從屬的인 存在者들)이다. 〔……〕

제7묶음, 전지5, 6면

　초월철학, 다시 말해 순수 개념들에 의한 (선험적) 종합 인식의 최고 단계는 두 가지 과제를 안고 있다: 1. **신은 무엇인가**? 2. 하나의 신이 존재하

---

66) 칸트 원문: Homo homini Lupus. Titus Maccius Plautus(c. BC 254~184), *Asinaria*, 495: "lupus est homo homini" 참조. Hobbes도 이 구절을 *De Cive*(Amsterdam 1642), 헌사 〔1〕에서 인용하고 있다.

는가? — 이 물음의 대상은 하나의 순전한 **이념**〔관념〕으로서, 다시 말해 **주어지는** 것이 아니라 단지 **생각되는** 것(所與가 아니라 純全한 思考)에 대한 것이다. — 순수 이성의 둘째 과제는 '신은 무엇인가?'이다. 초월철학의 최고 견지〔見地〕는 **초월적 신학**〔이다.〕

그러한 존재자의 이념은 동시에 **인격성**의 개념, 다시 말해 자신을 규정하고, 작용결과들에 관해 근원적으로 자연에 대해 지시명령하는 원인성〔인과성〕의 자발성의 개념을 함유한다. 그래서 이 이념〔관념〕존재자의 대상은 두 관계 즉 **신**과 **세계**에서 생각되고, 이 각각은 서로 다른 원리들에서이기는 하지만 절대적 통일성을 함유한다. 즉 기술적//실천적 원리들에 따라서 (세계로) 그리고 도덕적//실천적 원리들에 따라서 (세계지배자로) 그리고 이것들을 연결하는, 비록 세계영혼으로서는 아니지만 이성존재자 일반으로서 생각되는, 하나의 정신에 따라서 생각된다. — 초월적 관념론.

첫째로, 신의 **개념**은 무엇을 **미정적으로**〔문제 있는 것으로〕 말하는가? **둘째로**, 신의 실존에 대한 **믿음**은 하나의 유개념(하나의 또는 여럿의 그러한 존재자)으로서 무엇을 **확정적**으로 말하는가? 셋째로, 신의 현존의 **필연성**은 단일자[67]로서 무엇을 **명증적**으로 말하는가? 다시 말해, 신의 현존이 특정 현상들을 설명하기 위한 가설적 존재자로서 조건적으로가 아니고, 도덕적//실천적 관점에서의 最高 存在者, 最高 知性, 最高 善으로서 무조건적으로 주어져 확립되며, 그리고 이 관계들에서 **자기 자신의 의식**이 물리학을 위해서가 아니라 목적론을 위해서, 그러므로 단지 간접적으로, 그러면서도 선험적으로 받아들여지는 한에서 말이다.

〔原子들과 虛空들은 둘 다 원리들이 아니다. 무릇 그것들은 실질 없는 것이니 말이다〕

각각이 오직 하나일 수 있는 신과 세계. 후자는 오직 공간 및 시간상의 현상체들로서.　　　　　XXII64

---

67) 원어: Individuum.

한 자연존재자의 기술적//실천적 이성은 모든 임의적인 목적들을 위한 수단들의 인식에 상관한다.

물리학 — 형이상학 — 초월철학, 신학

초월적 관념론은 자기 자신의 표상들의 총체에 객관을 놓는 스피노자주의이다.

모든 대상들을 신 안에서 직관한다 함은 하나의 체계 안에서 인식의 형식〔적 요소〕을, 다시 말해 기본〔요소〕개념들을 이루는 모든 개념들을 '하나의' 원리 아래에서 파악한다는 것을 뜻한다는 스피노자의 생각에 대하여

〔……〕

어떤 성스러운 권세 있는 존재자에 의해서도 인간에게 지시명령이나 금지가 실제로 발해지지 않았다, 실로 설령 그러한 일이 일어났다 해도 그런 것이 발해진 인간들이 이러한 음성을 전혀 지각하지 못하고, 그러한 음성의 현실성에 대해 확신할 수 없다는 것은 의심할 여지가 없다. 그리고 우리의 의무들을 恰似 신적 지시명령들로 인식하는 일 외에 남는 것은 없다. 이러한 지시명령들은 이러한 고지〔告知〕를 부득이 알아보지 못하는 경우에도 그 권위를 조금도 잃지 않는다. — 그러므로 도덕 명령을 신의 음성으로 여길 수 있다.

초월철학에서 보편적 **목적론**으로의, 다시 말해 선험적 순수 인식의 체계에서의 인간 이성의 궁극 목적에 대한 이론으로의 이월〔移越〕 — 규정하는 원인들의 包括의 절대적 통일로서의 선험적 인식의 최대를 통한 초월철학의 한계 규정

존재자〔存在者〕들 전부, 즉 한 체계 안에서의 그리고 무제한적인 존재 일반은 기술적//실천적 이성과 도덕적//실천적 이성의 객관 즉 자연과 윤리, 다시 말해 자유를 함유한다.

권리〔법〕개념은 하나의 성전〔聖殿〕, 즉 의무의 정언 명령이며, 그의 음성에 저항함 직한 어떠한 권세에도 비켜서지 않는다.

인간의 (영혼이 아니라) 정신 안에 정언 명령인 의무의 한 원리가 있거니와, 이 원리는 단적으로 지시명령하는 최고의 지시명령자이고, 모든 감성적 동기들을 도덕적//실천적 이성 안에서 오직 하나의 상위 원리 아래에 제약되어 있는 것으로서만 타당한 것으로 인정한다. 그 원리인즉 기술적으로 수단으로서가 아니라 현상들로서의 **대상들 전부**를 의욕의 포괄의 전체로써 제한 없이 원리로 갖는다.

(思考可能한 것.) 질료의 감관표상에서 형식상 所與的이지 않은 것 xxx

제7묶음, 전지6, 1면

첨부 VI.

인식에 속하는 우리의 모든 표상은 직관이거나 개념이다. 전자는 순수한, 선험적으로 주어진, 그러나 동시에 감성적인 것이지만, 후자는 경험적 XXII66 표상, 다시 말해 지각(의식에서의 경험적 표상)이다. — (관찰과 실험에 의한) 하나의 체계인 지각들의 집합체를 원리로 한 대상의 전반적 규정들의 전체가 경험이다. — 이 경험은 인식의 하나의 절대적 통일[성]이고, 주어져 있는 것이 아니라 만들어지는 것이다. 그러므로 사람들은 **경험들**에 대해서 이야기할 수 없고, 오직 경험에 대해 이야기할 수 있으며, 공간들과 시간들에 대해서 이야기할 수 없고, 그 안에 대상들이 주어져 있는, 한계가 없는(부정적으로//무한한), 다시 말해 그 안에서의 전진이 무한한 크기[양]들인 공간과 시간만을 이야기할 수 있다.

1. 자기 자신의 의식[은] 논리적[이다.] 2번째로 자기 자신의 직관의 의식은 형이상학적이고 주관적인데, 직관의 객관으로서, 경험적 직관이 아니라 현상에서의 순수 직관의 객관으로서 또는 지성에 의한 사물 자체 = X로서의 자기 자신에 대한 의식이 그러하다. 그리고 저 지성은 잡다를 하나의 총괄(包括)에서 파악하고, 스스로 자신을 선험적 종합 명제들을 통해 직관의

하나의 절대적 전체로 구성한다[68]

》선험적 종합 명제들이 어떻게 가능한가?《 하는 초월철학의 원칙은 둘 다 하나의 무제한적으로 (부정적인) 무한자인 공간과 시간상의 표상에 의한 것이다. 개념들에 의해 철학적으로가 아니라, 개념들의 구성[69]에 의해 수학적으로. 그 자신 안에서의 지성에 의한 논리적 표상과 직관의 잡다의 순수한 현시에 의한 형이상학적 표상. — 운동력들, 인력과 척력에서 기계적으로 그리고 먼저 역학적으로 운동하는. — 하위헌스와 뉴턴. — 빈 공간상의 힘들의 현존

공간과 시간은 지각(포착)의 대상들이 아니고 — 무릇 그렇지 않다면 그것들은 경험적 표상들로서, 그러니까 주관의 감관들에 대한 영향으로써 생겨난, 경험적 표상에 주어진 것(所與[的인 것])이겠다 —, 오히려 주관의 표상능력(表象能力) 안에 자기동일적으로 함유되어 있는 것이다. 주관의 바깥에 **주어진** 사물들(實在[的인 것들])의 잡다가 아니라, 사물들의 표상방식(形式[的인 것들]), 그것도 주관 안에서의 **직관**(直觀 表象)에 함유되어 있는 것(思考可能한 것), 이것의 표상이 선험적 종합 명제들을 가능하게 한다. 왜냐하면, 이 표상은 한낱 개념들에 의해 논변적으로가 아니라 개념들의 구성에 의해 직관적으로 발생하기 때문이다

이로부터 물리학으로의 이행 원리들에 따라 감관대상들에 관련하는 자연과학의 형이상학적 기초원리들을 함유하는 하나의 **초월철학**이 나온다. — 우리의 표상능력이 스스로 자기의 객관들 자신을 직관 및 개념들에서 만들어낸다.

그러나 그러한 선험적 종합 인식의 가능성은, (사물들 자체로서가 아니라) **현상들**로서의 대상들이, 다시 말해 단적으로 보편적으로가 아니라 주관적으로 표상되고, 사고되며, 그러므로 우리가 그것들을 범주들 자신을 통해

---

68) 원어: constituiren[konstituieren].
69) 원어: C[K]onstuc[k]tion.

만든다는 사실에 의거한다. — 모든 객관들을 위한 논변적 표상들, 객관들 전부에 대한 직관적 표상

선험적 종합 명제들은 어떻게 가능한가, 다시 말해 자연의 형이상학은 어떻게 가능한가?

대답: 주관의 자기 자신과의 관계인 공간과 시간(共存 及 繼起)상에서 대상들을, 현상에서의 대상들로, 그러니까 결합의 하나의 형식[적] 원리에 따라서 표상함으로써.

표상력의 질적 및 양적 관계들

주관의 제일[최초]의 작용은 나의 인식능력을 질적으로 양적으로 묻고 헤아려내는 일이다. 다시 말해, 첫째로 나 자신의[에 대한] 의식(논리적)과 나 자신의[에 대한] 직관(형이상학적)을 선험적 종합 명제들을 통해, 스스로 자신을 정립하기[자기 자신의 정립].

1. 동일률에 따른 표상들의 총괄(包括)의 논리적 통일성[하나임] 2. 객관의 XXII68 전반적 규정의 범주들에 따른, 즉 현상의 형식[적 요소]인 양, 질, 관계, 양태에 따른 상이한 잡다의 형이상학적 통일성[하나임]. 저 현상의 형식[적 요소]에 따라 주관은 스스로 자신을 정립한다.

空間, 時間, 位置는 직관의 객관들이 아니고, 그 자신이 인식능력에서 선험적·종합적으로 생겨나는 직관형식들이다

맨 먼저 나는 선험적 원리들을 경험의 가능성을 위해 구해야만 하고, 그 다음에는 최초로 경험에서 경험적 원리들을 구해야만 한다.

갈릴레이, 케플러, 하위헌스, 뉴턴.

공간과 시간, 그리고 공간과 시간상에서의 직관의 객관들의 규정 범주들 — 그로 인해 객관이 스스로 자기를 정립하는, 선험적인 모든 것. 무릇 공간과 시간은 우리 표상 바깥에 실존할 주어진 사물들(自己에 依한 存在者들)이 아니고, 외적 또는 내적 지각(다시 말해, 의식적인 경험적 표상)의 대상들이

아니지만, 종합적인 선험적 원리들이다

제7묶음, 전지6, 2면

공간, 시간 그리고 한 주어진 시간에서의 한 공간의 기술[記述]과 직관의 객관의 양, 질, 관계, 양태의 범주들에 따른 운동의 기술, 즉 그에 따라 주관이 스스로 자신을 직관의 대상으로 만드는 한 주어진 객관의 기술. [물론] 저 직관은 경험적 직관이 아니라 현상으로서의 선험적 순수 직관이다.

선험적 종합 판단들의, 다시 말해 초월철학의 한 원리가 필연적으로 선행하거니와, 이것이 어떻게 가능한지는 자연과학의 형이상학적 기초원리들에서 물리학으로의 이월의 과제이다. 그리고 이 이월은 감관직관의 대상들이 오직 현상들로, 다시 말해 이 선험적 직관의 잡다의 형식[적 요소]가 기초에 놓임으로써만 가능하다

나 자신의[에] 대한 의식[자기의식]은 자기동일성의 논리적 작용[활동], 곧 그 작용[활동]에 의해 주관이 스스로 자신을 대상으로 만드는, 통각의 작용[활동]이며, 자신을 어떤 대상에 대응시키는 한낱 한 개념이다. 순수 직관은 공간과 시간인바, 경험적 직관의 형식[적인 것]이다 — 이 표상은 순수한 직관으로 경험적 직관이 아니다. 이것은 논리학에서처럼 보편에서 특수로, 즉 분석적으로가 아니고, 잡다의 총괄의 전부에서 개별로, 즉 종합적으로 자기 자신을 선험적으로 구성[70]하고, 순전히 전체성에서 주관의 직관의 잡다의 형식[적인 것]을, 다시 말해 직관의 무조건적인 전체를 함유한다. 이 통일성[하나]을 이루는 직관은 공간과 시간의 표상 자체이고, 이것은 지각들(의식적인 경험적 표상들)이 아니며, 그러므로 포착할 수 있는 대상들이 아니고, 순전한 **형식들**이다. 이 형식들 아래서 직관의 대상의 잡다가, 그것도 **현상**으로서 표상된다.

---

70) 원어: construiren[konstruieren].

內部受容과 外部設定. 이 둘 중 어느 것에서 사람들은 출발하는가? ― 전자는 공간이고, 후자는 시간이다.[71] 그렇게 직관의 잡다의 내적 조성〔組成〕이 직관에 선행한다. 아니 오히려 전자와 후자는 교호적인 관계에 있다. 이것들의 조성을 교호적으로 '하나의' 직관에서 규정하는 것이 **지성**이다. 지성이 감관 일반을 촉발하고 감관객관을 현상으로 현시하는 **한에서** 말이다. 현시하는 내적 원리가 = X이며, 이것을 통해 사물은 자신을 만든다.

XXII70

[……]

공간과 시간은 실존하는 사물들이 아니지만, 그렇다 해도 관계들의 직관들이기 때문에, 그것들은 자기의 객관들을 현상들로, 다시 말해 순전히 주관적으로 직관들의 형식을 표상하는 표상들로 표상한다. 그 표상들은 그것들의 형식들이 선험적으로 모든 지각들에 선행하는 현상들로서 대상들을 표상하고, 거기에 현상으로서의 객관 = X와 사물 자체로서의 대상의 차이는 이미 그 개념 안에 있다

그러나 인식이 있기 위해서는 직관이 필요하고, 한낱 통각이 아니라 대상의 포착이 필요하다. 그러나 포착이 아니라 자신의 힘에 의해 자기의 선험적으로 정리하는 표상이 직관 내지 현상을 규정한다. 주관은 감성적 직관의 형식들인 공간과 시간에 의한 선험적 종합 명제들을 통해 자기 자신을 정립한다. 주관은 자기 자신을 촉발하고 그것을 현상들로 규정하는 힘들을 행사하니 말이다.

제7묶음, 전지6, 3면 XXII71

공간과 시간은 대상들이 아니고, 순수 직관 자신이며, 지각들의 하나의 집합체의 경험적 표상들이 아니고, 표상을 위해 주어져 있는 잡다의 감지

---

71) 여기서 '전자'와 '후자'를 바꿔 읽자는 제안도 있다.

할 수 있는(指定 可能한) 것이 아니며, 직관과 자기동일적인, 직관의 잡다의 합성의 형식(적인 것)이다. 그것들은 표상의 바깥에 실존하는, 포착할 수 있는 것으로 주어져 있는 것이 아니고, 표상능력이 독자적으로 스스로 만드는 것이다. — 그래서 그것들은 주어져 있는 크기(양)로서가 아니라, 그 합성이 무한히 진보한다는 부정적인 의미에서, 각기 하나의 한계 없는 전체이다.

공간과 시간상의 실존(共存 及 繼起)은 사물들 자체의 것이 아니고, 현상에서의 어떤 대상의 것이며, 다시 말해 하나의 부정적으로//무한한(한계 없는) 크기(양)의 것으로 주관적으로 규정될 수 있다. 그리고 오직 '하나의' 공간과 '하나의' 시간이 있다

객관의 주관과의 관계, 즉 그에 의해 규정되는 것은 공존하는 사물들에 대한 지각이 아니라 현상으로서의 그것들의 표상이다. 사물 자체 = X는 한낱 한 객관의 표시이다. 하나의 객관이 한낱 현상으로서 하나의 감관대상인 한에서 말이다. 그것은 포착에서가 아니고, 범주들의 순서에 따라 질, 양 등등이다. 무릇 실존하는 사물들이 있는 것이 아니라, 주관이 스스로 자신을 가능한 경험을 위해 선험적으로 자기정립하고[72], 스스로 하나의 대상으로 구성하는[73] 작용/활동[74]이 있으니 말이다. 이에서 등장하는 과제가 》선험적 종합 명제들은 어떻게 가능한가?《이다.

이 명제들은, 경험을 통해서가 아니라 경험을 **위해서** 규정될 수 있는 것으로서의, 객관의 규정의 절대적 통일성을 통해서만 가능하다. (무릇 그렇지 않다면 그것들은 선험적 인식이 아닐 터이다.) 그것들은 근원적으로 합성된 공간들과 시간들을 통해서가 아니라 '하나의' 공간과 '하나의' 시간에서 — 그렇기 때문에 무한한 것으로 표상되는 — 합성된 것으로서 가능하다. **순수** 직관들은 지각들이 아니며, 주관이 자기 자신에게 객관인 곳에서 스스로

---

72) 원어: selbstsetzen.
73) 원어: constituiren[konstituieren].
74) 원어: Ac[k]tus.

만든 것이다.

그러나 경험과 그것을 위해 필요한 수많은 규정근거들은 (후험적으로 주
어진 것으로 표상되기 때문에) 결코 확실성의 한 원리일 수가 없고, 확실성으
로의 한갓된 근접으로 간주될 수 있다.(히포크라테스) 초월철학은 경험적인
것으로써 짜 맞춰질 수 없다. 대상들은 그것들의 잡다의 규정이 선험적으
로 행해져야만 하는 한에서, 사상〔事象〕들 자체로가 아니라 현상들로 간주
되지 않을 수 없다

초월철학은 **개념들**에 의한 선험적 종합 원칙들을 (그러므로 철학의 원리
들을) 함유한다. 반면에 순수 수학은 개념들의 구성에 의한 선험적 종합 원
칙들을 함유한다.

〔……〕

〔…〕

제7묶음, 전지6, 4면

첫째로 表象能力[75]으로서의 자기 자신의 의식, **둘째로** 表象力[76]으로서의,
자기 자신의 기능으로서의 자기 자신의 규정. 셋째로, 표상의 잡다인 현상
체로서의 자기 자신의 현상: 자기 자신의 실존으로서의, 그러나 한낱 현상
으로서 선험적으로, 객관적으로 사물 자체 = X로서가 아니라, 주관이 촉발
되는 바대로의 지성에 의한 전반적 규정: 공간과 시간상에서의 자기규정을
통한 자기 자신의 인식.

선험적 종합 명제들이 어떻게 가능한가? 초월철학의 과제. 통일성〔하나〕
으로서의 경험은 어떻게 가능한가. 무릇 경험들이 있는 것이 아니라, 가능

---

75) 원어: facultas repraesentativa.

76) 원어: vis repraesentativa.

한 지각들의 하나의 전체가 있다. 이 전체가 하나의 체계를 이루는 한에서 말이다. 그리고 경험을 **통해서**가 아니라 경험과 그 가능성을 위해서 선험적 종합 명제들이 생각되고, 그러한 것들의 포괄이 생각된다.

표상능력(表象能力)은 그 스스로 놓은 어떤 것(所與), 즉 직관의 공간과 시간을 가지고서 안에서 밖으로 나아간다. 주어진 어떤 것에 의한 것이 아닌, 선험적 순수 직관의 형식들로서의 공간 및 시간 xxx 선험적 종합 인식에 xxx, 이것을 초월적 인식이라고 일컫는바, 이를 통해 주관은 자기 자신을 촉발하고, 주관적으로 자기 자신을 대상 = X로 만들거니와, 그것도 경험적 표상들로서 경험에 이르는 지각들의 총괄로서가 아니라 하나의 절대적 전체로서의 현상에서 그린다. 무릇 경험은 오직 전반적인 규정에 함유되어 있다.(實存은 全體的 規定이다.) 이 규정은 주어지는 것이 아니라 오직 원리로서 생각되는 것이며, 직관의 하나의 무한한 전체를 주관적으로 현시한다

XXII74

직관의 전체성은 xxx한 것이다.

공간 및 시간은 직관되는 객관이 아니고, 순수한 직관 자신이다. 현상에서의 하나의 대상이 아니고, 의식의 자기규정 그리고 부정적으로//무한한 어떤 것, 그러면서도 긍정적으로 무한한 것으로서 xxx

공간 및 시간은 객관 없는 직관들이다. 그러니까 하나의 절대적 전체 (하나의 더 큰 전체의 부분이 아닌 것)의 잡다를 무한히 편성하는, 한낱 주관적인 형식들이다. 지각을 위해 주어져 있는 포착될 수 있는 어떤 것(所與)이 아니라, 오히려 주관의 자기규정, 오히려 그 안에서 주관이 스스로 자신을 객관으로 구성하고, 이것이 자기 자신의 대상인 그 형식. 그래서 공리들은: '하나의' 공간과 '하나의' 시간이 있다; 공간은 질적 관계의 면에서 3차원을 함유한다; 시간은 1차원을. 양의 〔관계의〕 면에서. 공간과 시간은 크기의 면에서 무한하다. — 여기에 초월철학은 기초한다. 그 과제는: 》선험적 종합 명제들은 어떻게 가능한가?《이다. 그러므로 우리는 우리 인식을 객관들에서 취하지 않는다. 오히려 그 개념들과 원리들은 인식능력에 놓여 있고, 대

상들과 연결의 형식들은 이 인식능력에 따른다. 바로 그렇기에 대상들은 현상에서의 표상들이고, 사물들의 차이는 사물들 자체로서의 객관들의 차이가 아니다. 객관에 대한 것이 아니고 주관에 대한 학적(이념적/관념적) 차이이다

공간의 한계는 점이다. 시간의 한계는 순간이다

자연과 자연 현상들의 법칙들은 표상능력들에 따른다. 예컨대 그 객관들 XXII75
을 스스로 **만드는** 수학에서.

선험적 종합 명제들은 감관대상들에 대해 있고, 다른 명제들은 (도덕에서의) 순수 이성의 대상들에 대해 있다(또는 도덕의 법칙수립자에 대해서 있다).

형이상학에서 초월철학은 무엇인가? 초월철학에서 형이상학은 무엇인가? — 물리학이지 않으면서도, 형이상학에서 물리학으로의 이행은 무엇인가 — 이행의 원리 — 초월적으로 보아 사상〔事象〕 자체 = X에 초험적인 현상에서의 대상을 xxx — 사상〔事象〕 자체의 xxx은 순전히 繫辭이다

〔……〕

외적 대상들의 관념성이 동시에 (공간 및 시간상의) 우리 바깥의 실물들로서의 외적 대상들의 실재성의 근거이다.

表象可能한 것은 所與的인 것이거나 한낱 思考可能한 것이다. 공간 및 시간은 전자이다. 공간 및 시간은 주관 바깥에 실존하는 어떤 것이 아니라, 한낱 객관 자신에 대한 직관의 樣式이다. 공간들 및 시간들은 있지 않다. XXII76
무한한 것은 단일하다

제7묶음, 전지7, 1면

첨부 VII

우리가 선험적으로, 다시 말해 의식적인 모든 경험적 표상에 앞서 (모든 지각에 앞서) 표상들의 한 잡다를 종합적으로 형식의 면에서 하나의 전체로, 다시 말해 합성의 통일성[하나의 합성체]으로 의식 안에서 현시해야만 한다는 것을 공간과 시간의 순수 직관들은 증명한다. 공간과 시간인즉 그것들은 지각될 수 있는 것(실존하는 것) 내지 실재하는 것이 아니고, 한낱 대상을 위한 하나의 형식을 갖는 것으로, 이 객관을 의식하기 위해서는 그 형식 자신을 만들어야 한다. 즉 이 표상들의 총괄(包括)의 무한함을 하나의 전체에서 현시하고, 질료의 면에서 지각들의 모든 실재성(可視的인 것이든 所與[的인 것이]든)에 선행하는 형식의 면에서 관계들의 관념성을 현시해야 한다.

공간과 시간은 곧 직관의 객관들이 아니고, 한낱 직관의 주관적 형식들로서, 표상들 바깥에 실존하는 것이 아니라 단지 주관 안에 주어지는 것이다. 다시 말해 이것들의 표상은 주관 자신의 작용[활동]이고 상상력의 산물이다. 그러나 주관의 감관에서 지각의 원인은 현상에서의 대상(현상체)이거니와, 이것은 파생된 것(派生的 表象)이 아니라 근원적인 것(根源的 表象)이다. 이 근원적 표상의 원리는 형이상학이 아니라 초월철학을 정초하고, [다음의] 이중의 과제에 이른다: 1. 직관들에 의한 선험적 종합 원칙들이 어떻게 가능한가, 2. 개념들에 의한 선험적 종합 원칙들이 어떻게 가능한가?

그러나 초월//철학은 이와 함께 동시에, 수학을 도구로 사용함으로써, 직접적으로는 아니지만, 수학을 정초한다. 무릇 한낱 개념들의 구성에 따른 인식인 것을 직접 개념으로 만드는 일은 모순일 터이니 말이다.

표상능력의 제일[최초]의 작용[활동]은 나 자신의 의식이고, 그것은 순전히 논리적 작용[활동]으로서 여타의 모든 표상의 기조에 놓여 있는바, 이에 의해 주관은 스스로 자신을 객관으로 만든다. ─ 제2의 작용[활동]은 이 객

XXII77

관을 선험적 순수 **직관**으로 그리고 동시에 **개념**으로 규정하는 일이다.[77] 다시 말해, 범주들의 원리, 즉 질, 양 등등의 범주들의 체계에 따라 전반적인 것으로 규정된 표상들의 총괄(包括)로서의 인식을 위해, 다시 말해 현상에서의 잡다가 경험의 통일성[하나의 경험]에 속하는 것으로 (실존하는 것으로) 표상하는 일이다.[※]

표상력에 주어져 있는 제일[최초]의 것은 공간과 시간이고, 공간과 시간상의 사물들의 현존이다. [여기서] 사물들이란 두 방면으로 무한이 펼쳐져 있는 직관의 잡다의 총괄(包括)이다. 이 표상의 대상들은 실존하는 사물들이 아니고(存在者들이 아니고[78]), 그러나 또한 무물[無物]들(非存在者들[79])이 아니다. 무릇 그것들은 지각의 대상들이 아니고, 표상하는 자의 바깥에 객관적으로 주어져 [있지 않고], 우리의 표상 자신이며, 오직 주관적으로 주관의 표상에 주어져 있다. 이것들의 무제한적인 크기[양]는 보편성(概念的 普遍性)이 아니라 모두[전체성](包括的 全體, 全體性)이고, 개념들에 따라 한낱 생각할 수 있는 전체(思考可能한 것)가 아니라 대상으로 주어져 있다(所與). 이에 대한 인식에서의 진보가 형이상학에서 초월//철학으로의 이월이니, 초월철학은 한낱 개념들에서 직관들로 분석적으로 전진하지 않고, 직관에서 종합적으로 직관의 체계에까지 선험적으로 하나의 원리에 따라서 자기 자신을 구성한다.

자기의식[자기 자신의 의식](統覺)은, 그것이 촉발되는 한에서, 현상에서의 대상에 대한 표상이고, 그러나 그것이 주관인 한에서, 즉 자기 자신을 그렇게 촉발하는 것인 한에서, 그것은 또한 동시에 객관 자체 = X로 간주될 수 있다.

※ 實存은 全體的 規定이다.

---

77) 위의 XX58의 표현을 대조 참조.
78) 원문: non sunt entia.
79) 원어: non entia.

물질의 유기조직의 자발성은 없으며, 단지 물질을 물체들로 형성하는 비물질적 원리에 의한 수용성이 있는데, 이것은 우주와 상관하고, 수단들의 목적들과의 한 전반적인 관계를 함유하는바, 이것의 하나의 지성은 — 그러나 세계영혼은 아니다 — 집합의 원리가 아니라, 체계의 원리이다.

수학은 철학을 통해 간접적으로 정초된다

유기성조차도 자기 자신의 의식 안에 함유되어 있다. 주관/주체는 자기 자신의 형식을 선험적 목적들에 따라서 만든다. 본능은 자기보존의 기제를 만들어가는 역동적 원리의 하나의 자율이다. 목적통일〔성〕. **자발성**. 식물적 생〔명〕

XXII79 형이상학과 초월철학은 서로 구별되거니와, **전자**는 자연과학의 이미 주어져 있는 선험적 원리들을 함유하는 반면에, 후자는 형이상학의 가능성과 그것의 선험적 · 종합적 원칙들까지의 가능성의 근거를 함유한다는 점에서 그러하다

인간[80]은 객관들에서 시작하지 않고, 자기 자신의 사고 주관을 구성〔구조화〕[81]하는 가능성의 체계에서 시작하며, 스스로 자기 사고력의 창시자이다.

공간 및 시간은 우리의 표상들의 수용성의 형식들이다.

제7묶음, 전지7, 2면

표상능력은 나 자신의 **의식**(統覺)에서 출발하는데, 이 작용은 순전히 논리적인 것, 즉 사고의 작용이며, 이를 통해서는 나에 의해 아직 아무런 대상도 주어지지 않는다. 사고 가능한(思考可能한) 것은 인식을 위해 하나의 대상

---

80) 원어: man.
81) 원어: constituiren〔konstituieren〕.

(所與), 곧 **직관**으로서 하나의 개념에 대응하는 것을 필요로 한다. 만약 이 직관이 **순수**하면, 다시 말해 아직 어떤 **지각**(의식적인 경험적 표상)과 어우러지지 않으면, 그 작용을 통해 주관이 자기 자신을 객관으로 만드는[객관으로 삼는/객관화하는] 그 작용은 형이상학적이다.

'나는 나 자신을 사고한다[의식한다]'라는 작용[82]은 순전히 주관적이다. 즉 나는 나 자신에게 포착의 한 대상이다

그러므로 '나는 사고[의식]하면서 있다'라는 명제는 전적으로 자기동일적이기 때문에, 이 명제 안에는 아무런 진보도 어떠한 종합 판단도 주어져 있지 않다. 무릇 이 명제는 동어반복으로서 거짓 추론이다. '나는 사고한다. **그렇기에** 나는 있다'라는 것은 추론이 아니라, 오히려 인식의 제일[최초]의 작용이다. 즉 나는 나 자신에게 사고의 한 대상(思考可能한 것)이자 직관의 한 대상(所與的인 것)으로, 처음에는 (경험적이 아닌) **순수한** 표상으로서 그러하다. 이 인식이 선험적 인식이라 일컬어지고, 이러한 표상들의 잡다의 연결의 원리를 이 통일의 **형식**[적인 요소]으로 표상들의 질료적인 것인 모든 지각들에서 독립하여 자신 안에 함유하고 있다.

그러나 공간과 시간은 순수 직관이고, 그 각각은 그 표상의 절대적 통일성[하나임], 다시 말해 무제한성을 지닌다. 하나의 공간과 '하나의' 시간이 있다. 만약 사람들이 공간들과 시간들을 이야기한다면, 사람들은 그것으로 하나의 사념[관념]물(理性의 存在者)의 무제한적 크기[양]의 부분들을 뜻하는 것이다. 그러나 그렇다고 그것이 무물[無物], 그것에 전혀 아무런 표상도 대응하지 않는, 어떤 불가능한 것은 아니다. 이런 것에 대한 학문은, 만약 그 것이 그 개념 안에 논변적 보편성을 가진다면 형이상학에서 생기고, 직관적인 보편성(모두/전체성)을 가진다면 초월철학에서 생긴다. 후자는 분석적으로, 다시 말해 동일성의 원리[동일률]에 따라서 개념들에서 생기는 것이 아니라, 종합적으로 순수 직관에서 생기는 것이 틀림없다.

XXII80

---

82) 원문: der Akt: Ich denke mich selbst.

그러나 **초월철학**은 개념들에 의한 선험적 **종합** 인식의 한 체계에 대한 학문이다. 왜냐하면 그것은 철학이기 때문이다. 이것의 원리는 그 일반적 과제: »**개념들에 의한** 선험적 종합 명제들은 어떻게 가능하며, 순수 직관에 의한 그러한 명제들은 어떻게 가능한가?《에 놓여 있다.

선험적 종합 명제들은 직관에, 곧 순수 **수학**에 주어져 있다. 수학은 전적으로 이러한 명제들로 조성되어 있다. 만약 사람들이 이 학문에서 감히 개념들을 가지고서 (분석적으로) 처리하여 전진해보고자 한다면, 사람들은 다시 그 원리들에, 철학에서 학문으로서의 형식〔적 요소〕에 어긋난 짓을 하는 것이다.[※] 설령 그 입증이 도대체가 잘못되지는 않는다 하더라도 말이다

XXII81

초월**철학**은 개념들에 의한 선험적 종합 판단들의 원리들을 함유한다. 순전한 순수 직관들에 의한 그런 선험적 종합 판단들을 함유하는 것은 전혀 철학이 아니고, 순수 수학이다. — 그럼에도 수학의 철학적 **사용**은 가능하다. 뉴턴이 그의 불멸의 저작, 『自然哲學의 數學的 原理들』에서 했던 것처럼 말이다. 저기서 수학은 (그 자신 철학이 되지는 않아도) 철학의 **도구**가 되고, 이 도구이론의 원리들 또한 초월철학에 속한다. — 이 과제 해결의 열쇠는, 그 대상들의 실존을 **전반적** 규정 중에 〔함유하는〕, 공간 및 시간상의 (직관의) 대상들의 규정 원리 안에 놓여 있다. 무릇 설령 하나의 이념〔관념〕이라 하더라도, 實存은 全體的 規定이다. — 그러므로 (객관적인// 그리고 주관적인 표상인) 촉발되어 있는 빛과 열의 현상은 선험적으로 두 가지 물질은

※ 제3의 선분이 교차하는 두 평행선에 대한 유클리드의 명제는, 사람들이 이를 철학적으로 취급해도, 아주 엄밀하게 증명될 수 있다.[83]

---

83) 칸트는 그의 동료 수학자 Johann Schultz(1739~1805)의 *Entdekte Theorie der Parallelen nebst einer Untersuchung über den Ursprung ihrer bisherigen Schwierigkeit*(Königsberg 1784)에 관심을 갖고서, 여러 차례 이 문제를 거론했으며 (Refl 11, XIV52 참조), 다른 의견을 표명한 Christian Gottlieb Selle(1748~1800)에 관해서도 여러 곳에서 언급하고 있다.(OP, XXI338; Refl 6352, XVIII678 참조)

아니지만 운동을 제공한다

분석적 보편성(普遍性), 종합적 보편성, 전체성, 事物의 全體性[萬物].

存在者는 事物이거나 知性體이다.[84] 후자는 순수한 지성체이거나 이러한 지성체와 교호작용하는 사상[事象]들(生物들), 生命體이다. 槪念的 全體는 普遍性이고, — 包括的 全體는 全體性[85]이다. 전체성 및 보편성.

나, 즉 주관이 나 자신에게 객관이다. 다시 말해 나 자신의 대상이다. 그 XXII82 를 통해 내가 나 자신을 규정하는 표상들의 잡다는 포착이 아니라 통각의 자기규정의 선험적 원리 아래에 있는데, 공간 및 시간의 종합적 통일을 위해서 그러하다. 나 자신의 **의식**은 순전히 논리적인 것으로, 어떠한 객관에도 이르지 않으며, 동일률에 따른 주관의 순전한 규정이다. 그러나 형이상학에서 초월철학으로 진보하는 선험적 종합 인식이 초월철학으로의 전망을 연다. 그러나 (경험적이 아니라) 순수한 직관으로서의 공간 및 시간상의 직관의 잡다가 = X인 현상에서의 대상들을 준다. 공간과 시간의 표상이 초월철학을 위한 예비[학]이다. 그러나 아직 초월철학 자신은 아니며, 이를 위해서는 과제가 필요하다. 즉 선험적 종합 명제들은 어떻게 가능한가. 공간 및 시간상에서, 다시 말해 직관들에 의한 객관 규정의 선험적 종합 원칙들이 있다. 그러나 개념들에 의한 그러한 것들도 있다. 후자들은 초월철학에 속한다. 이것들이 全體的 規定으로서의 경험의 가능성에 속하는 것이다.

나는 나 자신의 한 대상이자 나의 표상들의 한 대상이다. 나의 바깥에 무엇인가가 있다는 것은 나 자신의 산물이다. 내가 나 자신을 만든다. 공간은 지각될 수 없다. (그러나 또한 공간상의 운동력도 그것을 행사하는 물체가 없으면 현실적으로 표상되지 않는다.) 우리 자신이 모든 것을 만든다.

---

84) 원문: Entia sunt vel res vel intelligentiae.
85) 칸트 원문은 "universalitas(보편성)"으로 되어 있으나, 문맥을 살펴 "universitas(전체성)"으로 고쳐 읽는다. 양자의 구별에 관해서는 위의 XXII78 참조.

제7묶음, 전지7, 3면

지성은 나 자신의 의식(統覺)과 함께 시작하고, 그로써 하나의 논리적 작용을 시행하는바, 이에서 외적 및 내적 직관의 잡다가 정돈되고, 주관은 자기 자신을 무한한 계열에서 객관으로 만든다.

그러나 이 직관은 경험적이지 않다. 다시 말해, 그것은 지각이 아니다. 다시 말해, 이 직관은 감관대상들에서 도출된 것이 아니라, 자기 자신의 표상들의 소유자이자 창시자인, 주관의 선험적 작용을 통해 대상을 규정한다. 그리고 [주관은] 자기의 표상력을 가지고서 형이상학적 기초원리들에서 초월철학으로 더 나아가는바, 초월철학은 한낱 개념들에 의해서가 아니라 직관들에 의해 종합적 인식의 하나의 체계를 세우거니와, 이 체계는 수학을 위한 하나의 철학적 인식을 — 철학적 수학[을 위한 것]이 아니다. 무릇 그러한 것은 자기모순일 터이니 말이다 — [제공한다.] 이에서 잡다의 그리고 그 관계들의 양적 통일성이 하나의 원리 안에서 질적 통일성과 통합되고, 수학은 철학을 위해 도구로서 등장한다.

선험적 종합 명제들은 철학에서는 단지 간접적으로, 곧 공간과 시간상의 순수 직관의 대상들과 공간과 시간상에서의, 이 객관들의 전반적인 규정인, 이것들의 **실존** — 全體的 規定은 實存이다 — 에서 가능하다. 그러나 공간과 시간상의 감관대상들은 단지 현상에서의 사물(現象體)들이다. 다시 말해 그것의 형식에서 볼 때 단적으로 주어진 대상들이 아니라, 오직 주관적으로 이것들의 원리의 제한 아래에서 주어진 것이다.

첫째로 나 자신의 의식(나는 *存在*한다[86]), 이것은 논리적인 것(나는 思考 [意識]한다[87])으로, 하나의 추론(故로 나는 *存在*한다[88])이 아니라, 동일률에 따른 것(나는 思考[意識]하면서 *存在*한다[89])으로, 이 표상 작용 중에, 다시 말해

---

86) 원어: sum.
87) 원어: cogito.
88) 원어: ergo sum.

사고[의식] 작용 중에 아직 직관의 잡다의 종합은 발견되지 않으며, 그 작용은 순전히 하나의 분석 판단을 함유할 따름이다. — 표상능력(表象能力)의 최초의 진보는 순수 사고[의식] 일반에서 순수 직관으로의 진보인데, 순수 직관인 공간과 시간이 선험적 종합 인식을 함유한다. 이것들은 객관(存在者)들이 아니라, 순전히 선험적 직관의 형식들이다.

공간과 시간은 주어진 사물들에 대한 지각의 대상들이 아니고, 또한 그것들에서 (사고[의식]의) 잡다의 합성에 대한 **개념들**이 아니라, 각각이 무한한 것인 **단일한**(보편적이 아닌) 표상들로서 순수 외적, 내적 직관들이다. 바로 이에서 공간과 시간상의 사물들의 현존이 단지 **현상**에서의 현존, 다시 말해 한낱 주관적인 것으로 단적이며 객관적인 것(표상 바깥에 주어진 어떤 것)이 아니라는 결론이 나온다. 그리고 이 둘의 무한성(量的 唯一性)은 하나의 개념 중에 質的 [唯一性]과 결합되어 있다. XXII84

뉴턴의 개념: "自然哲學의 數學的 原理들"에 대하여. — 초월철학은 異種轉移[90) 없이 그러한 것[철학]을 가능하게 한다. 왜냐하면, 사람들은 힘들을 위해 그 힘들이 그 안에서 그리고 그 법칙들에 따라 작용해야 하는 공간을 규정하기 때문이다. 힘들은 여기서 이미 공간표상 안에 놓여 있다.

사람들은 또한 (그러나 단지 조건적으로) 선험적으로 전 우주에 퍼져 있는 하나의 광물질(光物質)의 실존을 요청할 수 있다. 왜냐하면, 그렇지 않으면 우리는 각각이 떨어져 있는 공간상의 대상들을 지각하지 못할 터이니 말이다. 동일률에 따라서. 열과 관련해서는 사정이 달라, 곧 그러한 소재가 꼭 있어야만 하는 것은 아니다. 왜냐하면, 그것은 한낱 주관적인 어떤 것으로서, 열에 의한 물체들의 팽창은 오직 눈에 대한, 그러므로 빛에 대한 것, 그러니까 어떤 원인의 작용결과로서만 추리되기 때문이다.

---

89) 원어: sum cogitans.
90) "이종전이(μετάβασις εἰς ἄλλο γένος)"에 관해서는 Aristoteles, *Analytica Priora*, 75a 38 참조.

논변적 보편성과 직관적 보편성. 전자는 개념들에, 후자는 직관에. 논리적, 형이상학적, 초월적 ── 우주론적 보편성, (전체성이 아니고 普遍性, 그러나 全體性의)

역학적, 그에 이어서 물리학적//기계학적 원리들에 의한 자연과학에 대하여. 사람들은 세계건축물[우주]과 그것의 생산[물]에서 시작하니까. ── 공간을 감관대상으로 만드는, 그러므로 공간을 비로소 지각할 수 있게 만드는 물질. 공간상의 사물들의 실존. 모든 물리학에 선행하는 것. 에테르에 반발하는. 계량 가능한 원소[소재].

광[光]//中心들(태양들): 이상한 행성들(혜성들) 및 황도광[黃道光]같이 하늘에 흩어진 분자들, 이 원자들을 볼 수 있게 만드는 꼬리들에 의한 이것들의 현상.

자연과학의 형이상학적 기초원리들은 물리학으로의 진보의 원리들을 함유한다.

XXII85 철학의 수학적 원리들은 그 판단의 부가물에 하나의 모순이 있다. 그러나 만약 질적인 관계가 양적인 관계와, 역학적인 관계가 기계학적인 관계와 통합된다면, 수학의 철학적 사용이 **간접적**으로 이루어질 수 있다. 예컨대 원운동에 의한 (그럼에도 실[絲]의 인력을 필요로 하는) 중심력들. 이것들은 공간상의 물질에 내재하면서 운동을 통해서만 활성화하는 근원적 인력들을 요청한다.

나 자신의 논리적 의식(나는 存在한다)은 아무런 규정도 함유하고 있지 않지만, 직관의 실재적 의식(統覺)이다.

'나는 있다'는 객관에 대한 모든 표상에 선행하는 논리적 작용이고, 그를 통해 내가 나 자신을 정립하는 하나의 동사/말/언표[91]이다.[92] 나는 공간과

---

91) 원어: Verbum.
92) 아래 XXII115 · 413 비교 참조. 또 "나는 있는 자이다(ego sum qui sum: Ich bin der »Ich-bin-da《)."(『구약성서』, 「출애굽기」 3, 14 참조)

시간상에 실존하고, 나의 현존을 공간과 시간상에서 전반적으로 규정하거니와(全體的 規定은 實存이다), 직관의 잡다의 연결의 형식적 결합에 의해 현상으로서 규정한다. 나는 나 자신에게 하나의 외적이고 내적인 대상이다. 나 자신의 규정의 주관적인 것[요소]은 동시에 동일률에 따라서, 즉 선험적 종합 인식의 한 원리에 따라서 객관적이다. 오직 '하나의' 공간과 '하나의' 시간이 있으며, 이 각각은 직관에서 직관의 하나의 무조건적인 전체[로], 다시 말해 무한한 것으로 표상된다. 나의 선험적 종합 인식은 초월철학으로서 자연과학의 형이상학적 기초원리들에서 물리학으로의, 다시 말해 **경험**의 가능성으로의 이월이다.

의식의 최초의 종합 작용은 그를 통해 주관이 자기 자신을 직관의 대상으로 만드는 작용이다. 그것은 동일률에 따른 논리적(분석적)인 것이 아니라, 형이상학적(종합적)인 것이다

직관과 개념: 전자는 감관표상을 위한 것이고, 후자는 지성을 위한 것이다. 지성은 하나의 원리에 따라서 직관의 잡다를 결합한다. — 현상은 주관이 자기 자신을 촉발하거나 대상에 의해 촉발되는 바대로의 직관의 주관적인 그리고 형식적인 요소이다. — 공간 및 시간은 함께 통합하여 순수 직관을 이룬다. 양자는 무한하지만 단지 주관적인 것이다. 현상의 형식[적인 요소]만이 선험적으로 인식인 것으로 간주될 수 있다. 객관(質料/實質[的인 것])= X는 단지 합성의 이념/관념[적 요소]이다. 포착 가능하지 않다. 思考[可能한 것] — 所與[的인 것] XXII86

註. — 그런 개념이 없으면 우리 자신이 아무런 유기기관[有機器官]을 갖지 못할 터인, 물질의 유기화/유기조직[93] 개념의 자율에 대하여

---

93) 원어: Organisation.

제7묶음, 전지7, 4면

감관객관들의 표상들이 주관 안으로 들어오는 것이 아니라, 오히려 그것들과 그것들 상호 간의 연결 원리들이 주관의 인식을 위해, 대상들을 현상들로 사고하기 위해 작용하여 나온다[94].

자연과학의 형이상학적 기초원리들에서 초월철학으로의, 그리고 이에서 물리학으로의 이행.

공간의 통일성[하나임], **시간**의 통일성[하나임], 그리고 **전반적 규정**에서의 양자의 통일성. 공간과 시간상의 대상들의 **실존**. 자기 자신(주관)을 객관으로 구성하는[95] **범주들**의 규정. 현상에서의 종합의 이 형식들은 근원적이고, 파생적이지 않다. — 그것들은 객관적으로 사상[事象]들이 아니고, 오히려 주관의 사고력과의 관계들이다. 바꿔 말해 그 역[逆]이다. **개념들에 의한** 선험적 종합 인식들은 어떻게 가능한가, **직관들에 의한** 선험적 종합 인식들은 어떻게 가능한가, 이 양자에 의한 선험적 종합 인식들은 함께 어떻게 가능한가

오로지 주관의 표상력에서 생겨 나온(표상력 자신에서 만들어진), 공간과 시간상의 실존재는 절대적·종합적 통일[체]인 하나의 체계 안에 함유되어 있는 것으로 있다. 그것은 **초월철학**의 원리에 따른 것으로 경험적 표상들의 집합체로서가 아니고, 경험의 통일성[하나의 경험]에 그리고 형이상학에서 물리학으로의 이행의 가능성에 속하는 것으로서 함유되어 있는 것이다. 이것은 범주들의 체계에 따라, 형식의 면에서 규정되는 것이다. — 과제: 선험적 종합 인식들이 어떻게 가능한가

공간 및 시간은 순수 직관들로서 지각(의식적인 경험적 표상)들이 아니다. 다시 말해 선험적으로 표상에 직관으로 함유되어 있으나, 공존 및 계기의

XXII87

---

94) 원어: wirken hinaus.
95) 원어: constituiren[konstituieren].

176

관계 속에서 서로 결합되어 있는 실존하는 사물들이 아니다. 오히려 주관이 표상들의 이 잡다를, 그것도 표상들의 총괄을, 초월철학의 원리에 따라, 내적 현상이든 외적 현상이든, 현상에서의 대상으로 만든다.

나 자신의 의식['나'라는 자기의식]은 아직 하나의 대상의 인식을 위한 자기규정의 작용이 아니고, 단지 그를 통해 하나의 주관이 자기 자신을 도대체가 객관으로 만드는 인식 일반의 양태이며, 직관 일반의 형식적인 것이다. 각자 하나의 절대적 전체인 공간과 시간은 규정되지 않은 잡다로써 주어진 것(所與)이며, 이것에 마주해 어떤 다른 것(思考)이 있다. — 그때 인식작용으로서의 표상을 현상이라 일컫는데, 그것은 자기 자신을 정립하는 원리들에 따르는 하나의 총괄(包括)을 함유한다.

자연과학의 형이상학적 기초원리들에서 물리학으로의 이행은 하나의 교설체계의 두 한계점들 사이에 들어 있다. 그 관계는 선험적 종합 인식의 원리에 따른 전자의 후자와의 연결로서, 분석적인(다시 말해, 한낱 논리적인) 동일률에 따른 **설명적인** 것이 아니고, 실재적 관계에서, 다시 말해 **확장적으로**한 학문(**형이상학**)의 또 다른 학문(곧 **초월//철학**)으로의 이행을 기초 짓는다.

초월철학을 우리는 **개념들**에 의한 선험적 **종합** 인식의 원리로 이해한다. 그러므로 그것은 **철학적** 인식의 원리이지, 개념들의 구성에 의한 수학적 인식의 원리가 아니다. 그러므로 초월철학이 형이상학에서 출발하는 한에서 형이상학에 속하기는[형이상학을 필요로 하기는] 하지만 형이상학의 일부는 아니고, 하나의 독자적인 학문이다. 그것이 (경험이론인) 물리학의 가능성으로의 진보의 조건들을 자신 안에 함유하고 있는 한에서 말이다

공간과 시간은 현상에서의 대상들이고, 범주들은, 우리가 그것들 자신을 지성을 통해 정립하기 때문에, 대상들 자체이다. **현상**으로서의 **경험**.   XXII88
둘은 직접적이고 간접적, 그러나 선험적. 1.경험을 위하여, 2 경험으로부터

초월철학은 개념들에 의한(개념들의 구성에 의한 것이 아니라) 선험적·종합적(분석적이 아니라) [인식들의] 학문이다. 절대적 통일성[하나임] 그러니까 무한한 어떤 것인 선험적 직관으로서의 개념들의 현시에 공간과 시간[이 있다].

包括 즉 무조건적인 통일[성]에 의해, 주관적인 것의 현상, 즉 형식 면에서의 현상으로서의 규정에 의해 1. 형이상학적, 2. 뉴턴의 자연과학의 **수학적** 기초원리들 또는 **철학적** 기초원리들, 그리고 마지막으로[3] 제1의 것에 의한 현시의 철학적 [기초원리들] — 자연과학의 **수학적** 기초원리들은 **단지** 매개적인 **간접적인** 것으로서의 **수학**의 **철학적** 기초원리들이 아니다.

概念,[96] 純粹觀念,[97] 觀念[98]은 어떻게 구별되는가[99]

감관직관은 잡다를 함유하고[내용으로 갖고], 사고는 그것의 통일성을 [그것을 하나로] 만든다. 전자에 따라 현상에서의 객관 = X와 所與[的인 것]가 있고, 후자에 따라서 지성이 부가하여, 思考[可能한 것]를 만드는바, 양자는 선험적이다. 왜냐하면, 그것[100] 자신이 자기를 정립하기 때문이다. 순수한 (경험적이지 않은) 근원적인 (파생적이지 않은) 표상, 직접적으로 또는 간접적으로 규정하는… — 직관에서의 공간 및 시간은 사물들이 아니고, 자기 자신을 정립하는 표상력의 現實態/作用이다. 주관은 이를 통해 자기 자신을 객관으로 만든다[삼는다]

注意! 주[主]술어들(범주들) 다음으로 형이상학의 완벽한 체계에 필요한 준[準]술어들과 그것들의 완벽한 열거[목록]에 대하여.[101]

제일[최초]의 것은 … 주관이 자기의 자기의식을 규정하고, 자기 자신을 객관으로 만들고[객관화하고], 자기 자신의 현상인 것이다. 종합적 및 분석적. 공간의, 시간의 그리고 경험의 (다시 말해, 공간 및 시간상에서의 전반적 규

---

96) 원어: conceptus.

97) 원어: notio.

98) 원어: idea.

99) *KrV*, A320=B376이하의 이른바 '표상의 단계' 참조.

100) "그것(es)"이 지시하는 바가 분명하지 않으나, '주관'을 넣어 읽어도 무방할 것 같다.

101) 주술어(Prädikament)와 준술어(Prädikabilie)의 구별과 가지에 관해서는 *KrV*, A81이하=B107이하; *Prol*, §39 참조.

178

정의) 가능성의 통일성, 무릇 全體的 規定은 實存이다

이 위에 그리고 경험의 가능성의 원리 위에 '**하나의**' 경험의 가능성의 토대를 이루고, 그러므로 선험적으로 통찰될 수 있는, 모든 것에 퍼져 있고 모든 것에 침투하는 등등의 원소[소재]가 실존한다는 이념[생각]이 기초하고 있다. 무릇 인력, 척력 그리고 원심력들이 경험 일반을 체계로서 가능하게 만드는 것이다. 이러한 절대적인 **실재적 통일성**[하나임] 없이는 빈 것[허공]의 부정적 원리조차도 불가능하다.

원자론이나 입자 철학의 원리에 따라 세계를 설계하는 것은 공간을 아무것도 아닌 하나의 사상[事象]으로 만든다. — 原子들 及 虛空

제7묶음, 전지8, 1면

첨부 VIII

———

나 자신의 의식(統覺)은 자기 자신을 객관으로 만드는[자신을 객관으로 삼는/객관화하는] 주관의 작용이며, 대상에 대한 규정이 없는(單純 捕捉의) 한낱 논리적인 것(나는 *存在*한다)이다. 사고, 즉 의식적인 나 자신의 표상은 모든 판단에 선행한다. 나는 '내가 **사고**하고, **그렇기에** 나는 있다(나는 *思考*한다, 故로 *存在*한다[102])'라고 말할 수 없으며, 이러한 표상을 통해서 인식에서 진

---

102) 원문: coito, ergo sum. 이와 관련한 칸트의 논변은 Descartes가 "최초의 가장 확실한 인식(cognitio prima & certissima)"으로 세운 "나는 생각한다. 그러므로 있다(ego cogito, ergo sum)."(*Principia philosophiae*[1644], I, VII)라는 명제를 염두에 둔 것으로 보이는데, Descartes에서도 '그러므로/故로(ergo)'가 이성추리의 결론을 이끄는 언사라고 볼 수는 없으므로, 칸트의 논변을 제한적으로 읽어야 할 것 같다. Descartes도 저 명제를 "나는 있다. 나는 실존한다. 이것은 확실하다. 그러나 얼마 동안? 내가 생각하는 동안이다."(*Meditationes de prima philosophia*[1641 · 1642], 2. Med.)라고 풀이한 바 있다. 다만, 그는 이어서 "왜냐하면 내가 생각하기를 멈추자마자 존재하는 것도 멈출 수 있기 때문이다. 그러므로 나는 정확히 말해 단지 하나의 생각하는 것

보하지 않는다. 오히려 만약 하나의 판단(나는 사고하면서 있다)이 제시되면, 그것은 자기동일적 판단이지 진보한 판단이 아니다.

모든 인식은 나 자신의 의식에서 개시한다. 다시 말해 '나는 사고한다'는 나 자신을, 즉 주관을 동시에 사고의 대상으로, 객관으로 표상하는 나 자신의 의식에서. (나는 思考하면서 存在한다는) 통각의 이 작용은 아직 한 객관에 관한 **판단**(判斷)은 아니다. 다시 말해 그것을 통해 하나의 인식이 정초되는 한 술어의 주어와의 관계가 아니다. 오히려 나는 나 자신에게 일반적으로 하나의 대상(單純 捕捉)이며, '나는 사고하고, **그렇기에** 나는 있다'라는 추론 또한 아니다. 무릇 그러한 것은 자기동일적인, 그러니까 공허한 판단, 규정 없이 규정될 수 있는 객관일 터이니 말이다.

사고할 수 있는(思考可能한) 것은 자기 자신의 의식 안에 함유되어 있으며, **통각**의 대상이다. 감지할 수 있는(所與的인) 것, 지각의 하나의 대상은 **포착**에 속한다. 후자의 형식〔적인 것〕은, 그것이 선험적으로 감관표상에 대하여 원리로서 주어져 있는 한에서, 공간과 시간이다.

공간과 시간상에 주어지는 대상들은 주관과의 관계 중에 **현상들**로서 있다. 다시 말해 그것들이 별도로 자체로 있는 바대로의 사물들의 표상들이 아니고, 그것들이 (외적이든 내적이든) 하나의 작용인에 의해, 주관에 의해 촉발되는 바대로의 사물들의 표상들로서 있는 것이다. 이것이 그러한 선험적 직관을 갖는 일을 오로지 가능하게 한다. 무릇 공간과 시간은 독자적인 사물(自己에 依한 存在者)들이 아니다. 그것들은 실물들이 아니고, 자체가 단

(res cogitans), 다시 말해 정신(mens), 또는 마음(animus), 또는 지성(intellectus), 또는 이성(ratio)이다."(2. Med.)라는 부연 설명에서 칸트적 의미의 초월철학의 경계를 넘어갔다. 그러므로 칸트가, Descartes는 "'나는 있다'라는 단 하나의 경험적 주장(確定)만을 의심할 수 없는 것이라고 설명하는 이론"(*KrV*, B274 · 참조 A347=B405)을 폄으로써 '회의적 관념론' 내지 "경험적 관념론"(*Prol*, A70=IV293)에 빠졌고, 또 정신의 본질속성인 사고와 반대되는 연장성을 물체의 본질속성으로 보는 점에서, 나시 말해 "공간을 사물들 그 자체에 귀속해야 하는 성질로 본다"는 점에서 '교조적 관념론'을 피할 수 없다고 비판(*KrV*, B274 참조)한 것은 합당하다 할 것이다.

지 표상들의 주관과의 포착 가능한 관계들의 표상들이다. 주관이 순수 직관에서 그러니까 선험적으로, 자기 자신을 동일률에 따라 분석적으로가 아니라, 다시 말해 종합적으로 객관으로 만드는 직관의 주관적 형식들로서, 다시 말해 현상들로서 주어져 있는 한에서 말이다.

공간 및 시간은 직관의 대상들이 아니고, 직관 자신의 형식들이자 공간과 시간상에 주어져 있는 잡다의 종합적 관계의 형식들이다. 이것들은 감관 XXII91 객관들의 실존에 선험적으로 앞서 있거니와, 지각들(의식적인 경험적 표상들)로서, 즉 일정한(제한된) 잡다의 집합체로서가 아니라, 체계로서, 그렇지만 사물들 자체로서(객관적으로)가 아니고, 주관이 촉발되는 바대로의 현상에서 그러하다. 이것들은 무한자를 표상하지만, 공허한 것이다

오직 '**하나의**' 공간, '**하나의**' 시간 — 바로 이 점에 무한성이 있다 —, 그리고 오직 '**하나의**' 경험이 있다

(나는 있다/이다)[는] 하나의 가능한 판단을 위한 계사이고, 아직 판단 자신은 아니다. 이것을 위해서는 아직 하나의 술어가 필요하다(單純 捕捉). '나는 생각하면서 있다'라는 판단은 종합 판단이 아니다. 다시 말해 나 자신의 표상 개념을 넘어서고, 주관의 규정을 넘어서는 그러한 판단이 아니다. 나는 말할 수 없다: '나는 사고하고, **그렇기에** 있다'라고. 다시 말해, 나는 '나는 사고하고, **그렇기에** 있다'라고 말할 수 없다.[103] 이것은 이미 하나의 이성추리를 함유할 터이다.(나는 思考한다. 故로 存在한다) 실로 사고하는 자, 그는 실존한다. 이제 나는 사고하고, 그러므로 나는 실존한다

───────────

나는 사고하는 주관이지만, 아직 자기 자신을 인식하는 것으로서의 직관의 객관은 아니다

───────────

103) 같은 말을 두 번 하고 있다.

한낱 기계적 원리들(自然哲學의 數學的 原理들)을 개진하는 **원자론**, (純粹 數學의 哲學的 原理들을 개진하는) **역학**, 전자를 후자에 적용하여 개진하는 **물리역학**[104].

數學의 哲學的 原理들은 평행선 이론에서도 있을 수 있다

경험을 세울 가능성의 원리들은 자기동일적으로 표상능력(表象能力) 일반에 들어 있고, 이로부터 판단력의 형식들이 분석적으로, 그리고 이성의 **원리들**이 **명증적**으로 생겨 나온다.

주관적으로 고찰하면, 경험의 가능성은 관찰과 실험에 기초하고 있다.

〔…〕

제7묶음, 전지8, 2면

표상능력(表象能力)은 직관이거나 개념이다. 그러나 양자는 서로 결합되는데, 다시 말해 동일률에 따라서 논리적으로가 아니라 초월적으로 결합된다. 객관으로서의 직관에 적용된 개념이 인식능력(認識能力)이다

순수 직관들이 공간과 시간이다. 감관대상에 대한 의식적인 경험적 표상이 지각이다. 한 체계 안에서 결합된 모든 가능한 지각들의 전체라는 이념이 경험이다. ─ 그러므로 **경험들**을 이야기하는 것은 자기 모순적인 것이다. 경험은 주관적인 절대적 통일성〔하나〕이다. 관찰과 실험은 지각들의 집합체들이다.※

※ 사람들은 "그것이 경험을 가르쳐준다."라고 결코 말해서는 안 되고, 오히려 "그것은 경험의 가능성을 위해 필요하다."라고 말해야만 한다. 무릇 원리로서의 '하나의' 개념 안에서 매우 많은 지각들의 합치는 예외를 허용하는 언제나 단지 하나의 집합체이니 말이다. 지각들이 동일한 규칙 아래에 포섭될 수 있는 경우들이 많음

---

104) 원어: Physicomechanik.

나는 사고한다(나는 思考한다). 나는 나 자신을 의식한다(나는 存在한다).
나, **주관**이 나 자신을 **객관**으로 만든다(單純 捕捉). 그리고 이 작용은 아직
판단이 아니다. 다시 말해, 한 대상의 다른 것과의 관계에 대한 표상이 아
직 아니다. 다시 말해, "나는 사고하면서 있다."는 아직 판단(判斷)이 아니
고, "나는 사고하고, 그렇기에 나는 있다.(나는 思考한다. **故로** 나는 存在한다.)"
는 이성추리(理性推理)가 아니다. 그것은 술어로서의 한 표상에서 한 개념의
규정으로서의 다른 표상으로의 진보가 아니고, 동일률에 따른 한낱 판단함
〔작용〕의 형식〔을 취한 것〕이다. 즉 사물들의 실재적 관계가 아니라 한낱 개
념들 상호 간의 논리적 관계이다

그러나 사물들의 **인식**을 위해 요구되는 것은, **직관**, **개념** 그리고 이 안에
함유되어 있는 개념들을 **규정**하는 하나의 원리이다. 만약 이 규정이 개념의
전반적 규정(全體的 規定)이면, 그것은 실존하는 사물 그 자체의 표상을 함유
한다.

전반적으로 규정된 사물로서의 한 객관의 인식의 양태가 **경험**이다

경험은 1)하나의 경험적 의식, 다시 말해 **지각**(注意[106])이고, 2)하나의 원

이 아니라, 하나의 원리에 따른 객관에 대한 **전반적** 규정이 그러한 명제를 위한 권
리를 줄 수 있다. 경험은 이러한 전반적 합치를 예취〔豫取〕하는 이념이다.

이에 유추해서 **물질들**이라는 표현도 이야기되어야 한다. 무릇 (절대적 통일성
〔하나〕으로서 공간을 채우고, 어떤 감관객관도 아니기 때문에 모든 빈 것을 추방
하는 것인) 물질은 오직 하나이고, 외적 감관객관들의 전부이다. ― 그에 반해 사
람들은 능히 **소재들/원소들**(광소, 열소 등등)을 이야기할 수 있다. 왜냐하면, 그것
들은 한낱 힘들의 허구〔날조〕로서, 그것들의 현실성은 불확실하고, 단지 가설적인
것들이며, 그것들의 질적인 관계들에 따라 요소(元素[105])로 간주되고, 순전히 하나
의 관계개념을 함유하고 있기 때문이다. 예컨대 염산의 염기〔기반〕인 것이라든지,
다시 말해 여기서 (운동력들의) 하나와 다른 하나의 종별적 차이를 형성하는 것이
라든지 xxx

---

105) 원어: στοιχεια.
106) 원어: animadversio.

리(觀察 及 實驗)에 따른 지각들의 **집합체**이며, 3)이 집합체의 지각의 완벽한 체계로의 전반적 규정이다

　지성은 맨 먼저 인식의 모든 서로 다른 표상작용들을 하나의 체계의 형식에서 종합적으로 그리고 선험적으로 세워야 한다. 이 표상작용들은 이제 주관적 통일성[하나]인(무릇 경험들이란 없으므로) 경험의 경험의 하나의 원리에 이르고, 순수 직관의, 곧 공간의 그리고 시간의 무한성[107]에 이르며, 주관적 표상들 외에는 아무것도 아닌 것, 다시 말해 한낱 현상들로서의 대상들을 제공한다

　이것이 그 원리를 완벽하게 헤아릴 수 있는 선험적 종합 명제들을 제공하는 초월철학이다. 이를 통해 한낱 사고 가능한 것(叡智的인 것)에서 감각할 수 있는(感覺可能한/感性的인) 것의 이행이 일어난다. 그러나 역[逆]으로, 곧 생각된 것(思考可能한 것)이 또한 주어진 것(所與)으로, 그러나 단지 현상(現象體)에서 표상되는 것은 아니다. 이것에 그것과 정반대인 것(叡智體) = x가 어떤 특수한 사물로서가 아니라 지성의 작용으로서 대응하니, 이 작용은 지성 바깥에서는 한낱 객관 일반 외의 전혀 아무것도 아니고, 단지 주관 자신 안에 있는 것이다. ― 表象可能한 것은 1)思考可能한 것[이거나] 2)所與的인 것이다

　공간 및 시간 그리고 공간 및 시간상의 현상의 모든 잡다의 순수 직관의 총괄(包括).

　이것이 감관들에 주어지는 것(所與)이고, 동시에 지성에 의해 잡다를 대상들 모두의 통일성[하나]으로 연결하는 데서 사고(思考)된다. 지각들의 총괄로서가 아니라 순수한 형식적 직관으로서.

　표상//능력(表象能力)은, 표상에 대해 경험적으로 **지각들**로 그리고 그것들

---

107) 원어: ein Unendliches.

의 집합체로 주어진, 대상들과 관련한 인식능력에서 개시하지 않고, 오히려 표상들 일반 그리고 사고의 형식[적인 것]에서 개시한다. 주관은 자신을 만든다. 포착이 아니라 통각이 자기 자신의 의식의 자기 원리 안에서 인식을 선험적으로 정초한다. 이 인식은 논리적(분석적)이지만 초월철학으로 진보하면서 종합적이고, 물리학을 위한 하나의 특수한 체계를 형성한다.

공간 및 시간에서의 순수 직관과 이것의 잡다의 종합. — 대상들의 실존에 관련해 말하자면, 이에는 현상들로서의 객관들의 관념성의 원리가 그 기초에 있다.

경험의 통일성[하나임]과 그것의 순전한 가능성. — 공간 및 시간은 대상 XXII95 들에 대한 개념들이 아니고, 대상들의 직관들도 아니며, 그러니까 인식을 위한 객관적인 것이 아니라, 주관적인 것으로 현상들로서의 대상들의 직관의 형식들이다. 둘 다 아무런 실재성이 없이 무한하고 절대적인 통일성 [하나]이다. 신. 공간들

제7묶음, 전지8, 3면

경험**으로부터**[에 의해] 무엇인가를 갖는다거나 안다고 주장하는 것은 어느 지성이 할 수 있는 것 이상의 것이다. 무릇 누가 그의 감관들에 나타날 수 있는 모든 지각들을 헤아릴 수 있을까. 그것들은 무한히(無限定하게) 펼쳐져 있다. — 그러나 경험을 **위한** 그리고 경험을 주관적으로 세우기 위한, 그리고 이를 위해 진보하기 위한 과제가, 그러므로 내용의 면에서가 아니라 오직 형식의 면에서(量的으로가 아니라 質的으로) 주관 중에서 발견되고 요구될 수 있다.

그러므로 자연연구는 두 분야 즉 형이상학과 물리학으로 규정된 하나의 **철학**으로 여겨질 수 있는데, 이로부터 또한 또 다른 분야, 곧 본래 선험적 종합 명제들의 원리를 다루는 초월//철학에 대한 전망이 열려 있다

'나는 **사고한다**'(통각)라는 논리적 작용은 하나의 판단(判斷)이다. 그러나 아직 명제(命題)는 아니며, 그를 통해 하나의 객관이 주어지는 인식능력(認識能力)의 작용이 아니라, 단지 일반적으로 생각되는 것이다. 그것은 내용 없는 형식의 면에서의 논리적 작용이다. 나는 思考하면서 存在한다. 그러나 나는 아직 나 自身을 認識하지는 못한다. 이것은 '나는 사고하고, 그렇기에 나는 **있다**'라는 이성추론(理性推理) 또한 아니다. 나, 주관은 동일률에 따라 자기 자신을 객관으로 만든다[삼는다]. ― 인식(認識)에는 두 요소, 直觀과 槪念, 즉 그를 통해 객관이 주어지는 하나의 표상과 그를 통해 객관이 사고되는 또 하나의 표상이 속한다[필요하다]. ― 나, 주관은 나 자신에게 하나의 대상이다. 그러나 이것은 자기의식보다 더 많은 것을 말한 것이다.

우리 바깥의 사물들에 대한 우리의 모든 인식의 기초에는 직관의 관념성 원리가 있다. 다시 말해, 우리는 대상들을 자체 주어진 대로 포착(單純捕捉)하지 않고, 주관 스스로 감관대상의 잡다를 형식의 면에서 만들어내는(製作하는)데, 그것도 그것을 하나의 원리(判斷)에 따라 모든 의식적인 경험적 표상(즉 지각)에 앞서, 다시 말해 선험적으로 판단력(判斷)에 의거해서, 무규칙적인 집합이 아닌 이성추리에 의한 하나의 체계의 총괄(包括)로서 그렇게 한다

그것에 의거해 주관이 자기 자신을 정립하는 순수 직관의 객관은 무한하다. 곧 공간과 시간

나는 나 자신에게 주어져 있고, 나 자신에 의해 대상으로 사고되어 있다는 인식을 위해서는 직관과 개념이 필요하다. ― 무엇인가가 실존한다.(單純捕捉) 나는 단지 논리적 주어와 술어일 뿐만 아니라, 또한 **지각**의 대상이기도 하다. 所與[的인 것]일 뿐만 아니라 思考[可能한 것]이다

우리는 절대적·종합적 통일 ― 이것의 현상체가 공간 및 시간이거니와 ― 로서의 사물들의 전부에서만 개시할 수 있다. 이 전부 안에서 전반적 규정이 선험적으로 가능하고, 이 규정이 세계의 실존이다. 만약 사람들이 세계들에 대해 말한다면, 이 세계들이란 한계 없는 하나의 전체에서의 '하나

의' 세계의 상이한 체계들일 뿐이다. 무릇 빈 공간은 감관객관이 아니다. 비록 무물(非存在者), 다시 말해 자기모순적인 것은 아니지만, 하나의 사물이 아니다(存在者가 아니다). 원자론(입자 철학)은 점들의 집합체이다

'나는 있다.'는 아직 하나의 명제(命題)가 아니고, 단지 하나의 명제를 위한 繫辭이며,[108] 아직 판단도 아니다.[109] "나는 실존하면서 있다[실존적으로 존재한다/실존한다].'는 포착을 함유한다. 다시 말해, 한낱 하나의 주관적 판단이 아니라, 나 자신을 공간 및 시간상의 직관의 객관으로 만든다. — 논리적 의식은 실재적 의식에 이르고, 통각으로부터 포착과 그 잡다의 종합으로 나아간다. 나는 "나는 사고하고, **그렇기에** 나는 있다."라고 말할 수 없다. (單純 捕捉의) 그러한 판단은 동어반복적일 터이다. — 직관의 객관들 XXII97 의 전체 — 세계는 순전히 내 안에 있다(초월적 **관념론**).

직관(直觀)이라는 말은 봄[視]을 지시한다. **개념**(槪念)은 건드림[接觸]의 총괄을 지시한다. 인식능력의 순정하게 주관적인 규정들[이다]. 제3의 것[요소]이, 마치 하나의 부동의 확고한 바탕 위에 세워진 것 같은, 현상들의 **정초**이다. 근거 있는[정당화된] 점유.

형이상학에서 초월철학으로 그리고 마침내 이로부터 물리학으로의 진보

나 자신의 의식(논리적) 밖에서 나는 객관적으로 나의 표상능력 외에 상관할 바가 없다. 나는 나 자신에게 하나의 대상이다. 나 바깥의 어떤 것의 설정 그 자체가 최초로 나로부터 출발한다. 그 안에서 나 자신이 외감 및 내감의 대상들을 정립하고, 그렇기에 그것들이 무한한 정립인 공간과 시간의 형식들에서.

공간과 시간상의 사물들의 실존은, 그 역시 단지 주관적인, 다시 말해 표상 중에 있고, 경험에서의 그 가능성 역시 한낱 개념들에 의거해 있는,

---

108) 바꿔 말하면, '나는 있다.'는 아직 명제(propositio)가 아니고, 한낱 설정(positio)이다. 또는 아직 문장(Satz)이 아니고, 계사(Copula)일 따름이다.

109) 아래 XXII413 참조.

全體的 規定 외에 다른 것이 아니다. — 한낱 형식적인 것, 선험적으로 생각할 수 있는 것만을 우리는 알 수 있다.

―――――――

유기적 물체[유기체]에서의 비물질적 운동 원리는 그것의 영혼이다. 이에 대해 사람들이 그것을 세계영혼[110]으로 생각하고자 하면, 이 영혼이 그 몸체를 그리고 그 몸체의 집(세계)을 짓는다고 추정할 수 있다.

제7묶음, 전지8, 4면

경험은 감관표상들의 잡다의 절대적·주관적 통일이다. — 사람들은 경험들을 이야기하지 않고, 단적으로 경험을 이야기한다. 쉽게 알 수 있는바, 지성은 여기서 순전한 관계들, 지각될 수 있는 것이 아니라 순수 직관이 기초에 놓여 있을 어떤 것을 다루므로, 이 직관 중에 이 관계들이 선험적으로 주어질 수 있는 것이며, 그것이 공간과 시간이다. 그리고 이것들은 사물들 자체가 아니고 단지 직관의 형식들을, **현상들로서** 자신 안에 함유하지 않고, 직관의 절대적·종합적 통일성(단일성)으로서의 **현상들에서의** 대상들로 xxx
공간과 시간은 외적 직관과 내적 직관의 형식들로 '하나의' 선험적 종합

XXII98

―――――――――――――――――

110) 이 [유작] 곳곳에서(예컨대, XXII58·78)처럼 『순수이성비판』(1781·1787)에서는 부정적[소극적]으로 사용되었던(*KrV*, A641=B669 참조) 이 개념이 『판단력비판』(1790) 이래로는 유기체 내지 우주 유기체론과 관련하여 때때로 적극적[긍정적] 의미로 사용된다.(*KU*, B323=V392 참조) 그 연간에 S. Maimon은 이 말로써 칸트에게 "물질 일반(즉 모든 실재하는 객관들의 질료)에 거주하면서 이에 작용하는 힘"을 말한 바 있고 (1790. 5. 15 자 칸트에게 보낸 편지, XI174 참조), 독일 이상주의가 확산되면서 이러한 의미는 더 넓게 납득되었다. 이 유고가 작성된 1800년경까지도 칸트는 '세계영혼'을 혹은 부정적으로 혹은 적극적으로 사용하고 있지만, Schelling은 이전부터 이미 분명한 어조로 말하고 있다: "동일한 원리가 비유기적[무기적] 자연과 유기적 자연을 결합"(*Von der Weltseele, eine Hypothese der höheren Physik zur Erklärung des allgemeinen Organismus*, Hamburg 1798, S. XI)하는데, 전통적으로 "자연의 공동의 영혼"이라고 일컫던 다름 아닌 "이 원리가 무기적 세계와 유기적 세계의 연속성을 유지하고, 전체 자연을 하나의 보편적 유기성[체]으로 연결한다"(S. 305)고.

188

표상에서 주어진다. 다시 말해, 그것들은 서로 떼어질 수 없는 교호적으로 의존적인 표상들이다. 그래서 그것들 상호 간의 합성의 개념들은 교호적으로 의존되어 있다.

경험의 가능성의 원리로서의 공간과 시간상의 대상들의 표상은 자연과학의 형이상학적 기초원리들에서 물리학으로의 진보이다

나는 나 자신의 표상의 객관이다. 다시 말해, 나는 나 자신을 의식한다. 이 논리적 작용은 아직 명제[정립]가 아니다. 무릇 이것에는 술어가 없으니 말이다. 저 작용은 실재적 작용을 통해 보완된다. 나는 사고(思考)하면서 **실존(存在)한다**. 이를 통해 무엇인가가(나 자신이) 단지 **생각될** 뿐만 아니라 **주어진다**(思考[可能한 것]이고 所與[的인 것]이다). 다만 이 작용은 추론(나는 思考한다. 故로 存在한다.)은 아니고, 단지 주관이 자기의 **전반적인 규정** 안에서 생각되고 있다. 그러므로 (동일률에 따른) 분석적인 것이 아니고, 또는 한낱 설명적인 것이 아니라, 종합적이고 확장적인 것으로 표상되어, 한 대상의 실존의 명제[정립]를 제공한다(全體的인 規定은 實存이다).

그 전반적 규정에서의 직관들의 객관에 대한 경험적 인식이 경험이다. 그런데 의식적인 이러한 전반적 규정에는 직관의 무한한 잡다가 필요하므로, 인식에서의 경험의 총괄은 경험**으로부터**[에 의해서]가 아니라 오직 경험을 XXII99 **위해서**(경험을 목적으로) 정초될 수 있다

모든 외적 감관객관들의 총괄이 형식적 원리의 면에서 '하나의' 직관으로서의 공간으로 순전히 주관적(현상)이고, 내적 감관객관들의 그리고 사고의 총괄이 시간인데, 여기에서 질적 및 양적 관계들과 이것들[111]의 통일이 나타난다.

공간 및 시간은 自己에 依한 存在者들이 아니고, 감관표상의 순전한 형식들이다.

---

111) '이것들'이 무엇을 지시하는지가 분명하지 않다. 바로 앞의 "관계들"로 볼 수도 있고, '공간과 시간'으로 해석할 수도 있겠다.

선험적 순수 직관으로서의 모든 표상들의 관념성의 원리, 즉 나는 나 자신을 나 바깥의 감관대상으로 만든다(에네시데무스).

이 직관의 형식[적인 것]은 '하나이자 모두'이며, 합성되어 있고, 그것은 공간과 시간의 표상으로, 개념들에 의해 분석적으로가 아니라, 개념들의 구성을 통해 종합적으로 무한성(한계 없는 크기[양])을 표상한다. 하나의 공간과 '하나의' 시간, 그리고 공간 및 시간상의 경험의 통일이 있는데, 이 둘은 '하나의' 의식에서 서로 교호적으로 규정한다. 물질 및 물체. — **물질들**이 아니라 **물체들**을 위한 소재[재료]들.

경험에서 인식으로서의 전반적 규정의 漸近線, 경험을 목적으로, 경험**으로부터**[에 의해서]가 아니라 경험을 **위해서**.

모든 유기적 존재자(한낱 물질이 아니라 물체)들은 그 안에 생명(비물질적 원리, 내적 목적인)이 있는 존재자이다

물리학으로의 진보의 원리들은, 만약 그것들이 대상 자체가 = x인 현상들과만 상관한다면, 이월이다.

(병든 상태는 느껴진다. 병은 아직도 사뭇 숨겨져 있을 수가 있음에도 말이다. 건강은 느껴지지 않지만, 그 장애는 느껴진다 — 迅速性 —. 불쾌함은 아직 병은 아니고, 흔히는 단지 유쾌함을 확대하려는 욕구로, 그것은 소극적인 것이 아니고, 反對對當이다[112]. — 우리는 단지 징후들을 느낀다 — 유기적 존재자들은 그 안에 하나의 생명이 있는 존재자들이다. 영혼들 속에 있다.)

(유기적 물질에서가 아니라) 유기적 물체[신체, 몸체]들에서 사람들은 **건강함**이나 **병듦**을 생각할 수 있다. 이것들에는, 그것들이 식물적이든 동물적이든, 생명력이 내재하고, 그래서 죽음 내지 사멸[死滅]이 있기 때문이다. 유기적 물체들을 (혼란스럽게 또는 합법칙적으로 결합해서) 구성하는 소재들로서 외에는 광물들은 이런 것에 맞지 않다. 이런 것들은 성관계를 통해 자기의

---

112) 이를테면 +a에 대해서 0이 아니라, −a이다.

종〔種〕들을 보존한다.

그러한 물체〔신체, 몸체〕들의 가능성의 원리는 비물질적인 것일 수밖에 없다. 왜냐하면, 그것은 오직 **목적들**에 의해서 가능하기 때문이다. 과연 이 원리가 전체 우주를 자기 안에 품고 있는지, 그러니까 세계영혼 — 그렇다 해서 바로 **정신**〔靈〕이라고 불러서는 안 되는 — 으로서, 모든 생명의 유일한 원리로서 우주 공간의 기초에 놓여 있는지, 아니면 다수의 원리들이 서로 위계적으로 질서 지어져 있는지는 미결이다.

과연 유기적 형성물들이 그것들의 성〔性〕 원리들과 함께 산출되는 데에 하나의 우주 체계 또는 한갓 지구의 체계가 필요한 것인지.

사고와 직관: 자기 자신의 의식(統覺)과 객관의 직관의 잡다의 포착(捕捉)은 함께 인식능력(認識能力)의 작용〔활동〕들이다.

나는 나 자신에게 하나의 대상이다. 다시 말해, '내가 1)나 자신을 의식한다(나는 *存在*한다)'는 하나의 논리적 작용이다. 2) xxx

공간과 시간은 순수 감관직관들이다(지각, 다시 말해 의식적인 경험적 표상이 아니다). 그리고 이것들에서는 잡다 규정의 무한한 진보가 있다. '하나의' 공간과 '하나의' 시간이 있다. 공간들 및 시간들에 대해 말한다면, 이것은 공간 및 시간의 부분들이다.

빛, 소리 — 그 변양들과 함께. 외적으로는 공간을 감성적으로 만드는 힘들로서의 색깔 및 음향, 그리고 내적으로는 생명의 감정으로서의 열은 떨어져 있는 대상들의 지각들이다. 이것들은 접촉(뜨겁고 찬 것을 건드림)에 의한 내적 지각과는 다르다. XXII101

遠隔作用 접촉 없는 지각.

제7묶음, 전지9, 1면

공간 및 시간은 나의 표상 바깥에 실존하는 사물들(存在者들)이 아니다: 논리적 의미에서, 다시 말해 개념들에 따라 표상된, 다시 말해 자기 자신과 모순되는 실질 없는 무물(無物)(非存在者)이 아니라, 객관적으로 주어진 것이 아닌 것, 한낱 표상 중에서 (한낱 주관적으로) 주어진 개별적인 것이다. 다시 말해, 그것들은 대상들의 순수한 (경험적이지 않은) 직관이다. (무릇 이것은 경험에 속하는〔경험을 위해 필요한〕지각일 터이니 말이다.) 그것들은 개별 표상으로서의 ― 단지 '하나의' 공간과 '하나의' 시간이 있다 ― 직관의 형식〔적인 것〕이다. 그리고 그것은 직관에 선험적으로 주어진 것이다. 그러나 이것의 주관과의 관계 맺음, 즉 그것이 합성에서, 다시 말해 통각에서 합성의 통일성으로서 사고(思考)되는 방식은 (종합적으로) 지성을 통해 표상되고, **분석적으로 개념**을 통해 표상된다. 다시 말해 그것이 나에게 현상하는 방식의 표상 xxx

이제 이러한 **정의**〔定義〕에서 다음의 공리 또한 나온다: '하나의' 공간과 '하나의' 시간이 있고, (공간들과 시간들이란 단지 종합적으로 보편적인, 다시 말해 유일한 공간과 시간의 부분들로서만) 그러니까 **무한한** 것으로 표상된다: 이것들로부터 수학에서의 직관의 대상들을 위한 그리고 질적 관계에서의 철학을 위한 정리들과 문제들이 선험적으로 나온다

인간의 모든 자기 자신의 인식은 직관과 개념 그리고 인식능력의 순전히 논리적 작용인 나 자신의 의식에서의 개념들에 의한(또는 따르는) 직관의 잡다의 종합적 통일이다

(경험적으로가 아니라) 선험적으로 주어져 있는 순수한 직관표상들이 공간과 시간이다. 직관의 잡다의 종합의 순수한 개념들은 초월철학에 속한다. 〔…〕 ― 분석적으로 보편적인 것은 논리적이고, 종합적으로//보편적인 것은 초월철학에 속한다. ― 후자에 맞는 인식이 경험이다. 초월적 인식은 경험의 가능성의 원리들을 (인식의 주관적인 것〔요소〕으로서) 함유하는 인식이다.

192

경험을 위한 편성[모음]은 **점근선적**이고, 바로, 경험의 가능성을 (주관적으로) 정초하는 초월철학의 일이다. ― 초월철학의 원리: 선험적 종합 명제들은 어떻게 가능한가. 하나의 경험을 **만드는** 가능성의 원리들. 경험적 인식

1.)나는 **있다**(나는 *存在*한다) ― 2)나는 나 자신을 의식한다, 다시 말해 주관이 동시에 객관으로(統覺). 單純 捕捉은 나 자신의 直觀과 '나는 **나** 자신을 **인식한다**'라는 概念을, 그리고 다음에 주관에서 직관의 객관으로의 이월, 즉 判斷을 함유한다. 그러나 이것은 아직 "나는 思考한다. 故로 나는 *存在*한다."라는 추론을 정초하지 않는다. 오히려 "나는 사고하면서 존재한다[나는 思考하는 者이다]."는 자기동일적 명제: 분석적이다.

나는 나 자신을 또한 **경험적으로** 지각의 대상으로 의식하면서도, 그에 앞서 선험적으로 지각의 집합체로서 의식하고, 경험으로의 진보를 행한다

나는 나 자신에 대한 경험과 나 바깥의 사물들을 **만든다**. 경험은 지각들의 잡다의 절대적·종합적 통일이다. 경험의 형식[적인 것] xxx

형이상학과 초월철학은 두 가지 순수//철학적 체계들이다. 양자는 개념 XXII103 들의 구성에 의한 인식인 수학과 구별되고, 자기들 자신을 이것과 분리한다.

순수 직관 또는 감관들의 경험적 인식
1)논리학의, 2)형이상학의, 3)초월철학의 체계
사람들은 '하나의 경험을 **갖는다**'라고 말할 수 없고, '하나의 경험을 만든다[한다]'라고 말할 수 있다.
經驗의 近似度는 漸近線的이다.
[…]
경험은 감관표상들의 경험적·절대적 전체로, 그것들의 잡다가 점근선적으로 '하나의' 체계 안에서 결합되어 있는 한에서, 지속적인 **접근**이다. 초월철학

인간의 모든 인식능력(認識能力)은 직관과 사고로 이루어져 있다: 두 작용은 순수한 또는 경험적 표상들일 수 있고, 선험적으로 주어진 또는 스스로 만들어진 표상들일 수 있다. 두 방식은 자기의 질료와 형식을 갖는 바로 똑같은 체계들을 만들고, 현상들로 또는 사물들 자체로 된다 xxx

---

직관과 개념 그리고 개념들에 따른 직관의 잡다의, 다시 말해 직관의 연결 원리의 종합적 통일. 全般的 規定.

가능한 경험적 인식의 원리로서의 경험은 전반적 규정의 점근선, 한낱 접근이다.

제7묶음, 전지9, 2면

경험은 지속적으로 접근해가는 경험적 의식 행렬의 전체이다. 하나의 전체로서의 경험은 절대적 통일성[하나]이다. 사람들은 경험들을 이야기할 수는 없지만, 지각들에 대해서는 이야기할 수 있겠다. 사람들은 지각들을 관찰과 실험을 통해 단편적(斷片的)으로 서술할 수는 있어도, 온전한 총괄에서 (連結해서) 서술하지는 못한다

(공간 및 시간상에) 만물을 포괄하는 하나의 자연이 있다. 이 안에서 이성은 모든 자연적[물리적] 관계들을 하나[통일성]로 총괄한다. ― 자유를 가지고서 보편적으로 지배하는 하나의 작용인이 이성존재자들 안에 있고, 이들과 함께 이들 모두를 연결하는 정언 명령이 있으며, 이 정언 명령과 함께 모든 것을 포섭하면서 도덕적으로 지시명령하는 하나의 근원존재자 ― '하나의' 신이 있다

도덕적으로//실천적인 이성의 운동력들에서 비롯하는 현상들은, 그것들이 인간과 관련해 선험적으로 상호 관계 중에 있는 한에서, 법/권리이념들,

도덕적으로 실천적인 이성이다. 우리 이성이 신적 이성을 통해 발언하는 정언 명령. 법칙들 아래의 자유, 신적 지시명령들로서의 의무들. 하나의 신이 있다

형이상학은 감관객관들 및 그것들의 체계를 다루는데, 이 체계가 선험적으로 분석적으로 인식할 수 있는(思考可能한, 認識可能한) 한에서 그리한다. 에네시데무스는 자기 안에서 규정한다. 그로부터 선험적·종합적 원리들로의 이월이 (직관표상들을 통해서가 아니라) 개념들을 통해 일어나는데, 이 개념들은 선험적으로 잡다 연결의 형식[적인 것]을 (확장적으로) 함유하고, 경험적으로 경험을 통해서가 아니라 경험의 가능성을 위한 이성적 원리들을 따라서 감관표상들의 하나의 전체를 '하나의' 체계 안에서 총괄한다. 그것은 주관적으로는 오직 이성[에 의해] 생각될 수 있는 것에 함유한다. [이성은] 곧 법이념들을 형성하고, 그 아래에 모든 세계존재자가 종속하는 하나의 최고 도덕적 존재자 개념에 머문다 — 신 — 所與[的인 것](직관)가 아니라 오직 思考可能한(생각할 수 있는) 것일 수 있는 것은 도덕적//실천적인 것이다. — 하나의 신이 있다: 무릇 도덕적으로 실천적인 이성에는 하나의 정언 명령이 있고, 이것이 모든 이성적 세계존재자들에게 퍼져서, 그를 통해 모든 세계존재자들이 통일된다. — **자유론**,[113] 그것은 자유를 법칙들(도덕적//실천적 이성) 중에 **준칙들**에 의거해 함유한다.

신의 개념은, 하나의 도덕적 존재자로서 인간이 하나의 최고 도덕적 존재자에 대해, 정언 명령에 따르는 모든 의무들을 그의 지시명령[계명]으로 여김으로써, 법원리에 따르는 한 관계에서 갖는 이념이다. — **자유의 개념**. — **도덕적 실천 이성은 자연의 운동력들의 하나**이며, 모든 감관객관들의 하나이다. 이것들이 하나의 특수한 분야를 형성한다. 즉 **이념들**을 위한.

---

113) Johann August Heinrich Ulrich(1746~1813)는 *Eleutheriologie oder über Freiheit und Nothwendigkeit*(Jena 1788)을 통해 결정론적 견해를 표명하면서 칸트의 자유 이론을 비판한 바 있는데, 이를 염두에 둔 기록으로 보인다.

나는 나 자신에게 나 자신의 **개념**에 의한 하나의 대상이다. 다시 말해, 나는 나 자신을 **의식한다**. 즉 이것은 하나의 **논리적** 판단(나는 存在한다, 나는 思考한다)으로, 아직 추론을 통해 더 진보하는 바는 없다(나는 思考한다. 故로 나는 存在한다). 무릇 그러한 명제는 자기동일적일 터이고, 그러니까 한낱 분석적인 것으로 아무런 인식도 정초하지 못할 터인 하나의 공허한 판단이니 말이다.

1.)나는 [이다] 2. 나 자신에게 **사고**의 **한** 대상이자 내적 직관의 한 대상, 즉 하나의 **감관객관**이다. 다시 말해 직관의, 그러나 아직 **경험적** 직관(지각)이 아니라 **순수한** 직관의 대상이다. 잡다의 합성의 한낱 형식인 무엇인가의 현상으로서의 공간과 시간 xxx

논리학에서 형이상학으로의, 그리고 이에서 초월철학으로의 진보 그리고 철학의 도구들의 하나로서의 수학과의 연결로의 진보

선험적 종합 판단은 오직 선험적 순수 직관들, 공간과 시간에서 가능하다

반성개념(포섭의 媒概念)들의 모호성, 概念, 判斷, 推理

[……]

쾌감(意欲의 快樂)은, 만약 그것이 조건으로서 법칙에 선행한다면, 정념적[114]이다. — 만약 법칙이 틀림없이 쾌감에 앞선다면, 의지의 규정근거는

---

114) 원어: pathologisch. 이것의 명사 'Pathologie'가 통상 '병리학'으로 옮겨지는 것을 고려하면 '병리학적'이라 옮길 수도 있겠으나, 칸트에서는 이 말이 더 자주 어원인 'Pathos' 곧 '정념, 고통, 수난, 질병' 등등의 의미 중 'Logos' 곧 '말, 논리, 이성'의 대립 개념인 '정념'의 형용사적 의미로 쓰인다.

'정념에 대한 논구(study of the passions)'로 풀이해도 무방한 'pathologia'가 중세 초기부터 '병리학(Lehre von den Krankheiten, science which treats of disease)'의 의미로 사용되었고, 칸트에서도 'Pathologie'가 드물게(예컨대 Anth, B256=A258=VII287) '병리학'의 의미로 쓰이기는 한다. 그럼에도 불구하고 지금 사례에서 보듯이 칸트 도덕철학 문맥에서는 'pathologisch'를 '병리학적'이라기보다는 '정념적'으로 새기는 편이

도덕적이다. — 이성은 정언 명령에 따라 거동하고, 입법자〔법칙수립자〕는 신이다. — 하나의 신이 있다. 무릇 하나의 정언 명령이 있으니 말이다

나는 에테르를 第一 可動體[115]〔장소를 변화시키지 않는, 內的 可動體〕라고 생각한다. 왜냐하면, 이것을 전제하지 않으면 공간 자신은 감관대상이 아니고, 그러므로 나 바깥에서는 아무것도 아닐 터이기 때문이다

———————

〔…〕

모든 지각에 앞서는 직관. 순전한 현상으로서의 주관의 표상의 합성의
형식적 직관. 나 **바깥의** 공간과 나의 자기의식에서의 운동력들의 총괄. 뉴턴의 만유인력과 하위헌스의 **지각** 일반의 대상에 대한 에테르의 척력. 모든 것은 경험으로부터〔에 의해서〕가 아니라 개념들에 따라서, 다시 말해 가능한 **경험**의 원리들에 따라서. 무릇 경험은 단지 접근만이 일어나는 절대적 통일이니 말이다

1)**자기의식**(統覺), 2)**직관** 내적 直觀 및 대조되는 외적, 直觀, 3)**지각**, 순수 직관과 대조되는 의식적인 경험적 직관, 4)주어지는 것이 아니라 **만들어지는** 것으로서의 **경험**: 경험적 표상들의 전체의 한 체계에서의, 즉 '하나의' 개념에서의 경험적 표상들의 집합체, 점근선적

어떤 다른 힘의 기반〔바탕〕, 어떤 다른 물질이 아니고 — 순전한 관계 개념

———————

더 합당하다.

이성은, "순전히 독자적으로 (경향성의 작용 없이) 의지를 규정하는" 이성은 "정념적으로 규정되는 욕구 능력이 그에 종속하는 진정한 상위 욕구 능력"이다. 그럼에도 정념적인 "충동이 최소한만 섞여도 그것은 이성의 강점과 우수성을 해"친다.(*KpV*, A45=V24이하 참조) 이성적 존재자도 그의 의지가 "정념적으로 촉발(pathologisch-affiziert)"되면 "그 자신에 의해 인식된 실천 법칙들에 대해 준칙들의 상충〔相衝〕이 생길 수 있다."(*KpV*, A36=V19)

115) 원어: primum mobile.

공간은 순수 직관에서와 같이 단지 하나의 수학적 대상(4원뿔곡선)일 뿐만 아니라, 물리학을 위해서는 **감성적** 공간에 힘들로 가득 채워져 있다. 그리고 그 물질은 인력과 척력에 의해 층을 이루고(성층(成層)되어) 있다. 행성들의 계량할 수 있는 원소들이 견인[牽引]적인 한에서 그것들이 거리를 두고서도 증명하는 바처럼 말이다

제7묶음, 전지9, 3면

자기 자신을 객관으로 구성[116]하고, 한낱 생각할 수 있는(思考可能한) 것일 뿐만 아니라 실존하는, 나의 표상 바깥에 주어져 있는(所與的인) 하나의 존재자가 있다. 그것은 스스로 자신을 선험적으로 대상으로 만들고[삼고](에네시데무스), 주관이자 동시에 **무매개적으로** 자기 자신의 객관으로서의 그것의 표상, 다시 말해 **직관**이다.

그런데 이 표상의 형식[적인 것]은 순수한 표상이거나 경험적 표상이다. 전자는 지성개념으로서, 후자는 하나의 감관객관의 직관으로서이다. [⋯]

그런데 철학적 인식은 형이상학이거나 초월철학이다. ― 전자는 분석적이고, 후자는 종합적이다: ― 양자는 순수 수학과 구별되며, 그럼에도 이 수학은 철학의 도구로 쓰인다

신을 부정함과 **신**을 경외함, 신에 귀의하는[경건한]

신은 하나의 실체가 아니고, 법과 호의의 ― 이것들은 하나가 다른 하나를 제한하는바 ― 인격화된 이념이자, 한 원리를 다른 원리를 통해 제한하는 지혜의 인격화된 이념이다.

"하나의 신이 있다."라는 명제는, 하나의 포착할 수 있는 존재자로서 또는 현상들을 설명하기 위해 하나의 가설적 사물로 상정된 열소와 같은, 한 실체의 현존에 대한 믿음을 의미하지 않는다. 무릇 신은 하나의 감관대상

---

116) 원어: constituiren[konstituieren].

이 아니며, 자기 자신을 행위들의 원리로 정립하는 것은 순수 실천 이성의 하나의 공리이니 말이다.

신의 개념은 모든 세계존재자를 물리적으로 그리고 도덕적으로 통제하는 하나의 존재자의 이념이다. (그러므로 이 존재자는 오직 하나일 수 있고, 이 하나는 독자적인 것으로서 공간 및 시간 관계들에서 규정될 수 있는 것으로 생각될 수 없다.) 그러한 존재자가 있다는 것을 도덕적//실천적 이성은 법칙들 아래에 있는 자유에서의 **정언 명령** 중에서, 즉 모든 의무들이 신의 지시명령〔계명〕들임을 인식하는 데서 알도록 해준다. 이 이념은 신성〔神性〕이 인간 안에 현재함에 대한 감정이다. 우리는 그러한 의무감정을 〔정언〕 명령이 없었더라면 갖지 못했을 터이다

〔'하나의' 세계가 있다.(世界들의 複數性에 관한 명제는 분석 판단으로서 순전한 개념들에 따라 하나의 논리적 다수성을 의미할 수 있지만, 그것은 실존하는 사물들의 전체와 관계 맺을 수는 없다.) — '하나의 신이 있다'〔라는 명제〕도 순전히 논리적으로 개념으로 이해될 수 있다. 그는 많은 것을 자기 아래에[117] 함유하지만, 자기 안에[118] 함유하지는 않는다. **전부**(종합적)는 오직 하나이다. '하나의' 세계가 있다 — 마찬가지로 만약 신의 개념 내지 이념이 도덕적 존재자의 전부를 자기 아래에 포함하는 실체로 이해된다면, 하나의 신이 있다〕

XXII109

법칙들 아래의 자유는 인간의 도덕적//실천적 이성이다. 자유에게 법칙을 수립하는 이성은 최고 이성이고, 정언 명령을 통해 오로지 그의 발언만으로 모든 이성적 존재자에 대해 정당성을 갖는 이는 **신**이다. 무릇 그는 필시 그의 목적들을 실현하기 위한 모든 권세와, 동시에 모든 자연존재자에게 지혜에 따라 이를 행사할 의지를 가지고 있을 것이니 말이다.

신의 순전한 이념〔관념〕은 동시에 그의 현존의 요청이다. '신을 생각하다'와 '신을 믿다'는 자기동일적 명제이다. 정언 명령에서의 법원리는 우주만물

---

117) 원어: unter sich.
118) 원어: in sich.

을 필연적으로 하나의 절대적 통일로 만드는데, 초월철학에 따라서가 아니라 초험철학에 따라서

감관대상들에 대하여 오직 '하나의' 공간과 '하나의' 시간이 있다.(공간들 및 시간들이란 단지 그것들의 부분들을 의미한다.) 그리고 오직 '하나의' 세계가 있다. 모든 것을 채우는 에테르라는 개념 내지 허구〔날조〕[119]가 바로 공간을 감관대상으로 만드는 것이다. 그때 다른 한편으로는 모든 인간 의무들을 신적인 지시명령들로, 그러니까 ─ 하나의 신성한 권력을 존재자의 유추에 의한 '하나의' 독립적 존재자로 생각된 ─ 최고의 권력을 가진 존재자의 하나의 유일한 의지에서 나오는 지시명령들로 받아들이는 정언 명령에 의해서 신의 (세계영혼으로서가 아닌) 도덕적//실천적 개념은 독립성을 함유하는 하나의 권리〔법〕개념이다.

〔…〕

〔…〕

그러므로 신의 현존을 요청하는 것은 자연질서가 아니라 권리〔법〕관계들에서의 도덕적//실천적 이성이다. 그리고 그것의 통일성〔하나임〕 xxx

사람들은 선험적으로 에테르의 현존을 받아들일 수 있다. 다시 말해 에테르를 요청할 수 있다. 왜냐하면, 이것이 없으면 공간은 감관의 대상이 아니고, 어떤 지각도 일어나지 않을 터이기 때문이다 ─ 밀쳐냄〔척력〕은 선행하는 감관//충동이다. ─ 빈 공간을 통한 원거리 인력은 그 운동력들이 그 장소에 머무르지 않으면서 그것들이 작용하는 장소에 있는 **물체들**을 전제한다

자기 자신에게 적용된 정언 명령: 이념

지성, 판단력, 이성. 주관은 스스로 자신을 객관으로 만든다〔삼는다〕. 자

---

119) 원어: Dichtung.

기 자신의 창시자. 법칙 아래의 자유. 도덕적//실천적 이성

〔…〕

봄〔시각〕과 **들음**〔청각〕은 왜 하나의 지각을 遠隔作用의 결과로 표상하는가? 뉴턴의 인력이 그러한 것이다. 그러나 사람들은 이 빈 공간을 어떻게 지각할 수 있는가?

모든 것에 자유롭게 침투할 하나의 물질은 또한 하나의 빈 공간일 터이고, 지각될(느껴질) 수 없을 터이다. 어떤 물체도 절대적으로//삼투적일 수는 없다

자연관계들과 법관계들. 세계전체의 자연통일성과 각자가 자기의 법/권 XXII111리를 규정하는 실체의 도덕적 원리 아래서의 법원리들의 통일성

"나는 있다."는 한낱 의식의, 다시 말해 나 자신의 직관이 아니라 사고의, 하나의 논리적 작용〔활동〕이다

移動力들 ―

內的인, 遠距離 作用

내적인 운동력들, 열. 직관은 所與的인 것이고, **개념**은 思考的인 것이다. 전자는 이미 시각능력과 빛에서 빌려온 것이다

한낱 무매개적으로 빈 공간을 통해 (遠距離에서) 행성들에 작용하는 뉴턴의 인력이 아니라 ― 무릇 이 작용은 만들어질 수 있는 달력에 눈에 띌 만한 아무런 현상도 줄 수 없으니 말이다 ―, 오히려 자기의 압축이나 가득 찬 무한히//얇은 공간 안에서 **빛**과 **자기**〔磁氣〕에 의한 이질성에 따라 층이 이루어진, 우주를 채우고 있는 에테르가 능히 일기에 영향을 미칠 수 있다.

뇌에 대한 압력으로 인한 졸림에 대하여

저것[120]에 의해 능히 위성들의 공전과 동시적인 자전이 일어날 것이다

---

120) 편자는 '에테르의 작용'으로 추정한다. (XXII111 하단 주 참조)

제7묶음, 전지9, 4면

모든 의무들을 신적 지시명령[계명]들로서 준수함의 원리가 종교이고, 이것은 인간 의지의 자유를 증명한다. (절대적인 해야 함[당위]은) 동시에 실천적인 순수한 이성원리들과 관련하여 '하나의' 신으로서의 신의 현존에 대한 증명이다. 그래서 이 두 명제는 분석적(자기동일적)인 것으로서 초월철학에 속하지 않는다. 그들 중 하나가 어찌 되었든 최상위자일 터인, 신들이라는 개념은 이교[異敎]적이고, 순수 이성에게는 모순적이다. 왜냐하면, 절대적 전부는 하나만 있을 수 있기 때문이다. 사람들은 오직 '하나'를, '여럿'을 하나의 일정한 개념으로 총괄할 수 있다. 그러나 이런 일은 오직 '모두'를 통해서만 일어난다.

세계존재자들과 그것들 중 단 하나일 수 있는 신적 존재자의 차이

신을 하나의 **이성적** 존재자라고 부를 수 있는가?

순수한 것으로서의 인간의 마음(精神, 心) 안에는 인간의 **영혼**으로서 내주[內住]하는, 경험적//실천적 원리가 아닌, 무조건적 지시명령의 순수한 원리가, 그리고 단적으로 법칙을 수립하는 정언 명령이 있다

最高 存在者, 最高 知性, 最高 善 — 이러한 이념들은 다 같이 정언 명령에서 기인하고, 실천적인 것은 이론적//사변적인 것에 함유되어 있다

개념들에 의한 종합 원칙은 이론 철학의 원리에서 나오지 않지만, 그러한 원칙("하나의 신이 있다")이 초월철학으로 나아가기 위해서는 필요하다. 무릇 그렇지 않으면 초월철학이 확장적이지 못할 것이니 말이다. 그것은 실천 철학이어야 하고, 보편적으로//규정하는 것이어야 한다. 다시 말해, 정언 명령의 의무//관계들을 함유해야 한다. 그것은 오직 유일한 자로 생각될 수 있는 대상과만 관계 맺어질 수 있다.

선험적으로 그러나 종합적으로 **개념들에 의해서** — 개념들의 구성에 의해서가 아니다. 무릇 그런 것은 수학일 터이다 — 진보하는 것은 형이상학이 아니고 초월철학이다. 초월철학에는 도덕적 실천 이성이 있다

초월철학은, 바로 그것이 (수학적이지 않고) **철학적**이고, 그러면서도 선험적으로 종합적이기 때문에, 현상에서의, 다시 말해 하나의 객관 = X가 대응하는 것(現象體들)에서의 대상들의 인식만을 함유한다. 이러한 인식은 한낱 주관적으로 직관의 형식(공간과 시간)상에서 그리고 사물 자체(叡智體)가 아닌 것과 마주해 있다

各各 相互 竝列的이고 順次的인 設定(定位): 외적 및 내적 사물들의, 그러 XXII113
나 현상에서의, 감관표상들의 형식들. 그 객관은 현상체이다

하나의 필연적 존재자는 그것의 개념이 동시에 그것의 실존의 충분한 증명근거인 존재자이다. 그러한 명제는 자기동일성에 의거하지 않을 수 없다.

철학은 그의 선험적인 **분석적** 원리들을 가지고서 자연과학의 **형이상학적** 기초원리들을 하나의 체계로서 정초한다. — 이로부터 **초월철학**으로의 이월이 일어난다. 그런데 초월철학은 동일한 대상을 **종합적**이고 선험적으로 하나의 별개의 체계로 보여주며, 더욱이 (개념들의 구성을 통한 수학으로서가 아니라) 개념들에 의해서 진보한다.

직관의, 경험적 직관(지각)이 아니라, 순수한(선험적인) 직관의 잡다가, 그것이 순전히 주관적인 것인 한에서, 다시 말해 현상으로서의 대상의 표상이 그것의 형식(적인 것)이다

1.) 감성존재자. 2) 이성존재자[121] 3) 다수가 있을 수 있는 이성적(이성을 가진) 존재자[122] 4) 최상위에서 정언 명령을 통해 모든 이성적(이성을 가진) 세계존재자들을 도덕적 관계들의 통일성 안에 놓는 최고 존재자 — **신**.

"'하나의' 신이 있다."라는 명제는 그것들 중 하나가 최상위자인 세계존재자들에 대해 구술(口述)된 것이 아니고, 그것 없으면 **아무것도 없는** 그런 것이다. — 신적 지시명령들로서의 모든 의무들의 총괄은 무신론(無神論), 다신론(多神論) 그리고 신의 부인: 無知의 無神論을 근절한다. 偶像崇拜(를

---

121) 원어: Vernunftwesen. = ens rationis.
122) 원어: Vernünftiges Wesen. = ens rationabilis

근절한다].

〔…〕

〔…〕

세계전체에서의 작용인들에는 법의무들의 정언 명령에, 즉 무조건적인 당위에 따르는 도덕적//실천적 이성도 속한다

그의 의지가 모든 이성적 존재자들에게 실천 법칙인 존재자는 최고의 도덕적 존재자(最高 存在者), 최고 지성이다. 이 최고 지성은 모든 세계존재자들과 다르게 '하나의' 원리 아래서 법칙 수립을 한다. 다시 말해, 그것은 신이다. 그러므로 **하나의** 신이 있다. 세계창조주(세계형성자), 세계영혼으로서가 아니라.

———————

법칙보다 선행하는 쾌감은 정념적이다. — 그러나 법칙에 의거한, 그리고 법칙으로부터 나온 쾌감은 도덕적이다.

한 세계존재자의 신에 대한 전적인 복종이 敬拜이다.

감관들에 작용하지 않는, 공간상의 운동력들(뉴턴의 인력)과 물질 일반을 움직이는 힘들.

법칙에서 개시한 도덕적인 정언 명령은 불쾌의 감정에서 개시한 정념적인 것이 아니다.

직관은 **순수**하거나 **경험적**이다. 전자는 공간과 시간처럼 선험적으로 주어져 있고, 감성적 표상의 형식적인 것, 그러니까 한낱 주관적이다. 이를 통해서 경험적인 것은 단지 현상으로서 주어진다

———————

에테르는 공간을 감관대상으로 만드는 것인데, 인력을 통해서도 척력(빛, 열)을 통해서도 그리한다

———————

자기 자신을 자기의 표상의 대상으로 만드는 인격성의 작용. 思考〔可能한

것]가 곧 所與[的인 것]이다. 이 표상은 직관이다. 다시 말해, 특수에서 보편으로의 징표로서 매개적으로가 아니라, 무매개적인 직관이다

표상능력의 제일[최초]의 작용은 '나는 있다'라는 동사/언표/말[123], 즉 나 자신의 의식이다. 나는 나 자신에게 하나의 대상이다. 주관이 자기 자신에게 객관이다.[124] — 이런 사상[생각](單純 捕捉)이 아직 판단(判斷)은 아니고, 더욱이나 "나는 사고한다. 그렇기에 나는 있다." 운운하는 이성추리(推理)는 아니다. 오히려 그것은 동일률에 따른 인격성의 한 작용으로서, **직관**과는, 더구나 모든 경험에 앞서, 다시 말해 지각에 앞서 주관을 규정하는 술어들을 가진 내적 직관과는 다른 것이다. — 범주들의 체계

제7묶음, 전지10, 1면

나는 있다.

이 의식작용(統覺)은 어떤 선행하는 작용의 귀결로서 생기는 것이 아니다. 가령 내가 나에게 "나는 사고한다. **그렇기에** 나는 있다."라고 말할 때처럼 말이다. 무릇 그렇지 않으면 나는 이 실존을 입증하기 위해 나의 실존을 전제해야 할 터이고, 그것은 순전한 동어반복일 것이니 말이다.

나의 감관객관으로서 '하나의' 세계가 있다. 무릇 공간과 시간이 감관대상들의 전체 총체를 이루니 말이다. 그러나 감관직관의 이 형식들은 대상들을 단지 **현상들**로 표상할 따름이다. 왜냐하면, 우리가 그것들을 직관하 XXII116 기 위해서는 그것들에 의해 촉발되어야만 하기 때문이다. 사물들 그 자체로는 표상하지 못한다. 왜냐하면, 그것들은 사물들의 촉발하는 주관과의

---

123) 원어: verbum. "태초에 말씀이 있었다(In principio erat Verbum: Im Anfang war das Wort,),"(「요한복음」1, 1)와 비교 참조.
124) 위의 XXII85와 아래 XXII413의 표현 대조 참조.

관계들의 형식〔적인 요소〕을 함유하고 있기 때문이다.

그러나 감관표상 외에 또 하나의 인식능력이 있다. 그것은 한낱 수용성이 아니라 (상위 인식능력으로서) 자발성도 함유하고 있으니, 곧 지성, 판단력, 이성이다. 나중의 것은 기술적인// 직관 구성[125]적인 이성이거나 도덕적//실천적 이성일 수 있고, 둘은 선험적으로 표상들의 잡다를 하나의 원리 아래서 하나의 인식으로 결합한다. 도덕적//실천적 이성은, 그것이 정언 명령에 맞는 행동규칙으로서의 의무법칙들을 함유한다면, 신의 개념에 이른다

도덕적//실천적 이성의 의무법칙들(정언 명령)에 따라 모든 이성적 존재자들에 대해 지시명령할 능력이 있고 권리가 있는 하나의 존재자가 **신**(最高 存在者, 最高 知性, 最高 善)이다. ─

세계는 모든 감관대상들의 전체로서, 하나의 집합체에서가 아니라 체계에서 생각된 것이다. '하나의' 세계가 있고, 하나의 신이 있다(反 世界들의 複數性). 신이 납득되면, '하나의' 신이 있는 것이다.

그러나 그러한 존재자의 실존은 오직 실천적 고려에서만 **요청될** 수 있다. 곧 나의 모든 의무들이 신적 지시명령들**이라**고 인식함에서(똑같지는 않지만, 恰似하게) 마치 내가 이 두려운, 그러나 동시에 구원해주는 지도와 동시에 보장 아래에 있는 것처럼 행위할 필연성이 요청될 수 있다. 그러니까 이러한 정식〔定式〕에서 그러한 존재자의 **실존**이 요청되지는 않는다. 그러한 것은 자기 안에서 모순적일 것이다.

이성//법칙들의 아래에서 자연과 자유에 대해 무제한의 권세를 갖는 존재자는 **신**이다. 그러므로 신은 그 개념상 자연존재자일 뿐만 아니라 하나의 도덕적 존재자이다. 전자의 질에서**만** 볼 때 그는 **세계창조주**(세계형성자)이며 **전능하다**. 후자의 질에서는 **신성**하고(敬拜할 수 있고), 모든 인간의 의무들은 동시에 그의 지시명령〔계명〕들이다. 신은 最高 存在者, 最高 知性, 最

---

125) 원어: construiren〔konstruieren〕.

206

高 善이다.

그러나, 과연 이 이념, 우리 자신의 이성의 산물이 실재성을 갖는지, 아니면 한낱 사념물(理性의 存在者)인지는 여전히 문제로 보이며, 우리에게 남아 있는 것은, 한낱 문제성 있는 이 대상과의 도덕적 관계뿐이고, 단지 남는 것은, 만약 정언적 **의무명령**이 감관자극의 모든 사이렌 요정의 유혹들과 또는 협박하는 위험들 사이에서 자기의 무쇠[강고한] 목소리를 낸다면, 모든 인간 의무들을 (恰似) 신적 지시명령[계명]들로 인식하는 정식[定式]뿐이다

우주 안의 모든 물질의 인력과 또한 척력의 원리에 의한 물체세계의 통일성. 왜냐하면, 그렇지 않으면 공간은 비어 있겠고, 그래서 아무런 지각의 객관이, 다시 말해 감관대상이 아닐 것이기 때문이다.

신과 세계는 서로 병렬해 있는 존재자들이 아니고, 후자가 전자에 종속해 있는 존재자이다.

쾌의 감정이 **법칙보다** 앞서가면 그것은 정념적이고, 만약 거꾸로라면 그 쾌는 도덕적이다.

존재자들 전부, 최고 존재자, 무조건적인 통일성에서의 모든 존재자들의 존재자(最高 存在者, 最高 知性, 最高 善)

인간이 신의 현존을 요청하는 방식은 두 가지가 있다. 사람들은 종종, 하나의 신적인 **심판자** 및 **복수자**[復讐者]가 있는데, 그것은 악성과 **범죄**가 이러한 혐오스러운 종족의 근절을 요구하기 때문이라고 말한다. — 다른 한편 이성은, 자기 자신을 한층 더 고위**급**으로, 곧 자기 자신에게 법칙을 XXII118 수립하는 존재자로(도덕적//실천적 이성을 통해서) 정립할 수 있고, 자신을 한낱 감성적 역량만 있는 모든 존재자들 위에 놓을 수 있으며, 그렇게 하는 것을 **소명**[召命]으로 갖는 인간의 **공덕**을 생각한다. 그러한 존재자로서 인간은 한낱 **가설적인 것**이 아니라, 자신이 자기 지위의 창시자인, 다시 말해 창시자이게끔 의무 지어져 있고 또한 동시에 자기 자신에게 의무 짓는 상

태에 들어서는 하나의 사명을 갖는다.

의무감정이라는 것은 없지만, 우리의 의무 표상에서 비롯하는 감정은 있을 수 있다. 무릇 의무란 정언적 도덕 명령에 의한 강요이니 말이다. 강제의 의무, 사랑의 의무 아님.

그의 안에서, 도덕적 존재자로서의 신의 이념 안에서 우리는 살고, 움직이고 존재한다.[126] 우리의 의무들이 신의 지시명령[계명]들이라는 인식을 통해 촉구되면서.

신의 개념은 그 자체로서 심판하고 지시명령하는, 하나의 도덕적 존재자의 이념이다. 그는 하나의 가설적인 것이 아니라, 그의 인격성 중에서 그리고 세계존재자들과 그것들의 힘들에 관해 운동력들을 가진, 순수 실천 이성 자체이다.

순수 이성의 **강제**법칙들 아래에 있는 **자유**

순수 이성법칙들 아래에 있는 자유

인간 상호 간의 관계 중에 도덕적 실천 이성의 원리로서 **법의무들** — 사랑의 의무들이 아니다 — 에 관한 정언 명령에 의거하는 법개념이 있다.

XXII119

형식[적인 요소]의 면에서 자연 및 법칙들 아래의 자유, 이것들을 한낱 그것의 수용성의 면에서뿐만 아니라 자발성의 면에서도, 다시 말해 한낱 규칙들의 면에서가 아니라 원리들의 면에서 판정한다면, 대상들 자체로서가 아니라 현상들로서. — 형이상학과 초월철학의 차이. 전자는 분석적 원리들에, 후자는 선험적·종합적 원리들에 기초되어 있다

지성, 판단력 그리고 이성. 그것의 선험적 원리들에 따라 1 기술적 2 도덕적 실천적 [이성]

---

126) 『신약성서』, 「사도행전」17, 28: "우리는 그분 안에서 숨 쉬고, 움직이고, 살아간다." 참조.

제7묶음, 전지10, 2면

1) 형이상학에서 초월철학으로의 이행. 2) 공간과 시간의 순수 직관에서의 수학을 통해 초월철학의 물리학으로의 이행

나는 나 자신을 의식한다(統覺). 나는 사고한다, 다시 말해 나는 나 자신에게 **지성**의 한 대상이다. 그러나 나는 나에게 또한 **감관들** 및 경험적 직관(捕捉)의 한 대상이다. 사고 가능한(思考可能한) 나는 나 자신을 감지할 수 있는(所與的인) 것으로 정립하며, 이것을 선험적으로 공간 및 시간상에서 그리한다. 이것들은 선험적으로 직관에 주어져 있는 것으로, 현상의 순전한 형식들이다. ――

그러나 정언 명령을 위해 그 의무들이 또한 저것의 지시명령〔계명〕인 하나의 실체가 실존함을 결코 요구하지는 않으며, 오히려 단지 그 의무들의 신성성과 불가침성을 이해할 것을 요구한다. 인격일 속성이 인격성이다.

하나의 도덕적//실천적 이성적 존재자는 하나의 **인격**으로, 그에 대해 모든 **인간 의무들**은 동시에 **이 (인격의) 지시명령들**이니, 곧 **신**이다.

모든 인간 의무들을 신의 지시명령〔계명〕으로 지시규정함은 이미 모든 XXII120
정언 명령 중에 있다.

정언 명령은 實踐 理性의 指示命令으로서 자기 자신에 관한 **이성원리**의 표명이며, 스스로 정언적 의무명령에 따르는 법칙수립자이자 심판자로 생각한다. 따라서 그때 사상〔생각〕들은 인격의 질에서 서로 고발하고 변호한다.[127] ― 무릇 순정하게 권리들만 갖고 아무런 의무도 갖지 않는 하나의 존재자는 **신**이다. 따라서 도덕적 존재자는 모든 의무들을 또 형식의 면에서 신적 지시명령〔계명〕으로 생각한다. 마치 그는 그것을 통해 동시에 그러

---

127) 『신약성서』, 「로마서」 2, 15~16: "그들의 마음속에는 율법이 새겨져 있고, 그것이 작용하고 있다는 것을 알고 있습니다. 내가 전하는 복음이 말하는 대로 하느님께서 예수 그리스도를 통하여 사람들의 비밀을 심판하시는 그날에 그들의 양심이 증인이 되고, 그들의 이성이 서로 고발도 하고 변호도 할 것입니다." 참조.

한 존재자의 실존을 알리고 싶은 것이 아닌 것처럼. 무릇 초감성적인 것은 가능한 경험의 대상이 아니고, (所與[的]인 것)가 아니라 純全히 思考可能한 것이고,) 한낱 유비적으로, 다시 말해 하나의 종합 판단의 관계개념에 따라서 곧 모든 인간 의무들을 신적 지시명령[계명]과 **같은 것으로** 그리고 하나의 인격과의 관계 안에 있는 것으로 생각하는 하나의 판단이다.

개개 인간은 **그의 자유**와 이를 **제한하는** 법칙 덕분으로 도덕적//실천적 이성에 의한 강요에 복속해 있고, 지시명령과 금지 아래에 서 있으며, 인간으로서 의무의 명령 아래에 서 있다. — 모든 것 위에서 지시명령할 권능과 권세를 가진 존재자가 신이며, 오직 하나의 신만을 생각할 수 있다. — 인간의 영혼 중에 하나의 신이 있다. 문제는 과연 그 신이 자연 중에도 있는지…

理性의[理性에 依한] 存在者[128]와 理性을 가진[理性的] 存在者[129]는 서로 구별된다. 후자는 所與[的]인 것이지만, 전자는 단지 思考可能한 것이다. 의무 지시명령의 정언 명령은 모든 것을 할 수 있고[전능하고] 모든 것 위에서 지시명령하는(形式上) 하나의 命令者라는 이념을 기초에 가지고 있다. 신의 이념이 있는가. 보편적으로 지시명령하고 전능한 도덕적 존재자라는 이념은 最高 存在者의 이념이다

현존과 현실[성] (實存과 '作用하다'로부터의 現實性[能動性]). 사물이 언제[일정 시간에] 그리고 어디서[일정 공간에] 작용한다면, 그 사물은 현존한다. 실체는 사물 자체이다. 자립적인 것, 思考可能한 것, 所與的인 것. 자립적인 것과 우연적인 것 또는 부속적인 것. 실존의 모든 樣態들. 하나의 사물, 事物; 자기의 자유를 의식하는 하나의 실체는 **인격**이고, 또한 **권리들**을 갖는다.

사람들은 어떤 사물의 **실존**도, 판단의 분석적 원리에 의해서든 종합적 원리에 의해서든, 선험적으로 직접 증명할 수는 없다. 그러나 그것을 가능

---

128) 원어: ens rationis.
129) 원어: ens rationabile.

210

한 현상들을 위하여 하나의 가설적 사물로 상정한 것은 입증한 것이 아니라 지어낸 것을, 所與〔的인 것〕가 아니라 思考可能한 것을 일컫는다. ― 그러나 신의 개념은, 자신은 의무 지워지지 않으면서 **모든 도덕적 존재자들**에게는 **의무 지울 수 있는**, 그러니까 그것들 모두에 대해 법적 권력을 갖는 한 존재자의 개념이다. ― 그러나 그러한 존재자의 **실존을 직접적으로** 증명하고자 하는 것은 하나의 모순을 함유한다. 무릇 可能함에서 *存在함*의 推論은 妥當하지 않으니 말이다. ― 그러므로 오직 하나의 **간접적** 증명이 남는다. 즉 무언가 다른 것이 가능하다는 것을, 곧 이론적 고려에서가 아니라 순수 실천적 고려에서 우리의 의무들을 (恰似) 신적 지시명령들로 인식함이 실천 이성의 원리로 공증되고, 전권을 부여받는다고 상정하는 데서 말이다. 여기서 '**해야 한다**〔가능성〕'에서 '**할 수 있다**〔당위〕'로의 추론이 타당성을 얻는다

인간의 정신에는 실로 도덕적//실천적 이성의 원리가 있다. 즉 인간이 그것을 존중하고 단적으로 그것에 복종(服從)하지 않을 수 없음을 아는, 그리고 정언 명령에 대응하는 하나의 의무//지시명령이 있다. 정언 명령의 정식〔定式〕은 긍정적이거나 부정적인 언사로 (너희는 부모님을 공경해야 한다: 너희는 살인해서는 안 된다[130]고) 안녕(행복)의 모든 사안에 관해 **무조건적 XXII122 으로**, 곧 법칙 아래의 자유를 자기 행위의 규정근거로 만들기 위해서, **발언 한다.** 모든 이가 그 앞에서 무릎을 꿇는[131] 그러한 존재자의 이념은 이 명령에서 생긴다. 그 역〔逆〕이 아니다. 비록 객관적으로 주어지지는 않지만, 주관적으로 인간의 실천 이성 안에서 하나의 신이 필연적으로 생각된다. 이 위에 모든 인간 의무들을 신적인 **지시명령**〔계명〕들로 인식한다는 명제가 기초한다.

인간 안에는 기술적//실천적 이성의 원리, 그의 의지의 목적들과의 관계가 있다. 이 목적들은 그를 고려할 때는 조건적으로 부득이한 것(必然性)이다.

---

130) 『구약성서』, 「출애굽기」 20, 12~13 참조.
131) 『신약성서』, 「필립비서」 2, 10: "그래서 하늘과 땅 위와 땅 아래에 있는 모든 것이 예수의 이름을 받들어 무릎을 꿇고," 참조.

즉 만약 그가 이것이나 저것을 실현하려는 의도를 가지고 있으면, 그는 이 것이나 저것의 절차를 시행하지 않을 수 없다. 즉 그 명령은 조건적이다. — 그러나 자유로운 존재자인 인간 안에는 도덕적//실천적 이성의 원리도 있으니, 이 원리에 따라서 단적으로 지시명령하고, 그것도 정언적인 **의무**의 명령 안에서 그리한다

한 이성존재자,[132] 理性的 存在者.[133] 한 이성적 존재자[134]는, 그것이 어떤 목적을 위하여 인격화하는 한에서, 하나의 도덕적 인격이다.
한 사념〔사유〕 존재자,[135] 理性의 存在者[136]
초월철학의 정리〔定理〕: xxx

보편적으로 도덕적으로 법칙 수립하는 존재자, 그러니까 그는 모든 권력을 가지고 있는바, 그 존재자는 신이다.
하나의 신이, 다시 말해, 실체로서 도덕적//법칙 수립적인 하나의 원리가 실존한다.
무릇 도덕적으로 법칙 수립하는〔도덕적 입법〕 이성은 정언 명령을 통해, 동시에 실체로서, 자연에 대해 법칙을 수립하고, 법칙을 이행하는 의무들을 언표한다.

내가 세계 내의 어떤 현상들을 설명하기 위해 그것의 실존을 가설적 존재자로 요청하는, 나 바깥의 하나의 **실체**란 있지 않다. 오히려 하나의 보편적인 실천적 원리의 의무 개념이 인간 이성의 이상으로서의 신적 존재자의 개념 안에 〔인간 이성의〕 법칙 수립을 위해 자기동일적으로 함유되어

---

132) 원어: Vernunftwesen.
133) 원어: ens rationale.
134) 원어: vernunftiges Wescn.
135) 원어: Gedanken Wesen.
136) 원어: ens rationis.

212

있다 xxx

종속된 도덕적 존재자로서의 인간에는 하나의 의무 개념, 곧 법관계의 개념이 함유되어 있다. 곧 자기의 의지를 규정하는 법칙 아래 서 있는 관계 말이다. 이 법칙은 그가 자기 자신에게 부과한 것이고, 그가 그것에 자기 자신을 종속시킨 것이다. 그는 그럼에도 동시에 그것을 지시명령적으로 다루고, 모든 경험적인 규정근거들로부터 독립하여 주장한다. 〔그것은〕 순전히 의욕의 형식적 원리로서 규정적이다.

사람들은 주관이 그 자신에게 지정한 법칙들에 따른 일정한 작용결과의 **창시자**를, 그가 실체로 생각되는 한에서, 하나의 원리 — 선한 원리이든 악한 원리이든 — 라고도 부른다

악한 원리란 원리 없이, 아니 모든 원리에 반하여 행위하는, 하나의 주관적 · 실천적 원칙일 터이다. 그러므로 그런 것은 形容矛盾이다. 그러므로 한낱 **경향성**(本能), 다시 말해 편안한 삶(그날그날 말하다: 나는 살았다), 되는대로 살다

제7묶음, 전지10, 3면

정언 명령은 하나의 도덕적이고 신성한, 단적으로 지시명령하는 의지의 표명이다. 이 의지는 동시에 전능하고, 어떠한 동기도 필요 없이 또는 장려할 것도 없이 독립적인 것으로, 자신 안에 자유와 법칙이 통일되어 있다. — 그것의 이념은 개념상 유일한 하나의 실체의 이념으로서, 인간 이성의 어떤 분류에도 종속해 있지 않다. — 最高 存在者, 最高 知性, 最高 善은 理性의 存在者로서, 자연존재자로 생각되고, 아니 오히려 안출〔案出〕된다. 〔그것은〕 모든 것을 포섭하는 실체로서 헤아릴 수 없는 것이다. 그러나 윤리존재자로 실천 xxx의 하나의 원리 xxx

형이상학적 기초원리들에서 물리학으로의 진보를 이룩하는 초월철학에서 그로부터 자기 자신을 전반적으로 규정하는 주관이 출발하는 지점은 인

식의 질료[적인 것], 표상된 객관이 아니라, 오히려 객관의 표상들의 종합의 형식[적인 것]이다: 의무인식의 정언 명령. 신과 세계가 현존재 **전부**를 함유한다

빈 공간의 힘들(뉴턴의 인력)은 한낱 물질이 아니라 물체들을 전제한다 (遠隔作用) — 그것을 통해 공간이 하나의 감관대상이 될 수 있고, 공간이 물체들이 아니라 순전히 물질을 함유하는 에테르, 척력.

더 나아가 물체들은 유기적이거나 비유기적[무기적](동물, 식물)일 수 있다. 이것들은 원자론에 의해 한낱 기계적으로 설명될 수 없고, 목적들의 개념들을 가지고서 역학적으로 설명되어야 한다

무엇이 이성을 자연존재자로서가 아니라, 도덕적 존재자로서의 신의 이념[관념]과 그것의 자유와 법칙의 통일의 이념[관념]으로 안내하는가? 자유와 법칙의 능력이 인격성을 이루며, 이 인격성을 통해 인간은 자기를 도덕적 존재자로서 모든 자연존재자에서 제외시킨다. 이 점에 하나의 존엄성이 있다: 인간은 품위를 중시할 수 있으며(定言 命令), 이를 통해 자기 자신에게 책임을 진다.

의무를 지우지만 다른 어떤 것에 의해서도 **의무 지워지지** 않는 것으로 생각되는 하나의 도덕적 존재자가 **신**이겠다. 만약 그러한 존재자가 있다면, **유일한** 신이 있다. 무릇 그러한 것을 여럿 생각한다는 것은 자기 자신과의 모순이니 말이다. 왜냐하면, 그러한 것들은 서로에 대한 책무의 관계에서 생각될 터이기 때문이다.

이와 마찬가지로 세계들의 다수성 명제도 자기 자신 안에 모순을 함유할 터이다. 무릇 실존하는 사물들 전체의 총체성, 다시 말해 세계 개념은 이미 단일성 개념을 함유하니 말이다

世界들의 複數性에 關한 물음은 그 자신 안에서 모순적이다. 다수의 신들이 있지 않듯이 다수의 세계들도 있지 않다. 그러나 일반적으로 여전히 제기되는 물음이 있다: 도대체가 우리가 **신**으로 생각하려고 하는 하나의 존재자가 있는가(실존하는가)? 아니면, 그것은 (가령 온 데에 퍼져 있고 모든 것에

침투하는 에테르처럼) 단지 모종의 현상들을 설명하기 위해 상정된 것, 한낱 가설적인 것(理性의 存在者)인가?

그러나 도덕적//실천적 이성은 강제법칙들, 다시 말해 정언 명령이 (흡사 순수 이성의 명령(禁止 及 指定)처럼) 동반하는, 순수 이성의 지시명령들(嚴格한 責務들)을 자신 안에 함유한다. 내부의 판사석에서(良心의 法庭에서) 그리고 실제로 신이 내리는 선고와 상관없이 모든 인간 의무들을 신적인 지시명령 [계명]으로 (똑같지는 않지만, 恰似하게) 인식하는 것은 마치 현실 세계의 판사 가 받아들여지는 것처럼 똑같은 힘을 갖는다. 순수한 이성법칙들 아래에서 의 자유

공간상의 감성적인 것의 통일성 — 상응하는 예지적인 것의 통일성(遍在). 場所的이 아니라 假想的

사람들은 또한 유비적으로 빈 공간에서의 가상적[假想的] 인력을 遠隔作 用으로 놓을 수 있다 — 移動力 — 原動力.

把握할 수 없는 思考可能한 것. 어떤 집합체도 그것에 충전[充塡]하지 않 고, 오직 하나로서 주어질 수 있는 것

첫째 물음: 과연 하나의 도덕적//실천적 이성이 있는가, 그리고 이것과 함께 법칙들 아래의 자유의 원리들로서 의무 개념들이 있는가, 끝으로 이 법칙들에 따라서 (인간들을 용서하거나 벌줌으로써) 심판하여, 행복할 만한 품 격이 있는지 없는지를 선고하고, 인간들을 그것에 맞게 참여시키는 하나의 실체가 있는가. 그러한 인격적 실체는 신일 터이다. 그러한 실체는 전체를, 이성적 존재자들의 한 부류에 속하는 것으로서가 아니라, 개체로서 종합적 으로 표상하므로, 유일한 신일 터이다. ── 그러나 그러한 存在者는 주어 XXII126 진 것이 아니라 가설적인 것으로, 단지 생각된 것(사념물, 理性의 存在者)으로 서 원리로 구성[137]할 수 있는데, 그러나 단지 우리의 의무들을 신적인 지시 명령들로 인정하기 위해서 그러하다.

---

137) 원어: construiren[konstruieren].

자연존재자로 여겨진 신은, 가령 공간을 감관객관으로 만들기 위한 에테르와 같이, 현상들의 설명을 위한 하나의 가설적 존재자이다.

수학의 한 철학적 사용이 있다 — 그러나 철학의 수학적 사용이 가능한가?

모든 이성개념들 중에서 (무릇 지성개념들은 단지 형식을 위해 있는 것이니까) 가장 주요한 것은 실천 이성의 개념으로서의 의무 개념과 그와 관련해 있는 법칙수립〔입법〕이다. 왜냐하면, 이 개념은 궁극목적을 향해 있기 때문이다.

긍정적으로 또는 부정적으로 (지시명령과 금지에서) 하지만 전자에서보다 후자에서 더 엄격하게 표명되는 정언 명령(道德的 理性의 指示命令). 너희는 도둑질해서는 안 된다('너희는 거짓말해서는 안 된다'는 +誡命[138]에 있지 않다.) 부모를 공경하여라. 후자들은 본래적인 강제의무들의 표현이 아니다.

그러나 또한 하나의 법칙 수립의 권력(立法權)이 있지 않으면 안 된다. 또는 적어도 생각되지 않을 수 없다. 이 권력이, 비록 단지 이념에서이기는 하지만, 이 법칙들에 강조(효과)를 부여한다. 이 권력은 다른 것이 아니라 최고의 도덕적으로 그리고 물리적으로 모든 것에 대해 숭고하고 위세를 갖는 존재자의 권력이며, 저 표명을 정당화하는 그의 신성한 의지이다. 하나의 신이 있다.

실천 이성 안에는 의무의 개념, 다시 말해 자유 법칙의 하나의 원리에 의한, 다시 말해 주관이 자기 자신에게 지정하는 하나의 법칙(實踐 理性의 指示命令)에 의한, 그것도 하나의 정언 명령을 통한, 강제 내지 강요의 개념이 들어 있다.

누구나 단적으로 복종해야만 하는 하나의 지시명령은 누구에게든 모든 것을 주재하고 지배하는 어떤 존재자에 의한 것으로 여겨져야 한다. 그런데 도덕적 존재자로서의 그러한 존재자를 신이라 일컫는다. 그러므로 하나

---

138) 『구약성서』, 「출애굽기」 20 참조.

의 신이 있다.

　결코 의무 지어지지 않지만 다른 모든 이성적 존재자들에게 의무를 지울 터인 하나의 존재자는 도덕적 의미에서 최고 존재자이다. 자연에 대해 전능한 이성존재자는 물리적 관계에서 최고 존재자이다. 이 두 관계에서. 완전충족적(完全充足的)인 것: 신이다. 그것은 모든 관계에서 전체이기 때문에 오직 하나일 수 있는 것이다: 유일한 신(이것의 상이한 종[種]들이나 유[類]들은 있을 수 없다)

　이론적인 논증에서는 불충분한 하나의 신에 대한 믿음의 실천적으로//충분한 오직 하나의 논증이 있다 ― 모든 인간 의무들을 (恰似) 신적 지시명령〔계명〕**으로** 인식함.

제7묶음, 전지10, 4면

　실천 이성의 개념(實踐 理性의 指示命令)들 중에 **의무 개념**, 즉 단적으로 지시명령하는(정언적) 명령의 원리가 있다. 이 원리는 임의의 목적들을 위한 수단들을 지정하는 것이 아니라, 자신을 목적으로 삼는 행위들을 명증적으로 지정하고, 순전히 법칙들 아래에 있는 자유의 원리에 따르는 일정한 행동거지를 지정하며, 주관이 그것에 자신이 무조건적으로 순수 이성에 의해 복종해 있다는 것을 보는 하나의 지시명령을 함유한다.

　그런데 그의 의욕이 모든 이성존재자들에 대해서는 정언 명령이고, 자연에 대하여는 전권이며, 자유에는 단적으로 보편적으로 지시명령하는, 하나의 전능한 도덕적 존재자라는 이념은 **신**의 이념으로서, 그것은 하나의 유개념이 아니라 한 개체(하나의 전반적으로 규정된 존재자)의 이념이다. 왜냐하면, **전부**란 오직 하나이고, 그러므로 신들을 이야기할 수는 없기 때문이다. 실체로서의 그러한 존재자의 실존은 이것을, (가령 열소와 같이) 경험이 제공할 수 있는 그것의 작용범위의 현상들을 설명하기 위해서, 하나의 가설적 존재자로 상정하도록 한다. 다만 그것의 통일성〔하나임〕은 — 공간과 시간의 통일성〔하나임〕같이 그의 현재의 전체를 공증한다. 단지 제기될 수 있는 문제는, 과연 하나의 신이 있느냐 없느냐이다.

물리적 그리고 도덕적 관점에서의 항구성의 법칙(連續의 法則)에 대하여. 초월적 관점에서의.

오직 '하나의' 경험이 있다. 모든 지각들은 단지 관찰과 실험에 의한 경험의 한 전체의 가능성을 위한 하나의 집합을 이룬다. 이 이념〔관념/이상〕적 존재자가 그 자신에게서 나온 지시명령들인 모든 인간 의무들의 원리를, 그러니까 신으로서, 조련한다: 그러니까 정언 명령에 의거한 (도덕적) 의무 법칙은, 설령 그러한 권세를 갖는 존재자의 실존을 미결로 둔다 하더라도, 모든 인간 의무들을 신적 지시명령**으로** 인정하는 명제이다. 법칙의 형식〔적 요소〕이 이 사상〔事象〕 자신의 본질을 이루며, 정언 명령은 신의 지시명령이고, 이 격언은 한갓된 문구가 아니다.

한 도덕적 존재자의 단적으로 구술하는 의무//지시명령의 절대적 권위의 이념은 지시명령하는 인격의 신성(形相的 神性[139])이다. 이러한 권위를 가질 하나의 실체는 신이겠다. — 그러한 실체가 실존한다는 것은 증명될 수 없다. — 무릇 경험도 순전한 개념들에 의한 순수 이성도 그러한 명제를 정초할 수 없으니 말이다; 무릇 그러한 명제는 전혀 분석적인 명제도 아니고 종합적 명제도 아니니 말이다.

도덕적//실천적 이성 안에는 호의의 원리, 다시 말해 이기주의를 제한하는, 타인의 **행복** 증진의 원리(사랑의 의무)(느슨하게 規定하는 義務)뿐만 아니라 또한 **배척**의 원리가 있다

實踐 理性의 指示命令은 이론 이성과는 다른 이성이다. 그것은 규정하는 것이 아니라 어떤 타자에 의해 규정되는, 자기 스스로 분석적으로가 아니라 종합적으로 신적 지시명령에 의해 규정되는 것이다. — 서로 고발하고 사

---

139) 원어: divinitas formalis.

과하는 생각들. 그와 같이 오직 '하나의' 공간 및 '하나의' 시간. 에테르

행복할 만한 품격[자격]이 있음 또는 없음.

사물들 서로에 대한 관계가 아니라, 서로에 대한 사물들의 표상들의 관계. 도덕적 강제로서의 선험적인 법관계. 자발성과 수용성

도덕적//실천적 이성 안에는 나의 의무들을 지시명령(命令)으로 인식하는 원리가 함유되어 있다. 다시 말해, 주관에게 대상을 만드는 규칙에 따라서가 아니라, 자유에서 비롯하여 자기 자신에게 지시규정하면서도, 동시에 마치 타자가, 더 고위의 인격으로서 주관에게 규칙으로 준 규칙(實踐 理性의 指示命令)에 따라서 말이다. 주관은 자기 자신의 이성에 의해 이러한 의무들에 복종하는 것이 필요하다는 것을 느낀다(동일성의 원리에 따라서 분석적으로가 아니라, 형이상학에서 초월철학으로의 이행에 따라서 종합적으로). 신이 **무엇**인지는 개념들에 의해 형이상학을 매개로 해서 전개될 수 있다. 그러나 신이 있다 **함**[이라는 사실]은 초월철학에 속하고, 오직 가설적으로(열소[처럼]) 증명될 수 있다

느슨하고 嚴格하게 놓인(適正하게 規定된) 人間性의 義務 及 正義의 義務.

내 안의 정언 명령의 주관이 그에 복종하는 것이 마땅한 대상이다: 경배(敬拜)의 대상. 이것은 하나의 자기동일적 명제이다. 인간의 자연[본성]에 대해 정언적으로 지시명령할 수 있는 하나의 도덕적 존재자의 속성은 그것의 신성[神性]이다. 그의 법칙들은 신적 지시명령[계명]들과 똑같게 준수되어야만 한다. — 과연 신의 현존을 전제하지 않는 종교가 가능한가. 우리 안에 神이 있다.[140]

형이상학은 주어진 개념들을 분석한다. 반면에 초월철학은 선험적 종합

---

140) Ovidius, *Fasti*, VI, 5~6: "우리 안에는 신이 있어, 그가 촉발하면 우리는 뜨거워진다; 이 충동은 정신의 성스러운 씨앗을 품고 있다(est deus in nobis; agitante calescimus illo; impetus hic sacrae semina mentis habet)." 참조.

판단들의 원리들과 그것들의 가능성의 원리들을 함유한다

人間은 作用하고, 行爲하고, 作業한다. **감관**〔감성〕, **지성, 이성**, ― 功德, 過失.

어떤 것을 정립하는 의식(自發性), 접수하는 의식(受容性)

자기 자신의 창시자일 한 존재자의 이념은 근원존재자일 터이고, 순수한 실천 이성의 산물(추출물)이겠다. ― 그것(주관)의 개념은 그것(객관)과 자기 동일적이고, 초절적이며, 그러면서도 모순될 것이 없다.

이성적인 세계존재자들 중에는 도덕적으로 실천적인 이성을 부여받은, 그러니까 그것들이 자기 자신에게 지시규정하는 법칙(實踐 理性의 指示命令)들 아래의 자유를 부여받고, 의무 개념을, 그러니까 정언 명령을 필연적으로 인정하는 그러한 부류가 있다. 인간의 자연본성의 불순성과 허약성을 자백하는 이 부류는 또한 세계존재자들로서 위반들을 용납하지 않을 수 없다.

그러나 사람들은 인간에게서 의무 개념 일반에 관한 이성의 구술, 즉 자기의 의무들을 신적 지시명령〔계명〕**으로** (똑같지는 않지만, 恰似하게) 인식함을 쉽게 말할 수 있다. 왜냐하면, 저 명령은 지배적이고 절대적으로 지시명령하는 것, 그러니까 지배자에게 마땅히 돌아가야 할 것, 그러니까 하나의 인격에 귀속하는 것으로 표상되기 때문이다. 우리가 스스로 창조하는, 하나의 실체의 이상〔理想〕.

나는 나 자신에게, 단지 **자연의 수용성**의 법칙에 따를 뿐만 아니라, **자유의 자발성**의 원리에 따라서도 종합적 자기규정의 한 원리이다.

실체로 생각된, 순수 도덕적 원리들에 따라서 세계에서 작용하는 하나의 원인(世界 밖의 存在者[141])은, 감관대상들의 **전부**를 자기의 권세 안에 포섭하고 있는 한에서, 유일한 것이다.

―――――――――

---

141) 원어: ens extramundanum. XXI125 참조.

제8묶음

제8묶음, 전지1, 1면

물질의
운동력들의 체계

제1부
세계〔우주〕물질의 기본〔요소〕체계에 대하여

구분

사람들이 운동력들 및 물질의 운동 법칙들을 구분하는 데서 양, 질, 관계, 양태의 면에서 고찰하고, 저 기본〔요소〕개념들을 이 항목들 아래서 정리하는 범주표보다 더 좋은 실마리를 요구할 수는 없다. 무릇 이 항목들이 물체적 자연의 형이상학에서 물리학으로의 이행의 단계들을 이루니 말이다.

그러나 운동력은 이중 방식이어서, 한 물체가 다른 물체로 하여금 그 자리를 떠나도록 강요하는 데서의 물체의 장소운동(移動力)이거나 xxx 하는 데서의 내적 운동이다

물질의 양에 대하여

§ 1.

달아볼 수 있음/계량 가능성(計量可能性)은 그에 따라서만 물질이 그 양의 면에서 정확하게 측량될 수 있는 그것의 운동력의 속성이다. 그 자체로 **계량 불가능한** 물질은 어떠한 척도로도 제시되지 않는, 그러니까 = 0으로 상정할 수 있는 그러한 물질이겠다. 무릇 물질이 설령 기하학적으로 동종의 다른 물질, 예컨대 상이한 크기의 용기에 담긴 순수한 물과 비교해서 측량될 수 있다 해도, 이러한 동종성 자체가 의심스러울 수 있을 터이니 말이다. 왜냐하면, 그 판정은 xxx

XXII136

지구 중심에서 똑같은 거리에서 우리 지구의 인력의 가속력의 침투작용인 중력(重力)은 추의 흔들림의 수를 통해 측정되고, 그러나 중력의 산물(낙하 물체의 운동의 운동량)인 무게(重量)는 움직여진 물질의 양에서 측정된다. 그리고 똑같은 높이에서는 전자(중력)는 똑같으므로, 무게는 물질의 양의 모든 계량에서 물질의 양과 똑같다고 받아들여진다.

〔……〕

제8묶음, 전지1, 2면

§ 2

그러나 계량 가능성 개념은 한 지렛대에서 이 운동력의(무게의) 측정 도구를 전제하거니와, 그런 경우에도 사람들은 이 도구에 휘어짐을 막아주는 다른 또 하나의 힘 곧 그것의 부분들 상호 간의 응집력을 함께 생각하지 않을 수 없다. 이 힘이 없으면 계량 (가능)성은 순전한 사념물에 대한 개념일 터이다

물리적 저울대는 언제나 그 지름이 일정한 두께를 갖는데, 이에서 지렛

대에 달린 추[錘]가 그것을 휘게 하거나 부러뜨릴 운동력을 행사한다. 이제 만약 수학자[1]가 여기서 운동 법칙을 선험적으로 내놓고자 한다면, 그는 지레의 두께를 극소화해야만 한다. 그러나 그러기 위해서 그는 서로 접촉해 있는 직선상의 지레 횡목[橫木]의 부분들의 인력의 무한한 힘을 상정해야만 할 터인데, 그것은 불가능한 일이다. ― 그러므로 물질의 계량 (가능)성은 순전히 그것의 개념에 따라 선험적으로 양을 탐구해서 알 수 있는 속성이 아니라, 오히려 그것은 물리적으로 제약되어 있고, **내적으로** 움직이는[原動的인] 물질의 전제가 필요하다. 즉 그것은 물질 자신이 물질의 내부에서 움직여서, 서로 접촉하는 부분들이 부동적[不動的]임으로써 생긴 결과인 것이다. ― 그런데 우리는 그러한 속성을 덧붙일 원인을 갖는 물질로 열물질밖에는 알지 못한다. ― 그러므로 주관적으로 달아볼 수 있음으로 표상되는 계량 가능성조차도 달아볼 수 없는[計量不可能한] 어떤 물질의 상정이 필요할 것이다. 무릇 그렇지 않으면 계량 가능성의 조건이 점점 더 무한히 소급되어서, 그러니까 전적으로 근거가 없게 될 터이니 말이다.

계량 (가능)성은 지레가 휘거나 부러지지 않게, 또 짐을 매달고 있는 끈이 끊기지 않게 저항하는 지레 물질의 저지 가능성을 전제한다. 운동력들의 기계학은 역학의 전제 아래에서만 생각할 수 있다. 객관적인 계량 (가능)성이 주관적인 계량 (가능)성에 선행하는 것이다. 물체에 침투하는 물질의 활력이, 서로 직접적으로 종속된 접촉들의 무한한 계열을 낳고, 그로 인해 한   XXII139

---

1) Abraham Gotthelf Kästner(1719~1800). 괴팅겐 대학의 저명한 수학 교수로, *Angangsgründe der Mathematik*(전4권, 1758~1769), *Geschichte der Mathematik*(전4권, 1796~1800) 등을 펴냈다. *Göttingische Anzeigen von gelehrten Sachen unter der Aufsicht der Königl. Gesellschaft der Wissenschaften*(191. Stück, den 2. December 1786)에 칸트의 『자연과학의 형이상학적 기초원리(*Metaphysische Anfangsgründe der Naturwissenschaft*)』[*MAN*](Riga 1786)에 대한 서평을 쓴 바도 있고(XXI415 참조), Eberhard의 *Philosophisches Magazin*(1790)을 통해서도 칸트에 대해 비판적 입장을 보였다. 칸트는 이에 대해 서평(Über Kästners Abhandlungen, 수록: XX410~423)을 썼는데, 『유작』의 곳곳에서도 그의 수학, 물리학 관련 견해들을 반박하고 있다. 이 대목의 화제인 "물질적 지레"와 관련해서는 '제3묶음, 전지4, 1면'(XXI294) 참조.

질량[덩이]의 운동 표면력을, 다시 말해 응집인력을 낳는, 압박과 견인의 사력[死力]의 원인임이 틀림없다. 저지 가능성, 침투 가능성 및 영속성 내지 인력, 그러니까 열소의 운동력은 순전히 지레를 위해 계량 (가능)성의 도구를 필요로 한다.

§ 3.

그러므로 **절대적으로**//계량 불가능한 물질은 생각할 수 없다. 무릇 양 없는 물질이 있는 것일 터이니 말이다. 그러나 그런 물질이 **조건적으로는** 있을 수 있다. 곧 만약 그 물질이 단지 전체 우주에 퍼져 있는 어떤 물질 (열소)의 부분들로서만 있다면, 그런 경우 그것은, 물체들이 그 자신의 요소에서는 무게가 나가지 않는다는 것을 말하는 것이니 말이다.

주해

응집의 운동력은 모든 기계체제의 기초에 있다. 그런데 이것은 (지레에서처럼) **압박**에 의해서거나, (도르래에서처럼) **견인**에 의해서거나, (물체가 미끄러져 내려가려 하는 경사면에서처럼) **밀치기**[추진]에 의해서 일어날 수도 있다. 기계들은 더 미미한 **힘**(더 작은 **운동의 운동량**)으로도 더 큰 힘에 의해 직접적으로 행해졌을 것과 아주 똑같이 작용한다. 그러나 하나의 기계 자체의 가능성은 운동력들을 전제한다. 지레는 단단해서, 지렛대에 달린 무게들에 의해 휘거나 부러지지 않아야 한다. 추를 매단 끈이 끊어져서는 안 된다

〔……〕

제2절
물질의 질에 대하여

§ 4

물질은 **유동적**이거나 **굳다**[2](或 液體的 或 固體的) 모든 유동 물질은 열에 의해 그렇게 된 것이다. 물질이 굳은 물체로 형성되는 데는 유동성의 상태가 언제나 선행한다.(적어도 사람들은 이러한 질의 발생을 이렇게밖에는 설명할 수 없다.)

열은 유동적으로 만드는 무엇인가이다. 그런데 사람들은 그것을 그 자신이 유동성이라고 (모종의 힘들의 순전한 내속성[內屬性]이 아니라, 하나의 실체라고) 부를 수 있을까?

열소는 용기[容器]를 가지고서 **차단할 수 있는** 것으로 볼 수 없는 어떤 물질이다. 가령 공기처럼 그것이 빠르게 접촉하는 다른 물체 안으로 퍼져 들어가는 것을 방해받을 수는 있다 해도 말이다. 그래서 사람들은 열소를 팽창적일 터인 유동성이라고 적절하게 설명할 수가 없다. 물질들의 모든 팽창 가능성은 열에서 유래하는 것이고, 그러니까 대체 무엇이 열소 자신에게 저런 팽창력을 제공하는지를 물을 수 있겠으니 말이다.

그래서 열소는 계량 불가능할 뿐만 아니라, 그러므로 또한 **저지 불가능**하고, 자기 자신과 같은 유의 것(전 방향으로 퍼지는 열소) 외의 다른 어떤 원소[소재]에 의해서도 전적으로든 부분적으로든 (기계적으로가 아니라, 역학적으로) 차단될 수 없다. 또는 사람들이 그렇게 부르는 바와 같이, 묶여 있다. 그러나 이러한 속성은 하나의 체계로서의 물리학(화학)에 속하는 것으로서, 우리가 여기서 오로지 다루어야 하는 경험적 기본[요소]개념들에 속하지 않는다.

---

2) 이곳에 원주 표시는 있으나, 본문에 상응하는 원주는 보이지 않는다.

— 그러나 이것은, 차단할 수 없는 물질은 달아볼 수 없고, 달아볼 수 없는 물질은 차단할 수도 없는 것으로 볼 수밖에 없다는, 물질들의 운동력들의 상호 관계들의 필연적 귀결이다

그러나 물질의 유동성〔액체성〕에서 고체성으로의 이행은 열소의 영향 탓으로 돌려야만 한다. 그러나 또 다른 방식의 내적 운동, 곧 이 물질의 **활력**에 의해서 말이다. 이 활력은 부딪치고, 짧게 이어지는 진동 중에 접근했다 밀쳤다 하면서, 파동 운동을 하는데, 이 운동에 의해 물질이 차지하는 공간이 확대된다

§5

열물질의 운동력은 충격의 **활력**이다. 곧 척력들에 의한 물질 부분들의 진동 운동의 힘이다. — 그러나 그와 같은 **내적** 파동(요동, 진동) 운동은, 한 물질이 다른 물질을 단지 밀도에서 증대시킴으로써 다른 물질로 순전히 이행하는 것보다, 척력에 의해 더 큰 공간을 채운다.

그러나 열소의 운동력이 열의 상태에서 이 힘을 행사한다는 것은, 열소는 차단 불가능하므로, 그것의 장소운동을 통해, (전방위적으로 관통할 수 있는) 이 팽창적인 원소〔소재〕를 증대시키지 않는다는 사실로부터 알 수 있다. 열소는 오직 자기의 내적 상태를 통해서 그것이 있는 공간 안에서 이리저리 부딪침〔진동함〕으로써 무엇인가를 확장할 수 있다.

〔……〕

제3절
고체성(固體性)에서
물질의
운동력들의 관계에 대하여

§6.

한 물질의 내적 부분들이 변위 가능성에 저항할 뿐만 아니라, 그 유동적인 상태에서 고체 물체로 형성되는 그러한 능동적 관계를 나는 물질의 **응집 가능성**이라고 부른다. 그것의 도량이 무게이고, 이 무게로 인해 물체는 그 중력의 힘으로 한 주어진 절단면에서 분리될 터이다. — 응집의 정도는 철저하게 균질한 (일정한 길이에서 자기의 자신의 무게로 인해 끊기는) 프리즘이나 실린더의 길이에서 가장 쉽게 명시될 수 있다.[3] 무릇 실린더가 제아무리 두꺼워도, 만약 그것을 구성하는 물질이 동질적이기만 하면, 그것은 똑같은 길이에서 끊어지니 말이다. 왜냐하면, 사람들은 각각의 실린더를 (서로 앞뒤로 있는 것이 아니라) **서로 나란히** 있는 바로 그 수만큼의 실린더들로 성립해 있는 것으로 볼 수 있고, 그러므로 각자 독립적으로 끊기는 것이라 볼 수 있기 때문이다

§7.

그런데 한 고체 물체의 응집 가능성은 순전한 표면력으로서, 물질에 침투하여 접촉면을 넘어서 떨어져 있는 부분들을 직접적으로 끌어당기는 힘이 아니다. 따라서 각각의 조각(판)이 매우 얇아서, 사람들은 그것을, 그러

---

3) 이 책에서는 생략했지만, 한 대목에서 칸트는 응집의 정도를 알 수 있는 이러한 방법을 "이미 갈릴레이가 제안했다"(XXII221)라고 말하고 있다. Galileo Galilei, *Dialogo sopra i due massimi sistemi*(Florenz 1632) 참조.

니까 그것의 물질 및 인력의 양을 이 덩어리의 무게에 비해 무한히 작다고 상정할 수도 있다. 그러므로 요구되는 가속도의 운동량은 저 물체가 쪼개지려고 하는 것의 무게에 비해 무한히 커야 하는데, (또는 유한한 속도의 한 운동량과 주어진 모든 시간에서 하나의 무한한 공간을 통관할 터인데,) 이런 일은 불가능하다. ― 그러므로 사람들은, 이 덩어리의 부분들이 그 인력을 단면의 접촉표면을 넘어 내부로까지 뻗친다고, 또는 응집에서의 인력은 가속하는 운동력이 아니라고 상정할 수밖에 없는데, 이 두 경우에 대해 사람들은 아무런 이해도 가지고 있지 못하다.

§8.

그래서 사람들이, 모든 유동성의 원인으로서의 열소가, 위에서 말했듯이, **활력으로써** 운동한다는 것 외에 달리 상대적으로 서로 반대로 작용하는 이 힘들을 파악한다는 것은 어려운 일이다. 열이 흩어지는 경우 그 진동들로 인해 응집이라는 그러한 경향이 있게 된다. 곧 만약 반작용하는 힘들의 하나가 없어지면, 다른 하나도 뒤따라 작용하지 않고, 그리하여 열로 인한 유동성이 그치는 것이다. ― 하나의 납탄〔鉛彈〕이 다른 납탄과 마찰하게 되면 한순간에 그 접촉표면이 녹고, 곧바로 응고한다. 모루 망치질은 언제나 순간적이되 재빨리 지나가는 용해〔액화〕를 낳는다

〔……〕

〔…〕

제8묶음, 전지2, 2면

§9

그런데 응집은 **부수어질 수 있는** 물체(破碎的 物體)의 응집이거나 늘여 펼 수 있는 ― 늘릴 수 있는 ― 물체(可延的 物體)의 응집이다: 그 가운데 유리나

돌은 전자의 경우이고, 금속은 후자의 경우로서, 보편적인 열소가 활력들과 함께 침투작용하는 물질의 사례이다. 열소는 팽창의 경우에 열로서, 그러면서도 동시에 한 부분의 이탈(접합)에 의해 응집을 일으킨다.

망치질에 의한 늘릴 수 있음[可延性]은 벼릴 수 있음(鍛冶性)인데, 이것은 최소한 약간의 열을 가하는 경우 모든 순수한 금속들의 성질이다. — 매번의 타격이 순간적인 용해이고 이어서 신속하게 뒤따르는 응고가 있다: 거의 기술할 수도 없고 더더욱 설명하기 어려운 것으로 보이는, (광물학자들이 그렇게 부르는바) 금속들의 **특유한** 광채도 이러한 방식의 내적 결정화[結晶化]로 설명할 수 있다. — 곧 그 광채는 한낱 반사된 빛일 뿐만 아니라, 금속의 연마된 표면의 스스로 발산하는 빛이기도 한 것으로 간주할 수 있다. 왜냐하면, 금속의 타격과 연마는 순간적인 용해로 간주되어야만 하기 때문이다. 금속은 그 표면이 열소에 의해 작은 판들과 선들로 분리되어 있는데, 이는 수많은 곤충들(예컨대 세람빅스 모샤투스[4])의 겉날개에서 보는 바와 같거니와, 곤충들은 이 판들의 두께에 맞는 빛을 스스로 발산한다: 무릇 용해 작용이자 표면의 결정화 작용인 저 연마가 없으면 금속들은 보통의 흙색을 갖는다

비판적 주해

이 절에서 사뭇, [우리는] 자체적으로 하나의 체계를 형성해야 할, 물질의 운동력에 대한 선험적 개념들의 한계를 멀리까지 벗어나, 경험적 과학으로서의 물리학(예컨대 화학)으로 표류해간 것 같다. 그러나 사람들이 주목해야 할 바는 xxx

---

4) Cerambyx moschatus. 하늘소(Bockkäfer)의 일종. Johann Friedrich Blumenbach (1752~1840), *Handbuch der Naturgeschichte*, Bd. 1(Göttingen 1779), S. 335~336 참조.

공간상에서 운동할 수 있는 것으로서의 물질은 필시 스스로 운동하는 것이다. 물질의 운동력들의 체계인 하나의 물리학의 가능성의 선험적 원리들이 물리학으로의 이행을 결정한다. 그러나 형이상학의 물리학으로의 추세는 경험적 원리들을 함유하지 않을 수 없다. 무릇 운동력들은 그 현존의 면에서 경험되려 할 것이니 말이다.

서론

자연과학의 형이상학적 기초원리들은 공간상에서 운동할 수 있는 것으로서의 물질 일반을 대상으로 가졌고, 그것의 운동의 법칙들이 순수하게 모든 경험적인 것을 도외시하며, 다시 말해 선험적으로 인식될 수 있는 한에서, 그 법칙들을 함유했다. — 그러나 이 형이상학은 물리학으로의 추세를 갖고 있다. 다시 말해 이성은 그 안에 하나의 자연과학(自然哲學)에서 이 법칙들의 경험체계를 추구하는 하나의 규정근거를 갖고 있다. 그런데 이러한 추구 작업 또한 선험적 원리들에 따라서만 일어날 수 있다. 무릇 마찬가지로 선험적 원리들 위에서만 기초 지을 수 있는 하나의 체계의 형식적 조건들 없이는 사람들은 그로부터 지각들의 하나의 전체로서의 물리학이 생길 수 있는 **자연연구**를 어떤 원리들에 따라서 수행해야 하는지를 알지 못할 터이니 말이다. — 그러므로 순전히 자연 형이상학에서 물리학으로의 이행을 위한 선험적 원리들이 있어야 한다

그러나 형이상학적 기초원리들에서 물리학으로의 이행은 물질에 대한 개념 안에서 진보를 통해 일어난다. 형이상학적 기초원리들에서 물질이란 공간상에서 운동할 수 있는 것이었다. 진보는 물리학을 위해 하나의 새로운 개념을 덧붙인다. 이제 물질이란 운동력을 갖는 한에서의 공간상에서 운동할 수 있는 것이다. 이것은 경험적 인식의 하나의 대상을 함유하는데, 이때 이 대상은 선험적 원리들에 따라서 경험들과 결합해 있는 것이다.

〔……〕

우리가 경험적 자연연구를 통해 하나의 물리학에 이르고자 하기 **전에**, 그러나 우리가 공간상에서 운동할 수 있는 것 일반의 선험적인 법칙들을 체계적으로 정렬한 **후에도**, 우리는 물질 일반의 운동력들을 체계적으로 그리고 선험적으로 정렬해야만 한다. — 운동력들은 접촉에서의 그리고 떨어져서는 빈 공간을 통한 **인력**과 **척력**으로 — 연속적으로 작용하거나 간헐적으로 작용한다. 경험이 이 둘을 직접적으로 또는 간접적으로 알려준다. 그리고 이 둘이 어떻게 서로 연속적으로 상호작용하는지를, 그리하여 운동이 연속적으로 존속한다는 것을 알려준다

제8묶음, 전지3, 1면

제3절
고체 물체들 상호 간의
물질의
운동력들의 관계에 대하여

§5

물리적 물체들은 물질적 전체들이고, 그것들의 형태는 다른 것이 아니라 그것들의 부분들의 분리에 의해, 그러니까 물질의 질이 똑같다 해도 더 많은 물체들로의 변환을 통해 변화될 수 있다. 그러므로 물리적 물체들은 그 겉표면의 접촉에서 단지 집합(집적)된 것으로 — 응고(용해)된 것이 아니라 —, 그러니까 훨씬 더 작은 물체들로 합성된 것으로 보아야 한다. 이제 나는 이것들에 대해 말하거니와, 이것들은 그것들의 분리에 따라서 접촉에서 서로에 대한 척력을 증명하고, 더 많이 격리된 물체들로서의 그 분리된 부분들의 겉표면의 간격을 거의 식별할 수 없는 인력을 가지고서 만들어낸다

〔……〕

XXII151

XXII152

〔……〕

이행은, 운동에 선행하고, 선험적으로 물리학을 위한 기본〔요소〕개념들로서 경험에서 찾아내야 할, 물질의 모든 운동력의 체계적 표상이다.

〔……〕

〔……〕

기계적 힘[5]들은 모두 일정한 물리적 힘(중력으로서, 응집//팽창력)을 전제한다.

인력과 척력은 운동력들의 두 형식적 규정들을 이룬다. 이제 이것들은 물질의 본성과 그 운동법칙들에 기초하고 있는 것으로서, 그러므로 직접적으로 주어져 있거나, 중력과 팽창력처럼 단지 다른 힘들의 작용결과이다.

가설적 소재〔원소〕란 사람들이 그것을 감관들에게 현시할 수는 없지만 그것의 실존을 현상체들에서 추리할 수 있는 그러한 소재〔원소〕이다.

〔……〕

제8묶음, 전지3, 3면

제4절
운동의 양태와
물질의 운동력들에 대하여

§

그것은 **필연성** 개념의 감성에 상응하는 도식인 그 효력(영속성)의 **영구성**에 존립한다

---

5) 원어: Potenz.

234

물질의
운동력들의 체계의
구분

———

제1부: 물질의 운동력들의 기본[요소]체계
제2부: 세계체계[우주계]

주해

1.)기본[요소]개념들은, 선험적으로 하나의 **체계**에 이르러야 하는 한에서, **범주들**의 체계 외에 다른 것을 도식으로 세울 수는 없다. 왜냐하면, 경험적일 것인 다른 모든 분류구분은 완벽성의 의식을 결여하고 있기 때문이다

2.)대립해 있는 운동력들은 서로 한낱 (A와 非A와 같이) 논리적으로뿐만 아니라, (+A와 −A와 같이) 실재적으로 대립해 있는 것으로 간주된다. 왜냐하면, 여기서 문제가 되는 것은 서로 폐기하는 주관[주어]의 개념들이 아니라, 동시에 둘일 수 있는 객관(물질)의 작용들이기 때문이다

3.)그러므로 범주들의 체계에 따른 구분은 양, 질, 관계 그리고 양태의 개념들을 통해서 수행되지 않을 수 없는데, 이런 개념들에는 경험적 자료들이 대응해야만 한다. 왜냐하면, 물질의 운동력들은 그에 대한 경험을 통해서만 인식될 수 있기 때문이다

4.)그 자신이 물질의 특수한 운동력들인, 그러한 경험을 만드는 기계적 XXII156
수단들은 이 힘들 자신의 계열 안에 세워져 있거나 그것들과 혼동되어서는 안 된다

　[……]

제8묶음, 전지3, 4면

물질의 운동력들의
기본〔요소〕체계의

제1절
물질 일반의
양에 대하여

§ 1.

물질의 양은 하나의 특정한 부을 수 있거나 쏟아낼 수 있는 물질을 위한 척도로서의 어떤 용기〔容器〕의 공간 크기를 통해 하나〔단위〕로 측량될 수 있기는 하지만, 이때 사람들이 이 소재〔질료〕의 동질성이나 그 용기의 충전의 정확성을 확신하지 못할 수도 있다. 그리고 사람들은 도대체가, 소재

〔질료〕의 질이 전적으로 도외시되는 경우에, 순전히 물질 일반으로 간주되는 그것의 양을 확정적으로 인식하고자 한다. ─ 물질의 유일한 측정수단은 하나의 특수한 운동력에, 곧 동질적으로 가속하고, 지구의 중심점에서 똑같은 거리에서는 어디에서나 똑같은 운동의 운동량인 중력에 함유되어 있다

모든 물질의 속성으로 상정된 **달아볼 수 있음**(計量可能性)은 동시에 물질의 운동력인데, 그것은 지구의 중심점에서 똑같은 거리에 있는 물질의 양을 인식하는 보편적 수단이다.

〔……〕

〔…〕

236

제8묶음, 전지4, 1면

제2절
물질 일반의
질에 대하여

§3

물질의 운동력은 그 유동성의 상태(流動 物質)를 일으키는 것이거나 그 고체성의, 고쳐 말하면 강체성의 상태(固體 物質)를 일으키는 것이다. 이 점에, 곧 물질이 얼마나 많이 작용하는지에가 아니고 물질이 무엇에 그리고 무엇을 가지고서 작용하는지에 물질의 운동력의 개념이 의거한다

또한 사람들은 유동적인 하나의 물질을, 만약 그것이 결코 굳은 것으로 현상할 수 없으면, 단적으로 유동적인 것이라고 부른다. 사람들은, 그 자신이 실체로서 하나의 유동적인 것이 아니면서, 다른 모든 물질을 유동적으로 만드는, 열소라고 부르는 하나의 가설적 소재[원소]를 그러한 물질로 간주한다.

팽창적인 물질(예컨대 공기)의 유동성을 위해서는 항상 열이 필요하다. 무릇 열소 자신이 그러한 유동체로 표상된다면, 이 소재[원소]를 유동적이게 만들기 위해, 또 다른 열이 필요할 터이다 XXII159

§4

물질은 그 질에 따라서 **차단할 수 있**거나(沮止可能하거나), 다시 말해 계량할 수 있는 물질들 안으로 확산하는 그것의 운동력을 묶을 수 있고, 이 물질들의 인력에 의해 그것의 확산과 이 물질들 안으로의 침투를 억지할 수 있거나, **차단할 수 없다**(沮止不可能하다); 이런 물질은 모든 계량할 수 있는 것에 대해 **투과할**(浸透할) 수 있다.

열소는 후자와 같은 유의 것이다. […]

그러나 열소가 **자체로**(端的으로) 그렇지는 않고, 단지 어떤 상황에서(어떤 面에서) 그러하다

만약 물질을 차단할 수 있으면, 그것은 계량할 수 없다. 무릇 달아볼 수 있음〔계량 가능성〕은 저울대와의 관계에서 저항을 필요로 하니 말이다
그러나 물질을 계량할 수 있으면, 그것은 차단할 수 없다
〔……〕

〔…〕

제3절
물질의 관계,
다시 말해 각각의 부분들이
하나의 특수한 물체인 한에서
그 부분들의 관계에 대하여

§

이 **관계**는 **응집**의 관계(凝集可能性)이다. 물질의 모든 부분들은 서로 바깥에 있는 많은 부분들의 관계에서 많은 물체를 형성하는 물질과 대립하면서 '하나의' 물체를 형성하니 말이다. 이것은 양편에서 하나의 능동적 관계, 그러니까 물질의 운동력들의 관계이다.

이 범주에 따르면 모든 고체 물질은 응집할 수 있거나 응집할 수 없다. 침투적인 응집 가능성은 융합(融合), 즉 유동체의 고체 물체로의 변환으로 인한 응집이다. ─ 만약 사람들이 덩이의 인력이 내적으로 접촉표면 전체를 넘어 퍼지면, 그때 파쇄성과는 반대되는 가단성〔可鍛性〕(신장성〔伸長性〕)이

xxx

〔……〕

[…]

제8묶음, 전지7, 1면

응집 가능성은 한 물체의 모든 내부 부분들의 자기 위치에서 전위[轉位]
― 변위이든 분리이든 ― 에 대한 저항이다.

응집 가능성에서의 운동력은 계량 가능성과 차단 가능성, 그리고 접촉인
력의 운동력을 자기 안에 통합하여 함유한다. 이 통합이 파쇄적이거나 가
연적인 응집(或 可延的 或 脆性的 凝集)을 만들어낸다. 전자의 응집은, 만약 물
체의 한 부분이 찢어지면, 접촉하는 표면에서의 모든 부분들이 찢어지게 만
들고, 후자의 응집은 교절(交切)면이, 서로 접촉하는 두 물체가 서로 분리될
때까지, 점차로 더 좁아지는 그런 성질을 가지고 있다.

[……]

제8묶음, 전지7, 2면

제4절
물질의 운동력들의
양태에 대하여

§

이것[6]은 **필연성**의 범주 아래서 파악되거니와, 필연성은 다시금 공간상에
서의 보편타당성과 시간상에서의 영속적인 지속을 동반하는 것이다. 이것
은 **현상에서의 필연성**이다. (永久性은 現象體 必然性이다).

물질의 운동력들로 인한 운동들은 반대되는 운동들에 의하지 않고서는

---

6) 곧, 물질의 운동력. XXI518 참조.

멈출 수 없다.[※] 그러나 함께 결합되어 있는 모든 물질 전체는 오직 자기의 모든 부분들의 운동력들의 내적 작용과 반작용에 의해서 하나의 역학적 전체가 되기 때문에, 이 역학적 전체는, 사력으로 이루어진 것이든 활력으로 이루어진 것이든 간에, 이 물질들 서로의 교호작용의 영구적 상태에 있을 수 있다. 왜냐하면, 관성의 법칙에 따라 어떠한 물질도 자기 상태를 스스로 바꾸지 않고, 그 전체 바깥에 그것을 바꿀 어떤 다른 물질적 원인도 발견되지 않기 때문이다.

〔……〕

〔……〕

활력은 생명력이 아니다.[8] 즉 유기적이지 않고 기계적이다. 그렇지만 유기적인 것과의 유비에 따라 기계적인 것도, 바꿔 말해 역으로 표상될 수 있다.

※ 世界에서의 運動의 量은 同一한 方向에서 만들어진 運動들을 더하고, 反對 方向으로 만들어진 運動들을 除한 것으로, 宇宙에서는 變함이 없다.[7] 이 유명한 명제는, 그렇지 않으면 우주 자신이 자기 위치에서 옮겨질 터인데, 이런 일이 이치에 맞지 않다는 사실로부터 증명된다.

---

7) Newton, *Philosophiae Naturalis Principia Mathematica*, Axiomata sive Leges Motus, Lex III, Corollarium III 참조. OP, XXI439; MAN, A153이하=IV562이하 대조.

8) 이와 관련해서는 (이 책에 본문을 싣지 않은) 제12묶음의 대목에 다음과 같은 원주가 있다: "한낱 기계적으로//운동하는 활력은 생명력과 혼동되어서는 안 된다. 생명력은 유기적으로 그리고 목적들이 이루어지도록 작용한다. 생명력은 이념들에 따라서 작용하고, 하나의 비물질적 원리에 따라 운동하는 것으로, 따라서 자연과학의 기본〔요소〕체계에 대해서는 초험적이고, 그 표상이 전체의 이념에서 부분들로 소급하는 세계체계〔우주계〕의 개념에 속한다."(XXII602)

240

제8묶음, 전지7, 3면

『자연과학의 형이상학적 기초원리』에서 그 대상, 즉 물질은 하나의 이론 체계 안에서 순전히 **공간상에서 운동할 수 있는 것** 및 시간상에서의 — 선험적으로 인식될 수 법칙들에 따르는 — 그것의 운동으로 표상되었다.

그러나 이『자연과학의 기초원리들』에는 또한 물리학, 다시 말해 물질의 운동력들의 하나의 체계로의 추세가 있는바, 이 운동력들은 경험에서 취해져야만 하는 것이고, 이 힘들의 하나의 체계로서의 탐구(自然의 探究, 精密調査)를 물리학이라 일컫는 것이다. **경험적** 원리들에 의한 이 운동이론은 게다가 지각들의 하나의 체계에서, 그러므로 형식의 면에서 일정한 선험적 원리들에 종속될 수밖에 없는 것이다. 이러한 운동이론에서 자연과학은 물질 개념을 운동할 수 있는 것으로 표상한다. **이것이 운동력을 갖는 한에서** 말이다. 그것은 물질의 경험적으로 주어진 운동력들 및 하나의 체계(물리학) 안에서 함께 생각된 운동력들을, 형식의 면에서 선험적으로, 함유한다. — 사람들은 각각의 물리적 물체를 물질의 운동력들의 하나의 체계로 볼 수 있고, 선험적으로 그러한 하나의 체계를 이루는 것으로 생각할 수 있는 것을 자연과학의 일반 자연학적 기초원리들이라는 표제 아래에서 함께 파악할 수 있다. 그때 그러고 나면 자연과학의 형이상학적, 일반//자연학적, 마침내 물리학적 기초원리들, 즉 물질의 운동력들의 체계를 자연 형이상학에서 물리학으로의 하나의 이행으로 표상할 수 있다

그러나 또한 물질의 운동력들에 대한 제4의 개념이 자연과학의 체계 안으로 파고들어, 기초원리들의 하나의 특수한 표제를, 곧 어떤 그러한 것이어야 할 자연과학의 **수학적** 기초원리들이라는 표제를 주장한다. 뉴턴의 불멸의 저작이 그러한 것의 빛나는 사례를 제공한다. 비록 그 제목(『自然哲學의 數學的 原理들』)이 실제로는 자기 모순적이지만 말이다. — 이 저작은 이러한 것의 사례들을 보여주거니와, 인력(중력)에 의한 중심력들, 척력(빛과 소리)에 의한 중심력들에 대한 이론, 그리고 유동적인 겉표면들의 파동 운동

(진동)에 대한 이론 등이 그런 것들이다

그러나 여기서 물질의 운동력이라는 말의 의미의 애매성이 등장한다. 그것은 시원적으로 운동하는 것이거나 파생적으로 운동하는 것이라 이해될 수 있다. — 곧 만약 한 물질이 운동력을 얻기 위해서 그 물질의 운동이 선행해야 한다면, 예컨대 만약 투석기가 그 줄이 끊어질 때까지 늘어지기 위해서 빙빙 돌려져야 한다면, 그 돌의 운동력은 파생적인 것이다. 무릇 운동이 그 운동력에 선행해야 하니 말이다. 그러나 만약에 그 줄이 그 줄에 매달려 있는 돌의 무게가 증가함으로 인해 끊어진다면, 돌의 운동력은 시원적인 것이다.

그러므로 물질의 시원적 운동력에 관해서는 자연과학의 수학적 기초원리들이라는 것은 없고, 오히려 그러한 것으로서의 자연과학(自然科學)은, 만약 그것이 물질의 운동력들의 법칙들을 선험적 원리들에 예속시킨다면, 전적으로 철학이다.

1. 자연과학의 형이상학적 기초원리들
2. 자연과학의 자연학적, 예비학적 기초원리들
3. 자연과학의 물리학적//체계적 기초원리들

집합의 것으로서가 아니라 체계의 것으로서. 무릇 그러한 것은 각각이 하나의 물체이니까. 그러나 형식 xxx

제8묶음, 전지7, 4면

물질의 모든 가능한 운동력들을 위한 운동법칙들의 수학적 기초원리들(運動法則들의 數學的 原理들) 일반 — 여기서 순전히 운동의 형식[적인 것]에 상관하고, 그래서 필시 선험적으로 개념들 자체에 놓여 있는 구분은 오로지 운동력의 방향, 즉 견인과 반발 그리고 이 양자에 의해 연속적으로 촉진된 물질의 내적 운동(牽引, 反撥, 振動)에 상관한다. 여기서는 운동력을 귀결로 갖는 운동이 전제된다.

저 기초원리들에는 자연과학의 물리학적 기초원리들이 맞서 있다.

발동력(發動力)들,[9] 운동력(運動力)들,[10] 스스로 견인 운동과 반발 운동을 반복하는 힘들(促進力/煽動力들),[11] — 실체에서 스스로 운동하는 힘은 여기서 장소운동(移動力), 예컨대 원운동, 그러니까 외적인 것이거나 진동 운동(振動, 搖動 運動)처럼 같은 장소에서 바꿔가면서 견인과 반발을 함으로써 촉진하면서 움직여지는 물질의 운동(促進하는 內的 原動力)이다. 그리고 이 운동은 그것이 물질의 전체의 내적 운동이면 영속적으로(永遠히) 유지되거나, 그 물질의 부분들 상호 간의 반작용을 저지하는 운동으로 유한한 시간 동안 물질을 그 상태로 있게 한다.

빈 공간은 전혀 경험의 객관이 아니므로, 그러니까 내적으로 **빈 것**에 의해서든 외적으로 **빈 것**에 의해서든 물질 내의 어떠한 현상도 설명될 수 없으므로, 모든 세계[우주]물질의 전체가 하나의 **항구적 전체**(連續體)라는 것은 가설이 아니라 확실한 것이다. 다시 말해 **빈 공간**에서의 인력조차도, 사람들이 (예컨대 **중력**에서) 물질의 척력을 순전히 추상하면, (데카르트가 생각한 바와는 다르게) 척력에 의한 공간의 채움[충전]이 아무런 것도 그에 기여하지 못하므로, 단지 하나의 이념[관념]이라는 것이다. — 이렇게 해서 (그 운동력들과 함께) 생각된 모든 물질이 '**하나의**' 체계를 형성할 것이다. 그 체계 안에서 나는 한편으로는 그 부분들을 잡다한 것으로 斷片的으로 고찰하고, 그러고 나서는 또 똑같은 물질을 하나의 절대적인, 어떤 더 큰 것에 속하지 않는 전체로 結合해서 고찰한다. — 이로부터 물질의 운동력들의 체계의 기본[요소]체계와 세계체계[우주계]로의 구분이 나온다.※

※ 힘[力]은 한 사물의 원인일 수 있는 주관[주체]적 가능성이다. 그러므로 現象體로

---

9) 원어: Bewegungskräfte(vires motrices).

10) 원어: bewegende Kräfte(vires moventes).

11) 원어: vires agitantes.

원자론적 체계 및 유체론〔流體論〕적 체계에 대하여

힘이란 무엇인가

에테르는 어떤 물체에도 침투할 수 있으면서, 자기 자신은 팽창하는, 하나의 물질 가설이다.

유기적〔조직화한〕 물질〔유기물〕의 운동력들에 대하여. 생명력. 종별적으로 자기 자신을 재생하는. 자기 자신을 위하여〔대하여〕/독자적으로 그리고 그 자신을 위하여 실존하는 것에 대하여

물질의 운동력들에 관하여 지성에 의해 선험적으로 공간과 시간을 규정할 수 있음이 자연과학의 형이상학적 기초원리들에서 물리학으로의 추세이고, 물리학으로의 이행은 경험의 가능한 모든 대상들을 하나로〔통일성에서〕보는 형식들에 의해 빈 것〔공허〕의 채움〔충전〕이다. 〔이 채움은〕 자기 자신에 대한 스스로 규정하는 전반적인 직관의 전체라는 이념의 산물. — (심지어 목적들에 따른) 세계체계〔우주계〕의 수용 가능성과 이러한 체계로의 객관적 추세를 함유하는, 그리고 이런 것이 없다면 아예 물리학이 없을 터인, 하나

또는 순전히 叡智體로 간주된 하나의 관계의 범주 xxx

[12]힘이라는 말에서 (마치 隱蔽된 質[13]같은) 어떤 동인〔動因〕을 발견하고자 한 자연연구가들도 있었다.

모든 물리적 물체 각각은 기계적인//운동력들의 하나의 체계로, 다시 말해 기계로 보아야 한다. 그러나 물체가 그에서 합성된 물질은, 어떠한 — 예컨대, 지레, 쐐기의 — 형상에도 의존하지 않는, 역학적인//운동력을 전제한다

그러므로 하나의 연속체를 이루는 부분들의 내적 운동 가능성이 그 모든 부분들에 대해 마찬가지인 그러한 하나의 물질을 상정하지 않을 수 없다. 다시 말해 순수하게 역학적으로 스스로 운동하면서도 이 물질을 역학적으로 운동하게 하는 하나의 유동체 말이다.

---

12) 이하의 원주 세 문단은 수 표시의 지시가 분명하지 않으나, 내용상 앞면의 주를 잇는 것으로 본다.

13) 원어: qualitas occulta. XXI525 참조.

의 기본〔요소〕체계.

　지각들의 하나의 체계로서의 경험의 가능성의 형식적 조건들을 선험적으로 함유하는 **공간과 시간의** 수학적 **통일성**〔수적 하나임〕, 그러니까 **부분적으로**(斷片的으로)가 아니라, **하나의 전체에 속하는 것으로**(連結的으로) 결합 XXII194되어 있는 것으로 생각되어야만 하는 것이 물질의 운동력들의 하나의 기본〔요소〕체계를 정초한다. — 빈 공간은 전혀 가능한 경험의 객관이 아니다. 감싸진 빈 공간으로도 그렇고 모든 것을 감싸는(유한한, 무한한) 빈 공간으로도 그렇다. 물질 분할의 원자론적 원리에 따라서가 아니고 유체론적 원리에 따라서 그 물질이 차지하고 있는 공간의 **채움**〔충전〕이 판정되어야 한다. 거기서 첫째로는 어떤 공간도 빈 채로 있지 않고, 둘째로는 공간을 채우고 있는 물질은 동일한 용적에서 **물질의 양의 최소치**까지 퍼져 있다. 바로 그 물질의 팽창력이 어느 물체에나 침투 가능한, **모든 물체들에 전적으로 침투하는 물질의 최대치**에 이름에도 불구하고 말이다. — 그러한 물질은 필시 **견인, 반발 그리고 상호 촉진의 운동 양태**를 부단히 유지한다.

제8묶음, 전지8, 1면

　공간은 가능한 경험의 대상이 아니다. 공간상에서 운동할 수 있는 것은, 그러므로 물질은, 그 자신이 운동할 수 있는 하나의 전체로 표상될 수 없다. 무릇 그렇지 않으면 그것은 위치변화적인 것으로 하나의 경험객관일 터이니 말이다. 그렇지만 이것의 부분들은 서로에 대해 교호적인 영향 관계 속에 있다. 무릇 그렇지 않으면 그것들은 하나의 실재적 전체를 이루지 못할 터이니 말이다. — 그러나 이 영향은 (그리고 이에 기인하는 물질의 모든 부분들의 상호작용은) 인력과 이것에 동시에 반작용하는 척력 외의 다른 것일 수 없다. 즉 그것은 한낱 능력으로서가 아니라, 필시 그것의 삼중의(견인, 반발 그리고 진동의) 유희가, 곧 그 체계가 자연과학의 형이상학적 기초원리들의 물리학으로의 진보의 원리를 이루는 물질의 운동력들의 유희가 하나의 시작을 갖는, 시발[촉진/선동]하는 힘들로서 그러하다.

XXII195 물질의 운동력들은 **장소변화적**(移動力)이거나 내적으로 운동하는(內的 原動力) 것이다. 그리고 만약 그것들이 반발하는 힘들에 의해 충격의 연속적인 계기에서 운동 중이면, 그것들은 혹은 유동 가운데서 장소변화적이다

사람들은 전체 우주를 모든 점들에서 (인력과 척력의) 운동력들이 차지하고 있는 것이라 생각하지 않을 수 없다. 왜냐하면, 그렇지 않으면 일체의 힘이 비어 있는 것이 하나의 지각되어야 할, 그러니까 감관들에 작용하는 하나의 객관, 그러니까 하나의 물질일 터이기 때문이다. 그런데 이런 것은 자기모순이다

운동력들은 운동의 (시작의) 운동량의 운동력, **애씀**(努力)이거나, 실제로 움직여진 물질이다. 후자는 촉진[시발/선동] 상태에 있는 물질이다

모든 시발[촉진]은 하나의 운동시작을 함유한다. 물질은 이 시작을 그 자신으로부터 만들 수는 없지만, 그럼에도 그 시작은 하나의 최초의 시작으로서 물질의 모든 운동에 그리고 그것의 모든 부분들에 선행한다.

물질의(다시 말해, 공간상에서 운동할 수 있는 것의) **시작운동**의 원인은 **충동**(衝動)[14]이고, 그것이 스스로 계속하는 한에서, 촉진[선동]이다

상호작용의 원인의 통일로서 기초에 놓아야 할 우주물질의 하나의 원초적(시원적)인 **내적** 운동이 있다. 무릇 그렇지 않으면 공간의 통일성과 그 운동력들에 관한 물질의 관계들에도 불구하고 운동들은 법칙들 아래에 있지 않을 터이니 말이다. 바로 이 물질은 필시 (인력과 척력의) 이러한 내적 운동 중에서도 부단한 촉진 중에 있고, 그것의 第一 運動體[15]이다.

물질의 운동력들의 기본[요소]체계는 — 무릇 만약 자연과학의 형이상학

---

14) 원어: Erregung(incitatio).
15) 원어: primum movens.

적 기초원리들의 하나의 추세가 일어나야 한다면, 그러한 것이 있지 않으면 안 되거니와 — 경험적으로 인식될 수 없고, — 무릇 그러한 것은 단편적이고, 그러니까 자기 자신과 모순일 터이므로 —, 오히려 오직 선험적으로 개념들을 통해 자연연구에 넣어질 수 있다. 그렇다 해도 이러한 것은 물질의 운동력들의 통합의 형식[적인 것]과만 관계 맺을 수 있다. — 그러나 우리는 이러한 원리를 기초에 놓지 않고서는 물질의 운동력들의 관계에 관한 아무런 경험도 할 수 없을 터이므로, 그러한 하나의 체계는 단지 소극적으로이기는 하지만 객관적으로 충분하게 기초 지어져 있다. — 공간상에서 운동할 수 있는 것의, 운동력을 갖는 근원소/원소재는 계량할 수 없고, 저지할 수 없으며, 응집할 수 없고, 고갈될 수 없다. 즉 (그 척도가 중력인) 양과 (유동성인) 질과 (접착될 수 있지만 — 그러나 다른 계량할 수 있고 저지할 수 있는 물질들에 독자적으로 응집하지는 않는, 순전히 반발하는, 모든 다른 것들을 실체에서 투과하는 물질로서의) 관계의 범주들에 따라서 그리고 고갈될 수 없는, 다시 말해 그것에 의해 이 투과하는 물질이 소진될 수 없는 그러한 것이다.

[……]

[……]

제8묶음, 전지8, 3면

그러므로 유동성은 어떤 항구적인 물질의 **장소변화의**, 외적인 운동력(移動力)이다. 이 물질이 연이어서 그런데 연속적으로 어떤 객관에 충격함으로써만 운동하는 한에서 말이다. 또는 유동성은 **동일한 위치에서** 끊임없이 작용하는 내적 운동력이다. — 오직 후자의 성질로 인해 전자가 가능하다. 전자의 정의는 실재설명이 설명근거로서 덧붙여지는 명목설명일 뿐이다.

역학의 공리

공간 안에 퍼져 있는 물질의 모든 부분들은,

물질을 원초적으로 그리고 고정불변적으로 촉진하는 힘들※의

하나의 보편적인 기계적 체계의 구성분으로서,

서로 관계 맺고 있다

자연과학의 형이상학적 기초원리들에서 물리학으로의 이행에서는 경험적 원리들에 의거해 있는 모든 것이 추상되어야 한다. 왜냐하면, 그것은 (異種轉移에 依해[17]) 이방[異邦] 영역[領域]으로 이월하는 것과 마찬가지일 터이기 때문이다.

과제인즉 '물질의 운동력들을 최초로, 그것도 그 전체를, 운동하게 하는 것이 무엇이냐?'이다.

사람들은 선험적으로는 운동력들의 결합의 형식들만을 하나의 기본[요소]체계에서 제시할 수 있다. 즉 힘들 자신은 경험적으로밖에는, 이로써 그러므로 단지 단편적[斷片的]으로밖에는 정렬될 수 없다. 무릇 그것들은 단지 물리학으로의 추세를 제시하는 것이니 말이다

기본[요소]체계는 물질의 부분들에서 전체총괄로 (間隙 없이) 나아가는 것이다. 즉 세계체계[우주계]는 전체의 이념에서 부분들로 나아가는 것이다

※ 물질을 **촉진하는** 힘들을 나는 단지 운동하려 애씀(努力)을 낳는 힘들과는 다르게 물질을 실제로 운동하게 하는 힘들로 이해한다. — 그러나 여기서 밝혀지는 바는, 또한 전자[16]가 그 원인인 후자에 의존해 있다는 사실이다.

---

16) 한국어 번역문의 어순으로 인해 원문의 "후사"를 "전자"로, "전지"를 "후자"로 바꿔 옮긴다.

17) 원어: per μετάβασιν εἰς ἄλλο γένος 참조.

자연 형이상학에서 물리학으로의 이행은 운동법칙들 일반에서 자연의 운동력들의 원리로의 추세이다.

실재화된 공간과 시간

第一 運動體는 移動的인 것이 아니고, 물질의 모든 부분들이 상호 간에 하는 견인과 반발에 의한 內的(原動的)인 것이다.

물질의 모든 운동력들의 전체의 집합적 이념은 단지 경험적인 모든 특수한 힘들의 분배적 이념에 선험적으로 선행한다

세계체계(우주계)에 앞서는 기본(요소)체계. XXII201

그 내적 운동이 최초로 달아봄(계량)과 함께 지레의 강성(剛性)을 가능하게 하는 물질 그 자신은 계량할 수 없는 것이어야 한다. ─ 그러나 그 물질은 팽창적이다. 왜냐하면, 그 물질은 내적 진동 운동에 의해 그것이 정지해 있었더라면 차지했을 것보다 더 큰 공간을 차지하기 때문이다

제9묶음

제1장
물질의
양에 대하여

§1.

물질의 한 **정량**[定量][1]은 공간상에서 운동할 수 있는 다량의 사물들의 전체이다. 물질의 **양**[量]/수량[數量][2]은 하나의 동종[동질]적인 것으로서의 이 다량의 규정[확정]이다. — 물질의 각각의 부분은 하나의 정량이다. 다시 말해 물질은 형이상학적//단순한 점들로 이루어져 있지 않고, (물질의 부분들로 보아야만 한다는) 물질적 **점들**에 대한 라플라스의 표현[3]은, 문자대로 이해한다면, 하나의 모순을 함유하는 것이겠다. 그것은 단지 물질의 한 부분이 그 물질의 바깥에 있는 다른 부분들을 밀치거나 당기는 하나의 자리를

---

1) 원어: Quantum.

2) 원어: Quantität.

3) 라플라스의 "물질적 점"에 대해서는 Pierre-Simon (Marquis de) Laplace, *Exposition du système du monde*(Paris 1796) 참조. 논제 '물질적 점의 운동에 대하여'를 포함하고 있는 이 책은 전2권으로 1797년에 독일어로 번역되어 나왔으며(역자: J. K. F. Hauff), 칸트는 이에 관해 여러 차례 언급하고 있다. XXI406 · XXI625 참조.

의미할 뿐이다. 여기서 (『자연과학의 형이상학적 기초원리』에서의) 다음과 같은 언급이 등장한다.[4] 즉 만약 물질의 운동력이 한낱 척력이라면, 각 물질은 무한히 분해되어 퍼져버리고, 그러니까 공간은 **텅 비게** 될 것이고, 반면에 만약에 한낱 인력이라면, 물질 모두가 한 점에 모여들고, 그러므로 공간은 역시 텅 비게 될 것이다. 그러므로 물질의 각각의 정량은 근원적으로 실체들의 인력과 척력의 충돌에 의해서만 하나의 공간을 충전할 수 있다. 이러한 작용과 반작용은 이미 하나의 공간적 물질이라는 개념 안에 함유되어 있지만, 공간적 물질의 가능성은 단적으로는 어떠한 설명에 의해서도 이해될 수가 없다

§ 2.

물질의 양은 그것의 부피(容積)만으로는 규정될 수 없다. 무릇 그를 위해서는 모든 물질이 똑같은 밀도를 갖는 것으로 상정할 것을 요구하지만, 그에 대한 아무런 근거가 없으니 말이다. — 사람들이 묻게 되지 않을 수 없는 바는, 단지 공간이 얼마나 **큰**가 하는 것뿐만 아니라 그 공간이 어느 **정도로** 충전되어〔채워져〕 있는가이다. 또 그러나 그렇다 해도 그 양의 일정한 개념이 만들어지지는 못할 터이다. 왜냐하면, 그에는 언제나 물질의 (예컨대, 공기 펌프의 통에 압축에 의해 2배의 정량이 눌려 담겨 있을 공기의) 동종〔동질〕성이 기초에 놓여야만 하고, 측정에 부쳐져야 할 정량은 그러한 것 일반으로서의 물질의 정량이 아니라 특수한 종류의 물질의 정량일 것이기 때문이다. 그런데 여기서 문젯거리는 물질 일반의 양의 척도이다.

무릇 물질의 양은 **수학적으로**, 크기의 수량을 셈해서, 측량할 수 없으므로, 그것은, 만약 어디서나 그 물질의 양의 올바른 측정을 생각할 수 있으

---

4) *MAN*, A36=IV499~A58=IV511 참조. 역학의 정리 2: "물질은 자기의 모든 부분들의 척력에 의해 자기의 공간을 충전한다."(*MAN*, A36=IV499) 정리 5: "물질의 가능성을 그것의 제2의 본질적 근본력으로서 인력을 필요로 한다."(*MAN*, A52=IV508) 정리 6: "척력 없이 순전한 인력만으로는 어떠한 물질도 가능하지 않다."(*MAN*, A57=IV510)

려면, 역학적으로, 다시 말해 한 물질이 다른 물질에 본래적으로 똑같은 속도로 영향을 주는 운동의 크기에 의해, 측정되어야만 한다. 왜냐하면, 물질의 양은 그런 경우 물질이 저런 조건 아래서 낳는 운동의 양과 필연적으로 비례할 것이기 때문이다.

이 정량의 도량[度量]으로서의 하나[단위]에 대한 관계가 물질의 양이다. XXII207

물질은 단순한 부분들로 이루어져 있지 않으므로, 이 하나[단위]는 언제나 다시금 하나의 정량[양적인 것]으로 생각하지 않을 수 없다. 그 양은 가능한 구분이 종결되는 어떤 수로 결코 표현될 수 없다. 다시 말해, 물질의 단적으로 최초인 부분들은 없으며, 라플라스가 물질적 점들이라고 부른 것은 단순한 부분들이 아니고, 너무 작아서 사람들이 분할에 의해 절대적// 최소에 이를 것을 기대할 수 없는, 사람들이 생각할 수 있는 최소의 물질의 부분들을 위한 한갓 위치들이다

순전히 사람들이, 어떠한 자연력에 의해서도 분해(분쇄)되어버릴 수 없고, 그러므로 수학적으로야 분할 가능성이 종식되지 않지만, 기계적인 분할에 대해서는 무한히 저항한다고 상정하는, 그러한 입자들을 사람들은 물리적으로//단순하다고 부른다. 원자론은 갖가지 불변하는 상이한 형태의 건축자재를 가지고 하나의 세계를 꾸미는 일종의 건축술로서, 자연철학 내에 그런 것이 자리를 갖지 못할 것은 당연한 일이다.

그러므로 물질의 양은 입자들의 수로 산술적으로 측정될 수 없고, 부피에 의해 기하학적으로 측정될 수도 없으며, 오히려 오직 기계적으로, 물질의 용량이 동일한 방향과 운동 속도로 운동할 수 있는 대상에 행사하는 힘의 크기에 의해 측정될 수 있을 따름이다. 그때 모든 물질은 동종[동질]적인 것으로, 다시 말해 단지 물질 일반으로 계산된다. 왜냐하면, 그것은 그 물질의 양이 비교할 수 없이 더 큰 물질인 다른 하나의 물체 곧 하나의 천체에 의해 그것의 모든 부분들에서 같은 시작속도로 그 물체[천체]의 중심점 XXII208

으로 끌어당겨져서 같은 운동을 행하기 때문이다.(저울에서 같은 길이의 저울대는 같은 운동력을 증명한다.)

제9묶음, 전지1, 2면

§4.

달아봄〔계량〕이 물질이 어떤 종류의 것이든 물질의 양을 정확하게 규정하는 유일하게 보편적이고 역학적인 수단이다. 그리고 단적으로 계량 불가능한 물질은 할당할 수 있는 양이 없는 그러한 종류의 물질이겠다.

저울질은 하나의 더 무거운 물체가 자기의 물질의 양에 의해 다른 하나의 물체가 내려앉는 것에, 두 물체가 하나의 안정점(安定點)을 중심으로 양쪽에서 똑같이 운동할 수 있게 함으로써, 반작용하도록 하기 위한 누르기 실험이다. — 저울질을 위해서는 모든 물체의 하나의 천체의 중심점으로의 낙하에서 속도의 운동량이 똑같음이 필요한데, 이를 위해서는 또한 중심점으로부터의 거리가 똑같을 것이 필요하고, 다음으로는, 중력이라고 부르는, 모든 물질에 침투한 세계〔우주〕인력이 필요하다. — 중력에 의한 이 가속의 운동량은 저 중심으로부터 상이한 거리에서는 그 정도가 상이하다. 그러나 우리가 이것을 가지고 할 수 있는 시험들에서 동일한 자리에서라면 가속은 동형〔동일〕적인 것으로 받아들일 수 있다. — 똑같은 길이의 대를 가진 지레에서 수평선은, 다시 말해 중력의 방향과 직각으로 교차하고 중력의 중심을 가로지르는 선은 평형의 증명이다

*   *

그러므로 물질의 양의 측정은 모든 물체에 모든 거리에서 직접적으로 그리고 중간시간 없이 침투하는 근원적인 운동력을 매개로 해서만 이루어질 수 있다. 시작 순간에서의 이 운동력을 가속의 **운동량**이라 일컫는다.

이 구심력에 하나의 다른, 동일한 운동량으로써 중심점과의 거리를 유지하려는, 원심력이 대립해 있을 수 있는데, 원심력은 실제의 운동 곧 당겨진

물체의 원환 회전에서 나오는 것이다. 그래서 이것은 (예컨대 투석기의 회전 운동과 같은) 가속도적인 것으로 생각되지 않고, 중력의 운동량에 대한 연속적인 저항으로 생각되거니와, 이 저항은 물질 그 자신의 힘들에 속하는 것이 아니고, 그 힘들과 실제 운동과의 결합에 의거해 있다. 그와 같은 것이 옆으로 던져짐에 의해 자유롭게 원운동하는 동일한 물체의 원심력으로, 그것은 중력과 똑같은 운동량을 갖는다. 그러나 이것은 가속도적이 아니고, 중력에 대립해 있기는 하지만 근원적인 그래서 물질에 자연적으로 내재하는 힘들에 속하지 않는다.

달아보지 않고서는 하나의 추〔錘〕의 작은 부등호〔不等弧〕에서의 요동의 동수〔同數〕로써 그 추에 달린 물체의 **무게**를 인식할 수 없다. (무릇 물체의 크기와 물질적 내용이 저 요동에서 어떤 차이를 만들지는 않으니 말이다.) 그러나 중력과 끌어당기는 중심물체로부터 상이한 거리에 있는 물체들의 낙하의 운동량은 능히 인식될 수 있으며, 심지어는 중력의 방향과 뚜렷이 어긋나고, 그래서 하나의 산의 전체 지구와의 관계를 측량할 수 있게 해주는 중심물체의 몇몇 부분들의 물질의 양마저도 인식될 수 있다.[5]

이렇게 해서 모든 물질은 계량할 수 있는(計量可能한) 것으로 보지 않을 수 없다. 그렇지 않고서는 사람들이 물질의 양에 대해 아무런 일정한 개념도 가질 수 없을 터이다. 같은 부피에서 물체가 물질을 더 많이 함유하면 할수록, 물체는 그만큼 **더 무겁고**, 이러한 성질을 물체의 무거움/중량성〔重量性〕이라고 일컫는다. ― 그 안에서 우리가 물질의 양에 대해 이러한 측정을 하는 천체는 같은 거리에 있는 모든 물체에 대해, 똑같은 시작속도 ― 이것을 중력의 운동량이라고 일컫거니와 ― 로 그 물체의 모든 부분들을 중심점으로 직접 끌어당김으로써, 영향을 미치기 때문에, 절대적으로

---

5) 아래 XXII215에서 언급하는 영국 천문학자 Nevil Maskelyne(1732~1811)이 1774년에 스코틀랜드의 "Schegallien〔Schehallien〕" 산에서 행한 인력 측정 실험을 염두에 두고 있는 것으로 보인다.

단적(端的)으로 계량 불가능한 물질이란 없다. 그럼에도 저 운동량의 작용에 (어느 面에서) 대립하는 일정한 조건들 아래에서는 그러한 물질이 있을 수 있겠다.

그와 같은 것이 중심점과 거리를 갖고자 애쓰는, 원환 회전에서 자유롭게 움직여진 물체의 애씀이다. 이것은 운동의 운동량을 함유하고 있기는 하지만, 가속의 운동량을 함유하지는 않는다. 오히려 그것은 처음에 인가[印加]된 운동에 의해 가속되지 않고서도 거리두기를 계속한다. [그런 것이] 원심력이거니와, 이것은 물질의 어떠한 특수한 속성도 아니다.

중력에 의한 가속력은 작은 호에서의 요동의 수에 의해 규정된다. 그러나 물질의 양은 저울이나 하나의 용수철을 통해 규정된다. ─ 전자는 저울의 상반하는 견인[인력]을 통해 무게를 증명하고, 후자는 무게의 반발[척력]을 통해 증명한다.

(충격들에 의한) **활력**(活力)은 **생기를 주는** 힘(生氣力)과는 다르다. 후자는 어떤 별도의 세계체계[우주계]와 그 생산에서 어쩌면 **식물들과 동물들**의 원인이다.

양태. 가설들, 관찰들과 추리들에 의거해 있는 것. 이런 것들이 저 모든 것을 경험에 넣는다.

개념에서 사고 가능한 것, 감각에서 실존하는 것, 필연적이며 선험적으로 인식 가능한 것.

압박, 충격 및 응집은 관계의 범주들에 속한다

압박과 충격에 의한 활력에 대하여

인력에 의해 **개시된**[교부된] 운동 또는 압박과 충격에 의해 **전달된** 운동. 사력과 활력. 전자는 고체와 액체의 응집에 있다. 과연 열이 계량 불가능한가, 과연 저지 불가능한가, 그것도 절대적으로 端的으로, 아니면 단지 어느 面에서

제2장
물질의
질에 대하여

---

§ 5.

인력들 외에도 **척력**들이 물질 일반의 가능성을 위해서는 필요하다. 그리고 이 두 가지가 어느 물질에서나 동시에 마주칠 수밖에 없다는 것은 물질의 순전한 개념에서 선험적으로 전개될 수 있다. — 무릇 물질은 공간을 채우는 어떤 무엇이니 말이다. 그런데 우주물질의 부분들에 **인력**이 오로지 고유한 것이라면, 그 부분들 모두가 한 점에 흘러 모일 터이고, 공간은 텅 비어 있게 될 터이다. 반대로 **척력**이 그 부분들의 상호 간에 대한 유일한 작용방식이라면, 그 부분들은 해체되어 무한히 흩어질 것이고, 우주공간은 마찬가지로 텅 비어 있게 될 터이다. 그러므로 물질의 실존은 다른 것이 아니라 물질적 점들의 크고 작은 전체로서, 그것들은 서로 밀치면서도 동시에 서로 끌어당김으로써 하나의 공간을 (연장적으로 그리고 밀도적으로) **채운다**〔**충전한다**〕.

물질의 원초적인 형성들에서 유래하는 것(波動, 振動)으로서 끊임없이 변전하는 인력과 척력이 제3의 것〔요소〕이겠고, 그를 위한 물질이 에테르이겠다.

§ 6   XXII212

물질은 단순한 부분들로 이루어져 있지 않고, 각 부분이 다시금 합성되어 있는 것이다. 원자론은 잘못된 자연이론이다. 입자(粒子) 철학은 밀도의 차이를 해명하기 위한 것이다. 물질을 부단한 것(連續體)으로서가 아니라, 빈틈에 의해 분리되어 있는 전체(斷續體)로, 그러므로 그 부분들이 사이에 있는 빈 공간을 매개로 특정한 형태를 갖는 것으로 ― 그리하여 밀도의 차이를 위한 특수한 힘으로서의 어떠한 척력도 필요하지 않는 것으로 ― 상정하는 것은 쓸데없는 일이다. 무릇 저러한 시원적 입자(粒子)들도 언제나 다시금 서로 밀쳐내는 부분들로 이루어질 수밖에 없는 것이니 말이다. 왜냐하면, 그렇지 않으면 그것들은 어떤 공간도 물리적으로 채우지 못할 것이기 때문이다.

그러므로 공허가 물질의 충만에 **속속들이** 섞여 있을 수 없다. 무릇 그렇지 않으면 물질은 전혀 아무런 공간도 채우지 못할 터이다. 그렇지만 적어도 물질적 부분들이 그것들의 공간을 **채우기** 위해서는 (공간을 채움과 한가지 의미인) 반발력들이 필요하므로, 물질은 특수한 척력들을 필요로 하지 않는 그것의 한갓된 현존에 의해서가 아니라, 언제나 인력에 반하여 애쓰는 척력으로서 물질의 특정 정량의 부피를 정한다.[※6]

겔러.[7]

물과 접촉한 유리 용기의 더 **빠른** 진동들이 상승을 더 쉽게 만드는 것은, 그것들이 열소의 증가 없이도 물을 더 많이 늘리기 때문임은 원거리의 인력 둘레를 상정할 필요 없이도 모세관에서의 상승의 충분한 설명근거이다.[8] 유리관 바깥에서도 그다지 높게는 아니지만 상승하거니와, 그것은 xxx 곁의 근접해 있는 두 표면 사이에서 상승하는 것이 아니기 때문이다

---

6) 여기에 각주 부호는 있으나, 실제로 해당하는 각주는 보이지 않는다.
7) Gehler, *Physikalisches Wörterbuch*의 항목 "Abstoßung. Zurückstoßung; Repulsion" 참조.
8) Gehler, *Physikalisches Wörterbuch*의 항목 "Haarröhrchen" 참조.

§7.

질에 관한 물질의 제1구분은 오직, 그것이 **유동적/액체적**이냐 **고정적/고체적**이냐 하는 것일 수 있다. 사람들은 이 후자의 성질을 오일러[9]를 따라 더 좋게 **강체적**(剛體 物質)이라고 표현하기도 한다.

모든 유동성[유동적인 것]의 원리를 사람들은 보편적으로 열에 두는데, 이것을 벗어남이 그 불가피한 귀결로 강체화[고체화]를 갖는다는 것이다. 이 응고가 평온한 유동적 상태에서 일어난다면, 경험이 가르쳐주는 바처럼, 일정한 **내부 구조**(織造)를 이루거니와, 이것은 결정화(結晶化)라는 이름 아래서 **선**(纖維)**들, 잎**(板)**들, 덩어리**(錠)들로 기하학적 3차원에 따라 규칙적으로 형성되고,[10] 그러면서도 여기서 달아난 열이 언제나 실체 안에서 벗어나는 것이 아니라, 아마도 그 가장 큰 부분이 한낱 묶여지고(잠재하고), 이 모든 것에 열소는 매체로서, 심지어 형성매개자로서 쓰인다. 이 규칙성을 어떤 기계적 장애가 방해하지만 않는다면 말이다.

자연의 세 왕국에서의 형성들은 모두 유동 상태에서, 그러므로 또한 열에서 개시하는바, 이제 사람들은 과연 열소가 하나의 유동 물질인지를 물을 수 있다. 한 물체에서 다른 물체로의 열소의 이행이 가열(가온[加溫])이다. — 열은 따로 떼어 주어질 수 없고, 예외 없이 모든 물질 안에서 다소간의 속도로 침투함으로써만 작용하며, 그것에 의해 유동적으로 된 것들의 부피를 더 크게 만든다. 그것은 앞서 다른 물질과 결합해 있지 않았던 물질들, 예컨대 수소가스를 팽창시킨다. 그 자신은 팽창하지 않으면서도 그렇다.

---

9) Leonhard Euler, *Mechanica sive motus scientia analytice exposita*, 전2권, Petropoli 1736, §98 참조. 보통 '액체/유동체(fluidum)'의 상대 개념을 '고체(solidum)'로 쓰는데, 오일러는 '강체(rigidum)'라고 썼다.

10) 칸트 당대에 Albrecht von Haller(1708~1777)는 *Anfangsgründe der Physiologie des menschlichen Körpers*(Berlin 1759~1776)을 통해서 이러한 견해를 각별하게 표명했다.

(무릇 이를 위해서는 다시금 열이 요구될 터이니 말이다.)

纖維의, 板의, 錠의 織造[11]

§8

   그러므로 만약 사람들이 **근원적으로**//팽창적인 하나의 물질을 상정한다
면, 그것이 열소 없이도 그러해야만 할 터이다. 또는 이 열소가 하나의 가
설적으로 상정된, 전 우주공간에 퍼져 있는, 모든 물체들 안에 있고 그것들
에 침투하는 (에테르라고 불리는) 물질일 터이다. 이 물질은 한편으로는 화
학적 인력에 의해 그것들과 결합하고, 부분적으로는 기계적 척력에 의해
xxx 또는 후자는 모든 물체들에 보편적으로 침투하는 원소[소재]라는 명
칭들 중 하나이며, 이것이 한편으로는 열소로, 그러나 다른 질에 따라 표상
되면 광소[光素]로, 양자의 관계에서 함께는 **에테르**라고 불리겠다. 그러므
로 열과 빛[光]은 동일한 밀쳐내는 물질의 두 변양[變樣]들일 뿐, 상이한 원
소들이 아니겠다. 그러므로 에테르는 **근원적으로**//팽창적인 유일한 물질이
겠고, 그러나 이 물질에 대해 하나의 유동체라는 명칭은 맞지 않겠다. 왜냐
하면, 유동성은 (직간접으로 작용하는) 열소에 의해서만 폐기될 수 있는 강성
[剛性]과는 다르게 아직 이에 적용되지 않기 때문이다. 그런데 직선으로 운
동하는 팽창적 물질로서의 에테르는 광소라 일컫겠고, 그러나 물체들에 의
해 흡수되며 물체들을 모두 3차원적으로 늘리는 것으로서는 열소라고 일컫
겠다. 그럼에도 불구하고 후자의 질에서의 에테르는 하나의 유동체도 아니
고 밀쳐내는 것도 아니며, 단지 저 물질을 유동적이게 만들고 그것을 동시
에 늘린다[연장한다].

   척력은 표면력이나 침투력으로 작용할 수 있다. (그러나 중력처럼 원거리
작용을 하지는 않는다.) 후자의 경우에 모든 물체들의 모든 물질적인 내적 부

---

11) XXI392의 '실올(絲)', '박편(薄片)', '토막(塊)'이라는 표현 비교 참조.

분들의 척력이 열이다

사람들은 에테르를 천공[天空]의[12] 공기라고 부를 수 있겠다. (그러나 호 XXII215
흡할 수 있는[13] 기체[氣體]를 의미한 셸레[14]의 뜻에서가 아니라) 그것의 침투가
모든 기체의 기초를 함유하는 하나의 팽창적 물질로서 말이다.

사람의 손으로 움직일 수 있는 하나의 덩어리는 (물체가 자기[磁氣]적이지
않으면) 어떤 다른 물체를 눈에 띄게 끌어당기지 않는다. 쉬갈린.[15]

두 매끈하고 단단한 표면들을 서로 끌어당긴다. 그리고 나는 하나의 판
으로써 다른 판을 들어 올릴 수 있다. 그것들은 떨어져서도 서로 끌어당기
기 때문이다. 강체성은 닦인(그러므로 갈린) 표면에서 단계적으로 유동성으
로 이행한다

무엇이 유동적이며, 무엇이 강경[剛硬]한가. 마찰은 강체성에 속하며, 어
떠한 미끄러짐도 마찰이 없이 발생하지 않는다

(중력의, 자기[磁氣]의 것이 아닌) 인력이 팽창력들에, 접촉에서, 다시 말해
응집에서, 반대로 작용한다

자기와 전기에서 원거리 인력이 일어나고, 그것도 하나의 매개물질을 통
해서 말이다. 그러나 응집에서는 직접적으로 접촉하는 데서.

열은 공간상의 자존적인 것이 아니라 단지 내속적인 것으로 생각될 수

---

12) 원어: empyrealisch.
13) 원어: respirabel.
14) Carl Wilhelm Scheele(1742~1786). 스웨덴 태생의 약사, 화학자. 산소, 질소를 비롯
한 다수의 원소를 발견했다.(그는 산소를 1772~1773년에 발견했으나, 이를 비로소
1777년에 저술 *Chemische Abhandlung von der Luft und dem Feuer*를 통해 공표
한 반면에, Joseph Priestley는 1774년에 그 발견 사실을 먼저 공표했기에, 산소의 최
초 발견자에 관한 주장에는 혼선이 있다.) 그는 공기가 산소와 질소로 이루어져 있다
고 말하면서, 산소(Sauerstoff)를 "Feuerluft" 또는 "Vitriolluft"라고, 질소(Stickstoff)를
"verdorbene Luft"라고 칭했다.
15) Schegallien. 스코틀랜드의 산 'Schehallien'의 오기로 보인다. 위의 XXII209의 각주
참조.

있다. 여러분은 그것에서 가열이나 열의 제거(식힘)를 생각하기 전에, 우선 열에 의해 팽창하게 될 물질을 공간상에 갖지 않을 수 없다. 무릇 저런 것들은 단지 에테르의 양태에 속하는 규정들, 곧 계량 가능한 물질의 팽창 가능성, 팽창 그리고 그러한 작용결과에 필연적으로 통합되는 공간 충전 [채움]일 따름이니 말이다. 에테르 자신인 열소는 이 보편적 매체에서 계량 불가능하다. 왜냐하면, 이것의 인력은 모든 방면에서 똑같은 척력과 결합되어 있고, 이 공간에서 어느 방향으로든 중력 작용을 받는 어떤 다른 물질이 무엇보다도 먼저 덧붙여져야 하기 때문이다. 이 물질은 저지 불가능하다. 다시 말해 때로는 저항이 있는 중에, 전기의 경우처럼, 때로는 저항 없이, 자기[磁氣]에 의해 모든 것에 침투한다.

〔……〕

〔…〕

제9묶음, 전지4, 1.(3면[16])

물질의 모든 시원적 운동력들은 역학적이다: 기계적인 것들은 단지 파생적이다.

전자들은 침투적이며, 그것도 두 가지 방식으로 그러하다. 즉 실체에서 (열물질처럼) 장소변화에 의하거나 원거리에서 (중력의 인력처럼) 물질에 직접적으로 작용함으로써. 그러나 양자는 세계체계[우주계]에 통합되어 있고, 인력이면서 동시에 척력이다.

---

16) 원서의 별지 정오표에 따라 수정함.

(물질의 종〔種〕들에 의한) 질적 가분성과
(같은 종들의 동질적인 부분들의 수량에 의한) 양적 가분성의
차이에 대하여
과연 이 두 **가분성**은 무한히 나아가는가.

상호 간의 질료적〔물질적〕 합성(혼합)에서
또는 형식적 합성, 즉 분리 과정에서 생산되는 새로운 물질의
합성에서도 똑같은 문제

자연과학의 형이상학적 기초원리들에서 물리학으로의
이행

만약 이행이 경험을 **통해** 일어날 터이면, 이행 자신이 물리학일 터이다.
그러나 이행이 경험의 가능성의 원리들을 통해 일어난다면, 이행은 물리학 XXII240
에 선험적으로 선행하는 것이고, 물리학을 세우는 선험적 원리들을 함유한
다. 그러나 이것은 자기의 고유한 원리들을 함유하는 하나의 특수한 부분
이고, 자신이 하나의 체계를 정초한다. 그 체계가 한낱 형식적인 것이기는
하지만 말이다.

물질의 운동력들의 선험적으로 주어진 모든 관계들의 총괄이 있는바, 이
관계들은 경험적 체계, 다시 말해 물리학을 위해 요구되는 것이다.

그러므로 자연과학의 기본〔요소〕개념들이 있는바, 그러나 이것들은 물리
학에, 그러니까 경험이론에 끼어들지 않고, 단편〔斷片〕적으로가 아니라 체
계적으로 하나의 전체 안에서 선험적으로 서술될 수 있다. 순전한 개념들
(예컨대 직관들, 공리, 지각의 예취들 및 경험의 유추들, ― 경험적인 것의 전체의
체계적 통일)에 의한 그러한 형식적인 하나의 기본〔요소〕체계가 어떻게 가능
한가〔?〕

물리학은

물질의 운동력들의 하나의 경험적 체계이고, 그것들의 하나의 문제성 있는 전체이다. 형이상학적 기초원리들에서 (수학과 철학의 형식적 원리들에 맞는 선험적 원리들에 따라 표상된) 자연과학 일반으로의 이행은 전자에서 후자로의 이행이고, 여기서 수학은 예취들 등등을 통해 개념들을 선험적 직관들에 적용함을 내용으로 가지며, 한갓된 집합체로서 단편적으로가 아니라 '하나의' 원리에 따라 체계적으로 서술한다. 이러한 전제들이 없이는 자연과학은 전혀 있을 수 없다

이 이행은 한낱 예비학이 아니다. 무릇 그런 것은 불확실한 개념이고, 단지 인식의 주관적인 면과 관계된다. 그것은 자연과학의 규제적 원리일 뿐만 아니라 하나의 체계를 위해 구성적이고 형식적인 선험적으로 존립하는 원리이다.

직관의 공리들, 지각의 예취들, 경험의 유추들, 경험적 사고 일반의 요청들. ― 첫째 것은 철학적인(개념들에 의한) 원리들과는 다른 수학적 원리들을 함유하고, 둘째 것은, 힘들이 (포착에 의해) 내적으로 운동하는 것인 한에서, 힘들을 철학적 원리로 함유하며, ― 나머지 것들은 힘들을, 그것들이 기계적으로 또는 역학적으로 또는 역학적인 힘들을 매개로 기계적으로 운동하는 한에서, 〔함유한다〕

모든 물질은 원초적으로 유동적이었고, 모든 유동적인 것은 팽창적이었으나, 견인적이지는 않았다. 적어도 이 관념〔이념〕은 기본관념〔이념〕이다

경험적 자연과학의 하나의 체계로서의 물리학에 이르기 위해서는 먼저 운동력의 종합적 통일의 선험적 원리들이 자연과학에서 전개되어야 한다. 즉 형식에 따라 자연과학 일반으로의 이행에서 완벽하게 전개되어야 한다. (직관의 공리들, 지각의 예취들 등등) 이것들은 물리학으로의 하나의 이행으로서의 물리학의 하나의 예비학을 선험적으로 함유하고, 물리학의 순전한 개념에서 분석적으로 도출된다. ― 이 예비학은 물리학의 체계의 형식을 선험적으로 함유하는 그 자신 하나의 체계이다. 물리학의 가능성의 이러한

전체를 함유하는 것은 하나의 단편〔斷片〕적인 집합체일 수 없다. 무릇 선험적으로 주어지는 하나의 전체로서 그것은 필연적으로 줄어들 수도 늘어날 수도 없는 하나의 체계이어야 하니 말이다. 동시에 구성적인 규제적 원리들.

실체들로서의 외적 감관객관들의 첫째 구분은 **물질**과 **물체**의 구분이다
유기적 조물〔생물〕들은 지상에서 목적에 따르는 하나의 전체를 형성하고, '하나의' 배아(이를테면 부화된 달걀)에서 발아한 것으로서 선험적으로 서로를 교호적으로 필요로 하며, 자기의 종〔種〕과 그에서 출생한 종들을 보존한다.
또한 인간이 그에 속하는 새로운 종〔種〕을 산출한 혁명들.

물질의 시원적//운동력들은 역학적 운동력이다. 기계적 운동력들은 단지 파생적이다.
제1의 운동력은 외적 인력의 운동력이고, 그것이 척력에 의해 제한되지 않는 한에서 중력이다. — 제2의 운동력은, 인력에 의해 제한되어 있는 한에서, **내적인** 것으로 척력의 운동력이다. — 양자는 자기의 운동력에 의해 물체들을 형성하는 물질이며, 물체들은 자기의 공간을 양과 질의 면에서 스스로 결정한다. XXII242
물질의 **기계적 계량 가능성**을 위해서는 물질이 **역학적으로 계량 불가능**할 것이 요구된다. 무릇 이 내적 (이동적이 아닌) 운동력 없이는 계량도 불가능할 터이니 말이다
마찬가지로, 물질이 그 운동력과 함께 저지 가능하기 위해서는 하나의 저지 불가능한 (곧 역학적으로) 물질, 열물질이 요구된다
근원적으로//유동적인 것은 다른 모든 물질에 침투함으로써 그것들을 유동적으로 **만들고**, 그러니까 차단 불가능한 물질이다
2.) 기계적으로// 또는 역학적으로 작용하는 힘인, 열소의 저지 불가능성

에 의한 물질의 운동력에 대하여. 전자는 후자의 현상이거나 후자의 **현시를 위한 수단**이다.

선험적으로 그러한 모든 가능한 **능동적 관계들**의 **이성 구분**에 의해 **형식**의 면에서 주어져 있는, 물질의 운동력들을 위한 법칙들의 **객관적** 원리들

주관적 원리들은, 그것들에 따라 우리가 이 힘들이 운동(작용)하게 하는, 기계학의 원리들로서, 경험적 근원을 갖는 것이며, 그러니까 **물리학에 적합하다.** 형이상학적 기초원리들에서 물리학으로의 이행을 위한 전자는 xxx

제9묶음, 전지4, 2.(4면)

이행에 대하여

학문의 한 분야(領域)에서 다른 분야로의 이행이란 무엇인가? 만약 이 분야가 그 원리들의 면에서 종별적으로 서로 다르다면, 이행이란 무엇인가? 예컨대, 하나는 (선험적 원리들에 의거해) 자연과학의 형이상학적 기초원리들을, 다른 하나는 경험원리들에 기초해서, 그렇지만 형식의 면에서 선험적으로 실연해야 할, 물리학이라 불리는, 하나의 체계 안에서 경험적 인식의 하나의 전체를 정초해야만 한다면 말이다

변위 가능성에 저항하는, 접촉에서의 모든 인력이 강체성(剛體性)이다. 그렇게 여기서 내적으로는 저항하지는 않는, 강체성. 이 두 성질들의 원인은 계량할 수 있는 유동성이거나 절대적으로 계량할 수 없는 유동성이다.

[……]

이행은

체계로서의 물리학의 개념에서 (종합적이고 선험적인) 통각과 결합된 (경험적인) 포착의 주관적 조건들을 함유한다. 그러므로 이행은 자연연구의 원리들을 함유하거니와, 이 원리들 자신이 하나의 전체를 형성하는 한에서 그러하다.

XXII243

XXII244

한 領域에서 다른 영역으로의 이행에서 여기서는 하나의 連續體가 생각되지 않고, 오히려 그것들 사이에는, 양안〔兩岸〕을 결합시키고, 선험적 원리들에 따라 건설되는 하나의 다리가 그 위에 걸쳐 놓일 하나의 협곡이 있다. — 그것들은 경험적 資料들에 의한 하나의 체계에서, 감관들을 촉발하는 운동력들의(그러므로 주관적인 그리고 그에 의해 객관적인) 경험의 **가능성**의 원리들이다. — 하나의 경험적 체계로의 이 이행의 형식〔적인 것〕은 직관의 공리들(수학), 현상의 예취들 등등에, 한마디로 말해, **자연연구**의 원리들에, 그러니까 자연지식학의 주관적 원리들에 존립한다. 물리학의 교설〔이론〕체계는 하나의 체계적 **자연연구**에서 물질의 양, 질 등등에 따른 물질의 정돈이다

자연과학의 한 분야에서 나와서 그것의 본래 목표인 다른 분야 안으로의 이행은, 곧 여기서 자연과학의 형이상학적 기초원리들에서 물리학으로의 이행은 하나의 독자적으로 존립하는 학문으로서, 자기의 선험적인 형식적 원리와 그 아래에 있는 기본〔요소〕개념들을 그 학문의 실질내용으로 함유하는바, 이러한 것들은 하나의 체계로서의 자연의 경험이론을 위해 요구되며, 경험적 자연과학으로서의 물리학을 하나의 체계에서 정초할 수 있다.

〔……〕

제10묶음

제10묶음, 전지1, 1면

서론

만약 두 학문이 그것들의 객관들의 면에서 하나의 부류, 예컨대 자연과학에 속하되, 다시금 서로 근친적이기는 하지만 그 형식과 원리들의 면에서 서로 다른 두 가지로 나뉘고, 그렇게 해서 서로 다른 두 학문을 형성한다면, 예컨대 순전히 자연과학의 형이상학적 기초원리들을 함유하는 하나와, 경험적 원리들에 기초한 자연과학의 하나의 체계인 물리학을 함유하는 다른 하나로 말이다. xxx

무릇 전자는 후자로의 자연스러운 추세를, 즉 이성적 자연연구는 본래적인 자연지식학으로의 추세를 갖는다. 다시 말해, 철학은 전자에서 후자 학문으로의 이행을, 실로 그 이상의 것을, 즉 이 이행 자신이 그 범위가 표시되고 그 내용이 경계 지어진 특수한 학문으로 제시될 수 있어야만 함을 의욕한다. 무릇 물리학은 단편적으로 모아 쌓인(긁어모은) 지각들의 하나의 집합체로는 만족하지 못하고, 경험적 것에 대한 하나의 체계를 의욕하는 바, 이것의 형식[적인 것]과 현상들의 잡다의 그 전체에서의 법칙적 연결 없이는 진리라고 일컫는 그것들의 진리에 대한 의식이 생기지 못할 터이니 말이다.

곧 형이상학과 물리학의 경계를 필시 항구적으로 접합시킬 하나의 특수한 영역이(또는 사람들이 그렇게 부르고자 한다면, 하나의 다리가) 있다. 사이에 제법 넓은 협곡이 있는 이 기슭에서 저 기슭으로의 비약을 감행하는 일은 위험한 행보(決死的 跳躍)이다. 경험의 땅 위를 거닐 수 있기 위해 필요한 것은 경험**으로부터**가 아니라, 경험을 **위해서** 경험의 가능성의 원리들에 따라서 자연연구를 수행하는 일이다. 무릇 이를 위한 선험적 원칙들을 수중에 갖지 않고서는 우리는, 지각들의 한갓된 집합체에서는 생길 수 없는 경험※을 이루는 일을 어떻게 시작해야 하는지를 결코 알지 못할 터이니 말이다. 왜냐하면, 저런 지각들의 한갓된 집합체에는 (외적 감성세계의) 하나의 **전체**에서 외적 잡다들의 통일의 형식이 결여되어 있기 때문이다. 그런데 만약 외적 감관들의 대상으로서의 질료/물질(所與)을 물질의 운동력들의 기본〔요소〕체계가 대응할 수 있는 물리학의 하나의 체계 안에서 생각해야 한다면, 저러한 형식을 선험적으로 지성(思考)에서 만나지 않으면 안 된다.

〔…〕

제10묶음, 전지1, 2면

그러나 또한 경험을 통해서 물질의 운동력들을 연결해서 인식하기 위해서는, 먼저 하나의 체계 — 각각의 물체가 이러한 것이거니와 — 에서의 이것들의 연결의 원리들이 지성을 통해 객관의 개념을 위해 원리들에 따라서

※ **경험**은 하나의 감관객관의 현실성에 대한 의식의 절대적 통일로, 하나의 경험만이 있다. 만약 **경험들**이 이야기된다면, 사람들은 그것으로써 단지 **지각들**(서로 집합되어 있는 한에서의 경험적 표상들)을 뜻한다. 지각들에는 그것들을 하나의 경험으로 타당하게 끌어올리고 물리학에 속하는 것으로 만들기 위한 것이 아직 많이 부족하다. 왜냐하면, 물리학은 하나의 체계여야 하기 때문이다. 하나의 체계는 물리학의 진리를 오직 모든 통합된 지각들의 그것의 하나의 전체와의 합치에서 기대하거니와, 이런 일은 단편적으로는 일어날 수 없다.

선행해야만 한다. 경험이 생산될 수 있기 전에, 그 원리들이, 즉 직관의 공리들, 지각의 예취들, 경험의 유추들, 그리고 인식하는 주관을 위한 경험적 표상들 일반의 하나의 전체에 속하는 것으로서의 포착(捕捉)의 종합이 선행한다. 저러한 경험이, 그 기초에 저 표상들을 하나의 전체로 연결하는 형식적 원리가 선험적으로 놓여 있는, 경험적 인식의 하나의 체계를, 물리학이라는 이름 아래에서, 정초한다.

그러므로 형이상학적 기초원리들에서 물리학으로의 이행은 단지 주관적으로 자연연구의 원리들에 국한되어 있고, 자연객관들을 완벽하게 정렬하는 것을 목표로 하지 않는다. 무릇 어떠한 경험도 그러한 경험적 전체를 위해서는 충분하지 않으니 말이다. 그러나 그에 반해서 자연 동인들의 결합형식〔적인 것〕은 완벽하게 헤아려질 수 있고 마땅히 그리해야만 한다

그러나 우리가 인지하는 것, 우리에게 경험적으로 주어지는 것이 아니라, 우리가 객관들에 대한 감관표상에 집어넣는 것이 물리학으로의 이행을 법칙적으로 가능하게 만드는 것이고, 이행을 규정하는 것이다. 무릇 그렇게 해서만 하나의 체계로서의 물리학을 위한 자연연구의 원리가 생길 수 있으니 말이다.

물리학은, 주관적으로 물질의 모든 운동력들을 경험의 하나의 교설//체계에 속하는 것으로 표상하는 한에서, 자연지식학이다. 저런 체계 안에서 질료〔물질〕적인 것은 이 힘들의 총괄을 이루고, 그러나 형식은 이 잡다를 경험의 대상들의 하나의 절대적 전체로 결합하는 것을 결정한다. — 이제 한 체계의 형식〔적인 것〕은, 오로지 선험적으로(그러므로 명제들의 필연성에 대한 의식과 함께) xxx한, 원리이므로, xxx

첫째로 운동력(運動力)들[1]로서의 〔발〕동력(〔發〕動力)들[2]은 **시발/촉진하는** 것으로, 다시 말해 운동을 개시하고 연속적으로 계속하는 것으로 표상되며,

---

1) 원어: Bewegende Kräfte(vires moventes).
2) 원어: Bewegungs//Kräfte(vires motrices).

이때 제일 운동자(第一 運動者)라는 개념은 물리학에는 초험적이다. 다시 말해 하나의 순전한 이념[관념]이자 한계개념이다. 이 개념은 경험 대상일 수가 없는 가득 찬 공간의 텅 빈 공간과의 관계를 자신 안에 함유하고, 이성의 하나의 요청과 함께 끝이 난다.

자연연구에서 경험**으로부터**가 아니라 경험을 위하여, 그러므로 맨 처음에 오직 주관적으로 자연연구가 어떻게 되어야 하는지를 정하는 원리가 일어난다. 수학에 앞서 철학이 아직은 개입되어서는 안 되는 물리학으로의 이행.

수학적 원리들을 적용해서 기계적 체계를 위한 운동력들의 하나의 역학적 체계를 선험적으로 기초 지으려 애쓰는 철학.

―――――――

물리학으로의 이행은 (인력과 척력 등등의) 형이상학적 기초원리들에 그 자리가 있을 수 없다. 무릇 형이상학적 기초원리들은 특별히 규정된, 경험에 의해 제시될 수 있는 속성들을 전혀 제공하지 않으니 말이다. 또 사람들이 그것들에 대해, 과연 그것들이 자연 안에도 있는지, 또는 과연 그러한 것들의 실존을 증명할 수 있는지를 알 수 있을 어떤 특수한 것[힘]을 생각해낼 수 없고, 단지 경험적으로 또는 가설적으로 특정한 관점에서 현상들을 설명하기 위해 지어낼 수 있을 따름이니 말이다. 그러나 그럼에도, 예컨대 종별적으로 무한히 분할 가능한 것의 유기적 물체[유기체]들에 대한, 비록 지어낸 것이기는 하지만, 물리학에 속하는 개념들이 있다. 열소 ― 여러 종으로 분해되는 한 물질의 가분성. 形式[形相]들의 連續體

제10묶음, 전지1, 3면

자연과학의 형이상학적 기초원리들의 물리학으로의 이행에는 물질에서 물체들의 형성으로의 이행이 있다. 하나의 물리적 물체는 물질의 한 양의 부분들의 통일된 인력에 의해 자기 자신을 한계 짓는 하나의 전체이다.
— 사람들이 그것에서 이 통일하는 힘들을 도외시하는 물질의 하나의 순전
한 집합체는 하나의 공간을 차지하거니와, 이 집합체는, 설령 그것이 예컨 XXII283
대 용기 안의 1입방피트의 물처럼 공간을 채우고 있다 해도, 하나의 수학
적 물체이다. 왜냐하면, 그 물체는 자기 자신의 힘에 의해 자신을 한계 짓
고 있지 않기 때문이다.

그러므로 물리적 물체들의 첫째 구분은 유기적 물체[유기체]와 비유기적
물체[무기체]로의 구분이다. 한 물리적//유기적 물체는 (기계적//유기적 물체
와는 달리) 그것의 각각의 부분이 본성상 그것 안의 다른 부분을 위해 현존
하는 그러한 물체이다. 그러므로 이것에서는 거꾸로 그 **전체**의 개념이 부분
들의 형식을 외적으로도 내적으로(형상과 직조에서)도 규정한다. — 하나의
그러한 형성은 **목적들**에 따라 작용하는 하나의 자연원인을 가르킨다. —
그러한 물체가 고체일 수밖에 없다는 것은 이미 그 개념 안에 들어 있다.
마찬가지로 사람들은 이러한 내적 형식을 산출하는 힘을 하나의 형성하는
지성 안에서, 그러니까 순전히 하나의 비[非]//물질적인 원인에서 말고는 어
디에서도 찾을 수 없다. (무릇 지성이란 의식적으로 표상들을 종합적으로 통일하
는 능력이다.) 그리고 하나의 목적을 자기 힘들의 규정근거로 삼을 수 있는
하나의 존재자는 그러므로 필시 확고하게 xxx

유기[적] 물질이라는 개념은 그 자신 안에 하나의 모순을 함유한다. 왜
냐하면, 유기화된 주체[기체]를 위해서는 유기[조직]화를 위한 원소[소재]를
받아들여야 하기 때문이다

파괴된 유기조직으로부터 남아 있는 물질은 유기적인 어떤 것이 아니다.
식물적 생과 동물적 생 또는 생장력[3]과 생명력의 구분
살아 있는 물체적 존재자들(동물들 및 인간)은 1. 성[性]의 관계에서, 다음

---

3) 원어: Vegetationskraft.

으로 심지어 종족과 민족들의 상호 관계에서 유기조직될 수 〔있다.〕

과연 물질들의 종별적 구분이 무한히 나가는지, 또는 단지 계량 가능한 물질에까지만 그리고 계량 불가능한, 저지 불가능한 등등의 물질인 열소까지 나아가는지. — 개념구분은 완성될 수 있고, 물체구분은 무한히 나아간다.

〔……〕

〔……〕

제10묶음, 전지1, 8면

자연과학의 형이상학적 기초원리들은 물질의 운동력들의 하나의 경험체계를 세우려는 내적 추세를 가지고 있다. 다시 말해 그것들은 자연과학의 형이상학적 기초원리들에서 물리학으로의 이행에 대한 요구를 함유하고, 또한 경험으로부터가 아니라 경험을 위해 저 힘들의 하나의 체계에서 그 형식에 따라 하나의 전체 안에서 통합해서 생각해야만 하는, 자연연구의 선험적 원리들을 함유한다. — 그러나 **자연연구**는 단편적으로 우연히 서로 집합될 수 있는 지각들을 찾아 맹목적으로 더듬고 돌아다님이 아니다. 그것은 지각들이 그것들에 따라서 찾아져야만 하는 법칙들에 구속되어 있는 것이다.

만약 물질 일반이 화제이고, 본래 경험들이 아니라, 모두가 '하나의' 가능한 경험에 속하는 외적 지각들만이 있다면, 공간의 통일성〔하나임〕이 모든 외적 경험의 통일성의 한 근거이다. — 그 전체 범위에서 물리학의 체계의 가능성에 선험적으로 속하는, 물리학의 주제들은 선험적으로 a)수학을 통해, b)목적론을 통해 이행을 이룩해야 한다

〔……〕

제10묶음, 전지1, 10면

자연과학의 원칙들의 이 체계는 독자적으로 존립하는 서두교설[序頭敎說]인 예비학이 아니고, 분배적 보편성과 결합된 경험을 세우는 원리들의 집합적 보편성이다. — 그것은 하나의 경험적 집합체에서 하나의 체계 — 이것을 위한 형식이 선험적으로 주어져 있는바 — 로의 이행 자신이다.

물체들의 A 유기체와 무기체로의 구분. 作用因들의 連結에 포함된 目的因들의 連結.[4] 또 유기적 물체들의 하나의 전체의(예컨대, 동물들의 인간과의 관계에서의, 그리고 종적으로 또한 부류에서 서로 다름에 따른 인간들과 인간들의 관계에서의 합목적성의) 유기[조직]성.

선험적인 자연법칙 수립은 자연연구를 위한 규칙을 제시해야 한다. 감관표상이 아니라 **지성**이 물리학으로의 진보의 원리들을 제공한다. 이 원리들은 첫째로 체계의 형식의 개념들에 따른 물질의 운동력들의 체계의 선험적 구분을 함유한다. 그다음에 둘째로 그 체계의 **전체**를 그 한계 안에서 함유하는, 이성의 [개념들에 따른] xxx.

만약 인간이 이성을 가진 어떤 상위 존재자의 졸작이라면, 사람들은 "오, 인간아, 너는 어디서 왔느냐? 여느 신에게는 너무 좋고, 우연에게는 너무 나쁘구나![5]"라고 외칠 수 있다.

양성[兩性]의 서로에 대한 경향성에서 미[아름다움]는 '**매력적이다**', '**기품**

---

4) 아래 XXII301의 "動因的 連結"과 "目的的 連結"의 구분 비교 참조.
5) 원문: "o Mensch wo bist du her? zu gut für einen Gott, zu schlecht fürs ohngefahr!". 여기에 있는 글귀와 유사한 것을 Refl 488(XV211)에서도 읽을 수 있다: "인간들의 이성과 경향성의 모순. (여느 신 앞에서는 너무 나쁘고, 우연 앞에서는 너무 좋다. 천사와 짐승의 애매한 어중뜨기.)" 겹치는 대목의 Refl 488의 원문은 "zu schlecht vor einen Gott, zu gut vors ungefehr."인데, 두 대목의 비교를 통해 당시의 어휘, 표기법의 변천을 엿볼 수 있다. 칸트의 조각 글들을 어떤 수준에서 해독해야 하는지를 가늠할 수 있는 좋은 사례이다.

있게 끌어당긴다' 그리고 '**부드럽게 밀쳐낸다**'와 같은 표현들 속에 있다. (입맞춤의) **기분 좋음**에 관해 말하자면 — 대상이 **욕구를 일으키는** 것으로 표상이 되는 경우, 그것은 미[아름다움]의 한계성을 넘어선다.

첫째로, 물질의 운동력들의 체계적 표상을 함유하는, 즉 물리학의 형식[적인 것]을 함유하는, 그 개념들의 구분의 주관적 원리들 xxx

우리는 이 구분을 경험**으로부터** 취할 수 없다. 무릇 이것은 이미 물리학의 인식을 전제할 터이니 말이다. 오히려 우리는 그것을 오직 경험을 **위해서** 그리고 전체에서의 경험적 인식의 하나의 체계로서의 물리학을 위해 취한다. 우리가 지각하는 것이 아니라, 지성이 자연연구에 집어넣는 것, 즉 자연연구의 체계의 형식[적인 것]이 진행에 주목되는 첫째의 것이다

〔……〕

〔……〕

제10묶음, 전지1, 13면

대상들은 모두 원리들의 위치론에 맞지 않으면 안 될 터이다. 이런 것 없이는 경험의 대상일 수가 없겠다. 〔…〕 그래서 우리는 우리 자신의 신체와 자연에서 그 때문에 우리가 그것들을 유기적인 것으로, 다시 말해 목적들을 위해 형상화된 것으로 보지 않을 수 없는 성질들을 발견한다. 왜냐하면, 그렇지 않고서는 우리 자신이 그것들을 그러한 것으로 이해하지 못할 터이기 때문이다. 이러한 개념들은, 우리가 그 객관들을 경험을 통해 인증하기 전에, 언제나 선행한다. 그것들은 경험들을 만드는 선험적 원리들이다.

대상들이 우리가 스스로 우리의 이성 안에서 선험적으로 만드는 우리의 개념들과 합치해야 한다는 것은 쉽게 통찰될 수 있다. 무릇 이 개념들을 통해서 그리고 경험적 근원을 갖지 않는 그 현상들의 그 종합적 통일의 이 원리들을 통해서 비로소 우리가 대상들을 이 형식들에 따라서 사고하는 것이

가능할 것이니 말이다. 그러한 한에서 우리는 규칙들 아래에서가 아니면 아무런 것도 인식하지 못하되, 또한 우리는 우리 자신이 자의적으로가 아니라 사고의 원리들에 따라서 필연적으로 지정했던 규칙들 외에는 어떠한 규칙도 갖지 못한다.

그 형식의 선험적인 주관적 원리들의 면에서 자연과학의 형이상학적 기초원리들에서 물리학으로의 **이행**은 경험적 개념들 및 법칙들의 한 체계인 물리학의 가능성의 한 원리이거나 한 원리를 함유한다. 그리고 그것은 관찰과 수집이 늘 진보하는 중에도 결코 완성되어 있지는 않은 하나의 특수한 자연과학인 물질의 운동력들의 기본〔요소〕체계의 개요이다. 그러므로 그것은 그 선험적 원리들이 운동이론에서 부분적으로는 수학적이고 부분적으로는 역학적인 하나의 과학적 자연연구이다. 직관의 공리들, 지각의 예취들, 경험의 유추들, 경험적 사고(편성) 일반의 요청들.

*　　　　*

자연과학의 형이상학적 기초원리들은 독자적으로 하나의 체계를 이룩한다. 그런데 이 체계 자신이 자연스럽게 **물리학**에 대한 하나의 조망/전경도〔全景圖〕를 동반한다. 왜냐하면, 이 물리학을 목적으로 형이상학적 기초원리들은 자연연구의 원리들에 따라서 형식의 면에서 선험적으로 하나의 체계적인 자연인식을 세우기 위해 탐구되는 것이기 때문이다.

자연과학의 형이상학적 기초원리들의 물리학으로의 추세가, 다시 말해 한낱 형식적인 것으로서 선험적으로 완벽한 경험적 인식으로서의 하나의 체계를 겨냥한, 자연연구의 원리들의 총괄이 이 대상들에 대한 경험의 가능성의 개념들을 통해 물리학으로의 이행을 이룩한다. — 직관의 공리들(수학), 지각의 예취들, 물질의 감관들을 움직이는 힘들의 집합, — 경험의 유추들, 그리고 지각들의 하나의 체계의 경험적 전체

〔……〕

〔……〕

제10묶음, 전지1, 14면

물질의 모든 운동력들은 공간과 시간에서의 통일성과 전체관계를 통해 물질의 운동법칙들 아래에서 그리고 또한 감관들의 촉발의 법칙들 아래에서 하나의 전체를 이룬다. ─ 물리학의 하나의 체계를 위한 기본[요소]개념들의 편성

이행은 경험적 체계의 기초에 선험적으로 놓여 있는, 수학적 기능들과 역학적 가능들에 따라서 형식상으로 일어난다.

이행은 개괄하면 **자연연구**의 선험적 원리들, 그러니까 1) 직관의 **공리들**에 따라, **수학적으로**, 2) **지각들**의 예취들에 따라, 다시 말해 물질[질료]의 운동력들의 집합의 경험적 표상들의 예취들에 따라, 다시 말해 **자연학적으로** 일어난다. ─ 3) 하나의 경험을 위해 이 힘들을 원리들에 따라 편성함 곧 법칙들 아래서 이 힘들을 통일함은, 기계적이든 역학적이든, 경험의 유추들에 따르는 것이고, 4) 운동력들에 대한 개념들의 통일은 물리학의 하나의 체계를 위한 것이다.

이행은 기본[요소]체계의 하나의 체계적 전체에서의 경험의 완벽성을 위한 자연연구의 선험적 원리이다. 그러므로 이행은 주관에 상관하고, 물리학과 그의 연구의 형식적 조건들에 대한 주관의 개념의 분해에 상관한다.

〔······〕

물질은 형이상학적 기초원리들에서는 可動體[6]로, 자연과학으로의 전진에서는, 그 운동력들에 따라서 (수학적으로 그리고 자연학적으로), 운동력들의 체계와 관련하여, 물리학 일반에서, 運動體[7]로 간주되거니와, 그것도 (단편적으로가 아니라) 하나의 체계로의 추세를 서술하는 자연연구에 의한 운동력

---

6) 원어: Mobile.
7) 원어: movens.

들의 기본[요소]체계의 형식에 따라 선험적으로 그러하다.

하나의 자연적인 유기적 물체가 가능하기 위해서는, 이 물체의 원리가 한낱 주관적으로가 아니라, 그 물체 자신 안에서 객관적으로 곧 하나의 목적이 내적 규정근거로서 고찰되어야만 하기 때문에, 능동적 원리의 통일[하나임]이 필요하지 않을 수 없다.

注意! 반성개념들의 모호성에 대하여. 단지 주관적으로 조건적인 것을 객관적으로 타당하고 그러한 것으로 증명할 수 있는 것으로 받아들이기. 例: (지레에서) 그에 필수적인 역학적 원리들 없이도 기계적 원리들을 운동력을 위해 충분한 것으로 상정하기.

하나의 유기적 물체[유기체]는 하나의 유기조직하는 내적인 또는 외적인 원리를 전제한다. 이 원리는 단순한 것이어야 한다. 무릇 그렇지 않으면 그것 자신이 하나의 유기조직을 필요로 할 터이니 말이다. 그런데 단순한 것으로서 그것은 물질의 한 부분일 수가 없다. (무릇 물질의 부분은 무엇이나 언제나 역시 합성된 것이니 말이다.) 그러므로 유기체의 유기조직하는 원리는 도대체가 공간 바깥에 있을 수밖에 없다. 그러나 그것은 어떤 관계에서는 내적으로 능동적일 수 있고, 다른 觀點에서는 외적으로, 다시 말해 어떤 다른 실체, 즉 세계정신에서, 그럴 수 있다.

제10묶음, (반)전지2, 1면

A

[8]무엇인가를 감행하는 사람이 빠질 수 있는 모든 위험들 중에서 자기의 의무를 위반하려는 유혹에 빠지는 위험은 건전한 생각의 사람에게는 그

---

8) 이하 XXII298 중반까지, 곧 (반)전지2, 1면의 글귀와 거의 똑같거나 유사한 대목들을 이 책에서는 생략한 XXII302～303에서도 읽을 수 있다. 또 Refl 1552, XV972～974 및 Refl 1553, XV974～976에도 채록되어 있다.

중요성의 면에서 가장 큰 것이다. 설령 그러한 유혹이 빈번하게 일어나는 것으로 말할 것 같으면, 이러한 경우가 충분히 자주 일어나기는 하지만 말이다

물론 생명의 위험에 빠지는 일이 큰 해악이고, 그것을 피할 수 있었는데 그에 빠지고, 일을 **그르치는**(犯하는) 자는 경박함으로 인해 **어리석다**. 그러나 자신을 패악적인 짓에 유혹될 위험에 노출시키고, **저지르는**(罪짓는) 자는, 설령 그가 그런 짓을 실행하지는 않았다 해도, 그는 **악한** 인간이다. — 그러나 다른 사람들을 고의적으로 이런 위험들의 이런 것에 또는 저런 것에 예시를 보이면서 또는 그럴싸하게 설득해서 들어가게 하는 것은 **악질**(惡質)이다. 습관적으로 악한 자는 **타락한**[버림받은] 인간(破滅的 惡質)이다.

*　　　*

이제 다음의 물음이 제기된다: 이러한 위험성(道德的 冒險) 없이는 실현될 수 없을 것 같은, 인간에 좋은 어떤 것이 — 어떤 물리적인 또는 도덕적인 복락이 있게 하기 위해서, 다른 사람을 그의 동의 아래 또는 동의 없이 이러한 위험들의 이것에 또는 저것에 들게 하는 것이 허용되는가? 사도는 "그렇게 생각하는 이들이 저주받는 것은 전적으로 마땅하다."[9]라고 말한다. — 지금 사뭇 제기되고 있는 이러한 사례론[결의론]적 물음의 한 중대한 사례로 특별한 종류의 하나의 위험이 있다.[10] 즉,

---

9) 『신약성서』, 「로마서」 3, 8: "어떤 이들은 우리가 '선이 있게 하기 위해서 악을 행하자!'고 말한다 하니, […] 이런 자들이야말로 단죄받아 마땅합니다." 참조.

10) 아래에 등장하는 천연두 접종과 관련한 사례론적 문제 제기를 우리는 이미 『윤리형이상학 — 덕이론』에서 읽을 수 있다: "천연두 접종을 받기로 결심하는 자는 자기 생명을 위험에 맡기는 것이다. 비록 그가 자기의 생명을 보존하기 위해서 그렇게 하는 것일지라도, 그가 자신을 죽음의 위험에 빠뜨릴 병을 자초하는 한에서, 최소한 그는 자신을 내맡길 폭풍을 만들지는 않는 선원보다도 훨씬 더 걱정스러운 의무법칙의 국면에 있는 것이다. 그렇다면 천연두 접종은 허용되는 것인가?"(MS, TL, A75=VI424)

천연두난[難]

　사람들이 제지할 수 있었을 터인 하나의 재난이 세상에 일어나게 하는, 정말이지 심지어 그런 일을 벌이는 도덕적인 의혹이 도외시된 채, 이 이른 바 난[難]은 이런 종류의 전염병이 희귀함에도 거의 체감되지 않고, 생의 첫 시기의 아이들 일반의 생명의 불안전성에 주목하지 않고서 묵살되고 있는 데, 이것은 식량난, 땔감난 등등과 같이 국민들이 체감하는 대란[大亂]을 구제하는 것보다 의사들에는 그들의 의술을 명예롭게 하는 것이 더 중요한 일로 보인다.

　그러므로 이미 아득한 옛날부터 인류에게 기질화된 것처럼 보이는 천연두 재난이지만, 그 **위험**은 우리가 견뎌내야만 하는 것 중에 있지도 않고, 우리가 이에서 마땅히 벌여야 할 것 중에 있지도 않다. 다시 말해 중요한 것은, 이 질병과 그 예방을 기술의 대가들인 의사들의 투입과 함께 자연원인들의 우연에 맡기거나, 이 질병을 방법적으로 처치하기 위해 우리에게 고의로 투여하는 우리의 태도의 **도덕성**이다. 이 질병은, 접종[11]이 운 좋게 한 번에 성공한다면, 사람들은 저런 질병을 두 번 다시 두려워할 필요가 없는, 특수한 종류의 것이므로 xxx

　천연두 재난 그리고 그와 결합해 있는 위험은 일찍이 우리 인류가 처한 그대로이다

　생리학자/공의[公醫][12](도시// 및 지방공의[地方公醫])란 역시 의료인[의사]을 의미한다. 그는 형이상학자[13]와 반대되는 것이 아니라, 특정한 형상과 직조의 물체들에서 물질의 힘들의 유기적 힘과 반대되는 것이다. ― 우주론적

---

11) 이미 1796년부터 여러 가지로 시도된 종두법은 제너(Edward Anthony Jenner, 1749~1823)에 의해 1798년에 공표(*An Inquiry Into the Causes and Effects of the Variolae Vaccinae, Or Cow-Pox* 참조)되었고, 독일에서는 1799년부터 칸트와도 친교가 있던 궁정의 후페란트(Chr. W. Hufeland) 등에 의해 대도시에서부터 시행되었다.

12) 원어: Physicus.

13) 원어: Metaphysicus.

및 영혼론[심리학]적 체계와 더불어.[14]

물리학은 운동력들의 지각의 주관적인 것[요소]을 동시에 그것들의 연결의 객관적인 것[요소]으로서 경험의 정초를 위해 함유하는 원리이다. 그리고 합성의 자발성은 형식의 면에서 선험적으로 운동력들의 수용성에 선행하며 이것의 규칙으로 쓰이거니와, 이런 일은 인식의 **경험적인 것**[요소]의 하나의 **체계** ― 하나의 **경험적 체계**(이것은 形容矛盾이다)가 아니다 ― 와의 관계 맺음을 통해 가능하다. ―

나는 아직 물리학의 지반 위에서가 아니라, 다시 말해 아직 물질의 운동력들의 체계의 경험적 인식을 소유하고서가 아니라, 그러나 막 그 위에 정주[定住]하려는 참[展望]에서 자연연구의 형식적 원리에 전념하고 있는바, 이 연구는 지각(경험적 개념)들의 집합체를 하나의 체계로서의 경험의 하나의 전체로 총괄[體系의 編輯]하려 대기 중이며, 주관적으로는 방법을 가지고 서 외적 감관객관들의 영역에서 단편적으로 포착된 현상들을 객관적으로, 경험적이지 않은, 그 형식의 면에서 선험적 원리들에 의거하는 하나의 학문에, 즉 결코 완성된 것으로 볼 수는 없고, 관찰과 실험들을 통해 여전히 진보 중에 있는, 물리학에 이를 xxx

XXII298

행복이론은 체육의 원리(소극적으로, 忍耐하라 그리고 節制하라[삼가라][15]는)이고, 건강[健康] ― 健全한 身體에 健全한 精神[16] ― 은 역시 **도덕**을 전제한다.

---

14) 이 문단의 어휘 연결을 의미 있게 해득하기는 쉽지 않겠다. 관련 있어 보이는 구절이 아래 XXII375에 실려 있기는 하다.

15) 원문: sustine et abstine. 스토아학파의 Epictetus(ca.50~ca.125)의 말 "ἀνέχου καὶ ἀπέχου"에서 유래하는 것으로 보이는 이 훈계를 칸트는 『윤리형이상학-덕이론』 (1797)에서는 "부작위의 의무"로 예시하고 있고(*MS, TL*, A67=VI419 참조), 『교육학』 (1803)에서는 기본적인 인성 교육의 지침으로 사용하고 있으며(*Päd*, A114=IX486 · A144=IX499 참조), 『학부들의 다툼』(1798)에서는 "섭생법의 원리"로서 "**의술**로서의 실천**철학**에도 속한다"(*SF*, A173=VII100)라고 말한다.

16) "mens sana in corpore sano"(Juvenal, *Satires*, X. 356).

원리로서의 자연연구에서 관찰과 실험에 의한 현상들인 지각들의 편집이 물리학이다. 그러므로 물리학은 학문으로서의 경험적 인식이고, 우리가 이 개괄에 개념들에 따라서 집어넣는 것(지각들을 경험의 하나의 전체로 결합하는 것)만이 물리학의 객관이다

[…]

제10묶음, (반)전지2, 2면

형이상학적 기초원리들에서 물리학으로의 이행의 원리

물리학은, 물질의 경험적으로 주어진 힘들이 하나의 체계 안에서 서로 결합되어 있는 한에서, 그러한 힘들을 통한 체계적 자연연구이다

물리학은 물질의 운동력들의 총괄(包括)에 대한 경험과학이다. 이 힘들은 또한 주관을, 인간을 그리고 그의 기관들을 촉발한다. 왜냐하면, 인간 또한 하나의 물체적 존재자이기 때문이다. 그로 인해 그 안에 일으켜진 내적인, 의식이 함께하는, 변화들이 지각들이다: 물질에 대한 반응과 물질의 외적 변화가 운동[움직임]이다.

물리학은 경험적 자연연구의 한 체계이거니와, 이 연구는 다른 것이 아니라 관찰이나 실험을 통해 이루어진다. 첫째 경우에는 객관이 물리학자를 움직이고, 둘째 경우에는 물리학자가 객관을 움직여서 지각의 다른 상태로 옮겨놓는다.   XXII299

물리학은 하나의 체계인바, 그러나 우리는 하나의 체계를, 우리가 하나의 집합체의 잡다를 자신이 선험적 원리들에 따라 집어넣는 한에서만, 그러한 체계로 인식할 수 있는데, 이러한 일은 운동의 개념을 통해서만 일어나므로, 물리학에서의 자연지식의 구분은, 상위구분에 대해 말하자면, 운동력들의 위치론은 다음의 체계에 따라 분석적으로 찾아내지고, 종합적으로

서술될 것이다.

첫째 구분은 물질과 물체들 ─ 이것들의 운동력에 따른 ─ 의 구분이다. 무릇 **물질들**을 생각한다는 것은 이치에 맞지 않으니, 물질의 힘들의 기반의 여러 가지는 소재〔원소〕의 수만큼 있을 수 있지만, 그러나 하나의 보편적 운동력 이상이 있을 수는 없다. 왜냐하면, 공간의 통일성과 함께 운동의 통일의 관계에서 또한 결합하는 힘들의 통일성이 동일한 종합적 개념 안에 함유되어 있기 때문이다.

둘째 구분은 운동력들의 형식〔적인 것〕의 구분이다. 기계적이냐 역학적이냐, 곧 기계들로서의 다른 물체들을 매개로 하느냐 직접적이냐.

셋째 구분은 유기조직된 그리고 유기조직하는 물질의 구분이다. 물질은 목적들의 객관적 원리에 기초하여 생명을 함유하는 자연에서 번식하면서 개체들은 몰락해도 그 종〔種〕들은 연년세세 이어간다

넷째 구분은 의지력에 의거하여, 지성〔지적 존재자〕으로서의 피조물을 자연의 운동력들에 산입하는 구분이다

이것들은 모두 물리학의 분야에 속하거니와, 이 분야에 자유법칙은 없고, 한낱 운동을 계속하는 것이 아니라 물질의 운동을 자기에서 개시하는 모든 힘들을 함유한다. 무릇 생명력의 보존을 위한 이러한 운동들의 기술적 창시자를 우리는 또한 (도시 및 지방//)공의〔公醫〕/생리학자라고도 부르고, 그의 자연지식을 동물생리학[17]이라고 일컫는데, 이것은 네 가지 동물적 역량의 사용에 근거한다. 1)흥분 원리로서의 신경의 힘〔神經力〕(브라운[18]

---

17) 원어: Zoonomie.(아래 XX375 참조) 진화론의 주창자인 Charls Darwin의 조부로 시인이자 의사이며 자연과학자였던 Erasmus Darwin(1731~1802)의 책 *Zoonomia, or the Laws of Organic Life*(전2권, 1794~1796)가 Joachim Dietrich Brandis에 의해 독일어로 번역되어 1795~1799년에 출판되었다.(*Zoonomie oder Gesetze des organischen Lebens*, Hannover) 이 책에서 다윈은 생명체의 유기적 능력을 흥분, 감수성, 의욕, 유대성 등 네 가지로 분별하였다.(*Zoonomia*, vol. I, p. 32 참조)

18) John Brown(1735~1788). 스코틀랜드의 신경생리학자, 의학자. 그는 생명을 외부의 자극에 대한 반응 현상으로 특징지어 보고, 질병을 흥분의 정도에 따라서 판정하는 이론을 펼쳤다.(Brownianism) 그의 저술 *Elementa medicinae*(Edinburgh 1780)의 독일

의 興奮性), 2) 근육의 힘〔筋肉力〕(할러[19]의 刺戟感受性), 3. 저 두 가지가 끊임없이 바뀌는 중에 자연의 모든 유기적 힘들을 보존하는 힘, 이것의 **한** 현상이 열이다: 4 서로를 위해 그것들의 보존에 기여하는 서로 다른 종〔種〕의 유기적 존재자들에서의 하나의 전체의 유기화

물질의 운동력들의 표상의 첫째 원리는 그것들을 사물들 그 자체로가 아니라 그것들이 주관에 대해 갖는 관계에 따라서 — 그것〔들〕이 우리의 감관을 촉발하는 바대로의, 또는 우리가 우리의 감관을 스스로 촉발하는 바대로의 — 현상들로 고찰하는 것이다. 그리고 감관표상의 형식〔적인 것〕을 주관 안에 들여놓는 것이다. 직관의 공리들, 지각의 예취들 등등에서 경험으로, 경험에 의존되어 있지 않은, 하나의 체계로서의 경험을 **위해** 전진하기 위해서 말이다. 그러니까 그러한 하나의 체계를 선험적으로 스스로, 경험적인 표상들의 소재에서 분석적으로 도출하는 것이 아니라, 그것을 종합적으로 합성해서, 정초하는 것이다. 이것이 감관을 움직이는 **소재**〔질료〕가 아니라 형식의 원리가 경험의 가능성을 위한 토대를 선험적으로 ('形式이 事物에 存在/本質을 附與한다'는 규칙에 따라서) 형성하도록 한다.

지각들의 집합의 주관적 원리에 따라서, 즉 그에 대한 의식이 경험적이

어 번역판은 1795년에 출간되었다. 칸트의 그에 대한 다른 언급 "유기적 물체들의 생명력의 체계"(XXI612) 참조.

19) Albrecht von Haller(1708~1777). 스위스 출신의 의사이자 시인으로 자연과학 연구와 정치에서도 활발히 활동하였다. 튀빙겐(Tübingen) 대학에서 의학박사를 취득한 후 베른(Bern)에서 개업의로 활동하다가, 1736~1753년간에는 괴팅겐(Göttingen) 대학의 해부학, 식물학, 외과의학 교수로 있으면서 1751년 왕립 괴팅겐 학술원을 창설하여 종신 원장직을 수행했다.

그의 *Elementa physiologiae corporis humani*(전8권, Lausanne 1757~1766)은 실험에 기초한 인체생리학의 신기원을 이룬 것으로 평가받고 있다. 그는 신체 각 부분의 감수성과 자극감응력을 규정하기 위한 수많은 실험을 하였다.

칸트는 그의 생리학적 성과를 인용할 뿐만 아니라, 그를 "독일 시인들 중 가장 숭고한 이"(*NTH*, A115=I314)라고 칭송하면서, 곳곳에서 그의 시를 인용하고 있다.(*NTH*, A197=I365; *KrV*, A613=B641; *EAD*, A496=VIII327 참조)

지 않은, 경험을 **위한** 것이지 경험에 **의한** 것이 아닌 형식적 원리에 따라서, 지각들의 연결의 객관적 통일성으로의 이행, 즉 작용하고 반작용하는 힘들의 전체에 선험적으로 이르는 운동법칙들에 따른 하나의 체계로서의 경험으로의 이행, 이것은 지각들의 체계로서의 경험의 형식적 통일이고, 경험의 질료적 통일은 운동력들의 하나의 전체의 이념, 즉 세계체계〔우주계〕의 절대적(무조건적) 통일이며, 이 체계에서 운동력들은 그 包括〔總括〕의 바깥에는 아무런 것도 함유하지 않고, 개시하지 않는다.

　물리학으로의 이행은 자연체계에서 또한 세계체계〔우주계〕와 상관이 있고, 이 체계는 또한 어떤 관점에서는 유기적인 것으로 볼 수 있다. 겉표면들은 지금 오로지 지층〔地層〕을 함유하고 있고, 버려진 껍질들이다.

유기조직 체계는 천체 자신과 상관이 있다. 여기서 하나의 유기적 전체는 타자를 위해 있고(식물은 동물을 위해서 있다는 등등), 예컨대 달은 지구를 위해 현존하며, 모든 動因的 連結[20]은 동시에 目的的 連結이다.

동물생리학은 세 가지 생명역량을 함유하니, 흥분 원리로서의 **신경의 힘** 〔神經力〕(興奮性), **근육의 힘** 〔筋肉力〕(할러의 刺戟感受性), 그리고 **셋째로** 저 두 가지 힘들이 끊임없이 바뀌면서 작용·반작용하게 하는 것: 모든 것에 침투하고, 모든 것을 움직이는 운운〔云云〕의, 그것의 한 현상이 열인 하나의 원소〔소재〕. 4)공간과 시간상에서의 유기조직력. 이것은 하나의 **비물질적인** 상위 원리 곧 목적들에 따르는 효력의 원리를 함유한다.

신학에서는 도덕 법칙을 통해 전능적으로 지시명령하는 존재자의 실천이성으로 인해 신은 내속적인 우유성으로가 아니라 내주〔內住〕하는 실체(그러나 부마자〔付魔者〕는 아니고)로 생각되어야만 한다. 만약 사람들이 그 존

---

20) 원어: nexus effectivus.

재자가 인간 안에서 한낱 조건적으로 지시명령하는 것 — 예컨대, 사람들이 건강하고 싶다면, 열락(悅樂)을 좇아서는 안 된다. 왜냐하면, 사람들은 많은 향락으로 인해 허약해지기 때문이다. 또 우리는 선언한 것에는 진실해야 한다. 왜냐하면, 그렇지 않으면 우리는 우리 자신을 훼방하거나, 타인의 신뢰에서 오는 이익을, 그러므로 우리 자신의 이익에 엇나갈 터이기 때문이다. — 이 아니라고 생각한다면 말이다. 오히려 우리 안에는 하나의 정언 명령을 통해 평안에 대한 고려 없이도 지시명령하는 권세, 즉 현실적인, 그러나 감관객관으로서가 아니라 자유롭게 직관적인 하나의 인격이 있다. 내가 법관 앞에서 공술할 것을 요구받을 때, 나로서는 그에게 또는 나 자신 XXII302
에게도 이익이 되게 말할 수 없음을 아쉬워하지 않을 수 없지만, 그럼에도 나의 다른 자아가 그의 권위를 그 사이에 놓는 곳에서는 말이다.

제10묶음, 전지3, 1면

B

천연두난에 관하여

사람들이 서로 교제하는 데서 인간에 대한 최대의 위험은 타인에게 부당한 짓을 하는 위험이다. 반면에 부당한 짓을 당함은 하찮게 여겨질 수 있고, 그런 것을 참고 견뎌냄은, 만약 사람들이 그러한 관용이 모욕감을 주는 불손을 더 강화시키지 않을 것이라 기대해도 좋다면, 흔히는 오히려 상찬받는 일이기조차 하다.

〔……〕

XXII305

〔…〕

제10묶음, 전지3, 2면

제일 먼저 주목해야 할 바는, 사람들이 라틴어 낱말 '마테리아[21]〔物質/質料〕'를, 이에 적합한 독일어 표현이 '**스토페**[22]〔원소/소재/질료/물질/〕'임에도 불구하고, 복수로 사용하지 않는다는 점이다. 이것의 이유는, 근원적으로 보편적이면서 끊임없이 운동하는 유일한 종류의 원소/소재(元素/要素[23])에 대한 생각이 받아들여져 있고, 그것도 이것이 자기 장소를 변화시키는 것(移動力)으로서가 아니라, 힘들의 모든 운동들의 기초에 있는 내적으로 운동하는 것(內的 原動力)이라고 받아들여져 있는 것이지 싶다

물리학에서 경험의 기초에 놓여 있는 요소들, **원리들**, 소재(構成的〔材料〕質料[24])는 미리(선험적으로) 지각들의 법칙적으로, 다시 말해 하나의 체계 안에서 통일된 하나의 전체로서의 경험의 가능성을 위해 지각들의 잡다를 결합하는 **하나의** 형식적 **원리**를 필요로 한다. — 단편적(斷片的)으로 지각들을 가지고서는 하나의 체계로서의 물리학을 위한 어떠한 경험도 짤 수 없고, 오직 하나의 전체의 개념 아래에서의(結合해서) 통일의 원리에 의해서만 할 수 있다. 그래서 경험들이란 있지 않고, 지각들의 절대적·종합적 통일로서의 경험이 있을 뿐이다. 경험적 인식들의 하나의 체계는 그 자신이 경험적이지 않고, 오히려 이 체계는 그 형식이 결합의 선험적 개념들에 의거해 있는 종합적 통일의 한 원리 아래에 있다

XXII306   그러나 경험의 한 대상이 그 방식에서 유일한 것인 한에서, 곧 만약 운동력들의 절대적 전체가 하나의 개념에서 '하나의' 경험의 가능성을 위해 결합된 것으로 생각이 되면, 경험의 대상에 대한 또 하나의 개념이 있는 것이다.

---

21) 원어: materia.
22) 원어: Stoffe. 'Stoff'의 복수 명사.
23) 원어: στοιχεῖα.
24) 원어: materia ex qua.

물리학은 경험의 통일을 위한 물질의 운동력들의 주관적 총괄이다. 따라서 1.)한 직관(공간표상)의 잡다의 한 체계에서의, 2.)경험적 직관(지각)의 결합을 위한 것이다. 3.)경험의 가능성(선험적 법칙들에 따른 하나의 전체를 위한, 이 직관들과 이 직관들의 결합의 법칙들과의 합치의 유추), 4.)전반적 규정, 다시 말해 이 지각들의 객관의 실존

하나의 물리학을 정초하기 위해 이 결합의 형식〔적인 것〕이 선험적으로 선행한다(形式이 事物에 存在/本質을 附與한다). 다시 말해, 우리는 우리가 물리학에 집어넣었던 것 외에는 아무것도 끄집어낼 수 없다. 왜냐하면, 물리학의 객관, 즉 물질의 운동력들의 전부는 오직 하나의 체계(자연) 안에 주어진 것으로 표상되어야만 하고, 따라서 운동력은 어느 것이나 하나의 체계 안에서 다른 모든 운동력들과 관련하여 표상되어야 하기 때문이다 〔…〕

물리학은, 외적 감관객관이 경험의 대상인 한에서, 외적 감관객관으로서의 물질의 운동력들의 전부에 대한 교설체계이다. 그러나 물리학은, 사람들이 이 전체가 자연을 통해 그 잡다를 정리하는 지성의 유추에 따라서 서로 하나의 체계 안에 결합되어 있다고 생각하는 한에서, 그래서 이 전체가 그 자체로 가능한 경험의 하나의 객관이라고 전제될 수 있는 한에서, 하나의 자연체계로의 추세를 가진다. 무릇 이 경험은 직관에서의 경험적인 것의 연결의 형식적 원리를 지각의 한 원리 안에 함유하고, 이 원리 없이는 어떠한 경험통일도 일어나지 않으니 말이다(注意![25])

그러나 물리학은 하나의 자연기술〔記述〕이나 이야기가 아니고, 하나의 체계적 자연학의 개념이다. 다시 말해, 그것들의 상호 관계가 선험적으로 그것들의 연결에 관한 통일의 원리 즉 인과성에 따라 생각되는 한에서, 물질의 운동력들의 전체에 대한 개념이다. 왜냐하면, 오직 이러한 잡다의 하나의 체계 개념을 통해서만 자연에 속하는 잡다가 찾아내지고 발견될 수 있으며(形式이 事物에 存在/本質을 附與한다), 경험통일은 지각들의 단편적인 집

---

25) 이 '주의'에 상응하는 문구는 없다.

합에서 기인할 수 있는 것이 아니고, 하나의 자연은 그 본질속성들과 함께 서술될 수 있기 때문이다

〔······〕

XXII308 **기계적으로//역학적으로//유기적으로//** 그리고 인간의 하나의 감관객관(주관)의 **의지력**에 의해 움직이는 물질의 힘은〔기계적인//역학적인//유기적인// 그리고 인간의 하나의 감관객관(주관)의 의지력에 의한, 물질의 운동력은〕 물리학이 객관에 대하여 행사하고, 그 주관이 그에 반작용하는 운동력들의 모든 능동적 관계들을 함유한다.

〔···〕

제10묶음, 전지3, 3면

〔···〕

이성에 의한 자연과학의 형이상학적 기초원리들이 그쪽으로의 자연스러운 추세를 갖는 물리학은 이 개념에 따라서 한낱 이 힘들의 (단편적인) 집합체로서뿐만 아니라 형식의 면에서 물리학으로의 이행에서 교설체계로서 필연적인 것으로 생각된다. — 무릇 지각들의 집합〔집적〕은 경험의 하나의 전체를 생기게 할 수 없다. 왜냐하면, 이 집합〔집적〕이라는 것은 그것이 없으면 경험이 경험이지 않을 터인 — 왜냐하면, 경험이란 지각들의 전반적으로 규정된 개념이니까 — 현상들의 총체성을 보증하지 못하기 때문이다.

XXII309

그러므로 물리학은 현상(다시 말해, 경험적 표상들)에서의 물질의 운동력들의 하나의 절대적 **전체**에 대한 하나의 체계적 서술이다. 절대적 전체란 하나의 전반적으로 규정된 개념으로서, 그것은 경험 일반의 형식〔적인 것〕과 합치하고, 그러니까 하나의 체계를 위한 이러한 합성의 형식적 원리가 선험적으로 기초에 놓여 있어야만 하는 실존하는 어떤 것(전반적으로 규정된 사물)이다.

그러므로 우리는 우리 자신이 하나의 가능한 경험의 이 전체 **안에** 앞서

집어넣었던 것, 곧 현상들을 결합하는 형식[적인 것] 외에는 물리학의 그러한 전체를 **위해** 경험**으로부터** 아무런 것도 끄집어낼 수 없다. — 감관들에 **의한** 표상들의 주관성(第一 所與²⁶⁾)이 아니라, 감관들을 **위한** 표상들의 객관성(第一 思考²⁷⁾)이 최초에 경험의 기초로 놓여 있는 것이다. [⋯]

그러므로 자연과학의 형이상학적 기초원리들의 교설이 그리로 하나의 추세를 갖는, 감관들을 움직이는 힘들의 전체에 대한 교설체계로서의 물리학은 결코 도달할 수 없는, 오히려 부단한 진보 중에서 잡히는 하나의 학문에 대한 이념일 뿐이다. 우리는 이 학문을 위한 기본[요소]인식들을 파헤칠 원리들을 가지고 있기는 하지만, 그것들을 결코 하나의 완성된 체계 안에서 총괄할 원리들은 전혀 가지고 있지 못하다.

논변적 보편성 — 직관적 보편성.
우리 위의 신, 우리 옆의 신, 우리 안의 신, 1. 권세와 공포, 2. 현전[現前]과 숭배(진정한 경탄), 3. 빛에 대한 그림자로서의 자기 의무의 준수

제10묶음, 전지3, 4면

형이상학적 기초원리들에서 물리학으로의 이행에서, 물리학은 물질의 운동력들의 모든 경험적 인식의 하나의 체계이거니와, 그러나 이것이 경험적 체계는 아니다. 그러한 개념은 자기 안에 모순을 함유하기 때문이다. 그러므로 저 이행은 물질의 운동력들의 상호 관계들의 전체의 개념을 통해 경험 일반을 가능하게 하는 양, 질, 관계 그리고 양태의 법칙들에 따라서 일어난다. 서로에 대한 저 직관적 관계들의 현상체들이 사고될 수 있고, 선험적으로 완벽하게 분류될 수 있듯이 말이다. 이런 일은 일어날 수 있고,

---

26) 원어: primarium dabile.
27) 원어: primarium cogitabile.

일어나야만 하는데, 왜냐하면 이러한 관계들은 지성 자신이 순수 직관의 공리들, 지각의 예취들, 경험의 유추들, 그리고 xxx을 통해 직관 안에 집어 넣은 것과만 상관이 있기 때문이다

물리학으로의 이행은, 물질의 운동력들이 모든 것을 포괄하는 하나의 체계 안에 서로 결합해 있는 한에서의, 이러한 운동력들에 대한 하나의 경험 적인 학문인 자연연구의 보편적인 원리에 따라서 일어난다.

물리학의 질료[적인 것]는 운동력들의 총괄(包括)이고, 형식[적인 것]은 이 것들을 하나의 체계로 연결함이다. 그러나 경험적 인식의 이 **전체** 자신은 경 험적이지 않다. 왜냐하면, 그것은 오로지 하나의 선험적 원리에 따라서, 다시 말해 자기의 개념 안에 연결의 필연성을 지니고 있는 그러한 것에 따라서 생 각된 것이기 때문이다. 그러한 것이 없이는 어떠한 체계도 없을 터이다. — 그러나 자연연구의 규제적 원리는 객관의 구성적 원리를 통해서만, 그러므 로 경험의 가능성의 원리에 따라서만 이 의도에 도달할 수 있다. 그러나 이 것은[28] (운동력들에 대한 개념들의 연결의) 통일성으로서 하나의 체계를 위해 단편적(斷片的)으로가 아니라 체계적으로(連結해서) 결합되어 있는 것으로 생 각되지 않으면 안 된다. 이렇지 않고서는 그것들은 그 자신이 주관적으로 하나의 체계일 터이고, 정돈되어 있어야만 하는 경험이지 않을 터이다.

하나의 원리의 논리적 분할을 구분이라고 일컫는다. 이제 사람들이 제기 할 수 있는 물음은, 과연 그 구분이 원자론이 발설하는 것과 같이 무한하 게 강(綱), 유(類), 종(種) 등등으로 진행될 수 있는 것인지, 또는 과연 함께 운동력들의 전체를 형성하는 운동력들의 종별들이 모두 헤아려질 수 있는 지이다. 즉 첫째로 물질에 관련해서, 둘째로 **물체들**에, 다시 말해 자기 자 신의 힘들에 의해 자기 공간을 규정하고, 자기의 부분들의 위치를 내적으 로 규정하고 있는 하나의 물질에 관련해서. 이제 거기에, 과연 물체들의 유

---

28) 무엇을 지칭하는지가 불분명하다. 그래서 편자는 이 대목을 "그러나 경험에서 운동력 들은"으로 고쳐 읽으면 어떨까 하는 의견을 내놓고 있다.(XXII311, 원서 하단 편자 주 참조)

기체와 무기체로의 구분이 개념들에서 선험적으로 생겨날 수 있는지 하는 물음이 있다. 그리고 그 대답은, 그러한 구분은 기초에 한낱 하나의 허구를 놓고 있기 때문에 허용되지 않는다는 것이다

물리학의 형식적 원리들은 저 힘들의 하나의 체계의 가능성의 기초〔근거〕인 편성(整合의 包括)에서의 통일성에 대한 선험적 개념들을 함유한다. 물리학의 질료〔적인 것〕(內的 質料[29])는 그 편성이 감관표상의 하나의 객관의 현존을 위해 요구되는 물질의 잡다(構成的〔材料〕質料)와 관련한다. 합성된 객관들의 가능성의 이념〔관념〕들에 따라 선험적으로 종합적으로 생각될 수 있는(對象으로서의 質料[30]), 단지 지어낸 이러한 객관들(예컨대 유기적//물질적 존재자들)의 구분 원리는 — **자연연구**의 주관적 원리들: **자연지식학**의 객관적·규제적으로 구성적인 원리들이다

XXII312

〔……〕

초월철학은 '선험적 종합 명제들이 어떻게 가능한가'라는 물음에 답하는 철학이다. 그러한 명제들이 인간의 이성 안에 실제로 주어져 있다는 것과 철학이 그것들을 주요 대상으로 삼고 있다는 것은 명백하다.

그것들은 모든 감관객관들이 우리에게 단지 현상들을 (공간 및 시간상에서) 제시한다는 사실에 의거해 있다. 사물들 그 자체에 대한 인식은, 이것들이 우리에게 현상하는 한에서, **초험적**이다

실천적 인식은 초감성적 인식과 관련이 있을 수 있지만, 그러나 단지 세계의 어떤 도덕적 창시자의 실존 가설로서의 인식과 관계할 뿐이다

보편성(논변적) 전체성(직관적)

XXII313

〔……〕

---

29) 원어: materia in qua.
30) 원어: materia circa quam.

제10묶음, 전지3, 5면

물리학은 자연과학의 형이상학적 기초원리들의 추세로서의 경험적 자연연구의 체계적 교설이다. 자연연구에 따라 선험적으로 기초에 놓여 있는 원리들이 자연과학의 형이상학적 기초원리들이다.

물리학은 경험의 한 체계 안에서 자연의 운동력들을 연결하는 원리들의 학문이다. 이를 위해 필요한 것은 1.) **경험적** 표상들의 **질료/물질**[적인 것] (所與), 2. 경험적 표상들의 잡다를 한 체계 안에서 편성하는 **형식**[적인 것] (思考)이다. 이 형식[적인 것]은 경험을 통일적인 것으로 가능하게 하기 위해 저 경험적 표상들을 연결하는 법칙을 함유하며, 이념으로서 연결의 기초에 선험적으로 놓여 있어야 하는 것이다(形式이 事物에게 本質/存在를 附與한다).

〔……〕

〔……〕

제10묶음, (반)전지4, 1면

C

물질의 운동력들의 집합체는 자체로 단지 현상이고, 경험적 인식에서 이것들의 집합은 선험적으로 가능한 경험의 원리인 형식[적인 것]을 함유하는 바, 경험 자신은 현상에서의 현상체들의 한 관계이다. 왜냐하면, 운동들은 다시금 또한 운동력들의 현상들이고, 이 운동력들은 저 현상들에 비하면 (원리들의 원리로서) 우선 첫째로 감관객관들 자신이다. — 경험적 인식에서 운동력들이 단지 현상들임은 그것들이 언제나 더 상위의 체계를 위한 집합체들로서만 표상된다는 사실로부터 밝혀진다. — 우리가 감관의 대상들에 대한 인식을 가질 수 있는 것은 (경험을 통해서가 아니라) 오직 하나의 이성개념을 통해서, 곧 선험적으로 표상되는, 운동력들의 하나의 체계에 대한 개념이나 경험적 표상들의 한 체계를 통해서, 즉 우리가 경험적 표상을 위해 감관표상에 집어넣는 것 그리고 가능한 경험을 위해 집어넣어야 하는 것을 통해서이다. 그리고 관찰 및 실험은 우리가 시험적으로 집어넣었던 것을 감관표상에서 끄집어내는 방법일 뿐이다.

과제

1.) 물리학은 어떻게 가능한가. 2.) 자연과학의 형이상학적 기초원리들에서 물리학으로의 이행은 어떻게 가능한가. 3.) 물리학에 속하는 대상들의 범위의 측정은 어떻게 가능한가.

물리학은 경험에서의 감관대상들의 인식이다. 그러나 물리학은 객관들 그 자체가 아니라 그것들이 감관을 촉발하는 대로 현시(展示)하는 현상(現象體)들로서의 대상들의 표상을 함유한다. 그리고 [물리학은] 운동력들을 촉발된 주관의 성질에 따라 내적으로, — 외적으로 경험적으로, 다시 말해 주어진 바(所與)대로가 아니라, — 그리고 선험적으로 합성의 형식에 따라 생각되는(思考可能한) 감관표상의 잡다한 연결을 원리로 삼는다. 그래서 [물리학은] 그 형식이 객관적으로 현상체로서의 사상(事象) 자체를 ('形式이 事物에 存在/本質을 附與한다'라는 규칙에 따라) 이미 자기 개념 안에 동반하고 있는 절대적 형식을 결과로 갖는 경험적 인식의 체계로서의 경험을 함유한다.

그러므로 물리학은 경험적으로//표상되는 것의 경험의 통일로의, 그러므로 주관적으로 하나의 체계 안에서 진보하는 연결에 대한 교설이다. 그리고 순수한 직관 안에서 서로 곁에·서로 잇따라 주어진, 공간과 시간의 표상들의 종합적 통일(複數性)을 통해 [표상되는] 가능한 경험의 단일성(單數性)이 경험의 절대적 통일성을 [정초한다]. 그래서 다음과 같이 말하지 않을 수 없다: 》오직 '하나의' 경험이 있다. 만약 사람들이 **경험들**에 대한 이야기를 듣는다면, 그것은 언제나 '하나의' 경험에 속하는 지각들의 집합으로 이해 XXII319

될 뿐이다.《

한낱 현상들로서의 감관대상들에 대한 개념은 언제나 그러함에도 이성에 의해, 그에 대한 아무런 직관도 기대할 수 없는, 사상[事象] 그 자체로 회부되기 때문에, 외적 감관표상들과, 경험을 위한 그것들의 체계, 그리고 경험의 가능성의 원리를 다루는 물리학은 다른 것이 아니라 물질의 운동력들의 이러한 표상들의 내적 체계적인 연결을 과업으로 삼지 않을 수 없다

물리학으로의 진보.

물리학은, 물질의 운동력들이 객관적으로 그것들의 하나의 자연체계 안에 함유되어 있는 한에서, 물질의 운동력들에 대한 교설체계이다. 물리학은 학문[과학]으로서 외적 감관대상들의 경험적 인식의 절대적 전체를 함유하는바, 그것을 성취하려는 업무를 자연연구라고 일컫고, 그 연구의 질료적 (경험적) 원리는 관찰과 실험에 의거하되, 사람들이 어떻게 무엇에 따라 연구해야만 하는지의 형식[적인 것]은 선험적 원리들에 의거해 있으며, 이 원리들은 경험에서 도출된 것이 아님에도 불구하고, 자연지식의 체계로서의 경험의 가능성의 근거를 함유하고 있다.

우리는 우리 자신이 경험적인 것의 합성의 형식적 원리에 따라 운동력들에 집어넣었던 것 외에 인식의 질료를 형성하고 있는 감관표상들에서 아무런 것도 끄집어낼 수 없다. 현상들은 여기서 사상[事象]들 그 자체로 간주되어야 한다.

물리학은 여기서 현상들의 현상들에 상관하고, 저것의 원리들은 구분을 통해 객체(예컨대, 유기적 객체)에 관해서도, 운동하는 주체에 관해서도 선험적으로 분류될 수 있다.

형이상학적으로 보자면 감관의 객관들은 현상들이다. 그러나 물리학에서 이것들은 감관을 촉발하는, 또는 주관이 자신을 촉발하는 바대로의 (선험적으로 표상하는) 사상[事象]들 그 자체이다.

감관표상들의 명목체계를 그것들의 실재체계로 전환시키는 것은 오로지 경험을 위한 절대적 통일의 매체이다.

사물들 그 자체와 대비되는 직접적 및 간접적 현상들에 대하여

그것에 의해 우리가 촉발되는 운동력들 자신이, 감관들을 촉발하는 힘들의 체계의 관점에서, 그 또한 현상들이므로, 우리는 저 체계와 관련해서만 저것들을 사물들 그 자체로 간주할 수 있고 간주해야만 한다.

제10묶음, (반)전지4, 2면

현상을 사상[事象] 자체와, 표상방식의 주관적인 것을 객관적인 것과 구별하는 두 가지 방식이 있다. 첫 번째는 형이상학적이고, 다른 하나는 자연학적이며, 둘 다 주관이 (객관에 의해) 촉발되는 형식상의 방식을 표상하는 데서 성립한다. 거기서 촉발되는 주관에 귀속되는 것이 표상된 객관에 부가되는 착각이 일어나는데, 이것은 **개념들에서의** 사취의 오류에 속한다. 두 번째 착각은 감관객관의 실존과 관련한 것인바, 객관의 경험적 의식(지각)을 경험의 가능성을 위한 지각들의 연결 원리로 직접 취하는 데에, 그것도 직접적으로, 그렇게 하는 데에 있다. 그러한 것은 단지 매개적으로(간접적으로) 일어날 수 있고, 객관의 실존은 경험**으로부터**가 아니라 경험을 **위해**, 다시 말해 경험의 가능성을 위해서 물리학에서 선행해야만 하는 것인데도 말이다. ── 경험표상에서의 **감각할 수 있는**(感覺可能한) 것이 물리학을 위한 소재[질료]이다. 이 소재에서 경험인식이 하나의 형식적 원리에 따라서 자연연구의 관찰과 시험(觀察 及 實驗)을 통해 비로소 형성되어야 하는 것이다. 그러나 경험표상에서의 **사고가능**(思考可能)**한 것**은 단적으로(絶對的으로) 물리학을 위해서가 아니라, 조건적으로(假說的으로)만 자연연구의 실마리이다. 자연연구는 그 객관의 전체를 이러한 감관표상들의 연결 법칙들에 따라 선험적으로 밑그림을 그리지 않고서는 물리학이라고 일컬어지는 하나의 체계를 그 범위와 내용의 면에서 제시할 수가 없다. ── 그러나 오직 지성에 의해 법

칙적인 자연규정들로서의 운동력들의 체계 안에서 저 객체들에 대한 하나의 개념을 가질 수 있는, 운동력들의 한 주체의 성질은 이미 자기동일적으로(분석적 원리에 의해) 외적 감관객관들의 그러한 전체에 대한 개념을 자기 안에 함유하고 있다. 무릇 저런 규칙과 질서가 없다면 우리는 그런 것들의 현존에 대해 아무것도 알지 못할 터이니 말이다.

운동력 그 자체와 대비되는 공간상의 현상에서의 운동력에 대한 인식. — 주관이 객관에 의해 촉발되고, 자기 자신을 촉발하며, 그[31] 자신에게 현상에서의 하나의 운동인 까닭에서의, 현상의 현상. 그것에 의해 주관[32]이 촉발되고, 주관이 외부로부터 수용하는 것을 선험적으로 주관 안으로 집어넣으며, 자기 자신을 움직이는 그런 운동을 주관이 스스로 만들고 야기하는 까닭에서의, 자연연구에서의 외적 감관의 간접적 운동력.

그것에 대한 의식이 결합된 경험적 표상이 지각이다. 지각들을 단편[斷片]적인 집합체로서가 아니라 체계로서의 하나의 전체로 결합하는 의식은 다시금 그 자신이 경험적[33]인 것이 아니라, 형식의 면에서 선험적 인식, 다시 말해 경험[34]이다. — 이 합치는 경험**으로부터**(또는 경험**에서**) 도출된 것이 아니라, 경험을 **위해** 그리고 경험의 가능성을 위해서 주관 안에서의 현상들의 하나의 종합이다. 이제 여기서 반성개념들의 하나의 모호성이 등장한다. 〔누구는〕 자연이 일으킨 것, 주관 안의 **현상**을 이 주관이 행한 것과 한가지 것으로 보고, 다시 말해 하나의 전체로 받아들여진 경험적 표상들의 연결로 오해하여, 사물 **자체**로 본다. 그러니까 〔누구는〕 현상의 형식〔적인 것〕을 대상 자신의 질료적〔실질적〕인 것으로, 그리고 주관이 경험의 가능성을 위해서 집어넣은 것, 즉 형식을 감관객관 자신 안에서 마주치는 것(질료)으로 본다. — 자연과학의 형이상학적 기초원리들에서 물리학으로의 이행.

---

31) 원문의 "ihr"를 "ihm"으로 고쳐 읽음.
32) 원문의 "sie"를 "es"로 고쳐 읽음.
33) 원어: empirisch.
34) 원어: Erfahrung.

물질의 운동력들을 경험적으로 포착하고, 단편(斷片)적으로 모으는 것이 학문으로서의 물리학을 정초할 수는 없고, 오히려 그것을 하나의 전체로서, (斷片的인) 집합체가 아니라 그 수와 순서를 규정하는 선험적인 하나의 원리에 따라 (結合된) 체계로 세울 수 있어야만 한다. 〔그런데〕 이러한 일은 우리가 지각들의 집합체에서 끄집어내는 것에 의해서는 일어날 수 없고, 오로지 우리가 경험의 가능성을 위해서 (따라서 하나의 형식적 원리에 따라) 집어넣은 것에 의해서 일어날 수 있다. 이렇게 해서 그 안에서 자연연구가 (관찰과 실험을 통해) 현상들의 현상으로부터 하나의 선험적 원리에 따라 나아가는 이 학문〔과학〕이 성취된다. 그러니까 간접적으로, 무작정 여기저기서 긁어모은 것(頭序없는 認識)으로가 아니라, 잡다를 개념들에 따라 구분하는 원리들에 따라서 이 학문이 가능하게 된다. 왜냐하면, 직관이 아니라 지성이, 감각할 수 있는(感覺可能한) 것이 아니라 생각할 수 있는(思考可能한) 것이 모든 편성의 원칙에 따라 모든 것에 선행(形式이 事物에 存在/本質을 附與한다)

xxx

우리가 경험적[35]으로 부딪치는 것이자 한낱 현상인 것에서 경험[36]으로의 비약을 만드는 개념들의 모호성. 경험은 어떤 현상의 현상일 터이고, 경험은 부딪치는 표상으로 수용될 수 없고, 오히려 만들어져야만 하는 것이니 말이다.

〔……〕

우리는 경험적 직관으로부터는 우리 자신이 물리학을 위해 집어넣은 것 외에 아무런 것도 끄집어낼 수 없다. 주관은 현상으로서의 종합에서 스스로 자신을 촉발한다

물질의 운동력들에 대한 의식으로서의 감각이 아니라 이 외적 감관객관

---

35) 원어: empirisch.
36) 원어: Erfahrung.

들의 현상들이 선험적으로 먼저 생각되는 첫째의 것인바, 그 안에 운동력들이 놓인다. […] ― 주관은 이로써 대상을, 그러나 단지 현상에서 경험의 가능성을 위한 자료로 의식하는바, 경험은 감관객관의 인식을 위한 지성의 작업이다

주관에서의 잡다의 종합이 객관에 대한 직관의 기반이거니와, 그렇지만 객관은 이를 통해 단지 현상, 아직 경험이 아니고 단지 현상이다. 개념들의 구성에 의해서 xxx

제10묶음, (반)전지5, 1면

D

모든 물체들의 물리적 **분할**이 무한히 나아가고, 물질의 어떤 단순한 부분도, 그러니까 어떠한 원자론도 성립하지 않듯이, 물체 일반에 대한 개념 **구분**의 논리적 분할도, 다시 말해 물질의 종[種]의 원리도 사정이 똑같다. 물체들은 무한한 방식으로, 즉 그 소재(혼합)의 면에서, 그 짜임새(직조)의 면에서, 그 형태(형상)의 면에서, 그리고 자기 자신을 합목적적으로//형성해가는 고정적 물체로서 그 보존(자연본성)의 면에서 도대체가 무한히 분류될 수 있고, 그리하여 어느 한 체계에 따른 구분의 최종 분절은 결코 있을 수 없다.

1) 객관적 합성의 통각 (선험적), 2) 파악에서 주관적으로 합성된 것의 포
착 (경험적), 3) 공간의 하나의 전체에서 하나의 개념 아래에서의 현상들의 종합적 통일. 4) 대상들에 관한 자연연구의 원리.

우리는 외적 대상들에 대한 의식적인 선험적 직관을, 또한 의식적인 경험적 표상들(지각)을 갖는다. (대상들의 현실성은 상정된다. 왜냐하면, 그렇지 않으면 수동적 의식이 합법칙성의 그리고 외적 전달의 어떤 근거도 xxx 않을 xxx

1. 어떻게 감관이 촉발되는가의, 형이상학적 의미에서의 현상 2. 어떻게

주관 자신이 감관을 운동력들을 통해 저 형식에 맞게 촉발하는가의, 물리학[자연학]적 의미에서의 현상. 3. 어떻게 후자가 전자에 종속되는가. 4. 어떻게 부분들로의 집합체가 아니라 체계의 전체의 운동력들이, 규정될 수 있고 규정하면서, 체계가 아니고 단편적인 것인 경험적인 것에서 이성적인 것으로, 즉 (계량 가능한, 차단 가능한, 응집 가능한, 소진 가능한, 그리고 그 반대들의) 감관의 대상들의 전체의 이념으로 진보하면서, 물리학이라 일컫는 하나의 체계로서, 다시 말해 개념 안에 절대적 통일성을 기초로 갖는 경험으로서 자격을 갖는가: ― 그리고 어떻게 운동력들의 기본[요소]체계가 독자적으로 존립하는 하나의 전체를 이루는, 하나의 모든 것에 퍼져 있고, 모든 것에 침투하는 운운[云云]의 물질에 의해, 즉 지성에 의해 (공간의 절대적 종합적 통일에 맞게) 선험적으로 구성되어 있는가. (잡다의 연결에서 생각되는 현상의 현상은 대상 자신의 개념이다.)

그러므로 물리학은 경험**으로부터** 그리고 경험에서가 아니라 경험의 가능성을 **위한** 운동력들의 통일의 개념에 의해 (관찰과 실험을 통해) 자연연구의 원리들에 따라서 구성되어 있다. 즉 운동력들이 외감과 그 기관들에 작용하는 한에서, 외감에 언제든 나타날 수 있는 현상들을 편성하는 앞서 말한 보편적 원리들에 따라서 말이다. 이 원리들이 하나의 선험적인 분류구분을 정초하고, 이 분류구분이 도식으로서 하나의 자연의 체계를 소묘하며, 그 안에서 자연객체 각각에 자기의 위치를 생성할 수 있다

XXII326

현상들의 현상, 곧 주관이 간접적으로 촉발된 바대로의 것은 형이상학적으로는 주관이 자기 자신을 객관으로 만든 바대로의 것(직관에서 규정될 수 있는 것으로서의 자기 자신을 의식한 것)이다. 이것은 공간상의 운동력들을 결합하는 원리를 함유하거니와, 이것은 (형식에 따라) 공간을 경험적 표상을 통해 실재화하기 위한 것으로, 경험에 의해서가 아니라 주관의 경험적 표상들의 체계로서의 경험의 가능성을 위해서 그러하다. (직관의 공리들, 지각의 예취들, 경험의 유추들, 그리고 경험 일반의 하나의 체계에서의(그러므로 단편[斷片]적으로가 아닌) 경험적 표상들의 총괄)

반성하는 판단력의 모호성은, (원리들에 따라 선험적으로 일어나는) 합성에서 경험적 통각을 지성적 통각으로 잘못 아는, 자기착각이고, 형이상학에서 물리학으로의 단계적인 진보를 통해서가 아니라 하나의 비약을 통한 짜맞추기이다. 왜냐하면, 중간 마디 곧 자연연구에서의 종합적 통일의 의식이 결여되어 있기 때문이다

이 합성 내지 하나의 체계에서의 현상체들로 합성된 것은 하나의 현상체가 아니고, 하나의 지성개념에 의한 운동력의 연결이다. 이 지성개념을 통해 우리는 우리가 (관찰과 실험을 통해) 단편적으로 합성했던 잡다를 체계적으로 경험적 인식의 하나의 체계 안에서 자연연구를 위해 하나의 원리에 따라서 조립한다.

다섯 감관(五官), 즉 신체의 형식들 일반과 관련한 운동력들의 구분.

물질의 운동력들은 운동하는 주체 자신이 자기 신체(물체)로써 다른 물체들에 대해 행하는 것이다. ― 이 힘들에 대응하는 반작용들은 우리가 그것들을 통해 물체들 자신을 지각하는 단순한 행위작용 안에 함유되어 있다. 기계학과 역학이 두 원리이다

〔……〕

〔…〕

제10묶음, (반)전지6, 1면

E

자연연구의 주관적 원리는 선험적으로 객관적 원리에 선행하고, 합성〔작용〕은 합성된 것〔합성체〕에 선행하며(形式이 事物에 存在/本質을 附與한다), 통각의 원리는 포착의 원리에 선행한다. 집합〔긁어모음〕에 의한 연구 방법은 그것에 따라 연구되는 하나의 체계에 선행한다. 운동력들의 분류구분

(種類區分)의 방식에 대한 조망(眺望) 그리고 경험 자신의 '하나의' 전체 안에서의 감관대상들의 절대적 통일을 위한 가능한 경험을 위한 제약된 통일성의, 경험적인 그래서 단편적으로 긁어모은 전시(展示)의 체계적 통일.

정언적, 가언적, 선언적 판단들을 구분하는 논리적 원리에 따른 (계량 가능한, 저지 가능한 등등의) 개념들은 여기서 대상들의 현상에서의 감관직관에 관한 지성을 위한 개념들의 도식성으로 쓰인다.

물질의 운동력들은 공간의 통일성[단일성/하나임]으로 인해 어떤 공간도 비워두지 않는다. 왜냐하면, 그렇지 않으면 공간은 가능한 경험의 대상이지 못할 터이기 때문이다. (빈 공간을 통한 인력이란, 설령 물질이 사이에 놓여 있다 하더라도, 사이에 놓여 있는 어떤 물질의 **매개 없이** 끌어당김을 의미할 따름이다.) [이것은] 이미 자신의 개념 안에 운동력들의 전체의, 원소재의 기본[요소]체계를 함유한다. 이 원소재의 공간상에서의 내적인 운동력(始原力)이 공간을 오직 '하나'일 수 있는 경험의 대상으로 만든다. 그리고 이 원소재의 XXII331 운동이 모든 운동을 개시하며, 그러므로 이 원소재를 이제 열소라고 일컫든지 또는 다르게 일컫든지 간에, 그것은 가설적 원소가 아니라 선험적으로 주어진 원소이다.

[⋯⋯]

제10묶음, (반)전지7, 1면　　　XXII335

F

현상에서 그 운동력들과 함께 관찰되는 물질은 첫째로 주관적으로는 그것에 대한 의식적인 경험적 직관(지각)이고, 오히려 또한 그것에서의 잡다의 종합을 통해 객관적으로는 가능한 경험의 하나의 대상이다. 이 경험은 지각들의 하나의 체계로서, 낱낱으로(斷片的으로) 있는 한갓된 집합체가 아니라, 하나의 개념으로 결합된(結合的인), 단지 **감관**에 주어진 것(所與)이 아니라, **지성**

에 의해 하나의 원리에 따라서, 다시 말해 선험적으로 경험의 가능성과 관련해 하나[통일성/통일체]로 객관적으로 생각할 수 있는(思考可能한) 것이다

그러나 순전히 공간과 시간상에서 함께 있음(共實存)의 형식[적인 것]이 선험적으로 하나의 규칙에 예속되어 있을 수 있고, 경험의 가능성을 위한 잡다의 편성(整頓)의 객관적 통일이 감관객관들의 **인식**이 될 수 있기 때문에, 바로 그 때문에 감관객관은 사물 그 **자체**(叡智體 客體)가 아니고, 순전히 현상에 주어진 것으로 보아야 한다.

그러므로 하나의 물리학에서의 물질의 운동력들의 기본[요소]체계는 이제 감관대상을, 그러나 도대체가 오직 **현상**에서 함유한다. 왜냐하면, 이 체계는 교설체계(敎說的 體系)로서 경험적 개념들의, 그렇지만 **가능한** 경험에 속하는[경험을 위해 필요한] 개념들의 결합의 형식[적인 것]을 마땅히 함유해야 하기 때문이다. (이런 것이 없이는 이 체계는 선험적으로 — 하나의 **체계**를 위해서는 요구되는 것인바 — (경험의) 저 전체를 위한 경험적으로//주어진 것의 연결을 함유하지 못할 터이다.) 무릇 소재(공간상에서 운동할 수 있는 것)로서의 지각들에 대한 지시의 원리 없이 지각들 사이를 이리저리 헤매다니는 것으로는, 물리학이 마땅히 그러한 것이어야 할, 경험적 개념들의 체계가 세워지지 못한다. —

[…]

그러나 공간과 시간상의 현상들의 공존(共實存)은 자체가 현상으로, 하나의 **감각할 수 있는** 대상(感覺可能한/感性的인 어떤 것)이 아니고, 하나의 **감각을 벗어난** 대상(叡智的인 것)도 아니며, **생각할 수 있는** 것(思考可能한 것), 경험적으로//주어진 것을 경험의 종합적 통일로 **합성**하는 양식(合成의 樣態)이다. 그것은 현상체들의 잡다의 저 합성의 기초에 놓여 있는 형식적 원리로서 공실존[共實存]에 앞서 선행한다.

[……]

[……]

제10묶음, (반)전지8, 1면

G,

그러므로 물리학에서 개념들은 경험적 자연연구가 제공하는 것 위에 기초하고 있고, 그러므로 운동력들의 기본〔요소〕체계 내의 이 연구의 선험적인 주관적 원리에 기초하고 있다. 그러므로 이 주관적 원리는 또한 그 질료/물질〔적인 것〕, 다시 말해 기초원소(基盤)들에 대해 그 체계 구분의 원리를 전제한다

그러나 공간상의 (그리고 시간상의) 사물들의 현상은 두 방식이다: 1. 우리 자신이 공간 안에 집어넣는 대상들의 현상(선험적인 것), 이것은 형이상학적이다. 2. 우리에게 경험적으로 주어지는 현상(후험적인 것), 이것은 물리학〔자연학〕적이다. 후자는 직접적 현상이고, 전자는 간접적, 다시 말해 한 현상의 현상이다.

한 간접적 현상의 대상은 사상〔事象〕 자신이다. 다시 말해 우리가 그 사상〔事象〕 자신을 집어넣었던 한에서만, 다시 말해 그것이 우리 자신의 인식 XXII341 산물인 한에서만, 직관에서 끄집어내는 대상이다.

곧 만약 우리가 물질의 이 운동력들의 (인력과 척력의, 또는 이것들에 종속되어 있는 팽창력과 응집력의) 개념을 앞서 갖지 못하고, 이 속성이 또는 저 속성이 이 개념들 아래 속한다고 말할 수 없다면, 우리는 하나의 단단한 또는 부드러운, 따뜻한 또는 차가운 등등의 물체에 대한 **그러한 것**으로서의 의식을 갖지 못할 터이다. — 그러므로 경험적 인식을 위한 것으로, 그렇다고 경험적 개념들이 아니고, 개념들이 선험적으로 주어져 있는바, 이것들은 자연사물을 주관적으로 하나의 원리에 따라서 선험적으로 주어진 대상들〔로〕 갖는 경험을 위한 것이다. 그리고 이러한 일은 오직 우리가 경험적 직관(지각)의 대상을 스스로 만들고, 그것을 감각도구를 위해 합성에 의해 스스로 우리 안에서 산출하고, 그렇게 해서 하나의 감관객관을 경험에 대해 경

험의 보편적 원리들에 따라서 현시하고, 또 그렇게 해서 형식상의 보편적인 것에서 감관표상의 개개의 것을 주관을 위한 감관직관 안에서 산출함으로써 〔가능하다〕

그래서 예컨대 광물의 분류에서 수정〔水晶〕은 석〔石〕의 유〔類〕 중의 한 종〔種〕이다. 다시 말해 단단하고 부서지기 쉬운, 앞서는 유동적이고 이제는 투명한, 일정한 형상과 직조의 규칙적으로 형성된 물체이다. 그리고 이 물체의 산출을 우리는 어떤 특종의 물질에서 생겨난 것으로 생각한다. — 이제 지성은 **기술**(記述)을 통해 — 이 기술이 그렇지만 **설명**(定義)은 아니다. 왜냐하면, 기술은 선험적 개념들에서 생기는 것이 아니기 때문이다 —, 그렇지만 경험적 소재(基盤)에서 인력을 통해 결합되고, 척력을 통해 형상의 변화에 강력하게 저항하는 투명한 하나의 물체라는 개념을 **만든다.** 그렇게 해서 지성은 경험적 직관의 질료/물질〔적인 것〕에 경험의 형식〔적인 것〕을 덧붙인다

XXII342

그러나 물질의 운동력들은 공간의 통일성〔하나임〕과 전반적 충전〔채움〕 — 빈 공간은 가능한 경험의 대상이 아닐 터이기 때문에 — 덕분에 바로 물리학의 대상인 하나의 운동력들의 **기본**〔요소〕**체계**를 이룬다. 물리학은 운동력들의 하나의 **교설체계**이며, 자연연구에 의거해 논리적 분류의 점에서 늘 진보하고 있다.

물리학은 물질의 운동력들에 대한 경험학문/경험과학으로, 그것(물질)이 하나의 체계를 이루고 있는 한에서 그러하다. 이 체계는 자연 자신 안에 정초되어 있다. 그러니까 그것은 인공〔적〕(人工〔的〕)[37] 체계가 아니라 자연〔적〕(自然〔的〕)[38] 체계라고 불릴 수 있다. 그런데 우리는 그 자신이 경험적이지 않고 경험적일 수도 없는, 경험적 인식들의 한 체계를 어떻게 선험적으로 요

---

37) 원어: ku〔ü〕nstliches(artificiale).
38) 원어: natürliches(naturale).

구할 수 있는가?

논변적 보편성(다수에서의 하나[통일성])은 직관적 보편성(하나에서의 다수)과는 구별되어야 한다. 후자는 합성의 한 작용이고 집합[집단]적이며, 전자는 포착의 한 작용이고 분배적이다. 직관의 공리들이 지각들의 **기반**을 이루는 예취들에 선행한다.

감관표상들로서의 운동력들과 관련해 空[빈 것]은 가능한 경험의 대상이 아니다. 原子들과 虛空은 경험의 대상들이 아니다.

경험적 표상의 집합체가 선행할 수 없고, 하나의 원리를 함유하는 체계의 형식이 선행할 수 있다

思考可能한 空間이 체계에서의 전체의 형식인데, 형식상 사념[관념]물(理性의 存在者)이다. — 非感覺的인[感覺할 수 없는] 것은 空[빈 것]이다.

체계로서의 所與的인[주어질 수 있는] 空間과 思考可能한[생각할 수 있는] 空間, 叡智體가 아니다. 矛盾

물질의 운동력들에 대한 기본[요소]개념들은 1. 자신은 장소변화 없이 다른 것을 움직이게 하는, 계량 가능한 – 저지 가능한 등등

2. 이런 것들은 범주들 아래에 있다

3. 범주들 아래의, 하나의 모든 것에 침투하는 운운[云云]의 물질이라는 보편적 운동의 원리 아래의 힘들

XXII343

반성개념들의 모호성 중에 있는 간접적 현상은 겉모습[외견], 다시 말해 가상[假象]이다.

현상은 오로지 형식의 면에서 운동력들의 전체에 대한 선험적 원리들을 제공한다. 질료[적인 것]는 규정되지 않은 채 남아 있다. 오직 체계가 사상[事象] 자신이다

＊　　　　＊

우리는 우리의 감관표상들에서 우리가 우리 자신의 경험적 표상을 위해 집어넣었던 것 외에는, 그것의 현시를 의식하면서, 다시 말해 지성을 통해, 아무런 것도 끄집어낼 수 없다.(知性은 感官들의 現象들을 顯示한다.) 그리고 이 현시가 지각들의 하나의 집합체에서 직관의 형식적 조건들과 주관 안에서의 이 지각들의 공존에 따라서 하나의 체계를 만든다. 〔즉 이 현시가〕 **현상**으로서의 외적 감관객관의 하나의 인식을 **경험**의 가능성을 위하여, 다시 말해 현상에서의 물질의 운동력들의 잡다의 합성에 의한 자연연구를 위해서, 만든다. 이 현시가 한 개념의 도식으로서, 선험적으로 한갓된 현상으로서 객관에서의 합성된 것의 저 형식과 그것의 인식의 경험근거를 가능하게 만든다. ― 무릇 현상만이 선험적 인식을 허용하니 말이다.

다섯 외감〔외적 감관〕들. 이것들에 하나의 내부〔감관〕[39](열의 감각)도 속한다

그러나 이제 '하나의' 의식에서의 경험적 표상들의 이 총괄은 단편적으로 지각들이 함께 쌓인 집합체라 생각되지 않는다. 무릇 그러한 것에서는 어떤 경험도 이루어지지 않으니 말이다. 왜냐하면, 이 경험의 가능성을 위해서는 연결된 지각들의 원리에 따른 선험적·종합적 통일이 필요하기 때문이다. 그러므로 외적 감관표상의 모든 경험적 資料들은, 그것들을 경험에 속하는 것으로 생각하기 위해서는, '하나의' 체계 안에서 필연적으로 결합되어 있다고밖에는 달리 생각될 수 없다. 그래서 저 대상들과 관련해서는, 경험들에 대해 말하지 않고, 단지 경험에 대하여 말하는 말 자체가 전해주듯이, 오직 '하나의' 경험이 있다. 경험적 자연연구는, 그렇지만 경험적으로가 아니라, 하나의 **체계**로서의, 선험적으로 기초 지어진 하나의 원리(인식의

XXII344

---

39) 원어: ein inwendiger 〔Sinn〕. '내감(inner Sinn)'이 아니다.

형식〔적인 것〕)에 따라서, 자연사물들의 현상들을 경험에 부합하게 표상하기 위해서 이 경험을 좇는다

이제 우리는, 비록 선험적으로 현상들의 종합에 관해, 다시 말해 경험적 표상들의 객관들이 공간상에서의 그것들의 관계들과 함께 필연적으로 우리에게 현상할 수밖에 없는 바대로, 그러므로 또한 만약 우리가 자연연구에서 (관찰과 실험을 통해) 그것을 추구한다면, 경험이 우리에게 제시할 것인 즉, 우리 감관들에 대하여 현상들인 것을, 그러나 모든 인간에 대하여, 다시 말해 자체로 있는 것은 아닌 것을 제법 잘 규정할 수 있다. 그러므로 우리는 경험을 만드는 모든 수단에 의해서조차도 보편적으로//타당하게는, 외견상, 선험적으로는, (함께 **물질**을 이루고 있는) 지각의 객관들 가운데 무엇을 얼마만큼, 그리고 운동력들 가운데 어떤 종류를 몇 개나 우리가 우리의 가능한 경험에 가령 기초로 놓을 수 있는지를 결정할 수가 없다. 오히려 기껏해야 외적 감관객관들의 사이를 더듬고 돌아다니면서 혹종의 힘들을 주워모아 헤아릴 수 있을 뿐이다. 예컨대, 단단함, 부드러움, 무거움, 가벼움 등등을. 이런 것들은 합해서도 이런 힘들의, 그러므로 이러한 힘들을 자신 안에 함유하고 있는 소재〔원소〕들의 하나의 완성된 체계를 이룰 수 없다. 왜냐하면, 우리는 그것들을 선험적인 하나의 원리에 따라서 자연연구를 통해 우리의 지식으로 들여올 수 없기 때문이다. 다시 말해, 우리는 운동력들의 기초원소들을 종별화할 수 없고, 그것들의 기본〔요소〕체계를 세울 수 없기 때문이다.

과제는, '(학문〔과학〕으로서, 그러니까 경험적 인식의 단편〔斷片〕적인 집합체가 아니라 체계로서, 그러니까 경험이론으로서) 물리학이 어떻게 가능한가'이다.

〔……〕

제10묶음, (반)전지9, 1면

H

첫째로 물질, 운동할 수 있는 것, 둘째로 원소(基盤)들, 다시 말해 잡다한 한에서의 물질의 운동력들. 현상에서의 그것들의 운동력들에 따라서인지, 또는 모종의 관계에서의 사상(事象)들 그 자체로서, 그것들의 간접적 현상체들로서인지. ─ 물질은 경험이 그러하듯이 오직 하나, 유일하다. 그러나 이 힘들의 원소(基盤)들은 실체에서조차 운동할 수 있는 것이다. 운동력들은 현상 안에서의 것(공간을 차지하는 또는 충전하는[채우는] 것)으로 표상된다. 직관에서 선험적으로 주어질 수 있는 현상은 구분과 분류의 하나의 원리를 필요로 하는데, 그러나 구분은 단지 현상에 속하는 것으로 주어져 있고, 합성에서 형식에 따라서 생각된다.

의식적인 경험적 표상들의, 다시 말해 감관들을 촉발하는 운동력들의 지각의, 주관적인 것(요소)은 그것들의 경험적 인식의 원리에 따른, 개념들에 따른, 연결로서의 경험에 선행하는바, 이것은 경험 ─ 경험적 인식의 하나의 체계(이것은 경험적 체계가 아니다. 무릇 그런 것은 자기 자신과의 모순일 터이다) ─ 의 가능성을 위해 질료를 이루는 이 대상들의 인식의 객관적인 것(요소)을 알려준다. [⋯]

무릇 오직 '하나의' 경험, 다시 말해 공간과 시간상에서 그리고 둘이 함께 결합된, 지각들의 하나의 전반적인 연결이 있다. 이 전체는 물질의 운동력들의 기본(요소)체계에 기반으로 주어져 있는 교설체계의 형식적 원리 아래에 있다. 이 형식이 선험적 개념들의 저 경험적 전체에 선행하는 것이다

[⋯⋯]

I

물체를 형성하고 있는 것으로 표상되기에 앞서, 그것들의 합성의 형식이 도외시된 채의, 가능한 물체들의 요소부분들로서의, 물질의 공간을 차지하고 있는 운동할 수 있는 부분들을 **원소들**(物質 構成의 部分들)이라고, 다시 말해 운동력들이 그 자연본성의 상이성에 따라 상이한 법칙들에 맞춰 운동할 수 있는, 공간상의 실체들이라고 일컫는다. 일정한 법칙들에 따라 운동하는 특성(特質[40])을 속성으로 갖고, 다른 어떤 운동력들과 그것들의 법칙들에도 부속해 있지 않은, 그러한 물질을 **기초원소**(基[盤])[41]라고 일컬을 것이다. 그러나 바로 그렇기 때문에 이 기초원소를 어떤 물질의 **근원소**(始原的 基[盤])[42]라고 일컬어서는 안 된다. 무릇 이것은 그 성질이 우리의 모든 자연연구를 벗어나 있는 그러한 원소일 수도 있으니 말이다. 사람들이 예컨대 **염산의 염기**[기/기반]를 말하면서, 그것이 무엇에 의한 것인지 어떤 원인에서 비롯한 것인지를 알지 못한 채 산[酸] 일반의 작용결과에 유추해서 하나의 운동력을 이해하듯이 말이다

또한 사람들은 이 **토대**[43]를 많은 종별적으로 상이한(基[盤]들의) 복수(물질들) 중의 하나로 표현할 수 없다. 이미 앞서도 언급했듯이, 만약 사람　XXII352 들이 경험적 표상(지각)들을 하나의 형식적 원리 아래에 총괄하는 종합적 통일을 이해할 수 있도록 하기 위해 **경험**(經驗)들에 대해 말하려 한다면, 잘 못 표현하는 것이듯이 말이다.

그래서 시원적 원소들은 순전한 사념[관념]물(理性의 *存在者*)이고, **물리학**

---

40) 원어: qualitas specifica.
41) 원어: **Grundsoff**(basis).
42) 원어: **Urstoff**(basis primitiva).
43) 원어: **Grundlage**.

을 위해 경험의 통일성을 성취하는 데에 이르도록 작용하는, 운동력들의 결합의 순전한 원리들이다. 즉 그 아래에서 지각들의 한 집합체가 주관적으로 경험을 위한 지각들의 하나의 체계가 〔되는〕, 관찰과 실험을 통해 자연연구를 수행하기 위한, 한 형식의 가능성의 기초〔근거〕이다.

현상(現象體)들은 대상들의 감관들과의 관계 맺음이고, 경험적 직관의 수동적 규정들로, 이를 위한 수용성(수취성)은 표상능력의 하나의 선험적 형식을 갖고, 간접적으로 지각들의 체계를 형성한다. 그것은 운동력들의 주관적 통합인 경험의 가능성을 위한, 경험의 통일성을 위한 것으로, 그 자신이 아직 경험은 아니고, 순전히 그리로 이끄는 것이다.(輸送力) 〔…〕

〔…〕

자연체계와 경험의 대상들의 교설체계 간의 차이. ─ 후자가 자연과학이다. 先驗的 原理들에 따른 형이상학적 기초원리들에서 물리학으로의 이행.

갈릴레이, 케플러, 하위헌스 그리고 뉴턴.

하위헌스의 자연과학의 형이상학적 기초원리들에서 수학적 기초원리들로의 이행 그리고 뉴턴의 한낱 중력 인력 개념에 의한 물리학으로의 이행. 이런 일이 케플러에서는 일어나지 않았다.

회의적인 것이 선행하는, 자연의 교설적 체계에 대하여

1. 직관에서의 객관. 2. 현상에서의 주관적이고, 그렇기에 선험적인. 3. 지각에서의, 경험적 의식, 4. 거기에서 그것〔객관〕이 합성 자신에 의해 만들어지는 경험에서의. 관찰과 실험을 통해 주어진 객관 ─ 포착의, 통각의, 모호성이 있는 판단력의 반성의 형식〔적인 것〕 4)기본〔요소〕체계, 주관적, 즉 자연체계, 객관적.

우리는 우리 자신이 만들 수 있는 것 외에는 아무것도 통찰하지 않는다

는 것. 그러나 우리는 우리 자신을 먼저 만들어야만 한다. 베크[44]의 근원적
으로 표상하기

순정하게 개별적인 사태들에서 단편적으로 주워 모은 경험(이라고 하는
것)은 경험이 아니고, 단지 경험을 추정할 근거이다

제10묶음, (반)전지10, 2면

그러므로 감관객관들이 경험에 앞서 그리고 경험을 위하여 종류별로 제
시되고 구분될 수 있어야 하는 일은, 단편[斷片]적인 더듬고 돌아다님을 통
해서가 아니라 경험적으로 주어진 자연력들의 하나의 체계 안에서의 결합
의 객관적 원리에 따라서 일어난다. 이 자연력들은 감관들에 영향을 미치
고, 그러면서 동시에 지성에 의해 선험적으로 양과 질의 면에서 하나의 절
대적 전체로, 특히 물리학의 한 교설체계로 결합되어 있는 것으로 표상되어
생각될 수밖에 없다. 이것이 자연과학의 형이상학적 기초원리들에서 물리
학으로의 이행을 이룩하고, 여기서 잡다는 하나의 체계의 형식에 맞게(斷片
的으로가 아니라 結合的으로) 통합되거니와, 경험의 가능성을 위한 지각의 모
든 대상들의 전체도 그러한데, 그것은 지성이 그 잡다에서 순전히 끄집어내
는 것에 의해서가 아니라, 오히려 지성이 먼저 스스로 그것을 집어넣은 한

---

44) Jacob Sigismund Beck(1761~1840). 칸트 문하생으로 한때 칸트철학 확산에 크
게 기여하였다. Rostock 대학의 교수(1799)로 활동하기 전에 칸트의 권유에 따라,
*Erläuternder Auszug aus den kritischen Schriften des Prof. I. Kant, auf Anrathen
desselben*(2 Bde, Riga 1793/1794)을 썼다. 그리고 이어서 Einzig möglicher
Standpunkt, aus welchem die kritische Philosophie beurtheilt werden muß(3. Bd.
von Erläuternder Auszug; 2 Tle., Riga 1796)를 출간하였는데, 여기서 지성사용의 최
고 원칙으로서 "하나의 객관을 근원적으로 표상하기"(S. 124)라는 공준을 제시함으로써
칸트의 길에서 차츰 멀어졌다. '근원적으로 표상하기'란 한낱 "개념들의 연결"이 아니라,
"모든 개념들을 비로소 가능하게 만드는 근원적인 합성"(S. 153)이자 "근원적인 정립"
(S. 157)을 뜻하는 것으로, 이것은 Fichte의 칸트 해석과 맞닿아 있다. 칸트는 Fichte에
대해서는 반감을 표한 바(1799. 8. 7 자, 「피히테의 지식론에 관한 해명서」, XII397 참조)
있지만, Beck와는 한동안 문통을 지속하였다.

에서 그렇다. 이렇게 해서 자연연구는 하나의 자연체계, 즉 저 자연력들의 요소들로써 이루어지는 하나의 체계를 기대할 수 있다.

그러나 물질의 운동력들의 경험적//잡다를 (무릇 운동력들이 우리의 감관들에, 그러므로 그것을 통해 우리가 지각들을 얻는 감각들에 작용하는 물질들이니) 선험적으로 종별화하는 일은 불가능하다. 만약 그것이 자체로 순전히 문제가 되지 않고, 문제로 표상되지 않는다면 말이다. — 똑같은 것이지만, 모든 물질은 계량 가능하거나 불가능하다 ― ― ― 무릇 촉발된 주관의 감관들에 대한 영향이 객관이 포착되는 한에서의 객관의 표상을 이루는 것이니 말이다.

현상에서의 감관들의 내적 그리고 외적 대상(現象體 客觀)들은 — 그러므로 이것들은 직접적으로 사상[事象] 자체로서가 아니고, 간접적으로 주관적으로만, 그것들이 주관과의 관계에서 있는/인 바대로 그리고 주관이 물질의 운동력들을 경험을 위해 만드는 그 형식에서 있는/인 바대로이거니와 — 지성이 이 잡다 안에 선험적으로 넣어서 사고하는 통일의 기반이다. 합성의 형식[적인 것], 지성이 '하나의' 개념에서 **사고**하는 것이 대상의 본질을 이룬다. 주어진 잡다를 법칙들에 따라서 연결함으로써 말이다.(形式이 事物에 存在/本質을 附與한다.) 경험적 표상들로서의 이 잡다의 총괄(包括)이 경험의 가능성을 위해서 현상들의 포착에서의 지각들을 종별화하고 그것들을 하나의 법칙에 따라서 편성함으로써 물리학이라고 일컫는 하나의 교설적 체계를 이룩한다. 보편적 경험이론으로서의 자연과학 일반의 형이상학적 기초원리들의 경험적 추세에서의 저 교설적 체계로의 이행은 그 자신 지각들의 연결의 법칙에 따라 (관찰과 실험을 통한) 자연연구에서 하나의 개념들의 **위치론**을 세울 수 있다. 거기에서 집합된 것으로서의 지각들 사이를 **더듬고 돌아다님**으로써가 아니라 하나의 **기본[요소]//체계**에서 점점 진보하는 물리학은 자연연구가 안내하는 현상들인 경험의 대상들을 '하나의' 원리에 따라서 **분류**하고 종별화하도록 이끌어진다.

이제 물질의 운동력은 그것의 교호작용에 따라서 자유로운 물질(풀린[解放] 物質[45])과 자기 자신에 의해 묶인, 다시 말해 물체를 형성하는 물질

(묶인〔束縛〕物質[46]), 즉 자기의 부분들 상호 간의 인력에 의해 자기의 공간을 제한하는 그러한 물질로 구분된다. — 이제 물체들은 그 나름으로 유기적이거나 비유기〔무기〕적이다. 전자는, 그 (직조와 형상에서의) 내적 그리고 외적 형식이 목적들에 따라 교호 작용하는 운동력들의 한 원리 없이는, 선험적으로, 자연체계에 속하는 것이라고 이해할 수 없는 그런 것이다. 또 그러한 원리를 필요로 하지 않는 것(거친〔粗野한〕物質[47])이 있다. 끝으로 유기화된 물질들은 **생명 있는** 존재자들이거나 한낱 **생장하는** 존재자들이다. 유기화된 물체들의 가능성이 선험적으로 인식될 수는 없고, 그래서 이것들에 대한 개념은 오직 **경험**을 통해 물리학으로 넘어 들어간다: — 무릇 기예품들처럼 내적으로 외적으로 다듬어져 있고, 동시에 개별자들이 파멸한 뒤에 그 종〔種〕들은 보존되는 물체들이 **자연〔본성〕** 안에 있다는 것을, 만약 경험이 그러한 실례들을 다량으로 제시하지 않았다면, 대체 누가 생각이나 했을 것인가. 그리하여 자연과학의 형이상학적 기초원리들에서 물리학으로의 이행은 운동력들의 기본〔요소〕체계에서 이 경험을 소홀히 해서는 안 된다.

그것들의 연결을 통해서 경험이 가능하게 되는 감관표상들이 있다. — 한낱 단편적인 현상들인 감관표상들을 경험의 통일성을 위해 완벽하게 모으려는 목적으로 경험이 집적〔集積〕하는 다른 감관표상들이 있다

물리학은 경험적 인식의 교설적 체계이다. 이 체계의 연역이 선험적으로 가능하지 않은 한에서 말이다

물리학의 대상들은 둘이다: 1 자연적 집합체로서의 대상들, 2. 기예적인 것으로만 가능하게 표상되는 대상들. 따라서 전자의 형식은 선험적으로 인식될 수 있고, 후자의 형식은 경험을 통해서만 인식될 수 있다(예컨대, 식물과 동물).

---

45) 원어: materia soluta.
46) 원어: materia ligata.
47) 원어: materia bruta.

제10묶음, (반)전지11, 1면

K

의식과 결합해서 감관객관들의 경험적 표상들로서의 지각들을 일깨우는, 물질의 운동력들의 위치론은 그 자신만으로는 아직 하나의 경험을, 다시 말해 이 대상들의 경험적 인식을 정초하지 못하고, 오히려 이 대상들을 최초로 **현상** 중에서, 직관하는 주관이 저 대상들에 의해 촉발되는 한에서, 그 직관의 주관적 성질에 따라서 정초한다.

그러나 이제 또한 현상으로서의 직관의 형식은 경험의 가능성을 위해서, 그러므로 또한 자연과학의 형이상학적 기초원리들에서 물리학으로의 이행에서, 선험적으로 주어질 수 있는 유일한 것이다. 그리고 이것의 총괄이 물리학의 기본[요소]체계를 이룬다. 그러므로 감관객관들의 지각들로서의 경험적 표상들은, 현상에서의 자기 자신의 신체[물체]적 주관[주체]과 관련하여, 또한 선험적으로 종류와 수효대로 종별화될 수 있는 하나의 체계로서 제시되고 분류될 수 있을 것이다. 그리고 이것들이 자연의 형이상학에서, 자기 자신에게 현상인 주관 바깥의 하나의 전체로서의 물리학으로의 이행을 제공한다. 경험이라고 일컬어지는 경험적 인식의 하나의 체계에서 현상의 현상으로서의 주관은 선험적으로 자연과학의 형이상학에서 물리학으로의 첫 이행을 물질의 운동력들의 하나의 기본[요소]체계에서 현시한다. [그것은 이 이행을] 자기 자신의 신체[물체]인 주관[주체]과 관련하여 경험의 대상의 형식에서 현상에서의 잡다의 단편적인 집합들의 모든 기능들에 따라서 현시하는 것이다.

운동력들의 구분은, 만약 그것이 단편적이지 않고(그렇게 되면 무법칙적이게 될 터이니까) 체계적으로 작성되어야 한다면, 순전히 선언[選言]적 판단들 — 여기서 운동력들은 미정[未定]적인 채이겠는데 — 의 형식 외의 다른 논리 형식에 따라 작성될 수는 없을 것이다. — 그러므로 운동력들의 하나의 교설체계에서 그것들의 편성(竝列 或 順列)의 형식〔적인 것〕을 두고 말하자면, 모든 물질은 그 운동력들의 면에서 계량 가능하거나 계량 불가능하거나 등등.

따라서 운동력들은 그것들의 하나의 기본〔요소〕체계 안에서 〔헤아려〕질 수 있고, 〔헤아려〕져야 한다. 이 체계는 물리학에 속하는 것이고, 이 운동력들은, 만약 그것들의 결합과 관련한 그것들의 형식이 그를 위한 원리들에 따라서 생각된다면, 교설체계로서의 물리학 자신을 이룩할 것이다. ― 의식적인 경험적 직관의 대상들(지각들)로서의 이 힘들을 우리는 이제 **원소**(物質基盤)**들**, 다시 말해 운동할 수 있는 실체들이라고 부를 수 있다. 이것들은 장소변화하는(移動的인) 것이거나 같은 장소에서 또는 자기 자리에서 반향적으로 운동하는(原動的인) 것 xxx

경험적 인식들과 경험적 인식들의 체계 즉 경험에 선험적으로 이르기 위해서 주관은 먼저 주관적으로 자기 자신에 대한 운동력들의 관계를 내감의 표상에서 그리고 내감의 지각들의 집합체에서 단편적으로 포착하고, 이것들을 '하나의' 의식에서 결합해야만 한다. 이 일은 지각들 사이를 더듬고 돌아다님으로써가 아니라 체계적으로 자기 자신의 직관의 잡다의 현상의 형식〔적인 것〕에 〔따라서〕 일어날 수 있으며, 이 합성(綜合的) 작용을 통해 주관은 주관이 자기 자신에게 현상하는 바대로라는 원리에 따라서 자기 자신을, 주관이 자기 자신을 촉발하고 그 자신에 현상하는 바대로 객관으로 만드는바, (경험적) 직관에서 그가 집어넣었던 것 이상을 끄집어내지 않는다.

주어진 물질 일반에서의 원소(基〔盤〕)들이 선험적으로 종별화되고 분류될 수는 없다. 그러나 이 원소들의 운동력들은 잡다한 운동방식의 구분에서 아주 잘 헤아려질 수 있다.

물체 일반의 현상으로서의 자기의 운동력들의 사용에서의 자기 자신의 기관들에 대한 의식. 저 물체 일반의 현상은 지각과 관련해 보자면, 지각이 객관의 통일성을 선험적으로 함유하고 있는 한에서, 현상들의 하나의 전체 현상을 함유하는 한에서, 물리학으로의 주관적 이월이다

현상에서의 주관. 그것은 가능한 지각들의 완벽성으로의 가능한 경험을 위한 내적 운동력들을 하나의 형식적 법칙에 맞게 모으는바, 그때 그것은 스스로 자신을 하나의 원리에 따라서 촉발하고, 그러므로 (내적 운동력을 통해) 합성하는 것으로 현상한다

현상들은 선험적으로 주어질 수 있는 그러한 직관일 따름이다. 의식적인 경험적 직관들, 다시 말해 지각들은 감관들을 움직이는 힘들에 의거하거니와, 이 힘들 즉 운동력들이 물질의 기본[요소]체계를 이룬다. 그러나 이 기본[요소]체계는 다시금 오직 현상에 있는 것이나 물리학에서 경험으로 끌어올려진다.

제10묶음, (반)전지11, 2면

물리학은 주관을 촉발하는 물질의 운동력들인 지각들의 경험적 인식의 총괄(包括)에 대한 학문(敎說的 體系)이다. 이것들이 하나의 절대적 전체 안에서 결합되어 경험이라고 불리는 하나의 체계를 이루는 한에서 말이다.

그러므로 자연과학의 형이상학적 기초원리들에서 물리학으로의 이행은 의식적인 경험적 표상들의 하나의 집합이 아니고, 항상 경험적 표상들의 하나의 체계 — 하나의 경험적 체계가 아니다. 무릇 그런 것은 모순일 터이다 — 로 생각되는 경험의 가능성을 위한 저 경험적 표상들의 종합적 통일에 대한 개념이다

〔…〕

〔…〕

包括/總括 及 合成

1)물질의 통일성[하나임] 개념의 원인은 빈 공간이 가능한 경험의 대상이

아니라는 것이다

2)다수의 경험들이 있지 않고, 다수의 지각들이 있을 뿐이라는 경험의 통일성〔하나임〕의 근거는 공간상의 또는 시간상의 지각들이 경험의 가능성의 근거를 함유한다는 것이다.

오직 '하나의' 물질이 있다. 그러나 이 물질을 위한 다양한 소재/원소 (基〔盤〕)들이 있다. 마찬가지로 오직 '하나의' 경험이 있다. 그러나 지성에 의해 경험 일반의 통일성으로〔도대체가 하나의 경험으로〕 결합되는 다수의 지각들이 있다.   XXII361

물질은 하나의 집합적 전체이다. 그것은 다수의 사물들의 하나의 종〔種〕이 아니다

경험은 '하나의' 개념 아래에서의 지각들 일반의 한 지성적 전체이다

지각은 경험의 소재이다. 경험, 현상, 직관의 현상 xxx

제10묶음, (반)전지12, 1면

L

물리학은 경험적 인식 일반의 교설체계이다. **주해**: 그러므로 물리학은 첫째로 **형식**〔적인 것〕의 면에서 의식적인 경험적 표상들의 단편적인 집합체가 아니고, 체계적인 인식, 다시 말해 학문/과학이다. — 둘째로 질료/물질〔적인 것〕의 면에서 하나의 경험적 인식의 체계이다.(경험적 체계가 아니다. 무릇 이런 것은 하나의 모순일 터이다.) 이 체계는 공간과 시간의 관계에 따른 개념들의 구성에서, 그러므로 단편적인 집합체로서가 아니라 체계적인 전체로 선험적으로 생각된 현상에서의 운동력들의 구성에서 잡다의 합성의 개념들에 따른 것이다. 이제 지각들의 잡다에서 그것들의 한 체계인 경험으로의 이월은 다음의 과제에 함유되어 있다:

학문〔과학〕으로서의 물리학은 어떻게 가능한가?

§

주관적인 것을, 곧 주관이 촉발되는 바대로의 현상에서의 대상을 경험적 표상들의 집합체의 통일성을 그 개념 안에 함유하는 경험으로 객관적인 것으로 〔만드는〕 이 물음은 다음의 원칙에서 출발한다. 즉 지성은 체계로서 경험의 하나의 전체로서의 지각들의 집합체에서 그 자신이 집어넣었던 것 이상을 끄집어낼 수 없고, 우리는 경험적 표상들의 합성의 하나의 형식적 원리에 따라서 경험을 스스로 **만든다**는 원칙 말이다. 우리는 감관을(또는 감관들을) 움직이는 힘들을 경험**으로부터**가 아니라, 거꾸로 경험을 **위해** 그리고 경험을 목적으로 원리들에 따라서 감관표상들의 객관적 전체를 위해 결합한다

〔……〕

XXII362

XXII363

〔……〕

제10묶음, (반)전지12, 2면

1.
물리학은 무엇인가?

물리학은 경험의 가능성을 위해 하나의 원리에 따라서 지각(의식적인 경험적 표상)들을 결합하는 지각들의 교설//체계이다. — 그러므로 물리학은 경험적 표상의 합성에서 개별자에서 다수 또는 전부로 단편적으로 진보해가는 인식의 한갓된 집합체가 아니다. — 무릇 그렇게 해서는 하나의 체계가 정초되지 못할 것이다. 왜냐하면, 그 안에서는 잡다가 인식의 하나의 원리에 따라서 결합되어 있지 않기 때문이다. — 오히려 경험적 인식의 이 교

설체계는 자연과학의 형이상학적 기초원리들의 이행에서 진행된다

한 현상의 현상은 그것을 통해 주관적인 것이 객관적인 것으로 만들어지는 것이다. 왜냐하면, 그것이 선험적으로 표상되기 때문이다.

그럼에도 경험적인 것을 하나의 체계에 속하는 것으로서의 선험적인 원리들에 따라 제시하고 분류하기 위해서는, 감관대상들이 제일 먼저 현상적인 것으로서, 공간과 시간상에서 편성되어야 할 표상들(現象體들)의 형식의 주관적인 것에 따라서 생각되어야만 한다. 무릇 경험적 직관의 형식만이 선험적으로 주어질 수 있으니 말이다. 그러나 거기서 지각의 잡다의 연결 자신이 다시금 주관에게는 한낱 현상이고, 그러나 객관의 면에서는 현상의 현상이고, 그런 까닭에 경험대상 자신이다. 그리하여 이로부터 자연과학의 형이상학적 기초원리들에서 물리학으로의 이행의 선험적 가능성이 대상들의 지각들과 함께 체계에 속하는 것으로, 그리고 하나의 물리학의 가능성이 설명된다.

공간은 가능한 지각들의 합성의 기초에 선험적으로 놓여 있는 순수한 직관이다. 물질(공간상에서 운동할 수 있는 것)은 감관을 촉발하고, 그렇게 해서 주관적으로 현상에서 대상이 되는 실체이다. 이것의 형식이 의식적인 경험적 표상들의 합성(지각들)의 기초에 선험적으로 놓여 있고, 감관을 움직이는 힘들을 함유한다. 이것의 (경험적 표상들로서의) 집합체는 지성에 의해 경**험으로부터**가 아니라 지각들의 결합인 경험의 가능성을 **위해서** 정초되고, 그리하여 하나의 경험적 체계가 아니라(무릇 이런 것은 하나의 모순일 터이다), 경험적 표상들의 하나의 체계가 지각들의 선험적·종합적 통일을 위해, 경험을 위해 xxx

주관은 자기 자신을 촉발하고, 그 자신에게 현상에서 대상이 된다. 경험의 정초를 위한 즉 하나의 객관을 전반적으로 규정된(실존하는) 사물로 규정하기 위한 운동력들의 합성에서 말이다. 그러므로 주관은 경험적 직관이 아니고, 지각들에서 산출되는 경험적 개념은 더더욱 아니다. 오히려 주관은 선험적(초월적) 종합 인식의 한 작용으로서, 이것이 주관[주체]적으로 경

험을 가능하게 하고, 이를 통해 합성하는 주관은 자기 자신이 객관이 되되, 단지 현상에서, 의식적인 경험적 표상들인 지각들의 집합체가, 동일률에 따라 감관표상에 대해서는 오직 하나만 있을 수 있는, 경험에서의 지각들의 연결의 하나의 주관적 체계로 〔되는〕 형식적 원리에 따라서 그리한다.

물리학의 대상들은 오직 두 종류가 있을 수 있다: 물질(공간상에서 운동할 수 있는 것)이나 하나의 물체가 이 대상을 이루니 말이다. 이것들의 집합체가 인력과 척력에 의해 자기 자신의 형식을 내적으로 그리고 외적으로 (직조와 형상에서) 정하는 한에서, 그것은 하나의 체계를 양, 질 등등의 원리들에 따라서 이룩한다. 이에서 운동력들은 기계적으로//유기적으로 등등으로 작용한다

〔……〕

〔…〕

─────────

형이상학적 기초원리들이 그리로 이행하는 물리학은 두 가지 원리, 즉 질료〔물질〕적 원리와 형식적 원리를 함유한다. 전자는 **실체들**(공간상에서 운동할 수 있는 것)로서의 요소들이고, **원소들**(基〔盤〕들)이다. 그럼에도 이것들은 하나의 현상체를 설명해내기 위해 고안된 가설적 **원소들**이 아니라, 역학적으로 연결되어 있다. 후자는 형식적이고 기계적이다. 다시 말해 지성에 의해 결합된 힘[48]들, 기계들이다

현상에서의 경험적 직관의 지각방식들은 경험의 통일성을 위해 필요한 딱 그만큼(더 적지도 더 많지도 않게) 있을 것이다. 이 경험이 선험적으로 현상에서의 잡다의 편성과, 주관의 촉발을 포착하는 주관적 전체를 이루고, 그리하여 경험적 직관은 그와 함께 선험적으로, 경험의 하나의 전체 안에서

─────────

48) 원어: Potenz.

326

그러한 대상을 제시하기에 앞서, 경험 자신을 목적으로 '하나의' 대상을 만든다. 현상으로서의 직관의 주관적인 것(요소)은 합성과 그 합성의 형식을 통해 주관에서 주어진다. 순수한 직관의 공리들, 지각의 예취들, 경험의 유추들, 그리고 오류추리를 벗어나게 해주고, 주관적인 것을 객관적으로 주어진 것과 구별하게 하는 xxx

경험은 지각들의 편성 — 객관적으로 하나의 원리에 따르는 — 에서의 개념의 통일로 **만들어**진다. 그래서 주관은 자기 자신을 촉발하고, 지각들의 집합체로부터[49] 경험을 위해 물리학에 의거해, 주관 자신이 집어넣은 것보다 더 많거나 더 적게 끄집어내지 않는다.

제10묶음, (반)전지13, 1면

M

촉발하는 외적 대상의 물질의 운동력들에 대한 지각의 주관적인 것으로서의 경험적 직관은 공간 자신을 현상에서의 잡다의 합성을 통해 선험적으로, 감관대상의 하나의 종합적 인식인 경험의 대상으로 표상한다. 그것도 경험적 직관에서 xxx

공간에서의 잡다의 순수한 직관은 선험적으로 제1 순위의, 다시 말해 직접적인 현상에서의 대상의 형식을 함유한다. 지각들의 합성, 즉 경험을 위한 주관에서의 현상은 다시금 그렇게 촉발된 주관의 현상, 주관이 자기 자신을 표상하는 바대로의, 그러므로 간접적인, 제2 순위의 현상, 즉 '하나의' 의식에서의 지각들의 현상의 현상, 다시 말해 자기 자신을 촉발하는 주관의 현상이다. 그러니까 그것은 간접적이고, (오직 하나인) 경험의 가능성을 위한 지각들의 종합의 현상이다. 현시들을 경험의 종합적 통일의 의식에서

---

49) 원문의 "ins"를 "aus"로 고쳐 읽음.

의 이러한 현상체들에 대한 하나의 인식으로 합성하는 의식의 원리들에 따르는, 주관에서의 현시들의 연결의 주관적인 것[요소]이 간접적 현상이다. 따라서 지각들을 경험의 통일성으로 총괄[함에서] 그래서 선험적으로 분류되고 종별화될 수 있는 이 내적 지각들의 하나의 체계[가 생기거니와], 그것

은 합성하는 주관이 자기 자신에게 원리들에 따른 그 합성 중에서 현상하고, 그리하여 감관을 촉발하는 물질의 힘들인 지각들의 한 체계에서 선험적으로 물리학의 가능성을 향해 전진하기 때문이다

〔……〕

〔……〕

동물들은 순전한 기계들이 아니면서도 생명 있는 것이다.(생장하는[식물성의] 물체들과 구별되는 생명 있는[동물성의] 물체들). 인간들은 인격들이다. 동물[영]혼들은 외적인 직접적 감관객관들이 아니다

〔……〕

〔…〕

제10묶음, (반)전지13, 2면

개념들에 의한 이성인식으로서의 **철학적 인식**은 선험적이기는 하지만 순수한 직관에 기초하고 있는 다른 모든 교설과 그 형식의 면에서 구별되며, 여러 가지 기술들과 학문[과학]들의 도구로서는 단지 **조건적** 가치만을 갖는다. 다시 말해 사람들이 이러저러하게 일에 착수해야만 해서 이런저런 대상을 목표로 한다(목적으로 삼는다)면 그렇다는 말이다.

그러나 **철학**은 (지혜론이라는) 그 낱말의 문자적 의미에서는 **무조건적** 가치를 갖는다. 무릇 철학은 인간 이성의 **궁극목적**에 대한 교설이고, 그 명령

들은 자신 안에 어떤 절대적인 것을 함유해야 하는 것이고, 그래서 그것들은 곧장 목적에 적중하니 말이다.[50] — 행복론은 이런 명성을 누릴 수 없다. 무릇 그것이 목적들을 위한 수단을 함유하기는 하지만 말이다.

[……]

XXII372

[……]

현상에서의 객관[적인 것]은 운동력들에서의 주관적인 것[요소]을 전제한다. 또는 거꾸로, 지각에서의 경험적인 것은 기계적인 것에 대해 운동력들의 합성의 형식을 전제한다. 자연연구 일반에서 교설적인 것은 주관에서의 XXII373 경험의 가능성의 보편적 원리들 안에 운동력들의 하나의 유기적 원리를 전제한다. 직관의 공리, 지각의 예취 등등. 무릇 xxx

형이상학에서 하나의 **교설체계**로서의 물리학으로의 이행은 개념들에 따르는 선험적인 **구분**의 원칙들이 필요하다. 여기서 제기되는 물음은, 과연 이 구분이 물질의 **분할**(수학적 분할)과 같이 무한히 나아가는가 또는 원자론적인가이다. — 물질의 **원소**[소재]들과 **물체**들로의 최초의 구분. 전자는 요소들로, 그러나 무형식의 것으로 표상되고, 후자는 형성적인 것으로 그리고 分子들은 형성된 것으로 표상된다. 그 내적 형식이 의도적인 것으로, 다시 말해 오직 목적들의 원리에 따라서 가능한 것으로 생각될 수 있는 물체들은 유기적이고, 그렇기 때문에 또한 강체적[剛體的]/고체적인 것으로 생각된다. 이것들은 기계들로서 **무생명적**(한낱 생장적[식물적])이거나 **동물적으로**[욕구 있는] 생명 있는 것들이며, 이를 위해서는 운동력들의 분할 불가능한 통일성(영혼)이 필요하다. 무릇 실체들의 하나의 집합체는 그 자신만으로는 하나의 목적 통일체를 정초할 수 없으니 말이다. — 그러한 하나

---

50) 이상의 두 문단과 내용이 유사한 구절을 "Vorrede zu Reinhold Bernhard Jachmanns Prüfung der Kantischen Religionsphilosophie"(1800. 1. 14)에서도 읽을 수 있다. (VIII441 대조 참고)

의 자연성질은 선험적으로 구분의 원리에 속할 수 없다. 무릇 하나의 유기화된 물체의 가능성조차도 〔선험적으로는〕 통찰될 수 없으니 말이다. — 우리는 우리 자신의 신체〔물체〕에서 유기적 힘들을 경험하고, 이것들과 이것들의 원리의 일부를 유추해서, 우리가 저것의 생명성〔동물성〕을 배제함으로써, 생장〔식물성〕의 개념에 이른다. — 이 양자에서는 종〔種〕의 지속과 개별자의 생사의 전변이 공간과 시간상에서 자기 자신을 보존하는 유〔類〕의 현상이고, 질병이 이것들 사이의 끊임없는 이행을 결정한다. — — 그러나 근원적 운동력들은 일정 수의 주관적으로 경험적 표상력에 작용하여 그것을 지각으로 규정하는 힘들을 전제한다.

주관인인 간접적 현상, 주관은 그 자신에게 경험적 인식의 한 대상이고, 그러면서도 동시에, 자기 자신을 촉발하여, 자기 자신을 경험의 대상으로 만듦으로써, 현상체의 현상체이다.

제10묶음, (반)전지14, 1면

N

물질의 경험적 직관의 대상들의 최상위 구분은 힘들과 **원소**〔소재〕들로의 구분이다.(물질들이 아니다. 무릇 공간상의 실재적인 것 일반을 경험의 객관으로 만드는 것은 오직 '하나'로 생각되니 말이다.) 그다음의 구분은 원소〔소재〕들과 (물리적) 물체들, 다시 말해 자기 자신의 힘으로써 자기의 연장 공간을 제한하는 하나의 물질로의 구분이다. — 셋째의 분류구분은 유기적 물체〔유기체〕와 비유기적 물체〔무기체〕로의 구분이다. 이 가운데 전자는 그것의 부분들의 내적 관계에서 서로 간의 연결이 오직 목적과 수단으로서 생각될 수 있는 그러한 것이다. (그와 같은 물체들이 (설령 유동적인 것을 함유하고 있다 하더라도) 유동적일 수 없음은 이미 그것들의 개념에 들어 있다. 왜냐하면, 그것들의 부분들은 변위에 그리고 그것들이 차지하고 있는 공간의 내부에서 그것들의 위치의 변화에 저항하지 않고, 그러니까 하나의 직조를 가지기(강체적[剛體的]이기) 때문이다.) 끝으로 넷째 유[類]구분은 유기체들이 함유하고 있는 것으로, 즉 동물적[생명적]이냐, 다시 말해 자기 자신의 표상들에 의해 운동하느냐, 또는 그렇지는 않지만 생장적[식물적]이냐, 다시 말해 자기의 유[類]를 보존해가느냐 하는 구분이다.

물리학을 위한 그리고 또한 오직 물리학으로의 이행 가능성을 위한 물질의 운동력들의 기본[요소]체계에서의 이 계단은 선험적으로 완벽하게 현시될 수 있다. 그러나 한낱 문제성 있게, 다시 말해 그러한 체계의 실재적 가능성은 보증하지 못한 채로 그러하다. 즉 이 계단은 적어도 모순 없이 생각될 수 있다. 그러나 경험적 인식체계(물리학)로서의 이것의 완벽성 면에서 운동력들의 종별화는, 이미 그 체계의 구성분들을 단순한 지각들인 그 내용별로 원리들(경험 일반의 유추들)에 따라서 관찰과 실험에 앞서 [구분하는 것은] 경험 일반을 가능하게 하는, 자연에 대한 과제이다

형이상학에서 물리학으로의 이행은 다음과 같이 일어난다: 1.)압박, 충XXII375격, 견인, 요동에 의한 운동에서 감관들 일반을 촉발하는 **물질**에서. 2)특수한 **원소**(基[盤])들에서. 이 원소들 가운데는 열소와 광소[光素]가 있다. 그런데 일반적으로 계량 가능한 것과 불가능한 것, 저지 가능한 것과 불가능한 것, 응집 가능한 것 — 소진 가능한 것, 이것들은 모두, 만약 그 부정성[否定性]들로 생각된다면, 아마도 동일한 '하나의' 물질의 술어들일 것이고, 그래서 하나의 가설적인 것이 아니라, 감관객관들을 포괄하고 움직이는 객관들 전체의 가능성을 위한 술어들을 함유한다. 3.)물체들에서, 유기체든 아니든. 4)지성의 결정들에 의해(의사[의지]대로) 의식적으로 스스로 운동하는 물체들에서. (동물생리학, 다윈[51]) 공의[公醫]는 내부 또는 외부를 치료하고 예방하는 治療醫[內科醫]거나 手術醫[外科醫]이다. 질병, 위생학 또는 치료법. 공의[公醫]는 화학적 수단이나 기계적 수단(힘들)에 의해 치료한다. 치료의,

---

51) 위의 XXII300의 관련 대목과 역주 참조.

자신의 지성, 상상력에 의해서 xxx

우리가 선험적으로 그리고 그것도 종합적으로 인식해야 하는 모든 것은 대상 그 자체로서가 아니라 현상에서의 객관으로만 판정받을 수 있다. 그러니까 경험대상들이 오직 같은 객관에서 현상들 사이의 합치를, 그 객관의 실재성을 이룰 수 있고, 종합적 표상에서의 그 객관의 잡다의 합치의 순전한 형식이 저 객관에 대해 그 현실성을 증명해준다(形式이 事物에 存在/本質을 附與한다). 그러므로 이것만이, 사람들이 헤아려야 하는 물질의 운동력들에 의한, 객관의 **가능한** 경험적 규정들의 하나의 — 집합체가 아니라 — 체계에서의 지각의 통일을 위한, 지각의 종합의 원리이다

질병과 건강

물리학은, '하나의' 맥락으로 운동력들을 선언[選言]적으로 맞세우는 경험을 목적으로 하는 하나의 체계에서의 모든 경험적인, 내적 및 외적인 표상들의 하나의 집합체이다

경험으로부터가 아니라 경험을 위해서 우리는 형이상학의 기초원리들에서 집합체로서가 아니라 체계로서의 물리학으로 들어간다.

지각(경험적 인식)에서의 주관적인 것[요소]은 선험적 표상인 현상에서 합성의 형식상 객관적인 것의 아래에 놓여 있다. 자기 자신의 규정이 객관의 규정에 선행한다

———————

이제 우리는, 지각들의 대상들을 이루고, 이것들의 체계와 관련하여 하나의 경험체계를 이루는, 물질의 운동력들을 하나의 교설체계로서의 물리학을 목적으로 다음과 같은 구분의 원리들에 따라서 선험적으로 정렬할 수 있을 것이다. 즉

1. 그 역학적 또는 기계적 내용에 따라서

2. 확정적으로가 아니라(계량 가능하거나 불가능하거나)

3. 물체들: 유기적 또는 무기적

4. 소재/원소들

물리학은 경험적 자연과학이다. 학문[과학]으로서 물리학은 하나의 체계 안에서의 경험적 인식이어야 하고, 따라서 형식의 면에서 선험적으로 하나의 원리에 따라서 정초되어 있어야 한다. 그러나 인식의 하나의 전체를 형성하는 지각들의 하나의 집합체로서 그것은 후험적으로 정초되어 있다. 移動的 또는 內的 原動的

물리적인 존재자로서 또는 유기적 존재자로서 자기 자신을 촉발함

주관적으로 또는 객관적으로 운동하는 힘들로서의 지각의 원인들의 구분. 1. 현상으로서의 직관 안에 있는 것으로서. 주관적으로 합성에서 내적으로, 2. 둘의 반작용들로서

물질의 운동력들의 기본[요소]체계와 세계체계[우주계]로의 구분. 운동력들은 감관들에 대해 객관적이거나 주관적이다.

형이상학적 기초원리들에서 물리학으로의 이행 1. 문제성 있는(그 가능성에 관해) 2. 교조적인(하나의 경험에서의 그 현실성과 필연성) 3. 비판적으로 다루고, 이로써 한낱 이행의 원리들에서가 아니라 물리학 자신 xxx

XXII377

제10묶음, (반)전지14, 2면

이제 물질의 운동력들의 주관에 대한 작용결과들인 지각들을 경험을 목적으로 포착하고, 하나의 물리학을 위하여 편성하기 위해서는 (물리학에서 끄집어내기 위해서가 아니라) 하나의 선험적 원리가 있어야만 한다. 그렇지 않으면 이 학문[과학]은 원 안을 빙빙 돌게 될 것이기 때문이다. 그래서 선험적으로 생각된, 그러므로 운동 일반의 변양들에 따른 하나의 체계가 있어야만 한다. 이 규칙에 따라서 운동들은 운동력들의 결합의 하나의 도식에 [종속하고], 경험의 유추들의 도식에 맞게 체계적으로 함께 결합되어 있는 것으로 생각된다. 지성이 주관에 대한 작용결과들의 자기 자신의 現實態들

을 인력 또는 척력 등등의 개념들에서, 그에 의해 형식에 따라서 산출된 경험의 하나의 전체에서 현시할 때 말이다.

1.)**물리학이란 무엇인가?** — 물리학은 의식적인 경험적 표상들(지각들)의 총괄(包括)의 교설이다. 이 표상들이 운동력들에 의해 촉발된 주관의 현상들의 하나의 집합체를 (그것들을 결합하는 하나의 원리에 따른) 하나의 체계를 위해, 즉 주관적으로 경험의 가능성의 근거를 함유하고 있는 한에서 말이다.

그러므로 물리학은 자체로서는 아직 경험적 인식의 체계가 아니라, 자연과학의 형이상학적 기초원리들에서 경험이론[교설]으로의 추세이다. 오직 '하나의' 경험이 있으므로, 지각의 종합적 통일이 선험적으로 지각의 무조건적인 전체에서 생각되고(思考可能하고) 동시에 주어져 있다(所與)

무릇 모든 지각들은 물질의 운동력들이 그것들의 표상을 함유하는 주관에 대한 작용결과들이므로, 운동력들이 물리학으로의 이행을 통해 그것들의 질 등등에 따라 그것들의 요소들로 용해된 경험 객관들로 함유된다.

주관이 어떤 대상에 의해 촉발되는 바대로의 표상의 형식으로서의 현상은 선험적으로 주어질 수 있고, 그러므로 물질의 운동력들은 경험적 표상들을 만들어낼 수 있다. 그러나 아직 주관 안에서 경험을 만들어내지는 못한다

첫째로 선험적 순수 직관들로서의 현상들의 주관적인 것[요소]. 그다음으로 주관을 내적으로 규정하는 운동력들에서의, 다시 말해 의식적인 경험적 직관들인 지각들에서의 경험적 직관들의 객관적인 것[요소]; 셋째로 순전히 그 선험적인 형식에 따라서 선언[選言]적으로 경험의 가능성을 목적으로 주관을 촉발하는 운동력들의 한갓된 **집합체**가 아니라 체계인 경험에 대한 지각들의 관계. 그러므로 운동력들의 합성의 규칙들에 따라서 오직 문제적으로만 계량 가능하거나 불가능하고, 저지 가능하거나 등등하다. 즉 양 등등의, 운동력들의 기본[요소]체계의 범주들에 따라서, **원소들**, 다시 말해 독자적으로 운동할 수 있고 동시에 내적으로 외적으로 직조(내적으로)와

형상(외적으로)으로 **물체형성적**인 실체들로서 말이다. 그리고 이 원소들의 기초에는 기본〔요소〕체계의 하나의 전체에서의 '하나의' 모든 것을 포함하고 모든 것에 침투하는, 잡다의 원소가 (결정화 등등을 통해), 가설이 아닌 것으로, 놓여 있다. 이 원소가 '하나의' 체계 안에서의 운동력들의 주체를 역학적으로 형성한다.

2.) **물리학은 어떻게 가능한가?** 교설적 체계로서

물리학으로의 이행은 감관이 경험적 직관(지각)에서 경험**으로부터 끄집어내는** 것을 통해서 일어나지 않는다. 무릇 거기에서는 모든 것이, 무엇이 얼마만큼 우리의 감관표상을 위해 주어져 있을지가 미정으로 남아 있을 것이니 말이다. 오히려 저 이행은 지성이 경험과 경험의 가능성을 **위해** 감관표상들 안에 **집어넣는** 것을 통해서 일어난다. 즉 경험적 직관의 대상의 밑바탕에 운동력들의 관계에 대한 개념들을 통해 지각들의 하나의 체계를 놓기 위해서, 감관표상들의 하나의 체계와 이것들의 가능한 통일을 **양**(계량 가능함 또는 불가능함), **질**(저지 가능함 또는 불가능함), **관계**(응집 가능함 또는 불가능함)와 **양태**(소진 가능함과 불가능함)의 범주들에 따라서 **집어넣는** 것을 통해서 일어난다.

───────────

초월철학의 최상의 원리에 따른 모든 것: 선험적 종합 명제들은 어떻게 가능한가, 그리고 이 명제들은 직관에서 대상들을 어떻게 체계적으로 규정할 수 있는가?

선험적으로 보증될 수 없는 체계들의 가능성〔의 체계들〕에 대해, 예컨대 식물성 물체들과 동물성 물체들을 사람들은 여기서는 간접적으로만 선험적으로, 유기적 물체들 또는 무기적 물체들로서의 물리학을 규정할 수 있다

물리학으로의 이행은 인간의 **건강이론**과 **질병이론**에도 상관한다; 그래

서 도시 및 지방 공의[公醫]. 물질의 운동력들의 경험이론은 어디서나 선험적 원리들을 전제한다

제10묶음, (반)전지15, 1면

○

감관들의 대상들은 첫째로 현상들이고, 따라서 순수 직관의 **주관적** 규정들이며, 그러니까 그 형식의 면에서 선험적으로 주어져 있다. 한갓된 집합체 안에 있는 것으로가 아니라 하나의 체계 안에 있는 것으로서 현상들은 객관적으로는, 우리가 경험이라고 부르는 그러한 인식을 만들어낸다. 이 경험의 대상은 하나만 있을 수 있는데, 그것은 오직 '하나의' 공간과 '하나의' 시간이 이 대상을 만들어내고, 이 대상이 그것의 잡다의 직관들의 하나의 包括[總括]을 이루기 때문이다.

물리학은 물질의 운동력들의 교설적 체계이다. 이 힘들은 외적 감관객관과 이중 관계에 있는 것으로 생각될 수 있다. 즉 1) 감관객관의 표상이 **경험적인**(따라서 표상의 원인인) 한에서 또는 그것[52]이 이 표상들을 자신이 집어넣고, 그러니까 자기 자신을 자기 자신의 운동력들을 통해 **지각**(의식적인 경험적 표상)으로 규정하고, 그러니까 그 표상을, 그 표상의 근원을 선험적으로 사고의 자기 활동적인 능력(지성)에서 갖는 한에서. — 그래서 예컨대 유기적 물체[유기체]라는 개념은 경험적으로 주어진 것이 아닌 하나의 생각된 개념이다. 왜냐하면, 그러한 물체가 실존한다 또는 실존할 수 있다는 것은 증명될 수 있는 것이 아니라, 모순 없이 생각될 수 있는 것이기 때문이다. 그러한 대상은 물리학에 속할 터이다

---

52) 문맥상 원어 "es"는 "감관객관(Sinnenobjekt)"을 지시하겠으나, 어느 면에서 내용상으로는, 이 문단의 앞 구절에 등장하지는 않았지만, "주관(das Subjekt)"을 지시하는 것으로 읽어야 할 것도 같다.

물리학이란 무엇인가?

물리학은 물질의 운동력들로서의 감관객관들의 현상들 — 이것들의 총괄이 주관적으로 가능한 경험의 하나의 대상인 한에서 — 에 대한 교설이다

그러므로 물리학은 주관적인 것으로 자연이론으로 보자면 지각들의, 다시 말해 의식적인 경험적 표상들의 집합체이다. 이 지각들이 하나의 전체로서의 교설체계(敎說的 體系) 안에서 결합되어 있는 한에서 말이다. — 물리학은 **경험적 체계**(무릇 이런 것은 모순일 터이다)가 아니고, 경험적 표상들의 결합이, 다시 말해 편성(並列 或 順列)이 경험의 하나의 주관적인 전체를 위해 이루어져 있는 한에서의 경험적 표상들의 하나의 체계이다.

공간과 시간에서의 순수 직관들로서의 현상들의 형식[적인 것]은 경험적 인식의 하나의 체계를 가능하게 하는 조건으로서 선험적으로 주어져 있다. 촉발된 주관의 표상들의 (감관들에 영향력을 행사한 운동력들로서의 지각들의) 질료[적인 것] xxx

물리학은 어떻게 가능한가?

물리학의 가능성을 위해 전적으로 필요한 바는, 물리학이 자연과학의 형이상학적 기초원리들에서 출발해서, 경험적으로 규정되지만 체계적인 것으로 이행하는 것으로 생각되는 것이지, 근원적으로(시원적으로) 자기 자신을 구성하는[53] 것으로 생각되는 것이 아니다. 바꿔 말하자면, 자연의 형이상학에서 물리학으로의 자연적 추세가 있는바, 이것 없이는 전자에서 후자로의 이행은 하나의 비약이고, 물리학은 체계로서의 학문이지 못할 것이다. — 오직 형이상학적 기초원리들에서 출발함으로써, 그러니까 자연과학 일반의 기초에 선험적으로 놓여 있는 것에 의해서만 물리학은 가능하다. —

---

53) 원어: constituirend[konstituierend].

이 **해설**(개념들의 위치론)은 필시 저 물리학으로 넘어가야 하고, 또한 일정한 객관들뿐만 아니라 선험적 종합 인식의 일정한 원리들로 넘어가야 한다. 그런데 만약 이 선험적 종합 인식이 철학적인(개념들에 의한) 것이면, 초월철학이라고 일컫는다.

자연과학의 형이상학적 기초원리들은, 만약 그것들이 경험적 인식의 교설체계로서의 물리학으로의 진보에서 표상되어야 한다면, 그것을 다른 것이 아니라 자연연구를 통해서 그리고 물질의 운동력들의 관계의 형식의 선험적 원리에 따라서 — 이 운동력들이 지각의 주관적 원인들인 한에서 — 경험을 목적으로 한다. 그리고 이런 일은 오직 '하나의' 행위작용에서 **살펴봄**(注目)[54]과 결합해 있는 **바라봄**(眺望)[55]을 통해서 일어난다. 우리는 지각들의 이 집합체에서 경험을 **위해서**, 우리 자신이 그것의 하나의 체계와 관계하는 하나의 원리에 따라서 집어넣었던 것 이상을 끄집어낼 수가 없다. 그리고 저 힘들의 경험이론으로서의 물리학은 그 체계를 경험**으로부터** 길어내는 것이 아니고, 오히려 주관적인 것을 동시에 객관적인 것으로 직관하는, 그것의 **내다봄**(展望)[56]을 향한 용무에 있다.

물리학은 어떻게 가능한가? 그리고 그러한 학문의 가능성의 주관적이면서도 객관적 근거들(논리적 및 실재적 근거들, 다시 말해 원인들)은 무엇인가

가능한 경험의 모든 대상들은 주어진 것이거나 만들어진 것이다. 후자를 우리는 선험적으로 인식한다. (한낱 감성의 대상들이 아닌) 감관대상들은 경험적 인식의 객관들로 주어져 있다

'하나의' 공간과 '하나의' 시간이 있고, 경험의 가능성을 위해서, 선험적으로 물질의 (내적인 그리고 외적인 운동)력들의 하나의 체계 안에서 결합된 것

---

54) 원어: Rücksicht(respectus).
55) 원어: Hinsicht(prospectus).
56) 원어: Aussicht(adspectus).

으로 표상되는 것들에서 현상들의 하나의 총괄이 주관적으로 xxx

───────────

물리학은 경험의 전체를 위한 (주관적으로 그리고 객관적으로 운동하는) 물질의 운동력들의 통일된 지각들에 대한 교설체계(教說的 體系)이다.

───────────

1.)斷片的으로 2.)結合해서 그리고 경험적 인식의 정돈된 잡다의 하나의 원리에 따라서. 첫째로 전체의 구분.

1. 현상들의 **수용성**. 2. 합성의 **자발성**. 3. 현시의 전시[展示]. 4. 하나의 체XXII383계적 맥락에서의 지각들의 **개념**. 이것은 (생각된 것이 형식에 따라서 주어진 것으로 표상됨으로써 의식의 주관적 통일성이 경험적 인식의 객관적 통일성으로 변환된) 경험의 객관적 가능성을 위한 것이다. 하나의 기본[요소]체계가 구분을 통해 자연체계로 된다.

제10묶음, (반)전지15, 2면

물리학은 그것에 대한 인식이 오직 경험을 통해서만 가능한 그런 사물들을 자기의 대상으로 갖는다. 즉 그것들 자신에 대한, (설령 내적 모순은 없다 할지라도) 아무런 실재성이 없는 것인 개념, 이념이나 허구가 그 가능성을 위해 아무런 것도 보증하지 못하고, 오히려 그런 보증을 오직 경험에 의해서 받을 수 있는 그런 객관들 말이다. 그와 같은 대상에 대한 개념은 예컨대 식물계와 동물계에서의 유기화된 물체[유기체]라는 개념이겠다. 그러한 물체의 가능성은, 만약 경험이 그러한 것의 사례들을 제시해주지 않는다면, 팔라고니아 공자[公子]의 망상[57]이라고 모든 이한테 비난받을 수밖에

───────────

57) 1775년경 시칠리아 Palermo 인근의 Bagheria에 별장을 신축하면서 반미치광이 왕자 Palagonia가 기괴스러운 정원과 궁전터를 조성했는데, 오늘날도 남아 있으며, 이에 대해서는 Goethe의 *Italienische Reise*, 1787. 4. 9 자에서도 상세한 서술을 읽을 수 있다. 칸트는 이 사례를 『인간학』에서도 망상의 본보기로 들고 있다. (*Anth*, B80=A80=VII175 참조)

없을 것이다.

그럼에도 인간은 자기 자신의 신체〔물체〕에서 한낱 감정뿐만 아니라 지성과 결합해 있는 자기 자신의 형식에 대한 감관표상을 이 객관[58]에서 추상해내고, 그것을 보편적 개념으로 서술할 수 있으므로, 그는 자기 자신을 경험을 통해서, 이것이 없었다면 한낱 자기의 개념들에 대한 헛된 망상으로 물리칠 수밖에 없었을 것에서 인식할 수 있다. ― ― 그러므로 그 가능성이 (심지어는) 오직 그 현실성을 통해 생각될 수 있는 감관객관들이 있다.

물리학은 (다시 말해, 가능한 지각들로서의 경험적 표상들의, 자기의 감관들을 자신이 촉발하는 주관의) 현상들을 경험이라고 일컫는 하나의 교설적 체계로 집합하는 교설이다. 그러므로 여기에서 현상들의 잡다는 경험**으로부터**가 아니라, 오히려 (자동적으로) 경험을 **위해서** 주관 자신의 운동력들의 작용결과들인 지각들을 연결하는 하나의 원리에 따라서 총정리된다.

XXII384 　 그러므로 물리학은 하나의 **경험적 체계**가 아니고(무릇 그러한 것은 개념상 하나의 모순일 터이다), 모든 경험적 표상들의 하나의 교설체계이다. 경험적 표상들은 형식의 면에서 운동력들의 관계〔에 따라서〕 선험적으로 처음에 현상에 **주어지고**, 그러나 그다음에는 지성을 통해 하나의 원리 아래서 결합되어 있는 것으로 **사고된다**. 포착되는 것이 아니라, 경험의 가능성의 원리들에 따라서 주관 자신에 의해 경험적 직관 안에, 감관표상 안에 선험적으로 집어넣어지는 것이다

이에 따라서, 단지 경험적으로 주어진 것으로 표상될 수 있는 것(직접적 감관표상, 直觀)이 그럼에도 주관 자신에 의해 만들어진 것으로(그러므로 槪念에 依해 간접적으로) 그리고 선험적으로 생각된 것으로 경험객관에 산입〔算入〕될 수 있는 일이 어떻게 가능한지가 이해될 수 있다; ― 곧 왜냐하면, 지각하는 주관의 자기 자신의 작용결과인 감각은 실제로 자기 자신을 합성하도록 규정하는 운동력 외의 다른 것이 아니고, 외적 대상들의 지각은 단지 주

---

58) 곧, 자기의 신체.

관을 촉발하는 운동력들의 조립의 자동체〔自動體〕 현상이기 때문이다.

그러므로 물리학에 최상위로 속하는 것은, 그 객관을 경험의 대상들로 만드는, 물질의 운동력들의 능동적 관계들의 형식적인 여러 가지들이다. — 인력, 척력 — 압력, 충격력 등등; 그러나 그다음에 두 번째로 (절대적 통일로서의) 가능한 경험 전체에서의 질료〔물질〕적 관계들, 이 힘들에 대한 경험적 인식의 한 체계, 따라서 오직 경험에서 그 개념들을 얻어올 수 있는 것의 구분, 예컨대 유기체와 무기체의 구별에 대해, 또는 아무런 물체도 형성할 수 없고, 오히려 모든 것에 실체 안에 내밀하게 현재하는 (기본원소로서의) 하나의 물질(열소)에 대해 생각하는 것, 이 모든 것이 물리학에 (건축술적으로) 속한다.

〔……〕

〔…〕

제10묶음, (반)전지16, 1면

P

자연과학의 형이상학적 기초원리들은 맨 먼저 감관의 대상들을 순수 직관에서 표상한다. 다시 말해 그것들이 우리에게 현상하는 바대로, 그러므로 오직 주관적 관점에서, 주관이 경험적 직관 — 이에는 모든 경험에 앞서 선험적으로 주어져 있는, 감관객관의 형식〔적인 것〕이 들어 있거니와 — 의 대상에 의해 촉발되는 바대로 표상한다. — 그러나 의식이 결합해 있는 경험적 표상들로서의 지각들의 편성(整列)에 대한 조망이 이와 함께한다. 이것은 자연과학의 형이상학적 기초원리들의 물리학으로의 지침(추세)인 경험의 가능성을 위해서는 필연적으로 결부되어 있는 것으로, 이 덕분에 물리학으로의 이행에서 주관은 가능한 경험으로서의, 지각들의 한 체계로 진보하면서 운동력들을 통해 경험 일반의 가능성의 선험적 원리들에 따라 자기 자신을 촉발한다.

물리학으로의 이행은 지각들의 단편적인 집합체를 통해서 경험적으로 일어나지 않는다. 무릇 그러한 것은 하나의 경험적 학문, 다시 말해 (경험적 표상들의 하나의 체계가 아니라) 하나의 경험적 체계일 터이고, 그런 것은 자가당착이다. 오히려 경험적 표상들의 하나의 체계의 형식을 선험적으로 그 기초에 놓는 경험을 목적으로 그것들의 집합의 한 원리 아래서 감관표상들을 결합함으로써 물리학은 가능하다

그러한 체계에서 감관객관들은 한낱 현상들, 다시 말해 주관이 촉발된 바대로의 (경험적) 직관의 주관적 형식들이다. 그러한 하나의 체계를 위해 결합되어 그것들은 경험을 형성하고, 그러나 경험의 가능성의 그리고 경험의 통일[성]의 인식근거들이다. 직관의 공리들은 진보해가면서 현상의 예취들을 함유한다.

공간상에서 운동할 수 있는 그리고 그럼으로써 또한 운동시키는 실체들이 **원소들**이다.(물질들이 아니다. 무릇 그것은 동질적인 것으로 간주되고, — 하나의 순전한 보편적인 전도 매체(輸送 媒體)로 간주되니 말이다.)

운동력들은 관계(범주)의 면에서는 내적으로 또는 외적으로 (실체 안에서) 운동하면서 감각들(다섯 감관[五官]들)에 작용한다. 지성은 상상력을 매개로, 그것의 가능성[을 위해] 목적개념들을 전제함으로써 물체형성적(기관[機關])이거나, 순전히 지각을 위해 기계적으로 운동하는 것으로 분류된다. 그런데 감관객관들을 가능한 지각들을 위해 선험적으로 분류하는 일이 어떻게 가능한가? 그리고 경험에서 길어내지 않고, 오히려 경험 안에 집어넣는 일이 어떻게 가능한가? 그렇지만, 만약 우리가 지각들을 경험의 가능성을 위해, 물리학을 위해 선험적으로 활용하기를 기대한다면, 이런 일이 일어나지 않으면 안 될 터이다.

그것에 의해 주관이 지각 중에서 자기 자신을 촉발하는 행위작용은 경험의 가능성의 원리를 함유한다.

제10묶음, (반)전지16, 2면

경험적 직관(현상)에는 감관표상들의 집합체의 주관적인 것〔요소〕이 전제된다. — 경험적 직관을 통해 촉발된 주관(현상에서의 대상)은, 그것이 개념들에 따라서 자신을 촉발하는 한에서는, 하나의 유기체이고, 이것은, 지각들을 그것의 부분들이 교호적으로 서로에 대해 목적과 수단인 (한 부분이 다른 부분을 위해 현존하는) 것의 하나의 (경험의) 체계로 집합함에 맞춰, 다섯 감관〔五官〕에 따라서 직관한다. 자연의 그와 같은 산물은 하나의 지성에 유추해서 형성하는 형식의 원인을 갖는바, 선험적으로가 아니라 경험에 의거해서만 가능한 것으로 표상되거나 생각될 수 있다. — 끝으로 공간상에서 운동할 수 있는 것으로서의 그것의 각 부분이 실체로서만 일반적으로 표상되고, 다른 모든 물질을 직접적으로 움직이고, 그러니까 모든 것에 침투하는 것으로 표상되는 하나의 물질은 하나의 시원적으로 운동하는, 장소변화하지 않는 **원소**(基〔盤〕)이다. 이것의 기능은 모든 계량 가능한 물질에 대해 전도하는 것이고, 그 자신만으로는 중력의 영향을 받지 않는 것인데, 이런 일은 그것이 물질의 하나의 전체를 이루는 데서만 일어나는 것이다.(제자리에서의 要素들은 重力의 影響을 받지 않는다.) 이러한 물질은 (그것의 작용 원인이 계속 더 소급되는 모종의 현상체들을 설명하기 위한) 하나의 가설적 원소가 아니고, 하나의 선험적으로 주어진 원소이다. 왜냐하면, 순전히 전도하는 소재(輸送 流動體)로서의 저러한 것의 실존은 이미 동일률에 따라서 개념 자신 안에 주어져 있기 때문이다.

경험적 직관의 전체는 지각을 매개로 바깥에서 안으로 진보하는 것으로 생각될 수 없고, 오히려 안에서 넘어 나와, 현상에서의 잡다로부터 경험적 직관의 전체로, 합성을 통해 지각들의 하나의 체계(물리학)로 진보하는 것으로 생각되어야 한다. 그래서 지성이 생각한 것만이 직관의 형식의 감관표상에 맞게 하나의 선험적 원리에 따라서 **만들어지고**, 그러면 비로소 가능한 경험의 하나의 전체로서 주어진다. 단편적으로 끄집어내진 지각들이 처음에 경험객관을 구성하는 것이 아니라, 오히려 그것들이 먼저 경험과 그 것의 가능성을 위해 경험적 직관의 잡다를 통일하는 하나의 원리에 따라서 선험적으로 자기활동적으로 집어넣어지는 것이다

모든 지각들은 물질의 운동력이 주관과 주관의 감관들에 영향을 미친 작용결과들이다. — 이것들에는 필연적으로 외적 감관객관과 이것의 운동 인 공간상에서 운동할 수 있는 것(물질)에 대한 반응으로서의 포착이 대응 한다. 이제 그로 인해, 오직 경험의 대상일 수 있고, 물리학에 속하는 것을, 그러면서도 동시에 자연과학의 형이상학적 기초원리들에서의 이행에 포함 시키는 일이 가능해진다. 만약 곧 주관이 직관들의 통일의 하나의 원리에 따라서 경험의 전체로 이월해야만 하고, 그러므로 단편적인 집합체인 지각 들을 지각들의 체계, 즉 (오직 하나 있는) 경험과 혼동하지 않는다면, 그리하 여 오직 자기활동적으로 운동력들을 경험 **안에** 합성(연결)함으로써 선험적 으로 물리학을 목적으로 집어넣어져야만 하는 것을 경험**으로부터** 길어낸 다고 생각되고 있는 것이다. — 무릇 거기에 형이상학적 기초원리들의 물리 학으로의 추세가 있는바, 물리학의 형식적 조건은 경험적으로가 아니라 선 험적으로 주어져 있다.

현상에서의 대상은 선험적 원리들에 따라서 판정되어야만 한다. 무릇 저 현상이란 단지 감관객관과의 하나의 주관적 관계이니 말이다. 감관객관의 표상은 단지 간접적으로 지각에 속한다. 곧 주관과 주관에 대한 개념을 매 개로 객관을 규정함으로써 말이다

〔……〕

Q

그 원리가 경험적일 수 없는, 물질의 운동력들의 기본[요소]체계는 ─ (무릇 그러한 개념은 자기 자신과의 모순일 터이므로) ─ 경험적 표상들의 하나의 전체 안에 지각들을 연결하는 하나의 원리를 놓는다. 이 원리는 경험**으로부터**가 아니라, 지각들의 하나의 단편적인 집합체가 아니라 하나의 체계인 경험을 위해서 선험적으로 형식의 면에서 선행하지 않을 수 없다. 무릇 경험은 **주어질** 수 있는 것이 아니고, 오히려 주관에 의해 감관표상들에 대해 **만들어질** 수 있는 것으로, 경험적 표상들을 하나의 가능한 경험의 통일로 합성하는 하나의 원리 아래에 있다. 이 경험의 형식은 선험적인 개념을 통해 생각되어야 하는 것이고, 이에 대한 (관찰과 실험에서의) 경험적 인식의 전체의 교설//체계가 **물리학**이라고 일컬어진다.

〔……〕

〔……〕

현상은 경험적 직관의 주관적인 것이고, 하나의 思考可能한 것을 전제하며, 지성을 통해 객관적으로 만들어진 것은 현상에서의 所與[的인 것]를 전제한다.

제10묶음, (반)전지17, 2면

이제 여기서 물질의 운동력들의 기본[요소]체계에서의 자연과학의 형이상학적 기초원리들에서 물리학으로의 이행으로 가는 입구를 열기 위한 열쇠가 주어진다. 곧 경험**으로부터** 경험적으로가 아니라, 경험을 **위해서** 선험적으로, 현상들의 잡다를 지성을 통해 저 힘들의 교설체계로서의 물리학을 위해 단편적으로 포착하지 않고, 지성 자신이 **만드는** 하나의 전체를 위한 개념들에 따라서, 곧 하나의 원리에 따라서 **구성하는**[59] 열쇠말이다.

형이상학적 기초원리들이 그리로의 자연적인(필연적인) 추세를 가지고 있는 물리학에 대해 보편적인 물질의 운동력들을 선험적으로 분류하기. 첫째로 형식에 따라서 인력 또는 척력. 이 힘들의 주체들은 운동할 수 있고 운동하게 하는 **실체들** 자신이다.

〔……〕

〔……〕

그러므로 물리학은, 비록 선험적으로 주어지지는 않지만 가능한 경험의 대상들로 생각해야 하는 감관대상들의 교설체계이다. — 경험의 가능성의 원리들은 한편으로는 소재의 면에서(質料的으로) 경험에 속하는 것, 예컨대
운동력에 관련하고, 또는 순전히 생각할 수 있는 형식들, 예컨대 유기화된 물체들에 관련하는데, 이러한 것들에 대해서는 경험만이, 그러한 것들이 실**존할 수 있다**는 것을 증명할 수 있고, 그러므로 그것들은 한낱 이념〔관념〕들이다. 전자의 기초에는 경험적 표상들이 놓여 있**어야 한다.**

경험의 가능성의 경험적 원리들은, 사람들이 촉발되는 것의 감각들을 경험적 직관들로 분해하는 한에서, 감관들을 촉발하는 힘들 자신이다. — 인력과 척력, 그리고 이것들의 종〔種〕들인, 양, 질, 관계 및 양태 범주들에 따른, 표면// 또는 침투력

만약 견인과 반발(합해서 振動)이 일으킨 진동이 하나의 무한히 이어지는 정체를 가르킨다면, 점점 사라져가는 운동의 방해물 자신이 하나의 특수한, 그러나 반대 방향으로 운동하는 힘이어야 할 터이다. 그러나 이것은 하나의 모순이다. 그러므로 운동의 성량은 언제나 같다.

---

59) 원어: constituiren〔konstituieren〕.

현상으로서의 주관의 촉발[가능]성은 지각에서의 상관자로서의, 대응하는 운동력들의 부동성[不動性]과 결합되어 있다. 다시 말해 현상들은 스스로 촉발하는 주관의 자발성을 통해 선험적 법칙들에 따라서 현시 중에서 포착된다

제10묶음, 전지18, 1면

R
1.
물리학이란 무엇인가

물리학은 감관객관들의 인식과 경험에서의 이것들의 총괄(包括)에 대한 교설체계(敎說的 體系)이다 이 체계는 순전히 주관적이다 — 하나의 사유체계이다 — 이 체계에 객관적으로 하나의 자연체계가 대응하는 것으로 표상된다(自然[的] 體系[60] — 或 自然[之]體系[61]), 즉 현상들의 하나의 총괄(包括)이다 이 현상들은 종합적으로 하나의 보편적 원리에 따라 결합되어 경험의 가능성을 위한 경험적 표상들의 하나의 체계라는 개념 안에 의식적인 경험적 표상들의(다시 말해, 결합된 지각들의 경험의 통일성을 위한 모든 가능한 표상들의) XXII397
집합체를 함유한다.

자연과학의 형이상학적 기초원리들에서 xxx로의 이행

의식적인 경험적 표상들(즉 지각들)은 경험의 질료[실질/물질]적인 것이고, 이것의 집합체는 단편[斷片]적이다

경험은 곧 경험적 표상들로서의 지각들의 하나의 순전한 **누적**(집합), 단편적(斷片的)인 것이 아니고, 합해져(結合的으로) 취해진 지각들의 '하나의' 개

---

60) 원어: systema naturale.
61) 원어: systema naturae.

념 안에 있는 것이다. ― ― 이제 물리학은 운동력들에 대한 학문[과학]적 경험이론이고, 한편으로는 (경험적이고, 외부의 영향으로 일으켜진 표상들인) 지각들이 체계의 하나의 전체 안에 결합되어 있다. 그러나 경험 자신은, 사고의 형식에 따른, 경험적 직관의 잡다의 하나의 체계이다

물리학에
무엇이 필연적으로 속하는가?

(주관이 가질 수 있는 경험적 표상들로서의 지각들의 작용 원인인) 물질의 운동력들을 선험적으로, 다시 말해 경험에서 독립적으로 밝혀내고자 하는 일은 기이하고, 불가능해 보이기까지 한다. 그럼에도 이러한 일은 물리학을 위해서는 하나의 필수적인 것이다. ― 무릇 한낱 경험적 근원을 갖는, 지각들과 감관들의 개별적인 변양들의 하나의 집합체는, 그런 것들은, 그런 것들에 대응하는, 경험의 전체에 속하는, 지각들의 감관대상들이 얼마나 많이 또는 얼마나 적게 주어지든 간에, 무엇에 의해서도 맥락 지어지지 않으니 말이다. 무릇 사람들은 이 힘들을 또한 '하나의' 특정한 관계에서, 예컨대 인력과 척력의 방향의 관계에서 구분할 수도 있다. 이런 것들은 다시금 선험적 개념들에 따라서 수많은 하위 부문들에 종속되어 있고, 그래서 물리학으로의 이행을 위한 순전한 경험론, 그러한 것의 교설은 불가능할 터이다 ― 이런 것은 물질의 주관적으로 운동하는 힘들의 하나의 체계로서의 경험의 개념을 통해 가능하게 될 것이다. 거기서 경험적인 것 xxx

1) 물리학이란 무엇인가
2) 물리학에 무엇이 속하는가[필요한가], 다시 말해 무엇이 물리학 전체의 부분인가
3) 형이상학적 기초원리들에서 물리학으로의 이행이란 무엇인가
4) 이행에 무엇이 속하는가[필요한가].

주관을 촉발해서, 경험을, 즉 경험의 하나의 체계를 위한 연결을, 가능하게 하는 경험적 규정근거들로서의 지각들의 물질의 운동력들의 자율. 유기화된 물체[유기체]들의 개념은 자기 자신을 촉발하는 주관의 지각들의 체계에서의 진보에 속한다[필요하다]. 그래서 동물생리학으로서의 물리학 및 동물학으로서의 자연사.

만약 경험을 통해서 증명되지 않는다면, 그것의 가능성이 선험적 개념들을 통해 확실하게 인식되지는 못할 것이라는 사실, 例: 유기성은 물리학에 속한다.

물질의 운동력들의 교설체계로서의 물리학은 선험적으로 주어진다.

물리학은 경험적 인식의 하나의 교설체계이다(경험적 체계가 아니다. 무릇 그러한 것의 개념은 하나의 모순을 함유하고 있으니 말이다) 그러므로 물리학은 경험과학이고, 두 가지의 객관들을 갖는다: 1)도대체가 경험의 대상인 것, 2)그것의 가능성 자신이 경험을 통해서 외에는 달리 인식될 수 없는 것, 그러므로 이런 것의 현실성은 그 가능성에 필연적으로 선행하고, 그러므로 이런 것의 가능성은 선험적으로 인식될 수 없다. 그것들의 부분들의 결합에서의 그 형식이 목적인(目的因)들을 통해서만, 그러니까 하나의 지성을 통해서만 우리에게 설명될 수 있는 그러한 물체들이 그러한 것들이다. 그러므로 날[生] 물질과 유기체들이 물리학의 대상들이다. — 그러므로 물질의 운동력들은 기술적으로 또는 순전히 기계적으로 움직인다. — 후자들은 1)물리적//기계적이고, 기계들로서 역학적 가능성을 전제한다. 유기체들의 물리학[자연학]은 생명 있는 물질의 물리학[자연학], 즉 (**생장적**[식물적]**으로** 또는 **동물적으로**) 생명 있거나, 다시 말해 순전히 다수의 실체들의 결합에 의해 함께거나, 하나의 절대적 통일에 의해 생명 있는 — **영혼이 있는** 물질의 물리학이다.

XXII399

물리학의 반대편에 **형이상학, 저자연학**[底自然學][62)]과 **초자연학**[超自然學][63)]

이 있다. 이런 것들은 망상의 교설들이다. 순전한 가상의 교설들이 아니다. 무릇 가상은 근거가 있을 수 있는데, 망상은 가상을 현실로 여기는 착각이니 말이다.

1) 순전히 **순수한 이성원리들**에서 2) 순전히 **경험적** 〔원리들〕에서. 3) **초험적**

제10묶음, 전지18, 2면

첫째 물음은 이것이다: 과연 물질의 운동력들의 경험주의〔경험원리〕[64]가 지각들의 집합체인 그것들의 결합의 하나의 원리인지, 아니면 오히려 과연 경험적 표상들의 잡다의 합치의 이성주의〔이성원리〕[65]가 경험 일반의 가능성을 위해 단초를 만들고, 물질의 운동력들의 편성의 하나의 형식적 원리가 경험적이지 않은 하나의 체계를 위해 — 무릇 경험적 체계란 자기 자신과의 모순일 터이니까 — 그 기초에 선험적으로 놓여 있어야만 하는지, 그래서 그 원리에서 지각들(의식적인 경험적 표상들)로서의 경험적 표상들이 경험으로부터가 아니라, 경험을 위해 하나의 체계로 함께 정리될 수 있는 것인지 말이다.

이제 경험은 지각들의 하나의 체계이고, 물리학은 그것의 하나의 교설적 체계이다. 그러므로 형식적인 경험주의에 빠지지 않고서도 (경험적이지 않은) 하나의 체계 안에서 경험적 표상들을 선험적으로 제시하고, 물질의 운동력들의 기본〔요소〕체계와 관련해, 전에는 기이하고, 정말이지 불가능해 보였던, 물리학으로 이월하기가 가능하고, 실로 필연적이기조차 하다.

무릇 이 경험적 표상들은 자신이 단지 현상들이니 말이다(주관이 대상에 의해, 다시 말해 운동력에 의해 촉발되는 한에서, 직관의 형식들이고, xxx

---

62) 원어: Hypophysik. XXI289(제3묶음, 전지3, 1면) 참조.
63) 원어: Hyperphysik. XXI289(제3묶음, 전지3, 1면) 참조.
64) 원어: Empirism.
65) 원어: Rationalism.

지각들은 물질의 운동력들이 의식적인 경험적 표상들을 유발하여 감관들이 촉발된 그 작용결과들이다. 그런데 주관이 이런 영향력을 미쳐 현상들을 예취하고, 물리학으로의 이행이 일어나야 하는 것이라면, 반드시 일어나야 할, 경험적 표상들의 집합을 통해, 선험적으로 하나의 종합적 원리에 따라서 지각을 넘어가는 일이 어떻게 가능한가?

물리학은 물질의 운동력들의 체계에 대한 경험이론이되, 경험**으로부터**〔나온〕 것이 아니다. 무릇 이 경험이 무엇이고, 어떻게 그리고 무엇에 의해 가능한지를 이제야 비로소 알게 될 것인바, 이 경험은 부분적으로(斷片的으로) 서로 집합되어 있는 것으로가 아니라, 전체의 이념에 의해, 다시 말해 그것들의 결합의 원리에 따라서(結合해서) 선험적으로 경험적 표상들을 연결하여 함유한다.

〔……〕

운동할 수 있는 실체 일반으로서의 — 또는 특정한 성질의 하나의 특수한 실체로서의 물질(그래서 **물질들**을 이야기할 수는 없고, 그러므로 오직 모든 방면에서 동질적인 것으로 생각되는 물질을 이야기할 수 있을 뿐이다). XXII402

〔…〕

사람들은 경험들을 이야기할 수 없듯이 (複數로) 물질들을 이야기할 수 없다. 둘 모두 單數로만 있다

그러나 서로 다른 다수가 있을 수 있는 **소재들/원소들**에 대해서는 말할 수 있는데, 왜냐하면 이것들은 운동력으로서의 주어진 물질의 기반을 형성하고 있기 때문이다

〔……〕

XXII405

〔……〕

제10묶음, 전지18, 4면

주관이 객관에 의해 경험적으로 (受容性에 依해) 촉발된다는 점에서가 아니라, 주관이 자기 자신을 (自發性에 依해) 촉발한다는 점에 자연과학의 형이상학적 기초원리들에서 물리학으로의 이행 가능성이 있다. 물리학은 자기의 객관 자신을 지각들의 하나의 체계인 경험의 가능성의 하나의 원리에 따라서 만들어야 한다. 그때 물리학은 부분적(斷片的)으로가 아니고, 현상들을 통일해서(結合的으로) 이것(경험)에 의해서가 아니고, 이것을 **위해서** 지각들의 집합체의 논변적 보편성을 직관적 보편성으로 전환한다. 그때 주관은 그 자신에게 경험적 직관의 하나의 대상, 다시 말해 현상이다. 무릇 그러한 것으로서만 주관은 선험적으로 경험의 가능성의 형식적인 조건들에 맞춰서 물리학을 목적으로 그리고 이 물리학 자신은 그것의 가능성의 면에서 학문으로 세워질 수 있다. — 무릇 경험은 주어질 수 있는 것이 아니라 만들어져야만 하는 것이고, 주관에 있는 경험의 통일성의 원리가, 그것을 가지고서 주관이 자기 자신을 촉발하는 소재인 경험적 자료들이 경험의 체계 안으로 들어서고, 자연체계에서 운동력들로 헤아려지고 분류될 수 있는 일을 가능하게 만든다.

사람들은 경험적인 것의 체계(물리학)에서 출발해서, 물질의 운동력들을 경험 안에 함유하고 있는 지각들로, 그리고 감관객관들의 규정에 관한 이것들의 기능들로, 다시 말해 소재들로서의 이 힘들을 하나의 구분에서 선험적으로 명시할 수 있기 위해서는, 경험의 가능성의 원리로 나아가야만 한다.

경험은 집합적 보편성에서 지각들로부터 생기지 않고, 분배적 보편성에서 지각들의 경험적 잡다의 종합적 통일로 만들어지거니와, 그것은 주관을 촉발하는 운동력들을 통해 감관을 촉발하는 이 힘들의 하나의 체계로서의 경험을 목적으로 한, 다시 말해 물리학을 위한 것이다. 이 체계는 경험적이지 않고(무릇 이런 것은 자기 자신과의 모순일 터이다) 하나의 원리에 따라서 경험적 규정의 하나의 包括로 진보한다.

우리는 경험적 표상들의 하나의 체계에서, 그러므로 그 자신 경험적이지 않은, 체계에서 자신을 선험적으로 의식한다[자각한다]. 이 체계에서 물질의 운동력들은 경험의 가능성으로 진보하는 기능들을 행사하거니와, 이 기능들은 이 힘들의 주관과의 관계의 지각들을 종합하는 형식(질, 양, 관계 및 양태)을, 그렇게 해서 경험의 질료적인 것의 합성에서 객관의 현상들로서 함유하고, 물리학을 선험적으로 정초한다. 경험은 경험적으로 주어지지 않고, 객관적으로 주관에 의해[66] 만들어진다. 경험에 의해서가 아니고, 경험의 가능성을 위해서, 그리고 지각을 위해서, 지각들의 체계 즉 물리학을 위해서.

그러나 물리학에서는 사념물(理性의 存在者)들도 문제 있는 것으로서 물질의 가능한 운동력들의 구분을 위해 산입되지 않을 수 없다. 곧 이것들은 경험에 의하지 **않고서는** 생각될 수 없는 그런 성질의 것으로 생각된다. 그와 같은 것이 유기체들이다. 이런 것들은 각 부분이 다른 부분을 위해서 현존하고, 그것들의 실존은 **오직** 목적들의 하나의 체계 — 이런 것은 필시 하나의 비물질적 원인을 갖는다 — 에서만 생각될 수 있거니와, 이에 대해서 XXII407 는 인간의 자기 자신의 기관들에 대한 지각들이 실례를 제공한다. (다윈의 동물생리학, 쿨렌,[67] 브라운. 이들은 물리학[자연학]의 '한' 분과만을 다루었음에도 불구하고, 생리학자[자연학자][도시// 및 지역공의[公醫]라고 호칭된다.) 무릇 지각으로서의 경험적 직관에서 간접적으로 감관들에 작용하는 것이 물리학에서 (지각의) 실재적인 것이고, 선험적으로 주어지지 않는 표상들의 소재이다. 그럼에도 이것은 주관의 운동력들의 작용결과들을 선험적으로 헤아리기 위해서 요구된다. 그러므로 사람들은 그것들을 일정 수가 있는 (작용) 관

---

66) 원문의 "zum"을 "vom"으로 고쳐 읽음. 원문대로 읽으면, "주관으로"가 되겠다.

67) William Cullen(1710~1790). Edinburgh 대학의 의학 교수로 신경생리학 분야의 연구에서 큰 성과를 냈고, *First Lines of the Practice of Physic; Institutions of Medicine* (1784)과 *Synopsis Nosologicae Medicae*(1785) 등의 저술을 통해 질병 분류의 원칙을 제시하여 당대의 큰 영향을 미쳤으며, John Brown이 그와 엇갈리는 주장을 펴 큰 논란이 일기도 했다.

계들로 분해해야 한다.

물리학이란 무엇인가? 그것은 경험에서의 (외적 및 내적) 감관대상들의 인식에 대한 학문〔과학〕적 교설이다. ― 그것은 하나의 경험적 학문이 아니다.(무릇 그런 것은 자기 자신과의 모순일 터이다. 왜냐하면, 모든 인식은, 그것이 학〔문〕적이어야 하는 한에서, 그 표상들의 잡다를 결합하는 형식적 원리들 위에 근거하고 있어야만 하기 때문이다.) 그러나 그것은 하나의 경험으로 결합되어 있는 경험적 인식들의 하나의 총괄(包括)일 수 있다. 무릇 경험은 **만들어**져야 하고, 순전한 지각(의식적인 경험적 표상)과 같이 **주어질** 수는 없으니 말이다

그러므로 물리학은 지각들의 하나의 순전한 집합체가 아니다. 이런 것은 단편적으로 합성되어서 하나의 학문을 이루지 못할 것이고, 오히려 경험적 표상들을 합성하는 하나의 원리를 전제한다. 〔그것은〕 경험**으로부터**가 아니라 오히려 경험을 **위해서** 그리고 경험을 목적으로 경험의 가능성의 원리로서 인식을 정초하는 것이다. 그래서 오직 '하나의' 물질이 있듯이, 오직 '하나의' 경험이 있고, 이것이 현상들의 거대한 잡다를 제공하고, 물질의 운동력들에서 개시하여, 선험적으로 부분적(斷片的)으로가 아니고 통일적(結合的)으로 경험을 위한 소재를 공급하는, 경험적 표상들의 하나의 절대적 전체를 제공한다.

질문.
경험을 위한 경험적 표상들의 집합체로서의, 물질의 운동력들의 체계에 대한 선험적 인식이 어떻게 가능한가?

답변: 종합적 원칙에 따라서가 아니고, 순전히 분석적인 원칙, 곧 동일률에 따라서. 왜냐하면, 경험은 직접적으로 지각들의 하나의 집합체에서, 그러므로 그 자신 경험적으로 생기지 않고, 경험적 표상들의 잡다를, 경험이라고 일컬어지고, 경험으로부터(경험적으로) 생기는 것이 아니라, 경험을 위해서(경험을 목적으로) 생기는, 하나의 체계 안에서 편성(整頓)하는 형식적 원리의 귀결로 생기기 때문이다. 이러한 체계에서 현상에서의, 다시 말해 주

관의 직관의 형식과의 관계에서의, 대상은 객관과 직접적으로 관계 맺고 있는 것으로 표상되지 않는다. 그러므로 이로부터, 어떻게 자연과학의 형이상학적 기초원리들에서 **물리학으로의 이월**이라는 기이한(역설적인) 일이 부단한 연관 속에서 (비약 없이 (그러므로 자연스러운 추세에 의해) 순전히 경험적인 것에서 이성적인 것으로) 이행할 수 있고 이행해야만 하는지를 알 수 있다. 여기서 물리학에는 경험대상 — 이에는 감관들을 직접 촉발하는 물질의 운동력들도 속한다 — 일 수 있는 것뿐만 아니라, 》**오로지 경험을 통해서** 가능한 감관대상으로 생각될 수 있는 것《도 〔속한다.〕 이런 가능한 감관대상의 가능성은 그 자체로는 통상 문제성이 있는 것(예컨대 유기화된 물체〔유기체〕들)이다. 〔그리고 이것은〕 경험**으로부터**가 아니고, 경험을 **위해서** 체계적으로 (물리학이라고 일컬어지는 학문으로서의 한 교설에서) 포착될 수 있고 분류될 수 있다.

지각의 대상인 것이, 經驗的 所與[68]가, 그렇다고 해서 곧바로 경험의 대상은 아니다. — 무릇 지각들의 하나의 체계인 경험은 **만들어**져야 하는 것이니 말이다. — 그런데 모든 외적 지각들은 물질의 운동력들이 영향을 미친 작용결과들이자 주관을 촉발한 외적 객관의 작용결과이고 그런 한에서 한낱 현상들이다. 그러므로 그것들은 형식〔적인 것〕의 면에서 선험적으로 주어질 수 있다. 그러므로 또한 물질에서 힘들은 **원소들**로, 다시 말해 이 힘들의 기반을 이루는, 물질의 운동에 속하는 실체들로 생각될 수 있고, 물리학은 그러한 것들에 대한 하나의 교설체계이다. — 운동력들의 질에서 고찰된 이 원소들은 원리들에 따라서 선험적으로 헤아려질 수 있다: **인력**과 **척력**으로, 그러나 이 둘은 침투적으로// 또는 표면적으로, 전체에서 부분으로 등등으로 작용하는 것, 저지 가능한 것 등등으로. 〔이런 것들에〕 근거해서 원리들에 따라서 선험적으로 헤아려지고 분류될 수 있다. 基盤과 주도하는 물질.

---

68) 원어: empirice dabile.

제10묶음, 전지19, 1면

공간과 시간은 지각(의식적인 경험적 표상)의 대상들이 아니고, **순수한 직관**의 (선험적인) 대상들이다. 그것들은 **사물들 자체**(自己에 依한 存在者들)가 아니다. 그것들은, 다시 말해 표상의 바깥에 실존하는 어떤 것이 아니라, 주관이 스스로 자신을 정립하고, 다시 말해 스스로 자신을 자기의 표상들의 대상으로 만드는[삼는] 그런 주관의 한 작용으로서의 주관에 소속하는 어떤 것이다

공간 및 시간은 의식적인 모든 경험적 표상에 앞서 동일률에 따라서 분석적 원리들이 아니라, 오히려 종합 명제들을 내놓는(展示하는) 직관들이다. 이 종합 명제들이 선험적으로(그것이 절대적으로 필연적이라는 의식과 함께) 인식의 기초에 놓인다

〔……〕

XXII411

〔……〕

경험에서 추상된 (의술의) 보편적 원칙들이란 자기 자신과의 하나의 모순이다.

생명 있는 물체는 자기의 운동 중에서 언제나 자신을 회복하는 하나의 물체이다

생명 있는 물질은 없다.

종합적 명제들이란 무엇인가? 선험적 종합 명제들이란 무엇인가? 선험적 종합 명제들은 어떻게 가능한가? 초월철학이란 무엇인가 — 자연과학의 형이상학적 기초원리들에서 물리학으로의 이행이 초월〔철학〕을 통해 어떻게 일어나는가. 지각의 집합체에서 1) 경험이 가능성으로, 2) 경험 — 물리학으로 진보.

주관은 자기 자신을 공간과 시간상에서 직관의 잡다의 하나의 전체로 구성하는[69]데, 경험적 직관에 주어진 실재적인 것의 포착을 통해서가 아니고, 하나의 무한한 전체로서의 직관의 전부의 종합적 통일의 형식적인 것의 포착을 통해서 그리한다.

XXII412

지각들의 통일의 원리에 의한 경험으로의 접근은 능히 가능하지만, 경**험으로부터**는 아무것도 도출되지 않는다. 왜냐하면, 경험적인 것의 전반적 규정을 위해서는 경험 일반의 가능성의, 다시 말해 선험적·종합적 통일의 전반적 규정의 원리가 필요하기 때문이다.

대상들에 의해 촉발되는, 다시 말해 감관영향들의 수용성의 다양한 방식들을, 대상들이 우리에게 현상해야 하는, 그것도 모든 지각에 앞서 현상해야 하는 방식을 체계적으로 규정하는 일. 나 자신의 의식, 즉 지성이 이 직관을 반입한다[들여놓는다].

형식[적인 것]에 따른 직관의, 다시 말해 현상에서의 수용성과 '하나의' 개념에서의 총괄(포착)의 의식의 자발성이 초월철학의 선험적 종합 명제들의 現實態/作用[70]이다. 이것을 통해 주관은 그 자신에게 현상으로서 선험적으로 주어진다. 객관 = x는 사물 **자체**이다. 현상에서의 사물의 상관자[대응자]는 사물 자체이고,[71] 내가 객체로 **만드는** 주체/기체[基體]이다

사물 **자체**(自己에 依한 存在者)라는 개념은 오직 앞서 주어져 있는 어떤 것으로부터, 곧 현상에서의 객관으로부터, 그러니까 객관이 관계[72] 안에서,

---

69) 원어: constituiren[konstituieren].
70) 원어: actus.
71) 『순수이성비판』의 관련 대목 참조: "우리가 외적 대상들이라고 부르는 것은 다름이 아니라, 그것의 형식이 공간인 우리 감성의 순전한 현상들뿐이라는 것, 그러나 그것의 진짜 대응자, 다시 말해 사물 그 자체는 […]"(*KrV*, A30=B45)
72) 원어: Verhältnis.

제2부 [유작] II 역주   **357**

그것도 하나의 부정적인 관계[73] 안에서 고찰되는 하나의 관계[74]에서의 객관으로부터 발생한다

공간 자신은 객관이 주관에게 어떻게 주어지는가 — 사고되는가가 아니라 — 하는 관계의 형식[적인 것] 외의 다른 것이 아니다.

우리가 경험에서 권력을 가진 자라는 신의 개념을 만들어내고자 한다면, 신의 모든 도덕성은 떨어져 나가고, 단지 전제[專制]만이 남을 터이다

제10묶음, 전지19, 2면

인식의 제일[최초]의 작용은 '나는 있다'라는 동사/말/언표[75] 즉 자기의식이다. 여기서 '나', 주관은 나 자신에게 객관이다.[76] — 무릇 여기에 이미 주관의 모든 규정에 선행하는 하나의 관계, 곧 직관의 개념의 관계에 대한 관계가 놓여 있는데, 여기서 '나'는 두 겹으로, 다시 말해 이중적 의미로 취해진다. 내가 나 자신을 정립함으로써, 다시 말해 한편으로는 사물 자체(自己에 依한 存在者)로, 둘째로는 직관의 대상으로, 그것도 객관적으로 현상으로거나 나 자신을 선험적으로 하나의 사물로 구성하는[77], 다시 말해 사상[事象] 그 자체로 구성함으로써 말이다.[78]

자기 자신의 **의식**(統覺)은 그를 통해 주관이 일반적으로 자신을 객관으로 만드는 작용이다. 그것은 아직 **지각**(單純 捕捉)이 아니다. 다시 말해, 주관이 무엇인가 어떤 대상에 의해 촉발되고, 직관이 경험적으로 될 것이 필요

---

73) 원어: Verhältnis.

74) 원어: Relation.

75) 원어: Verbum.

76) 위의 XXII115의 표현 대조 참조.

77) 원어: constituirend[konstituierend].

78) 칸트가 기대한(XXI87 참조) '미래의 초월철학'자가 아니라, 현재의 초월철학자로시 Schelling은 1799년에 이러한 사태 연관을 "구성함 자신" 또는 "최고의 구성하는 활동"으로서 "존재 자신(das Seyn selbst)"이라고 설명한다.(Schelling, *Erster Entwurf eines Systems der Naturphilosophie*[1799], in: SW, I/3, S. 12)

한 어떤 감관표상이 아니다. 오히려 그것은 순수 직관으로, 공간과 시간의 이름 아래서 직관의 잡다의 합성(竝列 及 順列)의 순전히 형식적인 것을 함유하고, 이로써 잡다에 대한 종합적 인식의 선험적 원리를 〔함유하며〕, 그러나 바로 그렇기에 대상이 현상에서 표상되도록 한다.

직관의 잡다가 대상을 현상에서 표상하는가, 아니면 대상 **자체**인 바대로 표상하는가의 차이는, 형식〔적인 것〕이 한낱 주관적으로, 다시 말해 주관에 대해 타당한 것으로 생각되어야 하는가, 아니면 객관적으로 누구에게나 타당한 것으로 생각되어야 하는가 이상을 의미하지 않는다. 그리고 이것은 그 설정이 하나의 명사[79]를 표현해야 하는가 아니면 하나의 동사[80]를 표현해야 하는가의 물음에 귀착한다

3차원을 갖는 공간직관과 1차원만을 갖는 시간직관이 원리들로서의 선험적 종합 명제들을 제공한다. 그러나 〔그것들이〕 감관객관들을 위한 것은 아니다. 무릇 직관에 (경험적으로) 드러나는 포착 가능한 사물들은 없고, 이것의 의식적 표상은 지각이 아니니 말이다. 마찬가지로 그런 것으로 잘못 주장된 지각들의 집합체의 체계도 경험이 아니다. 그것은 객관적으로는 한낱 현상인 직관의 하나의 전체로, 이것에는 사물 자체로서의 대상이 오로지 이념〔관념〕에서 대응한다고 생각되는 것이다.

XXII414

공간 및 시간은 주관 **외부에**〔바깥에〕 실존하는 어떤 것이 아니고, 사물들의 **내적** 규정들도 아니며, 오히려 한낱 사유〔관념〕물(理性의 存在者)들이다

첫째의 것은, 공간 및 시간과 이것들 안에서의 대상은 규정되지 않은, 그러나 규정될 수 있는 직관에, 다시 말해 현상에 주어져 있고(所與이고), 그리하여 하나의 가능한 전체로 생각될 수 있다(思考可能한 것이)라는 사실이다. 그런데 이 둘이 함께 선험적 종합 명제들을 위한 하나의 원리를 정초하는 바, 이것을 초월철학이라고 일컫고, 자연과학의 형이상학적 기초원리들의

---

79) 원어: Nomen. 곧 실체.
80) 원어: Verbum. 곧 작용.

이행을 〔이룩한다〕. 이를 통해 주관은 자기 자신을 물리학을 위한 경험의 대상으로 구성하거니와, 물리학은 전반적인 규정을 경험에서 도입하는 것이 아니고, 오히려 직관들의 체계로서의 경험을 위해 도입한다. — 직관의 형식〔적인 것〕으로서의 직관의 주관적인 것은 현상에서의 대상이거니와, 마치 그것은 선험적으로 종합적인 표상에서 저 원리에 따라서 생겨나는 것 같다. 사물 자체는 이 잡다한 전체를, 주관이 스스로 그것을 위해 자신을 구성하는 통일성〔하나〕으로 연결하는 사념물(理性의 *存在者*)이다. 대상 자체 = x는 감관객관 그 **자체**이지만, 하나의 다른 객관은 아니고 하나의 다른 표상방식이다

사람들은 직관의 종합에서 의식적인 경험적 직관(지각)으로부터 개시할 수는 없다. 무릇 그런 경우에는 형식이 빠질 터이니 말이다. 그러므로 사람들은 직관에서의 형식〔적인 것〕의 하나의 선험적 원리에서 시작해서, 경험의 가능성의 원리로 전진해간다: 그러면서도 경험**으로부터**는 아무런 것도 길어내지 않고, 자기 자신을 정립한다

공간과 시간상에서의 의식의 모든 실존재는 한낱 내감 및 외감의 현상이고, 그 자체로 선험적 직관의 하나의 종합적 원리가 발생하며, 자기 자신을 공간과 시간상에 실존하는 사물로 촉발한다. 여기서 주관은 사물 자체이다. 왜냐하면, 주관은 자발성을 함유하고 있기〔자발적이기〕 때문이다. 현상은 수용성〔수용된 것〕이다. 저 〔사물 자체라는〕 것은 하나의 다른 객관이 아니고, 자기 자신을 객관으로 만드는 하나의 다른 방식이다. 예지적 객관〔객체〕[81]은 叡智體 客觀〔客體〕[82]이 아니고, 감관직관의 객관〔객체〕을 순전한 현상체로 **만드는** 지성의 **작용**이다.

그것[83]은 선험적으로 주어진 어떤 것(所與), 다시 말해 한낱 직관의 객관

---

81) 원어: das intelligibele Objec〔k〕t.

82) 원어: objectum noumenon.

83) 원어 "er"는 이어지는 대목들과 연결지어 읽자면, 남성 명사 'der Raum'의 지칭으로 보아

이 아니라 오히려 직관 자신이고, 한낱 사고 가능한 대상이 아니다 ─ 그
것은 하나의 *存在者*(실존하는 어떤 것)가 아니고, *非存在者*(사고 불가능한 어떤
것)도 아니며, 하나의 가능성의 원리이다

감관을 통해 인식되어야 하는, 다시 말해 지각되어야 하는 것은 우리의
감관을 촉발할 수밖에 없고, 그로부터 생기는 객관의 직관이 현상이다(사물
자체)

공간은 포착 가능한 어떤 것이 아니다(지각의 대상, 다시 말해 의식적인 경
험적 표상의 대상이 아니다). 또한 공간은 사고하는 주관의 바깥에 주어진 어
떤 것이 아니고, 단지 우리 안에 있는 표상들의 하나의 집합체이다. [그것은]
그 개념들 안에 모순이 있는 어떤 것이 아니고, 그러나 또한 아무것도 아닌
것이 아니다. 그리고 오직 공간이 사물들을 위해 있지만, 공간을 채우는 무
엇인가가 없는 곳에서는, 아무것도 없다

普遍性 보편성

全體性 모두[임]

현상에서의 한 사물에 대응하는 사물 자체는 순전한 사념물이다. 그렇지
만 무물[無物]은 아니다

제10묶음, 전지19, 3면

우리의 모든 인식은 두 성분, 즉 직관과 개념들로써 이루어져 있는바, 이
것들이 선험적으로 인식의 기초에 놓여 있다. 지성은 양자를 주관 안의 그
잡다의 통일로 연결하는 형식이다. 이를 통해 주관적으로 생각되는 것이
객관적으로 주어진 것으로 표상된다(思考可能한 것은 그 限度 內에서 所與的인
것이다).

직관의 대상의 표상에서 개념들로, 그리하여 교호적인 관계 맺음을 통해

야 할 것 같다.

진보하는 제일[최초]의 작용은 이 표상들의 관계를 종합적 통일로[을 위해] 구성함[84]이다. (이 통일은 동일률에 따른 논리적 통일이 아니고, 초월철학의, 즉 선험적 종합 인식들의 가능성의 원리에 따른 형이상학적 통일이다.) 그것은 직관에 주어진 잡다를 포착하는 작용(單純 捕捉)이 아니고, 현상에 주어진 것으로서 자기 자신을 객관으로 만드는 자율의 원리(現象體 客觀)이다. 여기서 사상[事象] 그 자체 = x(叡智體 客觀)는, 대상을 순전히 현상으로, 그러므로 간접적으로 인식 가능한 것으로 표상하기 위한, 그리고 이 대상의 실존을[85] 실재 관계가 아니고 순전한 형식들일 따름인 공간과 시간상에서, 즉 직관에서 현시하기 위한, 단지 하나의 사념[관념]이다.

공간과 시간은 곧 사물들 자체(自己에 依한 存在者들)가 아니고, 감관표상으로서의 직관의 잡다의 편성에서 표상들을 총괄하는 순전한 형식들이다. 그리고 이것들의 각각은 무조건적 통일성을 함유한다. 오직 '하나의' 공간과 '하나의' 시간이 있으며, 이 각각은 한계가 없는(소극적으로//무한한) 것으로서 하나의 감관직관을 지각(의식적인 경험적 표상)의 잡다에서 [함유하는 것이] 아니고, 모든 관계의 총괄을 감관표상에서 xxx

직관과 개념은 사물 일반의 두 가지 표상방식이거니와, 사물 일반의 잡다는 일체의 지각(의식적인 경험적 인식)에 앞서 잡다를 합성하는 형식[적인 것]으로 그것의 종합적 통일의 원리에 따라 감관에 선험적으로, 다시 말해 순수 직관으로 주어지고, 지성에 의해 사고된다. 이 둘은 순수할 수도 있고 경험적일 수도 있다. 순수 개념들은 선험적으로 모든 직관에 앞서가는 원리들이다. (외적 및 내적) 순수 직관은 종합적인 한에서의 선험적 인식의 논변적 원리에 대응하는 한 원리이다. — 이 둘은 초월철학에 속하고, 공간 및 시간은 이것의 객관들이다. 그 대상은 이 표상에 실존하는 것으로 주어져 있지 않고(하나의 所與가 아니라 思考可能한 것이고), 주관에 내속하는 것이

---

84) 원어: Constituirung[Konstituierung].

85) 원문의 "von der Existenz"를 "die Existenz"로 고쳐 읽음.

며, 순전히 직관의 잡다의 하나의 절대적 전체에서의 현상의 형식〔적인 것〕이고, 그래서 무한한 것으로 표상된다. — '하나의' 공간과 '하나의' 시간이 있는 것이다

직관에서의 표상의 대상들은 이 객관 바깥에 있는 포착 가능한 객관들이 아니고, 오히려 주관에 대한 객관들의 관계이다. 사물들 자체 = x로서가 아니고, 현상들로서 xxx

인식원리들의 두 요소, 즉 직관과 개념이 있다. 이 가운데 전자는 주어지는 것이고, 후자는 생각되는 것이다. 이것들은 서로 분석적으로가 아니고 종합적으로 (직관이 개념에) 종속되어 인식의 하나의 선험적 원리를 규정한다. 이것들 각각은 공간과 시간의 하나의 절대적 전체를 규정하거니와, 이것들은 하나의 무한자〔무한한 것〕(병렬의 적극적인 무한자가 아니고, 개념들에 따른 소극적으로//무한한 것, 즉 한계가 없는 것)를 이룬다

주관은 선험적으로 자기 자신을 지성을 통해, 공간과 시간의 표상들 중 포착의 대상들(統覺들)이 아닌, 직관에서의 잡다의 종합적 통일〔성〕로 정립한다.

직관에서 주어진 것(所與)이 현상에서의 대상인 공간과 시간이고, 이 대상이 선험적 종합 명제들을 제공한다. — 잡다를 함유하고 있는 공간과 시간은 사물들이 아니고, 사물들 자체의 규정들도 아니며, 현상에서의 대상들의 주관적 규정이다. 사물 자체 = x는 하나의 사념물(理性의 存在者)이고, 후자와 전자의 차이는 주관적 규정과 객관적 규정의 차이일 따름이다. XXII418

서로 대립하는 전기〔電氣〕에 대한 드뤽[86]과 시머[87]의 차이. 전자는 +와

---

86) Jean-André de Luc(1727~1817). 스위스 출신의 지질학자, 광물학자로 독일과 영국에서 활동했으며, 1798년에는 Göttingen 대학의 철학 및 지질학의 명예교수로 임명되기도 했다. 앞서도 여러 곳에서(XXI70 · 85 · 195 · 197 · 299 · 338 · 501) 언급되었는데, 여기서는 그의 저술 *Idée sur la Météorologie*(1786)의 제1권에 포함되어 있는 그의

제2부 [유작] II 역주   363

-, 후자는 a와 -a(양자는 실재적 대립[88]으로, 한낱 논리적 대립이 아니다).

'영혼'이라는 말로 사람들은 한낱 살아 있는 또는 생명 있는 실체가 아니라, 다른 실체(물질)를 생명 있게 하는 어떤 것을 뜻한다. 동물은 각기 하나의 영혼을 (비물질적 원리로서) 가지고 있고, 동물들의 부분들도 그것들이 분리되어 있을 때, 각기 固有의 生命[89]을 증명하는 것으로 보인다. — 식물들은 접붙이기를 허용하고, 그러므로 체계 없는 집합체도 허용하는 것이다. 하나의 유기체에서, 사람들이 신경[脈]이라고 부르는, 기관은 감각의 자리[座]이고, **영혼**이라고 일컬어지거니와, 그것은 언제나 오직 하나이다. 물체[신체]가 분해되는 경우에도 다른 어떤 원자가 다시금 하나의 영혼의 업무를 수행한다

첫째로, 우리가 우리 자신의 직관의 잡다를 정립한다는 것. 둘째로, 그런 한에서 우리는 우리의 바깥에, 그것에 의해 우리가 촉발되는 어떤 것을, 다시 말해 공간과 시간상의 현상으로 정립한다는 것. 셋째로, 지성이 직관의 잡다를 하나의 원리에 따라서 종합적으로 정리한다는 것, 다시 말해 하나의 전체 안에서 잡다의 직관을 통일체로 함께 연결하고, 전반적인 규정으로 진보해간다는 것. 規定可能한 것이 사물 자체이고, 그것은 지성을 통해

전기이론이 거론되고 있다.(서지 사항에 관해서는 XIV484이하 참조)

87) Robert Symmer(1707~1763). 스코틀랜드 출신의 철학자이자 물리학자로 1759년 "New Experiments and Observations concerning Electricity"라는 제목으로 네 편의 논문을 연속으로 발표하여, 이른바 '시머의 전기이론'을 주창했고, 당대 학계에 큰 영향을 미쳤다.(당시 학계 상황에 관해서는 XIV255이하 참조)

88) 칸트는 논고 『부정량 개념』(1763 · [4]1799)을 통해 철학 논변에 도입하고자 했던 "대항" 곧 "실재적 반대(contrarie s. realiter oppositum)" 개념을 곳곳에서 주목하고 활용하고 있다. 칸트는 예컨대 형식 논리에서는 도외시되었던 4종의 범주 중 세 번째 항의 범주에 적극적 의미를 부여하고(KrV, B111 참조), 선= a에 실재적으로 대립하는 것은 순전한 선의 결여= 0이 아니라 선의 대항= -a, 즉 악이라 논변한다.(RGV, B9이하=VI22이하; MS, TL, A10=VI384; Refl 7234, XIX291 등등 참조)

89) 원어: vita propria. "동물의 생명은 하나의 물질의 자기 자신을 움직이는 힘[자기 운동력]의 하나의 절대적 통일성이다. 여기서 부분들은 하나의 固有의 生命을 소유할 수 있다." (Refl 1530, XV957) 참조.

주어지고, 형식의 면에서 선험적으로 종합적으로 정립되는 것(所與)이다. 직관의 잡다는 配定可能한 것이다. 경험 가능성의 원리(물리학으로의 진보)

제10묶음, 전지19, 4면

1. (동일률에 따른) 주관으로서의 '나' 자신에 대한 의식[나의 자기의식]. 2. 직관과 개념에 의한 자기 자신에 대한 인식[자기 자신의 인식]. 3. 자기 자신의 정립: 공간과 시간상에. — 이 정립은 선험적 원리들에 따라 일어나며, XXII419 한낱 직관의 잡다의 공존과 계기[繼起]/연이음의 형식[적인 것]을 함유한다. 4. 직관은 순수한 직관이거나 경험적 직관이다. 전자만이 감관객관들을 위한 선험적 종합 판단들을 함유하고, 이로써 》선험적 종합 판단들이 어떻게 가능한가?《라는 과제를 함유하는 초월철학의 주제를 함유한다. 5. 그 해답은 이렇다: 선험적 종합 판단들은 오직 감관의 대상들이 사물들 자체로서가 아니라 단지 현상들로 표상되는 한에서 가능하다. — 시간 및 공간상의 잡다의 현존재(所與)는 잡다를 총괄하는 형식[적인 것]의 조건 아래에서 현상으로, 다시 말해 그것 자체인 바대로가 아니라, 주관이 촉발되는 바대로의 주관적 표상방식으로 있다. 무릇 이 형식[적인 것]만이 그것에 의해 하나의 선험적 종합 원리가 가능한 바로 그것이다. 지각들에 의한 경험적 종합은 아무런 선험적 원리도, 어떤 보편적인 것도 내놓을 수 없다. 그렇지만 공간과 시간상에서의 관계들의 원리는 그와 같은 것을 갖고 있음이 틀림없다

우리의 모든 인식능력은 두 작용, 즉 직관과 개념으로 이루어져 있다. — 이 둘은 순수한, 다시 말해 경험적이지 않은 표상들로서 (무릇 이것들은 이미 감관들에 대한, 다시 말해 저 표상들을 이미 전제하는 지각들에 대한 영향을 필요로 하니) 형태(形象)와 사유의 표상능력에서 생겨 나온다. 우리가 이 표상들의 대상들을 놓는[정립하는] 위치들이 공간과 시간인바, 이것들은 독자적으로는 아무런 실재성(실존)을 갖지 않으며, 주관에 내속하는 한갓된 형식들

(理性의 存在者들)이되, 양적인 관계의 면에서는 한계가 없고, 질적인 관계에서는 하나의 내적인 무한한 잡다함을 함유한다

직관과 개념으로 이루어져 있는 나의 모든 표상능력(表象能力)은 자기 자신의 의식[자기 자신에 대한 의식]에서 개시한다. 이 의식은 일차적으로는 논리적이라 일컬어지고, 동일률에 따르는 해명적인 것이지만, 그다음에는 또한 선험적 종합 인식의 하나의 형이상학적 원리, 다시 말해 확장적인 것으로, 주관이 자기 자신을 순수한(경험적이지 않은) 직관들인 공간과 시간의 관계들 안에 **정립함**[놓음]으로써 주어진 개념 밖으로 나아간다[90]. 그러나 이 직관들은 단지 현상에서의 대상들이고, 그러므로 객관적으로가 아닌 한낱 주관적으로 규정된다. 즉 자신이 사상[事象]/실물이 아니고, 단지 대상의 직관의 형식이다. — 이제 초월적 표상방식은 현상으로서의 직관의 표상방식이다; [이에 비해] 초험적 표상방식은 **사물 자체**로서의 객관의 표상방식이거니와, 사물 자체란 단지 理性의 存在者, 다시 말해 단지 사념물로서, 객관적으로가 아니라 주관적으로만 규정할 수 있는 것, 하나의 無限(無限定한) 概念이다.

우리의 감관직관은 처음에는 지각(의식적인 경험적 표상)이 아니다. 무릇 이 지각에는 자기 자신을 정립하고[놓고], 이 설정을 의식하는 하나의 원리가 선행하니 말이다. 전반적으로 결합되어 있는 것으로서 잡다의 이러한 정립의 형식이, 공간과 시간(외적 직관과 내적 직관)이라고 일컬어지고, 개념상으로는 한계가 없는(無限定한) 것으로, 현상에서는 무한(無限)한 것으로 적극적으로 표상되는, 순수 직관들이다

자기 자신의 의식은 1. 논리적으로 분석적 원리에 따라, 2. 형이상학적으로 자기직관[91]에서의 잡다의 총괄(包括)에 주어져 있는바, a 개념들을 통해, b. 주관의 직관과 하나의 수학적 표상을 형성하는 개념들의 구성을 통해 주

---

90) 원어: hinausgehen.
91) 원어: Selbstanschauung.

어져 있다

注意! 초월철학은 한낱 하나의 완벽한 체계 안에서의 선험적 종합 명제들의 총체가 아니라, 개념들에 의한 선험적 종합 명제들의 총체이다. 개념들의 구성에 의한 것이 아니다. 무릇 이러한 것으로 수학이 있으니 말이다. XXII421 모든 것을 충전하고 모든 것에 침투하면서 운동하는 물질이라는 개념은, 그렇지 않으면 공간이 지각되지 못할 터이고, 그러니까 하나의 객관이지 못할 터라는 사실에 이미 들어 있다.

생명은 물론 하나의 원생[元生][92]이라는 하나의 독특한[93] 실체에서 기인한다.(생명 있는 물질은 모순적이다.) 그리고 유기적 물체[유기체]들은 에테르를 통해 서로서로 더 상위 기관과 관계 맺고 있다.[94]

———————

우리는 오직 선험적 종합 인식에 상관한다. 즉 공간과 시간상의 직관의 잡다의 합성 및, 객관이면서 동시에 창시자로서, 우리 자신이 만든 것인 객관에만 상관한다.

———————

우리의 표상들이 대상들에 의해서 일으켜진 것이 아니라는 것, 오히려 이 대상들이 표상능력과 그것의 종합에 따른다는 것.

사물 자체 = x는 한낱 사념물[관념], 理性의 推定的 存在者이다.

오직 역학적인 힘(특히 인력)에 의해 가능한, 그리고 간접적으로 기계들인, 기계적 힘들에 대하여.

———————

92) 원어: Archäus. Paracelsus(1494~1541), Jean Baptista van Helmont(1577~1644) 등은 물체에서 물질의 진행이 감성적 혼(anima sensitiva)이나 정신(mens)과는 다르게 독특한, 유기조직의 형성적, 기능적 원리를 가진 Archäus에 의해 주도된다고 보았다.

93) 원어: distinkt.

94) 초기 계몽주의 시대 의사인 Friedrich Hoffmann(1660~1742)은 '에테르'를 '원생'과 유사한 의미로 사용했다. 그가 발명한 물약 이른바 'Hoffmannstropfen'에는 'Ätherweingeist/Spiritus aethereus/Spiritus aetheris'라는 학술명칭이 붙여졌다.

현상으로서의 직관의 주관적인 것[요소]은 선험적 형식이고, 사물 자체는 = x이다. **초월**철학.

1. 자기[스스로] 자신을 정립함[놓음]

2. 스스로 직관의 한 대상을 정립함. 감관직관의 대상을 경험적으로가 아니라, 형식[적인 것]의 면에서 선험적으로. 공간 및 시간.

3. 주관적으로, 모든 지각에 앞서 현상으로서

4. 경험의 가능성을 하나의 원리 아래에 함유하는 선험적 종합 명제들(초월철학).

註. 사물 자체 = x의 표상과 그것이 주관에 현상하는 바대로의 표상의 구별. — 所與[的인 것]와 思考[可能한 것]. 둘은 함께 表象可能한 것. 동일률에 따른 (논리적) 통일성[하나임]과 (a와 a 아님의 식이 아니라 a와 −a의 식으로 대립되는, 實在的 對立 乃至 相關關係의), 그것도 주관 안에서의 형이상학적 통일성/하나임.

제11묶음

제11묶음, 전지1, 1면

AA

공간 자신은 경험의 대상이 될 수 없다. (무릇 공간은 단지 외감의 형식이고 선험적인 순수 직관이니 말이다.) — 마찬가지로 또한 공간상의 운동력들은, 예컨대 인력의 운동력은, 그것들이 귀속할, 운동할 수 있고 운동하게 하는 실체로서의 물질이 동시에 미리 생각되지 않고서는, 그것들이 작용하는 위치와 장소에 있는 것으로 생각될 수 없다.

〔……〕

인력이 지각의 대상이 되기 위해서는, 그것이 그것에 의해 촉발되는 감관들의 대상일 것이 요구된다. 그러나 그러한 일은, 만약 그러한 일이 직접적으로 일어나야 한다면, 오직 척력(실재적 반대(a−a))에 의해서 일어날 수 있고, 그로써 빈 공간은 한낱 차지되는 것이 아니라 충전된다〔채워진다〕. — 그러나 두 힘이 통일되어 공간의 지각을 일으켜야 한다면, 이 충돌하는 물질은 공간을 똑바르게, 그러면서도 틈새 없이 움직여만 하는데, 이러한 일은 오직 빛에서만 일어날 수 있고, 이를 위해서 그것에 의해 촉발되는 것인 하나의 기관[1])이 있다.

지성은 그 자신이 (지각들의 한 집합체에서) 하나의 원리에 따라 만들어낸 것 외에는 물질의 운동력들의 아무런 체계도 공간상에 가질 수 없다. 그러므로 거리의 제곱에 반비례하는 물체들의 보편적인 상호 인력의 체계는 수학적 기초원리들이 형식적 조건들에 따라 선험적으로 순수한 (경험적이지 않은) 직관에서 총괄하는 것이고, 그러므로 그것은 자연과학의 수학적 기초원리들이다. 그것도 自然科學 — 무릇 이것은 경험적 기초원리들도 함유할 수 있으므로 — 의 체계는 아니고, 한낱 총괄(包括)로서가 아니라, 직관들에서 개념들까지 가능한 경험을 통일하는 하나의 체계 안의 것으로서의 自然哲學의 체계이다. (무릇 지각들의 하나의 집합체는 아직 경험을 이루지 못한다. 왜냐하면, 경험은 오직 지각들의 하나의 체계에서 마주칠 수 있는 것이고, 선험적 원리들에 따라서 만들어져야만 하기 때문이다.)

[⋯⋯]

XXII428 **공간**은 그 자체로만 본다면 아직 감관대상이 아니고, 단지 직관의 외적 대상들의 직관 형식이다. 시간이 내적 대상들의 직관 형식이듯이 말이다. 그리고 대상들 일반의 표상방식의 주관적인 것[요소]이다

하나의 사물(存在者, 所與, 現象體), 즉 자기의 운동력을 통해(힘으로) 공간상에 자기의 현존을 드러내는 것은 감관대상이거니와, 그것도 그것이 **실체에서** 자기의 장소를 주장하고, 지각(의식적인 경험적 표상)의 다른 대상들과 (직접적으로) 관계 맺고 있거나, 단지 자기의 현존을 운동력을 통해 그 자신이 있지 않은 어떤 장소에서 장소적 있음이 아니고 가상적 있음으로써[2] 드러내는 한에서 그러하다.

전자는, 만약 공간상에서 이 운동할 수 있는 것이 다른 물체들과 교호적인 척력을 통해 접촉해 있는 하나의 물체이면, 일어난다. 후자는, 만약 이 물체가 원거리 인력에서만 운동력들을 행사한다면, 일어난다. — 여기서 이 교호작용들은 운동력들의 가능한 유형으로만 선험적으로 표상되고(생각

---

1) 원어: Organ.
2) 원문: durch virtuale nicht loc[k]ale Gegenwart.

되고), 과연 그와 같은 것이 있느냐는 미결로 남겨져 〔있다〕

이런 원거리 인력들(중력의 인력)은 직접적으로는 지각될 수 없고, 회전운동의 결과인 중심력들로부터 추론될 수 있을 뿐이다.

〔……〕

XXII430

〔…〕

실체에서 현존하지 않는 운동력은 순수하게 역학적이다. 작용하기 위해서는 실체에서 현존해야만 하는 운동력은 기계적이다. 그렇게 둘이 함께 있어야만 하는 운동력을 물리기계적이다

감관대상들은 물질과 물체들이다

운동력들, 인력 및 척력

외적으로 또는 내적으로 작용하는 힘들: 운동 및 감각

自然科學의 원리들은 수학적으로 (순수한) **직관들**에 기초해 있거나 철학적으로 개념들에 기초해 있거니와, 둘은 선험적 원리들에 기초해 있다. 그러나 각각은 독자적으로는 아무런 (선험적) 인식을 만들어내지 않는다

선험적 원리들에서 생겨나야만 하는 — 이렇지 않고서는 과학〔학문〕이지 못할 터이니 — 자연과학은 두 축 내지는 날개, 즉 철학이라는 하나의 축과 수학이라는 다른 하나의 축으로써 돈다. 병립적으로 **집합이 된** 종적으로 서로 다른 두 학문들로서 이것들은 하나가 다른 하나의 보충요소로 생각되지 않고, (그로부터 둘이 생겨나오는) '하나의' 체계를 위해 서로 결합된 것으로 생각된다. 물리학이 자연과학의 형이상학적 기초원리들에서 생겨나오듯이 말이다.

〔……〕

XXII433

〔……〕

제11묶음, 전지1, 4면

공간은 직관의 대상이 아니다. 순수 직관의 대상도 아니고, 경험적 직관 즉 지각의 대상도 아니다. (자체로 존립하는 사물이 아니다.) 공간은 그 자신 직관방식, 직관 자신이다. 공간이 주관과 구별되는 외적인 어떤 것이라 함은 이 직관이 근원적이고, 지각들에서 도출된 것이 아니라는 것 이상의 아무런 것도 의미하지 않는다. 그것은 현상에서 잡다의 형식적 관계들에 선험적으로 앞서가는, 잡다의 종합적 통일의 주관적인 것[요소]을 의미할 따름이다. 그래서 운동들과 공간상의 운동력들은 초월적 원리들에 따라서 경험을 위한 지각들의 한 체계의 가능성의 원리에 선험적으로 앞서갈 수 있다.

그것에 의해 우리가 사물들을 우리 바깥에 멀리 떨어져 있는 것으로 지각하는 매체는 **빛**과 **소리**이다. 그것들은 매개적인 지각들이다. 열은 무매개적인 지각에 속한다

공간과 시간은 직관의 **대상들**이 아니다. 무릇 그것들이 직관의 대상들이라면, 그것들은 현실적인 사물들일 터이고, 그러한 대상들로 표상되기 위해서는 다시금 또 다른 직관을 필요로 할 터이며, 이렇게 무한히 나아갈 것이니 말이다. 직관들이 순수하다면, 그것들은 지각들이 아니다(다시 말해, 경험적이지 않다). 무릇 그것을 위해서는 감관을 규정하는 힘들이 필요하니 말이다. 그런데, 순수 직관들이 동시에 지각의 原理들을, 例컨대 천체의 인력을, 제시하는 일이 어떻게 가능한가. [공간과 시간은] 오히려 직관의 주관적 형식들 자신이[기 때문이]다. 그런 한에서 이것들은 선험적 종합 명제들의 하나의 원리와 초월철학의 가능성의 한 원리를 함유하고, 모든 지각들에 앞서 현상들을 함유한다. 3차원의 공간, 1차원의 시간. 주관 안의 감관직관의 형식[적인 것]이 여기서 객관으로, 그리고 거기에 (실체에서는) 아무것도 없는 공간상의 운동력들이, 운동력들을 그러니까 지각의 객관들을 함유하는, 감지할 수 있는(感性的인) 어떤 것으로 [표상]된다. **물체들**의 원거리 인

374

력 및 척력(이로 인해 이것들은 물체, 다시 말해 스스로 자신을 한계 짓는 물질이거니와)은 공간과 시간의 통일성으로서의 경험의 가능성 개념에 이미 선험적으로 들어 있다. **빛과 소리**, 원격 작용.

〔여기서 모든 것은 동일성의 원리/동일률 아래에 있다〕

첫째의 것은 공간과 시간상의 현상들에서 잡다를 하나의 항구적인 전체 XXII435 ((내적 및 외적) 지각들을 위한, 경험의 가능성을 위한 부위, 위치들, 운동력들을 함유하는 전부)로 합성(包括)하는 의식이다. 무릇 공간 자신은 지각의 대상이 아니니 말이다. 공간은, 형식상으로 직관의 3차원에 선험적으로 주어진, 운동력들의 능동적 관계들의 체계이다. 공간 자신은 지각의 대상이 아니다

공간과 시간은 주어진(경험적) 직관의 대상이 아니다. **무릇 그런 것이라면 그것들은 실존하는 무엇일 터이고, 우리 감관을 촉발하는 것일 터이니 말이다.** 오히려 〔그 직관들 자신은 **하나의 所與가 아니라, 思考可能한 것이다**〕 그것들은 그 안에서 무엇인가가 우리 감관에 경험적 직관의 대상일 수 있는 순전한 형식이다. — 이것들은 지각들의 객관들(의식적인 경험적 표상들)이 아니다. 무릇 그렇지 않으면 그것들 자신이 또한 선험적 직관으로서의 현상들을 전제할 터이니 말이다. — 그것들은 지각의 객관들이 아니다. 다시 말해 공간은 지각에 주어져 있지 않고, 오히려 **직관의 주관적 형식들**이다

공간은 (시간이 그렇지 않은 것과 마찬가지로) 직관의 객관으로서의 실존하는 어떤 것이고, 오히려 잡다를 서로 **곁에** 그리고 서로 **잇따르게** 편성하는 순전한 형식이다. 그러나 서로 **곁에** 그리고 **잇따르게**, 竝列的으로 及 順次的으로, 정립되어 있다는 것은 이미 주관 안에 공간과 시간을 전제하는 것이다. 즉 그것은 감관표상에 자체로 주어져 있는 어떤 것이 아니고, 오히려 이것의 형식〔적인 것〕으로 생각된다. 〔그것은〕 지각의 대상이 아니고, 감관에 주어진 것을 하나의 전체로 **지각하는** 선험적·형식적 조건이다. 그 안에 인력과 척력의 운동력들이 있고 xxx

공간과 시간, 외적 및 내적 직관의 형식들인 전자와 후자는 지각(의식적 XXII436

인 경험적 표상)의 대상들이 아니고, 단지 (외적으로 또는 또한 내적으로) 촉발되는, 다시 말해 그것들이 우리에게 **표상하는** 바대로 대상들을 표상하는, 그것들의 감관대상들에 대한 수용성이다. 바로 그렇기 때문에 그것들은 (초월철학의) 선험적 종합 인식을 위한 선험적 원리들로서 자격이 있고[적합하고], 객관적으로가 아니라 순전히 주관적으로, 즉 대상들 자체인 것대로가 아니라 그것들이 **감관에 대해** 적합한 바대로이다. 그래서 공간과 시간은 그 자신 직관의 대상들, 지각에 대해 **주어진** 잡다가 아니고, 단지 외감과 내감의 지각들의 가능한 객관들의 합성(包括)의 형식[적인 것]이다

그러므로 만약 사람들이 주관을 [촉발하는] 운동력들을 외적으로 공간직관에, 그리고 내적으로 감각에 놓는다면, 이 운동력들의 개념은 그것들이 놓이는 공간 및 시간관계들의 개념에 선행하지 않을 수 없다. 왜냐하면, 공간과 시간 없이는 아무런 **경험적** 직관도, 이 경험적 직관 없이는 이 운동력들의 현존 역시 **주어지지** 못할 터이고, 한낱 생각되는 것일 터이기 때문이다. 공간 자신은 **감지될 수 있는 것**(感性的 空間)으로서, 지각의 대상으로서, 지각을 촉발하는 저 힘들에 의해 감관객관이 될 수 있고 또는 그러한 것으로 생각될 수 있다.

한 명제의 명증적 확실성이 경험**으로부터** 생겨난다 함은 形容矛盾이다. 그러나 경험을 **위해서는**, 다시 말해 경험을 목적으로 곧 그것을 (관찰과 실험을 통해) 세울 목적으로는, 경험의 원리들이 주어질 수 있고, 이것들은 또한 오직 물리학에 속한다[필요하다]. ― 그러나 물리학자/생리학자라는 호칭으로 사람들은 또한 유기체들, 특히 생명 있는 것들을 아는 자 및 이끄는 자를 지칭한다. ― 가능한 지각의 객관들로서의 공간 및 시간상의 인력과 척력의 운동력들의 연장적 또는 밀도적 크기(도).

공간과 시간은 객관 없는 직관의 근원적 변양들, 다시 말해 현상에서 '하나의' 전체로 결합된 잡다의 주관적 표상들이다. 그러므로 그것들은 선험적으로 순전한 관계개념들로서 대상들의 모든 현존에 앞서 형식의 순선한 편성을 함유한다.

공간상에서 운동할 수 있는 것의 운동력들은 공간상에 외적으로 그리고 시간상에 내적으로 현존하는 물질[질료]적인 것이다. 그리고 이것들은 전자의 관계에서는 연장적 크기를, 후자의 관계에서는 밀도적 크기를 결합의 양적 통일과 질적 통일에 의해 만든다. ― (무릇 공간 자신은 하나의 所與가 아니므로) 공간에 **대한** 직관들의 관계가 아니라 공간**상에서의**[**안에서의**] 직관들의 관계가 일정한 장소들에서의 힘들, 인력과 척력에서의 ― 저 장소들에서 멀리 떨어져 있을 수도 있는 실체에서의 저 힘들의 현존으로서가 아닌 ― 所與이다

역학적인 것은 공간과 시간의 순수 직관들과 함께 또한 빈 공간에서의 운동력들이다. xxx 운동에 의해서만 산출될 수 있다. 그래서 천체들의 인력은, 이 천체들의 간격에서 작용하는 아무런 물질이 발견되지 않음에도 불구하고, 선험적으로 밝혀진다

공간과 시간은 직관의 대상들이 아니고, 직관들 자신이며, 그것도 순전히 객관(실존하는 것) 없이 잡다의 통일의 형식[적인 것]을 함유하는 순수한 직관들이다.

〔……〕

제11묶음, 전지2, 1면

BB

직관들로서의 공간 및 시간과 의식의 통일성, 잡다의 연결에서의 필연적 통일성이 필연적 (근원적) 감관대상이다.

공간과 시간은 직관의 대상들이 아니고, 순수 직관 자신이며, 그 합성의 원리 아래에 있는 현상들로서의 이것들의 잡다의 종합적 통일의 형식[적인 것]은 수용성이 아니라 자발성이다

지성은 직관하는 주관을 객관의 인식으로서의 표상의 하나의 총괄로 규정하기 위해서 지각(의식적인 경험적 인식)에서 출발하는 것이 아니고, 이 경험적 인식들에 앞서 선험적으로 지각들의 체계의 형식[적인 것]을 함유한다. 지각은 그 자체가 스스로 자신을 선험적으로 하나의 표상으로 규정하는 주관의 운동력의 한 작용의 결과이다

공간과 시간은 사물들이 아니고, 현상에서의 사물들의 순전한 표상방식들이며, 현상으로서 주관적 직관에 선험적으로 함유된 객관적 직관이다. 통일된 양자의 정립은 **주어진** 어떤 것이 아니라 **만들어진** 어떤 것을 함유한다. 직관의 질료적인 것에 앞서 직관의 형식적인 것. — 초월철학의 가능성, 다시 말해 선험적 종합 인식들은 하나의 집합체를 향해 이리저리 헤매다님에 의해서가 아니고, 하나의 체계 안에서 원리들에 따른 것이다. 이 체계에서는 斷片的인 지각들이 아니라(무릇 이것들은 경험적이므로), 結合된 경험의 가능성의 원리가 객관의 전반적인 규정의 통일로서 선행하고, 자연과학의 형이상학적 기초원리들에서 물리학으로의 이행은 내적인// 및 외적인 운동력들의[3] 예취들을 통해 (감각에서 그리고 개념들의 구성에서, 철학적으로 그리고 수학적으로) 하나의 인식//체계를 정초한다.

공간상에서 운동할 수 있는 것, 하나의 연속체로서의 물질, 空虛에 의하지도 않고, 원자적으로 집합된 것도 아닌, (무릇 원자들이라는 것은 없으므로) 역학적으로 물체형성들(빈 공간에서의 제한된 질량의 물질의 인력과 척력)에 의한, 그러면서도 서로 **끌어당기고**, 순전한 물질로서 힘들의 전달을 목적으로, 가득 채워지는 감성적 공간 안에 퍼져 있는 것. [이런 것들은] (열소가 그렇듯이) 가설적인 것들은 아니고, 오히려 이런 것이 없이는 경험마저도 가능할 수 없는, 지성의 원리들인 순전히 사념//물들이다. — 공간은 감관인식을 위한 하나의 연속체이고, 만약 통각이 되지 않는다면, 한낱 실질내용이 없는 하나의 상상[물]일 터이다. 그러나 사람들은 공간을 또한 한낱 관념론

---

3) 원문의 "die"를 "der"로 고쳐 읽음.

적으로 표상함 직하고, 그래서 xxx

공간 및 **시간** 그리고 이 두 직관들, 외적 직관과 내적 직관을 하나로 결합하는 것인 **운동**, 다시 말해 공간을 특정한 시간에서 기술[記述]하는 작용은 주어진 사물들, 즉 지각(의식적인 경험적 표상)의 주관 바깥에 독자적으로 주어진 대상들이 아니다. 그것들은 주관에 선험적으로 귀속하고, 초월철학의 보편적 과제: 》선험적 종합 명제들이 어떻게 가능한가?《를 함유하는, 순전히 감관직관의 형식들이다. 여기에서 대상들은 오직 현상에서 직관의 주관적 형식들로 주어지고, 이 위에 선험적 종합 인식의 가능성도 기초하고 있다.

공간과 **시간**은 현상으로서의 외적 및 내적 감관//직관의 **주관적** 형식들이다. 이것들은 경험에서 그리고 하나의 대상 안에서의 잡다의 결합의 절대적 전체성을 의식하면서 직관의 잡다를 지각들의 종합적 통일을 위해 결합하는 가능성의 원리이다. XXII441

공간, 시간, 그리고 공간에서의 감관직관과 시간에서 순수 감관을 연결함에서 양자의 절대적 통일성.

공간 및 시간, (형식상의) 객관의 직관. 이 직관의 절대적 통일성에 따른 주관의 합성에서의 통일성 의식. '하나의' 공간과 '하나의' 시간이 있다. 모든 것을 포섭하는 절대적 통일성은 동시에, 본래는 주관으로, 직관하고 또 동시에 직관되는, 이 객관의 무한성이다.

공간, 시간 그리고 공간과 시간상의 현존재의 규정 또는 규정 가능성. 어떤 것이 어디에, 어떻게, 그리고 언제 있는가. ― ― 공간과 시간은 간접적인 (매개적인) 파생적인 직관들이 아니고, 직접적인 (무매개적인) 시원적 직관들 자신이고, 이것들을 통해 객관은 자신을 현상으로 촉발한다. 그렇기 때문에 공간과 시간은 그 대상을 무한하게(한계 없이) 표상한다. 이 직관에 함유되어 있는 표상들의 총괄(包括)은 무한히 진보한다. 이 객관은 관념론적으로도 실재론적으로도, 도대체가 **주어진** 것이 아니고, 한낱 생각된 것이다(주어질 수는 없지만, 理解될 수는 있다). 합성, 합성된 것이 아니라 정립 xxx

(유개념으로서의) 물질은 종별적으로//상이한 요소들로 이루어져 있는 것으로 생각될 수 있다. 그때 그것은 **원소들**(要素 部分들)이라고 일컬어질 수 있는바, 이것들은 같은 공간을 서로 그것들의 자리에서 밀쳐내지 않고서도 **온전히** 차지한다. 예컨대 열소, 광소, 자기[磁氣] 원소, **전기**. 이것들은 원소들인가, 아니면 한낱 힘들인가, 다시 말해 다르게 변양된 원소들인가

진짜 장소변화는 오직 역학적 원리들에 기초해 있다. 예컨대 인력은 그것이 공간 일반에 관해 있지 않아도 xxx

장소 A의 변화가 언제나 물체 A의 운동은 아니다. 무릇 만약 B가 움직여지면, A의 장소도 **변하게 되지만**, A는 **움직이지**(장소를 변화시키지) 않으니 말이다.

내가 관념론적으로 감관표상을 원리로 삼느냐 실재론적으로 삼느냐는 초월철학에서는 한가지이다. 무릇 중요한 것은 대상들의 주관과의 관계가 아니고, 상호 간의 관계이니 말이다.

(자신을 대상으로 삼는[만드는]) 자기직관은 초월철학에 속하며, 종합적이지만, 동시에 분석적이지는 않다. —

(직관들로서의) 공간, 시간 그리고 운동: 현상들로서의 직관들의 **관계**에서의 종합적 통일 및 운동의 **원인**, 운동력. [이것들은] 모두 감관객관의 조건들, 경험의 가능성의 원리들이다

공간이 있다는 것은 지각될 수 없다. 내가 공간을 정립한다[놓는다]. (시간도 마찬가지이다). 그럼에도 공간이 3차원을 갖는 실존하는 어떤 것은 아니다. 운운[云云]. 오직 '하나의' 공간이 있다

공간은 하나의 직관이다. 즉 **직관되는** 어떤 것이 아니다

하나의 빈 공간이 그 곳곳에 힘들, 예컨대 인력들을 가질 수 있다. 그렇지만, 그것도 멀리 떨어져서, 어떤 물체가 없이는 그렇지 못하다. 만약 이 물체가 끝나면, 그 힘들은 동시에 아무것도 아니다

두 성(性)을 통해, 배아와 난자를 통해 번식하는 유기체들.

관념론조차 직관들로서의 시간 및 공간 개념들의 주관적 실재성과 양립
할 수 있다. 무릇 모든 종합적인 것은 동일률에 따라 직관의 통일성 안에서 XXII443
결합되니 말이다.

무릇 주관은 이 형식들에 따라 그 자신에게 감관객관이다. 스스로 공간
및 시간의 **감관표상**을 **만드는** 주관은 이 작용에서 동시에 그 자신에게 객
관이다. 자기직관. 무릇 그것이 없이는 하나의 실체의 자기의식은 없을 터
이다.

제11묶음, 전지2, 2면

어떤 천체의 물질의 양은 그것을 중심으로 운동하는 하나의 행성의 거리
에 의해서, 그 천체의 인력과 거리에 의해서, 그리고 빈 공간에서 각자 떨어
져서 작용하는 운동력에 의해서, 그러므로 이 모든 위치에서의 힘들에 의해
서 결정된다. 만약 당기는 물체가 당겨진 물체와 함께 사라지면, 공허가 있
고, 이것에 대해서는 이제 "공간 자신이 적극적인 어떤 것이고 직관의 대상
인가"라는 물음이 제기된다

지성은 감관직관을 그 형식의 면에서 구성하기[4] 위해서, 다시 말해 그것
의 잡다를 선험적·종합적으로 그 잡다의 통일성에서 하나의 원리에 따라
현시하기 위해서, 객관에서 시작하는 것이 아니라 자기 자신의 주관에서 시
작한다. 이것은 지성의 하나의 수학적 작업이고, 초월철학의 행위작용이니,
곧 "선험적 종합 표상들이 어떻게 가능한가?"이다. **공간**과 **시간**의 표상, '하
나의' 공간과 '하나의' 시간에서의 이것들의 종합적 통일, 그리고 공간 및 시

---

4) 원어: constituiren(konstituieren).

간상에서 경험의 가능성을 위한 전반적인 결합의 원리.

현상으로서의 직관의 잡다의 외적 설정[5]은 선험적 인식의 종합적 통일의 원리에 의해, 따라서 초월적 원리들에 의해 내적 설정[6]과 결합된다. 주관은 자신을 객관으로 삼는다.

직관에서의 잡다의 무조건적 통일은 주관에게 다른 어떤 대상에 의해 **주어지지** 않고, 그 자신에 의해 **생각된다**. 공간과 시간은 지성개념들로서의, 지각의 예취들이 아니고, 현상에서의 대상들의 형식들이다 ― ―

물질은 원자들로 이루어져 있지 않다. 무릇 한 장소에서 하나의 단순한 것으로 마주치는 것은 하나의 부분이 아니고 하나의 점이다. 오직 힘들이, 그것도 하나의 권역에서 작용할 수 있다.

―――――――

직관의 객관들은 합성된 것으로 생각된다. 무릇 공간은 단지 현상의 형식적인 것, 다시 말해 지각들의 합성을 위해 3차원적인, 직관의 자기규정의 주관적인 것이니 말이다. 나는 "나는 이 경험 또는 저 경험을 **갖는다**"라고 말할 수 없고, "나는 이 경험을 **한다**[만든다]"라고 말할 수 있는바, 지각들의 이 체계는 모든 이에게 타당하다. **관찰**과 **실험**은 자료들이고, 경험(경험들이 아니다)을 **하는**[만드는] 하나의 원리를 전제한다. 자연과학의 수학적 기초원리들이 직관들로서 선행하고, 철학적 기초원리들은 현상들을 그에 적용한다. 그러나 철학적 자연이론의 수학적 원리들은 자연과학의 **교설체계**를 물리학으로서 온전히 기초 짓는다. 다만, 저 과학에서 이것으로의 이행, 부분 표상들(경험적 자료들, 지각들)에서 전체 ― 물리학 ― 로의 이행은 진보해가는 것이며, **경험의 가능성의 조건들**을 함유한다. ― 지각은 운동력들에 속하고, 주관 내부에서 감각에서 작용하는 것으로서 그러하다. 그러나 지각이 그 자체로 **보편적** 규칙에 따르는 경험에 산입될 수는 없다

―――――――

5) 원어: Extraposition.
6) 원이: Intusposition.

공간, 시간 그리고 공간과 시간상의 사물들의 전반적 규정(실존) — 경험 가능성의 원리

공간은 감각될 수 있는 대상이 아니고, 그런 한에서 실재성이 없다. 다시 말해 실존하는 것이 아니다. 그것은 우리 자신의 사유원리가 종합적으로 정립하는[놓는], 한낱 직관의 형식[적인] 것이다. 공간은 나의 표상 바깥에서는 아무것도 아니고, 오히려 한낱 주관적인 것, 나의 표상과 구별되는 대상이 없는 순전한 직관[7]이다. 하나의 직관의 순전한 형식으로서의 공간의 XXII445
관념성이 또한, 우리가 선험적 종합 명제들을 지니고 있는 특정한 속성들을, 예컨대 3차원을, 그 자체로는 아무것도 아닌 것인 어떤 객관에 선험적으로 부가할 수 있도록 만든다. 공간은 직관되지 않고, 오히려 하나의 직관이다. 그러므로 공간은 (시간과 마찬가지로) 한계가 없다(무한한 것이 아니고). — 無限하게 前進하는 것, 하나의 합성된 전체가 아니고, 無限定한 것, 스스로 자신을 제한하는 하나의 한계 없는 것. 테에테트.

내 바깥의 대상 일반의 현상으로서의 나 자신의 직관의 한 객관의 합성(종합)의 선험적 통일에서의 자기 자신의 의식의 주관적 원리, 다시 말해 공간 또는 내 안의 나 자신의 [의식의 주관적 원리], 시간은 직관의 **형식[적인 것]**으로서 맨 먼저 내 바깥의 그리고 내 안의 질료적인 것인 **지각**(의식적인 경험적 표상)의 기초에 놓여 있고, 지성은 경험의 가능성으로 전진을 이룬다. 자연과학의 형이상학적 기초원리들에서 물리학으로의 이월로서의 경험은 이제 하나의 무조건적인 통일성[하나]이다. 다시 말해 경험들이란 있지 않고, 모든 것은 지각들이다. 하나의 체계 안에서의 경험적 표상들의 저 잡다의 종합적 통일로서의 경험은 전반적 규정으로서 오직 '하나'이다. 물리학을 위해서.

［…］

---

7) "대상 없는 공허한 직관 — 想像的 存在者"(*KrV*, A292=B348 참조).

공간, 시간 그리고 잡다의 합성에서 그것의 형식[적인 것]으로서, 주관의 전반적 규정의 감관직관의 잡다의 종합적 통일은 초월적 관념성이다

그러므로 **공간**과 **시간** 그리고 (경험에 의해서가 아니라 경험을 위한) 지각들의 체계로서의, 저 둘 안에서의 **가능한 경험**의 하나의 전체로의 지각들의 집합체의 **결합**은 형식[적인 것]이다. — **공간, 시간 그리고 주관이 하나의 절대적 전체로서의 감관객관에 의해 촉발되는 바대로의 그 감관객관의 현상으로서의 직관 안에서의 공간과 시간의 잡다의 종합적 통일.**

공간과 시간은 개념들에 의한 직관의 잡다의 종합, 다시 말해 합성이 아니다. 무릇 공간과 시간은 이미 직관의 잡다의 종합적 통일과 함께 자기동일적으로 주어져 있으니(그것에서 도출된 것이 아니니) 말이다.

통일성[하나]으로서의 직관의 형식[적인 것]은 직관의 잡다의 종합에 선험적으로 자기동일적으로 함유되어 있다. 그것의 직관의 잡다는 지각들(의식적인 경험적 표상들)에 의해서가 아니라, 선험적으로 순수 직관에 주어져 있고, 경험의 가능성을 위한 지각들의 집합체는 저것(직관), 형식[적인 것]을 질료[적인 것]에 앞서 전제한다

공간, 시간 그리고 공간과 시간에서의 직관의 잡다의 종합적 통일. 이 셋 모두 형식들이고, — 形式이 事物에 存在/本質을 附與한다 — 무한하다. 앞의 둘은 객관에 상관하고, 셋째 것은 해당 객관들을 하나의 개념에서 결합하는 주관에 상관한다

경험이 어떻게 가능한가?

경험의 가능성을 위한 지각들의 집합체의 원리: 1. 직관, 2. 지각, 3. 경험; 이 마지막 것도 그 가능성의 선험적 원리들을 갖는다.

경험이 최초로 짜이는 소재[원소]는 어떤 대상의 지각(의식적인 경험적 표상)이 아니다. 다시 말해, 감관이 소재로 **받아들이는** 것에서가 아니라, 지성이 감관//직관의 형식[적인 것]에서 **만드는** 것에서, 그러므로 주관의 수용성에서가 아니라 자발성에서, 그러므로 합성의 (형식적) 원리에서, 다시 말

해 지성이 이 단순한 소재에서 만드는 것에서, 그러니까 타율적으로가 아니라 자율적으로 지각들의 집합체는 하나의 체계가 된다. 이 체계는 동일률에 따라 단 하나이다. 다시 말해 절대적(무조건적) 통일성〔하나임〕을 자기 안에 함유한다. ― 경험은 이미 지각들의 하나의 체계이고, 오직 '하나'만 있을 수 있는 경험의 가능성의 한 원리를 함유한다. 무릇 경험들을 한다〔만든다〕는 것은 지성의 인식의 先後倒置[8)]이다. 이 지성의 인식이 지각들 대신에 맨 먼저 관찰과 실험을 경험의 가능성의 원리〔로〕 주었어야 한다

공간, 시간 그리고 공간과 시간상의 현상 일반의 잡다의 절대적 · 종합적 통일, 이를 통해 '하나의' 가능한 경험을 위한 감관대상들의 전체가 주어진다

이 대상들의 현실성은 어떤 테에테트에 의해서조차도 논박될 수 없고,[9)] 관념론의 의심을 능가해 있다. 무릇 직관의 대상들의 이러한 표상방식은 그 자체가 동일률에 따라서, 다시 말해 논리적 원리들에 따라서 결정되어 있으니 말이다. 우리는 직관 전체에서의 감관대상들을, 만약 우리가 그것들을 이 규칙에 따라서 '하나의' 개념으로 연결시키지 않는다면, 가능한 경험으로 생각할 수 없다 ― 테에테트는 아니다.

현상으로서의 내적 공간// 및 시간직관의 주관적인 것은 동시에, 형식에 XXII448 따른 합성에서의 지각들의 한 체계로서의 경험의 가능성을 위한 그것들의 관계의 선험적 · 종합적 통일의 객관적인 것이다.

공간은 대상으로서 직관되지 않고, 경험의 가능성을 위한 지각의 하나의 집합체를 위한 감관객관이 아니다. 무릇 잡다가 결합에서 **주어지는** 것이 아니라 지성에 의해 **만들어지는** 그런 잡다의 종합에서의 형식적 통일은 경험의 통일에서의 지각들의 하나의 체계를 위한 의식적인 경험적 표상들의

---

8) 원어: ein hysteron proteron.
9) 위의 XXII4 · 19 참조.

가능성의 원리이다. 모든 경험은 미정적〔未定的〕이고, 집합체로서의 지각을 통해 확정적으로 된다. 그러나 경험은 결코 명증적이지는 않다.[10]

제11묶음, 전지2, 3면

BB²

나 자신의 의식은 질료적인 것에서, — 다시 말해, 지각인 감관표상에서 — 개시하지 않고, 오히려 선험적 순수 직관의 잡다의 종합의 형식적인 것에서 개시한다. 즉 인식의 객관에서가 아니라, 대상들에 의해 촉발된 주관 안의 가능한 감관표상들의 정렬(整列)에서, 다시 말해 현상으로서의 대상의 인식에서 개시한다.

공간과 시간은 현상으로서의 잡다의 직관의 유일한 형식들이고, 이 직관은 각기 독자적으로 하나의 무조건적인 전체로서 선험적으로 주어져 있다: 》'하나의' 공간이 있고, '하나의' 시간이 있다.《 그리고 선험적으로 '하나의' 체계 안에 있다고 여겨지는 가능한 지각들(의식적인 경험적 표상들)의 전체가 경험, 다시 말해 감관직관의 대상에 대한 전반적 규정이다.

이에 따라서 모든 경험적 인식의 하나의 체계로서(경험적 체계로서가 아니다. 무릇 이런 것은 하나의 형용 모순일 터이다)의 물리학의 견지에서는 결코 **경험들**을 말할 수 없고, **경험**만을 말할 수 있다. 왜냐하면, 그 전반적인 규정에서의 지각은 객관의 하나의 절대적 인식전체이기 때문이다

그러나 하나의 집합체에 (관찰과 실험의 의거해) 얼마나 많이 모아진 것인지를 확정할 수 없는 지각들을 통한 경험으로의 진보 접근의 원리는 》경험이 이것을 또는 저것을 **가르쳐준다**《라고 발언할 자격이 없다. (무릇 경험

---

10) 이 세 가지 판단 술어(양태)와 관련해서는 칸트의 "판단들의 논리적 표"(*Prol*, A86= IV302; 참조 *KrV*, A70=B95; *Log*, A157이하=IX102이하) 참조.

적 판단은 그 자체로는 결코 명증적인 것으로 표상될 수 없으니 말이다.) ― 지각
들은 귀결의 개념들이 아니고, 어떤 그리고 얼마만큼의 규정들을 통해 실
존으로서의 전반적 규정으로 진보하는지가 부정확한 경험적 표상들의 집
합에서의 동반 및 진보의 개념들이다. 만약 예컨대 화학 규칙에 따른 용해
의 침전물에 속하는, 열 가지 서로 다른 화합물에서 사람들이 그 실험이 이
미 (더 이상의 시도가 필요 없는) 증명이 된 것으로 공상한다면, 사람들은 열
한 번째에, 예컨대 눈에 띄지 않은 채 도구들에 작용하는 대기 전기성[11]의
영향이 미치는 곳에서는 언제나 성공을 보장할 수가 없고, 또 어떤 의사가
(겉보기에) 똑같은 환자들과 발병들에도 불구하고 그의 히포크라테스 안락
의자에 앉아 때때로 그의 기대에 기만당하지 않고서 의도된 성공을 예언할
수는 없다

통일성[하나]으로 간주되는 직관의 ― 하나는 외적 직관의, 다른 하나는
내적 직관의 ― 객관인 공간과 시간은 그것들의 (크기의) 3차원의, 즉 물체,
평면, 점의 규정들과 함께 선험적으로 주어져 있다. 그것들은 개념들이 아
니다

'나는 있다/존재한다'라는 정식에서의 나 자신의 의식은 '나는 나 자신에
게 하나의 대상이다. 그것도 내적 직관의 대상(所與)이자 내가 나에게 부가
하는 것의 규정의 사고의 대상(思考可能한 것)이다'라는 명제와 자기동일적이
다. 그러므로 '나는 나 자신에게 직관의 대상이자 나 자신의 직관의 잡다의
사고의 하나의 대상이다'라는 명제는, 그 가능성에 대해서는 내가 탐구하는 XXII450
것이 허용되지 않는, 하나의 선험적 종합 명제이고, "선험적 종합 명제들이
어떻게 가능한가"라는 과제에서 그 자신이 답하는 초월철학의 원칙이다.

그러나 직관은 공간과 시간의 표상에서 이중적이다. 이것은 잡다의 결합
에서 형식[적인 것]을 [함유하고], 그것도 오직 현상에서, 다시 말해 내가 스
스로 자신을 촉발하는 바대로 그리하고, 나 자신을 선험적으로 하나의 경

---

11) '대기 전기성'에 관해서는 XXI117이하 참조.

험적 인식으로, 예컨대 하나의 물질과 이 물질에서 합성된 물체들에 대한 감관표상의 인식으로, 구성[12]할 수 있다

우리는 주관이 객관에 의해 촉발되는 방식을 통해 객관을 인식한다. 그런데 이 방식은 선험적으로 현상에 주어진다

물질이 경험적 직관의 대상이다. 빈 공간은 납득할 수 없다.

물질의 운동력들로서의 실체들은, 종별적으로 상이한 힘들에 따라 상이한 한에서, ― **원소들**(根本 實體들[13])이다. 本來的인 것에 付屬하는 것들. 산소, 탄소, 수소 그리고 질소. 그러면 어디서 특정 원소의 基[盤], 예컨대 염산의 기반이 이야기되는가

―――――――――

(선험적인) 순수 직관은 감관직관의 경험적 직관에 선행하고, 그 자체로 形式上의 선험적 종합 명제들에 의한 하나의 체계를 만든다

공간과 시간은 대상 없는 직관[14]들이고, 그러므로 주관적이다.

경험으로부터가 아니라 경험의 가능성을 위해서 (嚴密한 意味에서의) 원리들은 상정되고 불러 들여질 수 있다.

空間, 時間 그리고 위치들 내지는 부위. 앞의 두 가지는 量的인 것; 셋째 것은 xxx

제11묶음, 전지2, 4면

현상에서의 선험적으로 주어진 잡다의 직관의 객관으로서가 아니라 주관적인 형식들로서의 공간과 시간은 파생적인 인식요소(派生的 表象)가 아니

―――――――

12) 원어: constituiren[konstituieren].
13) 원어: substantiae radicales.
14) 위의 XXII444이하 참조. 마찬가지로 "대상 없는 공허한 직관 ― 想像的 存在者"(KrV, A292=B348 · 참조 A291=B347) 참조.

고, 표상에 근원적으로 주어져 있다(本來的 表象). 그리고 그것들은 저 잡다의 무조건적인 종합적 통일성[하나]으로, 그것들의 총괄은 하나의 무한한 전체로 생각되고, 그 안에서 지각들(의식적인 경험적 표상들)은 하나의 체계 안에서, 다시 말해 경험의 가능성의 원리에 따라 **병렬**되거나 **종속**되는 것으로 생각된다

한계 없는 한 객관에 대한 직관, 즉 공간과 시간 그리고 물리학이라고 불리는 하나의 교설//체계의 인식으로서의 (외적 및 내적) 경험의 가능성의 원리로서의, 시간과 공간상에서의 전반적 규정에서의 주관으로서의 자기 자신의 전반적 규정. 저 교설체계를 향해 이 행위작용을 통해 자연과학의 형이상학적 기초원리들에서 물리학으로의 이월이 일어난다.

여기에 하나의 주어진 객관의 관념성은 없고, 현상으로서의 직관 일반에서 잡다를 결합하는, 스스로 자신을 선험적으로 구성하는 원리의 종합의 실재성이 있다. 다시 말해 이 종합이 그것의 통일성 — '하나의' 공간과 '하나의' 시간이 있다 — 의 형식적인 요소에 따라서 동시에 무한히 진보하는 한에서 말이다. 이 진보에서 의식적인 경험적 표상들(지각들)은 가능한 경험의 통일[로], 주어지는 것이 아니라 생각되는, 하나의 체계로 진보한다

그러므로 공간, 시간 그리고 공간과 시간상의 직관의 대상의 현상의 전반적 규정 원리가 한낱 관찰과 실험에 의한 지각의 잡다의 하나의 집합체가 아니라, 오직 하나뿐인 경험이라고 부르는 하나의 체계를 형성하는 것을 형성하고, 지성은 이것으로 이행한다

표상능력의 제일[최초]의 작용은, 이를 통해 주관이 그의 직관의 잡다를 정립하고, 스스로 자신을 감관대상으로 만드는 것인바, **주어진 것**(所與)의 하나의 선험적 종합 인식, 즉 공간과 시간이다. 이것들은 직관의 형식[적인 것]이자, 그 잡다가 순전히 직관의 형식[적인 것]에 따라 선험적으로 표상될 수 있는 한에서의, 이 잡다의 합성에서 생각된 것(思考可能한 것)의 형식[적인 것]이다. 그래서 공간과 시간은 그 자신이 객관들은 아니고, 객관들의 직관의 표상의 형식들이며, 이 후자는 의식적인 경험적 표상들로서, 다시 말해

XXII452

지각들로서, 이것들이 하나의 체계의 형식에서 선험적으로 하나의 전체로 결합되어 있는 한에서, 경험이고, 그 자체로, 경험의 대상인 한에서, 물리학의, 다시 말해 자연과학의 대상이다.

그러나 과연 하나의 경험적 인식이 인식의 하나의 원리로 그리고 경험법칙으로 간주될 수 있는지를 결정하는 데는 많은 것이 필요하다. 무릇 그를 위해서 생각된 것의 현존을 오로지 결정할 수 있는 것으로 필요한 것은 **전반적**인 규정이니 말이다. — 경험은 절대적 통일성이자 지각의 완벽성으로, 하나의 무규정적인 집합체에서가 아니라 하나의 체계에서 그러하고, 경험인식의 완벽성은 체계로부터가 아니라 오직 체계를 위해서 구성될 수 있다. 그러니까 오직 경험지식으로의 진보가 있을 뿐, 본래 물리학적 경험이론이란 없다

주관은 스스로 자신을 순수 직관에서 정립하고, 자신을 객관으로 삼는다〔만든다〕.

透視的 物體들이 그렇다고 언제나 透明하지는 않다. 다시 말해 **투시되는** 물체들이 언제나 **투명한**(장막 없는) 것은 아니다

광소, 열소 그리고 화소〔火素〕는 화학의 왕자들이거나, 아니면 심지어 전적으로 물리적 세계통치〔정부〕의 왕자들이다

제11묶음, 전지3, 1면

S

지각(의식적인 경험적 표상)은, 주관이 대상에 의해 촉발되는 한에서, 순전히 대상의 주관과의 관계 맺음이다. 즉 그러므로 그것은 주관이 포착 자체에서 스스로 감각을 위해 행사하는 운동력들의 하나의 작용이거나 반작용이다. 거기에서 그에게 대상들이 경험의 질료〔적인 것으〕로 **주어지**거니와,

이 대상들은, 설령 그 작용결과들이 내적이고, 현상으로서 선험적 순수 직관을 전제할지라도, 언제나 경험적으로 촉발하는 운동력들 외의 다른 것일 수 없다. 이 선험적 순수 직관에 따라서 주어진 경험적 표상들을, (질료 자신이 그렇듯이) 오직 하나인 곧 하나의 체계적인 절대적 전체일 수 있는, 경험의 가능성의 하나의 원리로 결합하는 형식[적인 것]이 [생긴다.]

경험의 가능성의 하나의 원리에 따라 하나의 체계 안에서 지각들의 연결의 이 가능성은 》교설체계로서의 물리학이 어떻게 자연의 기본[요소]체계와 부합하고, 그리하여 자연과학의 형이상학적 기초원리들에서 물리학으로의 이행이 가능한가《라는 물음, 다시 말해 그 방식, 수효 그리고 합성의 면에서 무엇이 경험의 대상일 수 있는, 물질의 운동력들인가, 또는 사람들은 어떻게 대상들의 현존에 대한 경험을 취득할 수 있는가 하는 물음에 대한 답을 함유한다

지각들의 하나의 체계에서, 즉 경험에서 생각된 의식적인 경험적 직관 (지각)은 지성을 통해 선험적으로 주어진다. 주관적인 것은 동일률에 따라서 동시에 객관적이다. 경험적 표상으로서의 지각에서 의식적으로 감관을 촉발하는 물질의 힘들은 자기의식에 의거해 선험적으로 **지성**에 의한 합성 XXII454
의 한 원리에 있고, 그렇게 해서 또한 경험의 가능성의 원리 아래에 있다. — 거꾸로, (물질의 경험적 소재인) 지각들의 체계적 편성을 **경험**을 위해 가능하게 만드는 것이 감관을 촉발하여, **현상**에서의 대상으로서, 체계적 결합에 이르도록 하는 것[이다.]

우리가 운동력들을 앞서서 지성을 통해 선험적으로 범주들의 질서(포괄의 충동)에 따라 집어넣지 않았다면, 우리는 **감관**을 통해 물질의 운동력들을 끄집어낼 수는 없다. 우리는 현상들로서의 경험적 표상들을 경험 일반의 하나의 전체로 통합하거니와, 하나의 체계로의 이 결합은 객관의 경험적 직관이 아니라 주관에서의 감관표상들의 총괄을 그 결합의 형식적 원리에 따라 기본[요소]체계에서, 그것이 경험을 **위해** 주어지기 전에, 먼저 **생각되어** 있다. — 주관은 '하나의' 경험으로 의식적인 경험적 표상들을 집합체

로서 단편적으로 모으지 않는다. 무릇 그런 것은 형식적 원리에 앞서 있는 것이고, 그러므로 원리 없이 있는 것이니 말이다. 오히려 주관은 그 표상들의 상호 관계를 정초하고, 바로 그렇게 해서 비로소 가능하게 되는 하나의 물리학을 처음으로 정초한다. 그리고 이 물리학은 주관적으로 자연과학의 형이상학적 기초원리들에서, 자연과학으로의 진보의 추세로서, 자연과학으로의 이행에서 선험적 조건으로서의 가능한 경험의 형식을 그러니까 필연적인 것으로 표상한다.

물리학 일반은 두 가지 대상들을 갖는다. 즉 1.) 그것들의 상정되거나 추리된 가능성이 오직 경험을 통해 보증될 수 있는 대상들. 유기적 물체들 또는 중력도 이런 유의 것이다. 이 중력이 경험으로부터 길어내진 것이기는 XXII455 하지만, 뉴턴이 처음에 주장한 바처럼, 이것이 인력이라는 것은 역시 문제성 있는 것일 따름이었다. 여전히 하나의 飛躍이 이루어진 곳에서는 필경 곧 하나의 체계를 위한 무엇인가가 상정되지 않을 수 없었다. 둘째로[2.)] 하나의 시원적이고 직접적으로 — 이 두 가지는 함께 필요하다 — 보편적으로 운동하는 원소(始原的 運動體), 즉 열소 또는 광소.

그러므로 물음인즉, 물리학이 어떻게 가능한가? 주관에 영향을 주는 경험적 표상들의 수용[성]으로서의 지각들에 의해서가 아니다. 무릇 그것은 현상을 제공할 뿐이니 말이다

물리학은 경험의 대상들의 인식의 가능성의 원리들의 학문이다. 그 경험이 직접적인 경험이든 경험에 대한 경험이든 말이다. 후자는 주관적 원리들을 함유하는 경험이다. 다시 말해, **첫째로**는 하나의 집합체 안에, 둘째로는 지각들의 하나의 **체계** 안에. 여기서 대상들은 아직도 단지 (객관이 촉발되는 바대로의) 현상에서 찾아진다. 그러나 경험적 인식 자신의 하나의 총괄(물리학으로의 추세)인 둘째의 경험에서.

―――――――――

만약 내가 물질(질료/소재) 대신에 물질의 운동력들을, 그리고 운농할 수

있는 객관 대신에 운동〔하게〕 하는 주관을 취한다면, 앞서는 불가능해 보이던 것이 가능하게 된다. 곧 주관 자신이 만든 경험적 표상들을 결합의 형식적 원리에 따라 주어진 것으로 선험적으로 표상하는 일 말이다. 주관은 그것이 현상에 맞춰 자율적으로 '하나의' 의식에서 결합하는 한낱 경험적 표상들 외에 아무런 지각도 가지고 있지 않다. 그리고 이 '하나의' 의식에 의해 주관은 동시에 경험의 가능성의 원리이다

경험적 표상들을 선험적으로 경험의 통일성〔'하나의' 경험〕으로 결합되게 편성하는 일은 현실적으로는 불가능하다. 그럼에도 이런 일이 이행해가야 할 하나의 물리학의 개념에서 필연적인 것으로 보인다

주관에서 경험의 통일성으로 보내진 오직 하나인 물질의 집합체가 종합XXII456적 관계의 가능성의 원리, 현상들의 집합이 아니라 현상들에 대한 경험의 개념의 가능성의 원리이다.

〔…〕

제11묶음, 전지3, 2면

객관의 지각은 주관 자신의 운동력의 의식이다. 주관이 촉발되는 한에서가 아니라 스스로 자신을 촉발하는 한에서, 다시 말해 지성을 통해 현상의 잡다를 그것의 합성의 원리 아래로 포섭하는 한에서 말이다. 이러한 것이 경험의 가능성의, 다시 말해 지각의 체계적 결합의 가능성의 근거이다. — 감관은 현상에 관한 객관의 수용성을 함유하고, 지성은 경험의 가능성을 위해 하나의 법칙에 따라 지각들의 연결을 조건 짓는 자발성을 덧붙인다. 주관적으로 교설체계로 간주되는 이 후자의 원리가 물리학으로의 이행을 이룩한다.

1.
물리학이란 무엇인가

2
자연과학의 형이상학적 기초원리들에서 물리학으로의
이행이란 무엇을 말하는가

3
그러한 이행이 어떻게
가능한가

A. 지각들의 하나의 단편[斷片]적인 집합체는 아직 경험이 아니며, 경험은 어떤 일정한 (연결의) 형식이 그 기초에 선험적으로 놓여 있는 하나의 체계에서만 일어난다. 경험은 이 체계의 절대적 통일성[하나임]이다. 사람들은 경험들을 이야기할 수 없고 — 그러나 아마도 경험적(의식적인 감관표상들)인 지각들을 이야기할 수는 있겠다 —, 절대적 통일성[하나임]인 경험만을 이야기할 수 있는데, 그것은 **물질들**이 아니라 이런 지각 또는 저런 지각에 속하는 물질 일반만이 이야기될 수 있는 것과 마찬가지이다.

B. 물리학에서의 감관대상들은 두 종류이다. 즉 1.)경험에 주어질 수 있는 대상들, 2.만약 그런 것이 실제로 있다면, 경험을 통해서 **말고는 달리** 주어질 수 **없는** 그런 대상들. 다시 말해 만약 경험이 그러한 것들의 현실성을 증명하지 않는다면, 사람들은 그러한 것들이 가능하다고 결코 가정할 수조차 없을 그러한 것. 비유기적[무기적] 물체들과 반대되는 유기적 물체[유기체]들이 이러한 종류의 것들이다. 이러한 것들은 종[種]적으로 다르다

이를 넘어서 셋째로 또 하나의 시원적으로//운동하면서 한계 없이 공간을 실체에서 가득 채우는 원소[소재], 다시 말해 시간상에도 공간상에도 어떠한 **공허**를 남겨두지 않는 그러한 원소[소재]가 경험의 가능성의 원리로

〔상정될〕 수 있다. 하나의 連續體로서의 이 운동〔하게〕 하는 물질을 상정하지 않으면 경험은 자연 안에 하나의 비약, 하나의 간극을 허용하지 않을 수 없거니와, 이것은 '自然은 飛躍에 依해 앞으로 나아가지 않는다'[15]라는 법칙대로, 공허는 지각의 대상일 수 없고, 그러니까 경험의 대상일 수가 없다는 것 외에 다른 것을 말하는 것이 아니다. 이제 실체에서의 이 공간 차지는, 운동력들을 하나로 합치시키기 위해서, 전반적으로 운동할 수 있어야, 그러니까 또한 보편적으로 운동해야 하기 때문에, 지성 또한 보편적 유기성을 위해 받아들이지 않을 수 없다.[16] 이 유기성은 xxx

물리학은 경험에서의 (외적 또는 내적) 감관들의 대상들의 인식의 교설체계이다. — **경험**은 주어져 있는 **현상들**(現象體들)을 전제한다. 다시 말해, 주관이 감관객관에 의해 촉발되는 하나의 방식을 전제한다. — 이제 그것이 외적 감관객관에 의해 어떻게 일어나는지, 또는 스스로 내적으로 자신을 촉발하는지가 관찰될 수 있겠지만 말이다. 대상의 표상은, 직접적으로 감관에 대해 작용된 것인 한에서, **경험적**이다(감각표상) — — 지각들의 합성은 형식의 한 원리에 따라서 객관과의 관계에서 **직접적**으로가 아니고, 감관들에 주어진 주관과의 관계에서 그리고 경험의 가능성을 위한 지각들과의 관계에서 **간접적**으로 선행해야만 한다

---

15) 원문: natura non agit per saltum. 오래된 속언으로 칸트는 곳곳에서 '자연에서 연속의 법칙(lex continui in natura)'(*KU*, BXXXI=V182 참조)으로 호칭하면서 여러 가지 표현으로 인용하고 있다: '세계 안에 비약은 없다(in mundo non datur saltus)'(*KrV*, A228 이하=B281), '세계 안에 간극은 없다(in mundo non datur hiatus)'(*KrV*, A229=B281 참조) 등등. 칸트가 가끔 인용하는 Carl von Linné(Carolus Linnaeus)는 "자연은 비약을 만들지 않는다(Natura non facit saltus)"(*Philosophia Botanica*, Stockholm 1751, p. 27: §77)라는 표현도 사용했다.

16) "우리 지성의 성질상 자연의 실재적인 전체는 단지 부분들의 경합하는 운동력들의 작용결과로 간주되어야 한다."(*KU*, B349=V407) 참조.

요약

물리학은, 힘들이 주관을 (외적 및 내적) 경험의 가능성의 하나의 원리에
따라 변양하는 한에서, 감관들을 촉발하는 물질의 그 힘들에 의한 지각들
의 체계이다. 여기서 경험은 지성이 그것에 하나의 선험적 법칙에 따라 선
험적 형식을 주는 지성의 한 작품이다. — 이것들이 곧장 **운동하는** (외적인)
힘들이거나 감각에, 감각에서의 내감에, 작용하는 힘들인 것은 그 선험적
형식을 주는 현상의 포착에서 외감 또는 내감의 차이에 달려 있다.

물리학으로의 이행은 첫째로, 지각의 주관적인 것[요소]을 감관들의 대
상의 현상의 객관적인 것[요소]으로 변화시키는 데에 있고, 둘째로 경험적
직관의 형식을 선험적으로 경험 일반을 위한 지각들의 체계와의 하나의 관
계에서 운동력들의 법칙들에 따라 그 자체로 현시하는 데에 있다.

XXII459 경험을 위한 지각들의 체계로서의 물리학은 어떻게 가능한가?

경험은 의식적인 경험적 표상들의, 따라서 운동력들의 체계를 (주관적으
로뿐만 아니라 객관적으로) 전제한다. 그러나 한낱 경험적 집합체로서가 아니
고, (형식의 면에서) 경험의 가능성을 위한 표상들의 잡다의 선험적, 종합적
원리로서.

그러나 운동력들을, 원소/소재(抽象的으로 형이상학적으로 보자면 물질/
질료)를 具體的으로 형성하는 자료들은 선험적으로 체계적으로 열거될 수
있어야 한다. 그러나 물리학에 속하고, 경험을 전제하는 물질의 운동력들
을 경험을 위해서 선험적으로 세우는 일이 어떻게 가능한가, 그리고 이런
것 없이는 어떠한 물리학도 가능할 수 없는가?

한낱 외적으로 운동하는 물질의 힘들뿐만 아니고 내적으로 감관을 촉발
하는 물질의 힘들도 있다(첫째 구분). 물론 이 후자도 (운동의) 외적 현상들에
의해 수반되는 것(감각들)이다. 둘째로, 보편적으로, 다시 말해 개시하지도
않고 중단하지도 않으며(열소), 모든 것에 침투하는(沮止不可能한), **모든 것**을

내적으로 움직이는 힘들, 가설적이지 않은 하나의 원소[소재]. — 셋째로, 사람들이 선험적으로 생각할 수 있으면서도 물리학에 속하는 유기적인 것 (합목적적으로 자기 자신을 위해 또는 타자를 위해 (번식에서) 형성하는 물질). — 식물계와 동물계가 자동적인 한에서, 그 안에서의 건강 또는 질병. 그리고 기계적인 또는 역학적인 힘들은 인력과 척력의 양의 범주들의 순서에 따라서 선험적으로 구분될 수 있다. — 계량할 수 없는, 저지할 수 없는, 응집할 수 없는, 그리고 고갈될 수 없는 또는 그 반대의 것으로서 (여기서 양태는 필연성의 범주를 포함한다).

제11묶음, 전지3, 3면

물리학은 주관의 지성에 의해 하나의 경험원리로 결합되는 한에서 감관표상들의 교설체계(敎說的 體系)이다. — 지각들(의식적인 경험적 표상들)의 XXII460 단편[斷片]적인 집합체가 아니고, 지각들을 경험에서 직관에 주어져 있는 잡다한 종합적 통일로 연결하는 하나의 원리에 따른, 주관의 개념에서의 지각들의 하나의 체계이다. — 물리학은 감관객관들의 지각을 주관에서의 경험의 형식적 통일로 연결하는 하나의 교설//체계이다. 이 교설체계에, 감관들에 주어진 객관들의 집합체에 관한, 자연체계가 대응한다: — 이에 대응해 경험의 대상들의 구분의 원리들에 따라 자연사물들이 대상들의 하나의 기본[요소]체계를 위한 강[綱], 유[類], 종[種] 등등으로 정돈된 전체로서 말이다. 그러나 ('하나의' 경험에서) 경험적 표상들의 **체계**는 그 자신 경험적이지 않고, 오히려 하나의 선험적 종합 원칙(그러므로 하나의 초월적 원리)에서 생겨나온 하나의 형식적 원리에 기초해 있다

주관이 자기 자신에게 내적 직관(현상)의 객관인 곳에서 경험들의 가능성을 위한 지각들을 연결하는 원리의 형식[적인 것]은 물리학에 선험적으로 앞서지 않을 수 없다. 그것은 물리학의 (경험적인) 한 부분이 아니고, 단지 물리학으로의 이행을 이룬다. — **경험적**인 표상들의 가능성의 조건인 경험

인식의 **질료**[적인 것]를 하나의 **형식적**인 원리에 따라서, 그러니까 선험적으로, 경험의 대상으로 만드는 일이 감관대상들의 경험이론으로서의 물리학을, 그것이 또는 그것의 인식이 하나의 체계인 한에서, 가능하게 만드는 일이다. 그러나 이것을 위해 요구되는 것은, (단편[斷片]적으로) **주어지며** 내적 및 외적 운동력들로 생각되는 지각들의 작용원인으로서의 감관객관인 질료가 범주들의 질서에 따라서 그 운동력들에 의해 일으켜진 경험적 표상의 합성에서, 다시 말해 경험에서 도출되지 않은, 경험의 가능성을 위해, 지각들의 하나의 체계로〔만들어지는 것이다.〕

지각은 경험적 표상으로, 이에 의해 주관은 스스로 자신을 선험적 직관에서 촉발하고, 초월적 인식의 선험적 종합 표상의 하나의 원리에 따라서 범주들의 체계에 맞춰 스스로 자신을 대상으로 만든다. 주관은 물리학으로 이행하여, 경험과 그 가능성을 위해 자기의 지각들을 하나의 체계로 합성하고, 경험적 인식의 현상들로서 분류한다. 그러니까 주관은 경험에서가 아니라, 오히려 경험을 위하여 지성을 통해 자연과학의 형이상학적 기초원리들에서, 형식에 따라서 **사고**된 바대로의 하나의 체계적 전체인, 물리학으로의 이행을 수행한다.

〔물리학이란 무엇인가. 물리학은 어떻게 가능한가. 이행이란 무엇인가. 이행은 어떻게 가능한가. 질료적인 것은 기본〔요소〕체계로 어떻게 완벽하게 헤아려질 수 있는가. 그 형식이 어떻게: 따라서 경험을 **위해서** 어떻게 선험적으로〔가능한가〕. 객관들은 두 가지이다. a) 경험에 의한 객관들, b.) 오직 경험에 의해 주어질 수 있는 객관들. **유기적 물체들**과 결코 물체는 아니지만〔물체를 이룰 수는 없지만〕 모든 것에 효력을 미치는 것으로 생각되는 물질. 열소. 전체에서 모든 부분들로〕

그러므로 만약 물음: "경험적으로 표상될 수 있는 객관들이 선험적 종합 인식으로서, 다시 말해 지각들의 하나의 집합체로서 어떻게 가능한 경험의 하나의 체계를 제공할 수 있는가?"가 제기되면, 대답인즉, 경험 일반의 가

능성의 조건들은 하나의 선험적 원리에 따른 지각들의 연결 개념과 자기동일적이라는 것이다. 무릇 경험은 지각들의 하나의 주관적 체계이니 말이다.

그러므로 우리는 이것〔주관적 체계〕에서 출발해야 할 것이고, 운동력들의 경험적 표상들의 주관에 대한 간접적 또는 직접적 영향들인 지각들로 하나의 체계인 경험의 가능성의 원리에 따라, 따라서 선험적 원리들에 따라 이행할 수 있으며 이행해야 한다

감관표상.

1. 현상에서의 객관의 순수 직관, 다시 말해 주관이 대상에 의해 촉발되는 바대로의 선험적인 순수 직관, 즉 감관표상의 **형식〔적인 것〕**으로서의 공간과 시간

2. 의식적인 경험적 표상, 즉 감관표상의 **질료**로서의 주관 안의 지각. 이 감관표상의 총괄(包括)은 물질의 내적 및 외적 운동력들을 자기 안에 포괄하고 있다. (斷片的으로 또는 結合해서)

3. 경험적 **인식**은 하나의 원리에 따라서, 그러므로 감관인상들의 한갓된 집합체가 아니라 하나의 체계 안에서 지각들을 연결하는 하나의 행위작용이다

4. 경험의 통일성 즉 지각들의 하나의 교설적 체계인 물리학을 위한 감관표상들의 가능성의 개념. ― 가능성, 그러므로 물질의 외적 및 내적 운동력들의 하나의 전체로서의 가능성은 모든 감각들에도 불구하고 시원적 잠재력으로서의 특정의 근원소들에 의한 하나의 제한을 갖는다

산소, 탄소, 수소 그리고 질소, 이것이 공기여야 한다면, 모든 것에 열소

xxx

그러나 외적 대상들의 지각들의 작용 원인이기도 한, 공간상의 운동력들(잠재력들)은 외적 또는 내적 경험의 대상들이 되기 위해서는 아직도 하나의 선험적 원리가 필요하다. 공간상의 운동력들은 경험의 가능성을 위해 선험적으로 아무런 원리를 가지고 있지 않지만, 그것들의 실존을 다른 것이 아

닌 경험**으로부터** 길어낼 수 있는 그런 힘들이다. 1.)보편적이고 외적인 침투 인력(중력). 2.)그것이 없으면 아무런 공간도 채워지지 않을 터인 표면력으로서의 보편적이고 외적인 척력. 3.)보편적으로 내적으로 **실체에서** 침투하는 **물질, 열소.** 4.)종합적//보편적인 스스로 자신을 제한하는 물질, 따라서 시원적으로 자기 자신을 **물체**로 형성하는 물질, 근원소, 세계를 형성하는 것

제11묶음, 전지3, 4면

1.)주관이 대상에 의해 촉발되는 바대로의 공간과 시간에서 선험적인 직관으로서의 경험적 표상의 대상의 현상들.

2.)주관이 포착(의식적인 경험적 표상으로서의 지각)에서 스스로 자신을 감관표상의 잡다의 하나의 집합체로 촉발하는 바대로

3.)하나의 체계 안에서 결합된, 주관의 운동력들인 경험적 잡다의 종합적 통일(包括)

4.)(오직 하나인) 경험의 가능성의 원리에 학문으로서의 물리학 자신. '물리학은 어떻게 가능한가'라는 물음에 대한 대답.

경험은 의식적인 경험적 표상들의 종합적 통일인데, 이것들이 지성을 통해 하나의 원리 아래서 결합되어 있는 한에서 그러하다. . 경험은 (물질과 똑같이) 하나의 사념체계에서 결합된 지각들의 객관으로서, 오직 '하나의' 경험이 있다. 원자론에 의한 것처럼, 대상이 공간상에서 꽉 채워진 것과 텅 빈 것으로 이루어져 있는 것도 아니고, 텅 빈 시간상에서 전적인 우연(純粹한 偶然)에 의해 서로 떨어져 있는 것도 아니다. 무릇 그런 경우라면 무〔無〕가 가능한 지각의 한 대상일 터이니 말이다.

현상으로서의 경험적 직관의 주관적인 것〔요소〕이 제일 먼저 주어져 있다. 즉 이것의 경험적으로 주어진 잡다의 합성이 형식상으로 선험직으로 사고되어 있다. 다시 말해 지성이 이것을 하나의 원리에 따라 결합하여 객관

400

에서의 잡다의 의식의 종합적 통일로 만든다. 그것은 지각들의 종합적 통일로서의 경험의 가능성을 위한 것, 즉 지각들의 체계의 통일성을 위한 것으로, 이 체계가 선험적으로 사고되는 것, 그러니까 지성에 의해 **만들어지**는 것이다.

의식적인 경험적 표상들은 순전히 주관적이다. 다시 말해, 그것들은 아 XXII464직 하나의 대상과 관계 맺어진 표상들이 아니다. — 그러나 이것들이 인상들로서 인식요소를 제공한다면, 그것들은 한 객관의 지각들이다. 물론 이 객관은 외적인 것일 수도 내적인 것일 수도 있다. — 운동력들의 작용결과로 생각되는 경험적 표상은 하나의 지성개념이고 경험적이 아니다. 오히려 그것은 지성에 의해 선험적으로 요청된다. — 객관적이다

물리학은 현상들로서의 지각들의 주관적인 것을 지성을 통해 객관적인 것으로 표상하는 원리이다. 이 주관적인 것은 감관을 촉발하는 잡다의 현상이고, 이것을 가지고서 지성은 지각에서 경험으로 진보해간다.

경험은 지각들의 하나의 집합이거니와, 지각들이 주관적으로 인식의 한 체계를 이루는 한에서 그러하다. 이 체계란 선험적으로 지성에 의해 정초되는 것인바, 현상들의 잡다의 선험적 종합 인식의 하나의 원리가 선행하는 그것들의 형식을 함유한다

지각들의 이 체계는 경험**으로부터**의(경험적) 체계가 아니고, 경험을 **위한** 그리고 경험의 가능성을 위한 것이다. 이것이 물리학이라 일컬어지는 하나의 교설체계를 건립한다. 물리학으로의 이월은 형이상학적 기초원리들의 추세 덕분에 이미 동일률에 의한 주관적 필연성을 함유하고 있다

물리학 일반의 개념과 물리학으로의 이월의 가능성은 물리학의 기본〔요소〕체계의 구분의 원칙들을 필요로 하는데, 이 원칙들은 선험적으로 주어져 있어야만 한다. 첫째의 것은 (2분법으로서) 다른 것이 아니라, 그 대상들이 경험에서 주어질 수 있다는 이것과, 둘째로 그 대상들 중 약간은 오로지 경험을 통해서(경험으로부터)만 주어질 수 있다는 것이다. 유기적 **물체들**이 후자 종류의 것이다. 무릇 사람들은 목적들에 기초하고 있는 그러한 개

념들의 가능성조차도, 만약 경험이 그러한 것들을 일러주지 않았다면, 단지 공상이나 할 수 있었을 터이니 말이다.

問題的 質問, 과제는 해답 解答과 한가지(自己同一的)이다. — 경험의 가능성의 원리에 관한, 초월철학의 종합적으로 언표된 명제는 분석적이다. 무릇 경험은 지각들의 연결로서, 한낱 지각들의 집합체가 아니고, 지성을 통해 주어진 지각들의 하나의 체계의 선험적 종합 통일이다. 지성은 물리학에서 현상에서 앞으로 나가는데, (물리학과) 동일한 領域에서 전진하는 것이 아니고, 그렇다고 협곡(빈 공간)을 뛰어넘는 것도 아니며, 물질의 운동력들의 기본[요소]체계 안에서 현상에서의 대상으로부터 경험에서의 운동력들의 연결로, 다시 말해 물리학으로 이행한다

지각(의식적인 경험적 표상)은 물질의 운동력에 대한 **수용성**이자, 하나의 선험적 원리에 따른 자기규정에서의 지성의, 다시 말해 현상에서의 객관의 자발성이다. 즉 스스로 자신을 촉발하는 주관은 스스로 자신을 현상체로 인식하고, 포착을 통한 경험에서 자기의 현존을 공간과 시간상에서 규정하며, 동시에 필연적인 것으로 규정한다.

이런 식으로 물리학에 속하는 지각들인 경험적 표상들은 주관 자신에 의해 객관으로 산출된다. 경험인식을 종합적으로, 물리학으로의 이행에서처럼 (주관의 자기 자신에 대한 영향력을 통해) 선험적으로 넘어서는 일(간접적으로 원인이 되는, 間接的 異種轉移)과 주관의 감각의 대상들(예컨대, 압박 또는 견인, 분쇄)이 선험적으로 선험적인 운동력들로 하나의 체계 안에서(예컨대 한낱 물질이 아닌 열소), 심지어 건강 등등이 전개되는 일이 가능하다

물리학에는 유기화된 물체들의 개념과 건강 및 질병과 같은 이것들과의 주관적 관계들도 속한다

그 부분들이 서로에 대해 목적과 수단의 관계에 있는 체계로서의 물체들이 곧 그렇게 현상한다. 무릇 물질은 그러한 속성을 가질 수 없으니 말이다.

지각들의 하나의 집합체에서 (주관적인) 현상으로서의 경험적 표상들의

잡다를 하나의 원리에 따라서 객관적으로 경험의 통일로 결합하는 데는 **지성**이 필요하다. 지성이 지각들의 집합체에서 하나의 체계를 만들고, 경험으로부터가 아니라 경험을 위해서 감관을 촉발하는 운동력들을 선험적으로 경험의 가능성의 하나의 원리에 따라 합성한다.

정립과 지각, 자발성과 수용성, 객관적 관계와 주관적 관계, 이것들은 동시적이다. 왜냐하면, 이것들은 주관이 **촉발**되는 바대로의 현상들로서 시간의 면에서 자기동일적이고, 동일한 現實態/作用에서 선험적으로 주어지며, 지각들의 하나의 체계인 경험으로 진보해나가기 때문이다. — 그러나 사념체계이자 이론인 물리학을 **위한** 두 가지는 1.) 가능한 경험의 대상(또는 경험일반의 가능성)을 위한 것, 2) 경험에서**만** 경험을 통해서, **타율적**이든 **자율적**이든, 주어질 수 있는 대상들을 위한 것이다

그러므로 첫째로 문제성 있는, 유기적 존재자와 무기적 존재자(비유기적 물질)로의 구분에 의한 것으로, 이를 위해서는 그 구분이 선험적으로 주어져 있고, 물리학은 둘째 분야를 맡는다.

A. 주관적 관점에서의 물리학: 경험의 가능성을 위한 경험적 표상들(지각들)의 교설체계. 여기서 질료를 이루고 있는 것은 현상들이고, 이것들의 형식은 선험적으로 주어져 있다(만들어진 것이 아니다)

B 객관적 관점에서의 물리학: 주관을 촉발하는 운동력들로서의 지각들의 집합체, 주관 바깥의 역학적 힘들로서 그것들은 운동력들의 상관자, 즉 그러므로 저 힘들을 함유하는 하나의 물질을 현시한다 — 물리학에서의 경험 즉 지각들의 체계, 다시 말해 인력, 척력을 통해 객관에 작용하는 힘들 XXII467 의 체계, 즉 부분표상들을 하나의 전체로 집합하고, 전체를 그 부분들로 분해하는 체계. — 운동들은 같은 것이라도 **원소**〔소재〕들의 상이함. 그 내적 필연성이나 우연성에 따른 물리적 잠재력의 양태. 이것들의 기계적 통일과 역학적 통일. 이 원소〔소재〕들의 절대적 전체와 시간상에서의 이것들의 시원적 운동

제11묶음, 전지4, 1면

T

A
물리학이란 무엇인가?

B
자연과학의 형이상학적 기초원리들에서
물리학으로의 이행이란 무엇인가

a.
물리학은 어떻게 가능한가

b.
자연과학의 형이상학적 기초원리들에서
물리학으로의 이행은 어떻게 가능한가

이 네 가지 물음들은 저절로 다음의 두 부문에 붙여진다

1. 감관들 편에서 주관에서의 지각들의 잡다의 집합(斷片的)

2. 지성의 편에서 지각들의 연결의, 결합의 선험적 원리 아래에서의, 경험을 **통해서**가 아니고 (하나의 체계에서의) 경험의 가능성을 위한, 가능한 지각들의 종합의 절대적 통일성(結合해서). 무릇 경험을 통해서라면 그것은 하나의 경험적 원리일 터이고, 하나의 모순일 터이다. 오히려 경험을 위해서는 질료[적인 것]가 현상에서의 잡다의 형식[적인 것]에 종속되어야 할 터이다. 초월//철학에서의 범주들의 순서에 따라서.

〔……〕

〔……〕

제11묶음, 전지4, 3면

정의〔定義〕

물리학이란 무엇인가? 경험에서 가능한 한에서, 물리학은 감관들의 대상들에 대한 학문이다

주해. 경험을 **통해서** 그리고 경험**으로부터**가 아니라 경험을 **위해서** (경험을 목적으로) 가능한 것. 그러나 **경험들**은 있지 않다.(무릇 그런 것은 순전한 지각들이다) 여기서 첫째 과제: (경험적인 것의 통일로서의) 경험은 어떻게 가능한가? 주관의 편에서는 **관찰**과 **실험**을 통해서. 그러나 원리의 편에서는 XXII474 물리학은 형이상학이 필요하다. 직접적으로(무매개적으로) 또는 간접적으로 (매개적으로). **질료적인** 것이 아니고 **형식적**인 것. 선험적 종합 명제들은 어떻게 가능한가. 초월철학의 하나의 과제.

경험이란 무엇인가? 경험은 의식적인 경험적 표상들(다시 말해, 지각들)의 결합이거니와, 이 표상들이 범주들의 체계에 따라 하나의 규칙 아래에 서 있는 한에서 그러하다. 그러므로 한갓된 집합체(혼합물)로서의 총괄(包括)이 아니고, 오히려 xxx

공리〔公理〕

1.) 경험들이란 있지 않다. 사람들이 그렇게 부르는 것들이 있다면, 그것은 (다수가 있을 수 있는) 단지 지각들이다. 관찰과 실험, 이것들에 의거해서 사람들은 능히 경험에 이를 수 있다. 〔그러나〕 경험을 완성할 수는 없다. 경험은 감관표상의 결합의 통일이다

2.) 공간과 시간에서의 공허에 대한 어떠한 경험도 있을 수 없다. 기껏해

야 경험으로부터의 추리 같은 것(간접적 경험)이 있을 수 있다. 분할할 수 없는 것에 대한 어떠한 경험도 있지 않다

  3. 물질은 원자들인 요소들로 존립하는 것으로 생각될 수 없다. 한계 없는 것에 대한 어떠한 경험도 있지 않다

  4. 그러나 물질은 질의 면에서 더 이상 분할할 수 없는 요소들로 합성되어 (질적 요소들로) 존립하는 것으로 생각될 수 있다.

  물질의 순전히 형이상학적 속성들에 대해서는 어떠한 경험도 있지 않다. 왜냐하면, 이러한 속성들은 한낱 선험적 인식 중에, 그것도 (구성에 의해서가 아니고) 개념들에 의해서만 존립하기 때문이다.

정리[定理]

  모든 물질은 운동력들의 하나의 총괄을 함유하고, 이 운동력들에 의해 촉발되고 그에서 경험을 만드는 주관은 자신이 경험을 위한 소재를 제공하는 이러한 힘들을 규정한다

경험의 대상과 작용인. 한낱 수용성뿐만 아니라 — 자발성 또한. 열소는 **모든 것에 퍼져 있는** 운운[云云]하는 한에서, 요청된다

  물질의 운동하면서 감관들을 촉발하는 힘들의 보편적 기반은 하나의 보편적으로 그리고 균질하게 퍼져 있는 세계[우주]소재이다. 이것의 전제 없이는 감관들의 어떤 외적 객관도 경험적으로//가능한 대상을 가질 수 없다. 그리고 공간은 단지 하나의 관념으로, 가능한 지각의 대상들의 하나의 현실적인 전체는 아니지만, 그것들의 차원들에 따라서 감관객관들의 인식을 위해 주어져 있는 것이겠고, 그에 맞춰 사물들이 선험적 원리들에 따라서 병렬적으로 정위[定位]될 수 있는 하나의 순전한 형식일 터이다. 이 근본적

세계[우주]소재는 미정적이고 한낱 확정적인 것이 아니라, 명증적으로 확실한 것이다. — 이것의 실존재는 자연과학의 형이상학적 기초원리들에서 물리학으로의 이행에 필요하고, (斷片的으로가 아니라 結合해서 본) 현상 일반에

서의 대상들에 대한 선험적 개념들에 따라 이 세계[우주]소재[에테르]의 인정이 비로소 물리학을 가능하게 한다. 그 자신 단 하나이며, 객관적으로는 하나의 체계인 경험의 가능성의 원리에 따라서 말이다.

경험**으로부터** 그리고 경험을 **매개로 해서**가 아니고, 오히려 경험과 이것의 가능성을 **위해서**

무엇이 그에 따라 하나의 경험이론이 가능한 선험적 원리들인가

그 체계가 경험의 하나의 대상인 한에서, 경험적 인식들(지각들)의 하나의 체계의 가능성의 조건들

감관들을 움직이는 힘들은 공간의 면에서 외적으로 또한 물질을 규정한다. 그러므로 한낱 기계적으로뿐만 아니라 순수 역학적으로도.

텅 빈 것[공허]에 대한 경험이란 없고, 무한한 것에 대한 경험 또한 없다

그러나 경험은 지각들의 하나의 한갓된 단편적 집합체가 아니다. 또한 경험들이란 없고, 오히려 xxx

지각은 감관표상의 경험적 의식의 설정[定位]이다. 즉 이것의 기초에는 포착이 있다(주관적). 그것에는 현상에서의 대상의 표상이 대응하니, 이것은 선험적으로 所與되는 형식[적인 것]이다

감관에 의한 경험적 직관, 상상력에 의한 순수한 직관, 지성에 의한 경험.

감관은 느끼고(감각하고), 상상력은 **형성한다**[17](形象化한다). 상상력이 이것을 하나의 원리에 따라 선험적으로 하면, 그것을 일컬어 상상력이 **지어낸다/창작한다**[18](경험의 예취)라고 한다

경험은 감관들의 촉발의 원리 — 이것은 주관적이고, 바로 이를 통해 객관적으로 만들어진다 — 에 따른 현상들의 범주들에 따른 합성의 지성//

---

17) 원어: bilden.
18) 원어: dichten.

개념이다

경험적 직관의 포착, 지각의 예취, 경험의 유추, 그리고 경험적 표상작용 일반의 체계.

이행은 경험적 표상들의 집합체를 경험의 체계로 만드는 일에 있는데, 이를 경험을 통해서 그리고 경험으로부터 도출하지 않고, 오히려 선험적으로 주관의 경험의 가능성을 위해 지성의 하나의 원리에 따라서 잡다의 현상으로 형식[적인 것]의 면에서 현시하는 일에 있다

실체는 원인으로서 **작용**(作用)**하고**, 이 작용에 대한 의식을 갖춘 원인으로서 **행위**(行爲)**하며**, 하나의 목적과 그 목적을 위한 수단을 통합하는 원인을 **처리**(處理)**하는** 원인으로서 행한다

제11묶음, 전지4, 4면

교설체계 — 자연체계. 주관적으로 그리고 객관적으로 경험의 하나의 대상 — 힘을 일으키는, 모든 운동의 시원적 원리. **열**. 우리는 경험에서 출발해서 시작을 만들 수 없다. 무릇 경험은 보편성을 端的으로 제공하지 못하고, 단지 어떤 面에서 제공하며, 그것도 **요청되는** 것이다. 그러나 경험을 위해서 그리고 경험의 주관적 가능성을 위해 보편성은 주어질 수 있다[19].

현상들로서의, 감관들의 대상들의 관념성의 원리 — 이것에 따라서 우리는 경험적 표상 자신을 만들고, 이것에 따라서 주관은 스스로 자신을 촉발하며, 그 자신이 경험적 직관(지각) 안에 집어넣었던 것을 지각[수취]하고, 그 자신이 그의 표상의 창시자이다.

오직 **현상들**이 선험적으로 **주어질** 수 있다. — 경험의 가능성의 원리는 **생각되는** 것이지만, 그럼에도 잡다의 합성의 형식의 관점에서는 **필연적인** 것으로 **주어진다**.

---

19) 원문의 "können"을 "kann"으로 고쳐 읽음.

제일[첫째/최초]의 지성적인 것[요소]은 자기 자신의 의식, 즉 주관이 그 자신에게 객관인 것과 같이, 선험적으로 기초에 놓여 있는 하나의 사고 작용이다. 그리고 **제이[둘째]의** 것은 감관의 객관으로서 자기 자신을 **촉발함**이다이다. 즉 한낱 순수 직관의 대상으로서 표상되어 있을 뿐만이 아니고, 또한 일정한 형식에서 **현상함**이다. 이것이 자연과학의 형이상학적 기초원리들이다. 그것[자연과학]이 경험 일반의 가능성으로의 이행을 함유하는 한에서 말이다. 곧 [이행이] 자기 자신의 지각들의 하나의 집합체로부터 경험 일반에서 지각들의 하나의 체계로 지성을 통해, 그러므로 경험적 표상의 결합의 하나의 선험적 원리에 따라서, 다시 말해 하나의 교설적 체계인 물리학으로 진보하는 한에서 말이다. 여기서 감관대상들의 기본[요소]체계는 아직 이념 중에만 있다.

XXII478

1. 경험의 가능성으로의 감관표상의 합치가 물리학이다. 그리고 경험적인 것의 개념들의 구성(수학)과의 이러한 합치는 선험적으로 현상들의 통각에서 이와 함께 생각되어 있다. — 물리학이라는 개념은 지각들의 하나의 집합체로서 경험적으로 생겨난 것이 아니고, 경험의 가능성을 위해서 그리고 경험적 표상들의 하나의 체계로의 이행을 위해서 하나의 체계에서 선험적으로 생각되어 있다. 주관을 촉발하는 운동력들의 교설체계는 범주들의 지침에 따라 앞으로 나간다.

a) 주관이 자기의 지성에 의거해 경험을 세우기 위해 지니고 있는 원리들은 경험의 **가능성**의 조건들에 관한 원리들과는 다르다. b)[그것들은] 경험의 대상들의 가능성에 관한 원리들이다. — 자기 자신을 유기조직화하는 물질과 그에 의해 산출된, 그 가능성이 선험적으로는 주어질 수 없고, 단지 체계 안에서 생각할 수 있는 것의 개념들이 그러한 것들이다. c 물질(원소들)의 어떤 특종의 현실성의 경험원리, **모든 것에 퍼져 있는** 운운[云云]의 한 종은 다른 종(예컨대 염산)의 **기반**을 함유하거나, 모든 **시원적//운동력**들의 보편적 기반을 함유하니, **열소**라고 불린다.

시원적 힘들은 인력과 척력이다. 이것들은 (그리고 둘이 통합되어서) 세계

XXII479

공간[우주]을 (인력에 의해) **차지**할 뿐만 아니라 척력에 의해 **채우**기도 한다. 그러므로 이것이 없으면 물질이 아예 실존하지 못할 터이다. ─ 그럼에도 또한 하나의 물질은, 그것이 순전히 그것들의 견인적인 속성에서 보여지는 한에서, 그것은 한낱 **겉표면으로**가 아니고 직접적으로 모든 부분들에 작용 (중력의 인력)하기 때문에, **원격으로 작용한다**고, 다시 말해 빈 공간을 통해 작용한다고 일컬어진다. 이런 개념은 뉴턴이 처음으로 도입했는데, 그것은 경험명제는 아니다. (무릇 사람들이 어떻게 감관에 대해서가 아니라 순수 직관의 대상에 대해서 일어나는 작용을 경험할 수 있겠는가)(갈릴레이, 케플러, 하위헌스, 뉴턴) ─ 또는 침투한다고, 그것도 실체에서, 열소처럼 또는 중력의 인력처럼 빈 공간 ─ 이런 것이 현존하지 않지만 ─ 을 통해 역학적으로 침투한다 [고 일컬어진다]

의식적인 경험적 표상(**지각**)은, 주관이 스스로 자신을 촉발하든 외적 대상에 의해 촉발되든, 한낱 **감각**의 주관적인 것[요소]이다. ─ 이에 뒤따른 것이 공간과 시간에서의 (외적 및 내적) 직관의 객관적인 것[요소], 즉 **현상**에서의 대상이다. 그리고 제일 먼저 선험적으로 앞서야 하는 것은 그 아래서 주관이, 촉발되는 한에서, 직관하는 형식이다. ─ 그다음에 경험을 위한 지각들의 체계적 통일의 하나의 주관적 원리에 따른 지각들의 집합체. 여기에 轉換點[20], 즉 물리학으로의 이행이 있다. 이 지점에서 경험의 가능성이 주관적으로 그리고 그것의 대상들의 총괄이 객관적으로 교설된다.

1)물리학이란 무엇인가?
물리학은 경험에서의 물질의 운동력들의 경험적 인식의 집합체이다.
2.)경험이란 무엇인가.

경험은 지각들을 개념들에 따라서 하나의 교설체계(지각들의 집합체의 하나의 주관적 전체)로 연결하는 원리 아래에서의 지각들의 통합이다.

───────────

20) 원어: punctum flexus contrarii.

410

3. 자연과학의 형이상학적 기초원리들에서 물리학으로의 이행이란 무엇인가. 물리학은 자연 체계에 적용된, 경험 일반의 교설체계이다

4. 저것에서 이것으로의 이행이 어떻게 가능한가: 1. 객관의 질료적인 것의 관점에서, 2. 주관의 형식적인 것의 관점에서.

단지 미정적으로 생각되고, 확정적으로 주어진 것으로 자신을 표상하는 하나의 추세를 함유하는 한에서의 **질료적인** 것(유기적, 무기적)

운동의 면에서 계량할 수 없는, 저지할 수 없는, 응집할 수 없는, 서로 접촉하는 표면의 변위에 저항하는 강고한 응집이 없는, 고갈될 수 없는

그것의 지각을 위해 물리학으로의 이월이 이룩되는 감관객관은 두 종류이다: 1. 경험을 통해서 인식될 수 있다는 것, 2. 경험을 통해서 **이외에는 달리** 인식될 수 **없다**는 것, 예컨대 유기적 물체들과 그것들의 가능성이 **문제성이 있는** 것. 3. **직접적으로는** 경험의 대상일 수 없는 것, 예컨대 그것의 운동이 **최초로** 개시되고, 그렇기에 또한 **영원히** 계속해가는 물질

순수한(경험적이지 않은) 직관의 형식적인 것은 현상에서의 선험적 표상에 있다. 다시 말해 그것은 주관이 스스로 자신을 촉발하는 바대로 자기규정을 표상한다.

경험은 그 현상들을 지성 일반의 하나의 체계로 포착하는 하나의 원리 아래에서의 의식적인 경험적 직관(지각들)의 자기규정이다:

경험의 가능성을 위해 요구되는 것, 그것은 경험**에서** 비롯하지 않고, 오히려 선험적이다.

과연 생명이 힐데브란트[21]에 따라 물질 자신의 하나의 속성인가(생명은 XXII481 하나의 단순한 존재자의 활동이다. 왜냐하면, 그것은 오직 운동력의 주체의 절대적 통일성으로서 작용하는 목적표상을 통해 비물질적 원리를 작용시키기 때문이다).

---

21) Friedrich Hildebrandt(1764~1816). 칸트 당대 Erlangen의 의학, 화학, 물리학 교수. 그는 생명력이 살아 있는 물체의 물질과 별개의 것이 아니고, 일반적인 화학적, 기계적 힘들의 특수한 방식의 편성 내지 정돈이라고 주장했다.(*Lehrbuch der Physiologie*, Erlangen ²1799, §72 참조)

살아 있는 물질이란 *形容矛盾*이다. 지휘하는 원리는 비물질적이다. — **생명 활동**(의지의 활동).

이성인식은 수학, 물리학 그리고 형이상학이다.

유기적 물체〔유기체〕의 가능성은 증명될 수도 없고, 요청될 수도 없다. 그러나 유기체는 하나의 사실이다. — 자신을 경험에서 유기체로 인식함. *注意!* **직접적으로 그리고 시원적으로 운동하는 원소〔소재〕(열소)라는 개념**

(생명원리를 함유하는) 유기적 물체〔유기체〕들이라는 개념은 이미 경험을 전제한다. 무릇 경험이 없었더라면 유기체라는 순전한 이념마저도 공허한 개념(사례 없는)일 터이니 말이다. 그러나 인간은 자기 자신에서, 하나의 지성이 법칙들에 따라 하나의 물체〔신체〕를 규정하는 운동력들을 함유하는 사례를 갖는다.

원자론은 외감의 대상들인 물질에서는 생기지 않는다. 입자〔粒子〕 철학은 숨겨진 원자론이다. — *注意!* 생명 있는 물체들(물질이 아니고)이 있을 수 있다. **생명원리는 비물질적**이다.

原因 — *作用*하다, *行*하다, *活動*〔*處理/實行*〕하다. 작용하다, 행하다, **활동**〔처리/실행〕**하다.** (동물적)

제11묶음, 전지5, 1면

Ⓤ

I
물리학이란 무엇인가?

물리학은, 감관대상들이 경험의 한 체계를 이룩하는 한에서의, 감관대상들의 학문이다. 경험의 대상은 자연과학의 객관적인 것〔요소〕이다. — 대상들에 대한 경험은 자연과학의 주관적인 것〔요소〕이다. 이것은 형식〔적인 것〕

으로서 저것에 선행해야 한다. 형식〔적인 것〕이 질료〔적인 것〕에 앞선다. 린네의 **자연의 나라/자연의 왕국/자연계**[22])가 무엇보다도 앞장서 뒤따른다. 물리학은, 감관들의 대상들이 경험에서 주어진 한에서, (외적 및 내적) 감관들의 대상들에 대한 敎說的 體系이다.

〔……〕

〔…〕

물리학은 어떻게 가능한가

물리학은 물질의 운동력들의 하나의 체계로서 그것들의 현상이 범주들의 체계에 따라서, 그것들에 대한 경험을 가질 **가능성**이 의거해 있는 관계들 안에 놓이게 됨으로써만 가능하다.

운동력의 基盤으로서 보편적으로 퍼져 있는 하나의 물질에 대하여. 그것은 **시원적으로** 운동하는 것으로서, 다른 모든 것에 침투하고, 하나의 체계 안에서 범주들에 따라 한낱 지각들에 의해 단편적으로가 아니라 경험의 통일성에 의해 개시하는 경험 일반의 가능성의 원리이다. 지각들은 이미 주관의 시발〔촉진/선동〕하는 힘들의 작용결과들이다. 이 **시발**〔촉진/선동〕이 내적으로 감각일 수 있고, 또는 운동이 외적으로 현상체일 수 있다

注意! 자기 자신의 **의식**은 지성에 속하고, 선험적 표상이다. 대상의 **현상**은 이것[23])이 대상에 의해 촉발되는 바대로의 형식이고, 역시 선험적으로 주

---

22) Carl von Linné(Carolus Linnaeus)는 대저 *Systema naturae − per regna tria natura, secundum classes, ordines, genera, species, cum characteribus, differentiis, synonymis, locis*(1735 · ¹²1766~1768)에서 자연 세계를 동물계, 식물계, 광물계로 나누어보았다.

23) 원문 "dieser"를 그대로 읽으면 "대상"을 지칭하게 되어 요령부득의 문장이 되므로, "dieses"로 고쳐 읽어, 앞의 "의식"을 지칭하는 것으로 보면 어떨까 하는 의견이 있다.

어져 있다(공리). 여기에는 아직 지각의 원인인(捕捉) 운동력들이 없다. 그러므로 1.)統覺, 2)捕捉은 지각들에서 주관적[이고], 3.現象體들의 集合은 객관적[이다.] 4 全般的 規定으로서의 경험

갈릴레이, 케플러, 하위헌스, 뉴턴. 앞의 3인은 순전한 **현상**; 맨 뒷사람은 인력, 척력의 운동력

경험으로부터는 감관들의 대상을 위한 어떤 일정한 법칙도 도출될 수 없다.

만약 어떤 주관이 스스로 자신을 촉발한다면, 그것은 물리학에 속하지 않는다. 자발성이 아니라, 감각의 수용성이 물리학에 속한다.

무엇인가에 대해 경험을 **갖는다** 함은 마음(靈魂[24])이라 일컬을 것 없이 心[25]) 의 한 작용인바, 여기서 하나의 객관의 경험적 표상, 다시 말해 지각이 모종의 원리에 따라서 시발/촉진된다. — 사람들은 앞서 경험을 **만들지** 않고서는 **가질** 수 없다. 경험의 형식은 현상의 의식의 **전반적 규정**을 위해 선험적으로 주어지고, 이것이 객관의 **현실성**을 xxx

형이상학적 기초원리들이 수학적 기초원리들에 선행한다. 이것들이 저

(XXII483 하단 각주 편자 의견 참조)

24) 원어: anima.

25) 원어: animus. 참조: "우리는 성능(Fähigkeit)과 능력(Vermögen)과 힘(Kraft: 力)을 갖는다. 성능은 외부 인상들에 의해 변양되는 마음(Gemüt)의 속성이다. 우리는 큰 능력을 가질 수 있으되, 작은 힘을 가질 수 있다. 그러므로 힘들은 시행(Ausübungen)의 원천이고, 능력은 일정한 행위[작용]들을 '족(足)히 할 수 있음'(Zulänglichkeit)이다. [/] 능동적 힘이 되기 위해 능력에 무엇이 덧붙여져야만 하는가는 그렇게 쉽게 통찰할 수 없다." (V-Anth, Collins: XXV, 15/16) "변양 되는 성능, 또는 용납하는[입는][수동적인] 성능을 사람들은 영혼의 하위 힘[하위력]이라 부르고, 자기활동적[능동적]으로 행위[작용]하는 성능이 상위 힘[상위력]이다. 영혼이 신체가 입는 인상들의 성능이 있는 한에서 靈魂(anima)이라 일컫고, 자기활동적으로 행위[작용]하는 성능이 있는 한에서 精神(mens)이라 일컫는다. 영혼이 양자를 통일하여 하나의 성능이 다른 하나의 성능의 조절 아래에 있는 한에서 心(animus)이라 일컫는다. — 靈魂(anima)은 영혼(Seele), 心(animus)은 마음(Gemüt), 精神(mens)은 정신(Geist)이다."(V-Anth, Collins: XXV, 16)

것들과 합일하여 공간과 시간의 경험적 직관의 관계에 따라서 판단력의 도식기능을 제공한다. — 그 관계에서의 직관의 잡다의, 한 連續體로서의 **편성**에 대한 자기의식이 선험적으로 일어나고, 이로써 지성은 경험으로 **이월**하거니와, 그것은 지각들의 집합체로서가 아니라, 하나만 있을 수 있는 **경험을 만드는 선험적 원리**에 따른 것이다. 경험이 어떻게 가능한가? — 경험을 위한 인식이 어떻게 가능한가?

제11묶음, 전지5, 2면

자연과학 일반은 무엇인가?

자연과학은 원리들에 근거해 있는, 감관대상들의 인식의 **교설체계**(敎說的 體系)이다

(一般 自然學) 形而上學 或 物理學.

자연과학은, 감관대상들의 총괄(包括)이 하나의 원리에 따라서 그것들의 하나의 전체를 표상하는 한에서, 감관대상들의 교설체계(敎說的 體系)이다.

공간상의 실체들인 외적 감관객관들 — 이것들이 경험적으로 정돈되는 한에서의 — 에 대한 자연과학은 자연의 체계이다. 이 체계는 기본〔요소〕체계와 세계체계〔우주계〕로 구분될 수 있고, 후자는, 만약 그것이 하나의 절대적 전체를 표상해야 한다면, 그것에 타당한 어떤 대상도 주어질 수 없는, 하나의 순전한 이념인데, 그렇다고 그것이 무물〔無物〕(무의미한 것)은 아니고, 단지 하나의 사념물(理性의 存在者)이다 XXII485

자연기술〔記述〕에서의 이런 자연사물들에 대한 경험이론 및 자연사가 자연의 체계를 이루는데, 이에 대한 앎은 관찰과 시험들을 통해 무한정한 폭으로 확장된다

自然〔的〕哲學[26] — 이것에는 人工〔的〕哲學[27]이 맞선다 — 이라는 표현은 주관이 다루는 객관의 성질이 아니라, 주관의 학문의 態度[28]만을 의미한다.

主觀的으로가 아니라 客觀的으로 본 自然[的] 哲學

[……]

지각은 직관(현상)뿐만 아니라 운동력들을 전제한다

1.) 감각에서의 주관. 2) 현상에서의 객관. 3) 지각에서의 감관수취의 포착. 4. 경험에서 지각들의 구성[29]. — 경험함(經驗함)은 대상을 전반적 규정에서 **사고함**이다.

우리가 물질의 운동력들의 경험으로부터 그리고 경험을 통해 끌어내는 것이 아니고, 오히려 우리가 경험을 위해(경험을 목적으로) 집어넣는 것이 그것으로부터 지성이 물질의 운동력들을 가동하기 시작하는 것이다

경험 일반의 가능성은 경험에서 감관들의 객관들을 범주들의 체계(양, 질 등등)에 따라서 정돈하는 선험적 원리이다. 이것을 통해 주관은 자기 자신을 지각들을 위해 지각들의 하나의 체계로 구성하고[30], 그것의 형식[적인 것]을 이성을 통해 원리로 만든다(形式이 事物에 存在/本質을 附與한다)

지성개념들의 **도식기능**이 여기서 일반적으로 초월//철학에서 그러하듯이 운동력들의 체계의 전반적 규정을 위한 물리학으로의 이행의 어려움을 만든다.

지성개념들의 도식기능은 형이상학적 기초원리들에서 물리학으로의 이행의 앞뜰(玄關)이다. — 형이상학과 물리학, 양안(兩岸)이 동시에 둘러쳐진 三途川[31]과 접하는 순간에 xxx

---

26) 원어: philosophia naturalis. 보통은 '자연철학/自然哲學'으로 옮긴다.
27) 원어: philosophia artificiali.
28) 원어: habitus.
29) 원어: C[K]onsrtuc[k]tion.
30) 원어: constituiren[konstituieren].
31) 원문: Styx interfusa. 이에 관해서는 아래 XXII489 참조.

제11묶음, 전지5, 3면

물리학이란 무엇인가?

물리학은 그 원리들이 경험에서 주어지는 한에서 자연과학(自然科學)이
고, 자연과학의 형이상학적 기초원리들로부터의 〔물리학으로의〕 진보를 함
유한다. 그 원리들이 경험**으로부터** 도출되고, 경험**에서** 파생된 것이라 생각
될 필요는 없고, 오히려 (물리학이라는) 이 개념에서는, 이 학문이 경험을 **위
해서**(경험을 목적으로) 경험적 표상들의 하나의 집합체로 그것들을 연결하는
하나의 원리 아래에서 상정된 그러한 하나의 학문이라고 충분히 생각할 수
있다

주해 I. 라틴어 표현으로 'Scientia naturalis〔**자연적** 과학/학문〕'이라고 이
름 붙여진 이 과학/학문은 그렇지만 오해를 불러일으킬 수 있겠다. 왜냐하
면, 사람들이 이것을 하나의 인공적(人工的)인 또는 하나의 계시된(啓示的) 과
학/학문과 대항시키게끔 오도될 수 있기 때문이다. 그래서 (문자대로 번역해
서 '**자연적**' 과학/학문이라고 하기보다는) **자연과학**(自然〔之〕科學[32])이라는 표현
이 (외적 및 내적) 감관대상들의 보편적 경험이론 — 이것이 하나의 교설체
계를 이루는 한에서 — 으로서의 물리학을 위해 가장 적합한 것으로 표상
된다.

주해 II. 물리학은 **철학**에 속한다. 물리학은 한낱 경험적인 학문이 아니
며, 물리학에서 수학이 철학적으로 이용되기는 하지만 수학적인 학문이 아
니다. 물리학은 **수학**과는 대비되는 철학의 한 특수 분야 내지는 구역(領域)
이다. 선험적 원리들을 갖춘 양자〔철학과 수학〕는 각자 자기의 일정한 한계
를 가지며, 서로 이웃해 있기는 하지만, 저 한계를 넘어서서는 안 된다. —
그러므로 만약 물리학을 自然哲學이라고 일컬어야 한다면, 이러한 명칭에서

---

32) 원어: Scientia naturae.

는 하나의 자기모순이 생긴다. 만약 사람들이 뉴턴이 그의 불멸의 저작 『自然哲學의 數學的 原理들』)에서 한 것처럼 한다면, 이것도 저것도 순수하지 않은, 이를테면 하나의 잡종(混血 槪念)을 만드는 것이다.[33] 형식적인 면에서 경험을 위한 체계인 자연과학은 내용 면에서 객관들과 상관하는 自然[之]體 系와는 구별된다[다르다]

무릇 **수학**의 **철학적** 기초원리들이 있을 수 없듯이 (뉴턴이 의욕하는 바와 같은) **철학**의 **수학적** 기초원리들도 있을 수 없다. 여기에는 건너게 되는 바 뀌는 구역이 있다(둘러쳐진 三途川이 저지하고 있다[34]). 최고로 위대한 수학자 라도 수학자로서 그의 객관에서나 재능[※35]에서나 정해진 한계를 갖는 것이 다. 그가, 철학자는 수학자가 자기의 분야에서 성취하는 것과 같은 확실한 진보를 이룰 수가 없다는 우월감의 망상을 가지고서 철학자에 대해 비웃음 의 사시[斜視]를 던지면서, 반성개념들의 조야한 모호함으로써 철학을, 그 리고 철학의 한 분야인 형이상학을 수학의 한 분과로 만들려 하지 않기 위 해서는 말이다.[36] 그런 것은 應用 數學의 哲學的 原理들[37]이라고 일컬어져야 할 것이다.

또한 사람들은 철학적 인식 및 그 원리들을 철학과(그 형식적인 것을 질 료적인 것과) 구별해야만 하고, 철학자연[哲學者然]하는 자를 철학자로 개주 [改鑄]할 수 없다. 무릇 전자는 한갓된 미숙련자(원본성[독창성]를 가져야만 하는 시인에 비하면 그저 시구 짓는 자와 마찬가지)이니 말이다

사람들이, 당연한 일이지만, 철학이라는 낱말에서 지혜론(다시 말해, 인 간 이성의 **궁극목적**에 대한 학문)으로서의 그것의 개념을 고려하여, 단지 기

---

33) XXI207~208 참조.

34) 원문: Styx interfusa coërcet. Vergilius, *Aeneis*, VI, 439 참조.

35) 이 낱말에 각주 표시는 있지만, 각주에 해당하는 글귀는 없다.

36) Abraham Gotthelf Kästner(1719~1800)를 두고 하는 말이겠다. 그에 대해서는 앞서도 자주(XXI52 · 98 · 239 · 243 · 294 · 415 · 535, XXII228 · 229) 언급되고 있는데, 이 대 목의 내용은 특히 XXI239에서 이야기한 바 있다.

37) 원어: Matheseos applicatae principia philosophica.

계적//실천적인 요소뿐만 아니라 종국에는 이 건물의 종석[宗石]을 이루는 것, 즉 도덕적//실천적 요소까지 본다 할지라도, 철학 및 그 원리들은 여전히 인간 이성의 용무[관심사]를, 그것도 (순전한 지식의) 스콜라적 취지에서, 체감할 것이고, 형이상학적 기초원리들을 수학적 기초원리들의 앞에 (비록 양자가 선험적으로 주어져 있다 해도) 놓지 않을 수 없다. 왜냐하면, 전자는 무조건적인 사용을, 그러므로 객관 자체를 염두에 두고 있지만, 후자는 단지 특정한 목적을 위한 수단으로서의 조건적 사용만을 염두에 두고 있기 때문이다.

무릇 수학은 물리학을 위한 가장 훌륭한 **도구**이고, 그 안에 들어 있는 모든 지식들은 (성향상) 그럼에도 언제나 어떤 다른 의도를 위한 도구일 뿐이다

그래서 제목은 '自然科學의 哲學的 乃至 數學的 原理들'이어야 할 터이다. 무릇 설령 질료[적인 것](내용)이 수학적이라 하더라도, 그 형식은 철학적일 수 있으니 말이다. ―

물리학에서 수학을 학문의 **도구로 사용하는 것**은 **철학**이다. 그러나 **수학**은 그 자체로는 철학의 한 원리가 아니고, 철학을 자기 개념들 안에 함유하고 있지도 않다.

자연과학의 수학적 기초원리들과 형이상학적 기초원리들은 있지만, 철학의 수학적 기초원리들이란 없다. 무릇 이런 것들은 조화할 수 있는 것이 아니니 말이다. 自然科學은 그렇게 구분될 수도 있지만, 하나의 自然哲學은 그렇지 않다. 그렇지 않으면 그 같은 그리핀들을 말들과 묶는 일[38]은 그가 의지해야만 할 것인 요소를 갖지 못한 어떤 분야에서의 수학자의 하나의 일탈이다. 수학은 (순수한 짓기이기 때문에) 어쩌면 시작[詩作]과 합일될 수도 있겠다[39]: 곧 주관적으로.

---

38) 원문: gryphes iungere equis. Vergilius, *Eclogae*, VIII, 37: "iungentur iam grypes equis" 참조.
39) A. G. Kästner가 수학자이자 시인으로 명성을 얻고 있음을 빗댄 말로 보인다.

하나의 철학이 있는데, (그리고 그것이 형이상학인데,) 이것은 **경험적** 감관 표상들을 하나의 선험적 (그러므로 다시금 그 자신이 경험적이지는 않은) 원리들에 (따라서) 정돈하기 위해서 수학을 사용하고, 우선 하나의 체계 안에서 반성개념들의 도식기능을 현시하기 위해서 순수 직관들을 (형식의 면에서) 분류하며, 그것도 선험적으로 한다. — — 물리학(자연지식학)은 형식[적인 것]의 면에서는 자연의 법칙들로, 그러나 또한 그 질료[적인 것](자연의 객관들)의 면에서는 **자연의 나라**[왕국/세계]/**자연계**로 볼 수 있고, 또한 그 분류

구분[40]으로 인해 철학적 자연인식에도 속한다. 自然의 王國/自然界에 대한 特殊 自然學

1.) 물리학이란 무엇인가? 2) 자연과학의 형이상학적 기초원리들에서 물리학으로의 이행이란 무엇인가(무릇 자연과학이 아직 물리학은 아니니 말이다) 3. 하나의 학문에서 또 하나의 다른 학문으로의 이러한 이행이 어떻게 가능한가? (판단력의 도식기능을 통해서) 현상들을 지각들의 법칙 아래에 포섭하는 원리들을 통해서

그것은 자연법칙들이 경험의 대상인 한에서 자연법칙들의 학문이다. (自然[之]科學)

그것은 a) **자연 사물**(自然[之]事物)들 — 이것들의 하나의 체계에서의 편성은 경험적이고, 그래서 (린네를 따라) 자연의 체계[41]라고 일컬어지는바 — 의 자연과학과 b) **자연의 법칙들**로 구분된다. 자연의 법칙들이 경험 **안에서** 그리고 경험을 **위해서**(경험을 목적으로) 지성을 통해서 개념들로부터, 다시 말해 선험적으로 주어지는 한에서, 그러니까 경험**으로부터** 그리고 경험**에서** 차용한 것이 아닌 한에서 말이다.

---

40) 앞서(XXII482) 언급한 Carl von Linné(Carolus Linnaeus)는 대저 *Systema naturae − per regna tria natura* 참조.
41) Linné, *Systema naturae − per regna tria natura* 참조.

수학의 철학적 기초원리들이 있지 않듯이, 철학 — 이것에는 그럼에도 물리학도 속하는바 — 의 수학적 기초원리들도 있을 수 없다. 그럼에도 불구하고 뉴턴은 그의 불멸의 저작에 그런 제목을 붙이고 있다. 그 제목은 마땅히 '自然 科學의 數學的 原理들'(哲學的 原理들이 아니고)이라고 했어야 했다. xxx 월권으로부터의 하나의 모순이다.

물리학의 領域은 사람들이 비약하여 넘어갈 수 없는 하나의 거대한 협곡을 함유하고 있다(둘러쳐진 三途川이 저지하고 있다). 이 영역 또는 저 영역 안에서 진보하는 능력은 종별적으로 구별되며, 재능의 면에서조차도 그렇다. 이 둘은 자연과학을 위해서는 **통합**될 수 있기는 하지만, 결코 **혼합**되어서는 안 된다

―――――――――――

경험으로부터는 어떠한 학문도 전혀 생길 수 없다. 경험 많은 사람(熟錬家)은, 그가 통상 그 이상이 아니라면, 고삐를 잡고 어떤 다른 사람이 그에게 만들어준, 또는 그 자신이 이전에 한 훈련들대로 만들었던 선례들을 따라 걷는 하나의 무지한 자이다.

―――――――――――

경험은 전반적인 규정에서 인식된 (또는 사고된) 지각이고, 그래서 사람들 XXII492
은 그것이 모든 경우에 그렇게 증명될 것이라고 상정할 근거를 갖는다

소금, 기름 그리고 흙을 함유하는, 물질 일반의, 원소들 유에서 **금속들**로 이행[42]하는 대도약에 대하여

외견상의 **금속들**과 광물류(금운모〔金雲母〕–백운모〔白雲母〕[43]). 동물류. 그 겉날개가 금속 색깔을 내는 곤충들. — 그러나 불 속에서는 녹아 흐르고,

―――――――――――

42) 의사이자 약학자인 Joachim Dietrich Brandis(1762~1845)는 그의 저술 *Versuche über die Lebenskraft*(1795)에서 "흙, 기름, 소금 그리고 물이 유기 섬유를 형성하는 4원리"라고 주장했다.

43) J. F. Blumenbach도 생전에 12판(1830)까지 출간한 그의 저서 *Handbuch der Naturgeschichte*의 초기 판(1779/1780 · ²1782)에서는 Katzengold와 Katzensilber를 운모(Glimmer)로 분류하였다.

냉각시키면 윤이 나는 물체들은 흡사 자기 자신의 광채로 똑같은 색깔을 보이지만, 그것은 한낱 반사해서 빛나는 것이다. 그리고 이것들의 무게는 다른 광물류 물체들에 비해 동떨어진다. 이것들 중 가장 가벼운 것을 뜨거울 때 망치질 되는 광물계의 것과 비교한다 해도 xxx

곤충들의 겉날개나 아랫배의 청색으로 변한 것 같은 반짝거림[44]에 대하여

제11묶음, 전지5, 4면

자연과학의 형이상학적 기초원리들에서
물리학으로의
이행은 어떻게 일어나는가?

첫째로 질료의 면에서, 둘째로 형식의 면에서. 자연체계와 〔자연〕기술〔記述〕

그 자신 **장소운동을 할 수는** 없지만 자기 자리에서 운동하고 있는 원소들, 운동들의 기반. 자기 공간을 역학적으로 스스로 한계 짓는 물리적 물체들 ― 사람들은 어떻게 선험적으로 경험을 **위한** 운동력들을 완벽하게 헤아릴 수 있는가?

빛, 반발적: 열소, **응집적**, **침투적**〔浸透的〕: 자기성〔磁氣性〕, **삼투적**〔滲透的〕, **침투적**

운동의 수학적 원리들을 운동력들의 역학적 원리들로 만든 뉴턴의 운좋은 무모함 ― 빈 공간을 통한 보편적 중력 인력. 원심력은 파생적이다. 그러나 가득 찬 공간에서의 역학적 원리들, 근원적으로 하나의 〔물질의〕현존을, 공간을 모든 점들에서 경험의 **대상**으로 **만드는** 것은 반발하고, **빛**이다

기이하게도, 지각들(지각들의 의식적인 경험적 표상들)에 의거해 있는 것을

XXII493

---

44) 위의 XXII148 참조.

선험적으로 현시하고자 하는 일은 전혀 불가능한 것처럼 보인다. 예컨대, 소리, 빛, 열 등등, 이런 것들은 모두 지각의, 다시 말해 의식적인 경험적 표상의 주관적인 것[요소]이고, 그러니까 어떤 객관의 인식도 지니지 못한다. 그럼에도 표상능력의 이러한 작용은 필연적이다. 무릇 만약 이러한 작용에 객관의 반작용이 대응하지 않는다면, 저 주관은 대상에 대한 어떠한 지각도, 여기서 전제되어 있는, 그 대상의 운동력을 통해 갖게 되지 못할 터이다.

그러므로 감관표상들을 갖는 수용성은, 간접적으로 지각들을 자기 자신 안에서 일으키는 상관적[상대적]인 자발성을 전제한다. 그리고 이것이 [지각들의] 선험적 가능성이다. ― 경험은 감관객관들의 운동력들에서 감관객관들의 인식의 수단이 아니고 목적이다.

물리학이란 무엇인가?

물리학, 즉 자연지식학은 물질의 (외적으로 또는 내적으로) 감관을 촉발하는 운동력들 ― 이것들이 경험의 한 대상인 한에서의 ― 에 대한 교설체계(教說的 體系)이다.

주해. 물리학은 주관적 요소의 면에서는 경험적 인식근거들에 의거해 있는 하나의 자연과학이지만, 객관적 요소로 말하자면, 감관표상들의 하나의 체계를 이루는 것으로, 이 체계가 경험의 대상인 것이다. 이 경험 자신이 (관찰과 실험을 통한) 지각들의 한갓된 경험적 집합체가 아니고, 객관의 전반적 규정의 원리로서 경험의 한 대상이다 XXII494

무릇 1) 경험은 대상의 현상들의 총괄의 절대적 통일[하나임]이고, 사람들이 경험을 **만든다**[한다]. 경험은 한갓된 감관영향이 아니다

2) 경험들이란 없고, (무릇 그런 것은 흩어진 지각들이다), 잡다의 체계의 통일은 하나의 도식기능에 기초하며, xxx

주관의 외적 대상에 대한 영향과 대상의 주관에 대한 반작용이 물질의

운동력들을 그리고 그러므로 또한 물질 자신을 실체에서 인식하고 물리학을 위해 전개시키는 것을 가능하게 한다. — 반작용의 **외적 현상체들**로서의 **운동**에 대해서는 이 정도로. — **감각**의 내적 운동력들과 주관의 자기 자신에 대한 **반작용**은 꼭 마찬가지의 것이다.

이성추리의 형식에 따른 지성개념들의 도식기능: 1)대전제, 2)소전제의 포섭, 그리고 3)경험 일반을 위한, 결론 또는 종결: 경험의 가능성을 위해 필요한 것들. 이것이 지각들의 체계를 선험적으로 그 형식의 면에서 현시하고, 직관으로부터 지각의 예취들을 거쳐 경험의 유추들에까지 표상의 경험적 요소를 그 전반적 규정에서 함유한다.

흥분성에서의 생명력: 두뇌(신경 뿌리), 심장, 폐 등의 운동: 냉장 생선에 의한 공기 분해와 산소의 흡수.

1.선험적 순수 직관에서의 객관, 2.(자기 자신의) 현상에서의 객관, 3.경험적 직관의 지각에서의 객관. 4.경험(全般的 規定, 實存)에서의 객관. **자기 자신의 의식**은 선험적으로 객관으로서 주관의 모든 규정에 선행한다. — 판단력의 **도식기능**이 물리학으로의 이행을 형식적 요소의 면에서 준비한다. 4)경험적 사고 일반의 집합체.

유기적 생물들은 하나의 생명뿐만 아니라 짝짓기로 인해 그리고 곤충들의 경우에는 소진으로 인해 자신을 약화시키는 하나의 생명감정도 갖는다. 두 이성[異性]이 없이는 어떤 유기적 존재자도 번식되지 않는다는 것은 놀라운 일이다.

외적 지각들은 물질의 운동력들이 주관이 내적으로 자기를 촉발하도록 작용한 결과들이다. 내적 지각들은 주관이 자기 자신을 자의적으로 또는 본의 아니게 촉발한 데서의, 의식적인 경험적 표상들이다. 공간과 시간은 순수한 감성적 직관들이다: 그 각각은 오직 하나이다. — 오직 '하나의' 공간과 '하나의' 시간이 있다.

하나의 체계 내에서 한 천제를 중심으로 움직여진 모든 특수 물체들의 필연적 편심[偏心]에 대하여. ― 각각의 위성의 공전과 결합해 있는 그 공전과 똑같은 자전(달의 자전)의 필연성에 대하여 ― 천체들이 기상 전환에 상호작용을 하고, 열소가 위쪽으로 작용하는 한에서의 천체들의 에테르적 대기[大氣]와 자기[磁氣]에 대하여

초월철학의 원리. 선험적 종합 판단들이 어떻게 가능한가? ― 직관의 공리들 ― 지각의 예취들, 경험의 유추들, 그리고 경험적 사고 일반의 통합을 통해서, 다시 말해 선험적으로 기초에 놓여 있는 판단력의 도식기능을 통해서.

경험은 경험적 표상들의 하나의 집합체가 아니고, 지각(의식적인 경험적 표상)의 **전반적 규정**의 한 원리이다. 이 표상들은 선험적으로 하나의 보편적 체계(물리학) 안에서 결합되어 있는 것으로 생각된다. 그래서 하나의 명제를 경험에서 도출하거나 경험을 통해 증명하기는 체험으로서의 실험 이상의 것이고, 확신적 의식으로서의 관찰 이상의 것이다

제11묶음, 전지6, 1면 XXII496

X

자연과학의 형이상학적 기초원리들에서 **물리학**으로의 이행 이론은 두 단계[步行]를 함유하는데, 각 단계는 다시금 주제로 두 부문을 포함한다. 한 부문은 의식적인 斷片的 경험적 표상들의, 다시 말해 경험적 직관의 동반(聯合)의 도식에 따르는 지각들의 집합(包括)이고, 다른 한 부문은 xxx

I
A. 물리학이란 무엇인가?
B. 이행이란 무엇인가?
자연과학의 형이상학적 기초원리들에서 물리학으로?

II
a. (교설체계로서의) 물리학은 어떻게 가능한가?
b. 자연과학의 형이상학적 기초원리들에서 물리학으로의 이행은 어떻게 가능한가?

그러나 **자연지식학** 일반(物理學)은 물리학의 한낱 형식[적인 것][요소], 즉 감관표상들의 대상인 것 및 이것들의 개념들에 따른(다시 말해, 선험적인) 구분의 대상인 것을 다루거나, ― 존립하는 사물들로서의 경험대상들의 그리고 경험에 의한 이것들의 **분류구분**의 질료[적인 것][요소]를 다룬다. 그런데 이 질료[적인 것][요소]의 방법적인 경험적 편성을 (예컨대, 린네에 따르면) 자연의 **체계**라고 일컫는다. ― 후자는 결코 완전히는 완성될 수 없는, 물리학의 과업이다. 그러나 자연과학의 형식적 원리들에 관한 것인 전자는 완벽하게 개진될 수 있고 개진되어야만 한다.

정의

물리학은 물질의 운동력들의 법칙들 ― 이것들이 경험에서 주어지는 한에서의 ― 에 대한 교설체계이다

물리학은, 경험의 한 대상인 한에서, 학적 **자연지식학**이다. ― 그것은 자연연구 내지는 교설적 자연이론이고, 그것의 원리들은 이성적으로 선험적

으로 주어져 있거나 경험적으로 주어져 있다. 그러나 형이상학에서 철학의 한 부분으로서의 물리학으로의 이행은 체계적 정초이다

1.)**주해**. 사람들은 **경험**을 **만들지**〔하지〕 않고서는 **가질**(받아들일) 수 없다. 그러니까 경험의 가능성을 위해서는 감관대상들을 현시하는 선험적 원리가 필요하다. 이 원리가 어떤 종류의 **지각들**(의식적인 경험적 표상들)이 경험을 산출하는 데 지각의 대상의 **전반적인 규정**을, 다시 말해 이것의 실존을 요구하는 것인지를 미리 규정한다. ― 거꾸로 사람들은 지각을 **만들** 수는 없고, 주어진 것으로 **받아들일** 수만 있다. 경험을 만드는 능력이 지성이다. 주관이 그에 따라 경험을 만드는 또는 산출하는 원리들을 구비하고 있는 능력은 이성이라 일컬어진다. ― 이 경험은 하나의 교설체계로서의 **물리학**에 속하지 **않는다**.

2)**주**. **경험**은 감관대상들의 인식의 절대적 **통일성**〔하나임〕이다. **경험들** ― 이것은 한낱 곡해된 지각들이다 ― 을 이야기하는 것은 이치에 맞지 않다. (감관직관을 위한 소재 내지는 질료〔적인 것으〕로서) 경험적인 어떤 것은 모든 경험에 필연적으로 함유되어 있다. 그러나 이 소재가 감관들을 촉발하는 그 모든 관계들에서 오직 이 소재의 개념의 **전반적 규정**이 경험적 직관의 잡다의 연결의 형식〔적인 것〕으로서 한 객관의 지각들의 하나의 집합체가 그 경험에서 정초된 하나의 객관 자신으로 간주될 수 있기 위해서는 또 XXII498
한 필요하다. ― 그런데 지각의 한 객관의 **전반적** 규정을 포착해서 현시하는 일은 근접(近似)할 수는 있지만 지각의 전체성에 맞지 않는 하나의 순전한 **이념**(문제 있는 개념)이므로, 경험은 결코 물질의 운동력들인 이런저런 감관객관들의 객관의 실존에 대한 하나의 확실한 증명을 할 수 없다. 하나의 경험을 공증하는 데 부분적(斷片的)일 뿐 온전히 통합적으로(全體的으로 結合하여)는 결코 족하지 못한 수집된 규정근거들이 있다. 무릇 오직 전반적으로 규정된 〔지각이〕, 그러니까 실존이 경험을 정초한다

물리학은 첫째로 그것의 가능성의, **그것의** 원리의 형식〔적인 것〕의 개념

들에 따라서 자연지식학이 된다. 둘째로, 질료[적인 것], 다시 말해 경험의 현실적인 외적 대상들에 따라서 自然的 體系 및 自然[之]體系이다.

첫째의 것이 人工的 [物理的 體系]에 반대되는 自然的 物理的 體系로, 그것은 自然[之]體系라고 일컬어진다. — 전자는 선험적·형식적 원리들을 갖고, 후자는 순전히 방법적으로 집합된 경험의 대상들이다.

경험은 지각들의 한낱 **자연적인** 집합이 아니고 **인공적인** 집합이다. — 경험은 감관들을 통해 **주어져** 있지 않고, 감성적 인식을 위해 **만들어**진다

만약 반작용하는 운동력들이 선험적으로 세워져야 한다면, 그것들은 독자적으로 물리학을 위한 하나의 체계를 이룩해야 한다

XXII499 경험이 근거로 갖는 것은 1)주관을 촉발하는 (외적이든 내적이든) 운동력들을 항상 갖는 것을 필요로 하는 지각, 2)**경험**으로 올려져야 할 지각된 것이다. 그것을 위해 요구되는 것은 지각된 대상을 그것의 전반적 규정에서 사고하는 주관의 하나의 내적 원리이다. 우리가 무엇인가에 대한 경험을 만들기[하기] 위해서는 전반적 규정의 하나의 형식적 원리가 요구된다

제11묶음, 전지6, 2면

3.)주해. 물질의 운동력들이 주관에 대해 그것의 내감에 작용하고 반작용하면서 미친 영향은 — 저 작용과 반작용은 그 작용결과로서 외감에 대한 어떤 현상체들을 그 효과(감각들)로 갖거니와 —, 현상들의 한 특수한 분야를 이루는바, 이것이 경험의 대상으로서 물리학에 속하고, 운동력들이란 목적들을 지향해 있는 것이므로, 이것은 직접적으로든 간접적으로든 하나의 비물질적 원인을 기반으로 갖는다.

목적규정을 통해서만 그 형식이 가능한 하나의 물질은, 다시 말해 하나의 유기화된 물체는 그것의 결합된 힘들의 절대적 통일성을 [갖고], 따라서 하나의 비물질적인 존재자에 의해 구성된 것으로서의 하나의 원리에 의해

서만 움직여지고 움직이는 것이라고 생각될 수 있으며, 여기서 물체는 **생명 있는 것**으로, 그리고 물질은 생기 있는 것으로 생각된다. ― 하나의 유기적 물체의 가능성은 경험에서 그것의 현실성을 인식하지 않고서는 상정될 수 없다. ― 그러므로 유기적 물체[유기체]라는 것은 **오로지 경험을 통해서만** 생각될 수 있는 그러한 물체이다. ― 그러므로 하나의 생명 있는 물체는 하나의 생장적[식물적] 또는 동물적 생명의 원리를 자기 안에 함유한다. 즉 건강함//병듦//죽음 그리고 갱생의 원리 말이다. 갱생은 동일한 개체의 갱생은 아니지만, 양성[兩性]의 짝짓기를 통해 유사한 원소들로써 종[種]을 보존 유지하는 물체의 갱생이다.

물리학(자연지식학)은 하나의 체계 안에서 외적 및 내적 감관표상들의 하나의 총괄이다. 다시 말해 외적인 그리고 내적인 경험적 직관들과 주관의 내적 지각들, 다시 말해 감각들 ― 이것들이 쾌나 불쾌를 함유하면 감정들이라고 일컫는바 ― 의 총괄이다

물리학은 이중의 관점에서 이러하다. 첫째로 **주관적으로**는, 경험적 표상들의 잡다를 개념들에 따라서 경험의 가능성의 하나의 원리 아래서 포섭하는 논리적 **교설체계**로서: ― 둘째로 객관적으로는, 경험의 대상들이 경험의 가능성의 원리들에 따라서 **서로 병렬되어** 하나의 전체를, 즉 하나의 자연체계를 이루는 한에서, 경험에 주어진, 경험의 대상들의 집합체로서 ― 전자에서는 구분이 비교의 개념들에 따라서 생기고, 후자에서는 실체로서의 자연사물들을 (가령 린네가 이를테면 하나의 박물표본실에 정돈한 바와 같이) 경험에서 발견되는 그것들의 유[類]들, 성[性]들 그리고 강[綱]들에 따라서 편성함으로써 생긴다.

지각들은 외적인 또는 내적인 (다시 말해) 감각일 수 있다. 후자는 (객관과 관련해서는) 쾌 또는 불쾌의 감정일 수 있다. 다시 말해 그 감각을 멀리하려고 애쓰거나 함께 하나가 되고 싶어하는, 그러므로 그 감각을 욕구하거나 혐오하는 그러한 감각이다. 이 둘은 외적 또는 내적 경험에 속하고, 그러니

까 물리학의 분과에 속한다

그러나 물리학은 경험과학으로서 자연스레 두 분과로 나뉜다. 하나는 공간과 시간상에서 힘들의 작용과 반작용에서의 형식들의 분과이다. 다른 하나는 공간을 채우는 실체들의 총괄이다

하나는 자연의 **체계**[체제]**학**이라고 일컬을 수 있고, 다른 하나는 (린네에 따라) 자연의 **체계**[체제]라고 일컫는다

전자에서는 자연인식이 운동력의 형식적 원리들에 달려 있고, 후자에서는 대상들이 결코 비어 있는 것으로 표상되어서는 안 되는 한 장소에서 서로 곁에 나타나는 바대로의 그 대상들의 현시에 달려 있다.

물리학의 후자 부분에서 **물체들**(한낱 물질이 아닌)의 최상위 구분은 유기적 물체[유기물]와 비유기적 물체[무기물]이다. 이 구분은 선험적으로 개념들에서 생겨나올 수 있다. 무릇 하나의 유기적 물체의 가능성은, 다시 말해 각각의 부분이 다른 부분을 위해서 현존하거나, 그 부분이 그 부분들의 가능성과 내적 관계들의 형식이 오직 개념에서 생겨나오는, 그러므로 오직 목적들을 통해 가능한 그러한 성질을 가지고 있는 그러한 것의 가능성은, 목적들은 간접적으로든 직접적으로든 이 실체를 형성하는 하나의 비물질적 원리를 전제하므로, 종[種]들과 개체들의 지속의 하나의 목적론적 원리를 낳거니와, 이 원리는 그 종들에서 완전 지배적이고, 만고 불변적인 것으로 생각될 수 있다

그러한 물체에 대해 사람들은 결코 그 가능성조차 생각할 수 없고, 경험만이 그것을 증명할 수 있다

의식적인 경험 표상들, 다시 말해 지각들은 주관을 촉발하는 힘들 — 이 것들이 어떤 종류의 것이든 그 근원이 무엇이든 간에 — 을 통해 주어진다. 무릇 그렇지 않다면 전혀 아무런 물리학(자연의 경험이론)도 없을 터이다. — 그러나 하나의 체계 안에서, 다시 말해 완벽성을 의식하면서(斷片的이 아니라 嚴密하게 結合해서) 힘들의 집합체를 하나의 전체로 제시하는 일은 하나의 원리에 따라서 선험적으로 일어나지 않고서는 달리 일어날 수 없다. 이것이

어떤 힘들이 그리고 얼마만큼의 힘들이 하나의 체계 안에서 힘들의 집합체
를 이루는가의 필연성의 개념을 수반한다

물질과 그것의 주관을 외적으로 촉발하는, 그러니까 **운동하는** 힘들에
관해서 지각들 그 자신이 반작용(反作用)과 결합되어 있는 운동력들이고, 지
성은 운동의 유일하게//가능한 형식들 — 견인, 반발, 봉쇄(포위) 그리고 침
투 — 에 따라서 지각을 **예취한다.** 그렇게 해서, 통상 불가능하게 보였던,
경험적 표상들의 하나의 체계를 선험적으로 세울 가능성과 질료에 관한 인
식을 **예취할** 가능성이 밝혀진다

제11묶음, 전지6, 3면

감관표상의 질료[적인 것]는 지각에 있다. 다시 말해 그 질료[적인 것]는
그에 의해 주관이 자기 자신을 촉발하고, 그 자신에게 하나의 객관의 현상
이 되는 작용에 있다. 형식[적인 것]은 경험 일반의 가능성을 위해 범주들
(직관의 공리, 지각의 예취, 경험의 유추, 그리고 경험적 인식 일반의 하나의 체계를
위한 이 원리들의 합성)의 표에 따라 지각들을 연결하는 작용이다. — 주관
이 범주들에 따라서 자기 자신을 촉발할 때, 객관이 대상에 의해 촉발되게
끔 하는 지각은 지각들의 집합체를 가지고서 물질의 운동력들의 하나의 체
계를 만들거니와, 이 체계는 객관적으로 그리고 선험적으로 경험의 가능성
의 조건들을, 외적으로 공간직관에서뿐만 아니라 내적으로 감각에서 역학
적 기능을 모두 그리고 통합해서 함유하는 그러한 작용들과 반작용들 안에
함유한다. 그리고 이것들이 물리학을 위한 대상들의 인식에 필요하면서도
선험적으로 동일률에 따른 경험적 집합체 안에 함유되어 있는 계기들을 형
성한다.

자연의 **체계학**과 자연의 **체계.** — 전자는 '하나의' 체계 안에서 경험적인
것을 연결하는 개념들에 따라서 경험을 위한 것이고, 후자는 경험에 의한
것이다.

자연과학의 형이상학적 기초원리들에서 물리학으로의 이행에서 지성은 객관의 선험적 순수 직관의 공리들에서 지각, 다시 말해 주관에서의 의식적인 경험적 표상으로, 그리고 경험의 가능성으로 걸어나간다. 여기서 경험이란 하나의 개념 안에서 지각들을 총괄(包括)하는 하나의 원리 아래에서의 지각들의 집합체 외의 다른 것이 아니다. 그러나 경험**으로부터**가 아니고, 경험적 표상들의 잡다의 체계적 결합으로서의 경험을 위해서 xxx

지성은 하나의 감관대상에 대한 하나의 경험적 표상을 만들어내는 능력을 가지며, 또한 그것을 통해서, 자기가 그것에 반응하는 객관의 운동력들을 선험적으로 상호작용하게 야기함으로써, 하나의 객관의 지각을 갖는다. — 이제 지성은 이 작용들을, 상이한 질의 한갓된 관계들이기 때문에 단지 지각에 속할 뿐인 것인, 그것들의 반작용과 함께, 선험적으로 헤아릴 수 있다

아래에서 언급되는 이 유기조직들은 경험들 내지는 지각들 아래로 수렴될 수 없다. 그런 것들에 대해서는 그것들의 원리들과 그것들의 경험적 연결의, 예컨대 응집이나 반발의 가능성의 근거들이 선험적으로 매거(枚擧)될 수 있어야 함이 요구된다. 그리고 또한 그러한 유기조직들을 예취들로서, 그러니까 선험적 원리들에 따라서 현시하는 일 — 이런 일이 어떻게 가능할까? — 은 반드시 물리학에 필요하다.

일체의 힘의 유포에서 절대적 통일〔하나임〕로서밖에는 달리 작용할 수 없는(따라서 원자들의 집합체일 수 없는) 하나의 실체는 하나의 비물질적 원리이다.

물질, 열, 빛은 複數로 말할 수 없는데, 그것은 아마도, 이것들이 그 속성상 단적으로 어떠한 한계 지움도 허용하지 않고, 이러함이 이미 그 개념 안에 들어 있기 때문이다. 그렇지만 이런 것들의 몇몇에 등급들은 있다. 예컨대 빛이나 열에, 그러나 공간크기나 범위에는 그렇지 않다

유기화된 물체들 — 한낱 물질이 아니라 — 은 하나의 비물질적 원리를 내보이고, 유기조직이 세계의 모든 부분에 뻗어 있어 물체들을 개조하며 새

로운 형성을 가지고서 죽은 것을 대체하는 한에서, 유기화된 물체들은 하나의 世界靈魂[45]을 현시한다. 그러나 사람들이 이것을 하나의 사유하는 존재자(精神/精靈)로 표상해서는 안 된다. 그것은 어쨌거나 단지 動物的〔理性 없는〕靈魂[46]이다. 무릇 이것 없이는 합목적적인 생식을, 말할 수 없다고, 설명할 수 없다고 말하려 하는 것은 아니지만, 도무지 생각할 수가 없으니 말이다. ─ 그 비유기적인 부분들 또는 서로를 위해 사용하도록 규정된 유기적 물체들의 유기적 부분들의 관점에서의 하나의 유기화된 천체〔우주〕에 대하여.

경험을 위해서 지각들을 선험적으로 현시하는 것이 전혀 불가능한 것으로 보이고, 그럼에도 불구하고 그렇지 않고서는 경험의 체계로서의 물리학이 생기지 못할 것이라는 것은 기이한 일이다. 사람들은 이에 반응하는 힘들을 헤아릴 수 있어야만 한다. **자연연구**의 원리들에 대한 과제와 관련해 중요한 것은 이 점이다. 우리가 현상체들에 집어넣는 종류의 힘들만을 우리는 경험을 위해서 경험적인 것에서 끄집어낼 수 있다. ─ 관찰이 아니고 실험이 자연과 자연의 힘들을 발견해내는 수단이다. 직관의 공리들은 선험적으로 정초되어 있는 것일 수 있고 것이어야만 한다. 그러나 여기에, 선험적 인식의 원칙들로, 그러니까 또한 원리들로 올려질 경험적 개념들의 예취들이 있다. 사태 연관은 이러하다: 지각은 그것이 하나의 지각이고, 한낱 순수한 공간직관이 아니라는 의식이 함께하는 경험적 표상이다. 무릇 주관의 외적 감관객관에 대한 작용은 이 대상을 현상에서 표상하거니와, 그것도 주관을 향해 있는, 지각의 원인인, 운동력들과 함께 그리한다. 그러므로 사람들은 지각을 일으키는 이 힘들을 선험적으로 경험적 직관에서의 감관표상들의 예취들로 규정할 수 있다. 그 표상이 지각과 자기동일적인

XXII505

---

45) 원어: anima mundi. 위의 XXII97 참조.
46) 원어: anima bruta.

운동력들 — 이것에 아마도 지성과 욕구도 속할 것인데 — 의 작용과 반작용만을 선험적으로 운동 일반의 원리들에 따라서 현시(종별화)함으로써 말이다. 이 원리들을 지성은 범주들에 따라서 역학적 힘들로서 종별화하고 분류한다.

사람들은 강체성[고체성]과 유동성, 반발과 견인, 침투 가능성과 침투 불가능성, 계량 가능성과 계량 불가능성을 운동력들로 생각하지 않을 수 없다.

유기체는 건강하거나 병들 수 있고, 자기 힘들의 소모는 죽음이며, 그러나 이와 함께 [그것은] 새로운 형성으로 넘어가는, 원소들로의 화학적 해체 절차로의 이행이다.

[도식기능과 도식론에 대하여]

선험적으로는 사람들이 유기체들의 **가능성**을, 더욱이나 (양성[兩性]에 의한 생식과 번식을 통한) 물질을 유기화하는 물체를 생각할 수 없다. 이를 위해서는 경험이 필요하다. — 유기화된 존재자의 어떤 체계의 유기조직도 있을 수 있다. 곧 예컨대 늑대를 위한 노루, 나무를 위한 이끼, [⋯], 기후에 따라 상이한 종족을 위한 인간들의 어떤 체계의 유기조직도 있을 수 있고, 그렇게 지구 전체가 유기조직화되어 있을 수 있다.

자연은 물질을 물체들로 유기조직화할 뿐만 아니라, 물체들을 다시금 단체들로 유기조직화하는데, 이것들은 무릇 각자대로 자기들의 교호적인 목적관계들을 갖는다.(각기 이것은 다른 것을 위해서 현존한다.) 이끼는 순록을 위해, 순록은 사냥꾼을 위해, 그런데 사냥꾼은 그를 보호해주고 생활필수품을 가지고서 부양해주는 지주를 위해. 여기서는 어떤 것도 한낱 기계적이지 않고, 하나의 第三의 仲介者를 갖는다. 모든 것[만물]은 세계전체[우주] 안에서 유기적이고 세계전체[우주]를 위해 있다

유기적 물체[유기체]는 그것의 개념이 한낱 부분들에서 전체로뿐만 아니라 또한 교호적으로 전체에서 부분들로도 똑같은 결과를 보이는 그러한 물

체이다. 엄지손가락에서 손에 이르고, 팔 등등에 이르러 완결시킬 수 있다. 그러므로 유기적 물체는 오직 이성을 통해서만 생각할 수 있다

제11묶음, 전지6, 4면

주관이 (작용하는) 자기의 운동력들을 [의식하고], 이 운동의 관계에서는 모든 것이 교호적이므로, 동일한 강도의 지각하는 반작용을 — 이러한 관계는 선험적으로 인식된다(경험에 의존하지 않는다) — [의식함으로써]만, 물질의 반대로 작용하는 운동력들이 예취되고, 물질의 속성들이 확립된다.

공간상에서 운동할 수 있는 것으로서 외감의(외적 지각의) 한 대상인 하나의 자연사물, 다시 말해 **물질**은 스스로 자신을 자기 자신의 힘들로써는 **유기조직화**할 수 없고, 유기적 물체들을 형성할 수 없다. — 무릇 그것을 위해서는 목적들에 따라서 소재를 합성하는 일이 요구되기 때문에, 물질이 작용인의 절대적 통일의 한 원리를 함유하지 않으면 안 될 터인데, 이것이 공간상에서 현재적으로는 하나의 원자일 터이니 말이다. 그런데 모든 물질은 무한히 분할 가능하고, 물체들을 최소 부분들로써 합성한다는 설명근거로서의 원자론은 거짓이다. 그러므로 하나의 비물질적 실체만이 유기적 물체들의 가능성의 근거를 함유할 수 있다. 다시 말해 물질은 스스로 자신을 유기조직화하지 않고, 어떤 비물질적인 것에 의해 유기조직화된다. — 그러나 그 때문에 사람들이, 이 작용인을 물체에 내주[內住]하는 하나의 영혼이라 상정한다거나 물질 일반의 집합체에 속하는 세계영혼이라 상정하는 것이 정당화되는 것은 아니고, 오히려 단지 하나의 지적 존재자의 유비에 따라 하나의 작용인이, 다시 말해 우리로서는 다른 방식으로는 표상해볼 수 없는 하나의 원인이 있을 따름이다. 왜냐하면, 우리의 사고의 방식과는 전혀 다른 방식의 힘들과 법칙들에 따라서 작용하는 것들이 있을 수 있기 때문이다. — 모든 유기조직된 물체들은 체계들이고, 우리(학파)는 다시금 자연체계를 유기조직한다.

XXII507

제일[최초]의 작용은 지성을 통해 일어나는데, 지성을 통해 주관은 자기 자신을, 공간과 시간상의 대상들에 관해 자기 자신을, 하나의 객관으로 규정하고, 외적 및 내적 직관을, 思考可能한 것과 함께 현상체로서의 所與를, 공간과 시간 안에서 경험적 직관 중에, 지각 중에 포착한다. (공간과 시간은 이를 통해 감관객관들이 된다: 그러므로 직관의 한갓된 형식들이 아니다.)

자연연구가는 지각들의 원인인, 물질의 운동력들을 물리학 앞에 세우기 전에, 그는 자연을 어떻게 심문해야 하는지를, 그는 이 일을 선험적 원리들에 따라서 외에는 다르게 할 수 없는데, 이 선험적 원리들이 그 아래에서만 하나의 감관객관이 경험의 또는 오히려 포착으로서의 지각의 한 대상으로 될 수 있는 조건들을 제공한다는 것을 숙고하지 않으면 안 된다. 포착의 형식[적인 것]이 자연연구에서 앞장서 있지 않을 수 없다

a) 객관에 대한 의식적인 경험적 표상들의 총괄(包括)은 **집합체**로서 그리고 이제 운동력들의 주관에 대한 작용결과로서 객관의 '하나의' 표상으로 통합되고, b) 이 지각들의 하나의 **체계**로 통합된다. ― 감관대상으로서의 공간의 표상은, 다시 말해 지각에서 선험적으로 주어져 있으며, 그것도 작용과 반작용의 하나의 체계 안에 있는 것으로 주어져 있다.

네 기계적 힘들은 포착과 교호적 반작용의 운동력들이다

네 작용[활동][47]이 있는데, 그에 의해 주관은 스스로 자신을 객관으로 촉발하고, 자신에서 하나의 대상을 현상에서 사고하는데, 작용[48]과 그에 대응하는, 경험적 표상들의 체계를 위한, 반작용의 지각들을 통해서 그렇게 한다.

공간이 감관들의 하나의 대상이 됨으로써, 그러니까 그것의 인식이 경험적이 됨으로써만 공간상의 물질의 현상체들이 가능하다. 빛은 외적인 것에 대하여 이러한 수단인 것처럼 보이고, 열은 내적인 것에 대하여 이러한 수단인 것처럼 보인다.

---

47) 원어: Ac[k]tus.
48) 원어: action.

436

경험적 직관의 객관으로서의 공간은 무한히 펼쳐져 있는, 현상에서의 물질이다. 무릇 공간은 한계가 없으니 말이다. 물질은 공간을 감관들의 대상으로 만드는 것, 그러니까 하나의 한계 없는 전체를 형성하는, 모든 가능한 경험적 직관들의 기체〔基體〕이다.. 그러므로 물질은 빈 공간에 비하여 절대적인 물리적 통일성〔하나〕이다

그러나 **물질 안에는**(다시 말해, 감관들의 하나의 무한한 객관인 공간의 지각들의 대상을 형성하는 공간 안에, 즉 빈 것이 없는 곳에) 그럼에도 그것에 대한 특수한 감각 방식들과, 특수한 기반을, 예컨대 염산의 염기를, 갖는 특수한 운동력들이 필요한 원소〔소재〕들이 있다. 여기서 사람들은 (複數로) 기반들을 이야기해서는 안 되고, 단지 '하나의' 기반만을 이야기해야 한다. 왜냐하면, 우리가 객관 자신을 알지 못하고 단지 그것의 작용들로 인한 현상체들만을 아는 데서는, 하나의 순전한 관계개념만이 있기 때문이다. — 수소가 물에서 분리되면, 다른 부분인 산소는, 동시에 열소로 하여금 모든 것에 침투하도록 함으로써, 철과 통합하는 경우[49]와 같이, 두 물질의 상호 분리가 이로써, 한낱 문제성 있는 것으로라면 몰라도, 어떤 광소〔光素〕를 근거 짓지는 않는다. — '하나의' 기반(基體 物質〔基本 素材〕[50])이 있을 뿐이다.

사람들이 **경험들**을 말할 수 없고 경험만을 말할 수 있듯이, **물질들**을 말할 수 없고 물질만을 말할 수 있다 함은 두 개념들이 하나의 원리에서 유래하거나 서로 유비적이라는 것과 그 원리가 감관표상의 객관에가 아니라 인식하는 **주관**에 선험적으로 놓여 있고, 지성이 감관에 대한 영향을 예취하고 있음을 가르킨다. — 그러나 사람들은 또한 **원소〔소재〕들** — 사람들은 이것을 단지 **기반**이라고 부르거니와, 이것의 작용효과는 다수의 종류가 있을 수 있다 — 에 대해, 종별적으로 서로 다른 **기본〔요소〕적 실체들**에 대해 이야기한다. 예컨대 열소, 탄소 등등과 그것들의 운동력들

---

49) Antoine Laurent de Lavoisier(1743~1794)의 실험을 염두에 둔 것으로 보인다.
50) 원어: materia substrata.

짜맞추기를 통해서가 아니고, 하나의 체계 안에서 물질의 운동력들을 연결하는 원리에 따라서 물질의 운동력들이, 다시 말해 대상의 가능성과 관련하여 경험을 위하여 경험적 직관들(지각들)이 객관의 하나의 인식을 선험적으로 제공한다. 그러므로 **지성**은 주관적으로는 감관객관들을 경험적 표상들의 하나의 집합체인 하나의 경험으로 만드는 가능성의 원리이다. — 형식의 원리인 순수 직관의 공리들에 현상의 예취들이 뒤따른다

〔…〕

XXII510

〔……〕

―――――――――

유기적 물체들은 생명을 갖는 물체들, 식물들 또는 동물들이다

통상 유기적 물체〔유기체〕들은 그것들의 내적 형식들이 자신을 향해 있는 목적들을 함유하는 그런 물체들이라고 정의된다

감각에 대한 내감의 객관. 운동력들에는 인간의 지성도 속한다. 마찬가지로 쾌·불쾌와 욕구도.

〔…〕

XXII511

〔…〕

제11묶음, 전지7, 1면

Y

자연과학의 형이상학적 기초원리들에서 물리학(자연지식학, 自然〔的〕哲學)으로의 이행 이론은 두 물음을 함유한다. 즉 1.) **물리학이란 무엇인가?** 2. **자연과학의 형이상학적 기초원리들에서 물리학으로의 이행이란 무엇인가?**

A
물리학이란 무엇인가?

물리학은 물질의 운동력들에 대한, 경험에서 현시(展示)될 수 있는 한에서의, 교설체계이다.

1.)**주해.** 이 정의에서 화제는 객관적으로 운동력들 자신의 체계가 아니고, 관심 사안은 단지 주관적으로 자연과학의 운동력들에 대한 **교설**(教說的 體系)이다. 그런데 여기서 科學[51], 또는 심지어 自然[的] 哲學[52]이라고 하는 **자연과학**[53]의 명명은 약간의 모호성을 가질 수밖에 없다. 이러한 명칭은 초자연적 철학과 반대되는 것으로도 이해될 터이니 말이다.

2. **주.** '자연과학의 형이상학적 기초원리들'이라는 특수한 저작에서는 자연과학의 철학적 원리들이 제시되었다. 무릇 형이상학은 **철학**의 한 부분이고, 저것에서 이것으로의 이행에서도, 저작 안에 개념들에 의한 인식이 있다면, 그 외에 다른 것은 이야깃거리가 될 수 없으니 말이다. — 그러나 여기서 등장하는 적대자는 다른 누구도 아닌, 그의 불멸의 저작:『自然**哲學의 數學的** 原理들』속의 뉴턴이다.

그러나 여기 그의 책 제목에는 이미 자기 자신과의 모순이 현존한다. 무릇 **철학의 수학적 원리들**이 있을 수 없듯이(그렇지만 그와 같은 것을 물리학은 함유해야 한다), **수학의 철학적 원리들**이란 있을 수 없다. 저 제목은 '自然**科 學의** 數學的 原理들'이어야 했다. 그러나 이 원리들은 서로 **종속적**으로가 아니라 **병렬적**으로 정돈될 수 있다. 사람들은 곧 수학을 간접적으로만, 곧 **도 구**로 또한 철학적으로 사용할 수 있는데, 이것의(수학의) 분야를 넘어가지 않고, 물리학으로 비약(致命的 飛躍[54])하지 않고서, 오히려 자연과학의 형이

---

51) 원어: Scientia.
52) 원어: philosophia naturalis.
53) 원어: Naturwissenschaft.
54) 원어: salto mortale.

상학적 기초원리들의 이행의 상궤에 머무른 채로 그리할 수 있다. 만약 인력과 척력에서 성립하는, 물질의 주어진 운동력들을 위한 운동의 법칙들이 공간과 시간관계들 — 이것들의 규정은 수학적 원리들에 종속되거니와 — 에서 선험적으로 주어진다면 말이다.

운동력들이 응당 발생해야 한다면 운동들이 선행해야만 하는 곳에서 그 원리들은 수학적이다. 그러나 운동들이 응당 발생해야 한다면 운동력들이 선행해야만 하는 곳에서 그 힘들은 경험과학인 물리학에 적합하다. — 이 둘은 철학적 학문들이다. 하나는 직접적으로, 자연과학과 무매개적으로 관계 맺고, 다른 하나는 간접적으로, 수학이 도구로서 운동력들의 개념들을 사용할 수 있음으로써 관계 맺는다.

그러나 설령 수학이 **직접적으로** 수학의 철학적 원리들을 제시해야만 한다 할지라도[55], 수학은 물리학에 대해 (그러니까 또한 철학에 대해) 그리고 물질의 운동력들에 대해 지시하는 과제들을 세움으로써 간접적으로 영향을 미친다. 그리고 케플러의 그 유명한 세 유추들은 물리학에 대해 하나의 대담하지만 불가피한 가설을 소리쳐 알림으로써 뉴턴의 중력인력에 쿠데타를 일으켰다. 이렇게 해서 수학은 자연과학을 위해 자연에게 선험적으로 법칙들을 지정할 수 있는 능력을 갖추게 되었다. 저런 기관[능력]이 없으면 수학은 저 법칙들을 철학을 위해 결코 사용할 수 없을 터였다. 그럼에도 이 이행은 xxx 한 걸음이었다 xxx

사람들이 수학을 통해 철학할 수는 없다 해도, 수학에 관해 그리고 수학과의 연결에 관해 철학할 수는 있다

그러므로 뉴턴은 수학을 통해서가 아니라 철학을 통해서 가장 중요한 정복을 이루었다.

---

55) 이 대목을 "**직접적으로** 물리학의 어떠한 철학적 원리들도 제시해서는 안 된다 할지라도"라고 읽을 수도 있겠다는 편자의 의견이 있다.(XXII513 하단 각주 참조)

440

B
물리학은 어떻게 가능한가

자연과학의 형이상학적 기초원리들에서 물질 일반은 다음과 같이 설명되었다: '물질은 **공간상에서 운동할 수 있는** 것이다.' 그러나 또 다른 설명은 다음과 같이 제시될 수 있다: '물질이란 **공간을 감관들의 대상으로 만드는 것**이다.' 곧 의식적인 모든 외적 경험적 직관의, 다시 말해 모든 지각들(斷片的인 것)의 — 이것들이 (結合되어) 가능한 경험의 대상으로 생각되는 한에서의 — 기체〔基體〕이다. XXII514

물리학에 속하는 운동력들은 먼저 경험 — 이것 자신의 기초에 이미 원리들이, 곧 그것의 가능성의 면에서, 주어져 있어야 하는바 — 을 통해 선험적으로 주어져야 한다

사람들은 말할 수 있다: 공간을 경험(지각)의 대상으로 만드는 것은 물질, 다시 말해 외적으로는 공간상의 그리고 내적으로는 감각 중의 운동력들이라고. — 무릇 감각과 감정 또한 물리학에 속한다

중량의 원인으로서의 인력은 조건적이기는 하나 선험적으로 운동력으로서 주어져 있다. 왜냐하면, 인력과 척력이 없으면 무한한 공간은 비어 있게 될 터이기 때문이다.

제11묶음, 전지7, 2면

무릇 물질과 경험 일반에 대한 개념들은, (외적 그리고 내적 현상들의 형식들로서의) 공간과 시간이 그렇듯이, 감관객관의 전반적인 규정에서 하나의 절대적 통일성〔하나임〕을 함유하는 그러한 종류의 것이다. 즉 '하나의' 공간과 '하나의' 시간이 있다. 사람들은 곧 **물질들**(物質의 複數로, 物質들)에 대해 이야기할 수 없고, **경험들**(經驗들)에 대해 이야기할 수 없으며, 만약 사람들

이 그것들을 하나의 전체의 첫 부분들로 표시하고자 의도한다면, **소재/원소들**에 대해, 다시 말해 기본[요소]실체들(元素들[56])에 대해 이야기할 수 있다. 주관의 외적 감관객관들에 관해서 그리고 내적 관계에서 시간에 관해서, (외적으로) 운동의 것이든 (내적으로) 지각에서의 감각의 것이든, **정도**의 면에서 증가하든 감소하든, **운동량들**에 대해 이야기할 수 있는 한에서 말이다.[※]

※ 사고에서의 이러한 제한들의 근거는, 대상이 그 제한에 속박되어 있는 객관들의 직관들에 따라서가 아니고, 표상된 대상들의 순전한, 무제한적(無限定的)인, 관계로 생각되는 개념들에 따라서 표상된다는 점에 있다. ― 물질은 공간을 경험적//직관적이게, 다시 말해 감성적이게 만드는 것이다. 그러나 이 공간이 주관에는 한낱 현상에서의 형식[적인 것]으로 속한다. 그리하여 직관의 이 객관의 전부는 **단적으로** 하나이고, 동시에 모든 것을 포괄한다. 사람들은 **물질들**이 아니고 오직 **물질**에 대해서 이야기할 수 있는데, 이것이 물리학에 대상으로 주어진다. ― 표현에서 이 문법적 하나임[단수]은 통상 여러 언어(예컨대, 독일어와 라틴어)에서 지각될 수 있다. 'Waffe[무기]'에 대한 단수는 없고, 오직 'arma[무기]'가 있다. ― (마치 그런 것이 많이 있는 양) '그 인식'[57]이라고 말할 수는 없고, '인식'[58]이라고 말할 수 있다. ― 그런데 왜 우리는 물리학에서 '물체'[59]라는 말을 빼놓을 수 없고, 그 대신에 '신체'[60] ― '몸체/덩이'[61]라고 해야 되나 ― 라고 쓸 수 없는가? 짐작하건대 그것은, 신학으로 인해 ― 질량을 갖되 ― 살아 있는 물체가 있어야 하기 때문일 것이다.[62]

---

56) 원어: στοιχεῖα.
57) 원어: das Erkenntnis.
58) 원어: die Erkenntnis. ※이러한 구별 지음에도 불구하고, 칸트 자신이 'Erkenntnis'를 곳곳에서 구별 없이 여성명사로뿐만 아니라 중성명사로 사용하고 있다.
59) 원어: Körper.
60) 원어: Leib.
61) 원어: Laib.
62) 라틴어로는 물체나 신체가 구별 없이 'corpus'로 표현되는데, 독일어로는 흔히 'Körper'와 'Leib'로 다르게 표현된다. 예컨대 '그리스도의 몸'이 라틴어 표현으로는 'corpus Christi'인데, 독일어 표현은 'Leib Christi'이다. 한국어에서도 보통 '물체'와 '신체/몸'은 구별하여 사용되는데, 그 이유가 여기서 칸트가 추정하고 있는 "신학으로 인"한 것이라기보다는 아마도 (의식적인 또는 무의식적인) 우주관으로 인한 것일 터이지만, 보기에 따라서는 저 두 가지 추정이 유사한 형이상학적 연원을 갖는다고 할 수 있을 것이다.

3. 주해. 그러므로 이제 비록 자연과학의 분야에서 철학의 수학적 원리들은 있을 수 없다 할지라도, 수학의 **철학적 사용**은 있을 수 있다. 수학이 철학으로서의 물리학의 순전한 도구로 쓰이는 한에서, 그러니까 자연과학의 하나의 **간접적** 원리인 한에서, 그것도 객관적이 아니라 주관적인 견지에서이기는 하지만, 경험적인 것이 아니고, 수학에서 유추되는, 명증적 확실성을 주장할 수 있는 한에서 말이다.

운동은 전적으로 수학적으로만 논구될 수 있다. 무릇 순수 직관에 선험적으로 현시될 수 있는 공간// 및 시간개념들만이 있고, 지성이 그것들을 **만드니** 말이다. 그러나 이 운동들의 작용 **원인들**로서의 운동력들은, 운동 들이 이것들과 그것들의 법칙들을 필요로 하듯이, 철학적 원리들을 필요로 한다. — 그러므로 사람들은, 만약 운동력들에 의한 물질의 인력이나 척력의 결합과 같은 인과결합이 미리 무대에 등장하고 현상들을 위해 요청되지 않는다면, 모든 수학을 가지고서도 철학적 인식에 조금만큼도 접근할 수 없다. 그러나 이것이 등장하자마자 물리학으로의 이월은 일어난 것이고, 自然哲學의 數學的 原理들이 있을 수 있다. — 뉴턴이 디딘 이 걸음은 새로운 힘들을 무대에 등장시킨 한 철학자로서의 그에 의해 일어난 것이다. 실로 그 힘들은 전제된 운동들에서 도출된, 언제나 단지 수학적 원리들을 함유하고 있는 힘들(구심력 및 원심력)이 아니고, 근원적 힘(本原力[63])들이다. 이 힘들에서 수학은 단지 운동력들의 도구로 사용되고, 반면에 철학은 그것들을 원초적으로 기초 짓는 데에 필요하다

이런 경우는, 케플러의 세 유추들이 행성 회전의 수학적으로 규정된 모든 법칙들을 충분한 관찰을 통해 기초 지음으로써 발생한다. 그럼에도 물리학에 관하여 이러한 현상의 작용 원인에 대한 물음은 여전히 남고, 이의 해결책으로 뉴턴은 수학에서 물리학으로의 다리를 놓았다. 곧 거리의 제곱의 반비례의 법칙에 따라서 빈 공간을 통해 모든 물체들에 침투하는 인력의 힘의

---

63) 원어: vis primaria.

원리를 세웠다. 그러므로 그는 현상들로써 만족하지 않고, 하나의 원초적인 운동력을 등장시켰다. 이 운동력은 한편으로는 보편적인 교호적 인력을 케플러의 법칙들에 따라서 순전히 서로에게 이르려 애쓰는 힘들로 현시했고, 그러나 최종적으로는 이 힘들을 무한한 공간상의 물체들과 우주공간을 채우는 물질 일반의 하나의 보편적 인력으로 현시했다. 가설로서 xxx

이렇게 해서 자연과학(自然的 科學 卽 自然[之]科學)의 원리들은 그럴 수밖에 없는바 철학에 속하는 것으로 수립되고, 그 안에 수학적 원리들은 구성요소로서 체계에 무매개적(직접적)으로 속하는 것이 아니라, 단지 그 체계를 완성하는 수단으로서 (간접적으로) 그리고 도구로서 받아들여진다.

첫째로, (공간상의) 운동력들의 관계들에 관하여, 뉴턴은 무한한 공간에서의 모든 천체들의 그리고 저 힘들에 의한 시간상에서의 그것들의 운동들의 **인력** 개념을 이용했다. **둘째로**는 물질의 모든 부분들의 **척력** 개념을 이용했는데, 물질은 바로 그 동일한 법칙들에 따라 세계공간[우주] 안에서 빛을 통해 그리고 색깔들에서의 그 운동법칙들(계량할 수 없고, 저지할 수 없고, 응집할 수 없으며, 소진될 수 없음)을 통해 [퍼진다.] 이러한 일은 전반적으로 수학적이다. 그러나 그다음으로는 유동성[액체성]과 고체성의 [개념]을 xxx

[…]

제11묶음, 전지7, 3면

주관적으로 형식적 직관에서 감관객관으로, 현상에서의 대상으로 간주되는 공간은 순전히 주관적인 예지적 공간과 대비되는 **감성적** 공간이고, 모든 가능한 지각들의 기체[基體]이다. 이것이 물질의 운동력들의 하나의 체계를 형성하고, 이미 동일률에 따라 절대적 통일성[하나임]으로서의 공간을 경험의 대상으로 만들며, 감관객관들을 전반적으로 규정한 하나의 절대적 전체이다

물질의 운동력들은 물질에서의 지각들의 가능성의 원인들이다.

444

감성적 공간의 실존을 구성하는[64] 운동력들의 첫째의 것은 객관에서 외적인 것에 대한 지각의 가능성에서의 연장적인 직관이고, 경험적으로 주어져야 하는 것이다. 둘째의 것은 감각에서 감성적 시간상에서 정도에 따르는 밀도적인 것이다. 이 둘은 주관적인 것으로, 다시 말해 주관이 촉발되는 형식에 따른 현상에 있는 것이다. ― 인력과 척력은 물질의 시발하는 힘들의 작용들로, 이 힘들은 선험적으로 경험의 가능성의 원리와 물리학으로의 이월을 함유하고 있다. 그것은 자연과학의 형이상학적 기초원리들에, 그러니까 철학에 속하거니와, 철학은 물질의 주어진 힘들의 관계들에 관해서 수학적 원리들을 철학을 위한 도구로 사용하고, 케플러의 형식들(세 유추들)로부터 이것들에 맞게 작용하는 운동력들로〔나아가고〕, 근원적 인력에 의한 보편적 중력체계를 또는 광학과 음향학을 위해〔주어져 있는〕빛과 소리에서의 척력에 의한 운동을〔전개하고〕, 그렇게 해서 또 다른 힘의 관계들을 가지고서 물리학을 정초한다. ― ― ― 그의『哲學의 數學的 原理들』에서의 뉴턴의 명제들은 하나의 원리로부터 체계적으로 세워지지 않고, 경험적으로 그리고 광상곡처럼 주워 모아져야만 했으며, 따라서 언제나 새로운 추가가 기다려졌고, 그러니까 그의 책이 철학적 체계를 함유할 수 없었다는 사실은 특기할 만하다.

감관대상으로서의 우주는 공간상에서 운동을 통해 서로를 외적으로 (객관적으로), 그리고 시간상에서 실체들에 대한 의식적인 감각을 통해서 내적으로 주관적으로, 다시 말해 지각의 대상들로 촉발하는, 한 물질의 힘들에 대한 하나의 체계이다. 수학적으로 본다면 그것들의 요소들은 실체로서 공간을 채우는 다량의 원자들로, 또는 역학적으로 본다면 힘들의 크기의 정도에 따르는 운동의 운동량들로 감관대상들을 형성할 터이다. 만약 우리 XXII519

---

64) 원어: constituiren〔konstituieren〕.

가 감관대상들을 합성을 통해 구성된 것으로 보고자 한다면 말이다. — 그러나 수학적 분할은 최종의 부분을 허용하지 않는다. 무릇 최종 부분이란 단지 하나의 선분의 한계인 점으로서, 그 선분의 어떤 부분도 아니니 말이다. 그런데 힘은 (중력과 인력의) **운동량**으로서 운동의 어떠한 최소의 운동량들도 〔허용하지 않는다〕 xxx

만약 수학이 케플러의 법칙들에서 출발하여 공간상에 근원적인 운동력들을 세운다면, 철학의 수학적 원리들이 있을 수 있다. 그리고 수학은 이렇게 해서 간접적으로 철학을 위한 도구이다

〔……〕

제11묶음, 전지8, 1면

Z

공간은 한낱 외적 직관의 형식이고 외적으로 촉발되는 방식의 주관적인 요소이지만, 그럼에도 그것이 지각들의 가능성의 원리로 생각되어야 하는 한에서, 외적으로 주어진 어떤 것으로, 실재적인 관계로 간주되고, 그러면서도 경험에 선행하는 것이다.

이러한 고려에서 우리는 물질(공간상에서 운동할 수 있는 것)을 표상**할 수밖에 없고**, 이것에서 또한 빈 공간을 통한 그것의 한 작용(遠隔作用)을 무한히 확산되는 것이라 표상하는, 그 질량들의 하나의 운동력을 표상한다. 이 운동력은 한계가 없지만 물질의 저 전체(물체)를 한계 짓고 있다. 그것도 근원적으로 견인하고 반발하는 두 힘을 통해서. 이 두 힘들의 통합된 작용이 없으면 물질이란 아예 없을 터이고, 공간은 빈 것일 터이고, 그럼에도 그러한 것으로 동시에 인식되어 있는 것일 터인데, 이것은 모순적이다.

그러나 물리학(운동력들의 경험이론)에 기초하고 있는 것이 아니라, 물리학을 원초적으로 정초하는 하나의 명제는, '반작용하는 척력이 없이도 운동

의 하나의 공동의 중심 주위를 운동하는 물체들 사이에 하나의 인력이 필시 있다'라는 것이다. 이 인력과 이 인력의 원운동 덕분에 그것들(천체들)은 운동의 중심점 주위를 원운동하고, 마침내는 전체 공간 안에서 부동의 한 점을 중심으로 운동하지 않을 수 없다.

모든 물체들은 빈 공간에서 운동을 통해 서로 접근하려 힘쓰는데, 그것도 질량들의 양에 정비례하고 거리의 제곱에 반비례해서, 인력의 충동(衝動) 덕분에 그렇게 한다. (그러나 만약 운동력들이 빈 공간에서 효력이 있어야 한다면, 거리들은 무엇을 통해 지각되는가?) 지각을 통해 거리를 규정하기 위해서는 공간이 지각 가능해야만 한다. 그러므로 공간은 빈 것일 수 없다. — 그러므로 동시에 철학에 속하는, 자연과학의 수학적 원리들이 있다. 왜냐하면, 그것들은 그 **인과성**에 따르는 운동력들에 관계하고, 수학은 여기서 도구로서 작용하기 때문이다.

XXII525

소재〔원소〕**들**. 物質의 運動力들의 補充完成者들[65]. — 물질의 양은 원자론적으로 정초된 것으로 생각될 수 없고, 역학적으로 정초된 것으로 생각되어야만 한다. — 이 정초는 물체들의 빈 공간을 통한 근원적 견인이다. 그러므로 저 빈 공간은 지각의 대상일 수 없고, 생각될 수만 있다. 이 예지적 공간이 주관이 외적 사물들에 의해 촉발되는 한에서의 주관의 형식적 표상이다.

물질의 통일성〔단일성/하나임〕으로부터의 귀결은, 물질은 그 힘들의 하나의 공통의 원리(基盤)을 갖고, 한계 없는 공간을 감관들의 대상으로 만들며 (原本的 共同 基盤), 또는 특수한 방식의 운동력을 함유한다(特殊 基盤)는 것이다. — 전자는 공간을 어디서나 차지하고 독자적으로 선험적으로 표상되는, 공간 자신을 차지한다는 것 외의 특수한 속성들을 갖지 않은, 실체로서 표상된다. 후자의 감성적 공간은 운동력을 통해 자기 자신을 한계 짓는 것으로 받아들여진다.

물질은 외적 감관대상 일반인데, 이 감관대상이 빈 공간과는 대조적으로

---

65) 원어: complementa virium moventium materiae.

오직 하나이고 한계가 없을 수 있는 한에서 그러하다. 물질의 종별적으로//상이한 양식으로서의 운동력들을 **소재[원소]들**(物質)이라고 일컫고, 그러므로 또한 종별적으로 상이한 힘들이 부속하는 물질의 부분들이라고 일컫는 바, 그것들은 (질소, 탄소와 같은) 운동할 수 있는 실체들이다. 이렇게 일컬어지는 소재[원소]들 중 도처에 현재적이고, 모든 것에 침투하는 것으로 상정되는 하나의 소재[원소], **지도**[指導]**적** 소재[원소]는 순전히 가설적인 것이다. 곧 그것은 모든 소재[원소]들의 운동과 분배에 적임이고, 그러면서도 어쩌면 운동의 순전한 질[質]일 수도 있는 소재[원소](열소)이다.

[……]

[……]

제11묶음, 전지8, 2면

운동법칙들은 케플러의 세 유추들을 통해 충분하게 제시되어 있었다. 그 것들은 모두 기계학적이었다. 하위헌스 또한 합성된 것이지만 파생적인 운동을, 중심점에서 달아나고, 중심점으로 끊임없이 몰아가는 힘들(遠心力 及 求心力)을 알았다: 그러나 양자가 얼마나 근접하는지는 문제가 안 된다. (무릇 갈릴레이가 이미 오래전에, 높은 곳에서 낙하할 때 거의 같은 운동량을 가질 낙하 물체들의 중력의 법칙을 제시했으니 말이다.)[※66] ― 그러나 찾아낸 모든 것은 운동이론에서 경험론에 머물렀고, 언제나 하나의 보편적인, 본래 그렇게 일컬어져야 할 원리가 결여되어 있었다. 다시 말해, 사람들이 그것으로부터, 하나의 원인에서 결과에 이르는 것처럼, 선험적으로 하나의 힘들의 규정법칙을 추론할 수 있는 하나의 이성개념이 결여되어 있었다. 이것의 해결책을 뉴턴이 내놓았는데, 그것의 원인이 물체 자신에 의해 직접적으로 그리고 운

---

66) 여기에 원주 표시는 있으나, 해당 주는 원문에서 찾을 수 없다.

동을 다른 물체에 전달하지 않고서, 그러므로 기계적으로가 아니라 순수하게 역학적으로 영향을 받는다는 점에서 주목받았던 운동력을 인력이라고 명명함으로써 그리했다.

그러나 이 힘은 하나의 선험적인 법칙을 함유하고 있기 때문에, 경험적일 수가 없으니, 무엇에 의해 이 전체 우주를 지배하는 힘이 드러나게 되는가? 인력이 작용하는 거리를 [정하기] 위해, 우리는 무엇에 의해 이 보편적인 인력이 작용하고, 다른 힘들에 비해 더 크거나 작은 가속의 운동량을 갖는 곳들을 인식하게 되는가? 무릇 우리는 중력의 법칙을 물질의 어느 부분에 적용하기 전에, 이에 대해 먼저 알고 있지 않으면 안 된다. 그런데 直接的 遠隔作用은 직관하는 주관에 대해 아무런 지각도 일으킬 수 없다. 왜냐하면, 공간은 빈 것이고 단적으로 감성적이지 않기 때문이다.

그러므로 거리를 두고 있는 물질이 그 자체로 — 다시 말해, 실질 없는 공간을 통한 이동으로서가 아니라(무릇 이러한 공간은 지각될 수 없는 것이니까) — 인정되기 위해서는, 물질이 접촉에 주어져 있어야만 한다. 물질의 접촉이 뜻하는 바는, 하나의 물체는 다른 물체에 대해 사이에 놓여 있는 어떤 물질의 매개 없이 힘을 행사할 수 있고, 이러한 일이 그 자체로서는 전혀 지각될 수 없는 것인 인력에 의해 있을 수 있다는 것이다. 인력은 공간을 실체에서 차지하지 않고서도 힘들을 통해 운동을 결정하고 빈 공간을 간접적으로 감지할 수 있게 한다. 이와 같은 것일 수 있는 것은 직선상에서 그리고 어떤 일정한 시간에서 원거리에서 작용하는 한 물질의 운동뿐이다

이제 뉴턴의 이러한 빈 공간을 통한 보편적 인력의 원리에 척력(斥力)의 유사한 원리가 대응한다. 척력 역시 마찬가지로 경험의 대상일 수가 없고, 단지 공간을 감관객관으로 현시하기 위해서 필요한 것이다. 중간에 놓여 있는 물질이 주관을 촉발함으로써가 아니고, 오히려 대상이 그 물질을 매개로 직접 감각과 경험적 **직관**에 현시됨으로써, 원거리에 있는 감관들에 영향을 미치는 것이 이 물질의 성질이다. (색깔과 음조를 가진) 빛과 소리는 하나의 원거리 작용(遠隔作用)을 직접적으로 가능한 것으로 표상해주는 그러

XXII530

한 이월들이다.. 우리는 빛과 소리를 보거나 듣는데, 그것은 우리의 눈이나 귀를 직접적으로 접촉하는 것으로서가 아니고, 우리와 거리를 두고 있는 것인 감관객관들이 우리의 기관에 미치는 어떤 영향으로서 그리한다.

우리의 지각들의 활성화의 순전히 주관적인 변양들, 자신이 그 상태를 유지하거나 그 상태에서 해방되려고 다그침을 받는 우리 자신을 보는, 감정이라 일컬어지는 것은 현재의 (순전히 이론적인) 연구에는 포함되지 않는다. — 여기서 다루어져야 하는 것은 오직 초월철학의 과제, 즉 '선험적 종합 인식들은 어떻게 가능한가?'이다.

〔…〕

XXII531

〔……〕

제11묶음, 전지8, 3면

그러므로 (한낱 자연과학, 自然〔的〕科學이 아니고) **자연철학**의 수학적 기초원리들은 한낱 물질의 운동력들의 양뿐만이 아니라 질을 하나의 체계 안에서 그리고 경험의 가능성의 한 원리 아래서 서술하고, 따라서 자연과학의 경험이론인 물리학 자신을 만들어내고자 하지 않으면서도, 자연과학의 형이상학적 기초원리들에서 물리학으로의 이행을 이룩하거니와, 이 **자연철학**의 수학적 기초원리들이 우리가 수학적 기초원리들에 입각한 자연철학이라는 말로써 무엇을 의미하는지의 문제를 결정한다.

〔……〕

XXII534

〔……〕

운동(사력)과 가속의 운동량에 대하여, 타격과 한 순간(一擊)에서의 활력(打擊)에 대하여

생명과 유기성; 질병, 수면과 죽음에 대하여. — 한 물체가 다른 물체의

생명을 위한 구성분(예컨대, 순록과 이끼 또는 양과 늑대)으로 속해 있는 한에서의 살아 있는 물체들의 체계에 대하여.

감각에서의 내적 지각. 이것을 촉진하거나 억제하기. 쾌감 또는 불쾌감. 물리학에 속한다. 직관으로서의 현상에는 속하지 않고, 자율에 속한다

〔……〕

XXII535

〔……〕

현상들의 수용성은 자기 자신의 직관에서의 합성〔작용〕의 자발성에 의거한다

물질이란 공간을 감관들의 대상으로 만드는 것이다. (가능한 지각의 객관) (물질이란 공간상에서 운동할 수 있는 것이라는 정의는 xxx의 귀결이다) 운동력들에 관해 물질의 종별적으로//상이한 부분들은 동일한 공간에서 서로 침투하고 있는 원소(元素)들이다

단 하나의 천체만이 현재한다고 해보자. 이제 이에서 생기는 물음은, 그렇다면 과연 무한한 공간 어디에든, 비록 이 공간에서는 쓰이지 않는다 할지라도, 인력의 힘들이 있는지, 또는 과연 실제로 그 천체 바깥에 아무것도 없는지, 그러나 제2의 천체가 거기에 놓이자마자 그 힘들은 제2의 천체에서 드러날 것인지이다

공간 안에 무엇이 실존하는지를 규정할 수 있기 위해서 사람들은 먼저 그 공간의 크기, 위치, 상태 및 그 형태에 대한 직관적인 표상을 가져야만 한다. 무릇 오직 '하나의' 공간과 '하나의' 시간이 있으니 말이다. 이것들에서의 감관객관들은 오직 그것들 안에 놓인다

XXII536

그것의 근거가 — 마치 하나의 실험된 정립과 같은 —[67] 공간에 있는, 하

---

67) 이 "— —" 안의 어휘들의 확실성에 대해 편자는 의문을 표하고 있다.(XXII536 원서 하단 편자 주 참조)

나의 선험적으로 주어진 규칙이 있는 한에서, 거리의 제곱에 반비례하는 인력들에 대하여

　〔……〕

제12묶음

———

제12묶음, 전지1, 1 - 4 면

서론[1)

자연과학의 형이상학적 기초원리들에서 물리학으로의,
선험적 원리들에 기초한 이행에 대하여[2)

제1절
이행의 방법[3)의 형식적 구분

뉴턴은 『自然哲學의 **數學的** 原理들』이라는 제목의 그의 불멸의 저작에서
필연적으로 반대되는 다른 또 하나의 자연과학을 염두에 두었음이 틀림

---

1) 이하 제12묶음의 전지1, 1-4면(XXII543.2~547.9)과 전지2, 1-4면(XXII547.11~
555.10)은 제5묶음의 일부(XXI554.5~559.3 · 568.20~573.13 · 576.1~579.19)의 (칸
트 자신이 아닌, 제3자에 의한) 복사본으로 보인다. 복사라 해도 필사인 까닭에 문자와 부
호가 동일하지는 않고, 곳곳에 삽입된 문구가 있다. 그런데 이른바 주제 "이행 1~14"의
연구와 관련하여 해당 부분이 '이행 9', '이행 10', '이행 11'에 상응함으로 인해서, 제5묶
음과 제12묶음의 대응 대목들이 서로 견주어 읽히고, 연구자나 독자 가운데는 제5묶음의
해당 부분보다 이 제12묶음의 글을 선호하는 이들도 있다. 이러한 점들을 고려하여 내용
상 거의 중복되지만, XXII의 편찬 방식대로 해당 부분을 그대로 한국어로 옮겨놓는다.
2) 제5묶음에서(XXI554)의 제목은 "선험적 원리들에 기초한 자연과학 일반에 대하여"이다.
3) 제5묶음에(XXI554)는 "이행의 방법" 대신에 "방법"이라고만 쓰여 있다.

없다. 그러나 이것이 '自然哲學의 哲學的 原理들'이라는 제목을 가질 수는 없었다. 무릇 그런 경우에 그는 **동어반복**에 빠질 터이니 말이다. — 그는 자연과학, 곧 自然[的] 科學이라는 상위 개념에서 출발해야만 했다. 그다음에 이것은 數學的이거나 哲學的일 수 있을 것이다. — 그러나 그는 이와 함께 다시 또 다른 절벽에, 곧 자기 자신과의 **모순**에 빠졌다.

　곧 자연과학의 수학적 기초원리들이 없음은 수학의 철학적 기초원리들이 없는 것과 마찬가지이다. 양자는 건너갈 수 없는 협곡에 의해 서로 갈라져 있고, 비록 두 학문이 선험적 원리들에서 출발하기는 하지만, 전자는 선험적 **직관들**과 후자는 선험적 **개념들**과 상관하는 차이가 있으며, 그 차이는 사람들이 동일한 **이성** — 무릇 이것은 선험적 인식을 의미하거니와 — 을 통해 하나에서 다른 하나로 이행함에서 전혀 다른 세계들로 옮겨지는 것처럼 그렇게 크다. 철학의 분야에서 수학에 의해 진보하고자 하는 것이 그러하듯이 수학의 객관들의 분야에서 철학함※이란 부질없고 이치에 맞지가 않다. 그 **목적**과 관련해서뿐 아니라 양자에 요구되는 **재능**과 관련※※해

※　수학의 대상들(기하학적)에 관해 논변적으로 그러나 물론 결실 없이 추리하는 일이 충분히 일어남 직하다. 적어도 이러한 일이 철학설과 수학설의 차이를 밝히려는 의도에서 시도될 수 있다. — 한 평면 위에서 전반적으로 동일한 곡률의 (그것의 동일한 부분들 또한 서로 합동이 되는) 하나의 **곡선**이, 만약 계속되면 왜 자기 자신으로 복귀하는지 그리고 원으로서 하나의 면적을 둘러싸는지; — 또 왜 이 원으로 둘러싸인 면적 안에서는 그 원주의 다른 모든 점에서 똑같은 거리에 있는 하나의 점이 있는지; — 또는 가령 또 곡선에 대해 하나의 직선이 어찌됐든 다른 직선에 대한 하나의 직선과의 똑같은 관계[비례]로 선험적으로 주어질 수 있는지 하는 과제 등등. — 이러한 것을 수학의 대상들에 관해 철학함이라고 일컬을 터이나, 이것은 이 학문을 위해 아무런 참된 소득도 얻어주지 못한다.[4]

※※　달랑베르는 백과사전의 앞에 쓴 그의 서문에서 철학자와 견주어 수학자의 높고 정당한 주장에도 불구하고 수학자의 오만한 목소리를 사뭇 낮추는 의견을 보인다. 즉 수학이 현재 느끼게 하는 중요성은, (수학이 아직은 발전 중이나 완성을 향해 아주 급히 가고 있으므로) 이내 곧 그것도 그냥, 그럼에도 인간의 정신이 하는 일 없이 있지는 않기 때문에, 철학에 더 많은 자리를 내주기 위해서, 매우 감소할 수도 있겠다는 것이다. — 곧 그것의 정복이 무량한 공간에서 세계[우주]관

찰에 점차 불충분하게 되어가는 도구들에서, 만약 수학적 분석이 그 충만에 거의 도달했다면, 지금 이미 그에 이른 것처럼 보이는 **천문학**이 그런 일을 야기할 것이라 한다. 그때 쉼 없는 이성은 저 학문으로부터 이성학문의 또 다른 가지인 철학으로 관심을 돌릴 것인바, 언제나 오직 이성의 **기술적 사용**을 위한 도구였던 저 학문이 **궁극목적의 학문**인 지혜론에 수학을 훼손하지 않은 채로도 관심을 기울이지 않을 수 없다는 것이다.

그런데 이 시기에 대해 케스트너 씨는 이제까지 이른바 철학자들이 추진해왔
던 방식에 대한 경험에서 이러한 시기가 결코 오지는 않을 것이며, 그것도 그들의 지금의 두 가지 강변[強辯] 현상에서 그럴 것이라 추론한다. 즉 **첫째로** 철학자들은 자기들의 체계를 세우기 위해서 언제나 다시 **처음에서** 시작해야만 하고, 그로 인해 언제나 되돌아갈 수밖에 없게 되는 학문은 아무런 참된 발전과 목표에 이를 것을 기대할 수 없기 때문이며, **둘째로** 상대방의 비난들이 있을 때 그들은 언제나 "저 사람들은 자기를 이해하지 못할 것이다."라는 핑계를 준비해놓고 있는데, 그때 이런 일은 물론 그들이 어쩌면 자기 자신을 이해하고 싶어 하지 않는다는 혐의를 정당화해주기 때문이라는 것이다.[5] ― 그런데 이성 자체에 대한 비판 없이 자기의 초년에 **수학적 방법에 따라** 형태화된 권수 많은 (볼프의) 철학의 의견을 위한 이러한 트집들에는 저 철학 안에서 늙은 수학자에게 그것이 여전히 남아 있을 수 있다. 그것이 그에게 신랄한 기지로 가득 찬 시적 기분으로 인해 들뜨고, 그와 함께 철학자 역할을 할 계기를 제공하니 말이다.[6] 이러한 역할이 늙어가는 데서도 그의 역할에 한몫하고 있다.

이로부터 실천적인 것과 관련해서 철학과 비견되는 수학의 절대적인 가치가 판정될 수 있다. 수학의 가치는 **기술적//실천적** 이성(임의의 목적들을 위한 **수단들**을 발견하는 숙련성)의 가치이고, 철학의 가치는 **도덕적//실천적** 이성의 가치로서, 단적으로(정언적으로) 지시명령하는, 곧 마음씨에서 개선된 인간을 창출하려는 **궁극목적**을 지향하고 있다.

무릇 수학을 통한 재능의 개발은 후자를 위해서는 최소한의 것도 하는 바가 없다. 사람들은 자기 분야에서 위대할 수 있지만, 그러나 동시에 음흉하고, 시기하며, 적의를 갖는다. 그런 경우 사람들이 모든 관계에서 **선한 인간**일 수는 없다. 그럼에도 불구하고 주관 안에 있는 그를 위한 근원적인 소질을 개발하는 철학이 그쪽으로 똑바른 안내를 한다. 그러므로 인간의 성품(**성향**[7])의 다툴 수 없는 내적 우선권의 지위에서는 그런데도 후자가 전자의 다음에 위치한다. 전자로의 그의 **성향**[8]의 재능이 훨씬 반짝거리기는 한다. 이것은 한편으로는 (사람들이 그때
어떤 궁극의도를 갖던지 간에) 매우 크게 사용되는 도구이고, 또 한편으로는 매우 완전하게 명증적으로 자기 이론들을 제시할 수 있음으로써 존경의 하나의 대상이며, 사변에 대한 평화로운 경향성 ― 이것은 호의의 유비물이거니와 ― 을 일

서도 그러하다. 쌍방은 **이성**에 기초하고(무릇 이것은 선험적 인식을 의미하거니와) 있으되, 이와 함께 정도에서가 아니라 그 종[種]에 있어서 서로 다른 것이다. 양자의 이질성을 사람들은, 그것들을 취급하는 **주관들**과 그들의

그것에 관한 서로 다른 자연소질에 대한 경탄 없이, 지각하지 못한다. 그들은 심지어 이것들의 종적인 과업의 중요성과 가치에 대해 서로 간에 아무것도 아닌 것으로 다루거나 적의를 가지고 다룬다.

제2절

이 운동력들을 전제하는[9]

자연물체들의

질료적 구분

§

자연물체들은 유기적이거나 비유기[무기]적이다

물질(자연원소/소재)은 유기적이라고 일컬어질 수도 없고, 비유기[무기]적이라고 일컬어질 수도 없다. 그러한 물질의 개념은 자기 자신과의 모순

깨우기 때문에 그렇다. 비록 이것이 결코 학식 있는 자로서의 그의 소질들의 혼합에서 하나의 첨가여서는 안 되고, 또 흔히 그렇지 않으며, 오히려 시기와 조소의 버릇이 동일한 주관 안에 자매처럼 함께 거주할 수 있지만 말이다.

---

4) 이 원주는 앞의 XXI555의 것과 동일할 뿐만 아니라, 그 앞 XXI242의 원주와도 사실상 같다.

5) Kästner에 관한 여기까지의 내용은 앞의 XXI556의 원주와 동일할 뿐만 아니라, 그 앞 XXI243의 원주의 그것과 대동소이하다.

6) 위(XXII490)의 Kästner를 염두에 둔 것으로 보이는 비판 참조.

7) 원어: Denkungsart.

8) 원어: Sinnesart.

9) 제목의 이 어구 대신 제5묶음(XXI557)의 표현은 "자신 안에 함유하는"이다.

(自家撞着[10])이다. 무릇 사람들은 그 개념에서 모든 형식(형상과 직조)을 추상하고, 거기서 온갖 형식을 취할 수 있는 하나의 **소재/원소**(構成的〔材料〕質料)만을 생각하는 것이니 말이다. — 그러므로 사람들이 이러한 술어 중 하나를 덧붙일 수 있는 것은 하나의 **물체**(自然 物體)뿐이다. 그리고 이러한 구분은 필연적으로 자연과학의 형이상학적 기초원리들에서 물리학 — 결코 하나의 완성된 전체가 될 수 없는, **경험적** 자연과학의 한 체계 — 으로의 이행에 속한다〔필요하다〕. — 하나의 물질에서 법칙들에 따라 하나의 특정한 **구조물**을 결과로 갖는, 한 물체의 부분들 가운데에 내적인 운동력들이 있다.

정의〔定義〕

§ 사람들은 하나의 유기적 자연물체를 하나의 자연적 **기계**로, 다시 말해 외적으로는 운동하고 있지만, 하나의 전체로 내적으로는 통합된 힘들의 하나의 — 그 기초에 하나의 이념이 놓여 있는 — 체계로 생각할 수 있다. 즉 하나의 유기적 물체는 하나의 **고체 물체**로 그리고 (자기 형식에 따른 결합의 내적 원리로 인해) 강체 물체로 생각된다. — 이제 그러한 물체에서의 물질의 운동력들은 한낱 **생장력들**이거나 **생명력들**이다. — 후자의 힘의 산출에는

제12묶음, 전지2, 1 — 4 면

필연적으로 표상력의 불가분리적 통일성을 갖는 하나의 **비물질적** 원리가 요구된다. 무릇 그것의 통일을 위한 결합이 합목적적(인공적)으로 작용하는 주관에 의거하는 잡다는 (원리의 이런 **통일성**이 없는) 물질의 운동력들에서는 나올 수 없으니 말이다. 그런데 이러한 물체들에는 자기의 **종**〔種〕을 현전하

---

10) 원어: sideroxylon.

는 물질에서 번식을 통해 보존[유지]하는 하나의 능력이 또한 부속한다는 것이 유기성의 개념에 꼭 필요하지는 않고, 오히려 사람들이 유기적 물체〔유기체〕의 **개념**에서 도외시할 수 있는 유기체의 다른 속성들(예컨대, 두 성〔性〕을 통해 그것들과 똑같은 것을 낳는다)을 저 유기체들에게 덧붙이기 위한 하나의 경험적 부가명제이다.

§유기체의
개념과 그 내적 가능성에 대한
상세 규정

사람들은 유기체를 **첫째로** 》**하나의 전체의 내부에서 그것의 각각의〔모든〕 부분이 다른 부분을 위해 현존하는**《 그러한 물체라고 정의할 수 있다. 여기서 이 설명은 분명히 **목적들**(目的因들)에 대한 지시를 함유한다. ― 그러나 사람들은 **둘째로**는 그들의 정의를 다음과 같이 할 수도 있다: '**유기체란 그것의 전체 이념이 그 부분들의 통합된 운동력들**(作用因들)**의 견지에서 그 부분들의 가능성에 앞서가는 물체**'라고.

그러므로 하나의 유기적 자연물체는 **기계**(즉 그 형식의 면에서 **의도적으로** 형성된 물체)로 생각된다. 무릇 **의도**를 갖는다는 것은 물질의 능력일 수가 결코 없으니 말이다. 잡다한 표상들을 '하나의' 의식에서 연결하는 것은 하나의 주관의 절대적 통일〔성〕이기 때문에, 그러한 물체가 자기의 〔유기〕조직을 한낱 **물질**의 운동력들로부터 가질 수는 없다. 하나의 단순한, 그러니까 비물질적인 존재자가 ― 감성세계의 부분으로든 감성세계 바깥의 이와는 구별되는 **운동자**로든 ― 상정되지 않을 수 없다. (무릇 물질은 자기 자신을 조직〔유기화〕할 수도 없고, 목적들에 따라 작용할 수도 없으니 말이다.) 과연 (흡사 세계영혼과 같은) 이 존재자가 지성을 지니는지, 아니면 한낱 그 작용결과의 면에서 지성과 유사한 하나의 능력을 지니고 있는지, 이에 관한 판단은 우리 통찰의 한계 바깥에 있다.

그럼에도 **유기체들**이라는 명칭은, 그 대상이 우리에게 파악[이해]될 수 있든 없든, 선험적으로 자연과학의 형이상학적 기초원리들에서 물리학으로 의 이행에서 그저 밖에 머무를 수는 없는 개념들의 부류에 속한다.[※]

제2의 구분
물체들 일반을 위한
물질의 종차[種差]에 대하여

만약 특유의 질을 갖는 어떤 물질의 현존에 관해, 과연 그것이 선험적으로 증명될 수 있는지(입증 가능한지), 아니면 단지 경험적으로 증명될 수 있는지(蓋然的인지) 하는 물음이 제기되면, 우리는 그것에 대한 인식의 가능성의 **주관적** 조건들만을, 다시 말해 그러한 대상에 대한 하나의 **경험**의 가능성의 조건들만을 기대할 수 있다. 무릇 현존은 사물의 어떤 한 특수한 술어가 아니고, 모든 술어들과 함께하는 사물의 절대적 설정이니 말이다. ─ 그래서 오직 '하나의' 경험이 있다. 만약 **경험들**이 이야기된다면, 그것은 잡다한 지각들의 **분배적** 통일을 의미하는 것으로, 그것들의 객관의 전반적 규정에서의 **집합적** 통일을 뜻하는 것이 아니다. 그래서 이로부터 나오는 결론

※ 자연은 물질을 한낱 종[種]에서뿐만 아니라 급[級]의 면에서도 매우 다양하게 조직한다. ─ 상기하지 않을 수 없거니와, 지층과 암석층들에 있는 지금은 소멸한 옛적의 동식물류의 표본들이 활발하게 생산하는 지구의 지금은 낯선, 옛날의 산물들의 증거물을 제시할 수 있을 것이다. 이것의 조직화하는 힘을 서로를 위해 창조된 식물들의 전체 또한 갖는다. 그리고 동물류들은 그렇게 조직되어, 그것들은 (인간도 예외 없이) 서로 한 연쇄의 항들로서 하나의 원[권역]을 형성하거니와, 한낱 그 명목성격(유사성)에서뿐만 아니라 실재성 격(인과성)의 면에서 현존을 위해 서로를 필요로 해서 그러하다. 이것은 (미지의 목적들을 위한) 항성계의 세계[우주] 조직 자체를 가리킨다. 그러나 이에 대해서는 여기서 다루지 않을 것이다. 여기서 우리의 논의거리는 (아직 세계체계[우주계]가 아니라) 단지 기본[요소]체계이니 말이다.

은, 만약 우리가 선험적으로 경험대상들에 관해 판단하고자 한다면, 우리는 단지 대상에 대한 표상의, 그 대상에 대한 경험의 **가능성**의 조건들과의 합치의 원리들만을 요구하고 기대할 수 있다는 것이다.

그러나 자연과학의 형이상학적 기초원리들에서 물리학으로의 이행에는 다음과 같은 피할 수 없는 과제가 있다. 곧 과연 세계공간[우주]에 전반적으로 (그러니까 또한 모든 물체들에 침투하여) 퍼져 있는, 사람들이 **열소**라고 부를 수 있는 — 그럼에도, 그것은 지각으로서 한낱 표상에 있는 주관적인 것과 관련한 것이기 때문에, 따뜻하게 하는 어떤 느낌을 고려해 넣지 않고서 — , 하나의 **원소/소재**가, 내가 그러한 원소/소재를 물질의 모든 운동력들의 **기반**[바탕]이라고 말하든 어떻든, **있는지** 또는 **있지 않은지**: 또는 그러한 것의 실존은 의심스러울 따름이며, 그러한 것은 한낱 **가설적 원소/소재**로서 물리학자들에 의해 단지 어떤 현상들을 설명하기 위해 상정되는 것인지, 또는 요청으로서 **정언적으로** 설립되어야 하는 것인지 — 이 물음은 체계로서의 자연과학을 위해서는 매우 중요하며, 특히 그것이 자연과학의 기본[요소]체계에서 세계체계[우주계]로 이끌 경우에 그렇다.

만약 가능한 경험의 **전체**의 통일성이 (언급한 속성들을 가진) 그러한 원소/소재의 실존에 의거한다는 것을 증명할 수 있으면, 그것의 현실성 또한 경험을 **통해서는** 아닐지라도 선험적으로, 즉 순전히 경험의 순전한 **가능성**의 조건들로부터 경험을 위해서 증명되는 것이다. 무릇 물질의 운동력들은 하나의 가능한 경험에서 지각들의 **집합적//보편적** 통일에, 오직 그것을 통해 주관이 외적으로 그리고 내적으로 하나의 개념 안으로 통일되어 자기 자신을 자기의 지각들을 매개로 촉발하는 한에서만, 합치할 수 있으니 말이다. 이제 외적 경험의 전체의 개념은 집합적 통일성에서 또한 결합된 물질의 모든 가능한 운동력들을 전제하며, 그것도 가득 찬 공간에서 그러하다.

(무릇 물체들 안에 감싸져 있든 밖에서 물체들을 둘러싸고 있든, 빈 공간은 가능한 경험의 대상이 아니니 말이다.)[※] 그러나 이 전체 개념은 또한 감관대상으로서의 **주관**에 작용하는 모든 물질의 **항구적**인 운동을 전제한다. 무릇 이 운동

이 없이는, 다시 말해 저것의 작용결과인 감각기관들의 흥분 없이는 어떤 감관객관에 대한 지각도, 그러니까 또한 오직 저것에 속하는 형식을 함유하는 것인 어떠한 경험도 생기지 않으니 말이다. — 그러므로 공간에는 항구적으로 제한 없이 퍼져 있으면서 자기 자신을 촉진하는 특수한 원소/소재가 경험대상으로 (비록 그것의 원리에 대한 경험적 의식은 없지만) 있다. 다시 말해 **열소**는 **현실적**[실제적]으로 있으며, 한낱 어떤 현상체들의 설명을 위해 지어낸 것이 아니라, 오히려 (경험에서가 아니라) 하나의 보편적인 경험원리에서 **동일성**의 원칙[동일률]에 따라(분석적으로) 입증될 수 있는, 개념들 자체 안에 선험적으로 주어진 원소/소재이다.

주해
열소의
개념에 대하여

어디에나 퍼져 있고 모든 것에 침투하며, 항상 운동하는(시간과 관련하여 덧붙여 말하자면, **모든 운동을 처음으로 개시하는**), 세계공간[우주]을 채우고 있는, 하나의 물질의 실존을 상정[수용]함은 하나의 가설이다. 이 가설은 어떠한 경험에 의해서도 입증되지 않고, 입증될 수도 없다. 그러므로 만약 이것이 근거를 갖는다면, 선험적으로 하나의 이념[관념]으로서 이성에서 생겨나오지 않을 수 없겠다. 어떤 현상체들을 **설명하기** 위해서든 — 이런 경우에는 저 물질이 순전히 **가설적 원소/소재**로서 단지 **생각되는** 것이다 —, 이것이 **요청되어야** 하는 것이든 말이다. 왜냐하면, 물질의 운동력들은 어떤

XXII552

※ 한낱 외적 대상들의 직관의 **주관적**인 형식으로 표상된 공간은 전혀 어떤 외적 대상이 아니다. 그리고 그러한 한에서 가득 찬 것도 텅 빈 것도 아니다.(객관의 규정들에 속하는 이러한 술어들은 여기서는 도외시된다.) 그러나 외적 직관의 **대상**으로서의 공간은 이런 것이거나 저런 것이다. — 지각 대상의 부재[不在]/비존재는 지각될 수 없으므로, 빈 공간은 가능한 경험의 대상이 아니다

운동으로부터인가 촉진[시발]을 **개시**해야 하기 때문이다. 설령 저 원소/소재가 단적으로 경험의 대상으로(**주어진** 것으로) 간주되어야 한다 할지라도 말이다.

사람들이 쉽게 알 수 있는바, 그러한 원소/소재의 실존은 경험의 대상으로서, 경험에서 **도출**[연역]**되는**, 다시 말해 경험적으로 입증될 수 없지만, 그럼에도 **가능한** 경험의 대상으로 요청되지 않을 수 없다. 또한 이는 **간접적으로** 선험적으로 일어날 수도 있다. 만약 감관객관 일반이 전혀 **가능한** 경험의 대상이 아니라면 말이다. — **빈** (감싸는 또는 감싸진) **공간**이 그러한 것일 터이고 — 또한 이러한 물질의 운동에 선행하거나, (역시 아무것도 아닌) 그 사이에 들어가 있는 절대적 정지에 의해 삽입된 것일 터인 하나의 **빈 시간**도 이러한 것이다.

그러나 객관적으로는 오직 '하나의' 경험이 있고, 만약 **경험들**이 이야기된다면, 이것들은 단지 주관적인 것으로서 **부단한** 일련의 가능한 지각들에서의 사물들의 현존에 대한 연결된 표상들이다. 무릇 이것들 사이에 하나의 빈자리가 있다면, 하나의 틈(間隙)이, 실존의 한 막[幕]에서 다른 막으로의 이월이, 그러니까 경험의 실마리의 통일성이 깨어진 것이겠고, 이를 표상하기 위해서는 이러한 사건에 대해 다시금 경험이 있어야만 할 것이나, 이는 불가능하다. 왜냐하면, 부재[不在]/비존재는 경험대상일 수가 없기 때문이다.

그러나 외적 **지각들**은, 가능한 경험을 위한 소재로서, **주관적**인 것이고, (아직 그것들의 연결의 형식이 없기는 하지만) 그 자체가 다름 아니라 지각하는 **주관**에 대한 물질의 촉진[시발]하는 힘들의 작용결과로서 선험적으로 주어져 있다. 그리고 이것들은 감관들의 **어느** 객관들이 경험의 대상들이 될 수 있고 없는지를 아직 묻기 전에, 만약 단지 그것들의 연결의 형식, 다시 말해 가능한 경험의 **형식적인 것**[요소]이 논의거리라면, 요청된다. 문제는 과연 이 형식적인 것이 가능한 경험에 맞는지 안 맞는지이며(形式이 事物에게 本質/存在를 附與한다), 여기서 다루어지는 것은 경험의 집합적 통일과 그 조건들이다. 객관의 전반적인 규정에서 경험의 통일성이 동시에 그 객관의 현실성이다.

만약 이제 당초에는 어떤 단지 가설적으로 상정된 원소/소재가 가능한 경험의 대상으로 생각된다면, 그것의 부속물들의 부합은, 만약 그것의 개념이 동시에 동일률에 따라 그것의 전반적 규정을 함유한다면, 동시에 그것의 현실성의 하나의 증명이다.(實存은 全體 規定이다.) 이 현실성은 서로 결합된 힘들의 모두에 상관하니, 그 단일성(單一性)인즉, 그것의 각각의 전체는 다른 체계들과의 공간관계에서 이것들과 함께 각각의 물질의 운동력들과 관련하여 경험의 가능한 모든 대상들의 하나의 절대적 전체와 절대적 통일을, 그러나 이로써 동시에 하나의 그러한 전체의 실존을 이루며, 이것의 인식 가능성 그러니까 그러한 것의 현존을 선험적으로(필연적인 것으로) 밝혀낼 가능성이 그것의 귀결이다.

모든 것을 포괄하는 하나의 경험의 객관은 자신 안에 주체적으로//운동하며, 그러니까 감성적으로 촉발하면서 지각들을 일으키는 물질의 모든 힘들을 함유하는바, 이것들의 총체를 열소라고 일컬으며, 이것이 보편적인 힘을 야기하는 기반[바탕]인 것이다. 이 기반[바탕]이 모든 (물리적) 물체들 그리고 그와 함께 또한 주관 자신을 촉발하며, 경험적일 수 없는 이에 대한 종합적 의식에서 끌어당기고 밀쳐내면서 감관들을 움직이는 이 힘들의 형식적 조건들이 전개된다.[※]

이제 여기서 과연 하나의 모든 것에 침투하는 운운의 **요소원소/소재**가 XXII554
있느냐는 물음에서 관건이 되는 것은, 저 원소/소재를 하나의 종합적//보편

[※] 지성이 스스로 **만든** 것을 통해서만 주관은 자기의 대상을 이해한다. 이것이 하나의 가능한 경험에서의 지각들의 총체의 형식[적인 것]이다. — 빈 공간은 가능한 경험의 대상이 아니다. 그러므로 물질에 의해 전반적으로 실체적으로 차지된 공간뿐이다. 빈 시간은, 다시 말해 **운동 없이**, 따라서 (공존과 연이음에 관해) 감관객 XXII554
관이 아닌 한에서 운동할 수 있는 것 자체의 실존은 마찬가지로 가능한 경험의 대상이 아니다.

적 경험의 대상으로 갖는, 감관객관에 대한 수용성의 주관[적인 것]이고, 과연 저 원소/소재가 저러한 본질속성들을 가지고서 **그 자체로** 실존하는지가 아니라, 과연 이것에 대한 경험적 직관이 하나의 가능한 경험의 전체에 속하는 것으로서 저 본질속성들을 자기의 개념 안에 이미 (동일률에 따라서) 함유하고 있는지이며, 그것도 단지 인식능력과 **상관해서**, 그것이 이념[관념] 중에 가능한 경험의 전체를 하나의 전체 표상 안에 포함하고 있고, 그래서 선험적으로 주어져 있는 것으로 생각하지 않으면 안 되는 한에서 그렇다는 것이므로. 저 원소/소재는 주관적으로는 하나의 경험의 전체에 대한 표상의 기반[바탕]으로서, 또한 객관적으로는 물질의 운동력들의 통일의 한 원리로서 타당하지 않을 수 없다. — 열소는 실제로 있다[실재한다]. 왜냐하면, (우리가 그것에 부가하는 본질속성들을 가진) 이것의 개념이 경험의 총체를 가능하게 하기 때문이다. 지각된 객관들을 위한, 그것들의 현상체들을 **설명하기** 위한 가설로서가 아니라, 직접적으로 경험 자신의 가능성을 정초하기 위해서 열소는 이성에 의해 주어져 있다.※

그러므로 **가득 찬** 공간(原子)과 빈(空虛한) 공간으로부터는 이제 원자론이 하고 싶어하는 것과 같은 물체들의 종별적 밀도의 차이에 대한 설명이 주어질 수 없다. 왜냐하면, 한편으로는 **원자들**이라는 것은 없고 — 무릇 모든 물체부분은 언제나 다시금, 무한히 가분[可分]적이다 —, 다른 한편으로는 빈 공간은 가능한 경험의 대상이 아니기 때문이다. 그러니까 그러한 구성요

※ 하나의 사물의 실존에 대한 이러한 간접적 증명방식은 그 방식에서 **유일무이**하고, 그 때문에 기이하기도 하다. 그러나 이러한 것의 대상 또한 **단일**하며, 이 개념이 더 많은 것들과 공유하는 바가 없다는 점을 고려하면, 이 증명방식이 기이하다는 느낌이 줄어들 것이다. 무릇 오직 '하나의' 공간과 오직 '하나의' 시간이 (순수 직관의 객관들로서) 있듯이, 외적 사물들의 지각의 인과성 분야에도 오직 하나의 가능한 외적 경험의 대상이 있다. 무릇 모든 이른바 **경험들**은 언제나 단지 모든 것에 퍼져 있는 무제한적인 열소에 의한 **하나의** 경험의 부분들로서 있으니 말이다. 이 열소는 하나의 체계 안에 결합된 모든 세계물체[천체]들을 교호작용의 상호성[상호관계]에 들여놓는다.

466

소들에 의한 운동력들의 하나의 전체라는 개념은 유지될 수 없는 경험개념
이기 때문이다.

그러므로 집합적//보편적 경험의(지각들의 종합적 통일의) 객관은 **주어져**
있다. 그 반면에 주관이 그에 대한 (가능한 경험의 분석적 통일이라는) 하나의
개념을 만드는 분배적//보편적 경험의 객관은 이제 한낱 **생각된** 것이다. 왜
냐하면, 그것은 한낱 경험의 형식에 속하는 것이기 때문이다.

물질의

기계적// 그리고 역학적 운동력들의

차이에 대하여

§

운동력들은 물체들로서 기계적으로 또는 형성된 물체들을 위한 순전한
물질(소재)로서 역학적으로 운동할 수 있고 운동한다. 전자는 **장소변화적**
(移動力)이고, 후자는 물질이 차지하는 공간 내에서 그 부분들 서로 간에 운
동한다(內的 原動力). — 전자는, 만약 사람들이 그 형식을 목적에 대한 수단
을 유추해서 생각한다면, (자연적인 또는 인공적인) 기계들이라고 볼 수 있다.

기계적//운동력들은 그것을 통해 물질이 자기 자신의 운동을 한낱 또 다
른 물질에 **전달하는** 그러한 운동력이고, 역학적//운동력들은 그것을 통해
물질이 이 운동을 직접적으로 다른 물질에 **배당하는** 그러한 운동력이다.

제12묶음, 전지4, 1 면

물질의 운동력들의
기본〔요소〕체계의

구분

구분은 다른 것이 아니라 하나의 선험적 원리에 따라서, 즉 범주들의 체계에 따라서 이루어질 수 있다. 그러므로 저 힘들은 **양**, **질**, **관계** 그리고 **양태**의 순서에 따라 개진될 수 있을 것이다. — 그러나 여기서 행사하는 힘들의 주관적 원리가 객관적 원리로, 다시 말해 운동력들 자신의 내적 가능성의 개념으로 (즉 경험적인 것이 선험적인 하나의 원리로) 취해지고, 범주 대신에 그것의 도식기능이 외적 감관객관에 슬쩍 바꿔치기가 되면, 개념들의 **모호성**이 등장할 것이다.

〔……〕

〔…〕

기계들은 자기의 형태(형상)에 의해 외적으로 그리고 자기의 내적 조성(직조)에 의해 다른 계량 가능한 (유동적 또는 강체적) 물질들을 장소운동하게 할 수 있는 능력을 함유하는 강체적〔고체적〕(비//유동적) 물체들이다.

〔……〕

〔……〕

제12묶음, (반)전지10, 1 면

정의〔定義〕

나는 열소의 개념으로써 모든 것에 퍼져 있고, 모든 것에 침투하며, 그것의 모든 부분들에서 동형적〔동질적〕으로 운동하고, 이 내적 운동(촉진/시발)에서 고정불변성을 유지하는 물질을 뜻한다. 이 물질이 요소원소로서 세계 XXII610 공간〔우주〕을 차지(占有)하고, 동시에 채우는(充滿하게 하는), 절대적인, 독자적으로 존립하는 하나의 전체를 형성한다. 그리고 이것의 부분들이 자기들의 자리에서 (따라서 이동하지 않고, 〔그러나〕 진동하면서, 전진하지는 않은 채) 서로 연속해서 그리고 다른 물체들을 부단히 촉진하여 지속적인 운동 중에서 그 체계를 유지하고, 운동력들을 외적 감관객관으로서 함유한다.

이 물질은 위에서 말한 본질속성의 결과로서 다음과 같이 소극적으로 특징화되기도 한다. 즉 계량할 수 없고, 저지할 수 없고, 응집할 수 없으며, 소진될 수 없는 것이라고. 왜냐하면, 이러한 성질의 반대는 위에서 말한 본질속성들과 상충할 터이기 때문이다. ─ 계량 가능성, 차단 가능성, 응집과 고갈 가능성은 맞서 작용하면서 그 작용결과를 지양하는 운동력들을 전제한다.

공리

주관적으로 보자면 오직 '하나의' 경험이 있다. 무릇 오직 하나의 공간이 있으니 말이다

공간을 차지(占有)하거나 채우는(充滿하게 하는), 물질의 운동력들은 상호 보편적으로 능동적으로 결합하여 있고, 객관적으로 그것들의 하나의 체계를 현시한다. 이 체계는 경험적으로 경험에서 생겨나지 않고, 선험적으로 **'하나의'** 경험의 가능성 개념에서 생겨나는 것으로, 운동력들의 '하나의' 절

대적 전체의 현존을 이미 자기 개념 안에 함유하고 있다.

주해

오직 '하나의' 경험이 있고, 만약 경험들에 대해 (마치 그런 것들이 다수 있는 것처럼) 이야기된다면, 그것은 단지 오해이다. 무릇 사람들은 그런 것으로써 단지 **지각들**(의식적인, 객관에 대한 경험 표상)을 뜻한 것이고, 물론 그러한 것은 다수가 있다. ― 그러나 경험개념의 **보편성**은 여기서, 다수의 징표들이 하나의 동일한 객관에 부가될 수 있는 바인, **분배적**으로가 아니고, **집합적**으로, 다시 말해 가능한 경험의 통일을 위해 요구되는 **총체성**으로 받아들여야 한다. 무릇 경험은 단편적으로(지각들을 주워 모음에서)가 아니고, 필연적으로 체계적인 것으로 지성에서 생겨나는 것으로 생각해야만 한다. 무릇 동시에 법칙들로서 보편성을 (그러니까 또한 필연성을) 그 개념 안에 지닐 터인 가능한 지각들의 하나의 전체라는 것은 자기 자신과 모순이니 말이다. 왜냐하면, 경험적 명제들은 언제나 다시 다른 경험적 조건들(環境)에 매여 있고, 그래서 한 징표에서 다른 징표로 무한히 나아가는 것이기 때문이다. '하나의' 모든 것을 포괄하는 경험의 객관은 동시에 단일한 것(單一體[11])이다. 가능한 경험의 통일성[하나임]의 형식[적인 것]은 이제 선험적으로 주어질 것이 요구되는 것이다.

무릇 경험의 대상일 수 없는 것, 즉 실질 없는 공간과 실상 없는 시간은 주관적으로 '하나의' 가능한 경험에 속하지 않고, 경험을 위해서 이것의 하나의 기본[요소]체계를 이러한 구성요소들(原子들 及 虛空들)로써 치장한 원자론은 그 자체로 모순적이다. 무릇 한편으로는 단적으로 불가분적인 물질이란 없고, 다른 편으로는 빈 공간은 가능한 지각의 대상이 아니니, 그러니까 또한 경험객관이 아니니 말이다.

---

11) 원어: individuum.

정리[定理]

위에서 말한 본질속성들을 갖는 하나의 물질의 하나의 절대적이고 유일한 전체가 실존한다. 이것은 어떤 현상체들을 적절하게 설명할 수 있기 위한 가설적인 것이 아니고, 하나의 선험적으로 입증될 수 있는 소재/원소이다. **열소**(그럼에도 열이라 일컬어지는 느낌과는 무관하게)라는 명칭을 가진 이 소재/원소는 독자적으로 존립하며 내적으로 자기의 운동력들을 통해 연속적으로 촉진[시발]하는 하나의 전체를 형성한다.

집합적 보편성
부착은 종속된 응집이다. 길이대로 응집함은 병렬적 응집이다.
운동력들은 감관들에 작용하고, 그것을 통해서 그것들로써 우리가 비로소 경험을 만드는 외적 지각들의 객관이 xxx

제12묶음, (반)전지10, 2면

객관적으로는 외적 객관들의 하나의 대상, 다시 말해 하나의 물질(所與)이 있고, **주관적으로는 '하나의'** 경험에서의 그것들의 하나의 전체(思考可能한 것)가 있다. ― 무릇 외적으로는 오직 '하나의'의 공간이 (또한 내적으로는 오직 '하나의' 시간이) 있고, 그 모든 대상들이 그것들의 하나의 경험과의 능동적 관계 속에 있으니 말이다. 무릇 이 경험에 속하지 않는 것(포함된 것이든 감싸고 있는 것이든 간에 빈 공간)은 가능한 경험의 대상, 다시 말해 물질이 아니니 말이다. 이제 경험은 지각들의 하나의 체계 안에서 결합된 하나의 전체에 대한 인식이다.(한낱 지각들의 하나의 집합체가 아니다.) 그러나 지각들은 '하나의' 가능한 경험 안에서의 운동력들의 하나의 체계 안에서 **물질의 운동력들**이 주관에 작용한 결과들이다. 따라서 열소의 개념은 정의에 의해 XXII613 그것에 귀속되는 본질속성들에 의거해서 그것이 '하나의' 가능한 경험을 위해 작용하고 그와 일치한다는 개념과 한가지이다. 다시 말해 열소의 실존의 표상은 경험에 속한다. 바꿔 말해, 열소는 경험에 속하는 특정한 현상체들의 설명을 위해 한낱 가설적으로 상정된 하나의 사물(理性의 存在者)이 아니고, 공간상의 물질의 시원적 작용들의 **기반**으로서의 그것의 정초가 동시에 자연과학의 형이상학적 기초원리들의 물리학으로의 진행의 최상 원리를 함유하는 하나의 현실적[실제적] 사물이다. 그러나 이 원리를 경험적인 것으로 여겨서는 안 된다. 그것은 경험에서 도출된 것이 아니고(무릇 그런 경우라면 그것은 물리학에서 도출된 것일 터이니 말이다), 오히려 경험을 위해서 선험적으로※, 그러니까 필연적으로 구성된 것으로 간주되어야 한다.

주해

XXII614

    열소의 실종의 증명은 여기서 물질의 속성들의 개념의 **확장**을 통해 종합적으로 수행되지 않고, 이 개념 안에 함유되어 있는 것의 순전한 분해(**설명**)를 통해 분석적으로, 그러므로 **동일률**에 따라서 수행된다. 사람들은 곧, (다시금 물질의 운동력들과 그것들의 통합에 기초하는) 경험의 가능성의 기

※ 선험적으로 입증할 수 없지만, 그래도 증명되어야만 하는 것은 그 증명을 경험에서 얻어오지 않을 수 없다. 그러나 여기서 하나의 경험원리의 경우가 나타나는데, 이 경우 하나의 명제는 비록 경험**으로부터**는 입증할 수는 없지만, 그러면서도 경험과 그것의 가능성을 **위해서는** 증명될 수 있는바, 이런 식으로 객관적으로는 하나의 선험적 명제라고, 그러나 동시에 주관적으로는 하나의 경험명제라고 일컬을 수 있을 터이다. 이러한 명명의 권리를 이 명제가 자기의 개념 안에 지니고 있는 **필연성**의 특징이 이 명제에게 주는 바이다.

   순수 이성 비판에 정통하지 못한 이들이 온전한 확실성을 기대하는 것으로 순수 이성원리들을 [신뢰하지 않고], 오히려 이런 것을 보편성의 결여로 전혀 확실성이 없는 경험적인 것에서만 기대할 때, 그들이 느끼는 우스운 혐오는 천박한 머리[인사]들에서는 쫓아내기가 어려운, 일종의 論理的 眞空 恐怖[12]이다.

---

12) 원어: horror vacui logicus.

초[인] 그러한 물질의 납득이 그것들의 전체의 개념과 한가지임을 제시하는 바, 그 개념이 필연적으로 '하나의' 경험의 가능성에 합치한다는 것을 증명함으로써 그렇게 한다. 그러나 그것과 필연적으로 합치하는 것은 그 자신이 경험의 한 대상이다. 다시 말해, 열소라는 개념 아래에서 생각되는 것으로서 그러한 사물이 **실존한다.**

이러한 증명에서 당혹스러울 수 있는 것은 이 증명이 예상 밖으로 쉽다는 점이다. 그러나 이 당혹스러움은 사람들이 (問題의) 객관이 **단 하나**(單一 存在者)임을 직시하자마자 그친다. 무릇 그 효능의 **보편성**에서 공간상의 모든 운동력들의 기반으로 표상되는 열소는 여기서 (어떤 특정한 종[種]의 전부에 귀속하는 술어인) **논변적** 보편성을 표현하지 않고, 열소의 개념에서 오직 (물질의) **전부**에, 하나의 절대적 전체에 귀속되는 **집합적** 보편성을 표현한다.

사람들은 객관에서가 아니고, 주관의 경험에서 그리고 경험이 함유할 수 있는 것에서 시작해야만 한다. — 만약 열소가 그것에 선험적으로 부가된 본질속성들에 따라 물질의 운동력들의 객관적 전체를 표상한다면, 그러나 그것이 또한 이 개념에 따라 모든 지각들의 주관적 전체(총체성)를 '하나의' 경험 안에 함유한다면, 열소의 실존은 지각들이 '하나의' 가능한 경험에 합치한다는 개념과 한가지이다. 무릇 그 통일성은 객관[객체]적으로는 운동하는 물질에 관한 것이지만, 또한 주관[주체]적으로는 운동력의 주체인, '하나의' 경험에 속하는 표상들의 총체성에 관한 것이다.

XXII615

그러므로 열소의 실존 명제는 (절대적 통일성인) 경험과 합치한다. 열소는 물질의 운동력들의 **기반**으로서 정언적으로 주장되고(절대적으로 주어져 있고), 사람들이 현상체들을 설명하는 데 필요해서 상정하는 그와 같은 한낱 가설적 소재/원소가 아니다. 그리고 증명은 xxx

주해

　이 증명은 이렇게 쉬워서 의심받는다. 이 증명이 확장적(종합적)으로가 아니라 한낱 설명적(분석적)으로 생긴 것으로 보이고, 한낱 하나의 논리적 관계를 함유하는 것으로 보임으로써 말이다. 그러나 그것은 실은 하나의 형이상학적인 관계, 곧 경험적 직관들의 잡다의 '하나의' 경험에 대한 합치의 관계이다. 이것은 자연과학의 형이상학적 기초원리들에서 물리학으로의 이행에 관한 것이다

　注意! 기계적//운동력들은 그것들에게 배당된 운동을 다른 것에 전달하는 운동력들이다. 역학적인 운동력들은 자동적인 운동력들, 예컨대 인력이다

〔제13묶음〕[1]

---

1) 원서에는 앞의 묶음들과는 다르게, 이 자리에 간지(間紙)가 없다.

제13묶음, 전지1, 1면

개선으로의 진보는
어떤 수확을 가져다줄 것인가?[2]

마음씨 안에 점점 커가는 **도덕성**의 분량이 아니라, 어떤 동기에 의해 유발되든지 간에 의무에 맞는 행위들에서의 그 **적법성**의 산물의 증가가, 다시 말해 점점 수가 많아지고 개선되어가는 사람들의 선한 **행실**들에, 그러므로 인간종[인류]의 윤리적 성질의 현상들에만 인간종의 개선을 향한 노고의 수확(성과)이 자리할 수 있다. — 무릇 우리는 이러한 예언이 근거 삼고 있는 것으로 단지 **경험적** 자료들(경험들)만을 가지고 있으니 말이다. 곧 이러한 예언의 근거는 발생한 한에서의, 그러므로 그 자신 현상들인 우리 행위들의 자연적[물리적] 원인일 뿐, 마땅히 발생해야 할 것의, 오로지 순수하게 선험적으로 제시될 수 있는, 의무 개념을 함유하는 도덕적[정신적] 원인이 아니니 말이다.

점차로 강자들 편에서의 폭력은 줄어들 것이고, 법칙들에 대한 순종은

---

2) 이 제목 아래의 글은 『학부들의 다툼』(1798), 제2절, 9("개선으로의 진보는 인간종에게 어떤 수확을 가져다줄 것인가?")와 동일하다. 같은 시기에 출간된 『학부들의 다툼』의 원고 일부가 [유작] 원고 묶음에 섞인 것이라 하겠다.

늘어날 것이다. 가령 더 많은 자선, 쟁송들에서의 더 적은 반목, 약속에서
의 더 많은 신뢰성 등등이 한편으로는 명예심에서, 또 다른 편에서는 공동
체 안에서의 잘 이해된 자신의 이익으로 인해 생겨날 것이고, 결국은 이러
한 일이 서로 대외적 관계를 맺고 있는 제[諸] 민족에게도 미치고 세계시민
사회[3]에까지 뻗어나가게 할 것이다. 그때에 인간종의 도덕적 기반을 조금

XXII620 도 더 확대할 필요가 없고, 그러한 일을 위해 어떤 종류의 새로운 창조(초자
연적인 영향력)가 필요하지도 않을 것이니 말이다. — 무릇 우리는, 개선으
로의 진보의 희망을 터무니없는 인사의 몽상으로 기꺼이 간주하려 하는 정
치가의 조롱에 빠질 구실을 만들지 않기 위해, 개선으로 진보해가는 인간
들에 대해 너무 많은 것을 약속해서는 안 되니 말이다.

개선으로의 진보는
어떤 질서에서만 기대할 수 있는가?[4]

대답인즉, '사물들의 **아래로부터 위로**의 진행이 아니라, **위로부터 아래
로**의 진행을 통해서'이다. — 가정 교습에서의 그리고 더 나아가 하급에서
최상급에 이르는 학교에서의, 즉 정신적인 그리고 도덕적인, 종교교설을 통
해 강화된 교화에서의 청소년 교육을 통해 마침내, 단지 선한 국가시민들
을 교육할 뿐만 아니라, 계속해서 진보하고 유지해나갈 수 있는 선을 위해
교육하는 데에 이르게 될 것을 기대함이 바람직한 성과를 어렵게나마 희망
할 수 있는 하나의 계획이다. 무릇 국민은 자기 아이들의 교육 비용을 자
기들이 아니라 국가가 부담해야 한다고 생각하지만, 반면에 국가는 그편에

---

3) 『영원한 평화』에서의 "세계시민적 [헌정]체제"(*ZeF*, AB42), 『윤리형이상학 – 법이론』에
　서의 '세계시민법' 체제(*MS, RL*, §62) 참조.
4) 이 제목 아래의 글(여기부터 XXII621 첫 단락까지)은 『학부들의 다툼』(1798), 제2절, 10과
　동일하다. 비슷한 시기에 작성된 『학부들의 다툼』의 원고 일부가 [유작] 원고 묶음에 섞
　인 것이라 하겠다.

서, 모든 것을 전쟁을 위해 사용하기 때문에,

제13묶음, 전지1, 2면

(뷔싱[5]이 탄식하듯이) 유능하고 자기의 직분에 유쾌하게 전심을 쏟을 교사들
의 급여를 위해서는 한 푼의 돈도 남겨놓지 않을 뿐만 아니라, 만약 이 교
육의 전체적인 기구체제가 최상위 국가권력의 숙고된 계획과 그 의도에 따
라 기획되어 역할이 정해지지 않고, 그 체제 안에서 언제나 같은 형식으로
유지된다면, 이 체제는 아무런 연관성을 갖지 못한다. 이를 위해 필요한 것
은 국가가 그때그때 스스로 개혁하여, 혁명 대신에 진화를 시도하면서, 개   XXII621
선을 향해 꾸준히 진보하는 것이겠다. 그렇지만 **인간**이야말로 교육을 일
으켜야 할 이들이고, 그러니까 이를 위해 자신이 교육받아야만 했던 이들
이므로, 인간의 이러한 자연본성의 취약성과 그러한 효과를 조성하는 상황
의 우연성에서는 그 진보의 희망을 적극적인 조건으로서 오직 위로부터 내
려오는 하나의 지혜 — 이것을 우리로서는 볼 수 없을 때 섭리라고 일컫는
바 — 에서만 기대할 수 있으되, 여기서 **인간**에서 기대하고 요구할 수 있는
것에 대해서는 이 목적을 촉진하기 위한 한낱 소극적인 지혜만을 기대할
수 있다. 곧 그 본성상, 약화되지 않고, 진정한 법원리들에 근거해 있어, 끊

---

5) Anton Friedrich Büsching(1724~1793). 칸트 당대 지리학자이자 교육자로, 베를린의
   프란체스코 수도원 부속 김나지움 교장이었다. 그는 1773~1781년에《지도, 지리, 통계,
   역사의 새로운 논저 주간 소식(*Wöchentliche Nachrichten von neuen Landcharten,
   geographischen, statistischen und historischen Büchern und Schriften*)》을 발간했는
   데, 제4권 16호(1776. 4. 15), 131면에서 "유럽 국가들의 정부들이 학교를 위해 한 푼의
   돈도 남겨놓지 않아" 학교 운영이 "사인〔私人〕들"의 자선에 의존하고 있음을 탄식하고
   있다. 이와 관련해서 칸트는 일찍이 "박애주의 학교에 관한 논고"(게재: *Königsbergische
   Gelehrte und politische Zeitungen*, 1777. 3. 27)에서도 인용 언급하고 있다.(Aufsätze,
   das Philanthropin betreffend: AA II451 참조)
     그러나 칸트는 『교육학』(1803) 강의에서는 학교 교육이 국가의 재정 지원에 의지하게
   되면, 교육 내용도 간섭받게 될 것이므로, 오히려 바람직스럽지 못하다고 경계심을 고취
   하고 있다(*Päd*, A20이하=IX449)

임없이 개선으로 진보할 수 있는 헌정체제의 길에 들어서기 위해서는, 도덕적 진보의 최대 장애물로서, 이 진보를 언제나 후퇴시키는 것, 곧 **전쟁**을 처음에는 차츰차츰 더 인간적으로, 그다음에는 더 드물게 하고, 마침내 침략전쟁으로서는 완전히 사라지게 할 필요가 있음을 인간이 알게 되는 일이다.

　個體들이 아니라 유[類]가 진보한다.

　나의 지성적 인과성과 관련하여 나는 의무의 객체로서의 내가 나에게 수립하는 것에 따라 자유롭다. 물리적 인과성과 관련하여, 내가 나의 행위들의 발생을 설명해야 하는 한에서, 나는 자유로운 존재자로가 아니고, 자연연쇄 안에서 결정된 존재자로 간주되어야 한다.

제13묶음, 전지1, 3면

맺음말

　앞의 질문은 가볍게 대답할, 마치 한가한 사례론의 유희에 맡겨질 아무런 관심도 갖지 않은 것인 양, 그렇게 중요하지 않은 것이 아니었다. 무릇 도덕적//실천적 이성의 규제적 원리에 따른 저 질문에 대한 대답은 실로 주

저할 것 없이, 곧 '인간종은 모든 세대와 모든 민족들에 있어, 설령 이러한 의도, 곧 개선으로의 진보의 성공이 **미정적**[개연적]으로 머문다 하더라도, 그 목표를 향해 노력해야 할 **의무**를 갖는다'라는 것이다. 그러나 사람들은 더 많은 것을, 곧 인간 종이 실제로 이러한 진보 중에 있으며, 애당초부터 진보 중에 있었다는 것을 **확정적**으로 주장할 수 있는 이론적//판단적 이성의 구성 원리를 갈망한다. 그러나 이런 것은 어떤 경험을 통해서도 결정될 수 없으므로, 하나의 선험적 판단을, 따라서 개선으로의 저 진전이 필연적임을 의식하면서, 다시 말해 하나의 **명증적** 판단으로 내릴 수 있는 근거가

있어야만 할 터이다. 왜냐하면, 이런 것이 없으면 인간의 행동거지에서 모든 장래와 전체 인간종을 위한 사건들의 질서가, 그것의 필연성 인식이 요구하는 바대로, 자연스럽게 **예언될** 수 없기 때문이다.

이로부터의 귀결은 첫째로, 인간 종은 개선으로 진전하기 위해 요구되는 바대로 행위하도록 **구속되어 있고**, 그때 그러한 진보의 가능성이 (의무인 모든 것에서 그러하듯이) 단적으로 요청될 수 있다는 것이다. 둘째로, 이러한 성공을 위해 함께 작용하는 자연원인들(저 원리를 벗어난다면 인간 종이 자기 자신의 잘못으로 마주치는 수난) — 나는 그러한 외적 자연원인을 말하거니와 — 과 xxx

귀결은 이렇다: 이 시대의 기호〔징후〕는 공개적으로 인간 종에서, 그들이 상호 적대적으로 공존하는 사회 일반에서, 보통은 결코 같은 정도로 지각되지 않는 하나의 비이기적인 경향성의 도덕적 소질을 들춰내고 있다. 그것은 개선으로의 진보의 최대의 방해물, 즉 전쟁을 제거할 목적으로 동맹을 맺으려는 경향성으로, 그것은 이러한 목표를 위한 하나의 전망을 열기 위해서, 그러나 마침내는 또한 민족들을 공격//전쟁과는 양립할 수 없는 그러한 법칙적 헌정체제 안에 세우기 위한 것이다. 그러므로 그들은 그들의 소망에 유리한 기회를 자신이 (직접) 붙잡거나 그러한 힘을 가지고 있는 이들과 연맹할 준비가 되어 있다. 이것이 이 시대가 만든 사실로서, 비록 아마도 아직 결과를 갖지 못하고 있으나 그것을 목표로 하는 원인은 세운 것이다. 그러나 그로부터 저 결과가 예언될 수 있는 이 원인은, 한편으로는 민족들을 예비적으로 그들의 이해관계에 관해 결국에는 깨우치는 데에 없을 수 없을 터인, 지성과 정신의 교화를 통해 점차로 진보되는 **계몽**에 있고, 그러나 다른 편으로는 자신들의 힘들을 악행하는 데 다 쓰는 전쟁벽〔癖〕 자신에 있다. 전쟁벽이 개선을 위해 성취했던 모든 것을 와해시키려는 자연스러운 경향성을 가지고 있다고 해도, 저러한 변화를 한번은 불가피하게 만들지 않을 수 없을 터이고, 설령 많은 장애와 재발이 있다 하더라도, 전체적으로는 끈질기게 견뎌내지 않을 수 없을 것이다. 왜냐하면, 하나의 〔민족은〕

XXII623

도덕적인, 특히 인간의 **권리**에 관련한 그리고 (계몽을 통해) 국민 속에 퍼져 있는 원칙들로써 그들을 귀하게 만든 자유의 이념의 힘으로, 하나의 연속적인 열광을 불러일으키고, 그리하여 개선으로의 진보 중에서 냉각되지 않게 하는, 전반적으로 공유하는 하나의 영향력을 그 민족에 대해 갖지 않을 수 없기 때문이다.

제13묶음, 전지1, 4면

그러므로 언제나 앞으로 나아가는 개선으로의 진보를 예언하는 인간 종〔인류〕에 있어서 점술적 예언이나 점성술적인 기만적 기호풀이〔해석〕란 있지 않다. 또한 인간 종의 역사는 그 시작에서부터 사이사이에 발생할 수밖에 없었던 온갖 탈선에도 불구하고, 인간 종이 언제나 이러한 진보 중에 있었다는 것을 증명할 터이다. 만약 우리가 우리 인류의 역사와 함께 기록기술의 시작을 훨씬 이전까지로 늘릴 수 있을 터이면, 즉 설령 진보를 향한 하나의 새로운 발걸음이 또는 시도가 모든 이전의 것들보다 더 빛나게 눈에 들어온다 하더라도 말이다.

XXII624

〖유작〗II 찾아보기

일러두기

1. 편찬 체제

☞ 이 찾아보기의 편찬 체제는 다음의 방식에 따른다.

> **표제어[대체어]** 원어
>
> ¶ 용례 면수

☞ [유작]의 면수는 《베를린 학술원 판 칸트전집》 XXII권(1938)의 본문 면수
이다.

2. 약호 목록

■ = 개념의 정의나 풀이

¶ 용례

▶ 용례가 많은 경우 의미에 따른 구분

→ 다음 표제어나 면수를 참조하라

↔ 반대말이나 대조되는 말

인물(학파) 찾아보기

개념 찾아보기

[ㄱ]

가설/假說 Hypothese/hypothesis

¶ 가설 XXII192, XXII193, XXII210, XXII312, XXII378, XXII513, XXII551, XXII554 ▶¶ 가설적인 것 XXII51, XXII93, XXII118, XXII125, XXII126, XXII440, XXII526, XXII612 ¶ 가설적 존재자 XXII63, XXII123, XXII126, XXII128 ¶ 가설적 사물 XXII108, XXII121 ▶¶ 가설적 소재/원소 XXII56, XXII152, XXII158, XXII331, XXII366, XXII388, XXII550, XXII615

감각(感覺) Empfindung

¶ 감각 XXII4, XXII323, XXII354, XXII396, XXII436, XXII444, XXII453, XXII459, XXII465, XXII479, XXII487, XXII493, XXII510, XXII518, XXII530, XXII534 ¶ 외적 또는 내적 감각 XXII500 ¶ 감각표상 XXII458 ¶ 감각할 수 있는(感覺可能한) 것 XXII94, XXII320, XXII322, XXII336 ¶ 감각에서 실존하는 것 XXII210 ▶¶ 지각하는 주관의 자기 자신의 작용결과인 감각 XXII384 ▶¶ 감각도구 XXII341 ¶ 감각의 자리(座) XXII418 ¶ 감각의 수용성 XXII484 ▶¶ 감각과 감정 또한 물리학에 속한다 XXII514

감각기관(感覺機關) Sinnenorgan

¶ 감각기관 XXII551

감관/感官 Sinn/sensus

¶ 감관 XXII33, XXII45, XXII56, XXII69, XXII103, XXII119, XXII335, XXII352,

XXII362, XXII375, XXII380, XXII408, XXII435, XXII454, XXII476, XXII612 ■ = 감관은 경험적 직관능력이다 XXII476 ■ =감관은 느낀다 XXII476 ¶ 감관[감성] XXII130 ¶ 내적 및 외적 감관 XXII8, XXII344 ¶ 다섯 감관 XXII326, XXII387, XXII388 ¶ 다섯 외감[외적 감관]과 하나의 내부 [감관] XXII343 ▶¶ 감관표상 XXII27, XXII28, XXII30, XXII34, XXII60, XXII85, XXII97, XXII113, XXII300, XXII318, XXII343, XXII356, XXII379, XXII462, XXII500 ¶ 직접적 감관표상, 直觀 XXII384 ▶¶ 감관직관[감성적 직관] XXII8, XXII12, XXII16, XXII29, XXII46, XXII69, XXII88, XXII330, XXII341, XXII414, XXII421, XXII434, XXII450 ▶¶ 감관지각 XXII38 ▶¶ 감관자극 XXII117 ¶ 감관인식 XXII440 ¶ 감관인상 XXII462 ¶ 감관수취 XXII487 ¶ 감관영향 XXII494 ▶¶ 감관객관 XXII8, XXII34, XXII37, XXII42, XXII52, XXII69, XXII105, XXII115, XXII335, XXII367, XXII414, XXII480, XXII552 ¶ 외적 및 내적 감관객관 XXII99, XXII298, XXII306, XXII323, XXII354, XXII380, XXII389 ¶ 감관객관은 사물 그 자체(叡智的 客體)가 아니고, 순전히 현상에 주어진 것으로 보아야 한다 XXII335 ¶ 실체들로서의 외적 감관객관들의 첫째 구분은 물질과 물체의 구분이다 XXII241 ▶¶ 감관대상 XXII4, XXII10, XXII20, XXII24, XXII42, XXII92, XXII330, XXII335, XXII395, XXII457 ¶ 외적 감관대상 XXII319 ¶ 감관대상인 자연 XXII54 ¶ 감관대상들은 물질과 물체들이다 XXII430

감성(感性) Sinnlichkeit/Sinn

¶ 감성 XXII155, XXII382 ¶ 감성적 XXII553 ¶ 감성적 직관 XXII18, XXII29, XXII44, XXII55, XXII70 → 감관직관 ¶ 순수한 감성적 직관 XXII495 ¶ 감성적 표상 XXII115 ▶¶ 감성적 인식 XXII498 ¶ 초감성적 인식 XXII312 ▶¶ 감성적인 것 XXII23, XXII120, XXII125 ↔ 예지적인 것, 초감성적인 것 ¶ 초감성적인 것은 가능한 경험의 대상이 아니다 XXII120 ¶ 감성존재자 XXII49, XXII51, XXII53, XXII61, XXII113 ↔ 이성존재자, 예지적 존재자 ¶ 감성세계 XXII280, XXII548 ▶¶ 감성적 동기 XXII65

감정(感情) Gefühl

¶ 감정 XXII53, XXII108, XXII383, XXII500, XXII514, XXII530 ■ =감각들 — 이 것들이 쾌나 불쾌를 함유하면 감정들이라고 일컫는다 XXII500 ¶ 생명[의] 감정 XXII100, XXII495 ¶ 의무감정 XXII108, XXII118 ¶ 쾌/불쾌의 감정 XXII114, XXII117

개념/槪念 Begriff/conceptus

¶ 개념 XXII12, XXII15, XXII22, XXII34, XXII41, XXII58, XXII88, XXII93 ¶ 인식에

속하는 우리의 모든 표상은 직관이거나 개념이다 XXII65 ¶ 직관과 개념은 사물 일반의 두 가지 표상방식이다 XXII416 ¶ 인식원리들의 두 요소, 즉 직관과 개념이 있다 XXII416 ¶ 표상능력(表象能力)은 직관이거나 개념이다 XXII92 ¶ 개념(概念)은 건드림[接觸]의 총괄을 지시한다 XXII97 ¶ 개념은 思考的인 것이다 XXII111 ■ =간접적 어떤 징표를 통해 사고된 표상 XXII24 ■ =다수의 것에 속하는 것을 자기 아래에 함유하고 있는 논변적인 것 XXII39 ■ =다수의 것에 공통적인 표상(徵表, 卽 多數에 共通的인 表象) XXII43 ▶¶ 순수 개념 XXII55, XXII63, XXII102, XXII416 ¶ 선험적 개념 XXII149, XXII305, XXII311, XXII341, XXII347, XXII391, XXII398, XXII476, XXII543 ¶ 경험적 개념 XXII292, XXII297, XXII335, XXII336, XXII340, XXII364, XXII504 ¶ 경험개념 XXII555, XXII611 ¶ 기본[요소]개념 XXII64, XXII141, XXII152, XXII155, XXII240, XXII244, XXII342 ¶ 한계개념 XXII282 ¶ 초절적 개념 XXII58 ▶¶ 지성개념 XXII20, XXII107, XXII126, XXII326, XXII443, XXII464, XXII476, XXII487, XXII494 ¶ 이성개념 XXII53, XXII126, XXII317 ¶ 반성개념 XXII205, XXII295, XXII321, XXII343, XXII489, XXII528 ▶¶ 개념의 구성[에 의한 원리] XXII11, XXII18, XXII23, XXII25, XXII47, XXII49, XXII66, XXII71, XXII87, XXII99, XXII112, XXII420 ¶ 개념에 의한 [원리] XXII23, XXII32, XXII47, XXII49, XXII66, XXII71, XXII80, XXII81, XXII87, XXII99, XXII112, XXII240, XXII370, XXII381, XXII420 ▶¶ 유개념 XXII13, XXII61, XXII127, XXII441

객관 · 객체/客觀 · 客體 Objekt/obiectum

¶ 객관/客觀 XXII11, XXII19, XXII22, XXII39, XXII43, XXII68, XXII353, XXII405, XXII480 ¶ 객관(存在者) XXII83 ¶ 객관적인 것(표상 바깥에 주어져 있는 어떤 것) XXII84 ¶ 객관(실존하는 것) XXII437 ¶ 객관성 XXII309 ¶ 우리는 주관이 객관에 의해 촉발되는 방식을 통해 객관을 인식한다 XXII450 ▶¶ 현상에서의/으로서의 객관 XXII32, XXII33, XXII39, XXII42, XXII343, XXII372, XXII375, XXII412, XXII462, XXII465, XXII479, XXII487, XXII494 ¶ 객관 자체 XXII37 ¶ 객관 [자체] = x XXII20, XXII32, XXII36, XXII47, XXII70, XXII78, XXII86, XXII88, XXII112, XXII412 ¶ 객관 = x(所與/所與的인 것)는 형식(思考/思考可能한 것)에 따른 잡다의 합성의 통일, 즉 형식의 원리 곧 선험적으로 기초로 놓여 있는 대상의 한 원리를 전제한다 XXII32 ¶ 객관 = x는 사물 자체이다 XXII412 ▶¶ 現象體 客觀 XXII33, XXII416 ¶ 叡智體 客觀 XXII31, XXII33, XXII46, XXII415, XXII416 ¶ 예지적 객관[객체] XXII415 ¶ 기술적//실천적 및 도덕적//실천적 이성의 객관 즉 자연과 윤리, 다시 말해 자유 XXII65

경험/經驗 Erfahrung/experientia

¶ 경험(經驗) XXII4, XXII20, XXII24, XXII25, XXII27, XXII66, XXII73, XXII88, XXII103, XXII104, XXII107, XXII280, XXII322, XXII352, XXII359, XXII378, XXII447, XXII449, XXII479, XXII494, XXII497 ¶ 오직 '하나의' 경험이 있다 XXII8, XXII91, XXII128, XXII319, XXII344, XXII360, XXII377, XXII407, XXII463, XXII549, XXII610, XXII611 ¶ 경험은 그 잡다의 총괄이 절대적 통일성 안에 있는 모든 가능한 지각들의 총괄이다. 지각들의 전반적인 규정을 이루는 것이다 XXII8 ¶ 경험은 가능한 지각들의 전체(모든 가능한 관찰과 실험)를 함유한다 XXII50 ¶ 경험은 주어져 있는 현상들(現象體들)을 전제한다. 다시 말해, 주관이 감관객관에 의해 촉발되는 하나의 방식을 전제한다 XXII458 ¶ 경험은 주관적인 절대적 통일성[하나]이다 XXII92 ¶ 경험은 감관표상들의 잡다의 절대적 주관적 통일이다 XXII97 ¶ 경험은 하나의 감관객관의 현실성에 대한 의식의 절대적 통일로, 하나의 경험만이 있다 XXII280 ■ =경험은 그 잡다의 총괄이 절대적 통일성 안에 있는 모든 가능한 지각들의 총괄이다 XXII8 ■ =경험은 지각들의 하나의 주관적 체계이다 XXII461 ■ =한 체계 안에서 결합된 모든 가능한 지각들의 전체라는 이념이 경험이다 XXII92 ■ =경험은 1)하나의 경험적 의식, 다시 말해 지각(注意)이고, 2)하나의 원리(觀察 及 實驗)에 따른 지각들의 집합체이며, 3)이 집합체의 지각의 완벽한 체계로의 전반적 규정이다 XXII93 ■ =경험적 인식의 체계로서의 경험 XXII318, XXII346, XXII357 ■ =경험은 지각들을 개념들에 따라서 하나의 교설체계(지각들의 집합체의 하나의 주관적 전체)로 연결하는 원리 아래에서의 지각들의 통합이다 XXII479~480 ¶ 법칙들이 없으면 경험이 생길 수 없다 XXII36 ¶ 경험은 지각들의 편성 ─ 객관적으로 하나의 원리에 따르는 ─ 에서의 개념의 통일로 만들어진다 XXII366 ¶ 직관의 잡다의, 한 連續體로서의 편성에 대한 자기의식이 선험적으로 일어나고, 이로써 지성은 경험으로 이월한다: 경험의 가능성 원리 XXII484 ¶ 경험은 지각들의 한낱 자연적인 집합이 아니고 인공적인 집합이다. ─ 경험은 감관들을 통해 주어져 있지 않고, 감성적 인식을 위해 만들어진다 XXII498 ¶ 경험함(經驗함)은 대상을 전반적 규정에서 사고함이다 XXII487 ▶¶ 경험들(經驗들) XXII49, XXII514 ¶ 경험들을 이야기하는 것은 이치에 맞지 않다 XXII8 ¶ 경험들을 이야기하는 것은 자기 모순적인 것이다 XXII92 ▶¶ 경험의 형식[적인 것] XXII4, XXII102, XXII309, XXII342 ¶ 경험의 소재/질료[적인 것] XXII361, XXII397 ▶¶ 경험의 가능성[의 원리/조건] XXII8, XXII12, XXII20, XXII24, XXII25, XXII27, XXII38, XXII42, XXII68, XXII82, XXII85, XXII89, XXII91, XXII98, XXII102, XXII193, XXII244, XXII292, XXII300,

XXII305, XXII311, XXII319, XXII335, XXII357, XXII359, XXII373, XXII386, XXII405, XXII411, XXII444, XXII487, XXII550, XXII614 ¶ 감관들에 의한 표상들의 주관성(第一 所與)이 아니라, 감관들을 위한 표상들의 객관성(第一 思考)이 최초에 경험의 기초로 놓여 있는 것이다 XXII309 ¶ 경험의 가능성을 위해서는 하나의 선험적 원리가 필요하다 XXII38 ¶ 이 '하나의' 의식에 의해 주관은 동시에 경험의 가능성의 원리이다 XXII455 ¶ 경험의 가능성(선험적 법칙들에 따른 하나의 전체를 위한, 이 직관들과 이 직관들의 결합의 법칙들과의 합치의 유추) XXII306 ¶ 경험의 유추들 XXII240, XXII495 ¶ 경험의 가능성을 위해서 집어넣은 것, 즉 형식 XXII322 ¶ 가능한 경험 XXII24, XXII71, XXII120, XXII194, XXII307, XXII335, XXII395, XXII446, XXII466, XXII552 ¶ 경험의 통일[성] XXII11, XXII77, XXII86, XXII94, XXII99, XXII287, XXII318, XXII352, XXII387, XXII611 ¶ 경험의 형식적 통일과 질료적 통일 XXII300 ▶¶ 경험의 경험의 원리 XXII93 ¶ 경험에 대한 경험 XXII455 ¶ 경험은 어떤 현상의 현상 XXII322 ▶¶ 경험과학 XXII298, XXII342, XXII398, XXII500, XXII513 ¶ 경험이론 XXII240, XXII244, XXII344, XXII379, XXII382, XXII400, XXII488 ¶ 물리학적 경험이론이란 없다 XXII452 ¶ 경험체계 XXII286, XXII376

경험적/經驗的 empirisch/empiricus

¶ 경험적(經驗的) XXII41, XXII114, XXII195, XXII322, XXII324, XXII342, XXII399, XXII408 ¶ 경험적 인식이 아직 경험은 아니다 XXII21 ¶ 그 전반적 규정에서의 직관들의 객관에 대한 경험적 인식이 경험이다 XXII98 ▶¶ 경험적인 것 XXII115, XXII149, XXII240, XXII297, XXII325, XXII363, XXII613 ¶ 경험적인 것[요소]의 체계는 경험적 체계(이것은 形容矛盾이다)가 아니다 XXII297, XXII310 ¶ 우리는 그 자신이 경험적이지 않고 경험일 수도 없는, 경험적 인식들의 한 체계를 어떻게 선험적으로 요구할 수 있는가? XXII342 ▶¶ 경험적 과학 XXII149 ¶ 경험적 자연과학 XXII376 ¶ 경험적 자연연구 XXII150, XXII299, XXII310, XXII340, XXII344 ▶¶ 경험론/경험주의 XXII398, XXII399, XXII400, XXII528 (→개념 →경험적 개념, →인식 →경험적 인식)

고체(강체)/固體(剛體) Festigkeit(Starrigkeit)/rigiditas

¶ 고체(固體) XXII146, XXII150, XXII158, XXII184, XXII211, XXII283, XXII547 ¶ 고체적(固體的) XXII141, XXII213 ¶ 고체성(固體性) XXII141, XXII146, XXII158, XXII517 ¶ 응고 XXII147, XXII148, XXII151, XXII213 ¶ 결정화[結晶化] XXII148, XXII213 ¶ 강체(剛體) XXII213, XXII547 ¶ 강체적(剛體的) XXII213, XXII373, XXII374, XXII599 ¶ 강체성(剛體性) XXII158, XXII215, XXII505 ■ =변위 가능성

에 저항하는, 접촉에서의 모든 인력이 강체성[剛體性]이다 XXII243 ¶ 강체화[剛體化] XXII213

공간/空間 Raum/spatium

¶ 공간 XXII5, XXII19, XXII39, XXII41, XXII44, XXII83, XXII99, XXII412, XXII425 ¶ 공간은 무한한 양적인 것[定量]이다 XXII11 ¶ 공간은 감관직관[감성적 직관]의 실존하는 객관도 아니고 내 바깥에 실존하는 어떤 것도 아니다 XXII12, XXII101 ¶ 공간은 우리 자신의 표상력의 산물이다 XXII15 ¶ 우리 자신의 상상력의 산물(그러나 시원적[始原的] 산물)이다 XXII37 ¶ 공간은 한편으로는 직관에서의 주관의 자발성의 작용이고, 다른 한편으로는 수용성의 촉발[된 것]이다 XXII42 ¶ 그래서 공간은 선험적·종합적 표상들이다 XXII43 ■ =공간은 주관 외부에[바깥에] 실존하는 어떤 것이 아니고, 사물들의 내적 규정들도 아니며, 오히려 한낱 사유[관념]물(理性의 存在者)이다 XXII414 ¶ 그러나 공간은, 그것이 지각들의 가능성의 원리로 생각되어야 하는 한에서, 외적으로 주어진 어떤 것으로, 실재적인 관계로 간주되고, 그러면서도 경험에 선행하는 것이다 XXII524 ▶¶ '하나의' 공간 XXII4, XXII15, XXII28, XXII42, XXII49, XXII85, XXII129 ■ =공간은 선험적으로 주어진 직관 자체로서, 현상에서의 잡다의 합성의 형식적 원리를 자신 안에 종합적으로 선험적으로 함유하고 있으며, 바로 그렇기 때문에 그 연장적 크기의 면에서 한계가 없는 무조건적인 통일성[하나임]을, 그러니까 무한성을 함유한다 XXII12 ▶¶ 순수 직관으로서의 공간 XXII4, XXII12, XXII18 ¶ 직관의 형식적인 것[요소]으로서 공간 XXII8 ¶ 공간은 직관의 객관들이 아니고, 주관적으로 직관 자신, 즉 감관표상 일반을 연결하는 형식[적인 것]이다 XXII30 ¶ 현상의 형식 XXII35 ¶ 우리의 표상들의 수용성의 형식 XXII79 ¶ 공간의 관념성 XXII21, XXII33 ¶ 思考可能한 空間 XXII342, XXII417 ¶ 공간은 대상 = X의 현상일 따름이다 XXII41 ▶¶ 직관에서의 공간 및 시간은 사물들이 아니고, 자기 자신을 정립하는 표상력의 現實態/作用이다. 주관은 이를 통해 자기 자신을 객관으로 만든다[삼는다] XXII88 ▶¶ 빈 공간 XXII551 ¶ 虛空 XXII63, XXII89, XXII342 ▶¶ 공간과 시간 XXII44 ■ =공간과 시간은 서로 곁에 있는 그리고 서로 잇따라 있는(各各 相互 竝列的 及 順次的으로 位置한) 것들을 편성하는 선험적 원리들, 그러니까 그러한 것들의 형식[인 것]을 함유하는, 순수 직관의 객관들의 두 관계들이다 XXII43 ¶ 공간 및 시간은 역학적 기능을 갖는 직관들인데, 그 기능은 직관의 잡다를 현상(所與[的]인 것)으로 정립하고, 그러므로 또한 可視的인 것을 현상으로 정립한다 XXII44 ¶ 공간과 시간은 대상들이 아니고, 순수 직관 자신이며, 지각들의 하나의 집합체의 경험적 표상들이 아니고, 표상을 위해 주어져 있는 잡다의 감

지할 수 있는(指定 可能한) 것이 아니며, 직관과 자기동일적인, 직관의 잡다의 합성의 형식[적인 것]이다. 그것들은 표상의 바깥에 실존하는, 포착할 수 있는 것으로 주어져 있는 것이 아니고, 표상능력이 독자적으로 스스로 만드는 것이다 XXII71 ¶ 공간과 시간은 지각(의식적인 경험적 표상)의 대상들이 아니고, 순수한 직관의 (선험적인) 대상들이다. 그것들은 사물들 자체(自己에 依한 存在者들)가 아니다. 그것들은, 다시 말해 표상의 바깥에 실존하는 어떤 것이 아니라, 주관이 스스로 자신을 정립하고, 다시 말해 스스로 자신을 자기의 표상들의 대상으로 만드는[삼는] 그런 주관의 한 작용으로서의 주관에 소속하는 어떤 것이다 XXII409 ¶ 공간과 시간은 주어진(경험적) 직관의 대상이 아니다. 무릇 그런 것이라면 그것들은 실존하는 무엇일 터이고, 우리 감관을 촉발하는 것일 터이니 말이다. 오히려 [그 직관들 자신은 하나의 所與가 아니라, 思考可能한 것이다] 그것들은 그 안에서 무엇인가가 우리 감관에 경험적 직관의 대상일 수 있는 순전한 형식이다 XXII435 ¶ 공간과 시간은 객관 없는 직관의 근원적 변양들, 다시 말해 현상에서 '하나의' 전체로 결합된 잡다의 주관적 표상들이다. 그러므로 그것들은 선험적으로 순전한 관계개념들로서 대상들의 모든 현존에 앞서 형식의 순전한 편성을 함유한다 XXII437

궁극목적[窮極目的] Endzweck

¶ 궁극목적 XXII126, XXII370, XXII489 ¶ 궁극목적의 학문 곧 지혜론 XXII544주, XXII545주

기계[機械] Maschine

¶ 기계 XXII139, XXII193, XXII299, XXII366, XXII369, XXII373, XXII399, XXII421 ■ =기계들은 자기의 형태(형상)에 의해 외적으로 그리고 자기의 내적 조성(직조)에 의해 다른 계량 가능한 (유동적 또는 강체적) 물질들을 장소운동하게 할 수 있는 능력을 함유하는 강체적[고체적] (비//유동적) 물체들이다 XXII599 ¶ (자연적인 또는 인공적인) 기계들 XXII555 ▶¶ 기계성 XXII52 ▶¶ 자연기계성 XXII52 ¶ 어리석음(기계성) XXII39 ▶¶기계체제 XXII139

기계적[機械的] mechanisch

¶ 기계적 XXII49, XXII66, XXII124, XXII141, XXII152, XXII189, XXII193, XXII207, XXII213, XXII241, XXII242, XXII283, XXII299, XXII308, XXII376, XXII385, XXII399, XXII421, XXII508 ¶ 기계적인 것 XXII239, XXII372 ▶¶ 기계적 원리 XXII91, XXII295, XXII365, XXII366 ¶ 기계적 체계 XXII200, XXII282 ¶ 기계적 수단 XXII156, XXII375 ¶ 기계적 척력 XXII213 ¶ 기계적 운동력(→운동력)

기계학(機械學) Mechanik

¶ 기계학 XXII138, XXII242, XXII327 ¶ 기계학적 XXII84, XXII85 ¶ 운동력들의 기계학은 역학의 전제 아래에서만 생각할 수 있다 XXII138

기체/基體 Substrat/substratum

¶ 기체(基體) XXII13, XXII32, XXII38, XXII508, XXII514, XXII517 ¶ 基體 物質 〔基本 素材〕 XXII509

〔ㄴ〕

나[我] Ich·ego

¶ 나 XXII22, XXII100, XXXII111, XXII119, XXII131 ▶¶ 나는 나 자신을 사고하는 주관으로 의식하고, 나는 나 자신을 직관의 객관으로 의식한다 XXII22 ¶ '나는 나 자신을 사고한다[의식한다]'라는 작용은 순전히 주관적이다 XXII79 ¶ 나는 하나의 원리에 따라 思考可能한 것이면서 동시에 나의 개념의 객관으로서 所與的인 것이다. 즉 사물 자체의 표상이면서 현상에서의 [표상이다.] XXII32 ¶ 나는 나 자신의 한 대상이자 나의 표상들의 한 대상이다. 나의 바깥에 무엇인가가 있다는 것은 나 자신의 산물이다. 내가 나 자신을 만든다. [⋯] 우리 자신이 모든 것을 만든다 XXII82 ¶ 나 바깥의 어떤 것의 설정 그 자체가 최초로 나로부터 출발한다 XXII97 ¶ 나는 사고하는 주관이지만, 아직 자기 자신을 인식하는 것으로서의 직관의 객관은 아니다 XXII91 ¶ 나는 사고한다(나는 思考한다). 나는 나 자신을 의식한다(나는 存在한다). 나, 주관이 나 자신을 객관으로 만든다(單純 捕捉). 그리고 이 작용은 아직 판단이 아니다. 다시 말해, 한 대상의 다른 것과의 관계에 대한 표상이 아직 아니다 XXII93 ¶ '나는 있다.'는 아직 하나의 명제(命題)가 아니고, 단지 하나의 명제를 위한 繫辭이며, 아직 판단도 아니다. "나는 실존하면서 있다[실존적으로 존재한다/실존한다]."는 포착을 함유한다. 다시 말해, 한낱 하나의 주관적 판단이 아니라, 나 자신을 공간 및 시간상의 직관의 객관으로 만든다. ― 논리적 의식은 실재적 의식에 이르고, 통각으로부터 포착과 그 잡다의 종합으로 나아간다 XXII96 ¶ 나는 나 자신을 의식한다. 이 논리적 작용은 아직 명제[정립]가 아니다. 무릇 이것에는 술어가 없으니 말이다. 저 작용은 실재적 작용을 통해 보완된다. 나는 사고(思考)하면서 실존(存在)한다. 이를 통해 무엇인가가(나 자신이) 단지 생각될 뿐만 아니라 주어진다(思考[可能한 것]이고 所與[的인 것]이다) XXII98 ¶ 1.)나는 있다(나는 存在한다) ― 2)나는 나 자신을 의식한다, 다시 말해 주관이 동시에 객관으로(統覺). 單純 捕捉은 나 자신의 直觀과 '나는

496

나 자신을 인식한다'라는 槪念을, 그리고 다음에 주관에서 직관의 객관으로의 이월, 判斷을 함유한다 XXII102 ¶ 나는 나 자신에게 나 자신의 개념에 의한 하나의 대상이다. 다시 말해, 나는 나 자신을 의식한다. 즉 이것은 하나의 논리적 판단(나는 存在한다, 나는 思考한다) XXII105 ¶ 1.)나는 [이다] 2. 나 자신에게 사고의 한 대상이자 내적 직관의 한 대상, 즉 하나의 감관객관이다. 다시 말해 직관의, 그러나 아직 경험적 직관(지각)이 아니라 순수한 직관의 대상이다 XXII105 ¶ 1.(동일률에 따른) 주관으로서의 '나' 자신에 대한 의식[나의 자기의식]. 2. 직관과 개념에 의한 자기 자신에 대한 인식[자기 자신의 인식]. 3. 자기 자신의 정립: 공간과 시간상에 XXII418 ▶¶ 나는 최고 존재자 중에 있다. 나는 나 자신을 (스피노자에 따르면) 내 안에서 법칙수립[입법]하는 신 안에서 본다 XXII54 ▶¶ 나의 지성적 인과성과 관련하여 나는 의무의 객체로서의 내가 나에게 수립하는 것에 따라 자유롭다. 물리적 인과성과 관련하여, 내가 나의 행위들의 발생을 설명해야 하는 한에서, 나는 자유로운 존재자로가 아니고, 자연연쇄 안에서 결정된 존재자로 간주되어야 한다 XXII621

나는 생각한다/나는 思考한다 Ich denke/ego cogito

¶ 나는 생각한다/나는 思考한다 XXII83 ¶ '나는 사고한다. 그렇기에 나는 있다'라는 것은 추론이 아니라, 오히려 인식의 제일[최초]의 작용이다. 즉 나는 나 자신에게 사고의 한 대상(思考可能한 것)이자 직관의 한 대상(所與的인 것)이다 XXII79 ¶ '나는 사고한다'(통각)라는 논리적 작용은 하나의 판단(判斷)이다. 그러나 아직 명제(命題)는 아니며, 그를 통해 하나의 객관이 주어지는 인식능력(認識能力)의 작용이 아니라, 단지 일반적으로 생각되는 것이다. 그것은 내용 없는 형식의 면에서의 논리적 작용이다. 나는 思考하면서 存在한다. 그러나 나는 아직 나 自身을 認識하지는 못한다 XXII95 (→ 나, → 자기의식, → 통각)

나는 있다[이다]/나는 存在한다[이다] Ich bin/ego sum

¶ 나는 있다 XXII115 ¶ '나는 있다'는 객관에 대한 모든 표상에 선행하는 논리적 작용이고, 그를 통해 내가 나 자신을 정립하는 하나의 동사/말/언표이다. 나는 공간과 시간상에 실존하고, 나의 현존을 공간과 시간상에서 전반적으로 규정하거니와(全體的 規定은 實存이다), 직관의 잡다의 연결의 형식적 결합에 의해 현상으로서 규정한다. 나는 나 자신에게 하나의 외적이고 내적인 대상이다. 나 자신의 규정의 주관적인 것[요소]은 동시에 동일률에 따라서, 즉 선험적 종합 인식의 한 원리에 따라서 객관적이다 XXII85 ¶ (나는 있다/이다)[는] 하나의 가능한 판단을 위한 계사이고, 아직 판단 자신은 아니다. 이것을 위해서는 아직 하나의 술어가 필요하다(單純 捕捉). '나는 생각하면서 있다'라는 판단은 종합 판단이 아니다. 다시 말해 나 자신의 표상 개념을

넘어서고, 주관의 규정을 넘어서는 그러한 판단이 아니다 XXII91 ¶ 표상능력의 제일〔최초〕의 작용은 '나는 있다'라는 동사/언표/말, 즉 나 자신의 의식이다. 나는 나 자신에게 하나의 대상이다. 주관이 자기 자신에게 객관이다. — 이런 사상〔생각〕(單純 捕捉)이 아직 판단(判斷)은 아니고, 더욱이나 "나는 사고한다. 그렇기에 나는 있다." 운운하는 이성추리(推理)는 아니다. 오히려 그것은 동일률에 따른 인격성의 한 작용으로서, 직관과는, 더구나 모든 경험에 앞서, 다시 말해 지각에 앞서 주관을 규정하는 술어들을 가진 내적 직관과는 다른 것이다. — 범주들의 체계 XXII115 ¶ 인식의 제일〔최초〕의 작용은 '나는 있다'라는 동사/말/언표 즉 자기의식이다. 여기서 '나', 주관은 나 자신에게 객관이다. — 무릇 여기에 이미 주관의 모든 규정에 선행하는 하나의 관계, 곧 직관의 개념의 관계에 대한 관계가 놓여 있는데, 여기서 '나'는 두 겹으로, 다시 말해 이중적 의미로 취해진다. 내가 나 자신을 정립함으로써, 다시 말해 한편으로는 사물 자체(自己에 依한 存在者)로, 둘째로는 직관의 대상으로, 그것도 객관적으로 현상으로거나 나 자신을 선험적으로 하나의 사물로 구성하는, 다시 말해 사상〔事象〕 그 자체로 구성함으로써 말이다 XXII413 ¶ '나는 있다/존재한다'라는 정식에서의 나 자신의 의식은 '나는 나 자신에게 하나의 대상이다. 그것도 내적 직관의 대상(所與)이자 내가 나에게 부가하는 것의 규정의 사고의 대상(思考可能한 것)이다'라는 명제와 자기동일적이다. 그러므로 '나는 나 자신에게 직관의 대상이자 나 자신의 직관의 잡다의 사고의 하나의 대상이다'라는 명제는, 그 가능성에 대해서는 내가 탐구하는 것이 허용되지 않는, 하나의 선험적 종합 명제이고, "선험적 종합 명제들이 어떻게 가능한가"라는 과제에서 그 자신이 답하는 초월철학의 원칙이다 XXII449/450 (→ 나, → 자기의식, → 통각)

〔ㄷ~ㅁ〕

대상/對象 Gegenstand/obiectum

¶ 대상 XXII336 ¶ 한 대상의 인식에는 두 가지 표상방식이 있다. 즉 1. 대상 자체, 2. 현상에서의 대상 XXII20 ¶ 현상에서의 대상과 대립하는 이른바 대상 자체의 구별(現象體 對 叡智體) XXII24 ¶ 사물 자체로서의 대상 XXII414 ▶¶ 현상에서의 대상 XXII23, XXII28, XXII43, XXII48, XXII67, XXII70, XXII82, XXII87, XXII94, XXII98, XXII367, XXII388, XXII465, XXII479, XXII517 ¶ 현상에서의 대상(所與〔的〕인 것〕) XXII23 ¶ 대상(所與) XXII79, XXII449 ¶ 현상에서의 대상(현상체) XXII76 ▶¶ 대상 자체 XXII24, XXII40, XXII88 ¶ 대상 = x XXII37, XXII41, XXII73 ¶ 대

상 자체 = x XXII414 ¶ 대상(사물) 그 자체 XXII23 ¶ 현상으로서의 모든 표상은 대
상 자체인 것과는 구별되는 것으로 생각된다.(감성적인 것과 예지적인 것의 구별) 그
러나 후자 = x는 내 표상 바깥에 실존하는 하나의 특수한 객관이 아니라, 오로지 감
성적인 것을 추상한, 필연적인 것으로 인정되는, 이념〔관념〕이다. 그것은 예지적인 것
으로서 認識可能한 것이 아니라 x이다. 그것은 현상의 형식 바깥에 있는 것이지만, 思
考可能한 것(그것도 필연적인 것으로 생각할 수 있는 것)이기 때문이다. 주어질 수 없
는 것이지만 생각되어야만 하는 것이다. 왜냐하면, 그것은 감성적이지 않은 어떤 다
른 관계들에서 나타날 수 있기 때문이다 XXII23

도식〔圖式〕·도식성/도식기능〔圖式性/圖式機能〕 Schema·Schematism〔us〕

¶ 도식 XXII155, XXII326, XXII343, XXII377, XXII496 ▶¶ 도식성 XXII20,
XXII330 ¶ 도식론 XXII505 ▶¶ 도식기능 XXII494, XXII505 ¶ 판단력의 도식기능
XXII484, XXII491, XXII494, XXII495 ¶ 지성개념들의 도식기능 XXII487, XXII494,
XXII556 ¶ 반성개념들의 도식기능 XXII490

망상〔妄想〕 Wahn

¶ 망상 XXII383, XXII489 ¶ 망상의 교설 XXII399

목적인/目的因 Endursache/causa finalis

¶ 목적인(目的因) XXII399, XXII548 ¶ 내적 목적인 XXII99 ¶ 目的因 XXII288

물리학/物理學 Physik/physica

¶ 물리학/物理學 XXII64, XXII94, XXII241, XXII297, XXII298, XXII306, XXII311,
XXII318, XXII340, XXII356, XXII360, XXII377, XXII380~382, XXII384~385,
XXII391, XXII396~397, XXII406, XXII407, XXII411, XXII455, XXII473,
XXII479~480, XXII487~488, XXII493, XXII543 ■ =물리학은 현상들로서의 지각
들의 주관적인 것을 지성을 통해 객관적인 것으로 표상하는 원리이다 XXII464 ■ =
물질의 경험적으로 주어진 운동력들의 체계 XXII149, XXII189, XXII190 ■ =물질의
운동력들의 모든 경험적 인식의 하나의 체계 XXII310 ■ =힘들의 하나의 체계로서
의 탐구(自然의 探究, 精密調査) XXII189, XXII299 ¶ 원리로서의 자연연구에서 관찰
과 실험에 의한 현상들인 지각들의 편집 XXII298 ■ =물질의 운동력들의 총괄(包括)
에 대한 경험과학 XXII298 ■ =경험의 통일을 위한 물질의 운동력들의 주관적 총괄
XXII306 ¶ 경험적 직관의 전체는 지각을 매개로 바깥에서 안으로 진보하는 것으로
생각될 수 없고, 오히려 안에서 넘어 나와, 현상에서의 잡다로부터 경험적 직관의 전
체로, 합성을 통해 지각들의 하나의 체계(물리학)로 진보하는 것으로 생각되어야 한
다 XXII388 ■ =현상(다시 말해, 경험적 표상들)에서의 물질의 운동력들의 하나의 절

대적 전체에 대한 하나의 체계적 서술 XXII308 ■ =물질의 운동력들이 객관적으로 그것들의 하나의 자연체계 안에 함유되어 있는 한에서, 물질의 운동력들에 대한 교설체계 XXII319, XXII342, XXII380 ■ =물질의 운동력들의 법칙들 — 이것들이 경험에서 주어지는 한에서의 — 에 대한 교설체계 XXII497 ■ =주관을 촉발하는 물질의 운동력들인 지각들의 경험적 인식의 총괄(包括)에 대한 학문(敎說的 體系) XXII359 ■ =경험의 가능성을 위해 하나의 원리에 따라서 지각(의식적인 경험적 표상)들을 결합하는 지각들의 교설//체계 XXII363 ■ =물질의 운동력들로서의 감관객관들의 현상들 — 이것들의 총괄이 주관적으로 가능한 경험의 하나의 대상인 한에서 — 에 대한 교설 XXII380 ¶ 물리학의 객관, 즉 물질의 운동력들의 전부 XXII306 ¶ 물리학의 질료[적인 것]는 운동력들의 총괄(包括)이고, 형식[적인 것]은 이것들을 하나의 체계로 연결함이다 XXII310/311 ¶ 물리학의 형식적 조건은 경험적으로가 아니라 선험적으로 주어져 있다 XXII388, XXII543 ¶ 물리학은 물질의 운동력들의 체계에 대한 경험이론이되, 경험으로부터 [나온] 것이 아니다 XXII400 ¶ 물리학은 철학에 속한다. 물리학은 한낱 경험적인 학문이 아니며, 물리학에서 수학이 철학적으로 이용되기는 하지만 수학적인 학문이 아니다 XXII488 ■ =경험의 대상들의 인식의 가능성의 원리들의 학문 XXII455 ■ =경험에서의 (외적 또는 내적) 감관들의 대상들의 인식의 교설체계 XXII458, XXII482 ■ =주관의 지성에 의해 하나의 경험원리로 결합되어 있는 한에서 감관표상들의 교설체계(敎說的 體系) XXII459 ■ =감관객관들의 지각을 주관에서의 경험의 형식적 통일로 연결하는 하나의 교설//체계 XXII460 ■ =물질의 운동력들에 대한, 경험에서 현시(展示)될 수 있는 한에서의, 교설체계 XXII511 ¶ 현상 일반에서의 대상들에 대한 선험적 개념들에 따라 이 세계[우주]소재[에테르]의 인정이 비로소 물리학을 가능하게 한다 XXII476 ▶¶ 물리학에서 자연지식의 구분: 1) 물질과 물체, 2) 기계적 운동력과 역학적 운동력, 3) 유기체(생명력)와 무기체, 4) 의지력(자유법칙)의 자연 산입 여부 XXII299 ■ =외적 감관객관으로서의 물질의 운동력들의 전부에 대한 교설체계 XXII306 ¶ 물리학에는 유기화된 물체들의 개념과 건강 및 질병과 같은 이것들과의 주관적 관계들도 속한다 XXII466 ▶¶ 물리학(화학) XXII141, XXII149 ¶ 물리학(자연지식학) XXII490, XXII498, XXII500, XXII511 ¶ 물리학(자연의 경험이론) XXII501 ¶ 물리학(운동력들의 경험이론) XXII511 ¶ 물리학자 XXII299, XXII550

물질/物質 Materie/materia

¶ 물질/物質 XXII99, XXII114, XXII146, XXII150, XXII305, XXII374, XXII481, XXII508, XXII525, XXII549 ■ =공간상에서 운동할 수 있는 것 XXII149, XXII513

500

¶ 공간상에서 운동할 수 있는 것의 운동력들은 공간상에 외적으로 그리고 시간상에 내적으로 현존하는 물질[질료]적인 것이다 XXII437 ■ =공간을 감관들의 대상으로 만드는 것 XXII514 ¶ 오직 '하나의' 물질 XXII92, XXII299, XXII374, XXII407, XXII514 ¶ 물질은 힘이거나 원소이다 XXII441, XXII459 ¶ 물질은 그 힘들의 하나의 공통의 원리(基盤)을 갖고, 한계 없는 공간을 감관들의 대상으로 만들며(原本的 共同 基盤), 또는 특수한 방식의 운동력을 함유한다(特殊 基盤) XXII525 ▶¶ 流動 物質 XXII158 ¶ 固體 物質 XXII158, XXII213 ¶ 풀린[解放] 物質 XXII355 ¶ 묶인[束縛] 物質 XXII355 ¶ 거친[粗野한] 物質 XXII356 ▶¶ 物質基盤 XXII358 ¶ 物質 構成의 部分들 XXII351 ¶ 열물질 XXII142 ▶¶ 물질의 운동력들의 체계 XXII135 ¶ 물질의 운동력들의 기본[요소]체계 XXII195 ¶ 세계[우주]물질의 기본[요소]체계 XXII135 ¶ 물질의 운동 법칙 XXII135 ¶ 물질의 양 XXII156, XXII205 ■ =물질의 한 정량[定量]은 공간상에서 운동할 수 있는 다량의 사물들의 전체이다. 물질의 양[量]/수량[數量]은 하나의 동종[동질]적인 것으로서의 이 다량의 규정[확정]이다 XXII205 ¶ 물질의 질 XXII158, XXII211 ¶ 질에 관한 물질의 제1구분은 오직, 그것이 유동적/액체적이냐 고정적/고체적이냐 하는 것일 수 있다 XXII213 ¶ 물질의 관계 XXII184 ¶ 물질의 양태 XXII188 ▶¶ 과제인즉 '물질의 운동력들을 최초로, 그것도 그 전체를, 운동하게 하는 것이 무엇이냐?'이다 XXII200 ¶ 유기[적] 물질이라는 개념은 그 자신 안에 하나의 모순을 함유한다 XXII283 (→ 유기적 → 유기적 물체[유기체])

물체/物體 Körper/corpus

¶ 물체 XXII99, XXII358, XXII549 ¶ 물체가 고체일 수밖에 없다는 것은 이미 그 개념 안에 들어 있다 XXII283 ▶¶ 물리적 물체 XXII282 ■ =물질의 한 양의 부분들의 통일된 인력에 의해 자기 자신을 한계 짓는 하나의 전체 XXII282 ¶ 透視的 物體 XXII452 ¶ 물리적 물체 각각은 기계적인//운동력들의 하나의 체계로, 다시 말해 기계로 보아야 한다 XXII193 ¶ 물리적인 유기적 물체[유기체]와 비유기적 물체[무기체] XXII283 ¶ 물리적//유기적 물체와 기계적//유기적 물체 XXII283 ▶¶ 유기화된/유기적 물체 XXII396, XXII408, XXII465, XXII466, XXII506 ¶ 살아 있는 물체적 존재자들(동물들 및 인간) XXII283 ¶ 오직 목적들의 원리에 따라서 가능한 것으로 생각될 수 있는 물체들은 유기적이고, 그렇기 때문에 또한 강체적[剛體的]/고체적인 것으로 생각된다. 이것들은 기계들로서 무생명적(한낱 생장적[식물적])이거나 동물적으로[욕구 있는] 생명 있는 것들이며, 이를 위해서는 운동력들의 분할 불가능한 통일성(영혼)이 필요하다 XXII373, XXII510 ¶ 유기화된 물체들은 하나의 世界靈魂을 현시한다 XXII504 ▶¶ 자연물체 XXII546 (→ 유기적 → 유기적 물체[유기체])

사고(작용)/思考(作用) Denken/cogitatio

¶ 사고/思考 XXII79 ¶ 사고한다 XXII48 ¶ 사고 작용 XXII477 ¶ 인간은 객관들에서 시작하지 않고, 자기 자신의 사고 주관을 구성(구조화)하는 가능성의 체계에서 시작하며, 스스로 자기 사고력의 창시자이다 XXII79 ¶ 사고, 즉 의식적인 나 자신의 표상은 모든 판단에 선행한다 XXII89 ▶¶ 사고의 형식 XXII5, XXII94 ¶ 형식(思考/思考可能한 것) XXII32 ¶ 순수 사고 XXII83 ¶ 선험적 사고 XXII463 ▶¶ 경험적 사고 일반의 요청들 XXII240 ¶ 경험적 사고 일반의 집합체 XXII495 ¶ 경험적 사고 일반의 통합 XXII495

사고 가능한(생각할 수 있는) 것/思考(可能한 것) Denkbares/cogitabile

¶ 생각할 수 있는 것/사고 가능한 것/思考(可能한) 것 XXII22, XXII23, XXII24, XXII32, XXII38, XXII42, XXII45, XXII121, XXII322, XXII335, XXII336, XXII342, XXII393, XXII395, XXII415, XXII417, XXII435, XXII507 ¶ 사고할 수 있는(思考可能한) 것은 자기 자신의 의식 안에 함유되어 있으며, 통각의 대상이다 XXII90 ¶ 합성의 작용(思考) XXII11 ¶ 개념들에 따라 한낱 생각할 수 있는 전체(思考可能한 것) XXII78 ¶ 개념에서 사고 가능한 것 XXII210 ¶ 表象可能한 것은 所與的인 것이거나 한낱 思考可能한 것이다 XXII75, XXII94 ¶ 초감성적인 것은 純全히 思考可能한 것 XXII120 ¶ 理性의(理性에 依한) 存在者는 단지 思考可能한 것 XXII120 ¶ 把握할 수 없는 思考可能한 것 XXII125 ¶ 사고 가능한 것(叡智的인 것) XXII94 ¶ 第一 思考 XXII309 ▶¶ 한낱 형식적인 것, 선험적으로 생각할 수 있는 것만을 우리는 알 수 있다 XXII97

사물/事物 · 사상(事象) Ding/res · Sache

¶ 사물/事物 XXII121, XXII340/341, XXII620 ¶ 사물(存在者) XXII77, XXII96 ¶ 외적 및 내적 사물들 XXII112 ▶¶ 실존하는 사물 XXII108 ¶ 나의 표상 바깥에 실존하는 사물들(存在者들) XXII101 ¶ 사물이 언제(일정 시간에) 그리고 어디서(일정 공간에) 작용한다면, 그 사물은 현존한다 XXII121 ¶ 현실적(실제적) 사물 XXII613 ▶¶ 가설적 사물 XXII108, XXII121 ¶ 사념물 XXII126 ▶¶ 나는 나 자신에 대한 경험과 나 바깥의 사물들을 만든다 XXII102 ¶ 사물(存在者, 所與, 現象體) XXII428 ¶ 事物의 全體性(萬物) XXII81 ▶▶¶ 사상(事象) XXII22, XXII33, XXII81, XXII86, XXII127, XXII420 ▶¶ 무물(無物)(무의미한 것) XXII485 ¶ 무물(無物)(非存在者) XXII96, XXII101 ¶ 독자적인 사물(自己에 依한 存在者) XXII90 (→ 존재자, → 사물 자체)

사물 자체〔事物 自體〕·사상 자체〔事象 自體〕 Ding an sich·Sache an sich

¶ 사물 자체 XXII32, XXII34, XXII35, XXII37, XXII39, XXII43, XXII322, XXII412, XXII415, XXII418 ■ =사물 자체란 단지 理性의 存在者, 다시 말해 단지 사념물로서, 객관적으로가 아니라 주관적으로만 규정할 수 있는 것, 하나의 無限(無限定한) 概念이다 XXII420 ¶ 사물 자체(叡智體 客觀) XXII31 ¶ 사물 자체(叡智體) XXII112 ¶ 사물 자체는 표상 바깥에 주어진 하나의 대상이 아니라, 객관에 대응하는 것으로 생각되는 하나의 사념물의 설정〔定位〕일 따름이다 XXII31 ¶ 사물 자체는 개념들을 통해 생각할 수 있는(思考可能한) 것이다. 개념에 대응하는 직관에서의 이것, 객관적인 것에 대응하는, 표상의 주관적인 것은 실재적인 것, 所與的인 것 = x 이념이다 XXII24 ¶ 사물 자체는 理性의 存在者〔思念物〕이다 XXII32 ■ =사물 자체는 하나의 사념존재자(理性의 存在者)이다 XXII27 ¶ 사물 자체라는 개념은 한낱 사념물(理性의 存在者)로서, 직관의 객관을 현상으로 대립시켜 표상하기 위한 대상 = x로 쓰이는 것이다. […] 그것은 단지 하나의 부호 같은 것으로 있다 XXII37 ¶ 현상에서의 한 사물에 대응하는 사물 자체는 순전한 사념물이다 XXII415 ¶ 사물 자체(自己에 依한 存在者) XXII24, XXII26, XXII46, XXII409, XXII412, XXII413, XXII416 ▶¶ 사물 자체 = x XXII42, XXII44, XXII66, XXII71, XXII73, XXII417, XXII421 ¶ 사물 자체 = X는 감관들에 주어지는 객관이 아니라, 단지 감관직관 일반의 잡다의 선험적 종합 인식의 원리이자 이 잡다의 배열 법칙의 원리이다 XXII33 ¶ 사물 자체 = x라는 것은 그자신 하나의 별난 대상이 아니고, 자기 자신을 대상으로 구성하기 위한 하나의 특수한 관계 맺음(觀點)이다 XXII44 ■ =사물 자체 = x는 한낱 사념물〔관념〕, 理性의 推定的 存在者이다 XXII421 ▶¶ 사물 그 자체 XXII32, XXII93, XXII319 ¶ 사물 그 자체(叡智體 客體) XXII335 ▶▶¶ 사상〔事象〕 자체 XXII37, XXII72, XXII318, XXII320, XXII354 ¶ 사상〔事象〕 자체의 개념 = x XXII48, XXII75 ¶ 공간 또는 시간상의 한 대상의 실존은, 그 대상이 선험적 종합 명제들을 통해 (직관으로) 주어져 있는 한에서, (현상체로서의) 현상에서의 대상의 표상이며, 이 현상체에 객관에 대한 하나의 지성 표상의 상관자로서의 사상〔事象〕 자체의 개념 = x가 선험적 종합 판단들의 원리로서 대응한다 XXII48 ¶ 사상〔事象〕 그 자체 XXII22, XXII346, XXII413 ¶ 사상〔事象〕 그 자체 = x(叡智體 客觀) XXII416 ▶¶ 사물 자체와 현상에서의 사물 XXII26, XXII43, XXII44, XXII46, XXII70

사력〔死力〕 to〔d〕te Kraft〔vis mortua〕

¶ 사력 XXII534 ¶ 압박과 견인의 사력〔死力〕 XXII139 ¶ 사력과 활력 XXII189, XXII211 (→ 활력)

생(생명)/生(生命)·생명력/生命力 Leben/vita·Lebenskraft/vis vitalis

¶ 생명/生命 XXII296, XXII299, XXII399, XXII418, XXII481, XXII499 ¶ 생명(비물질적 원리, 내적 목적인) XXII99 ¶ 생명의 원리 XXII100 ¶ 생명원리는 비물질적이다 XXII481 ¶ 생명의 감정 XXII100, XXII495 ¶ 생명성(동물성) XXII373 ¶ 생명과 유기성 XXII534 ▶¶ 生命體 XXII56, XXII81 ¶ 지성체(知性體)와 교호작용하는 사상(事象)들(生物들) XXII81 ¶ 생명 있는 물체는 자기의 운동 중에서 언제나 자신을 회복하는 하나의 물체이다 XXII411 ¶ 생명 있는 물체는 하나의 생장적(식물적) 또는 동물적 생명의 원리를 자기 안에 함유한다. 즉 건강함//병듦//죽음 그리고 갱생의 원리 말이다. 갱생은 동일한 개체의 갱생은 아니지만, 양성(兩性)의 짝짓기를 통해 유사한 원소들로써 종(種)을 보존 유지하는 물체의 갱생이다 XXII499 ¶ 생명 있는 물질은 없다 XXII411 ¶ 생명 있는 물질은 모순적이다 XXII421 ¶ 살아 있는 물질이란 形容矛盾이다. 지휘하는 원리는 비물질적이다 XXII481 ▶¶ 생명력/생명의 힘 XXII100, XXII193, XXII300, XXII494, XXII547 ¶ 생장력 XXII283, XXII547 ¶ 식물적 생과 동물적 생 또는 생장력과 생명력의 구분 XXII283, XXII356, XXII369, XXII374 ¶ 무생명적(한낱 생장적(식물적))이거나 동물적으로(욕구 있는) 생명 있는 것들 XXII373 ¶ 생명역량 XXII301 ▶¶ 생기를 주는 힘(生氣力) XXII210 ¶ 활력과 생명력의 차이 XXII189 (→ 활력)

선험적/先驗的 a priori

¶ 선험적/先驗的 XXII11, XXII22, XXII27, XXII88, XXII340, XXII613 ¶ 선험적(초월적) XXII364 ¶ 선험적 가능성 XXII364, XXII493 ¶ 선험적 규정 XXII45 ¶ 선험적 목적 XXII78 ¶ 선험적 구분 XXII288, XXII326, XXII373 ¶ 선험적 법칙 XXII150, XXII306, XXII396, XXII458, XXII529 ¶ 선험적 원칙 XXII280 ¶ 선험적 원리/先驗的 原理 XXII11, XXII38, XXII43, XXII47, XXII68, XXII79, XXII82, XXII149, XXII190, XXII240, XXII242, XXII244, XXII286, XXII291, XXII298, XXII311, XXII319, XXII322, XXII340, XXII343, XXII353, XXII364, XXII377, XXII386, XXII413, XXII417, XXII426, XXII436, XXII461, XXII468, XXII484, XXII497, XXII503, XXII543, XXII556 ¶ 선험적·분석적 원리 XXII113 ▶¶ 선험적 종합 XXII27, XXII29 ¶ 선험적 종합 원리 XXII41, XXII104, XXII119, XXII419, XXII459 ¶ 선험적 종합 원칙 XXII72, XXII77, XXII79, XXII460 ¶ 선험적 종합 명제 XXII15, XXII18, XXII22, XXII26, XXII28, XXII30, XXII32, XXII35, XXII42, XXII48, XXII55, XXII67, XXII70, XXII95, XXII411, XXII412, XXII414, XXII417, XXII420, XXII421, XXII434, XXII445, XXII474 ¶ 선험적 종합 명제들은 감관대상

들에 대해 있다 XXII75 ¶ 선험적 종합 명제들은 직관에, 곧 순수 수학에 주어져 있다 XXII80 ¶ 선험적 종합 인식(→ 인식) ¶ 선험적 종합 판단(→ 판단)

선험적 종합 판단(인식/명제)들은 어떻게 가능한가?

Wie sind synthetische Urteile(Erkenntnisse/Sätze) möglich?

¶ 선험적 종합 판단들은 어떻게 가능한가 XXII34, XXII419, XXII495 ▶¶ 선험적 종합 인식들은 어떻게 가능한가 XXII4, XXII24, XXII25, XXII39, XXII45~46, XXII86, XXII530 ▶¶ 선험적 종합 명제들은 어떻게 가능한가 XXII20, XXII24, XXII27, XXII28, XXII29, XXII37, XXII66, XXII102, XXII312, XXII379, XXII440, XXII450, XXII474 ¶ 형식[적인 것]에 따른 직관의, 다시 말해 현상에서의 수용성과 '하나의' 개념에서의 총괄(포착)의 의식의 자발성이 초월철학의 선험적 종합 명제들의 現實態/作用이다 XXII412 ▶¶ 선험적 종합 명제들은 철학 및 수학의 원리들로서 이성 중에 필연적으로 주어져 있다. 그러나 이것들은 순전히 현상에서의 대상들에 관계하고, 그것도 그 형식[적인 것]에 관계하는 한에서만 가능하다 XXII23 ▶¶ 선험적 종합 판단들이 어떻게 가능한가? — 직관의 공리들 — 지각의 예취들, 경험의 유추들, 그리고 경험적 사고 일반의 통합을 통해서, 다시 말해 선험적으로 기초에 놓여 있는 판단력의 도식기능을 통해서 [개념들에 의한 선험적 종합 판단들은] 가능하다 XXII495 ¶ 선험적 종합 판단들은 오직 감관의 대상들이 사물들 자체로서가 아니라 단지 현상들로 표상되는 한에서 가능하다 XXII419 ¶ [개념들의 구성에 의한] 선험적 종합 판단은 오직 선험적 순수 직관들, 공간과 시간에서 가능하다 XXII105 ¶ 선험적 종합 명제들은 이제 순수 수학의 공리들로서 가능할 뿐만 아니라, 필연적이다 XXII22

설정(위치 지음 · 정위)/設定(定位) Position/positio

¶ 설정[위치 지음/定位] XXII97, XXII413, XXII420 ¶ 공간 및 시간상에서의 그의 주체/주관 설정[定位/위치 지음] XXII4 ¶ 各各 相互 竝列的 及 順次的 設定[定位] XXII4, XXII112 ¶ 자기 자신의 설정[定位/위치 지음] XXII27, XXII47 ¶ 현상의 형식[적인 것]은 공간과 시간상에 대상의 설정[위치 지음]이다 XXII36 ¶ 內部受容과 外部設定 XXII69 ¶ 외적 설정과 내적 설정 XXII443 ¶ 지각은 감관표상의 경험적 의식의 설정[定位]이다 XXII476 ▶¶ 저 = x는 단지 절대적 설정 XXII28 ¶ 현존은 사물의 어떤 한 특수한 술어가 아니고, 모든 술어들과 함께하는 사물의 절대적 설정 XXII549 ▶¶ 하나의 사념물의 설정[定位] XXII31 (→ 자기정립)

세계/世界 Welt/mundus

¶ 세계/世界 XXII48, XXII97, XXII124, XXII188, XXII207, XXII546 ■ =세계

는 모든 감성존재자들의 총체이다 XXII49, XXII52 ■ =모든 자연존재자의 총체〔세계〕 XXII60 ■ =실존하는 사물들 전체의 총체성 XXII124 ¶ '하나의' 세계가 있다 XXII49, XXII59, XXII108, XXII116 ¶ 世界들의 複數性에 關한 물음은 그 자신 안에서 모순적이다 XXII125 ¶ 세계존재자 XXII48, XXII59, XXII104, XXII108, XXII112, XXII114 ¶ 이성적인 세계존재자 XXII130 ¶ 물체세계 XXII117 ▶¶ 신과 세계가 있다 XXII53, XXII54, XXII59, XXII61 ¶ 신과 세계는 서로 병렬해 있는 것이 아니라 종속해 있는 존재자들(並列的이 아니라 從屬的인 存在者들)이다 XXII62 ¶ 세계에는 자연과 자유, 즉 상이한 종류의 두 활동 능력이 있다 XXII50, XXII59 ▶ ¶ 세계형성자/세계창조주/세계창시자 XXII34, XXII38, XXII52, XXII55, XXII114, XXII117 ¶ 세계정령〔精靈〕 XXII38 ▶¶ 세계지배자 XXII63 ¶ 실체로 생각된, 순수 도덕적 원리들에 따라서 세계에서 작용하는 하나의 원인(世界 밖의 存在者) XXII131 ▶¶ 세계영혼/世界靈魂 XXII58, XXII63, XXII78, XXII97, XXII100, XXII109, XXII504, XXII507, XXII548 ¶ 세계정신 XXII295 ▶¶ 세계건축물〔우주〕 XXII84 ¶ 세계공간〔우주〕 XXII479, XXII517, XXII550, XXII551, XXII610 ¶ 세계전체〔우주〕 XXII506 ¶ 세계물체〔천체〕 XXII554 ¶ 물리적 세계통치〔정부〕 XXII452 ¶ 세계〔우주〕소재 XXII475, XXII476

세계체계〔우주계〕/世界體系〔宇宙系〕 Weltsystem

¶ 세계체계〔우주계〕 XXII155, XXII192, XXII193, XXII200, XXII201, XXII210, XXII239, XXII300, XXII301, XXII376, XXII485, XXII549, XXII550 ¶ 세계〔우주〕물질의 기본〔요소〕체계 XXII135 ¶ 물질의 운동력들의 기본〔요소〕체계 XXII155, XXII192, XXII376

수학/數學 Mathematik/mathematica

¶ 수학 XXII58 ¶ 순수 수학 XXII25, XXII40, XXII80 ¶ 순수 수학은 개념들의 구성에 의한 선험적 종합 원칙들을 함유한다 XXII72 ¶ 기하학 XXII25 ¶ 수학적 물체 XXII283 ▶¶ 철학의 도구로서의 수학 XXII83, XXII85, XXII108, XXII126, XXII512, XXII515 ¶ 수학은 (그 자신 철학이 되지는 않아도) 철학의 도구가 되고, 이 도구이론의 원리들 또한 초월철학에 속한다 XXII81 ¶ 물리학에서 수학을 학문의 도구로 사용하는 것은 철학이다. 그러나 수학은 그 자체로는 철학의 한 원리가 아니고, 철학을 자기 개념들 안에 함유하고 있지도 않다 XXII490 ▶¶ 수학과 철학 XXII12 ¶ 수학은 철학을 통해 간접적으로 정초된다 XXII78 ¶ 수학의 가치는 기술적//실천적 이성(임의의 목적들을 위한 수단들을 발견하는 숙련성)의 가치이고, 철학의 가치는 도덕적//실천적 이성의 가치로서, 단적으로(정언적으로) 지시명령하는, 곧 마음씨

에서 개선된 인간을 창출하려는 궁극목적을 지향하고 있다 XXII545주

시간/時間 Zeit/tempus

¶ 시간 XXII5, XXII19, XXII41, XXII44, XXII83, XXII99 ¶ 시간은 무한한 양적인
것[定量]이다 XXII11 ¶ 시간은 감관직관[감성적 직관]의 실존하는 객관도 아니고 내
바깥에 실존하는 어떤 것도 아니다 XXII12, XXII101 ¶ 시간은 우리 자신의 표상력
의 산물이다 XXII15 ¶ 우리 자신의 상상력의 산물(그러나 시원적[始原的] 산물)이다
XXII37 ¶ 시간은 한편으로는 직관에서의 주관의 자발성의 작용이고, 다른 한편으로
는 수용성의 촉발[된 것]이다 XXII42 ¶ 그래서 시간은 선험적 · 종합적 표상들이다
XXII43 ■ =시간은 주관 외부에[바깥에] 실존하는 어떤 것이 아니고, 사물들의 내적
규정들도 아니며, 오히려 한낱 사유[관념]물(理性의 存在者)이다 XXII414 ▶ ¶ '하나
의' 시간 XXII4, XXII15, XXII28, XXII42, XXII49, XXII85, XXII129 ■ =시간은 선
험적으로 주어진 직관 자체로서, 현상에서의 잡다의 합성의 형식적 원리를 자신 안에
종합적 · 선험적으로 함유하고 있으며, 바로 그렇기 때문에 그 연장적 크기의 면에서
한계가 없는 무조건적인 통일성[하나임]을, 그러니까 무한성을 함유한다 XXII12 ▶
¶ 순수 직관으로서의 시간 XXII4, XXII12, XXII18 ¶ 직관의 형식적인 것[요소]으로
서 시간 XXII8 ¶ 시간은 직관의 객관들이 아니고, 주관적으로 직관 자신, 즉 감관표
상 일반을 연결하는 형식[적인 것]이다 XXII30 ¶ 현상의 형식 XXII35 ¶ 우리의 표
상들의 수용성의 형식 XXII79 ¶ 시간의 관념성 XXII21, XXII33 (→ 공간 → 공간과
시간)

신/神 Gott/deus · theos

¶ 신/神 XXII39, XXII48, XXII49, XXII51, XXII52, XXII57, XXII61, XXII63,
XXII108, XXII114, XXII119, XXII120, XXII301 ■ =이성//법칙들의 아래에서 자연
과 자유에 대해 무제한의 권세를 갖는 존재자는 신이다. 그러므로 신은 그 개념상 자
연존재자일 뿐만 아니라 하나의 도덕적 존재자이다. 전자의 질에서만 볼 때 그는 세
계창조주(세계제조자)이며 전능하다. 후자의 질에서는 신성하고(敬拜할 수 있고), 모
든 인간의 의무들은 동시에 그의 지시명령[계명]들이다. 신은 最高 存在者, 最高 知性,
最高 善이다 XXII116/117 ■ =완전충족적(完全充足的)인 것, […] 때문에 오직 하나일
수 있는 것: 유일한 신 XXII127 ¶ 신은 이성존재자[이다] XXII49 ¶ 인간 이성의 이
상으로서의 신적 존재자 XXII123 ■ =신은 하나의 정신[정령]/영[靈]이다 XXII58 ■
=신은 모든 것에 의무를 지우는 최상의 권세이고, 모든 것에 의무를 지우지만 어떤
관계에서도 의무 지워지지 않는 하나의 존재자이다 XXII59 ■ =최상위에서 정언 명
령을 통해 모든 이성적[이성을 가진] 세계존재자들을 도덕적 관계들의 통일성 안에

놓는 최고 존재자 XXII113 ¶ 정언 명령을 통해 오로지 그의 발언만으로 모든 이성적 존재자에 대해 정당성을 갖는 이는 신이다 XXII109 ¶ 초월철학, 다시 말해 순수 개념들에 의한 (선험적) 종합 인식의 최고 단계는 두 가지 과제를 안고 있다: 1. 신은 무엇인가? 2. 하나의 신이 존재하는가? XXII63 ▶¶ 신성[神性]과 인격성: 인격성이 신성[神性]에 첨부될 수는 없다 XXII48 ¶ 인격으로서의 신 XXII52, XXII55 ¶ 신적 인격 XXII52 ¶ 인격의 신성[神性] XXII54 ¶ 인격의 신성(形相的 神性) XXII128 ▶¶ 신성[神性] XXII48, XXII59, XXII108, XXII130 ¶ 초월적 이상으로서의 신 XXII55 ▶¶ 신의 위격[位格]/인격성: 전능[全能]한 존재자(最高 存在者), 전지[全知]한 존재자(最高 知性) 및 전선[全善]한 존재자(最高 善) XXII48, XXII53/54, XXII58/59, XXII60, XXII61/62, XXII63, XXII112, XXII114, XXII116, XXII117, XXII121, XXII123 ▶¶ 신의 현존/실존 XXII130 ▶¶ '하나의' 신이 있다 XXII104, XXII106, XXII108, XXII112, XXII114, XXII116, XXII124, XXII126 ¶ (공간 및 시간상에) 만물을 포괄하는 하나의 자연이 있다. 이 안에서 이성은 모든 자연적[물리적] 관계들을 하나[통일성]로 총괄한다. ― 자유를 가지고서 보편적으로 지배하는 하나의 작용인이 이성 존재자들 안에 있고, 이들과 함께 이들 모두를 연결하는 정언 명령이 있으며, 이 정언 명령과 함께 모든 것을 포섭하면서 도덕적으로 지시명령하는 하나의 근원존재자 ― '하나의' 신이 있다 XXII104 ¶ 인간의 영혼 중에 하나의 신이 있다. 문제는 과연 그 신이 자연 중에도 있는지… XXII120 ¶ 신의 현존/실존의 간접적 증명 XXII60 ¶ 형이상학에서 초월철학으로의 이행: 신이 무엇인지는 개념들에 의해 형이상학을 매개로 해서 전개될 수 있다. 그러나 신이 있다 함[라는 사실]은 초월철학에 속하고, 오직 가설적으로(열소[처럼]) 증명될 수 있다 XXII129, XXII126 ¶ "하나의 신이 있다."라는 명제는, 하나의 포착할 수 있는 존재자로서 또는 현상들을 설명하기 위해 하나의 가설적 사물로 상정된 열소와 같은, 한 실체의 현존에 대한 믿음을 의미하지 않는다. 무릇 신은 하나의 감관대상이 아니고, 그것은 자기 자신을 행위들의 원리로 정립하는 순수 실천 이성의 요청이니 말이다 XXII108 ¶ 비록 객관적으로 주어지지는 않지만, 주관적으로 인간의 실천 이성 안에서 하나의 신이 필연적으로 생각된다. 이 위에 모든 인간 의무들을 신적인 지시명령[계명]들로 인식한다는 명제가 기초한다 XXII122 ¶ 모든 의무들을 신적 지시명령[계명]들로서 준수함의 원리가 종교이고, 이것은 인간의 의지의 자유를 증명한다. (절대적인 해야 함[당위]은) 동시에 실천적인 순수한 이성원리들과 관련하여 '하나의' 신으로서의 신의 현존에 대한 증명이다 XXII111 ¶ 하나의 신이, 다시 말해, 실체로서 도덕적//법칙 수립적인 하나의 원리가 실존한다 XXII122 ▶¶ 신과 세계 XXII50, XXII51, XXII53, XXII54, XXII55, XXII59, XXII63,

508

XXII64 ¶ 신과 세계가 현존재 전부를 함유한다 XXII124 ¶ 신과 세계는 서로 병렬해 있는 것이 아니라 종속해 있는 존재자들(竝列的이 아니라 從屬的인 存在者들)이다 XXII62, XXII117 ¶ 신과 자연 XXII60 ¶ 기술적//실천적 이성이 아니라 오히려 도덕적//실천적 이성이 신의 원리를 함유한다 XXII60 ■ =도덕적//실천적 관계에서 (다시 말해, 정언 명령에 따라) 무조건적으로 지시명령하는, 자연에 대해 전권을 행사하는 유일한 존재자 XXII61 ¶ 신과 인간 XXII60 ▶¶ 무신론(無神論) XXII113 ¶ 다신론(多神論) XXII113 ¶ 우상숭배(偶像崇拜) XXII113

신학/神學 Theologie/theologia

¶ 신학 XXII64, XXII515 ¶ 신학에서는 도덕 법칙을 통해 전능적으로 지시명령하는 존재자의 실천 이성으로 인해 신은 내속적인 우유성으로가 아니라 내주(內住)하는 실체[…]로 생각되어야만 한다 XXII301 ¶ 초월적 신학 XXII63

실재성(實在) Realität(realitas)

¶ 실재성 XXII52, XXII60, XXII76 ▶¶ 객관의 실재성 XXII375 ¶ 실재성(실존) XXII419 ▶¶ 주관적 실재성 XXII442 ¶ 외적 대상들의 관념성이 동시에 (공간 및 시간상의) 우리 바깥의 실물들로서의 외적 대상들의 실재성의 근거이다 XXII75 ¶ 스스로 자신을 선험적으로 구성하는 원리의 종합의 실재성 XXII451

실체/實體 Substanz/substantia

¶ 실체/實體 XXII48, XXII51, XXII450 ¶ 실체와 내속성(內屬性) XXII141 ¶ 실존하는 실체 XXII54 ¶ 실체는 사물 자체이다 XXII121 ▶¶ 인격(위격)으로서의 실체 XXII121 ¶ 하나의 신이, 다시 말해, 실체로서 도덕적//법칙 수립적인 하나의 원리가 실존한다 XXII122, XXII128 ▶¶ 공간상의 실체 XXII351 ¶ 운동할 수 있는 실체들 XXII358, XXII394, XXII402 ¶ 실체들(공간상에서 운동할 수 있는 것) XXII366, XXII387 ¶ 물질의 운동력들로서의 실체들 XXII450 ▶¶ 실체는 원인으로서 작용(作用)하고, 이 작용에 대한 의식을 갖춘 원인으로서 행위(行爲)하며, 하나의 목적과 그 목적을 위한 수단을 통합하는 원인을 처리(處理)하는 원인으로서 행한다 XXII477

[ㅇ]

에테르 Aether

→ 열소 ¶ 열소(에테르) XXII84, XXII107, XXII214, XXII215 ¶ 에테르는 第一 可動體(장소를 변화시키지 않는, 內的 可動體) XXII106 ¶ 근원적으로//팽창적인 유일한 물질 XXII214 ¶ 직선으로 운동하는 팽창적 물질로서의 에테르는 광소라 일컫겠고,

그러나 물체들에 의해 흡수되며 물체들을 모두 3차원적으로 늘리는 것으로서는 열소라고 일컫겠다 XXII214 ▶¶ 사람들은 선험적으로 에테르의 현존을 받아들일 수 있다. 다시 말해 에테르를 요청할 수 있다. 왜냐하면, 이것이 없으면 공간은 감관의 대상이 아니고, 어떤 지각도 일어나지 않을 터이기 때문이다 XXII110 ▶¶ 에테르는 어떤 물체에도 침투할 수 있으면서, 자기 자신은 팽창하는, 하나의 물질의 가설이다 XXII193

역학[力學] Dynamik[dynamica]

¶ 역학 XXII91, XXII138, XXII327 ¶ 역학의 공리 XXII199 ▶¶ 역학적 XXII49, XXII66, XXII124, XXII141, XXII206, XXII242, XXII308, XXII376, XXII492, XXII525 ¶ 역학적 관계 XXII13, XXII85 ¶ 역학적 기능 XXII44, XXII502 ¶ 역학적 수단 XXII208 ¶ 역학적 가능성 XXII399 ¶ 역학적 원리 XXII84, XXII295, XXII441 ¶ 역학적 전체 XXII188 ¶ 역학적 통일 XXII467 ¶ 역학적 체계 XXII282 ▶¶ 역학적인//운동력 XXII193, XXII299, XXII437, XXII555 ¶ 역학적으로 작용하는 힘 XXII242 ¶ 역학적인 힘 XXII421, XXII459, XXII505 ¶ 역학적인 운동력들은 자동적인 운동력들, 예컨대 인력이다 XXII615 ¶ 물질의 모든 시원적 운동력들은 역학적이다: 기계적인 것들은 단지 파생적이다 XXII239, XXII241 ¶ 운동력들은 물체들로서 기계적으로 또는 형성된 물체들을 위한 순전한 물질(소재)로서 역학적으로 운동할 수 있고 운동한다. 전자는 장소변화적(移動力)이고, 후자는 물질이 차지하는 공간 내에서 그 부분들 서로 간에 운동한다(內的 原動力) XXII555

열[熱] Wärme

→ 열물질 ¶ 열 XXII301 ¶ 물체의 내면의 운동력인 열은, 그것이 늘어나고 물질을 분산시킨다 하는 것으로, 하나의 가설적 원소/소재이고, 진동하게끔 된 한 물질의 순전한 반발작용일 수 있다 XXII56/57 ¶ 팽창적인 물질(예컨대 공기)의 유동성을 위해서는 항상 열이 필요하다 XXII158/159

열물질[熱物質] Wärmematerie · Materie der Wärme

→ 열 ¶ 열물질 XXII138, XXII239, XXII242 ¶ 열물질의 운동력은 충격의 활력이다. 곧 척력들에 의한 물질 부분들의 진동 운동의 힘이다 XXII142

열소[熱素] Wärmestoff

→ 에테르 ¶ 열소 XXII51, XXII139, XXII283, XXII384, XXII478, XXII550 ■ =열소란 모든 것에 퍼져 있고, 모든 것에 침투하며, 그것의 모든 부분들에서 동형적[동질적]으로 운동하고, 이 내적 운동(촉진/시발)에서 고정불변성을 유지하는 물질이다. 이 물질이 요소원소로서 세계공간[우주]을 차지(占有)하고, 동시에 채우는(充滿하게

하는), 절대적인, 독자적으로 존립하는 하나의 전체를 형성한다. 그리고 이것의 부분들이 자기들의 자리에서 (따라서 이동하지 않고, [그러나] 진동하면서, 전진하지는 않은 채) 서로 연속해서 그리고 다른 물체들을 부단히 촉진하여 지속적인 운동 중에서 그 체계를 유지하고, 운동력들을 외적 감관객관으로서 함유한다 XXII609/610 ¶ 열소(그럼에도 열이라 일컬어지는 느낌과는 무관하게)라는 명칭을 가진 이 소재/원소는 독자적으로 존립하며 내적으로 자기의 운동력들을 통해 연속적으로 촉진[시발]하는 하나의 전체를 형성한다. 이것은 어떤 현상체들을 적절하게 설명할 수 있기 위한 가설적인 것이 아니고, 하나의 선험적으로 입증될 수 있는 소재/원소이다 XXII612 ¶ 직접적으로 그리고 시원적으로 운동하는 원소[소재](열소) XXII481 ¶ 보편적으로 운동하는 원소(始原的 運動體), 즉 열소 또는 광소 XXII455 ¶ 하나의 시원적으로//운동하면서 한계 없이 공간을 실체에서 가득 채우는 원소[소재], 다시 말해 시간상에도 공간상에도 어떠한 공허를 남겨두지 않는 그러한 원소[소재]가 경험의 가능성의 원리로 [상정될] 수 있다. 하나의 連續體로서의 이 운동[하게] 하는 물질을 상정하지 않으면 경험은 자연 안에 하나의 비약, 하나의 간극을 허용하지 않을 수 없다 XXII457 ¶ 보편적으로, 다시 말해 개시하지도 않고 중단하지도 않으며(열소), 모든 것에 침투하는(沮止不可能한), 모든 것을 내적으로 움직이는 힘들, 가설적이 않은 하나의 원소[소재] XXII459 ¶ 열소는 계량 불가능할 뿐만 아니라, 그러므로 또한 저지 불가능하고, 자기 자신과 같은 유의 것(전 방향으로 퍼지는 열소) 외의 다른 어떤 원소[소재]에 의해서도 전적으로든 부분적으로든 (기계적으로가 아니라, 역학적으로) 차단될 수 없다 XXII141 ¶ 열소는 현실적[실제적]으로 있으며, 한낱 어떤 현상체들의 설명을 위해 지어낸 것이 아니라, 오히려 (경험에서가 아니라) 하나의 보편적인 경험원리에서 동일성의 원칙[동일률]에 따라(분석적으로) 입증될 수 있는, 개념들 자체 안에 선험적으로 주어진 원소/소재이다 XXII551 ¶ 열소의 실존 명제는 (절대적 통일성인) 경험과 합치한다. 열소는 물질의 운동력들의 기반으로서 정언적으로 주장되고(절대적으로 주어져 있고), 사람들이 현상체들을 설명하는 데 필요해서 상정하는 그와 같은 한낱 가설적 소재/원소가 아니다 XXII615 ▶¶ 현상들을 설명하기 위해 하나의 가설적 사물로 상정된 열소 XXII108 ¶ 가설적으로(열소[처럼]) 증명될 수 있다 XXII129 ¶ 그 자신이 실체로서 하나의 유동적인 것이 아니면서, 다른 모든 물질을 유동적으로 만드는 하나의 가설적 소재[원소] XXII158 ▶¶ 어디에나 퍼져 있고 모든 것에 침투하며, 항상 운동하는 (시간과 관련하여 덧붙여 말하자면, 모든 운동을 처음으로 개시하는), 세계공간[우주]을 채우고 있는, 하나의 물질의 실존을 상정[수용]함은 하나의 가설이다. 이 가설은 어떠한 경험에 의해서도 입증되지 않고, 입증될 수도 없다. 그러므로 만약 이것이 근거를 갖는다면, 선험적으로 하나의 이념[관념]으로서 이성에서 생겨나오지 않을 수 없겠다. […] 그러한 원소/소재의 실존은 경험의 대상으로서, 경험에서 도출[연역]되는, 다시 말해 경험적으로 입증될 수 없지만, 그럼에도 가능한 경험의 대상으로 요청되지 않을 수 없다 XXII551/552

영혼/靈魂 Seele/anima

¶ 영혼/靈魂 XXII55, XXII56, XXII65, XXII97, XXII99, XXII112, XXII120, XXII373, XXII507 ■ ='영혼'이라는 말로 사람들은 한낱 살아 있는 또는 생명 있는 실체가 아니라, 다른 실체(물질)를 생명 있게 하는 어떤 것을 뜻한다 XXII418 ¶ 세계영혼/世界靈魂 XXII58, XXII63, XXII78, XXII97, XXII100, XXII109, XXII114, XXII504, XXII548 ¶ 動物的[理性 없는] 靈魂 XXII504 ▶¶ 영혼론[심리학]적 체계 XXII297

예지적/叡智的 intelligibel/intelligibilis

¶ 예지적인 것 = x XXII4, XXII23 ¶ 예지적인 것(과 감성적인 것의 구별) XXII23, XXII125 ¶ 예지적 객관[객체] XXII415 ¶ 예지적 공간 XXII517, XXII525

예지체/叡智體 Noumen(on)/noumenon

¶ 예지체/叡智體 XXII31, XXII33, XXII46, XXII415, XXII416 ¶ 현상에서의 대상과 대립하는 이른바 대상 자체의 구별(現象體 對 叡智體) XXII24 ■ =예지체란 현상에서 지성에 의해 생각된 객관이다 XXII46 ¶ 예지체는 하나의 이성표상 일반 이상의 어떤 것이 아니다 XXII46 ▶¶ 可視的 叡智體 XXII33 ▶¶ 예지체로서의 x XXII4 ¶ 사상[事象] 그 자체 = x(叡智體 客觀) XXII416 ¶ 사물 자체(叡智體) XXII112

우주론[宇宙論] Kosmologie[cosmologia]

¶ 우주론적 보편성 XXII84 ¶ 우주론적 및 영혼론[심리학]적 체계 XXII297

운동/運動 Bewegung/motus

¶ 운동/運動 XXII188 ¶ 물질의(다시 말해, 공간상에서 운동할 수 있는 것의) 시작운동의 원인은 충동(衝動)이고, 그것이 스스로 계속하는 한에서, 촉진[선동]이다 XXII195 ¶ 運動의 量 XXII188 ¶ 可動體 XXII294 ¶ 운동체/運動體 XXII295 ¶ 第一 運動體 XXII195 ■ =第一 運動體는 移動的인 것이 아니고, 물질의 모든 부분들이 상호 간에 하는 견인과 반발에 의한 內的[原動的]인 것이다 XXII200 ¶ 보편적으로 운동하는 원소(始原的 運動體), 즉 열소 또는 광소 XXII455 ¶ 運動者 XXII281 ▶¶ 장소운동(移動力) XXII142, XXII192, XXII195, XXII199, XXII555, XXII599 ¶ 진동 운동(振動, 搖動 運動) 또는 물질의 촉진 운동(促進하는 內的 原動力) XXII142, XXII192, XXII195, XXII199, XXII201, XXII555 ▶¶ 입자 운동(放射) XXII32 ¶ 파동(波動)

운동 XXII32, XXII142 ▶¶ 비물질적 운동 원리 XXII97 ▶¶ 운동이론 XXII190, XXII292, XXII528

운동량/運動量 Moment/momentum

¶ 운동량 XXII139, XXII146, XXII157, XXII208, XXII209, XXII519 ¶ 중력의 산물 (낙하 물체의 운동의 운동량) XXII136, XXII209

운동력(운동하는 힘)/運動力 bewegende Kraft/vis movens

¶ 운동력 XXII59, XXII66, XXII105, XXII107, XXII138, XXII155, XXII191, XXII525 ■ =운동력들은 운동의 (시작의) 운동량의 운동력, 애씀(努力)이거나, 실제로 움직여진 물질이다. 후자는 촉진[시발/선동] 상태에 있는 물질이다 XXII195 ¶ 제1의 운동력은 외적 인력의 운동력이고, 그것이 척력에 의해 제한되지 않는 한에서 중력이다. ― 제2의 운동력은, 인력에 의해 제한되어 있는 한에서, 내적인 것으로 척력의 운동력이다. ― 양자는 자기의 운동력에 의해 물체들을 형성하는 물질이며, 물체들은 자기의 공간을 양과 질의 면에서 스스로 결정한다 XXII241/242 ¶ 내적 운동력들 XXII4, XXII111, XXII359 ¶ 운동력들의 원리 XXII200 ▶¶ 물질의 운동력들의 체계 XXII135, XXII149, XXII150, XXII152, XXII155, XXII191 ¶ 물질의 운동력들의 기본[요소]체계 XXII155, XXII192, XXII194, XXII195, XXII200, XXII292, XXII340, XXII376, XXII393, XXII556 ¶ 공간 안에 퍼져 있는 물질의 모든 부분들은, 물질을 원초적으로 그리고 고정불변적으로 촉진하는 힘들의 하나의 보편적인 기계적 체계의 구성분으로서, 서로 관계 맺고 있다 XXII199/200 ¶ 물질의 운동력들의 세계체계[우주계] XXII192, XXII200, XXII300, XXII376 ▶¶ 근원적[시원적] 운동력 XXII191, XXII208 ¶ 내적인 운동력(始原力) XXII330 ¶ 파생적 운동력 XXII191 ¶ 물질의 모든 시원적 운동력들은 역학적이다: 기계적인 것들은 단지 파생적이다 XXII239, XXII241 ▶¶ 移動的/외적 운동력 XXII135, XXII192 ¶ 內的 운동력 (原動力) XXII135 ¶ 원동력(促進하는 內的 原動力) XXII192 ¶ 견인 운동과 반발 운동을 반복하는 힘들(促進力/煽動力들) XXII192 ▶¶ 기계적 운동력 XXII193, XXII299, XXII308, XXII430, XXII555 ¶ 역학적 운동력 XXII193, XXII299, XXII308, XXII430, XXII555 ¶ 기계적//운동력들은 그것들에게 배당된 운동을 다른 것에 전달하는 운동력이다. 역학적인 운동력들은 자동적인 운동력들, 예컨대 인력이다 XXII615 ¶ 유기적 운동력 XXII193, XXII308 ¶ 물리기계적 운동력 XXII430 ▶¶ 발동력(發動力)과 운동력(運動力)의 구별 XXII192 ¶ 운동력(運動力)들로서의 [발]동력([發]動力)들은 시발/촉진하는 것으로, 다시 말해 운동을 개시하고 연속적으로 계속하는 것으로 표상되며, 이때 제일 운동자(第一 運動者)라는 개념은 물리학에는 초험적

이다. 다시 말해 하나의 순전한 이념[관념]이자 한계개념이다 XXII281/282 ▶¶ 운동
력들에는 인간의 지성도 속한다. 마찬가지로 쾌·불쾌와 욕구도 XXII510

운동[의] 법칙[運動法則] Bewegungsgesetz · Gesetz der Bewegung

¶ 운동의 법칙 XXII149 ¶ 운동법칙 XXII154, XXII200, XXII300 ¶ 운동법칙들의
수학적 기초원리들(運動法則들의 數學的 原理들) XXII191 ¶ 물질의 운동력들을 위한
법칙들의 객관적 원리들과 주관적 원리들 XXII242

원소/소재[元素/素材] Stoff/στοιχεῖα

¶ 원소[소재]/元素[素材] XXII13, XXII93, XXII305, XXII346, XXII450, XXII509,
XXII525, XXII535, XXII554, XXII609/610, XXII612 ¶ 원소(物質基盤) XXII358,
XXII366 ¶ 기본[요소]실체들(元素들) XXII514 ■ =물체들의 요소부분들로서의,
물질의 공간을 차지하고 있는 운동할 수 있는 부분들(物質 構成의 部分들), 다시 말
해 운동력들이 그 자연본성의 상이성에 따라 상이한 법칙들에 맞춰 운동할 수 있
는, 공간상의 실체들 XXII351, XXII546 ■ =원소들, 다시 말해 독자적으로 운동할
수 있고 동시에 내적으로 외적으로 직조(내적으로)와 형상(외적으로)으로 물체형성
적인 실체들 XXII378 ¶ 원소들(根本 實體들) XXII450 ¶ 원소(物質基盤)들, 다시 말
해 운동할 수 있는 실체들 XXII358 ¶ 공간상에서 운동할 수 있는 그리고 그럼으로
써 또한 운동시키는 실체들이 원소들이다 XXII387 ▶¶ 기초원소(基盤) XXII340,
XXII344, XXII351 ¶ 물질의 종별적으로//상이한 양식으로서의 운동력들을 소재[원
소]들(物質)이라고 일컫고, 그러므로 또한 종별적으로 상이한 힘들이 부속하는 물질
의 부분들이라고 일컫는바, 그것들은 (질소, 탄소와 같은) 운동할 수 있는 실체들이
다 XXII525 ¶ 기초원소와 근원소는 구별되어야 한다 XXII351 ▶¶ 근원소(始原的 基
[盤]) XXII351 ¶ 근원소/원소재 XXII196, XXII330, XXII462, XXII481 ¶ 보편적으
로 운동하는 원소(始原的 運動體) XXII455, XXII457 ¶ 이 원소재의 운동이 모든 운
동을 개시하며, 그러므로 이 원소재를 이제 열소라고 일컫든지 또는 다르게 일컫든지
간에, 그것은 가설적 원소가 아니라 선험적으로 주어진 원소이다 XXII331 ¶ 이 원소
재의 공간상에서의 내적인 운동력(始原力)이 공간을 오직 '하나'일 수 있는 경험의 대
상으로 만든다 XXII330/331 ¶ 시원적 원소들은 순전한 사념[관념]물(理性的 存在者)
이고, 물리학을 위해 경험의 통일성을 성취하는 데에 이르도록 작용하는, 운동력들의
결합의 순전한 원리들이다 XXII352 ▶¶ 가설적 소재[원소] XXII388, XXII552 ¶ 가
설적 소재[원소]란 사람들이 그것을 감관들에게 현시할 수는 없지만 그것의 실존을
현상체들에서 추리할 수 있는 그러한 소재[원소]이다 XXII154 ¶ 소재[원소]들 중 도
처에 현재적이고, 모든 것에 침투하는 것으로 상정되는 하나의 소재[원소], 지도[指導]

적 소재〔원소〕는 순전히 가설적인 것이다 XXII525/526

원자론(原子論) Atomism · Atomistik

¶ 원자론 XXII89, XXII91, XXII124, XXII207, XXII311, XXII324, XXII463, XXII481, XXII506, XXII554 ¶ 원자론적 체계 XXII193 ¶ 원자론적 원리 XXII194 ▶¶ 원자론이나 입자 철학의 원리에 따라 세계를 설계하는 것은 공간을 아무것도 아닌 하나의 사상〔事象〕으로 만든다 XXII89 ¶ 원자론(입자 철학)은 점들의 집합체이다 XXII96 ¶ 원자론은 잘못된 자연이론이다 XXII212 ¶ 原子들과 空虛들로써 치장한 원자론은 그 자체로 모순적이다. 한편으로는 단적으로 불가분적인 물질이란 없고, 다른 편으로는 빈 공간은 가능한 지각의 대상이 아니기 때문이다 XXII611 ▶¶ 입자(粒子) 철학 XXII212 ¶ 입자〔粒子〕 철학은 숨겨진 원자론이다 XXII481

유기적〔有機的〕· 유기적 물체/유기체〔有機體〕
organisch · organischer/organisierter Körper

¶ 유기적 XXII189 ¶ 기계적·역학적·유기적의 구분 XXII308 ¶ 유기적 힘〔조직력〕 XXII57, XXII297, XXII300, XXII373 ¶ 유기적 원리 XXII373 ¶ 유기적 존재자 XXII57, XXII99, XXII376 ■ =유기적 존재자(한낱 물질이 아니라 물체)들은 그 안에 생명(비물질적 원리, 내적 목적인)이 있는 존재자이다 XXII99 ¶ 유기적 조물〔생물〕 XXII241 ▶¶ 유기〔적〕 물체/유기체 XXII38, XXII100, XXII282, XXII421, XXII454, XXII461, XXII548 ■ =유기적 물체〔유기체〕는 그것의 개념이 한낱 부분들에서 전체로뿐만 아니라 또한 교호적으로 전체에서 부분들로도 똑같은 결과를 보이는 그러한 물체이다 XXII506 ■ =유기적 물체〔유기체〕들은 그것들의 내적 형식들이 자신을 향해 있는 목적들을 함유하는 그런 물체들이라고 정의된다 XXII510 ¶ 유기적 물체〔유기체〕의 가능성은 증명될 수도 없고, 요청될 수도 없다. 그러나 유기체는 하나의 사실이다 XXII481 ¶ (생명원리를 함유하는) 유기적 물체〔유기체〕들이라는 개념은 이미 경험을 전제한다. 무릇 경험이 없었더라면 유기체라는 순전한 이념마저도 공허한 개념(사례 없는)일 터이니 말이다 XXII481, XXII499 ¶ 유기적 물체들 안에서는 하나의 비물질적 원리가 생각되지 않을 수 없지만, 그렇다고 그것이 정신(精神)일 필요는 없다 XXII50 ¶ 유기적 물체〔유기체〕들은 기초에 하나의 비물질적 원리를 가진다. 왜냐하면 그것들은 목적들에 기초해 있기 때문이다 XXII56 ¶ 유기적 물체〔유기체〕는 그 자신 안에서의 목적들을 통해 가능하다 XXII59 ¶ 유기적 물체〔유기체〕에서의 비물질적 운동 원리는 그것의 영혼이다 XXII97 ¶ 유기적 물체들은 생명을 갖는 물체들, 식물들 또는 동물들이다 XXII510 ¶ 유기적〔조직화한〕 물질〔유기물〕 XXII100, XXII193, XXII283 ¶ 유기화된 물질들은 생명 있는 존재자들이거나 한

낱 생장하는 존재자들이다 XXII356 ¶ 유기체들의 물리학[자연학]은 생명 있는 물질의 물리학[자연학], 즉 (생장적[식물적]으로 또는 동물적으로) 생명 있거나, 다시 말해 순전히 다수의 실체들의 결합에 의해 함께하거나, 하나의 절대적 통일에 의해 생명 있는 — 영혼이 있는 물질의 물리학이다 XXII399 ¶ 선험적으로 생각할 수 있으면서도 물리학에 속하는 유기적인 것(합목적적으로 자기 자신을 위해 또는 타자를 위해 (번식에서) 형성하는 물질) XXII459 ¶ 자연적인 유기적 물체가 가능하기 위해서는, 이 물체의 원리가 한낱 주관적으로가 아니라, 그 물체 자신 안에서 객관적으로 곧 하나의 목적이 내적 규정근거로서 고찰되어야만 하기 때문에, 능동적 원리의 통일[하나임]이 필요하지 않을 수 없다 XXII295 ▶¶ 자연물체들은 유기적이거나 비유기[무기]적이다 XXII546 ■ =유기적 자연물체를 하나의 자연적 기계로, 다시 말해 외적으로는 운동하고 있지만 하나의 전체로 내적으로는 통합된 힘들의 하나의 — 그 기초에 하나의 이념이 놓여 있는 — 체계로 생각할 수 있다. 즉 하나의 유기적 물체는 하나의 고체 물체로 그리고 (자기 형식에 따른 결합의 내적 원리로 인해) 강체 물체로 생각된다. — 이제 그러한 물체에서의 물질의 운동력들은 한낱 생장력들이거나 생명력들이다 XXII547 ¶ 유기적 물체[유기체]와 비유기적 물체[무기체]의 구분 XXII283, XXII288, XXII355, XXII374, XXII376, XXII379, XXII457, XXII466, XXII501, XXII548 ▶¶ 유기조직된/유기[조직]화 XXII ¶ 유기조직화의 원리 XXII295 ¶ 유기적 전체로서의 세계 XXII59 ¶ 하나의 유기화된 천체[우주] XXII504 ¶ 모든 것[만물]은 세계전체[우주] 안에서 유기적이고 세계전체[우주]를 위해 있다 XXII506 ¶ 유기조직 체계는 천체 자신과 상관이 있다. 여기서 하나의 유기적 전체는 타자를 위해 있고(식물은 동물을 위해서 등등), 예컨대 달은 지구를 위해 현존하며, 모든 動因的 連結은 동시에 目的的 連結이다 XXII301 ¶ 作用因들의 連結에 포함된 目的因들의 連結 XXII288 ¶ 하나의 유기적 물체의 가능성은, 다시 말해 각각의 부분이 다른 부분을 위해서 현존하거나, 그 부분이 그 부분들의 가능성과 내적 관계들의 형식이 오직 개념에서 생겨나오는, 그러므로 오직 목적들을 통해 가능한 그러한 성질을 가지고 있는 그러한 것의 가능성은, 목적들은 간접적으로든 직접적으로든 이 실체를 형성하는 하나의 비물질적 원리를 전제하므로, 종[種]들과 개체들의 지속의 하나의 목적론적 원리를 낳거니와, 이 원리는 그 종들에서 완전 지배적이고, 만고 불변적인 것으로 생각될 수 있다 XXII501

유동체[유체]·액체/流動體[流體]·液體 Flüßigkeit(das Flüßige)/fluidum(liquidum)

¶ 유동체 XXII159, XXII193, XXII214 ¶ 순전히 전도하는 소재(輸送 流動體) XXII388 ▶¶ 유동성[액체성] XXII141, XXII517 ¶ 유동적/액체적 XXII213 ¶ 유체

론〔流體論〕 XXII193, XXII194 ▶¶ 액체 XXII211

윤리〔倫理〕·윤리성〔倫理性〕·윤리학/倫理學 Sitten·Sittlichkeit·Ethik/ethica

¶ 윤리 XXII65 ¶ 기술적//실천적 이성과 도덕적//실천적 이성의 객관 즉 자연과 윤리 XXII65 ¶ 윤리존재자 XXII124 ▶¶ 윤리성, 다시 말해 법칙들 아래의 자유는 인격의 속성이다 XXII60 ▶¶ 윤리학 XXII39 ¶ 생의 지혜로서의 윤리학 XXII38 ¶ 윤리 형이상학으로서의 윤리학 XXII39

응집〔−가능성, −력〕/凝集〔−可能性, −力〕 Zusammenhang/cohaesio

¶ 응집/凝集 XXII147, XXII148, XXII210, XXII492, XXII503, XXII612 ¶ 파쇄적이거나 가연적인 응집(或 可延的 或 脆性的 凝集) XXII185 ¶ 응집 가능성/凝集可能性 XXII146, XXII184, XXII379, XXII610 ¶ 응집력 XXII138, XXII340 ¶ 응집인력 XXII139, XXII147 ¶ 응집의 운동력은 모든 기계체제의 기초에 있다 XXII139 ¶ 기계적 힘들은 모두 일정한 물리적 힘(중력으로서, 응집//팽창력)을 전제한다 XXII154

의무/義務 Pflicht/officium

¶ 의무 XXII55, XXII126 ¶ 보편적인 실천적 원리의 의무 개념 XXII123 ¶ 실천 이성의 개념으로서의 의무 개념 XXII126 ■ =의무란 정언적 도덕 명령에 의한 강요 XXII118 ¶ 도덕적 존재자는 모든 의무들을 또 형식의 면에서 신적 지시명령〔계명〕으로 생각한다 XXII120 ¶ 무조건적인 의무 지시명령(嚴格한 責務의 理性的 指示命令) XXII50 ¶ 정언적인 의무의 명령/의무의 정언 명령 XXII53, XXII60, XXII65, XXII117, XXII122 ¶ 의무 지시명령의 정언 명령 XXII120 ¶ 법의무들의 정언 명령 XXII114 ¶ 인간 상호 간의 관계 중에 도덕적 실천 이성의 원리로서 법의무들 XXII118 ¶ 절대적 의무(가차 없는 내적 임무) XXII54 ¶ 본래적인 강제의무 XXII126 ¶ 신성한 의무 XXII54 ¶ 의무들의 신성성과 불가침성 XXII119 ¶ 의무//개념이 자유에 선행하며, 자유의 실재성을 증명한다 XXII52 ¶ 인간 의무들 XXII51, XXII53, XXII56, XXII57, XXII109, XXII117, XXII119, XXII120, XXII128 ¶ 호의의 원리, 다시 말해 이기주의를 제한하는, 타인의 행복 증진의 원리(사랑의 의무)(느슨하게 規定하는 義務) XXII128/129 ▶¶ 의무감정 XXII108 ¶ 의무감정이라는 것은 없지만, 우리의 의무 표상에서 비롯하는 감정은 있을 수 있다 XXII118 ▶¶ 의무법칙들 XXII116, XXII128 ¶ 도덕적//실천적 이성의 의무법칙들(정언 명령) XXII116 ▶¶ 실천 이성 안에는 의무의 개념, 다시 말해 자유 법칙의 하나의 원리에 의한, 다시 말해 주관이 자기 자신에게 지정하는 하나의 법칙(實踐 理性의 指示命令)에 의한, 그것도 하나의 정언 명령을 통한, 강제 내지 강요의 개념이 들어 있다 XXII126, XXII127

의식/意識 Bewußtsein/conscientia

¶ 의식/意識 XXII25, XXII40, XXII58, XXII74 ¶ 의식의 최초의 종합 작용은 그를 통해 주관이 자기 자신을 직관의 대상으로 만드는 작용이다. 그것은 동일률에 따른 논리적(분석적)인 것이 아니라, 형이상학적(종합적)인 것이다 XXII85 ¶ '하나의' 의식 XXII99, XXII343, XXII358, XXII367, XXII455 ¶ 어떤 것을 정립하는 의식(自發性), 접수하는 의식(受容性) XXII130 ¶ 의식의 자발성 XXII411 ¶ 의식의 통일성 XXII439 ▶¶ 논리적 의식 XXII85, XXII96 ¶ 실재적 의식 XXII85, XXII96 ¶ 경험적 의식 XXII93, XXII104, XXII476 ¶ 수동적 의식 XXII324

의지[意志] Wille[voluntas]

¶ 의지 XXII109, XXII123, XXII126 ¶ 의지의 규정근거 XXII106 ¶ 의지의 자유 XXII111 ¶ 의지력 XXII299, XXII308 ¶ 의사[의지] XXII375 ¶ 욕구는 갖지만 의지를 갖지 않는 것들 XXII50 ¶ 생명활동(의지의 활동) XXII481

이성/理性 Vernunft/ratio

¶ 이성/理性 XXII57, XXII104, XXII116, XXII130, XXII552 ■ =주관이 그에 따라 경험을 만드는 또는 산출하는 원리들을 구비하고 있는 능력은 이성이라 일컬어진 다 XXII497 ¶ 이성의 원리들 XXII91, XXII399 ¶ 이성법칙 XXII116 ¶ 순수 이성 XXII53, XXII54, XXII63, XXII75 ¶ 순수 이성의 강제법칙들(흡사 순수 이성의 명령 (禁止 及 指定)처럼) XXII118, XXII125 ¶ 이성의 요청 XXII282 ¶ 인간 이성 XXII64, XXII312, XXII370, XXII489 ¶ 신적 이성 XXII104 ¶ 이론 이성 XXII129 ▶¶ 실천 이성 XXII118, XXII126, XXII301 ¶ 인간의 실천 이성 XXII122 ¶ 실천 이성의 원리 XXII121 ¶ 實踐 理性의 指示命令 XXII120 ¶ 실천적 순수 이성 XXII53 ¶ 순수 실천 이성의 하나의 공리 XXII108 ¶ 실천적인 순수한 이성원리들 XXII111 ¶ 순수한 실천 이성의 산물(추출물) XXII130 ¶ 기술적//실천적 이성 XXII48, XXII49, XXII52, XXII53, XXII55, XXII60, XXII65 ¶ 기술적//실천적 이성의 원리 XXII122 ¶ 기술 적//실천적 이성(임의의 목적들을 위한 수단들을 발견하는 숙련성) XXII545 ¶ 기술 적인//직관 구성적인 이성 XXII116 ¶ 도덕적//실천적 이성 XXII49, XXII50, XXII52, XXII53, XXII54, XXII55, XXII57, XXII60, XXII65, XXII105, XXII108~110, XXII114, XXII116, XXII125, XXII128, XXII545 ¶ 도덕적//실천적 이성의 법칙 XXII55 ¶ 도덕적//실천적 이성의 원리 XXII121, XXII122 ¶ 도덕적//실천적 이성의 규제적 원리 XXII621 ▶¶ 도덕적으로//실천적인 이성의 운동력들 XXII104 ¶ 도덕 적 실천 이성은 자연의 운동력들의 하나이다 XXII105 ¶ 도덕적//실천적 이성의 이념 들은 인간의 자연[본성]에 대한 운동력[움직이는 힘]들을 갖는다. 그것은 간접적으

로 신성(神性)을 두려워한다는 것을 말한다 XXII59 ¶ 세계전체에서의 작용인들에는 법의무들의 정언 명령에, 즉 무조건적인 당위에 따르는 도덕적//실천적 이성도 속한다 XXII114 ¶ 도덕적 법칙 수립적[도덕적 입법] 이성은 정언 명령을 통해, 동시에 실체로서, 자연에 대해 법칙을 수립하고, 법칙을 이행하는 의무들을 언표한다 XXII122 ▶¶ 이성추리(理性推理) XXII93, XXII95, XXII96, XXII115, XXII494 ▶¶ 이성주의 [이성원리] XXII399 ¶ 순수 이성 비판 XXII613 ¶ 이론적//판단적 이성의 구성 원리 XXII622 ▶¶ 이성적 존재자/理性的 存在者 XXII56, XXII112, XXII116, XXII122, XXII125, XXII127 ¶ 理性을 가진[理性的] 存在者 XXII120

이성존재자·사념존재자[사념물]/理性[의] 存在者

Vernunftwesen·Gedankenweden(Gedankending)/ens rationis

¶ 이성존재자 XXII49, XXII113, XXII122, XXII133, XXII52, XXII63, XXII104, XXII127 ▶¶ 理性의[理性에 依한] 存在者 XXII4, XXII25, XXII51, XXII120, XXII123, XXII125, XXII126, XXII613 ¶ 동일률에 따라 자기 자신을 설정[定位/위치 지음]하는 理性의 存在者 = x XXII27 ¶ 주관에 내속하는 한갓된 형식들(理性의 存在者들) XXII419 ▶¶ 사념존재자 XXII122, XXII133 ¶ 사념존재자(理性의 存在者) XXII27 ¶ 사념물(理性의 存在者) XXII31, XXII32, XXII37, XXII80, XXII117, XXII342, XXII406, XXII414, XXII417, XXII420, XXII485 ¶ 理性의 推定的 存在者 XXII421

이월(移越) Übertritt

→ 이행 ¶ 이월 XXII64, XXII69, XXII99, XXII104, XXII200, XXII389, XXII552 ▶ ¶ 철학은 그의 선험적인 분석적 원리들을 가지고서 자연과학의 형이상학적 기초원리들을 하나의 체계로서 정초한다. ─ 이로부터 초월철학으로의 이월이 일어난다 XXII113 ¶ 형이상학에서 초월철학으로의 이월 XXII78 ▶¶ 주관에서 직관의 객관으로의 이월(즉 判斷) XXII102 ▶¶ 자연과학의 형이상학적 기초원리들에서 물리학으로의 이월 XXII69, XXII408, XXII445, XXII451 ¶ 물리학으로의 주관적 이월 XXII359 ¶ 물리학으로 이월 XXII400, XXII464, XXII480, XXII516, XXII518 ▶¶ 곧 경험의 가능성으로의 이월 XXII85 ¶ 지각들의 잡다에서 그것들의 한 체계인 경험으로의 이월 XXII361 ¶ 직관의 잡다의, 한 連續體로서의 편성에 대한 자기의식이 선험적으로 일어나고, 이로써 지성은 경험으로 이월한다: 경험의 가능성 원리 XXII484 ▶¶ 초월철학에서 보편적 목적론으로의, 다시 말해 선험적 순수 인식의 체계에서의 인간 이성의 궁극 목적에 대한 이론으로의 이월(移越) XXII64

이행/移行 Übergang/transitus

→ 이월 ¶ 이행 XXII152, XXII239~240, XXII242~244, XXII279, XXII408, XXII444, XXII461, XXII496 ¶ 이행한다 XXII451, XXII461, XXII465 ¶ 한 領域에서 다른 영역으로의 이행에서 여기서는 하나의 連續體가 생각되지 않고, 오히려 그것들 사이에는, 양안[兩岸]을 결합시키고, 선험적 원리들에 따라 건설되는 하나의 다리가 그 위에 걸쳐 놓일 하나의 협곡이 있다 XXII244 ¶ 이행의 방법 XXII543 ▶¶ 자연과학의 형이상학적 기초원리들에서 물리학으로의 이행 XXII45, XXII193, XXII239, XXII292, XXII317, XXII322, XXII354, XXII356~359, XXII363~364, XXII389, XXII393, XXII398, XXII439, XXII453, XXII456, XXII467, XXII480, XXII491, XXII492, XXII496, XXII503, XXII511, XXII531, XXII543, XXII549~550, XXII615 ¶ 주관이 객관에 의해 경험적으로 (受容性에 依해) 촉발된다는 점에서가 아니라, 주관이 자기 자신을 (自發性에 依해) 촉발한다는 점에 자연과학의 형이상학적 기초원리들에서 물리학으로의 이행 가능성이 있다 XXII405 ¶ 지성개념들의 도식기능은 형이상학적 기초원리들에서 물리학으로의 이행의 앞뜰(玄關)이다 XXII487 ¶판단력의 도식기능이 물리학으로의 이행을 형식적 요소의 면에서 준비한다 XXII495/496 ¶ 자연과학의 형이상학적 기초원리들에서 물리학으로의 이행의 원리 XXII298 ¶ 자연과학의 형이상학적 기초원리들의 물리학으로의 이행에는 물질에서 물체들의 형성으로의 이행이 있다 XXII282 ¶ 물체적 자연의 형이상학에서 물리학으로의 이행 XXII135 ¶ 자연과학의 형이상학적 기초원리들에서 물리학으로의 이행은 하나의 교설체계의 두 한계점들 사이에 들어 있다. 그 관계는 선험적 종합 인식의 원리에 따른 전자의 후자와의 연결로서, 분석적인(다시 말해, 한낱 논리적인) 동일률에 따른 설명적인 것이 아니고, 실재적 관계에서, 다시 말해 확장적으로 한 학문(형이상학)의 또 다른 학문(곧 초월철학)으로의 이행을 근거 짓는다 XXII87 ▶¶ 자연과학의 형이상학적 기초원리의 이행 XXII49 ¶ 자연 형이상학에서 물리학으로의 이행 XXII149, XXII190 ■ =자연 형이상학에서 물리학으로의 이행은 운동법칙들 일반에서 자연의 운동력들의 원리로의 추세이다 XXII200 ▶¶ 형이상학적 기초원리들에서 물리학으로의 이행 XXII149, XXII242, XXII281, XXII310, XXII376 ¶ 先驗的 原理들에 따른 형이상학적 기초원리들에서 물리학으로의 이행 XXII353 ¶ 형이상학에서 물리학으로의 이행 XXII75, XXII86, XXII375 ¶ 물리학으로의 이행 XXII66, XXII310, XXII378, XXII386, XXII456, XXII458, XXII460, XXII479 ▶¶ 자연과학의 형이상학적 기초원리들에서 초월철학으로의, 그리고 이에서 물리학으로의 이행 XXII86, XXII414 ¶ 초월철학이 제공하는 선험적 종합 명제들을 통해 한낱 사고 가능한 것(叡智的인 것)에

서 감각할 수 있는(感覺可能한/感性的인) 것의 이행이 일어난다 XXII94 ¶ 1) 형이상학에서 초월철학으로의 이행. 2) 공간과 시간의 순수 직관에서의 수학을 통해 초월철학의 물리학으로의 이행 XXII119 ¶ 자연과학의 형이상학적 기초원리들에서 물리학으로의 이행이 초월〔철학〕을 통해 어떻게 일어나는가. 지각의 집합체에서 1) 경험의 가능성으로, 2) 경험 ― 물리학으로 진보 XXII411 ¶ 우리가 객관들에 대한 감관표상에 집어넣는 것이 물리학으로의 이행을 법칙적으로 가능하게 만드는 것이다 XXII281 ▶ ¶ 그 전체 범위에서 물리학의 체계의 가능성에 선험적으로 속하는, 물리학의 주제들은 선험적으로 a) 수학을 통해, b) 목적론을 통해 이행을 이룩해야 한다 XXII287 ▶ ▶¶ 형이상학에서 초월철학으로의 이행: 신이 무엇인지는 개념들에 의해 형이상학을 매개로 해서 전개될 수 있다. 그러나 신이 있다 함〔이라는 사실〕은 초월철학에 속하고, 오직 가설적으로(열소〔처럼〕) 증명될 수 있다 XXII129

인간/人間 Mensch/homo

¶ 인간/人間 XXII48, XXII50, XXII120, XXII369 ■ =인간: 논리적, 형이상학적, 수학적, 미학적, 초월적. 자기 자신을 규정한다는 의식은 자발성을, 마침내는 인격성을 함유하며, 권리들을 갖는다 XXII57 ¶ 신과 인간이 사물 전부이다. XXII60 ¶ 그런데 신은 인간의 바깥이 아니라 인간의 영혼 중에 있다 XXII120 ¶ 인간은 자기 자신을 의식하기에(자기 자신에게 객관이기에), 사고한다 XXII48 ¶ 순수 이성객관인 인간 XXII52 ¶ 감성존재자이자 지성존재자인 인간 XXII52 ¶ 인간의 자연〔본성〕과 자유 XXII52 ¶ 도덕적 인간은 하나의 인격이다. 다시 말해, 권리 능력이 있고, 부정한 것에 당하거나 그런 것을 의식하면서 저지를 수 있으며, 정언 명령 아래에 서 있는 존재자이다. 즉 자유롭기는 하지만, 그러면서도 그가 스스로 복종하는 법칙(純粹한 理性의 指示命令)들 아래서 그리고 초월적 관념론에 따라서 신적 지시명령〔계명〕을 실행하는 존재자이다 XXII55/56 ¶ 人間은 理性的 動物이다 XXII57 ¶ 人間은 人間에게 늑대이다 XXII61 ¶ 人間은 作用하고, 行爲하고, 作業한다 XXII49, XXII50, XXII130 ¶ 인간 또한 하나의 물체적 존재자이다 XXII298 ¶ 자신을 패악적인 짓에 유혹될 위험에 노출시키고, 저지르는(罪짓는) 자는, 설령 그가 그런 짓을 실행하지는 않았다 해도, 그는 악한 인간이다. ― 그러나 다른 사람들을 고의적으로 이런 위험들의 이런 것에 또는 저런 것에 예시를 보이면서 또는 그럴싸하게 설득해서 들어가게 하는 것은 악질(惡質)이다. 습관적으로 악한 자는 타락한〔버림받은〕 인간(破滅的 惡質)이다 XXII296 ▶¶ 인간성/人間性 XXII129 ¶ 인간성〔인간임/인류〕의 권리와 인간의 권리〔인권〕 XXII56, XXII623 ▶¶ 인간의 마음(精神, 心) XXII112 ¶ 인간의 정신에는 실로 도덕적//실천적 이성의 원리가 있다 XXII121, XXII122

인격〔人格〕 Person〔persona〕

¶ 인격 XXII48, XXII119, XXII128, XXII369 ■ =인격은 권리들을 갖고 그것을 의식하고 있는 존재자이다 XXII49, XXII56 ¶ 인간적 존재자는 하나의 인격, 다시 말해 권리 능력이 있는 존재자일 수 있다 XXII48 ¶ 도덕적 인간은 하나의 인격이다 XXII55 ¶ 윤리성, 다시 말해 법칙들 아래의 자유는 인격의 속성이다 XXII60 ¶ 인격의 신성〔形相的 神性〕 XXII128 ▶¶ 인격성 XXII48, XXII63, XXII115, XXII119

인력〔끌어당김〕/引力〔牽引〕 Anziehung〔Anziehungskraft〕/attractio

¶ 인력 XXII66, XXII107, XXII117, XXII136, XXII150, XXII195, XXII211, XXII330, XXII394, XXII409, XXII467, XXII514, XXII517, XXII529 ■ =제1의 운동력은 외적 인력의 운동력이고, 그것이 척력에 의해 제한되지 않는 한에서 중력이다 XXII241/242 ¶ 인력과 척력은 운동력들의 두 형식적 규정들을 이룬다 XXII154 ¶ 시원적 힘들은 인력과 척력이다 XXII479, XXII518 ¶ 운동력의 방향, 즉 견인과 반발 그리고 이 양자에 의해 연속적으로 촉진된 물질의 내적 운동〔牽引, 反撥, 振動〕 XXII191, XXII398 ¶ 우주 안의 모든 물질의 인력과 또한 척력의 원리에 의한 물체세계의 통일성 XXII117 ¶ 인력, 척력 그리고 원심력들이 경험 일반을 체계로서 가능하게 만드는 것이다 XXII89 ▶¶ 원거리 인력 XXII110, XXII212, XXII215, XXII434 ¶ 접촉인력 XXII185 ▶¶ 근원적 인력 XXII85, XXII518 ¶ 가상적〔假想的〕 인력 XXII125 ¶ 화학적 인력 XXII214 ▶¶ 만유인력 XXII20, XXII107 ¶ 인력(중력) XXII190, XXII428, XXII462 ¶ 보편적 인력 XXII517, XXII529

인식/認識 Erkenntnis/cognitio

¶ 인식/認識 XXII54, XXII95, XXII515 ¶ 인식할 수 있는/認識可能한 〔것〕 XXII23, XXII104 ¶ 再認識 XXII54 ▶¶ 인식(認識)의 두 요소, 직관(直觀)과 개념(槪念) XXII65, XXII95, XXII96, XXII103, XXII415, XXII417 ¶ 한 대상의 인식에는 두 가지 표상방식이 있다. 즉 1. 대상 자체, 2. 현상에서의 대상. 전자는 주관이 그것을 통해 원초적으로 직관에서 스스로 자신을 정립하는 바로 그것(第一 認識)이고, 후자는 대상이 촉발되는 형식에 따라서 주관이 스스로 간접적으로 자신을 대상으로 삼는 것(第二 認識)이다 XXII20 ▶¶ 인식의 형식〔적 요소〕 XXII64, XXII344 ¶ 인식의 질료〔적 요소〕 XXII124 ▶¶ 인식능력(認識能力) XXII67, XXII92, XXII95, XXII97, XXII100, XXII116, XXII554 ¶ 인간의 모든 인식능력(認識能力)은 직관과 사고로 이루어져 있다: 두 작용은 순수한 또는 경험적 표상들일 수 있고, 선험적으로 주어진 또는 스스로 만들어진 표상들일 수 있다. 두 방식은 자기의 질료와 형식을 갖는 바로 똑같은 체계들을 만들고, 현상들로 또는 사물들 자체로 된다 XXII103, XXII419

▶¶ 인식근거 XXII25, XXII343, XXII387 ▶¶ 종합적 인식 XXII12, XXII47 ▶¶ 경험적 인식 XXII21, XXII98, XXII103, XXII281, XXII298, XXII346 ¶ 그러나 경험적 인식의 이 전체 자신은 경험적이지 않다 XXII311 ¶ 경험인식 XXII321, XXII452, XXII460, XXII465 ▶¶ 이성인식 XXII370 ¶ 이성인식은 수학, 물리학 그리고 형이상학이다 XXII481 ▶¶ 선험적 인식 XXII22 ¶ 선험적 순수 인식 XXII64 ¶ 선험적 종합 인식 XXII4, XXII15, XXII20, XXII25, XXII33, XXII35, XXII38, XXII58, XXII88, XXII381, XXII436 ¶ 직관들에 의한 선험적 종합 인식 XXII22, XXII83, XXII86 ¶ 개념들에 의한 선험적 종합 인식 XXII23, XXII32, XXII63, XXII80, XXII86 ¶ 선험적 직관에서의 종합적 인식 XXII49 ¶ 순수 직관인 공간과 시간이 선험적 종합 인식을 함유한다 XXII83 ▶¶ 초월적 인식 XXII73, XXII461 ¶ 선험적 (초월적) 종합 인식 XXII364 ¶ 초월적 인식은 경험의 가능성의 원리들을 (인식의 주관적인 것〔요소〕으로서) 함유하는 인식이다 XXII102 ¶ 초감성적 인식 XXII312 ▶ ¶ 자연인식 XXII24, XXII292, XXII491, XXII501 ¶ 자연과학의 인식 XXII36 ¶ 우리 바깥의 사물들에 대한 우리의 모든 인식의 기초에는 직관의 관념성 원리가 있다 XXII95/96 ▶¶ 頭序없는 認識 XXII322 ▶¶ 인식산물 XXII341

[ㅈ]

자기의식/自己意識 · 統覺 Selbstbewußtsein/apperceptio

¶ 자기의식/統覺 XXII79, XXII83, XXII107, XXII119 ¶ 자기 자신의 의식 XXII477 ¶ 자기의식〔자기 자신의 의식〕(統覺)은, 그것이 촉발되는 한에서, 현상에서의 대상에 대한 표상이며, 그러나 그것이 주관인 한에서, 즉 자기 자신을 그렇게 촉발하는 것인 한에서, 그것은 또한 동시에 객관 자체 = X로 간주될 수 있다 XXII78 ¶ 표상능력은 나 자신의 의식(統覺)에서 출발하는데, 이 작용은 순전히 논리적인 것, 즉 사고의 작용이다 XXII79 ¶ 나 자신의 의식(나는 存在한다), 이것은 논리적인 것(나는 思考한다)으로, 하나의 추론(故로 나는 存在한다)이 아니라, 동일률에 따른 것(나는 思考하면서 存在한다) XXII83 ¶ 나 자신의 의식(統覺)은 자기 자신을 객관으로 만드는〔자신을 객관으로 삼는/객관화하는〕 주관의 작용이며, 대상에 대한 규정이 없는(單純 捕捉의) 한낱 논리적인 것(나는 存在한다)이다 XXII89 ¶ 모든 인식은 나 자신의 의식에서 개시한다 XXII89 ¶ 나는 나 자신을 의식한다(統覺). 나는 사고한다, 다시 말해 나는 나 자신에게 지성의 한 대상이다. 그러나 나는 나에게 또한 감관들 및 경험적 직관(捕捉)의 한 대상이다. 사고 가능한(思考可能한) 나는 나 자신을 감지할 수 있는(所與

的인) 것으로 정립하며, 이것을 선험적으로 공간 및 시간상에서 그려한다. XXII119 ¶ 자기 자신의 의식(統覺)은 그를 통해 주관이 일반적으로 자신을 객관으로 만드는 작용이다. 그것은 아직 지각(單純 捕捉)이 아니다. 다시 말해, 주관이 무엇인가 어떤 대상에 의해 촉발되고, 직관이 경험적으로 될 것이 필요한 어떤 감관표상이 아니다. 오히려 그것은 순수 직관으로, 공간과 시간의 이름 아래서 직관의 잡다의 합성(竝列 及 連屬)의 순전히 형식적인 것을 함유하고, 이로써 잡다에 대한 종합적 인식의 선험적 원리를 〔함유하며〕, 그러나 바로 그렇기에 대상이 현상에서 표상되도록 한다 XXII413 (→ 나)

자기인식 自己認識 Erkenntnis seiner selbst

¶ 자기 자신의 인식 XXII73, XXII101 ¶ 스스로 자신을 원리로 구성하고 그 자신의 창시자인 하나의 인격으로서의 자기 자신에 대한 인식 XXII54 ¶ 공간과 시간상에서의 자기규정을 통한 자기 자신의 인식 XXII73 ¶ 인간의 모든 자기 자신의 인식은 직관과 개념 그리고 인식능력의 순전히 논리적 작용인 나 자신의 의식에서의 개념들에 의한(또는 따르는) 직관의 잡다의 종합적 통일이다 XXII101/102

자기정립〔自己定立〕 Selbstsetzen

¶ 스스로 자신을 정립〔세움/놓음〕 XXII11, XXII18, XXII20, XXII23, XXII24, XXII28, XXII30, XXII31, XXII32, XXII44, XXII47, XXII67, XXII68, XXII85, XXII88, XXII119, XXII409, XXII413, XXII414, XXII418, XXII420, XXII421 ¶ 自己로부터의 *存在者* XXII33 ¶ 한 대상의 인식에는 두 가지 표상방식이 있다. 즉 1. 대상 자체. 2. 현상에서의 대상. 전자는 주관이 그것을 통해 원초적으로 직관에서 스스로 자신을 정립하는 바로 그것(第一 認識)이고, 후자는 대상이 촉발되는 형식에 따라서 주관이 스스로 간접적으로 자신을 대상으로 삼는 것(第二 認識)이다 XXII20 ¶ 주관은 스스로 자신을 통각에서 정립하는바, 직관의 공리들에 따라서, 즉 주관이 '선험적 종합 명제들이 어떻게 가능한가'라는 원리에 맞게 현상으로서 자기 자신에 의해 촉발되는 바대로의 형식에 따라서 한다 XXII20/21 ¶ 나는 나 자신을 직관의 대상으로서 정립하거니와, 자기의식의 주관의 규정의, 그리고 객관(공간 및 시간)의 통일을 위한 합성의, 형식적 원리에 따라서, 그러나 바로 그렇게 함으로써 나와의 관계에서 실존하는 어떤 것으로서, 따라서 현상(감관직관의 대상)으로서 정립한다 XXII32 ¶ 주관은 감성적 직관의 형식들인 공간과 시간에 의한 선험적 종합 명제들을 통해 자기 자신을 정립한다. 주관은 자기 자신을 촉발하고 그것을 현상들로 규정하는 힘들을 행사하니 말이다 XXII70 ¶ 주관이 스스로 자신을 가능한 경험을 위해 선험적으로 자기정립하고, 스스로 하나의 대상으로 구성하는 작용/활동 XXII71 ¶ 나는 나 자신을 의식한다(統覺). 나는 사고한다, 다시 말해 나는 나 자신에게 지성의 한 대상이다. 그

러나 나는 나에게 또한 감관들 및 경험적 직관(捕捉)의 한 대상이다. 사고 가능한(思考可能한) 나는 나 자신을 감지할 수 있는(所與的인) 것으로 정립하며, 이것을 선험적으로 공간 및 시간상에서 그리한다. XXII119 ¶ 주관은 스스로 자신을 순수 직관에서 정립하고, 자신을 객관으로 삼는다[만든다] XXII452

자기직관(自己直觀) Selbstanschauung · Anschauung seiner selbst

¶ 자기직관 XXII420 ¶ (자신을 대상으로 삼는[만드는]) 자기직관은 초월철학에 속하며, 종합적이지만, 동시에 분석적이지는 않다 XXII442 ¶ 자기직관. 무릇 그것이 없이는 하나의 실체의 자기의식은 없을 터이다 XXII443 ▶¶ 자기 자신의 직관 XXII32, XXII85, XXII358, XXII535 ¶ 나 자신의[에 대한] 직관(형이상학적) XXII66 ▶¶ 표상력이 그에서 출발하는 최초의 사상/의식은 자기 자신에 대한 직관과 현상에서의 잡다의 종합적 통일의 범주이다 XXII11 ¶ 한 대상의 인식에는 두 가지 표상방식이 있다. 즉 1. 대상 자체, 2. 현상에서의 대상. 전자는 주관이 그것을 통해 원초적으로 직관에서 스스로 자신을 정립하는 바로 그것(第一 認識)이고, 후자는 대상이 촉발되는 형식에 따라서 주관이 스스로 간접적으로 자신을 대상으로 삼는 것(第二 認識)이다. 이 후자의 인식은 현상에서의 자기 자신에 대한 직관으로, 그것을 통해 감관대상이 주관에 주어지는 이 직관은 공간// 및 시간 조건들에 따른 잡다의 표상이자 합성함이다. XXII20 ¶ 자기 자신의 직관의 의식은 형이상학적이고 주관적이다 XXII66 ¶ 자기 자신을 객관으로 구성하고, 한낱 생각할 수 있는(思考可能한) 것일 뿐만 아니라 실존하는, 나의 표상 바깥에 주어져 있는(所與的인) 하나의 존재자가 있다. 그것은 스스로 자신을 선험적으로 대상으로 만들고, […] 주관이자 동시에 무매개적으로 자기 자신의 객관으로서의 그것의 표상, 다시 말해 직관이다 XXII107 (→ 직관)

자기촉발(自己觸發) Selbstaffektion

¶ 자기촉발 XXII20, XXII27, XXII78, XXII373, XXII376, XXII461, XXII480 ¶ 自己에 依한 存在者 XXII33 ¶ 주관의 自發性에 依한 촉발 XXII405 ¶ 주관은 스스로 자신을 촉발한다 XXII43, XXII48, XXII70, XXII73, XXII320, XXII323, XXII358, XXII366, XXII397, XXII477 ¶ 주관이 형식적으로 스스로 자신을 촉발 XXII33 ¶ 주관이 범주들에 따라서 자기 자신을 촉발 XXII502 ¶ 주관은 가능한 경험으로서의, 지각들의 한 체계로 진보하면서 운동력들을 통해 경험 일반의 가능성의 선험적 원리들에 따라 자기 자신을 촉발한다 XXII386 ▶¶ 공간과 시간은 우리 자신의 상상력의 산물(그러나 시원적[始原的] 산물)들이며, 그러니까 주관이 스스로 자신을 촉발함으로써 스스로 만들어낸 직관들이다 XXII37 ▶¶ 현상에서의 주관의 자기 촉발 XXII358, XXII396 ¶ 주관은 자기 자신을 촉발하고, 그 자신에게 현상에서 대상이

된다 XXII364 ▶¶ 객관의 지각은 주관 자신의 운동력의 의식이다. 주관이 촉발되는
한에서가 아니라 스스로 자신을 촉발하는 한에서, 다시 말해 지성을 통해 현상의 잡
다를 그것의 합성의 원리 아래로 포섭하는 한에서 말이다 XXII456 (→ 촉발)

자발성(자기활동성)/自發性(自己活動性)

Spontaneität(Selbsttätigkeit)/spontaneitas

¶ 자발성/自發性 XXII28, XXII42, XXII57, XXII78, XXII296, XXII405, XXII412,
XXII415, XXII439 ¶ 자기활동성(自發性) XXII42 ¶ 어떤 것을 정립하는 의식(自發性)
XXII31, XXII130 ▶¶ 인식능력은 자발성도 함유하고 있으니, 곧 지성, 판단력, 이성
이다 XXII116 ¶ 현상들은 스스로 촉발하는 주관의 자발성 XXII396 ¶ 자기규정에
서의 지성의, 다시 말해 현상에서의 객관의 자발성 XXII465 ▶¶ 자연의 수용성의 법
칙과 자유의 자발성의 원리 XXII131 ¶ 동시에 반작용하는 자발성과 수용성 XXII38,
XXII129 ¶ 정립과 지각, 자발성과 수용성, 객관적 관계와 주관적 관계, 이것들은 동
시적이다 XXII466 ¶ 감관표상들을 갖는 수용성은 간접적으로 지각들을 자기 자신
안에서 일으키는 상관적(상대적)인 자발성을 전제한다. 그리고 이것이 (지각들의) 선
험적 가능성이다 XXII493 ¶ 현상들의 수용성은 자기 자신의 직관에서의 합성(작용)
의 자발성에 의거한다 XXII535 ▶¶ 근원적으로 자연에 대해 지시명령하는 원인성(인
과성)의 자발성의 개념 XXII63

자연/自然 Natur/natura

¶ 자연/自然 XXII54, XXII60, XXII104, XXII127, XXII213, XXII291, XXII306,
XXII342 ¶ 自然은 飛躍에 依해 앞으로 나아가지 않는다 XXII457 ¶ 자연(본성)
XXII52, XXII53, XXII54, XXII59, XXII130 ▶¶ 자연존재자 XXII49, XXII64,
XXII109, XXII124 ¶ 모든 자연존재자의 총체(세계) XXII60 ¶ 물체적 자연 XXII135
▶¶ 자연 사물(自然(之)事物) XXII341, XXII460, XXII485, XXII491, XXII506 ¶ 자
연력 XXII207, XXII354 ¶ 자연원인 XXII283, XXII297, XXII622 ▶¶ 자연의 법칙
XXII490, XXII491 ¶ 자연과 자연 현상들의 법칙들은 표상능력들에 따른다 XXII75
¶ 선험적인 자연법칙 수립 XXII288 ▶¶ 자연(의) 체계 XXII301, XXII307, XXII319,
XXII326, XXII353, XXII355, XXII383, XXII396, XXII406, XXII460, XXII477,
XXII491, XXII492, XXII496 ¶ 자연체계, 즉 저 자연력들의 요소들로써 이루어지
는 하나의 체계 XXII354 ¶ 공간상의 실체들인 외적 감관객관들 — 이것들이 경험
적으로 정돈되는 한에서의 — 에 대한 자연과학은 자연의 체계이다. 이 체계는 기본
(요소)체계와 세계(우주)체계로 구분될 수 있다 XXII485 ¶ 자연의 기본(요소)체계
XXII453 ¶ 자연(적)(自然(的)) 체계 XXII342 ¶ 自然(的) 體系 XXII396, XXII498 ¶

自然〔之〕體系 XXII396, XXII489, XXII498 ¶ 自然的 物理的 體系 XXII498 ▶¶ 자연의 나라〔왕국/세계〕/자연계 XXII482, XXII490 ¶ 自然의 王國/自然界 XXII491 ¶ 자연의 체계학 XXII501, XXII503 ▶¶ 자연과 자유 XXII50, XXII59, XXII116, XXII118 ¶ 자연기계성과 이성존재자들의 자유 XXII50 ¶ 자연의 수용성의 법칙과 자유의 자발성의 원리 XXII131 ¶ 자연과 윤리 XXII65 ▶¶ 자연통일성 XXII110 ¶ 자연질서 XXII110 ▶¶ 자연주의 XXII59 ▶¶ 자연연구 XXII95, XXII149, XXII196, XXII244, XXII279, XXII295, XXII298, XXII310, XXII319, XXII321, XXII373 ¶ 자연연구의 (규제적 또는 구성적) 원리 XXII311, XXII312, XXII504 ¶ 자연연구의 선험적 원리들 XXII286, XXII292, XXII325 ¶ 지성이 자연연구에 집어넣는 것, 즉 자연연구의 체계의 형식 XXII289 ¶ 자연연구의 주관적 원리 XXII330 ¶ 경험적 자연연구는, 그렇지만 경험적으로가 아니라, 하나의 체계로서의, 선험적으로 기초 지어진 하나의 원리 (인식의 형식〔적인 것〕)에 따라서, 자연사물들의 현상들을 경험에 부합하게 표상한다 XXII344 ¶ 과학적 자연연구 XXII292 ¶ 자연연구가 XXII193, XXII507 ▶¶ 자연이론 XXII212, XXII381, XXII444 ¶ 교설적 자연이론 XXII497

자연과학/自然科學 Naturwissenschaft/scientia naturalis

¶ 자연과학/自然科學 XXII191, XXII426, XXII485, XXII487, XXII490, XXII512, XXII531 ¶ 자연과학(自然〔之〕科學) XXII488 ¶ 자연과학(自然〔的〕科學) XXII531, XXII543 ¶ 자연과학(自然的 科學 卽 自然〔之〕科學) XXII517 ¶ 자연과학(自然哲學) XXII149 ▶¶ 자연과학의 기본〔요소〕개념 XXII240 ¶ 자연과학/自然科學의 (규제적 또는 구성적) 원리 XXII240, XXII430, XXII517 ¶ 자연과학의 수학적 기초원리들 XXII88, XXII190, XXII191, XXII525, XXII531, XXII543 ¶ 자연과학의 물리학적 기초원리들 XXII192

자연철학/自然哲學 Naturphilosophie/philosophia naturalis

¶ 자연철학/自然哲學 XXII207, XXII488, XXII490, XXII531 ¶ 自然〔的〕哲學 XXII485, XXII511, XXII512 ¶ 自然哲學의 체계 XXII426

자연학/自然學 Physiologie/physiologia

¶ 자연학/自然學 XXII307, XXII320, XXII340 ¶ 一般 自然學 XXII484 ¶ 特殊 自然學 XXII491 ¶ 저자연학〔底自然學〕 XXII399 ¶ 초자연학〔超自然學〕 XXII399

자유〔自由〕Freiheit〔libertas〕

¶ 자유 XXII52, XXII53, XXII121, XXII131 ▶¶ 자연과 자유 XXII116 ¶ 세계에는 자연과 자유, 즉 상이한 종류의 두 활동 능력이 있다. 그중 하나(作用하고, 行爲하고, 作業하는 것) XXII50, XXII59 ¶ 자연기계성과 이성존재자들의 자유 XXII52 ¶

기술적//실천적 이성과 도덕적//실천적 이성의 객관 즉 자연과 윤리, 다시 말해 자유 XXII65 ▶¶ 자유와 의무 개념 XXII52 ¶ 자유와 정언 명령 XXII53, XXII108, XXII109 ¶ 자유 개념이 정언 명령을 정초하는 것이 아니고, 오히려 정언 명령이 우선 자유 개념을 정초한다 XXII60 ▶¶ 법칙들 아래의 자유 XXII60, XXII104, XXII110, XXII122, XXII127 ¶ 법칙들 아래의 자유는 인간의 도덕적//실천적 이성이다 XXII109 ¶ 순수 이성의 강제법칙들 아래에 있는 자유 XXII118, XXII120, XXII125 ¶ 자기 자신에게 지시규정하는 법칙(實踐 理性의 指示命令)들 아래의 자유 XXII130 ▶¶ 모든 의무들을 신적 지시명령〔계명〕들로서 준수함의 원리가 종교이고, 이것은 인간의 의지의 자유를 증명한다 XXII111 ▶¶ 자유론 XXII105 ¶ 자유의 자발성 XXII131 ¶ 자유의 이념 XXII623

작용인/作用因 wirkende Ursache/causa efficiens

¶ 작용인/作用因 XXII13, XXII90, XXII104, XXII288, XXII474, XXII506, XXII507, XXII548 ¶ 세계전체에서의 작용인들에는 법의무들의 정언 명령에, 즉 무조건적인 당위에 따르는 도덕적//실천적 이성도 속한다 XXII114

정신/精神 Geist/mens

¶ 정신/精神 XXII50, XXII112, XXII298 ¶ 內的 精靈, 바꿔 말해 精神 XXII56

정언 명령/定言 命令 kategorischer Imperativ/imperativus categoricus

¶ 정언 명령/定言 命令 XXII53, XXII54, XXII57, XXII60, XXII65, XXII105, XXII108, XXII109, XXII112, XXII114, XXII116, XXII120, XXII123, XXII125, XXII127, XXII129, XXII301 ¶ 정언 명령(道德的 理性의 指示命令) XXII126 ■ =무조건적인 의무 지시명령(嚴格한 責務의 理性의 指示命令)의 정식이 법의 정언 명령이다 XXII50 ¶ 인간의 (영혼이 아니라) 정신 안에 정언 명령인 의무의 한 원리가 있다 XXII65 ▶¶ 우리 이성이 신적 이성을 통해 발언하는 정언 명령 XXII104 ¶ 정언 명령은 최상부에서 지시명령하는, 나의 외부에 있는 하나의 실체를 전제하지 않으며, 오히려 나 자신의 이성의 지시명령이거나 금지이다. ― 그럼에도 불구하고 정언 명령은 모든 것에 대해 거역할 수 없는 권력을 갖는 하나의 존재자에게서 나오는 것으로 여길 수 있다 XXII51 ¶ 정언 명령은 모든 인간 의무들을 신적 지시명령들로 표상하거니와, 역사적으로 마치 언젠가 인간에게 특정한 명령들이 내려졌던 것처럼이 아니라, 오히려 이성이 그것들을 신적 인격과 똑같은 정언 명령의 최고의 권세를 통해 스스로 복종하도록 엄격하게 지시명령할 수 있는 것인 양 그리한다 XXII51/52 ¶ 정언 명령에서의 도덕적//실천적 이성의 이념은 신의 이상이다 XXII54 ¶ 신은 도덕적//실천적 관계에서 (다시 말해, 정언 명령에 따라) 무조건적으로 지시명령하는, 자연에 대해

전권을 행사하는 유일한 존재자이다 XXII61 ¶ 자유를 가지고서 보편적으로 지배하는 하나의 작용인이 이성존재자들 안에 있고, 이들과 함께 이들 모두를 연결하는 정언 명령이 있으며, 이 정언 명령과 함께 모든 것을 포섭하면서 도덕적으로 지시명령하는 하나의 근원존재자 — '하나의' 신이 있다 XXII104 ¶ 하나의 신이 있다. 무릇 하나의 정언 명령이 있으니 말이다 XXII106 ¶ 자유에게 법칙을 수립하는 이성은 최고 이성이고, 정언 명령을 통해 오로지 그의 발언만으로 모든 이성적 존재자에 대해 정당성을 갖는 이는 신이다 XXII109 ¶ 정언 명령을 통해 모든 이성적[이성을 가진] 세계존재자들을 도덕적 관계들의 통일성 안에 놓는 최고 존재자 — 신 XXII113 ¶ 도덕적//실천적 이성의 의무법칙들(정언 명령)에 따라 모든 이성적 존재자들에 대해 지시명령할 능력이 있고 권리가 있는 하나의 존재자가 신(最高 存在者, 最高 知性, 最高 善)이다 XXII116 ¶ 인간의 정신에는 실로 도덕적//실천적 이성의 원리가 있다. 즉 인간이 그것을 존중하고 단적으로 그것에 복종(服從)하지 않을 수 없음을 아는, 그리고 정언 명령에 대응하는 하나의 의무//지시명령이 있다 XXII121 ¶ 의무 지시명령의 정언 명령은 모든 것을 할 수 있고[전능하고] 모든 것 위에서 지시명령하는(形式上) 하나의 命令者라는 이념을 기초에 가지고 있다 XXII120 ¶ 정언 명령은 신의 지시명령이다 XXII128 ▶¶ 도덕적 법칙 수립적[도덕적 입법] 이성은 정언 명령을 통해, 동시에 실체로서, 자연에 대해 법칙을 수립하고, 법칙을 이행하는 의무들을 언표한다 XXII122 ¶ 도덕적으로 실천적인 이성에는 하나의 정언 명령이 있고, 이것이 모든 이성적 세계존재자들에게 퍼져서, 그를 통해 모든 세계존재자들이 통일된다 XXII105 ¶ 정언 명령에서의 법원리는 우주만물을 필연적으로 하나의 절대적 통일로 만드는데, 초월철학에 따라서가 아니라 초험철학에 따라서 XXII109 ▶¶ 자유 개념이 정언 명령을 정초하는 것이 아니고, 오히려 정언 명령이 우선 자유 개념을 정초한다 XXII60

존재자/存在者 Seiendes/ens

¶ 존재자/存在者 XXII59, XXII62, XXII65, XXII77, XXII96, XXII117, XXII125, XXII428 ¶ 存在者(실존하는 어떤 것) XXII415 ¶ 객관(存在者) XXII83 ¶ 나의 표상 바깥에 실존하는 사물들(存在者들) XXII101 ¶ 存在者는 事物이거나 知性體이다 XXII81 ▶¶ 이성존재자(→) 理性的 存在者 XXII122 ¶ 理性의[理性에 依한] 存在者 XXII4, XXII25 ¶ 동일률에 따라 자기 자신을 설정[定位/위치 지음]하는 理性의 存在者 = x XXII27 ¶ 理性을 가진[理性的] 存在者 XXII120 ▶¶ 自己에 依한 存在者 XXII25, XXII26, XXII33, XXII41, XXII68, XXII99 ¶ 사물들 자체(自己에 依한 存在者들) XXII46, XXII409, XXII412, XXII413, XXII416 ¶ 독자적인 사물(自己에 依한 存在者) XXII90 ▶¶ 自己로부터의 存在者 XXII33 ¶ 근원존재자 XXII104, XXII130

▶¶ 전능(全能)한 존재자(最高 存在者), 전지(全知)한 존재자(最高 知性) 및 전선(全善)한 존재자(最高 善) XXII48, XXII53, XXII57, XXII60, XXII61, XXII63, XXII112, XXII114, XXII116, XXII117, XXII121, XXII123 ¶ 실체로 생각된, 순수 도덕적 원리들에 따라서 세계에서 작용하는 하나의 원인(世界 밖의 存在者) XXII131 ¶ 單一 存在者 XXII614 ▶¶ 자연존재자 XXII123, XXII126 ¶ 윤리존재자 XXII124 ¶ 아무런 욕구를 갖지 않는 존재자(순전한 물질) XXII50 ¶ 이념[관념]존재자 XXII63 ¶ 이념[관념/이상]적 존재자 XXII128 ¶ 단순 존재자 XXII38, XXII481 ▶¶ 非存在者(사고 불가능한 어떤 것) XXII415 ¶ 非存在者 XXII96, XXII101

주관·주체/主觀·主體 Subjekt/subiectum

¶ 주관 XXII4, XXII357, XXII365, XXII409, XXII415 ¶ 주관성 XXII309 ¶ 주관은 하나의 특수한 사물이 아니고 이념이다 XXII33 ¶ 주관의 제일[최초]의 작용은 나의 인식능력을 질적으로 양적으로 묻고 헤아려내는 일이다 XX67 ¶ 주관은 자신을 만든다 XXII94 ¶ 주관은 스스로 자신을 객관으로 만든다[삼는다]. 자기 자신의 창시자 XXII110, XXII115 ▶¶ 주체/주관 설정[定位/위치 지음] XXII4 ▶¶ 주관이 스스로 자신을 주어진 것(所與[的인 것])으로 정립 XXII11 ¶ 사고하는 주관이 스스로 자기를 정립 XXII19 ¶ 주관은 스스로 자신을 통각에서 정립 XXII20 ¶ 주관은 스스로 자신을 선험적으로 현상에서의 대상(所與[的인 것])으로 정립 XXII23, XXII28 ¶ 주관이 스스로 자신을 절대적 통일[절대적인 하나]로 정립 XXII30 ¶ 주관은 감성적 직관의 형식들인 공간과 시간에 의한 선험적 종합 명제들을 통해 자기 자신을 정립한다 XXII70 ¶ 주관은 선험적으로 자기 자신을 지성을 통해, 공간과 시간의 표상들 중의 포착의 대상들(統覺들)이 아닌, 직관에서의 잡다의 종합적 통일[성]로 정립한다 XXII417 ¶ 주관은 스스로 자신을 순수 직관에서 정립하고, 자신을 객관으로 삼는다[만든다] XXII452 ¶ 주관이 자기 자신을 순수한(경험적이지 않은) 직관들인 공간 시간의 관계들 안에 정립함[놓음]으로써 주어진 개념 밖으로 나아간다 XXII420 ¶ 주관이 스스로 자신을 가능한 경험을 위해 선험적으로 자기정립하고, 스스로 하나의 대상으로 구성하는 작용/활동 XXII71 ▶¶ 주관이 자기의 가능성의 면에서 선험적 종합 명제를 통해 스스로 자신을 구성 XXII12 ¶ 주관은 자기 자신을 공간과 시간 상에서 직관의 잡다의 하나의 전체로 구성 XXII411 ▶¶ 형식[적인 것]에 따른 직관의, 다시 말해 현상에서의 수용성과 '하나의' 개념에서의 총괄(포착)의 의식의 자발성이 초월철학의 선험적 종합 명제들의 現實態/作用이다. 이것을 통해 주관은 그 자신에게 현상으로서 선험적으로 주어진다 XXII412 ▶▶¶ 주관은 스스로 자신을 1)기술적//실천적 이성을 통해, 2도덕적//실천적 이성을 통해 규정하고, 그 자신이 두 이성

의 대상이다 XXII53 ¶ 그 자신을 사고하는 주관의 초월적 관념성이 그 자신을 하나의 인격으로 만든다. 인격의 신성〔神性〕 XXII53

중력/重力 Gravitation · Schwere/gravitatio · gravitas

¶ 중력/重力 XXII136, XXII146, XXII154, XXII208, XXII210, XXII388 ¶ 보편적 중력체계 XXII518 ¶ 중력의 법칙 XXII529 (→ 인력)

지각〔知覺〕 Wahrnehmung〔perceptio〕

¶ 지각 XXII382, XXII446, XXII466, XXII487, XXII499 ¶ 지각하다 XXII289, XXII435 ■ =지각은 감관표상의 경험적 의식의 설정〔定位〕이다 XXII476 ■ =지각들은 물질의 운동력들이 의식적인 경험적 표상들을 유발하여 감관들이 촉발된 그 작용결과들이다 XXII400 ■ =지각들은 물질의 운동력들이 그것들의 표상을 함유하는 주관에 대한 작용결과들이다 XXII377/378 ¶ 운동력들의 작용결과들인 지각들 XXII383 ¶ 지각은 단지 주관을 촉발하는 운동력들의 조립의 자동체〔自動體〕현상 XXII384 ¶ 주관을 촉발해서, 경험을, 즉 경험의 하나의 체계를 위한 연결을, 가능하게 하는 경험적 규정근거들로서의 지각들의 물질의 운동력들의 자율 XXII398 ¶ 객관의 지각은 주관 자신의 운동력의 의식이다 XXII456 ¶ 지각은 직관(현상)뿐만 아니라 운동력들을 전제한다 XXII487 ■ =지각들은 '하나의' 가능한 경험 안에서의 운동력들의 하나의 체계 안에서 물질의 운동력들이 주관에 작용한 결과들이다 XXII612 ▶¶ 지각 곧 의식적인 경험적 표상들 XXII8, XXII10, XXII15, XXII19, XXII34, XXII41, XXII43, XXII44, XXII68, XXII69, XXII76, XXII79, XXII86, XXII91, XXII92, XXII96, XXII100, XXII325, XXII346, XXII359, XXII361, XXII363, XXII364~365, XXII376, XXII380, XXII396~397, XXII400, XXII407, XXII409, XXII416, XXII420, XXII428, XXII436, XXII440, XXII445~448, XXII451~454, XXII459~460, XXII463, XXII473, XXII479, XXII493, XXII495, XXII497, XXII503, XXII507 ¶ 의식적인 경험적 표상, 즉 감관표상의 질료로서의 주관 안의 지각 XXII462 ¶ 의식적인 경험적 표상들은 순전히 주관적이다. 다시 말해, 그것들은 아직 하나의 대상과 관계 맺어진 표상들이 아니다 XXII464 ¶ 지각의 주관적인 것〔요소〕 XXII297 ¶ 의식적인 경험적 직관(즉 지각) XXII19, XXII24, XXII32, XXII107, XXII335, XXII358, XXII359, XXII378, XXII453, XXII480 ¶ 경험적 직관(지각) XXII306, XXII341, XXII359, XXII414, XXII477, XXII509 ¶ 지각(의식적인 경험적 인식) XXII439 ¶ 지각의 질료〔적인 것〕 XXII31, XXII381 ▶¶ 지각의 예취들 XXII12, XXII28, XXII240, XXII281, XXII292, XXII300, XXII310, XXII326, XXII366, XXII373, XXII444, XXII446, XXII477, XXII495 ¶ 지성은 지각을 예취한

다 XXII502 ▶¶ 지각(포착) XXII66 ¶ 지각(單純 捕捉) XXII413 ¶ 감관지각(捕捉〔可
能한 것〕) XXII38 ¶ 지각할 수 있는(捕捉可能한) XXII46 ¶ 지각될 수 있는 것(실존
하는 것) XXII76 ¶ 지각의 원인은 현상에서의 대상(현상체) XXII76 ¶ 운동력은 지
각의 주관적 원인 XXII382, XXII505, XXII507 ¶ 물질의 운동력들은 물질에서의 지
각들의 가능성의 원인들이다 XXII518 ¶ 공간은 지각들의 가능성의 원리로서 생각
되어야 한다 XXII524 ▶¶ 지각(注意) XXII93 ¶ 감각에서의 내적 지각 XXII534 ▶
¶ 지각과 경험 XXII8, XXII11, XXII298, XXII305, XXII310, XXII361, XXII378,
XXII455 ¶ 지각들의 집합〔집적〕 XXII309, XXII319, XXII464, XXII467 ¶ 지각들
의 편집 XXII298 ¶ 지각들의 편성 XXII366 ¶ 지각들의 편성(整列) XXII386 ¶ 지각
들의 체계적 편성 XXII454 ¶ 지각들의 체계 XXII351, XXII367, XXII368, XXII378,
XXII379, XXII386, XXII389, XXII397, XXII398, XXII405, XXII439, XXII507 ¶ 지
각들의 하나의 체계(물리학) XXII388 ¶ 경험은 지각들의 하나의 체계이고, 물리학은
그것의 하나의 교설적 체계이다 XXII400 ¶ 그 전반적인 규정에서의 지각은 객관의
하나의 절대적 인식전체이다 XXII449 ¶ 의식적인 경험적 표상들(지각들)은 가능한
경험의 통일〔로〕, 주어지는 것이 아니라 생각되는, 하나의 체계로 진보한다 XXII451
¶ 지성은 지각에서 경험으로 진보해간다 XXII464 (→ 경험, → 직관)

지성¹/知性 Verstand/intellectus

¶ 지성 XXII4, XXII11, XXII22, XXII38, XXII56, XXII61, XXII69, XXII78,
XXII110, XXII116, XXII118, XXII130, XXII281, XXII289, XXII310, XXII323,
XXII335, XXII341, XXII364, XXII377, XXII415, XXII418, XXII454, XXII476,
XXII623 ■ =지성이란 의식적으로 표상들을 종합적으로 통일하는 능력이다 XXII283
¶ 순수 지성 XXII33 ¶ 순수 지성〔오성〕 XXII51 ¶ 지성(思考) XXII280 ▶¶ 사고하
는 지성 XXII8, XXII416 ¶ 지성은 잡다를 하나의 총괄(包括)에서 파악하고, 스스로
자신을 선험적 종합 명제들을 통해 직관의 하나의 절대적 전체로 구성한다 XXII66
¶ 지성은 나 자신의 의식(統覺)과 함께 시작하고, 그로써 하나의 논리적 작용을 시행
한다 XXII82 ¶ 지성은 하나의 원리에 따라서 직관의 잡다를 결합한다 XXII85 ¶ 지
성이 '하나의' 개념에서 사고하는 것이 대상의 본질을 이룬다 XXII355 ¶ 지성이 경험
과 경험의 가능성을 위해 감관표상들 안에 집어넣는 것 XXII379 ¶ 지성이 생각한 것
만이 직관의 형식의 감관표상에 맞게 하나의 선험적 원리에 따라서 만들어지고, 그러
면 비로소 가능한 경험의 하나의 전체로서 주어진다 XXII388 ¶ 현상은 경험적 직관
의 주관적인 것이고, 하나의 思考可能한 것을 전제하며, 지성을 통해 객관적으로 만들
어진 것은 현상에서의 所與〔的인 것〕를 전제한다 XXII393 ¶ 지성이 지각들의 집합체

에서 하나의 체계를 만들고, 경험으로부터가 아니라 경험을 위해서 감관을 촉발하는 운동력들을 선험적으로 경험의 가능성의 하나의 원리에 따라 합성한다 XXII466 ■ = 경험을 만드는 능력이 지성이다 XXII497 ▶¶ 지성존재자 XXII49 ¶ 지성적 존재자 XXII52 ▶¶ 지성적 원리 XXII51 ¶ 지성적 전체 XXII361 ¶ 지성의 결정 XXII375 ¶ 지성적 인과성 XXII621

지성²[지성체 · 예지자 · 지적 존재자]/知性[知性體]

Intelligenz/intelligentia[intellegens]

¶ 지성[지적 존재자] XXII299 ¶ 순수 지성[예지자] XXII48 ¶ 최고 지성 XXII110 ¶ 지성체 XXII81 ¶ 知性體 XXII81 ¶ 지적 존재자 XXII507

직관/直觀 Anschauung/intuitus

¶ 직관/直觀 XXII5, XXII19, XXII43, XXII44, XXII85, XXII102, XXII353, XXII446 ¶ 직관(直觀 表象) XXII67 ¶ 직관표상 XXII102 ¶ 공간직관 XXII413, XXII436, XXII447, XXII502, XXII505 ¶ 시간직관 XXII413, XXII447 ■ =직관(직접적 단일 표상) XXII24 ¶ 직관하다 XXII15, XXII64 ¶ 직관(直觀)이라는 말은 봄[視]을 지시한 다 XXII97 ¶ 직접적 감관표상, 直觀 XXII384 ▶¶ 직관의 형식[적인 것/요소] XXII8, XXII29, XXII68, XXII73, XXII101, XXII343, XXII414, XXII444, XXII446 ¶ 선험 적 직관의 형식들 XXII83 ¶ 순수한(경험적이지 않은) 직관의 형식적인 것 XXII480 ¶ 현상에서의 직관의 형식들 XXII20 ¶ 현상으로서의 직관의 형식 XXII357 ¶ 경험 적 직관의 형식 XXII364 ▶¶ 인식(認識)의 두 요소, 직관(直觀)과 개념(槪念) XXII65, XXII93, XXII95, XXII100, XXII103, XXII417 ¶ 표상능력(表象能力)은 직관이거나 개념이다 XXII92, XXII420 ¶ 직관과 개념은 사물 일반의 두 가지 표상방식 XXII416 ▶¶ 감관직관 XXII8, XXII12, XXII29, XXII330, XXII340, XXII415 ¶ 지성은 감관 직관을 그 형식의 면에서 구성하기 위해서, 다시 말해 그것의 잡다를 선험적으로 종 합적으로 그 잡다의 통일성에서 하나의 원리에 따라 현시하기 위해서, 객관에서 시작 하는 것이 아니라 자기 자신의 주관에서 시작한다 XXII443 ¶ 감성적 직관 XXII18, XXII29, XXII44, XXII55, XXII70 ¶ 순수한 감성적 직관들 XXII495 ¶ 내적 직관 (直觀)과 외적 직관(直觀) XXII19, XXII83, XXII107, XXII420, XXII440, XXII449, XXII479, XXII507 ▶¶ 순수 직관(直觀) XXII4, XXII11, XXII12, XXII24, XXII30, XXII39, XXII103, XXII318, XXII363, XXII370, XXII413, XXII452 ¶ 순수 직관은 사념물(理性의 存在者)이다 XXII32, XXII414 ¶ 상상력에 의한 순수한 직관 XXII476 ¶ 선험적 직관 XXII4, XXII8, XXII49 ¶ 선험적인 순수 직관 XXII19, XXII33, XXII105, XXII378, XXII425, XXII448, XXII494 ¶ 선험적 순수 직관은 자발성과 수

용성의 現實態/作用을 함유 XXII28 ¶ 의식적인 선험적 직관 XXII325 ¶ 시원적[始原的] 직관 XXII4, XXII441 ■ =주관이 스스로 자신을 촉발함으로써 스스로 만들어낸 직관들 XXII37 ¶ (순수한) 형식적 직관 XXII43, XXII94, XXII107, XXII517 ¶ (선험적인) 순수 직관은 감관직관의 경험적 직관에 선행한다 XXII450 ▶¶ 경험적 직관 XXII15, XXII24, XXII33, XXII323, XXII352, XXII411, XXII496 ¶ 경험적 직관(捕捉) XXII119, XXII477 ¶ 경험적 직관(현상) XXII388, XXII393 ¶ 감관에 의한 경험적 직관 XXII476 ¶ 경험적 직관의 질료/물질[적인 것] XXII342, XXII497 ¶ 물질은 모든 가능한 경험적 직관들의 기체[基體]이다 XXII508 ¶ 의식적인 경험적 직관(→ 지각) ¶ 現象體 直觀 XXII16 ▶¶ 직관의 공리들 XXII12, XXII17, XXII20, XXII28, XXII30, XXII240, XXII281, XXII292, XXII310, XXII326, XXII342, XXII387, XXII495, XXII502, XXII503, XXII509 ▶¶ 직관의 관념성 원리 XXII95/96 ¶ 선험적 순수 직관으로서의 모든 표상들의 관념성의 원리 XXII99 ¶ 직관의 절대적 종합적 통일성(단일성) XXII98, XXII441 ¶ 직관에서의 잡다의 무조건적 통일 XXII443 ▶¶ 概念이 뒤따르는 直觀 XXII44 ¶ 객관 없는 직관들 XXII74, XXII437 ¶ 대상 없는 직관 XXII450 ¶ 직관의 수학적인 술어들 XXII11 ¶ 특수한 직관(可視的 叡智體) XXII33 (→ 자기직관)

질료/質料 Materie/materia

¶ 질료/質料 XXII65, XXII305, XXII346, XXII395, XXII460, XXII462, XXII492, XXII502 ¶ 질료[적인 것] XXII8, XXII22, XXII31~32, XXII37, XXII79, XXII281, XXII310, XXII322, XXII340, XXII342, XXII361, XXII381, XXII397, XXII406, XXII446, XXII448, XXII460, XXII474, XXII482, XXII546 ¶ 인식의 질료[적인 것] XXII124, XXII319 ¶ 객관(質料/實質[的인 것]) = x XXII86 ¶ 질료/물질(所與) XXII280 ▶¶ 소재(構成的[材料] 質料) XXII305, XXII546 ¶ 물질의 잡다(構成的[材料] 質料) XXII311 ¶ 질료[적인 것](內的 質料) XXII311 ¶ 對象으로서의 質料 XXII312 ▶ ¶ 질료적(경험적) 원리 XXII319

[ㅊ]

척력(밀쳐냄/배척/반발)/斥力(排斥/反撥) Abstoßung/repulsio

¶ 척력 XXII66, XXII107, XXII117, XXII150, XXII195, XXII211, XXII365, XXII396, XXII409, XXII428, XXII467, XXII514, XXII517, XXII529 ■ =제2의 운동력은, 인력에 의해 제한되어 있는 한에서, 내적인 것으로 척력의 운동력이다 XXII242

¶ 척력으로 인해 물질을 스스로 한계를 짓고 물체를 형성한다 XXII434 ¶ 그것이 없으면 아무런 공간도 채워지지 않을 터인 표면력으로서의 보편적이고 외적인 척력 XXII462 ¶ 인력과 척력은 운동력들의 두 형식적 규정들을 이룬다 XXII154 ¶ 시원적 힘들은 인력과 척력이다 XXII479, XXII518 ¶ 운동력의 방향, 즉 견인과 반발 그리고 이 양자에 의해 연속적으로 촉진된 물질의 내적 운동(牽引, 反撥, 振動) XXII191, XXII398 ¶ 우주 안의 모든 물질의 인력과 또한 척력의 원리에 의한 물체세계의 통일성 XXII117 ¶ 인력, 척력 그리고 원심력들이 경험 일반을 체계로서 가능하게 만드는 것이다 XXII89 ▶¶ 기계적 척력 XXII214 ¶ 척력은 표면력이나 침투력으로 작용할 수 있다. (그러나 중력처럼 원거리 작용을 하지는 않는다.) XXII214 ▶¶ 밀쳐냄〔척력〕은 선행하는 감관//충동이다 XXII110

철학/哲學 Philosophie/philosophia

¶ 철학 XXII20, XXII23, XXII78, XXII81, XXII91, XXII430, XXII488, XXII490 ¶ 이론 철학 및 실천 철학 XXII112 ¶ 철학의 가치는 도덕적//실천적 이성의 가치로서, 단적으로(정언적으로) 지시명령하는, 곧 마음-씨에서 개선된 인간을 창출하려는 궁극목적을 지향하고 있다 XXII545주 ▶¶ 지혜론으로서의 철학 XXII370, XXII489, XXII544주 ■ =철학은 인간 이성의 궁극목적에 대한 교설/학문이다 XXII370, XXII489, XXII544주 ▶¶ 철학적인(개념들에 의한) 인식/원리들 XXII240, XXII381 ¶ 철학적 인식 XXII83 ¶ 철학적 인식은 형이상학이거나 초월철학이다 XXII108 ¶ 개념들에 의한 이성인식으로서의 철학적 인식 XXII370 ¶ 철학적 인식 및 그 원리들을 철학과(그 형식적인 것을 질료적인 것과) 구별해야 한다 XXII489

초월적/超越的 transzendental/transcendentalis

¶ 초월적 XXII57, XXII75, XXII84, XXII92, XXII128 ¶ 초월적 인식 XXII73, XXII461 ■ =초월적 인식은 경험의 가능성의 원리들을 (인식의 주관적인 것〔요소〕으로서) 함유하는 인식이다 XXII102 ¶ 초월적 표상방식은 현상으로서의 직관의 표상방식이다; 〔이에 비해〕 초험적 표상방식은 사물 자체로서의 객관의 표상방식이다 XXII420 ¶ 초월적 원리 XXII434, XXII443, XXII460 ▶¶ 초월적 이상(즉 신) XXII55 ¶ 초월적 신학 XXII63 ▶¶ 선험적(초월적) XXII364

초월적 관념론/超越的 觀念論 transzendentaler Idealism(us)

¶ 초월적 관념론 XXII49, XXII52, XXII55, XXII56, XXII59, XXII63 ¶ 세계는 순전히 내 안에 있다(초월적 관념론) XXII97 ¶ 스피노자(리히텐베르크)의 초월적 관념론 XXII55, XXII56 ¶ 초월적 관념론은 자기 자신의 표상들의 총체에 객관을 놓는 스피노자주의이다 XXII64 ▶¶ 자유와 초월적 관념론 XXII52

초월적 관념성/超越的 觀念性 transzendentale Idealität

¶ 초월적 관념성 XXII54, XXII446

초월철학/超越哲學 Transzendental-Philosophie/philosophia transcendentalis

¶ 초월철학 XXII23, XXII30, XXII59, XXII64, XXII67, XXII72, XXII80, XXII82, XXII84, XXII103, XXII112, XXII381, XXII411, XXII414, XXII421, XXII468 ■ =초월철학은 개념들에 의한 선험적 종합 인식의 한 체계에 대한 학문이다 XXII80 ■ = 초월철학은 개념들에 의한(개념들의 구성에 의한 것이 아니라) 선험적·종합적(분석적이 아니라) 〔인식들의〕 학문이다 XXII88 ¶ 초월철학은 선험적 종합 판단들을 위한 개념들의 구성에 의한 것이 아닌, 개념들에 의한 원리들을 함유하는 것이다 XXII23, XXII72, XXII81, XXII83 ¶ 注意! 초월철학은 한낱 하나의 완벽한 체계 안에서의 선험적 종합 명제들의 총체가 아니라, 개념들에 의한 선험적 종합 명제들의 총체이다 XXII420 ■ =초월철학은 '선험적 종합 명제들이 어떻게 가능한가'라는 물음에 답하는 철학이다 XXII312 ▶¶ 초월철학의 최상의 과제 (또는 근본과제): 선험적 종합 명제들은 어떻게 가능한가? XXII28, XXII29, XXII30, XXII37, XXII73 ¶ 초월철학의 보편적 과제 XXII440 ¶ 초월철학의 과제: 선험적 종합 인식들이 어떻게 가능한가? XXII45, XXII530 ¶ 초월철학의 원리: '선험적 종합 판단들이 어떻게 가능한가?' XXII34, XXII495 ¶ 경험의 가능성을 (주관적으로) 정초하는 초월철학의 일 ― 초월철학의 원리: 선험적 종합 명제들은 어떻게 가능한가 XXII102 ¶ 초월철학의 문제: 공간과 시간관계들에서 종합 명제들이 어떻게 가능한가? XXII44 ¶ 초월철학의 과제 XXII474 ¶ 초월철학의 행위작용: 선험적 종합 표상들이 어떻게 가능한가? XXII443 ▶¶ 초월철학의 열쇠: 공간 및 시간의 관념성의 원리 XXII33/34 ▶¶ 형이상학과 초월철학 XXII49, XXII58, XXII75, XXII77 ¶ 형이상학과 초월철학은 두 가지 순수// 철학적 체계들이다 XXII103 ¶ 철학적 인식은 형이상학이거나 초월철학이다. ― 전자는 분석적이고, 후자는 종합적이다 XXII108, XXII119 ¶ 형이상학과 초월철학은, 후자가 전자의 한 종〔種〕이라는 점에서 서로 구별된다 XXII27 ¶ 형이상학과 초월철학은 서로 구별되거니와, 전자는 자연과학의 이미 주어져 있는 선험적 원리들을 함유하는 반면에, 후자는 형이상학의 가능성과 그것의 선험적·종합적 원칙들까지의 가능성의 근거를 함유한다는 점에서 그러하다 XXII79 ¶ 형이상학에서 초월철학으로 진보하는 선험적 종합 인식이 초월철학으로의 전망을 연다 XXII82 ¶ 형이상학은 주어진 개념들을 분석한다. 반면에 초월철학은 선험적 종합판단들의 원리들과 그것들의 가능성의 원리들을 함유한다 XXII130 ¶ 개념들에 의한 선험적 종합 인식들을 함유하는 초월철학이 형이상학에서 출발하는 한에서 형이상학에 속하기는〔형이상학

을 필요로 하기는) 하지만 형이상학의 일부는 아니고, 하나의 독자적인 학문이다. 그 것이 (경험이론인) 물리학의 가능성으로의 진보의 조건들을 자신 안에 함유하고 있 는 한에서 말이다 XXII87 ¶ 초월철학의 원칙 XXII450 ▶¶ 초월철학에는 도덕적 실 천 이성이 있다 XXII112 ¶ 그러한 원칙("하나의 신이 있다")이 초월철학으로 나아가 기 위해서는 필요하다. 무릇 그렇지 않으면 초월철학이 확장적이지 못할 것이니 말 이다. 그것은 실천 철학이어야 하고, 보편적으로//규정하는 것이어야 한다. 다시 말 해, 정언 명령의 의무//관계들을 함유해야 한다. 그것은 오직 유일한 자로 생각될 수 있는 대상과만 관계 맺어질 수 있다 XXII112 ▶¶ 초월철학, 다시 말해 순수 개념들 에 의한 (선험적) 종합 인식의 최고 단계는 두 가지 과제에 놓여 있다: 1. 신은 무엇인 가? 2. 하나의 신이 존재하는가? — 이 물음의 대상은 하나의 순전한 이념[관념]으로 서, 다시 말해 주어지는 것이 아니라 단지 생각되는 것(所與가 아니라 純全한 思考)에 대한 것이다. — 순수 이성의 둘째 과제는 '신은 무엇인가?'이다. 초월철학의 최고 견 지는 초월적 신학[이다.] XXII63 ▶¶ 초월철학과 보편적 목적론 XXII64 ▶¶ 형이상 학에서 초월철학으로 그리고 마침내 이로부터 물리학으로의 진보 XXII97, XXII119, XXII124 ¶ 논리학에서 형이상학으로의, 그리고 이에서 초월철학으로의 진보 그리고 철학의 도구들의 하나로서의 수학과의 연결로의 진보 XXII105 (→ 이월, → 이행)

초험적/超驗的 tanszendent/transscendent

¶ 초험적 XXII75 ¶ 초험철학 XXII109 ¶ 사물들 그 자체에 대한 인식은, 이것들이 우리에게 현상하는 한에서, 초험적이다 XXII312 ¶ 초월적 표상방식은 현상으로서의 직관의 표상방식이다; [이에 비해] 초험적 표상방식은 사물 자체로서의 객관의 표상 방식이다 XXII420

촉발/觸發 Affizieren · Affektion/affectio

¶ 촉발 XXII4, XXII15, XXII31, XXII78, XXII414, XXII415, XXII462, XXII476, XXII479, XXII525 ▶¶ 타자에 의한 촉발 XXII33 ¶ 주관의 객관에 의한 촉발 XXII39, XXII85, XXII116, XXII320, XXII321, XXII357, XXII378, XXII463 ¶ 주관 의 감관대상에 의한 촉발 XXII10, XXII36, XXII458 ¶ 대상의 감관 촉발 XXII320 ¶ 촉발하는 객관은 = X이다 XXII36 ¶ 물질의 감관 촉발 XXII364, XXII375 ¶ 촉발되 는 수용성 XXII12, XXII42 ¶ 촉발된 주관 XXII354, XXII367, XXII381, XXII388, XXII448 ¶ 주관이 촉발되는 방식 XXII19, XXII73, XXII450 ¶ 주관이 촉발되는 바 대로의 현상 XXII19, XXII20, XXII91, XXII361, XXII466 ¶ 객관이 촉발되는 바대 로의 현상 XXII455 ¶ 주관이 객관에 의해 촉발되는 바대로의 형식 XXII30, XXII31, XXII419 ▶¶ 주관에 의한 촉발 XXII37, XXII85 ¶ 지성이 감관 일반을 촉발 XXII69

¶ 우리가 우리의 감관을 스스로 촉발 XXII300 ¶ 자기의 감관들을 자신이 촉발하는 주관 XXII383 ▶¶ 감관들을 촉발하는 운동력 XXII244, XXII300, XXII317, XXII346, XXII367, XXII396, XXII400, XXII406, XXII453, XXII459, XXII466, XXII475, XXII493 ¶ 주관을 촉발하는 물질의 운동력 XXII359, XXII367, XXII406, XXII466, XXII478, XXII499, XXII502 ¶ 이 힘들은 또한 주관을, 인간을 그리고 그의 기관들을 촉발한다. 왜냐하면, 인간 또한 하나의 물체적 존재자이기 때문이다 XXII298 ▶¶ 촉발의 문제: 1.어떻게 감관이 촉발되는가의, 형이상학적 의미에서의 현상 2.어떻게 주관 자신이 감관을 운동력들을 통해 저 형식에 맞게 촉발하는가의, 물리학적 의미에서의 현상 XXII324 (→ 자기촉발)

[ㅌ~ㅎ]

통각/統覺 Apperzeption/apperceptio

¶ 통각/統覺 XXII41, XXII54, XXII69, XXII78, XXII79, XXII89, XXII102, XXII119, XXII353, XXII413, XXII483 ■ =자기의식(統覺) XXII107 ¶ 자기 자신의 표상(統覺) XXII43 ¶ 자기의식은 통각의 작용이다 XXII69 ¶ 자기의식[자기 자신의 의식](統覺) XXII78 ¶ 나 자신의 의식(統覺) XXII79, XXII89 ¶ 자기 자신의 의식(統覺) XXII100, XXII413 ¶ '나는 사고한다'(통각) XXII95 ¶ 나는 나 자신을 의식한다(統覺) XXII119 ¶ 자신을 직관의 대상으로 삼는 통각의 표상은 하나의 이중 작용을 함유한다. 첫째로, 자신을 정립하는 (자발성의) 작용과, [둘째로] 대상들에 의해 촉발되어, 표상에서의 잡다를 선험적으로 하나[통일성]로 총괄하는 (수용성의) 작용 XXII31 ▶¶ 직관의 실재적 의식(統覺) XXII85 ¶ 객관적 합성의 통각(선험적) XXII324 ¶ 지성적 통각과 경험적 통각 XXII326 ¶ 통각의 원리는 포착의 원리에 선행한다 XXII330 ¶ 현상들의 통각 XXII478 ▶¶ 통각된다 XXII41, XXII440 (→ 자기의식)

판단/判斷 Urteil/iudicium

¶ 판단/判斷 XXII40, XXII89, XXII93, XXII95, XXII96, XXII102, XXII105, XXII115 ¶ 개념들에 의한 (동일률에 따른) 판단들은 분석적이고, 직관의 술어들에 의한 판단들은 종합적이다 XXII33 ¶ 판단함[작용]의 형식 XXII93 ¶ 판단의 분석적 원리와 종합적 원리 XXII121 ▶¶ 분석 판단 XXII40, XXII83, XXII108 ¶ 분석 판단들은 矛盾律에 의해 기초 지어져 있으며, 선험적으로 존립하는(필연적인) 판단들이다 XXII41 ¶ 논변적 판단 XXII40, XXII41 ▶¶ 종합 판단 XXII22, XXII28, XXII31, XXII79, XXII91, XXII120 ¶ 개념들에 의한 종합 판단들(철학적) XXII47, XXII81 ¶ 개념들

의 구성에 의한 종합 판단들(수학적) XXII47 ▶¶ 경험적 판단 XXII449 ¶ 선험적 판단 XXII47, XXII622 ¶ 선험적 종합 판단 XXII23, XXII33, XXII36, XXII40, XXII41, XXII44, XXII48, XXII69, XXII81, XXII105, XXII130, XXII419, XXII495 ▶¶ 자기 동일적인, 그러니까 공허한 판단 XXII90, XXII105 ¶ 논리적 판단 XXII105 ▶¶ 판단력 XXII96, XXII110, XXII116, XXII119 ¶ 판단력의 형식 XXII91 ¶ 반성하는 판단력의 모호성 XXII326, XXII353 ▶¶ 정언적, 가언적, 선언적 판단들 XXII330, XXII357 ¶ 명증적 판단 XXII622 ¶ 이론적//판단적 이성의 구성 원리 XXII622

포착/捕捉 Auffassung · Apprehension/apprehensio

¶ 포착/捕捉 XXII29, XXII54, XXII100, XXII281, XXII483 ¶ 포착표상(의식적인 경험적 표상으로서의 지각) XXII44 ¶ 지각(포착) XXII66 ¶ 지각할 수 있는(捕捉可能한) XXII46 ¶ 감지할 수 있는(捕捉可能한) 것 XXII22 ¶ 감관지각(捕捉[可能한 것]) XXII38 ¶ 경험적 직관(捕捉) XXII119 ▶¶ 지각(單純 捕捉) XXII413 ¶ 單純 捕捉 XXII43, XXII90, XXII91, XXII96, XXII102, XXII115, XXII416 ¶ 대상에 대한 규정이 없는(單純 捕捉의) XXII89 ¶ 주어진 대로 포착(單純 捕捉) XXII96 ▶¶ 실존하는 사물들(捕捉의 客觀들) XXII47

표상/表象 Vorstellung/representatio

¶ 표상/表象 XXII70 ¶ 우리의 모든 표상은 직관(직접적 단일 표상)이거나 개념(간접적 어떤 징표를 통해 사고된 표상)이다 XXII24, XXII65 ¶ 表象可能한 것은 所與的인 것이거나 한낱 思考可能한 것이다 XXII75, XXII94, XXII421 ¶ 표상의 형식[적인 것]은 순수한 표상이거나 경험적 표상이다 XXII107 ▶¶ 단일자 표상(單一[單數] 表象) XXII43 ¶ 다수의 것에 공통적인 표상(徵表, 卽 多數에 共通的인 表象) XXII43 ▶¶ 근원적인 것(根源的 表象) XXII77 ¶ 本來的 表象 XXII451 ¶ 파생된 것(派生的 表象) XXII77, XXII451 ¶ 직관(直觀 表象) XXII67 ▶¶ 표상능력(表象能力) XXII42, XXII43, XXII45, XXII58, XXII66/67, XXII71, XXII73, XXII75, XXII77, XXII79, XXII83, XXII91, XXII92, XXII94, XXII115, XXII419, XXII420, XXII421, XXII452, XXII493 ¶ 표상력/表象力 XXII11, XXII15, XXII31, XXII37, XXII67, XXII73, XXII77, XXII83, XXII86, XXII88, XXII373, XXII547

현상 · 현상체/[現象] · 現象體 Erscheinung · Phaenomen[on]/phaenomenon

¶ 현상 XXII43, XXII47, XXII311, XXII317, XXII323, XXII360, XXII446 ¶ 현상(現象體) XXII94, XXII318, XXII352, XXII458 ¶ 현상(다시 말해, 경험적 표상들) XXII308 ¶ 경험적 직관(현상) XXII388 ¶ 내적 직관(현상) XXII460 ¶ 내적 현상 및 외적 현상 XXII87 ■ =현상이란 직관의 표상방식의 주관적 형식, 곧 객관이 직관에

서 그 자체로 (무매개적으로) 있는 바대로가 아니라, 주관이 객관에 의해 촉발되는 바대로의 형식이다 XXII30 ¶ 한 대상의 인식에는 두 가지 표상방식이 있다. 즉 1. 대상 자체, 2. 현상에서의 대상 XXII20 ¶ 현상으로서의 모든 표상은 대상 자체인 것과는 구별되는 것으로 생각된다.(감성적인 것과 예지적인 것의 구별) XXII23 ¶ 현상에서의 대상과 대립하는 이른바 대상 자체의 구별(現象體 對 叡智體) XXII24 ¶ 현상으로서의 대상이라는 개념에는 사물 자체라는 개념이 그 반대 짝(드리개) = x로 맞세워져 있다 XXII46 ¶ 현상에서의 사물의 상관자[대응자]는 사물 자체이고, 내가 객체로 만드는 주체/기체[基體]이다 XXII412 ¶ 사물 자체와 현상에서의 사물 개념의 차이는 객관적인 것이 아니라 한낱 주관적인 것이다 XXII26 ▶¶ 주관이 촉발되는 바대로의 현상 XXII19, XXII361 ¶ 그것 자체로는 무엇이든지 간에, 주관이 촉발되는 방식의 주관적인 것인 현상 XXII19 ¶ 현상(주관의 질) XXII19 ¶ 현상(감관직관의 대상) XXII32 ¶ 현상으로서의 감관대상들 XXII42 ▶¶ 현상체 XXII48, XXII64, XXII113, XXII154, XXII318, XXII326, XXII613, XXII615 ¶ 현상체의 현상체 XXII373 ¶ 현상에서의 대상(현상체) XXII76 ¶ 간접적 현상체 XXII346 ▶¶ 現象體 XXII33, XXII47, XXII416, XXII428 ¶ 현상에 주어진 것(現象體) XXII47 ¶ 현상에서의 사물(現象體) XXII83 ¶ 하나의 객관 = X가 대응하는 것(現象體) XXII112 ¶ 現象體 客觀 XXII354 ¶ 현상에서의 사물(現象體 客觀) XXII33 ¶ 현상에 주어진 것으로서 자기 자신을 객관으로 만드는 자율의 원리(現象體 客觀) XXII416 ▶¶ 현상으로서의 객관 = X XXII70 ▶¶ 사물들 그 자체와 대비되는 직접적 및 간접적 현상들 XXII320 ¶ 사물들의 현상은 두 방식이다: 1. 우리 자신이 공간 안에 집어넣는 대상들의 현상(선험적인 것), 이것은 형이상학적이다. 2. 우리에게 경험적으로 주어지는 현상(후험적인 것), 이것은 물리학[자연학]적이다. 후자는 직접적 현상이고, 전자는 간접적, 다시 말해 한 현상의 현상이다 XXII340 ¶ 형이상학적 의미에서의 현상과 자연학[물리학]적 의미에서의 현상 XXII325 ¶ 한 간접적 현상의 대상은 사상[事象] 자신이다. 다시 말해 우리가 그 사상[事象] 자신을 집어넣었던 한에서만, 다시 말해 그것이 우리 자신의 인식산물인 한에서만, 직관에서 끄집어내는 대상이다 XXII340/341 ¶ 공간에서의 잡다의 순수한 직관은 선험적으로 제1 순위의, 다시 말해 직접적인 현상에서의 대상의 형식을 함유한다. 지각들의 합성, 즉 경험을 위한 주관에서의 현상은 다시금 그렇게 촉발된 주관의 현상, 주관이 자기 자신을 표상하는 바대로의, 그러므로 간접적인, 제2 순위의 현상, 즉 '한' 의식에서의 지각들의 현상의 현상, 다시 말해 자기 자신을 촉발하는 주관의 현상이다. 그러니까 그것은 간접적이고, (오직 하나인) 경험의 가능성을 위한 지각들의 종합의 현상이다. 현시들을 경험의 종합적 통일의 의식에서의 이러한 현상체들에 대한 하나의 인식으로 합성하는 의식의 원리들에 따르는, 주관에서의 현시들의 연결의 주관적인 것〔요소〕이 간접적 현상이다 XXII367 ¶ 현상의 현상 XXII321, XXII322, XXII325, XXII326, XXII357, XXII363, XXII364 ¶ 간접적 현상 XXII373 ¶ 간접적 현상은 겉모습〔외견〕, 다시 말해 가상〔假象〕 XXII343 ▶¶ 현상의 형식 XXII35, XXII36, XXII322, XXII358, XXII381 ¶ 현상의 형식〔적인 요소〕만이 선험적으로 인식인 것으로 간주될 수 있다 XXII86 ¶ 현상의 형식들(예컨대 공간과 시간) XXII47 ¶ (외적 그리고 내적 현상들의 형식들로서의) 공간과 시간 XXII514 ¶ 현상으로서의 직관의 주관적인 것〔요소〕은 선험적 형식이다 XXII421 ¶ 현상의 형식 〔적 요소〕인 양, 질, 관계, 양태 XXII68

형식/形式 Form/forma

¶ 형식/形式 XXII11, XXII34, XXII67, XXII76, XXII546 ¶ 형식〔적인 것〕 XXII4, XXII37, XXII42, XXII67, XXII81, XXII419 ¶ 절대적 형식 XXII318 ▶¶ 선험적 형식 XXII244, XXII352, XXII378, XXII421, XXII458 ¶ 선험적으로 형식〔적인 것〕 XXII31 ¶ 선험적 · 형식적 조건 XXII435 ¶ 선험적 · 형식적 원리 XXII498 ¶ 한낱 형식적인 것, 선험적으로 생각할 수 있는 것만을 우리는 알 수 있다 XXII97 ▶¶ 형식의 주관적인 것〔요소〕 XXII8, XXII33 ¶ 주관에 내속하는 한갓된 형식들(理性의 存在者들) XXII419 ¶ 주관적인 내지는 근원적인 형식들 XXII30 ▶¶ 형식과 질료 XXII103, XXII489 ¶ 형식〔적인 것〕이 질료〔적인 것〕에 앞선다 XXII482 ▶¶ 形式이 事物에게 本質/存在를 附與한다 XXII11, XXII300, XXII306, XXII307, XXII318, XXII322, XXII330, XXII355, XXII375, XXII446, XXII487, XXII553 ▶¶ 形式〔形相〕들의 連續體 XXII59, XXII282 ¶ 형식(형상과 직조) XXII546

형이상학/形而上學 Metaphysik/metaphysica

¶ 형이상학/形而上學 XXII24, XXII57, XXII64, XXII399, XXII481, XXII484 ▶¶ 형이상학과 초월철학 XXII27, XXII49, XXII75, XXII112 ¶ 형이상학과 초월철학은 두 가지 순수//철학적 체계들이다 XXII103 ¶ 형이상학과 초월철학의 차이. 전자는 분석적 원리들에, 후자는 선험적 · 종합적 원리들에 기초되어 있다 XXII119 ¶ 형이상학이 자연과학의 이미 주어져 있는 선험적 원리들을 함유하는 반면에, 초월철학은 형이상학의 가능성과 그것의 선험적 · 종합적 원칙들까지의 가능성의 근거를 함유한다는 점에서 서로 구별된다 XXII79, XXII130 ▶¶ 논리학에서 형이상학으로의, 그리고 이에서 초월철학으로의 진보 그리고 철학의 도구들의 하나로서의 수학과의 연결로의 진보 XXII105 ¶ 형이상학에서 초월철학으로 그리고 마침내 이로부터 물리학으로의 진보 XXII97 ¶ 1) 형이상학에서 초월철학으로의 이행. 2) 공간과 시간의 순수 직관에서의

수학을 통해 초월철학의 물리학으로의 이행 XXII119

활력/活力 lebendige Kraft/vis viva

¶ 활력/活力 XXII138, XXII142, XXII188 ¶ 압박과 충격에 의한 활력 XXII211 ¶ 한 순간(一擊)에서의 활력(打擊) XXII534 ¶ 활력은 생명력이 아니다 XXII189 ¶ (충격들에 의한) 활력(活力)은 생기를 주는 힘(生氣力)과는 다르다 XXII210 (→ 사력)

백종현(白琮鉉)

서울대학교 명예교수. 한국포스트휴먼연구소 소장.

서울대학교 철학과에서 학사·석사 과정 후 독일 프라이부르크 대학에서 철학박사 학위를 받았다. 인하대·
서울대 철학과 교수, 서울대 철학사상연구소 소장, 서울대 인문학연구원 원장, 한국칸트학회 회장, 한국철
학회 『철학』 편집인·철학용어정비위원장·회장 겸 이사장, 한국포스트휴먼학회 회장을 역임하였다.

주요 논문으로는 "Universality and Relativity of Culture"(*Humanitas Asiatica*, 1, Seoul 2000), "Kant's
Theory of Transcendental Truth as Ontology"(*Kant-Studien*, 96, Berlin & New York 2005), "Reality and
Knowledge"(*Philosophy and Culture*, 3, Seoul 2008) 등이 있으며, 주요 저서로는 *Phänomenologische
Untersuchung zum Gegenstandsbegriff in Kants "Kritik der reinen Vernunft"*(Frankfurt/M. & New York
1985), 『독일철학과 20세기 한국의 철학』(1998/증보판 2000), 『존재와 진리 — 칸트 〈순수이성비판〉의 근본
문제』(2000/2003/전정판 2008), 『서양근대철학』(2001/증보판 2003), 『현대한국사회의 철학적 문제: 윤리
개념의 형성』(2003), 『현대한국사회의 철학적 문제: 사회 운영 원리』(2004), 『철학의 개념과 주요 문제』
(2007), 『시대와의 대화: 칸트와 헤겔의 철학』(2010/개정판 2017), 『칸트 이성철학 9서5제』(2012), 『동아시아
의 칸트철학』(편저, 2014), 『한국 칸트철학 소사전』(2015), 『이성의 역사』(2017), 『인간이란 무엇인가 — 칸트
3대 비판서 특강』(2018), 『한국 칸트사전』(2019), 『인간은 무엇이어야 하는가 — 포스트휴먼 시대, 인간을
다시 묻다』(2021) 등이 있고, 역서로는 『칸트 비판철학의 형성과정과 체계』(F. 카울바흐, 1992)//『임마누엘
칸트 — 생애와 철학 체계』(2019), 『실천이성비판』(칸트, 2002/개정2판 2019), 『윤리형이상학 정초』(칸트,
2005/개정2판 2018), 『순수이성비판 1·2』(칸트, 2006), 『판단력비판』(칸트, 2009), 『이성의 한계 안에서의
종교』(칸트, 2011/개정판 2015), 『윤리형이상학』(칸트, 2012), 『형이상학 서설』(칸트, 2012), 『영원한 평화』
(칸트, 2013), 『실용적 관점에서의 인간학』(칸트, 2014), 『교육학』(칸트, 2018), 『유작 I.1·I.2』(칸트, 2020),
『학부들의 다툼』(칸트, 2021), 『유작 II』(칸트, 2022) 등이 있다.

한국어 칸트전집 제24권

유작 II

1판 1쇄 찍음 | 2022년 3월 31일
1판 1쇄 펴냄 | 2022년 4월 22일

지은이 | 임마누엘 칸트
옮긴이 | 백종현
펴낸이 | 김정호

펴낸곳 | 아카넷
출판등록 2000년 1월 24일(제406-2000-000012호)
10881 경기도 파주시 회동길 445-3
전화 031-955-9510(편집) · 031-955-9514(주문) | 팩시밀리 031-955-9519
책임편집 | 박수용
www.acanet.co.kr

철학, 서양철학, 독일철학, 칸트 KDC 165.2

Printed in Paju, Korea.

ISBN 978-89-5733-787-5 93110